GEOBOOK

GEO

GEOBOOK n'est pas un guide habituel. Celui-là impose que vous sachiez déjà où vous allez. GEOBOOK, lui, vous prend au saut de l'envie. Lorsque votre désir de partir commence à se manifester sans que vous sachiez encore quel sens lui donner. Et que se posent mille et une questions au gré de votre doigt sur le planisphère.

Avec GEOBOOK, vous en êtes au moment béni, où tout est possible. Fleuves, continents extrêmes, contrées tropicales ou grands déserts, l'offrande est immense. Vous voilà en un regard dans la peau d'un Conrad, d'un Chatwin, d'un Michaux. Jusqu'à ce que la voix de la petite dernière se fasse entendre : « Moi, j'irai pas où y'a des araignées… »

A partir de là, on reprend tout. Mais dans l'ordre. Et on réouvre son GEOBOOK. Autant dire commencer par le commencement. Plus de cent pays recensés. Avec, pour chacun, les réponses aux questions incontournables : Quand partir ? Que voir ? Que faire ? Car la véritable question n'est pas toujours «où puis-je aller ?», mais «quel voyage ai-je vraiment envie de faire ?» De même êtes-vous nombreux à penser : je partirais bien à cette période-là pour prendre le soleil…

Mais savez-vous qu'à cette période-là, justement, vous pouvez rayer de la carte une bonne partie des destinations auxquelles vous rêviez ? Pour cause de mousson, de mauvaise saison ou de risques de cyclone. Cet ouvrage a été conçu pour vous permettre d'éviter ces mauvaises surprises.

GEOBOOK ou l'indispensable annuaire du monde pour vous aider à choisir votre voyage. ■

Jean-Luc Marty

Directeur éditorial et rédacteur en chef de GEO

GEO
ÉDITIONS
À la découverte du monde au fil des pages...
GEO
Jean-Marc Durou
PASSION SAHARA
Les pionniers racontent leur désert
...une sélection de beaux livres des Éditions GEO
disponible en librairie et sur www.aboshop.geo.fr
GEO
Atlas satellite mondial
Toute la Terre en cartes et en images satellite
GEO
À la recherche de
LA GRANDE ROUTE
INCA
6 000 KM À PIED À TRAVERS LES ANDES
GEO
ARBRES
ET FORÊTS
DU MONDE
DOMINIQUE SEYTRE
GEO
UN NOUVEAU MONDE : LA TERRE

Sommaire

- Comment utiliser ce guide 6
- A chacun ses raisons 8
- A chacun son voyage 12
- A chacun sa tendance 16
  - La folie du désert 16
  - La croisière des géants 18
  - L'enfant roi 19
  - Le voyage insolite 20
  - Le voyage culturel 22
  - L'aventure à tout prix 23
  - Le tourisme équitable 24
  - Le voyage tout compris 26
  - La mode du spa 27
  - Les hébergements inoubliables 28
- A chacun sa destination 30
- A chacun son climat 42
- Les périodes à préférer 46
- La carte du monde 50
- Les destinations de A à Z 52
- Les pays de A à Z 53

Comment utiliser

Une première partie conçue pour bien choisir son voyage

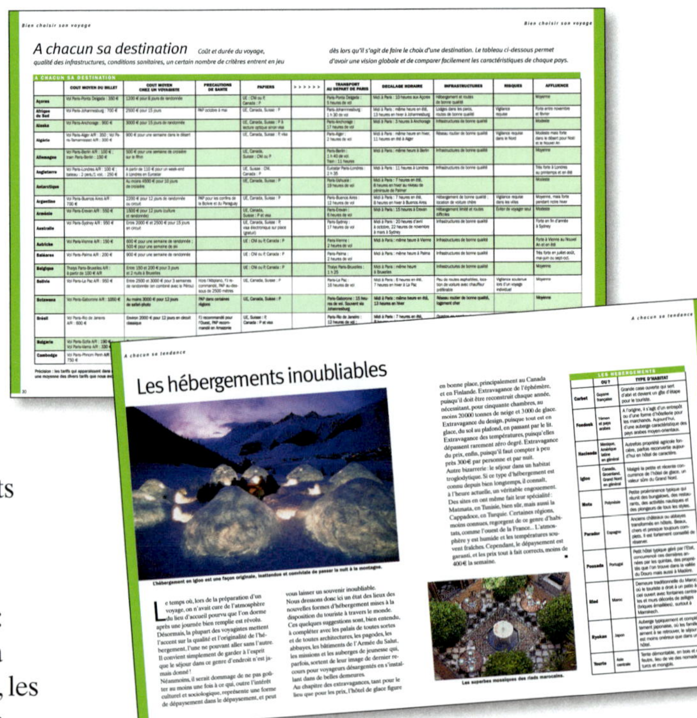
A chacun sa destination

Les hébergements inoubliables

■ **A chacun ses raisons**
Choisir en fonction de ses **centres d'intérêt** : mer, montagne, désert, vieilles pierres, musées…

■ **A chacun son voyage**
Choisir en fonction du **type de voyage** : en couple, avec des enfants, avec des seniors… et de la durée du séjour : un long week-end, une semaine, quinze jours et plus.

■ **A chacun sa tendance**
Choisir en fonction des **thèmes à la mode** : observation des baleines, nuits dans le désert, séjours culturels…

■ **A chacun sa destination**
Choisir en fonction de ses **contraintes** : un tableau pour comparer le coût et la durée du voyage, les risques sanitaires, les papiers nécessaires, d'un pays à l'autre.

■ **A chacun son climat**
Choisir en fonction du **temps qu'il fait** : un tableau des températures maximales et minimales mois par mois à travers le monde.

■ **Les périodes à préférer**
Choisir en fonction des **risques climatiques** : un tableau des meilleures périodes et des plus mauvaises.

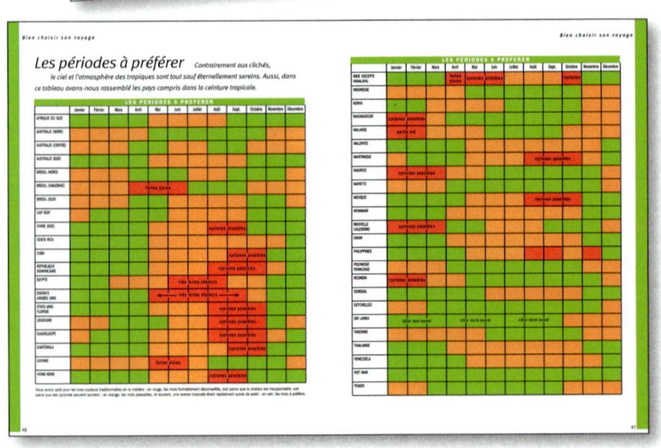
Les périodes à préférer

le GEOBOOK

Les pays de A à Z de l'Afrique du Sud au Zimbabwe

LA CARTE DETAILLEE

- Capitale
- Ville
- Monument, site archéologique
- Panorama, paysage remarquable, site de randonnée
- Plage, côte remarquable, fond marin, zone de plongée
- Faune remarquable, parc animalier
- Arts et traditions populaires

QUE VOIR, QUE FAIRE ?

- Les attraits touristiques du pays : les paysages, la faune, la flore, les monuments, les villes...
- Les activités sportives : randonnées, plongée, pêche, ski...

DES PHOTOS...

...emblématiques qui donnent un avant-goût du voyage.

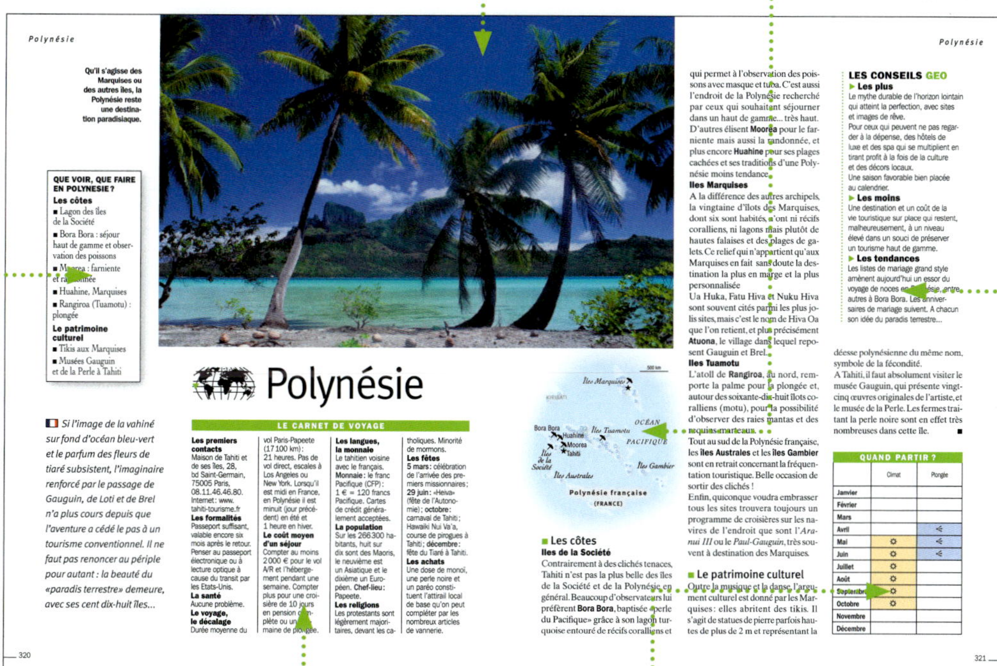

Polynésie

Qu'il s'agisse des Marquises ou des autres îles, la Polynésie reste une destination paradisiaque.

QUE VOIR, QUE FAIRE EN POLYNESIE ?

Les côtes
- Lagon des îles de la Société
- Bora Bora : séjour haut de gamme et observation des poissons
- Moorea : farniente et randonnée
- Huahine, Marquises
- Rangiroa (Tuamotu) : plongée

Le patrimoine culturel
- Tikis aux Marquises
- Musées Gauguin et de la Perle à Tahiti

Si l'image de la vahiné sur fond d'océan bleu-vert et le parfum des fleurs de tiaré subsistent, l'imaginaire renforcé par le passage de Gauguin, de Loti et de Brel n'a plus cours depuis que l'aventure a cédé le pas à un tourisme conventionnel. Il ne faut pas renoncer au périple pour autant : la beauté du «paradis terrestre» demeure, avec ses cent dix-huit îles...

Polynésie

LE CARNET DE VOYAGE

Les premiers contacts
Maison de Tahiti et de ses îles, 28, bd Saint-Germain, 75005 Paris, 08.11.46.46.80. Internet : www.tahiti-tourisme.fr
Les formalités
Passeport suffisant, valable encore six mois après le retour. Penser au passeport électronique ou à lecture optique à cause du transit par les Etats-Unis.
La santé
Aucune problème.
Le voyage, le décalage
Durée moyenne du vol Paris-Papeete (17 100 km) : 21 heures. Pas de vol direct, escales à Los Angeles ou New York. Lorsqu'il est midi en France, en Polynésie il est minuit (jour précédent) en été et 1 heure en hiver.
Le coût moyen d'un séjour
Compter au moins 2 000 € pour le vol A/R et l'hébergement pendant une semaine. Compter plus pour une croisière de 10 jours en pension complète ou une semaine de plongée.
Les langues, la monnaie
Le tahitien voisine avec le français. **Monnaie :** le franc Pacifique (CFP) : 1 € = 120 francs Pacifique. Cartes de crédit généralement acceptées.
La population
Sur les 266 300 habitants, huit sur dix sont des Maoris, le neuvième est un Asiatique et le dixième un Européen. **Chef-lieu :** Papeete.
Les religions
Les protestants sont légèrement majoritaires, devant les catholiques. Minorité de mormons.
Les fêtes
5 mars : célébration de l'arrivée des premiers missionnaires ; **29 juin :** «Heiva» (fête de l'Autonomie) ; **octobre :** carnaval de Tahiti ; Hawaiki Nui Va'a, course de pirogues à Tahiti ; **décembre :** fête du Tiaré à Tahiti.
Les achats
Une dose de monoï, une perle noire et un paréo constituent l'attirail local de base qu'on peut compléter par les nombreux articles de vannerie.

Les côtes

Iles de la Société
Contrairement à des clichés tenaces, Tahiti n'est pas la plus belle des îles de la Société et de la Polynésie en général. Beaucoup d'observateurs lui préfèrent **Bora Bora**, baptisée «perle du Pacifique» grâce à son lagon turquoise entouré de récifs coralliens et qui permet à l'observation des poissons avec masque et tuba. C'est aussi l'endroit de la Polynésie recherché par ceux qui souhaitent séjourner dans un haut de gamme... très haut. D'autres élisent **Moorea** pour le farniente mais aussi la randonnée, et plus encore **Huahine** pour ses plages cachées et ses traditions d'une Polynésie moins tendance.
Iles Marquises
A la différence des autres archipels, la vingtaine d'îlots des Marquises, dont six sont habités, n'ont ni récifs coralliens, ni lagons mais plutôt de hautes falaises et des plages de galets. Ce relief qui n'appartient qu'aux Marquises en fait sans doute la destination la plus en marge et la plus personnalisée
Ua Huka, Fatu Hiva et Nuku Hiva sont souvent cités parmi les plus jolis sites, mais c'est le nom de Hiva Oa que l'on retient, et plus précisément **Atuona**, le village dans lequel reposent Gauguin et Brel.
Iles Tuamotu
L'atoll de **Rangiroa**, au nord, remporte la palme pour la plongée et, autour des soixante-dix-huit îlots coralliens (motu), pour la possibilité d'observer des raies mantas et des requins-marteaux.
Tout au sud de la Polynésie française, les **îles Australes** et les **îles Gambier** sont en retrait concernant la fréquentation touristique. Belle occasion de sortir des clichés !
Enfin, quiconque voudra embrasser tous les sites trouvera toujours un programme de croisières sur les navires de l'endroit que sont l'*Aranui III* ou le *Paul-Gauguin*, très souvent à destination des Marquises.

Le patrimoine culturel
Outre la musique et la danse, l'argument culturel est donné par les Marquises : elles abritent des tikis. Il s'agit de statues de pierre parfois hautes de plus de 2 m et représentant la déesse polynésienne du même nom, symbole de la fécondité.
A Tahiti, il faut absolument visiter le musée Gauguin, qui présente vingt-cinq œuvres originales de l'artiste, et le musée de la Perle. Les fermes traitant la perle noire sont en effet très nombreuses dans cette île. ■

LES CONSEILS GEO
Les plus
Le mythe durable de l'horizon lointain qui atteint la perfection, avec sites et images de rêve.
Pour ceux qui peuvent ne pas regarder à la dépense, des hôtels de luxe et des spa qui se multiplient en tirant profit à la fois de la culture et des décors locaux.
Une saison favorable bien placée au calendrier.
Les moins
Une destination et un coût de la vie touristique sur place qui restent, malheureusement, à un niveau élevé dans un souci de préserver un tourisme haut de gamme.
Les tendances
Les listes de mariage grand style amènent aujourd'hui un essor du voyage de noces en Polynésie, entre autres à Bora Bora. Les anniversaires de mariage suivent. A chacun son idée du paradis terrestre...

QUAND PARTIR ?

	Climat	Plongée
Janvier		
Février		
Mars		
Avril		✓
Mai	☼	✓
Juin	☼	✓
Juillet	☼	
Août	☼	
Septembre	☼	
Octobre	☼	
Novembre		
Décembre		

320

321

LE CARNET DE VOYAGE

Toutes les informations pratiques sur le pays : formalités, santé, voyage et décalage horaire, coût moyen d'un séjour, langues, monnaie, population, religions, fêtes, achats.

QUAND PARTIR ?

Le calendrier optimal avec des pictogrammes pour choisir la meilleure saison pour le climat, la photo, la plongée, le ski, les visites culturelles...

LES CONSEILS GEO

Les plus, les moins de chaque pays, les précautions, les tendances, les recommandations.

A chacun ses raisons

Amateurs d'archéologie ou de randonnées, aficionados des plages ou des nuits dans le désert... Les raisons de voyager sont multiples. Ce tableau présente les destinations selon leurs principaux attraits touristiques.

A CHACUN SES RAISONS

	PAYSAGES	MER	NEIGE	DESERT	FAUNE TERRESTRE	FAUNE MARINE	VIEILLES PIERRES	VILLES	MUSEES ET MONUMENTS	FETES ET TRADITIONS
Açores	•	•				•				
Afrique du Sud	••	••			•••	•		•		
Alaska	•••		•			•				
Algérie				•••			•	•		
Allemagne	•		•				•		•	•
Angleterre	•	•					•	•		
Antarctique	•••					•••				
Argentine	••					••	•			
Arménie	•						•			
Australie	••	•••		•	••	•				
Autriche	•		•••				•		••	•
Baléares	•	•••							•	
Belgique	•						•	••		
Bolivie	•••						•			
Bornéo	•	••			•	•				
Botswana	••				•••					
Brésil	•	•••			•		•	••		•••
Bulgarie	••	•	••				••	•		
Cambodge							•••	•		
Canada	•••		•••		•••			•		
Canaries	•	••								
Cap-Vert	••	••								••
Chili	•••	•			•••	•••	••			
Chine	•••			•			•••	•		
Chypre	•	•••					•		•	
Comores		•				•				

••• Très grand intérêt •• Grand intérêt • Intérêt moindre

A CHACUN SES RAISONS										
	PAYSAGES	MER	NEIGE	DESERT	FAUNE TERRESTRE	FAUNE MARINE	VIEILLES PIERRES	VILLES	MUSEES ET MONUMENTS	FETES ET TRADITIONS
Corée du Sud	●	●					●	●		
Costa Rica	●●●	●●								
Croatie	●	●●●					●●	●	●	
Cuba	●	●●●					●●	●		●●●
Danemark								●		
Ecosse	●						●	●		●
Egypte		●●●		●●●			●●●	●●	●●	
Emirats arabes unis		●						●		
Eoliennes (îles)	●	●								
Equateur	●●●					●●●	●	●		
Espagne	●	●●●					●●●	●●●	●●●	●●
Etats-Unis	●●●	●●	●	●●●	●			●●●	●●	
Ethiopie	●●				●		●●		●	
Finlande	●●		●●●							●●
Galles (pays de)	●									●
Grèce	●●	●●●					●●●	●●	●●●	
Guadeloupe	●●	●●●								
Guatemala	●●						●●			●●
Guyane française	●●				●●		●			
Hong Kong								●●●		●
Hongrie	●						●	●		
Inde	●●●	●●		●	●●		●●●	●●	●	●●●
Indonésie	●●●	●●●				●●	●●●	●		●●
Irlande	●●						●		●	●
Islande	●●●				●	●				
Israël	●	●					●●●		●	
Italie	●●	●●●	●●				●●●	●●●	●●●	●●
Japon	●●						●●	●●		●
Jordanie	●	●		●●●			●●●		●	
Kenya	●●	●●●			●●●					

A CHACUN SES RAISONS										
	PAYSAGES	MER	NEIGE	DESERT	FAUNE TERRESTRE	FAUNE MARINE	VIEILLES PIERRES	VILLES	MUSEES ET MONUMENTS	FETES ET TRADITIONS
Laos	●●						●●			
Liban	●●	●					●●	●		
Libye	●●			●●●			●●			
Madagascar	●●●	●●			●●●					
Madère	●●	●●							●	
Malaisie	●●●	●●●			●	●				
Maldives		●●●								
Mali	●●			●●						●●●
Malte		●●					●	●		●
Maroc	●●	●●		●●			●●	●●●	●	●
Martinique	●	●●●								
Maurice	●	●●●				●●				●
Mauritanie	●●	●		●●●		●				
Mayotte		●●			●	●●				
Mexique	●●●	●●●					●●●	●●	●	
Mongolie	●●			●●						●●
Monténégro	●●	●●								
Myanmar	●●●						●●●			
Namibie	●●●			●●●	●●●	●●				
Népal	●●●				●●		●●	●●		
Niger	●			●●●	●●					●●
Norvège	●●●		●●●					●		
Nouvelle-Calédonie	●●	●●●								●
Nouvelle-Zélande	●●	●●			●	●				●●
Oman	●●	●		●●			●			
Ouzbékistan	●●						●●●	●●	●●	
Pays Baltes	●●							●●		
Pays-Bas	●●							●●●	●●●	
Pérou	●●●						●●●	●●		●
Philippines	●●	●●						●		

●●● Très grand intérêt ●● Grand intérêt ● Intérêt moindre

A CHACUN SES RAISONS										
	PAYSAGES	MER	NEIGE	DESERT	FAUNE TERRESTRE	FAUNE MARINE	VIEILLES PIERRES	VILLES	MUSEES ET MONUMENTS	FETES ET TRADITIONS
Pologne	●				●			●●	●	
Polynésie		●●●					●		●	
Portugal	●●	●●				●	●●	●●	●	●
République dominicaine	●	●●●					●			
République tchèque	●●●						●●	●●●	●	
Réunion	●●	●●								
Roumanie	●	●			●		●			
Royaume-Uni	●●				●		●	●●●	●●●	
Russie	●●						●●	●●	●●	
Sardaigne		●●					●		●	
Sénégal	●●	●●●			●●			●	●	
Seychelles		●●●			●	●●				
Sicile	●	●●					●●	●●	●	●
Singapour								●●●		●
Slovaquie	●						●	●		
Slovénie	●●	●	●				●			
Sri Lanka		●●●			●		●●●			●●
Suède	●●		●●●					●		
Suisse	●●●		●●●							
Syrie		●					●●●	●		
Tanzanie	●●●	●●			●●●		●			
Thaïlande	●	●●●					●●●	●●		●
Tibet	●●						●●			●
Tunisie	●●	●●●		●●●			●●	●		
Turquie	●●	●●					●	●●●	●●	
Venezuela	●●●	●●●				●	●			
Viêt Nam	●●	●						●●●		
Yémen	●●						●●●	●●		●●●
Zanzibar		●●●					●●			
Zimbabwe	●●				●●		●			

A chacun son voyage

On ne voyage pas de la même manière à vingt ans ou à soixante, avec des enfants ou en couple, en deux semaines ou en deux jours... Ce tableau présente les destinations en fonction de ces critères.

A CHACUN SON VOYAGE

	VOYAGER A DEUX	VOYAGER AVEC DES ENFANTS	VOYAGER AVEC DES SENIORS	UN LONG WEEK-END	UNE SEMAINE	DEUX SEMAINES ET PLUS	RECHERCHER LE CONFORT	PARTIR A L'AVENTURE	RENCONTRER DES ETHNIES	VACANCES SPORTIVES
Açores					•			•		•
Afrique du Sud						•			•	
Alaska						•			•	
Algérie					•	•		•		
Allemagne	•		•	•	•		•			
Angleterre	•	•	•	•						
Antarctique						•				
Argentine						•				
Arménie					•					
Australie						•	•	•	•	•
Autriche	•		•	•	•		•			
Baléares		•	•		•		•			•
Belgique	•		•	•			•			
Bolivie						•			•	
Bornéo						•		•	•	
Botswana						•		•		
Brésil						•				•
Bulgarie					•					
Cambodge					•	•			•	
Canada			•			•	•			•
Canaries	•	•	•		•		•			•
Cap-Vert					•				•	•
Chili						•		•		
Chine						•			•	
Chypre	•	•			•					
Comores					•				•	

A CHACUN SON VOYAGE										
	VOYAGER A DEUX	VOYAGER AVEC DES ENFANTS	VOYAGER AVEC DES SENIORS	UN LONG WEEK-END	UNE SEMAINE	DEUX SEMAINES ET PLUS	RECHERCHER LE CONFORT	PARTIR A L'AVENTURE	RENCONTRER DES ETHNIES	VACANCES SPORTIVES
Corée du Sud						●			●	
Costa Rica		●				●		●		
Croatie	●	●	●	●	●					
Cuba					●					
Danemark	●	●		●						
Ecosse	●		●	●						
Egypte		●	●		●				●	
Emirats arabes unis				●	●		●			
Eoliennes (îles)	●				●					●
Equateur						●			●	
Espagne	●	●	●	●	●		●			●
Etats-Unis	●	●	●			●	●			●
Ethiopie					●	●			●	
Finlande		●	●	●	●			●		●
Galles (pays de)	●		●	●	●					
Grèce	●	●	●		●		●		●	
Guadeloupe		●	●		●					●
Guatemala						●			●	
Guyane française						●		●		
Hong Kong					●		●			
Hongrie	●		●	●	●					
Inde						●			●	
Indonésie	●					●			●	
Irlande	●	●	●	●	●					●
Islande		●			●			●		
Israël					●				●	
Italie	●	●	●	●	●		●			●
Japon						●	●		●	
Jordanie	●				●				●	
Kenya	●	●				●		●		

A CHACUN SON VOYAGE

	VOYAGER A DEUX	VOYAGER AVEC DES ENFANTS	VOYAGER AVEC DES SENIORS	UN LONG WEEK-END	UNE SEMAINE	DEUX SEMAINES ET PLUS	RECHERCHER LE CONFORT	PARTIR A L'AVENTURE	RENCONTRER DES ETHNIES	VACANCES SPORTIVES
Laos						●			●	
Liban	●				●				●	
Libye					●				●	
Madagascar						●		●		●
Madère	●	●	●	●			●			●
Malaisie	●					●				
Maldives	●					●	●			●
Mali					●			●	●	
Malte	●	●	●	●						●
Maroc	●	●	●	●	●		●		●	
Martinique	●	●	●		●					●
Maurice	●	●				●	●			●
Mauritanie					●			●		
Mayotte					●					●
Mexique	●		●			●			●	
Mongolie						●		●	●	
Monténégro		●		●						
Myanmar						●			●	
Namibie	●					●		●		
Népal						●			●	
Niger					●			●	●	
Norvège		●	●		●		●			
Nouvelle-Calédonie						●				●
Nouvelle-Zélande	●					●		●		
Oman					●				●	
Ouzbékistan					●				●	
Pays Baltes	●		●	●						
Pays-Bas	●	●	●	●			●			
Pérou	●					●			●	
Philippines						●		●	●	

A CHACUN SON VOYAGE										
	VOYAGER A DEUX	VOYAGER AVEC DES ENFANTS	VOYAGER AVEC DES SENIORS	UN LONG WEEK-END	UNE SEMAINE	DEUX SEMAINES ET PLUS	RECHERCHER LE CONFORT	PARTIR A L'AVENTURE	RENCONTRER DES ETHNIES	VACANCES SPORTIVES
Pologne	●		●	●	●					
Polynésie	●					●				●
Portugal	●	●	●	●	●					●
République dominicaine			●		●	●	●			●
République tchèque	●	●	●	●						
Réunion	●				●					●
Roumanie			●	●	●					
Royaume-Uni		●	●	●	●		●			
Russie			●		●					
Sardaigne	●	●	●		●		●			
Sénégal					●			●	●	
Seychelles	●					●	●			●
Sicile	●	●	●		●		●			
Singapour						●	●			
Slovaquie			●		●					
Slovénie			●		●					
Sri Lanka	●					●			●	
Suède	●		●	●	●		●			●
Suisse		●	●	●	●		●			●
Syrie					●				●	
Tanzanie		●				●				
Thaïlande	●		●			●	●			
Tibet	●					●		●	●	
Tunisie		●	●	●	●		●			●
Turquie	●	●	●	●	●				●	
Venezuela	●					●		●		
Viêt Nam	●					●			●	
Yémen					●				●	
Zanzibar					●					
Zimbabwe	●					●		●	●	

A chacun sa tendance

La folie du désert

Silence et immensité : le désert fascine encore et toujours, attirant de plus en plus de voyageurs.

Si le magistral Théodore Monod, solitaire arpenteur du Sahara devant l'Eternel, revenait aujourd'hui, il n'en croirait pas ses yeux : le voyage dans le désert a gagné en importance au point de se banaliser, avec, pour les populations locales, tous les avantages et inconvénients qu'apporte un tel engouement.
On cherchera mille raisons qui conduisent ainsi à la folie du désert : quête d'un paradis perdu, cure antistress, réalisation de soi...
Mais on en trouvera bien peu, tant chacun a ses raisons profondes.
A ceux qui hésitent, le désert est porteur de rares émotions : le matin, quand la lumière du jour vous réveille et vous réchauffe après une nuit qui peut être très froide, le grand silence qui vous entoure est magique. Le soir, quand vous vous couchez sous les étoiles et admirez un ciel d'une pureté inégalée, le grand silence vous entoure toujours, tout aussi magique.
Il reste à espérer que cette popularité croissante n'affectera en rien la compétence et le professionnalisme des guides-accompagnateurs et des chameliers que nous avons connus jusqu'à maintenant et qu'ils continueront d'offrir au voyageur les mêmes conditions exceptionnelles de sécurité.
Par ailleurs, l'équilibre écologique des régions traversées nécessite la mise en place d'une politique rigoureuse en la matière. ■

LE DESERT AUJOURD'HUI				
	GRANDS RENDEZ-VOUS	**COMMENTAIRE**	**DATES**	**PRIX MOYENS**
Algérie	Assekrem, tassili N'Ajjer, Atakor, tassili du Hoggar, tassili de l'Immidir, Tadrart, Tefedest	Confirmation du grand retour algérien amorcé en l'an 2000 et qui n'a fait que s'amplifier. Les prix sont très raisonnables, et le Hoggar est exceptionnel.	Mi-octobre à mi-avril selon les lieux	800 € la semaine en période creuse, 1500 € pour 15 jours
Chili	Désert d'Atacama	L'aridité parfaite, aux couleurs uniques, complétées par le salar de Lipiez bolivien. On en oublierait presque le prix des voyages accompagnés.	Octobre à mars	Inclus dans un Chili-Bolivie d'une vingtaine de jours frôlant les 3 000 €
Egypte	Désert libyque (désert Blanc et oasis de Siwa), Sinaï	Si le Sinaï est connu, l'insolite désert Blanc, de l'autre côté du Nil, reste, lui, assez confidentiel…	Mi-octobre à fin avril	Aux abords de 1 200 € pour 11 jours
Israël	Désert de Judée, Néguev	Largement méconnus, ils ont l'avantage d'être complétés par Jérusalem et Eilat lors d'une même semaine. Le coût du voyage est un peu élevé.	Fin octobre à fin avril	Au moins 1 300 € pour 8 jours
Jordanie	Wadi Rum	Le monde de Lawrence d'Arabie, l'un des déserts aux couleurs les plus variées. Toutefois, nudité moins impressionnante qu'au Sahara et coût du voyage plus élevé.	Mi-octobre à mi-mai	1300 € pour 9 jours en période creuse
Libye	Fezzan (tassilis de l'Akakous et de Maghidet)	Tassilis, ergs, lumière dorée : le Fezzan est sublime. Et les prix, comparables à ceux de l'Algérie voisine, restent très raisonnables.	Fin octobre à fin mars	800 € la semaine en période creuse
Maroc	Ergs du Grand Sud marocain	Selon les puristes, il ne s'agit pas là du vrai Sahara. Cependant, il vaut amplement le détour, et les prix sont parmi les plus bas.	Début octobre à fin avril	Moins de 800 € la semaine
Mauritanie	L'Adrar au nord, le Tagant au sud	La méharée entre Chinguetti et Ouadane est devenue un grand classique. Des chemins de plus en plus rebattus, mais panoramas et oasis inoubliables.	Fin octobre à fin avril	800 € la semaine en période creuse
Mongolie	Désert de Gobi	Une méharée dans un désert de cailloux et de légende. Avec de vrais chameaux (de Bactriane). Mais chèrement acquise.	Juin à août	Le Gobi n'est pas seul dans le voyage, difficile de trouver un séjour de 15 jours à moins de 2 500 €
Niger	Massif de l'Aïr, Montagnes bleues, Arakao, est du Ténéré	Pour beaucoup, la «pince de crabe» de l'Arakao, au bord de l'Aïr, est une merveille. De quoi se consoler de n'effleurer que le mythique Ténéré.	Début novembre à fin mars	Environ 1 000 € la semaine
Oman	Désert de Wahiba	Un des derniers, et non des moindres, à s'ouvrir au tourisme. Sans compter les wadis et djebels… Seul bémol : un prix plutôt élevé.	Mi-octobre à mi-avril	Entre 1 200 et 1 300 € la semaine
Tunisie	Le Grand Erg oriental	Beaucoup de similitudes avec le Maroc, tant sur l'aspect présaharien que sur les prix.	Début octobre à fin avril	Moins de 800 € la semaine
Yémen	Contreforts du Rub al-Khali, vallée de l'Hadramaout	Un pays magnifique et des noms magiques. Malheureusement, la situation politique est souvent tourmentée. Coût du voyage plutôt élevé.	Octobre à avril	Environ 1 400 € pour 12 jours

N.B. : côté financier, c'est dans les périodes creuses de décembre et de janvier, soit avant et après les fêtes, que l'on trouvera les meilleurs tarifs. L'économie peut aller jusqu'à 200 € pour un voyage qui débute un 7 janvier par rapport à un même voyage qui débute le 31 décembre.

A chacun sa tendance

La croisière des géants

Les nouveaux bateaux de croisière font dans la démesure.

Le concept de croisières à 3000 passagers qui vient des Etats-Unis a fait peu à peu des émules en Europe. Ces bateaux gigantesques, appelés au choix «clubs flottants», «fun ships» ou «mégaships», ne mesurent pas moins de 300 mètres de long pour 70 de haut, et abritent environ 1500 cabines réparties sur une dizaine de ponts. On y trouve des cabines extérieures avec balcon et des cabines intérieures avec rien, sans hublot, les moins chères... Seuls les navires grand luxe n'ont que des cabines extérieures. Ce style de bateau nous sortirait-il définitivement du transat ? C'en serait donc fini du bain de soleil et du bon livre ? Une croisière ne serait-elle plus un éloge de la paresse à haut degré philosophique sur horizon bleu turquoise ? Sur un tel bateau, on se plonge dans des piscines pour grands ou petits, on se perd dans un bain à remous, on s'agrippe au mur d'escalade ou sur la glace de la patinoire, on tente des aces sur le court de tennis, on s'épuise sur le parcours de jogging, on joue des biceps à la salle de fitness, on vise des paniers de basket ou des trous de minigolf, on applaudit une pièce de théâtre jouée par des comédiens de talent, voire célèbres, on danse, on se repaît dans trois ou quatre restaurants avec des chefs très cordons-bleus et dans les bars à vin ou à champagne, on tâte de la machine à sous ou des jeux vidéo, on relève ses courriels au cybercafé, et surtout on va au spa... ■

■ Où ?

Le plus souvent en Méditerranée, départs de Nice ou d'Italie, direction la Croatie, la Grèce, Chypre, l'Egypte. Mais aussi aux Antilles, avec des départs de Miami, passage en Jamaïque, aux îles Caïmans, au Mexique, à Porto Rico, à Saint-Martin.

■ Quand ?

Quasiment à n'importe quel moment de l'année pour la Méditerranée, mais plus généralement entre avril et octobre. Pendant la saison sèche pour les Antilles, c'est-à-dire de janvier à juin.

■ A quel prix ?

Une croisière d'une semaine en Méditerranée sur un paquebot récent (mais sans luxe) se trouve à partir de 800 €. Huit jours aux Antilles sur un géant des mers américain coûtent de 1 500 à 2 000 € par personne en cabine double, pension complète et vol aller-retour compris. En réservant tôt, il est possible de bénéficier d'une réduction qui peut aller jusqu'à 20 % pour une deuxième personne, voire à la gratuité pour un enfant ou un adolescent de moins de 18 ans dans la cabine des parents ou de deux adultes.

■ Les alternatives ?

Innombrables : les grands voiliers, les yachts, les petits paquebots, les mythes (*Queen-Mary 2*, *Queen-Elisabeth 2*), les navires locaux type *Express-côtier* en Norvège, les felouques en Egypte, la remise à flot du *Bou-el-Mogdad* sur le fleuve Sénégal...

■ Les destinations en vogue ?

Pendant notre été : la Méditerranée, orientale donc mais aussi occidentale (les Baléares, l'Espagne, l'Afrique du Nord), l'océan Indien (du Kenya à la Réunion), les fjords de Norvège, la Baltique.
Pendant notre hiver : l'Amérique du Sud (du Brésil jusqu'à la Terre de Feu), l'Antarctique, la Méditerranée.

A chacun sa tendance

L'enfant roi

Il n'y a pas si longtemps, les parents osaient rarement voyager avec leurs enfants dans des pays lointains : conditions de voyage trop pénibles, logistique médicale insuffisante dans certaines contrées… Mais les voyagistes ont changé la donne au cours des dernières années. L'évocation de la famille dans quelque hôtel-club sur le pourtour méditerranéen a laissé place à des brochures entièrement consacrées aux enfants, les photos les montrant le plus souvent en train de dévaler une dune des contreforts du Sahara ou à la découverte de la faune dans un parc animalier…
Le tabou principal – le risque en cas d'accident ou de maladie grave – a été brisé. La plupart des voyagistes garantissent à présent un partenariat avec des compagnies d'assistance solides et fiables, capables d'assurer un rapatriement rapide le cas échéant.
Autre risque : l'ennui. Pour éviter un tel écueil, il convient de choisir un séjour adapté aux goûts et aux centres d'intérêt des enfants.
A certains moments de la journée, ils peuvent même, selon des formules de plus en plus répandues chez les voyagistes, être pris en charge ou participer à des animations spécialement conçues pour eux.
L'obstacle du prix a également été levé. Certes, il peut rapidement grimper, et voyager loin avec des enfants demeure un privilège. Néanmoins, sur ce plan-là aussi, les organismes de voyage proposent un certain nombre de solutions. Les enfants dormant dans la chambre de deux adultes bénéficient de réductions conséquentes, qui, dans la plupart des cas, sont de l'ordre de 50 % s'ils ont moins de 12 ans. Quand la famille est plus nombreuse, le petit dernier est même, dans certains cas, hébergé gratuitement.
Il y a donc fort à parier que la palette des voyages ouvrant de nouveaux horizons aux enfants va encore s'élargir. ■

HORIZONS POUR ENFANTS

	QUE VOIR ?	QUAND ?	A QUEL PRIX ?*
Afrique du Sud	Réserves	De préférence mai à octobre	1500 € pour 12 jours
Australie	Animaux (kangourous, koalas), mer	Printemps et automne	2500 € pour 15 jours
Canada	Animaux (caribous, ours, baleines)	Juin à août	1300 € pour 16 jours
Costa Rica	Forêt, animaux	Décembre à avril	1700 € pour 15 jours
Egypte	Histoire, croisières sur le Nil, baignade dans la mer Rouge	Mars à juin et septembre à décembre	750 € pour une semaine
Etats-Unis	Parcs nationaux de l'Ouest	Juillet à septembre	1500 € pour 15 jours
Kenya	Réserves, rencontre avec les Masais	Juin à octobre	1600 € pour 10 jours
Maroc	Balades dans le désert, dromadaires	Octobre à mars	900 € pour une semaine
Sénégal	Oiseaux, villages	Octobre à juin	1500 € pour 10 jours
Thaïlande	Eléphants, nature	Novembre à février	1200 € pour 12 jours

* Les prix sont donnés à titre indicatif

A chacun sa tendance

Baleines et dauphins

L'observation des dauphins est de plus en plus prisée à travers le monde, mais le cétacé n'en paraît pas troublé.

Dauphins et baleines sont devenus des grandes stars à travers les mers et océans du monde entier. En outre, à leur corps défendant, ils rapportent beaucoup d'argent : ainsi, l'observation des baleines a déjà engendré plus d'un milliard de dollars US de revenus touristiques directs ou indirects ! Au point que le Fonds international pour la protection des animaux voit dans la seule observation «l'alternative du XXIe siècle à la chasse à la baleine». Un tel engouement pour le plus imposant de tous les animaux – il peut aller jusqu'à 30 mètres de long et peser jusqu'à 150 tonnes – ne va pas sans difficulté et menace l'équilibre de l'espèce. Pour ce brave cétacé à fanons, pacifique entre tous, il n'est pas un seul pays maritime qui ne mette aujourd'hui en avant les dates où il est de passage chez lui. La plupart du temps, le touriste, qui est souvent un enfant, embarque à bord d'un Zodiac, enfile une ceinture de sécurité et n'a plus qu'à espérer une mer calme. Le reste vient tout seul, les baleines étant fidèles au rendez-vous dans presque tous les cas. Dans le cadre d'un voyage accompagné, tout est prévu, et les personnes qui voyagent individuellement trouveront aisément l'adresse du prestataire local. Les dauphins, quant à eux, bénéficient, depuis *le Grand Bleu,* d'une aura exceptionnelle, qui attire une foule de touristes. Partout à travers les mers du monde, ils se laissent admirer et accompagnent parfois les heureux plongeurs. ■

OU ET QUAND OBSERVER LES BALEINES ET LES DAUPHINS ?			
	LIEUX	**ESPECES**	**DATES**
Açores	Iles de Faial et de Pico (Lajes do Pico)	Baleines bleues, cachalots, dauphins	Avril à septembre
Antarctique		Baleines à bosse	Janvier à mars
Antilles	Principalement Scotts Head à la Dominique	Baleines, dauphins Spinner	Surtout mai à novembre
Argentine	Péninsule Valdés	Baleines franches	Mai à novembre
Canada	Golfe du Saint-Laurent, Tadoussac Baie d'Hudson et Nunavut Ile de Vancouver	Rorquals, baleines bleues «Baleines blanches» (bélougas) Baleines grises	Avril à décembre Juillet et août Printemps
Croatie	Au large de la côte dalmate	Dauphins souffleurs	Juin à septembre
Danemark		Dauphins à bec blanc, marsouins	Eté
Espagne	Côte atlantique et côte sud, au large d'Algésiras Au large des Canaries	Plusieurs sortes de dauphins Dauphins, rorquals	Juin à septembre Eté
Etats-Unis	Alaska (Skagway, Sitka) Hawaii (Lahaina) Iles Féroé	Baleines grises Baleines grises Dauphins, baleines pilotes, cachalots	Eté Décembre à avril inclus Eté
France	Au large des côtes atlantiques et méditerranéennes	Dauphins, marsouins	Toute l'année
Grèce		Dauphins souffleurs	Juin à septembre
Irlande	Au large de la côte ouest	Baleines pilotes, dauphins, marsouins	Fin de l'été et début de l'automne
Islande	Grindavik et Sandgerdi, au large de Keflavik (sud-ouest de l'île)	Surtout dauphins à nez blanc et petits rorquals, baleines à bosse (parfois), baleines de Bryde et rorquals bleus (rarement)	Avril à octobre
Italie	Au large des côtes ligures et sardes	Plusieurs sortes de dauphins	Eté
Mexique	Basse-Californie (Ensenada, Cabo San Lucas, lagunes de l'Œil-du-lièvre et de San Ignacio)	Baleines à bosse, baleines grises	Janvier à avril
Nouvelle-Zélande	Kaikoura (côte est de l'île du Sud)	Baleines, cachalots, dauphins	Toute l'année
Polynésie	Iles Australes	Baleines à bosse	Juillet à octobre
République dominicaine	Baie de Samaná	Baleines à bosse et leurs baleineaux	Janvier à avril
Royaume-Uni	Au large de la Cornouailles Ecosse, au large de la côte nord, pays de Galles, au large de la côte ouest	Dauphins souffleurs, marsouins Plusieurs espèces de dauphins, dont les dauphins «à nez en bouteille»	Eté Eté

A chacun sa tendance

Le voyage culturel

La culture est-elle une marchandise ? Vieille question, un peu désuète, qu'il est pourtant nécessaire de reposer ici. Pour le monde du tourisme, la culture est devenue un produit comme un autre, avec le risque évident de tomber dans la caricature et de transformer un événement en opération marketing. Mais la tendance est là, et elle va se poursuivre. Aujourd'hui, les labels «week-end culturel» ou «séjour culturel» ont bonne presse. Comme toujours en pareil cas, il y a des avantages et des inconvénients.

Les inconvénients, ce sont les prestations hôtelières et aériennes forcément un petit peu rondes. Quant aux avantages, ils résident essentiellement dans la prise en charge : réservation du billet d'entrée pour l'exposition ou le concert, pas de file d'attente, plan d'accès...

Les voyages culturels à thème ou les croisières culturelles ont également le vent en poupe. Ils sont soigneusement concoctés pour un public choisi, un brin intello, par des voyagistes ciblés et plutôt chers. Mais des voyagistes toujours prisés malgré la concurrence, même s'ils n'évitent pas toujours cette espèce de sophistication qui entoure souvent le voyage culturel et qui est à l'origine du prix élevé des séjours.

Un prix qui, globalement, se justifie : en effet, ces voyages dits à thème bénéficient très souvent de la présence d'un conférencier de renom, par ailleurs ils avancent un logement en hôtel haut de gamme.

Le voyage culturel accompagné entraîne donc un coût plus élevé que si on l'élabore soi-même, en revanche on ne rate jamais l'important... ■

Vienne, un des grands rendez-vous culturels européens.

Où ?

En Europe, dans les grandes capitales comme Londres, Vienne, Paris ou Madrid, quand fleurit une exposition de tel ou tel grand peintre. Plus généralement, les pays touristiques à forte connotation culturelle, comme l'Egypte, mais aussi émergents, comme l'Arménie, suscitent des séjours à thème chez les voyagistes spécialisés.

Quand ?

A n'importe quel moment de l'année, mais surtout au printemps. Tâcher de choisir les week-ends qui s'intercalent entre Pâques et les grands ponts de mai.

A quel prix ?

Pour un week-end culturel de trois jours et deux nuits en Europe de l'Ouest, compter au minimum 400 € tout compris par personne : voyage aller-retour en avion ou en train, transferts, hébergement sur la base d'une chambre double, entrée au musée.

Pour un voyage à thème, avec une agence spécialisée, dans un pays lointain comme le Brésil ou la Chine, difficile d'éviter un minimum de 3 000 € pour quinze jours. Tout compris, néanmoins...

A chacun sa tendance

L'aventure à tout prix

L'aventure avec un grand «A» n'existe plus. En tout cas telle que l'ont vécue Joseph Conrad ou Henri de Monfreid. En revanche, l'expression «tourisme d'aventure» recouvre bien une réalité, source d'activités florissantes. Ce terme désigne en fait un tourisme fondé sur la marche, l'endurance, dans des régions pas ou peu visitées par le grand public. D'où cette part supposée d'aventure.
Prenons l'exemple du Viêt Nam. Au lieu d'opter pour un voyage à la carte ou accompagné le long de la «route mandarine» qui longe la côte et qui traverse les villes et sites les plus réputés, on peut préférer avoir recours à un voyagiste spécialiste de la randonnée dans les régions montagneuses du Tonkin, tout au nord, à la rencontre des minorités: Mongs, Nungs et Daos.
Il faut alors être prêt à marcher cinq à six heures par jour, dans des contrées parfois humides, difficiles d'accès, et pouvoir se contenter çà et là d'un repas frugal et d'un hébergement au confort limité. Mais pour peu que les populations locales aient conservé leur authenticité et que l'on ait l'occasion de participer à leur vie quotidienne, le séjour devient passionnant.
En outre, la plupart des organismes qui proposent ces voyages s'avèrent très sérieux, prennent bien soin de former des groupes réduits et savent que, sauf exception, la clientèle de ce style de séjour est respectueuse des populations.
Un tel voyage constitue ce que le monde du tourisme appelle aujourd'hui le «tourisme d'aventure». Cela veut-il dire que rien n'est imaginable en dehors de l' «aventure contrôlée» ? Bien sûr que non. Il est toujours possible de prendre un vol sec et de voyager seul en ne se déplaçant qu'avec les transports locaux. Les risques encourus ne sont pas forcément inconsidérés si l'on a pris soin de s'informer, avant le départ et auprès des autorités compétentes, de la situation sur place.
Question budget, se rappeler que dans la plupart des bureaux de poste à travers le monde, la Western Union permet de parer à l'urgence en cas d'assèchement des fonds, en prenant toutefois une commission élevée... ■

La rencontre de l'autre, tout en tâchant de ne rien altérer...

Dix voyagistes spécialistes du voyage-randonnée

- **Adeo**, 01.43.72.80.20, www.adeo-voyages.com
- **Allibert**, 0825.090.190, www.allibert-trekking.com
- **Atalante**, 04.72.53.24.80. www.atalante.fr
- **Balaguère (La)**, 0820.022.021, www.labalaguere.com
- **Club Aventure**, 0826.882.080, www.clubaventure.fr
- **Déserts**, 0892.236.236, www.deserts.fr
- **Explorator**, 01.53.45.85.85. www.explorator.fr
- **Nomade Aventure,** 0825.701.702, www.nomade-aventure.com
- **Point-Afrique**, 0820.830.855 www.point-afrique.com
- **Terres d'aventure**, 0825.700.825 www.terdav.com

A chacun sa tendance

Le tourisme équitable

Le tourisme équitable, ou la rencontre de l'éthique et de l'ethnique, comme ici au Mali.

Un certain public voyageur accorde désormais au tourisme équitable un intérêt réel, porté par une vague à la fois écologique et égalitariste. Ecologique parce que le tourisme à grande échelle n'épargne pas les cadres de vie et qu'il faut absolument apprendre à les préserver. Et surtout égalitariste parce que les populations locales, pour la plupart, n'ont jamais fait que récolter les miettes des devises laissées çà et là par le grand tourisme et que, pour beaucoup, il est grand temps de redistribuer les cartes.

En quoi le tourisme équitable consiste-t-il ? Prenons un village dans un pays d'Amérique latine ou d'Afrique noire, proche ou non de grands sites touristiques. Ce village a la volonté et les moyens, via des organisations non gouvernementales (ONG) locales, de mettre sur pied des projets de développement économique. Ce peut être autour du commerce (équitable, bien sûr), mais aussi du tourisme. Une ONG occidentale prend connaissance de ce souhait. Elle propose alors aux habitants de les aider à créer dans le village un type d'hébergement sans luxe, mais disposant du confort de base. Cet hébergement sera destiné aux touristes intéressés par leurs coutumes et leur artisanat et désirant visiter leur pays tout en partageant leur mode de vie. Une fois le système mis en place, c'est aux villageois qu'en incombe la gestion. Un tel dispositif leur permet, par exemple, de consacrer une part des revenus à la construction d'une école. L'ONG, quant à elle, assure le relais.

Tout cela est orchestré avec un souci constant de rigueur, une grande honnêteté, et un refus absolu du paternalisme. Le tourisme équitable a ainsi peu à peu pris son essor, attirant déjà une frange de voyageurs estimée à près de 5 % à travers le monde…

Dans quels pays ?

Le tourisme équitable se développe partout, mais ce sont l'Afrique noire et l'Amérique latine qui offrent aujourd'hui les exemples les plus nombreux et les plus pertinents. Il est surtout actif au Burkina, au Bénin et au Mali en ce qui concerne l'Afrique noire ; en Bolivie, au Brésil, en Equateur et au Pérou pour ce qui est de l'Amérique latine. Et la liste, bien entendu, est loin d'être exhaustive.

Ne pas confondre

Tourisme équitable

Les populations locales participent pleinement à l'accueil du touriste, et les prestations des intermédiaires sont limitées au minimum, de manière à ce que les populations puissent retirer la juste part qui leur revient de cette structure et de sa gestion.

Tourisme responsable

Le terme s'applique plutôt aux populations locales qui ont la responsabilité de mener à bien la gestion de leur projet touristique, y compris sur le plan de l'environnement.

Tourisme solidaire

Le touriste se solidarise avec les populations locales par la somme qu'il consent à un tel voyage, mais aussi, et surtout, par une véritable prise de conscience. Il sait que cette somme servira à mettre en place des structures locales indispensables, comme une école ou un dispensaire.

Tourisme durable

Le tourisme durable s'appuie sur le respect de l'environnement et de la personne. Il concerne non seulement le touriste mais aussi les populations locales. Comme son nom l'indique, il ne se conçoit que sur le long terme, notamment en encourageant l'entretien des structures mises en place. ■

Quelques adresses

▶ **Tourisme et développement solidaires**, 22, rue du Maine, 49106 Angers Cedex 2, 02.41.25.23.66. www.tourisme-dev-solidaires.org

▶ **UNAT** (importante association vouée au soutien et à la promotion du tourisme solidaire), 8, rue César-Franck, 75015 Paris, 01.47.83.21.73. www.unat.asso.fr

▶ **Uniterre**, 01.48.58.10.89. www.uniterre.com

▶ **Vision du monde**, 3, route de Chambéry, 38300 Bourgoin-Jallieu, 04.74.43.91.82. www.visiondumonde.org

Quelques sites importants

▶ www.projects-abroad.fr/ (pour les missions de volontariat)

▶ www.tourisme-dev-solidaires.org (adresse déjà mentionnée ci-dessus mais également précieuse pour bien comprendre ce qu'est un village d'accueil)

▶ www.world-tourism.org (pour le code mondial d'éthique du tourisme)

A chacun sa tendance

Le voyage tout compris

Pourquoi lit-on et dit-on «all inclusive» et non «tout-compris» ? Parce que le concept nous vient de l'Ouest et qu'il fallait le pragmatisme anglo-saxon pour tout réunir dans une seule et même formule, y compris un certain sentiment de sécurité qui plaît aux adeptes de ce type de séjour, généralement pensé sur une semaine (le fameux «neuf jours/sept nuits») et généralement au bord de la mer ou de l'océan avec piscine.
Tout y est, donc: le voyage aller-retour en train ou en avion, les transferts de l'aéroport à l'hôtel, l'hébergement en chambre double, l'assurance de base, les trois repas (petit déjeuner, déjeuner, dîner) et même les boissons (eau et vin), qui constituent la seule différence entre le tout-compris et la pension complète. Rappelons que la demi-pension inclut l'hébergement, le petit déjeuner et le dîner. Rappelons aussi que le tout-compris… ne comprend presque jamais les taxes aériennes, qui peuvent aller jusqu'à 10 % du total. Il est possible cependant d'éviter une partie de la somme en réservant tôt.
L'amateur du «all inclusive» n'a donc qu'à se laisser porter, sans pour autant se sentir embarqué dans un «voyage organisé», expression de toute façon tombée en désuétude. Il devra tout de même se prendre en main dans l'hôtel, par exemple lorsqu'il se verra suggérer des excursions au cours du séjour pour quitter un temps la routine balnéaire; des excursions qu'il n'aura peut-être pas réservées avant de partir et dont il devra mesurer le coût, généralement élevé. Si, pour les excursions, l'on ne se décide que pendant le séjour, il n'est pas interdit de faire jouer la concurrence entre les agences locales.
Quelle différence entre le voyage «all inclusive» et le voyage «à la carte»?
Dans ce dernier cas, le candidat au voyage construit son séjour avec le voyagiste. Celui-ci attend de son client qu'il lui fournisse un itinéraire, ensuite il propose sa construction : vols internationaux et intérieurs, hébergement à l'hôtel ou chez l'habitant, location ou non d'un véhicule (et si oui, voiture avec réservations d'hôtels à l'étape) , excursions ou non, restaurants, etc. ■

Quelques exemples

(Prix par personne pour une semaine)

▶ **Chypre** De 700 à 900 € tout compris pour un trois-étoiles dans les environs de Paphos.

▶ **Egypte** La semaine tout compris peut aller de 700 € en période creuse à Hourghada au double de ce prix pour la semaine du Nouvel An dans un quatre-étoiles de Sharm el-Sheikh.

▶ **Espagne (Canaries)** De 700 à 1100 € tout compris pour un quatre-étoiles sur la côte sud de Tenerife.

▶ **Kenya** De 1000 à 1300 € en demi-pension selon les dates pour un trois-étoiles sur une plage au sud de Mombasa.

▶ **Maroc** 400 € à peine tout compris dans un trois-étoiles simple à Marrakech. Dans un riad, compter la même somme pour uniquement le vol aller-retour et l'hébergement.

▶ **Martinique** De 650 à 1300 € pour 7 nuits avec vol aller-retour et hébergement dans un appartement en bord de mer, avec, aux alentours, un club pour enfants.

▶ **Ile Maurice** A partir de 1700 € en demi-pension dans un quatre-étoiles, compter 200 € de plus pour un hôtel «spa resort».

▶ **Mexique** De 700 à 800 € pour un deux-étoiles sur la Riviera mexicaine avec vol, hébergement et petit déjeuner.

▶ **République dominicaine** Moins de 1000 € tout compris hors congés scolaires ou fêtes de fin d'année (sinon 1300 € environ) pour un quatre-étoiles à Punta Cana.

▶ **Sénégal** Moins de 1000 € pour un «all inclusive» en demi-pension dans un trois-étoiles en Casamance.

▶ **Tunisie** Environ 400 € en dehors des congés scolaires et des fêtes pour un trois-étoiles à Hammamet, mais au-delà de 600 € en période de pointe.

A chacun sa tendance

La mode du spa

La photo d'une jeune femme allongée sur un matelas, les bras relevés, les yeux mi-clos. Devant elle, un reflet ; au-dessus, une arcade qui pourrait très bien être celle d'un hammam. Qui n'a vu ce genre d'images dans le catalogue des voyagistes?
Elle illustre un phénomène qui bouscule les habitudes des hôtels haut de gamme à travers le monde mais aussi celles des agences de voyage : le spa. Traduisez «sanitas per aquam». Autrement dit, un centre de remise en forme, généralement luxueux et raffiné, du style palais mauresque en Afrique du Nord ou ancien palais de maharadjah en Inde. L'eau – de mer ou douce – en est le principal atout et débouche sur une foule de soins du corps. Le spa, aujourd'hui, a partie liée avec le voyage et commande la rédaction de bien des catalogues destinés à une clientèle aisée et d'âge mûr, en attendant de s'étendre peut-être à une clientèle plus jeune ou moins fortunée.
Le pari des professionnels de ce secteur est de nous convaincre que la découverte qui préside à un voyage ne saurait être complète sans un hébergement agrémenté de la panoplie de la remise en forme, sous ses aspects les plus exotiques et les plus sophistiqués.
Ces spa sont généralement conçus autour de la thalassothérapie, agrémentés de massages, d'aromathérapie, de médecine douce, de recherche absolue du zen... ■

L'eau : dans un spa, tout part d'elle et tout revient à elle.

Quelques destinations

▶ **Autriche** Hôtellerie de charme et sources thermales du Tyrol tentent de convaincre la clientèle «maritime» qu'il existe autre chose que la thalassothérapie.

▶ **Emirats arabes unis** Dubaï, bien sûr, ne pouvait laisser passer la vague spa sans y ajouter ses ressources financières et son talent innovateur.

▶ **Inde** Que faire de tel ou tel ancien palais de maharadjah ? En garder le luxe tout en le transformant en centre de bien-être. Une sérieuse concurrence commence à poindre du côté de l'Himalaya et du... Bhoutan.

▶ **Maroc** Sur le plan de la thalassothérapie, le pays joue sur le duo Agadir-Essaouira, deux sites qui verront l'ouverture prochaine de plusieurs centres. Mais la star demeure Marrakech, qui multiplie les genres. L'huile d'argan est souveraine, et, sur certains lieux, il est question de massages au sable du désert...

▶ **Maurice** L'île avance l'argument de l'océan pour la thalassothérapie, et le très haut de gamme de ses établissements.

▶ **Seychelles** La cible idéale pour les grandes chaînes hôtelières qui font valoir le décor tropical auquel beaucoup rêvent.

▶ **Thaïlande** Bangkok la futuriste est en train de bâtir des «spa resorts» parmi les plus raffinés de la planète. Et ce ne sont pas que des mots...

▶ **Tunisie** Le pays du jasmin est, avec le Maroc, la grande destination du spa pour la clientèle européenne. La thalassothérapie est l'arme la plus forte, concurrençant les centres atlantiques de thalassothérapie en Europe. Hammamet en est certes un des creusets, mais pour le voyageur, Djerba après le désert n'est pas mal non plus.

▶ **Turquie** Le pays joue sur le triple atout que constituent les côtes de la mer Egée, les cités anciennes de la côte sud et les thermes de Pammukale.

A chacun sa tendance

Les hébergements inoubliables

L'hébergement en igloo est une manière pour le moins rafraîchissante de passer la nuit sous de hautes latitudes.

Le temps où, lors de la préparation d'un voyage, on n'avait cure de l'atmosphère du lieu d'accueil pourvu que l'on dorme après une journée bien remplie est révolu. Désormais, la plupart des voyagistes mettent l'accent sur la qualité et l'originalité de l'hébergement, l'une ne pouvant aller sans l'autre. Il convient simplement de garder à l'esprit que le séjour dans ce genre d'endroit n'est jamais donné !
Néanmoins, il serait dommage de ne pas goûter au moins une fois à ce qui, outre l'intérêt culturel et sociologique, représente une forme de dépaysement dans le dépaysement, et peut vous laisser un souvenir inoubliable.
Nous dressons donc ici un état des lieux des nouvelles formes d'hébergement mises à la disposition du touriste à travers le monde. Ces quelques suggestions sont, bien entendu, à compléter avec les palais de toutes sortes et de toutes architectures, les pagodes, les abbayes, les bâtiments de l'Armée du Salut, les missions et les auberges de jeunesse qui, parfois, sortent de leur image de dernier recours pour voyageurs désargentés en s'installant dans de belles demeures.
Au chapitre des extravagances, tant pour le lieu que pour les prix, l'hôtel de glace figure

en bonne place, principalement au Canada et en Finlande. Extravagance de l'éphémère, puisqu'il doit être reconstruit chaque année, nécessitant, pour cinquante chambres, au moins 20000 tonnes de neige et 3000 de glace. Extravagance du design, puisque tout est en glace, du sol au plafond, en passant par le lit. Extravagance des températures, puisqu'elles dépassent rarement zéro degré. Extravagance du prix, enfin, puisqu'il faut compter à peu près 300€ par personne et par nuit.
Autre bizarrerie : le séjour dans un habitat troglodytique. Si ce type d'hébergement est connu depuis bien longtemps, il connaît, à l'heure actuelle, un véritable engouement. Des sites en ont même fait leur spécialité : Matmata, en Tunisie, bien sûr, mais aussi la Cappadoce, en Turquie. Certaines régions, moins connues, regorgent de ce genre d'habitats, comme l'ouest de la France... L'atmosphère y est humide et les températures souvent fraîches. Cependant, le dépaysement est garanti, et les prix tout à fait corrects, moins de 400€ la semaine. ■

Les riads marocains connaissent un indéniable succès.

LES HEBERGEMENTS

	OU ?	TYPE D'HABITAT
Carbet	Guyane française	Grande case ouverte qui sert d'abri et devient un gîte d'étape pour le touriste.
Fondouk	Yémen et pays arabes	A l'origine, il s'agit d'un entrepôt ou d'une forme d'hôtellerie pour les marchands. Aujourd'hui, d'une auberge caractéristique des pays arabes moyen-orientaux.
Hacienda	Mexique, Amérique latine en général	Autrefois propriété agricole foncière, parfois reconvertie aujourd'hui en hôtel de caractère.
Igloo	Canada, Groenland, Grand Nord en général	Malgré la récente concurrence de l'hôtel de glace, une valeur sûre du Grand Nord.
Motu	Polynésie	Petite proéminence typique qui réunit des bungalows, des restaurants, des activités nautiques et des plongeurs de tous les styles.
Parador	Espagne	Anciens châteaux ou abbayes transformés en hôtels. Beaux, chers et presque toujours complets. Il est fortement conseillé de réserver.
Pousada	Portugal	Petit hôtel typique géré par l'Etat, désormais concurrencé par la «quinta», celle-ci propriété que l'on trouve dans la vallée du Douro mais aussi à Madère.
Riad	Maroc	Demeure traditionnelle du Maroc, où le touriste a droit à un patio à ciel ouvert avec fontaines centrales et murs décorés de zelliges (briques émaillées), surtout à Marrakech.
Ryokan	Japon	Auberge typiquement et complètement japonaise, où les familles aiment à se retrouver; le séjour y est moins onéreux que dans un hôtel.
Yourte	Asie centrale	Tente démontable, en bois et en feutre, lieu de vie des nomades turcs et mongols.

A chacun sa destination

Coût et durée du voyage, qualité des infrastructures, conditions sanitaires, un certain nombre de critères entrent en jeu

A CHACUN SA DESTINATION

	COUT MOYEN DU BILLET	COUT MOYEN CHEZ UN VOYAGISTE	PRECAUTIONS DE SANTE	PAPIERS	>
Açores	Vol Paris-Ponta Delgada : 350 €	1200 € pour 8 jours de randonnée		UE : CNI ou P, Canada : P	
Afrique du Sud	Vol Paris-Johannesburg : 700 €	2500 € pour 15 jours	PAP octobre à mai	UE, Canada, Suisse : P	
Alaska	Vol Paris-Anchorage : 900 €	3000 € pour 15 jours de randonnée		UE, Canada, Suisse : P à lecture optique sinon visa	
Algérie	Vol Paris-Alger A/R : 350 €; Vol Paris-Tamanrasset A/R : 500 €	900 € pour une semaine dans le désert		UE, Canada, Suisse : P, visa	
Allemagne	Vol Paris-Berlin A/R : 100 € ; train Paris-Berlin : 150 €	500 € pour une semaine de croisière sur le Rhin		UE, Canada, Suisse : CNI ou P	
Angleterre	Vol Paris-Londres A/R : 100 € ; bateau : 2 pers./1 voit. : 250 €	Environ 200 € pour un week-end à Londres en Eurostar		UE, Suisse : CNI, Canada : P	
Antarctique		Au moins 4500 € pour 10 jours de croisière		UE, Canada, Suisse : P	
Argentine	Vol Paris-Buenos Aires A/R : 700 €	2200 € pour 12 jours de randonnée ou circuit	PAP pour les confins de la Bolivie et du Paraguay	UE, Canada, Suisse : P	
Arménie	Vol Paris-Erevan A/R : 550 €	1500 € pour 12 jours (culture et randonnée)		UE, Canada, Suisse : P et visa	
Australie	Vol Paris-Sydney A/R : 950 €	Entre 2000 € et 2500 € pour 15 jours en circuit		UE, Canada, Suisse : P, visa électronique sur place (gratuit)	
Autriche	Vol Paris-Vienne A/R : 150 €	600 € pour une semaine de randonnée ; 500 € pour une semaine de ski (vol + héb.)		UE : CNI ou P, Canada : P	
Baléares	Vol Paris-Palma A/R : 200 €	900 € pour une semaine de randonnée		UE : CNI ou P, Canada : P	
Belgique	Thalys Paris-Bruxelles A/R : 90 € A/R	Entre 150 et 200 € pour 3 jours et 2 nuits à Bruxelles		UE : CNI ou P, Canada : P	
Bolivie	Vol Paris-La Paz A/R : 950 €	Entre 2500 et 3000 € pour 3 semaines de randonnée (en combiné avec le Pérou)	Hors l'Altiplano, FJ recommandé, PAP au-dessous de 2500 mètres	UE, Canada, Suisse : P	
Botswana	Vol Paris-Gaborone A/R : 1050 €	Au moins 3000 € pour 12 jours de safari-photo	PAP dans certaines régions	UE, Canada, Suisse : P	
Brésil	Vol Paris-Rio de Janeiro A/R : 600 €	Environ 2000 € pour 12 jours en circuit classique	FJ recommandé pour l'ouest, PAP recommandé en Amazonie	UE, Suisse : P, Canada : P et visa	
Bulgarie	Vol Paris-Sofia A/R : 250 € ; Vol Paris-Varna A/R : 330 €	Environ 1000 € pour une semaine de randonnée, 650 € en bord de mer		UE : CNI ou P, Canada : P	
Cambodge	Vol Paris-Phnom Penh A/R : 750 €	2000 à 2500 € pour 15 jours (en combiné avec le Viêt Nam)	PAP pour la plupart des régions, Angkor compris	UE, Canada, Suisse : P, visa	

Précision : les tarifs qui apparaissent dans ce tableau ne sont que des estimations. Ils sont une moyenne des divers tarifs que nous avons relevés çà et là et n'ont donc aucun caractère officiel.

dès lors qu'il s'agit de faire le choix d'une destination. Le tableau ci-dessous permet d'avoir une vision globale et de comparer facilement les caractéristiques de chaque pays.

TRANSPORT AU DEPART DE PARIS	DECALAGE HORAIRE	INFRASTRUCTURES	RISQUES	AFFLUENCE
Paris-Ponta Delgada : 5 heures de vol	Midi à Paris : 10 heures aux Açores	Hébergement et routes de bonne qualité		Moyenne
Paris-Johannnesburg : 1 h 30 de vol	Midi à Paris : même heure en été, 13 heures en hiver à Johannesburg	Lodges dans les parcs, routes de bonne qualité	Vigilance requise	Forte entre novembre et février
Paris-Anchorage : 17 heures de vol	Midi à Paris : 3 heures à Anchorage	Infrastructures de bonne qualité		Modeste
Paris-Alger : 2 heures de vol	Midi à Paris : même heure en hiver, 11 heures en été à Alger	Réseau routier de bonne qualité	Vigilance requise dans le Nord	Modeste mais forte dans le désert pour Noël et le Nouvel An
Paris-Berlin : 1 h 40 de vol. Train : 11 heures	Midi à Paris : même heure à Berlin	Infrastructures de bonne qualité		Moyenne
Eurostar Paris-Londres : 2 h 15	Midi à Paris : 11 heures à Londres	Infrastructures de bonne qualité		Très forte à Londres au printemps et en été
Paris-Ushuaia : 19 heures de vol	Midi à Paris : 7 heures en été, 8 heures en hiver au niveau de péninsule de Palmer			Modeste
Paris-Buenos Aires : 12 heures de vol	Midi à Paris : 7 heures en été, 8 heures en hiver à Buenos Aires	Hébergement de bonne qualité ; location de voiture chère	Vigilance requise dans les villes	Moyenne, mais forte pendant notre hiver
Paris-Erevan : 6 heures de vol	Midi à Paris : 15 heures à Erevan	Hébergement limité et routes difficiles	Eviter de voyager seul	Modeste
Paris-Sydney : 17 heures de vol	Midi à Paris : 20 heures d'avril à octobre, 22 heures de novembre à mars à Sydney	Infrastructures de bonne qualité		Forte en fin d'année à Sydney
Paris-Vienne : 2 heures de vol	Midi à Paris : même heure à Vienne	Infrastructures de bonne qualité		Forte à Vienne au Nouvel An et en été
Paris-Palma : 2 heures de vol	Midi à Paris : même heure à Palma	Infrastructures de bonne qualité		Très forte en juillet-août, mai-juin ou sept-oct.
Thalys Paris-Bruxelles : 1 h 22	Midi à Paris : même heure à Bruxelles	Infrastructures de bonne qualité		Moyenne
Paris-La Paz : 16 heures de vol	Midi à Paris : 6 heures en été, 7 heures en hiver à La Paz	Peu de routes asphaltées, location de voiture avec chauffeur préférable	Vigilance soutenue lors d'un voyage individuel	Moyenne
Paris-Gaborone : 15 heures de vol. Souvent via Johannesburg	Midi à Paris : même heure en été, 13 heures en hiver	Réseau routier de bonne qualité, logement cher		Moyenne
Paris-Rio de Janeiro : 12 heures de vol ; Salvador de Bahia : 10 heures de vol	Midi à Paris : 7 heures en été, 8 heures en hiver à Rio de Janeiro	Quartos en nombre, location de voiture	Insécurité latente dans les grandes villes et les favelas	Forte de mi-janvier à mi-février
Paris-Sofia : 2 h 45 de vol	Midi à Paris : 13 heures à Sofia	Pensions et logement chez l'habitant répandus		Tourisme de masse en été sur la mer Noire
Paris-Phnom Penh : 16 heures de vol	Midi à Paris : 17 heures en été, 18 heures en hiver à Phnom Penh	Routes difficiles, location de voiture avec chauffeur préférable	Mines possibles dans les régions isolées	Le grand tourisme gagne Angkor. Partir hors saison

CNI : carte nationale d'identité. DP : demi-pension. FJ : fièvre jaune. P : passeport. PAP : plan antipaludisme. PC : pension complète. TC : tout compris.

A CHACUN SA DESTINATION

	COUT MOYEN DU BILLET	COUT MOYEN CHEZ UN VOYAGISTE	PRECAUTIONS DE SANTE	PAPIERS	>
Canada	Vol Paris-Montréal A/R : 400 € ; vol Paris-VancouverA/R : 600 €	1500 € pour une semaine neige «multiactivités» au Québec		UE, Suisse : P	
Canaries	Vol Paris-Tenerife A/R : 350 €	650 € pour une semaine en hôtel-club, vol et demi-pension		UE : CNI ou P, Canada : P	
Cap-Vert	Vol Paris-Sal A/R : 600 €	1300 € pour une semaine de randonnée	FJ conseillée, PAP pour São Tiago	UE, Canada, Suisse : P, visa	
Chili	Vol Paris-Santiago A/R : 750	Au moins 3000 € pour 15 jours		UE, Canada, Suisse : P	
Chine	Vol Paris-Pékin ou Shanghai A/R : 700 € ; vol Paris-Lhassa A/R : 800 €	1500 € pour 10 jours en circuit classique ; au moins 2500 € pour 15 jours au Tibet	PAP pour Hainan et Yunnan	UE, Canada, Suisse : P, visa	
Chypre	Vol Paris-Larnaca A/R : 340 €	600 € pour une semaine en hôtel-club		UE : CNI ou P, Canada : P	
Comores	Paris-Moroni A/R : 600 €	1500 € pour une semaine balnéaire tout compris	PAP	UE, Canada, Suisse : P	
Corée du Sud	Vol Paris-Séoul A/R : 850 €	Au moins 2500 € pour 12 jours		UE, Canada, Suisse : P	
Costa Rica	Vol Paris-San José A/R : 620 €	Environ 1500 € pour 10 jours, vol, hébergement, location de voiture inclus	PAP dans certains cantons (risque modéré)	UE, Suisse : P ; Canada : carte de citoyenneté	
Croatie	Vol Paris-Dubrovnik A/R : 370 €	1000 € pour une semaine de croisière en goélette		UE : CNI ou P, Canada : P	
Cuba	Vol Paris-La Havane A/R : 650 €	Moins de 1000 € pour une semaine balnéaire ; 1300 € pour 12 jours en autotour		UE, Canada, Suisse : P, carte de tourisme	
Danemark	Vol Paris-Copenhague A/R : 150 €	300 € pour un week-end à Copenhague, vol et hébergement inclus		UE : CNI ou P, Canada : P	
Ecosse	Vol Beauvais-Glasgow A/R : environ 100 € selon dates	1400 € pour 15 jours de randonnée		UE, Suisse : CNI, Canada : P	
Egypte	Vol Paris-Le Caire A/R : 350 €	800 € pour une semaine de croisière sur le Nil		UE, Canada, Suisse : P, visa	
Emirats arabes unis	Vol Paris-Dubaï A/R : 450 €	A partir de 700 € pour un week-end à Dubaï		UE, Canada, Suisse : P	
Eoliennes (îles)	Vol Paris-Catane A/R : 150 €	Autour de 1100 € pour une semaine de randonnée vers les volcans		UE, Suisse : CNI ou P, Canada : P	
Equateur	Vol Paris-Quito A/R : 700 €	2000 € pour un séjour classique de 15 jours ; 3000 € pour un séjour incluant les Galápagos	FJ recommandé, PAP recommandé en zones rurales	UE, Canada, Suisse : P	
Espagne	Vol Paris-Barcelone ou Madrid A/R : 150 €	500 € pour semaine en séjour balnéaire en été ; 1000 € pour une semaine de randonnée dans les Pyrénées		UE, Suisse : CNI ou P, Canada : P	
Etats-Unis	Vol Paris-New York A/R : 400 € ; vol Paris-Los Angeles A/R : 500 €	600 € pour un week-end à New York ; 750 € pour une semaine en autotour en Floride		UE, Suisse : P (lecture biométrique, sinon visa) ; Canada : carte de citoyenneté	

TRANSPORT AU DEPART DE PARIS	DECALAGE HORAIRE	INFRASTRUCTURES	RISQUES	AFFLUENCE
Paris-Montréal : 7 h 30 de vol ; Paris-Vancouver : 10 h 30 de vol	Midi à Paris : 3 heures à Vancouver, 6 heures à Montréal	Infrastructures de bonne qualité		Forte été comme hiver
Paris-Las Palmas : 4 heures de vol	Midi à Paris : 11 heures à Tenerife	Infrastructures de bonne qualité		Tourisme de masse, sauf randos en montagne
Paris-Sal : 5 h 30 de vol	Midi à Paris : 9 heures en été, 10 heures en hiver à Sal	Routes étroites, hébergement de bonne qualité		Moyenne, pic en décembre
Paris-Santiago : 19 heures de vol	Midi à Paris : 7 heures en été, 8 heures en hiver à Santiago	Très bonnes structures, réseau de bus de bonne qualité		Moyenne
Paris-Pékin : 10 heures de vol	Midi à Paris : 18 heures en été, 19 heures en hiver à Pékin	Hébergement inégal et cher, réseau ferroviaire lent		Plus forte aux intersaisons
Paris-Larnaca : 4 heures de vol	Midi à Paris : 13 heures à Larnaca	Infrastructures de bonne qualité		Très forte en été sur les côtes
Paris-Moroni : 12 heures de vol	Midi à Paris : 13 heures en été, 14 heures en hiver à Moroni	Peu de bus, nombreux taxis	Situation parfois tendue à Ndzouani (ex-Anjouan)	Modeste
Paris-Séoul : 11 heures de vol	Midi à Paris : 19 heures en été, 20 heures en hiver à Séoul	Infrastructures de bonne qualité		Moyenne
Paris-San José : 13 heures de vol	Midi à Paris : 4 heures en été, 5 heures en hiver à San José	Routes difficiles, bons lodges, camping		De plus en plus forte de décembre à avril
Paris-Dubrovnik : 2 heures de vol	Midi à Paris : même heure à Dubrovnik	Hébergement et réseau routier de bonne qualité	Ne pas s'éloigner des itinéraires balisés	Forte en été à Dubrovnik, de plus en plus forte dans les îles
Paris-La Havane : 10 heures de vol	Midi à Paris : 6 heures à La Havane	Hébergement varié et de bonne qualité, routes correctes… et désertes		Foule sur les côtes mais pas dans l'intérieur
Paris-Copenhague : 1 h 45 de vol	Midi à Paris : même heure à Copenhague	Excellentes infrastructures, mais coût de séjour élevé		Moyenne
Paris-Glasgow : 1 h 45 de vol	Midi à Paris : 11 heures à Glasgow	Hébergement original, bon réseau routier		Moyenne
Paris-Le Caire : 4 h 30 de vol	Midi à Paris : même heure en été, 13 heures en hiver au Caire	Bons équipements sur le Nil, hébergement de bonne qualité	Surveillance policière contraignante	Forte sur le Nil d'oct. à mai, sur la mer Rouge mars-juin et sept.déc.
Paris-Dubaï : 7 heures de vol		Excellentes structures, assez luxueuses		De plus en plus forte de novembre à avril
Paris-Catane : 2 h 30 de vol	Midi à Paris : même heure à Catane	Infrastructures de bonne qualité		Très forte en été
Paris-Quito : 13 heures de vol	Midi à Paris : 5 heures en été, 6 heures en hiver à Quito	Routes difficiles	Insécurité sur les frontières nord, vigilance dans les villes	Moyenne
Paris-Barcelone : 1 h 35 de vol ; Paris-Malaga : 2 h 30 de vol	Midi à Paris : même heure à Madrid	Infrastructures de bonne qualité		Très ancien tourisme balnéaire de masse, choisir les intersaisons
Paris-New York : 8 heures de vol ; Paris-Los Angeles : 12 heures de vol	Midi à Paris : 3 heures à Los Angeles, 6 heures à New York	Infrastructures de bonne qualité		Foule en été dans les villes et le Grand Canyon, préférer le printemps et l'automne

CNI : carte nationale d'identité. DP : demi-pension. FJ : fièvre jaune. P : passeport. PAP : plan antipaludisme. PC : pension complète. TC : tout compris.

A CHACUN SA DESTINATIONA

	COUT MOYEN DU BILLET	COUT MOYEN CHEZ UN VOYAGISTE	PRECAUTIONS DE SANTE	PAPIERS	>
Ethiopie	Vol Paris-Addis-Abeba A/R : 700 €	2500 € pour 15 jours de randonnée et tout-terrain	FJ recommandé, PAP au-dessous de 2000 mètres	UE, Canada, Suisse : P, visa (aussi à l'arrivée)	
Finlande	Vol Paris-Helsinki A/R : 290 €	1300 € pour une semaine neige «multiactivités» en Laponie		UE, Suisse : CNI ou P, Canada : P	
Galles (pays de)	Vol Paris-Cardiff A/R : 160 €	Autour de 1000 € pour une semaine de randonnée		UE, Suisse : CNI ou P, Canada : P	
Grèce	Vol Paris-Athènes A/R : 260 € ; vol Paris-Héraklion A/R : 350 €	600 € pour une semaine en hôtel-club ; 950 € pour une semaine de randonnée en Crète		UE, Suisse : CNI ou P, Canada : P	
Guadeloupe	Vol Paris-Pointe-à-Pitre A/R : 590 €	1600 € pour une semaine de croisière ; 800 € pour une semaine balnéaire		UE : CNI ou P, Canada : P	
Guatemala	Vol Paris-Guatemala A/R : 740 €	De 2000 à 2500 € pour 15 jours de voyage classique ou de randonnée	PAP au-dessous de 1 500 mètres	UE, Canada, Suisse : P	
Guyane française	Vol Paris-Cayenne A/R : 630 €	2000 € pour 15 jours d'aventure en forêt	FJ obligatoire, PAP pour l'intérieur	UE : CNI ou P, Canada, Suisse : P	
Hong Kong	Vol Paris-Hong Kong A/R : 590 €	700 € pour un séjour de 4 jours et 3 nuits		UE, Canada, Suisse : P, mais visa ailleurs en Chine	
Hongrie	Vol Paris-Budapest A/R : 250 €	1700 € pour 10 jours de croisière sur le Danube tout compris			
Inde	Vol Paris-Bombay ou vol Paris-New Delhi A/R : 550 €	2000 € pour 15 jours en circuit complet, vol et demi-pension inclus	PAP au-dessous de 2 000 mètres	UE, Canada, Suisse : P, visa	
Indonésie	Vol Paris-Denpasar (Bali) A/R : 750 €	2200 € pour 15 jours (circuit Java-Bali), vol et demi-pension inclus	PAP hors Jakarta, Bali, Java	UE, Canada, Suisse : P, visa (parfois à l'arrivée)	
Irlande	Vol Paris-Dublin A/R : 180 €	1200 € pour 10 jours (voyage à thème) ; 300 € pour un week-end à Dublin		UE, Suisse : CNI ou P, Canada : P	
Islande	Vol Paris-Reykjavík A/R : 520 €	1000 € pour une semaine en circuit		UE, Suisse : CNI ou P, Canada : P	
Israël	Vol Paris-Tel-Aviv-Jaffa A/R : 400 €	1100 € pour une semaine de circuit dans les sites historiques, tout compris		UE, Canada, Suisse : P	
Italie	Vol Paris-Rome A/R : 150 €	400 € pour un week-end à Florence, Rome ou Venise, tout compris		UE, Suisse : CNI ou P, Canada : P	
Japon	Vol Paris-Tokyo A/R : 950 €	3000 € pour 15 jours (circuit dans les sites historiques), tout compris		UE, Canada, Suisse : P	
Jordanie	Vol Paris-Amman A/R : 530 €	1300 € pour 9 jours (Pétra et randonnée dans le Wadi Rum), tout compris		UE, Canada, Suisse : P, visa	
Kenya	Vol Paris-Mombasa ou Nairobi A/R : 750 €	1200 € pour une semaine en safari-photo, vol et hébergement inclus	FJ recommandé, PAP au-dessous de 2 500 mètres	UE, Canada, Suisse : P, visa	
Laos	Vol Paris-Vientiane A/R : 850 €	2000 € pour 15 jours de randonnée (en combiné avec le Cambodge)	PAP, excepté Vientiane	UE, Canada, Suisse : P, visa	

> TRANSPORT AU DEPART DE PARIS	DECALAGE HORAIRE	INFRASTRUCTURES	RISQUES	AFFLUENCE
Paris- Francfort-Addis-Abeba : 8 heures de vol	Midi à Paris : 13 heures en été, 14 heures en hiver à Addis-Abeba	Routes et pistes difficiles	Eviter de voyager seul	Moyenne
Paris-Helsinki : 2 h 30 de vol ; Paris-Rovaniemi : 3 h 30 de vol	Midi à Paris : 13 heures à Helsinki	Infrastructures de bonne qualité		Affluence en été et au moment des fêtes
Paris-Cardiff : 1 h 50 de vol	Midi à Paris : 11 heures à Cardiff	Infrastructures de bonne qualité		Moyenne, voire modeste
Paris-Athènes : 3 heures de vol ; Paris-Héraklion : 3 h 20 de vol	Midi à Paris : 13 heures à Athènes	Infrastructures de bonne qualité	Prudence en voiture en Crète et dans les îles	Plages bondées en juillet-août sur les îles les plus connues
Vol Paris-Pointe-à-Pitre : 8 heures de vol	Midi à Paris : 6 heures en été, 7 heures en hiver à Pointe-à-Pitre	Infrastructures de bonne qualité		Forte pour les fêtes et en février
Paris-Guatemala : 13 heures de vol	Midi à Paris : 4 heures en été, 5 heures en hiver à Guatemala	Petits hôtels familiaux, chambres chez l'habitant répandues	Eviter de voyager ou de conduire seul	Forte de décembre à avril
Paris-Cayenne : 8 heures de vol	Midi à Paris : 7 heures en été, 8 heures en hiver à Cayenne	Bons équipements routiers et fluviaux	Non-connaisseurs : ne pas s'aventurer seuls	Moyenne
Paris-Hong Kong : 11 heures de vol	Midi à Paris : 18 heurs en été, 19 heures en hiver à Hong Kong	Infrastructures de bonne qualité		Forte au printemps et à l'automne
Paris-Budapest : 2 heures de vol	Midi à Paris, même heure à Budapest	Infrastructures de bonne qualité		Moyenne à forte à Budapest au printemps et en été
Paris-Bombay : 14 heures de vol ; Paris-Calcutta : 18 heures de vol	Midi à Paris : 15 h 30 en été, 16 h 30 en hiver à Calcutta	Routes difficiles, trains bondés, hébergement inégal		Forte entre novembre et avril
Paris-Jakarta : 15 heures de vol	Midi à Paris : 17 heures en été, 18 heures en hiver selon les régions	Bus et trains corrects, hébergement varié (losmen)	Attentats et conflits locaux latents	Forte à Bali entre avril et septembre
Paris-Dublin : 1 h 40 de vol	Midi à Paris : 11 heures à Dublin sauf fin septembre-fin octobre (même heure)	Infrastructures de bonne qualité		Moyenne à forte en été et lors de la Saint-Patrick
Paris-Reykjavík : 3 heures de vol	Midi à Paris : 10 heures en été, 11 heures en hiver à Reykjavík	Infrastructures de bonne qualité		Assez forte en été mais grands espaces...
Paris-Tel-Aviv-Jaffa : 3 h 30 de vol	Midi à Paris : 13 heures à Jérusalem	Infrastructures de bonne qualité	Tension politique persistante, vigilance	Moyenne
Paris-Rome : 2 heures de vol	Midi à Paris : même heure à Rome	Infrastructures de bonne qualité		Très forte durant la Semaine sainte et les mois d'été
Paris-Tokyo : 11 heures de vol	Midi à Paris : 19 heures en été, 20 heures en hiver à Tokyo	Infrastructures de bonne qualité		Moyenne
Paris-Amman : 4 heures de vol	Midi à Paris : même heure en été, 13 heures en hiver à Amman	Infrastructures de bonne qualité		Forte à Pétra au printemps et en automne
Paris-Nairobi : 9 heures de vol	Midi à Paris : 13 heures en été, 14 heures en hiver à Nairobi	Pistes correctes, mais location de voiture individuelle déconseillée	Frontières nord à éviter, vigilance requise en général	Forte en juillet-août, réserver tôt son voyage
Paris-Bangkok-Vientiane : 14 heures de vol	Midi à Paris : 17 heures en été, 18 heures en hiver à Vientiane	Peu de routes asphaltées, pas de trains		Moyenne à forte entre novembre et février

CNI : carte nationale d'identité. DP : demi-pension. FJ : fièvre jaune. P : passeport. PAP : plan antipaludisme. PC : pension complète. TC : tout compris.

A CHACUN SA DESTINATION

	COUT MOYEN DU BILLET	COUT MOYEN CHEZ UN VOYAGISTE	PRECAUTIONS DE SANTE	PAPIERS	>
Liban	Vol Paris-Beyrouth A/R : 550 €	1100 € pour 10 jours en circuit, tout compris		UE, Canada, Suisse : P, visa	
Libye	Vol Paris-Tripoli A/R : 540 € ; vol Paris-Ghat A/R : 440 €	1000 € pour une semaine de randonnée chamelière		UE, Canada, Suisse : P, visa	
Madagascar	Vol Paris-Antananarivo A/R : 750 €	Entre 2000 et 2500 € pour 15 jours en circuit	PAP, surtout régions côtières	UE, Canada, Suisse : P, visa	
Madère	Vol Paris-Funchal A/R : 290 €	900 € pour une semaine de randonnée (pico Ruivo)		UE : CNI ou P, Canada : P	
Malaisie	Vol Paris-Kuala Lumpur A/R : 830 €	3000 € pour 15 jours (en combiné Malaisie de l'Ouest-Malaisie de l'Est)	Risque limité de paludisme dans l'intérieur	UE, Canada, Suisse : P	
Maldives	Vol Paris-Malé A/R : 750 €	1700 € pour 15 jours (en combiné avec le Sri Lanka)		UE, Canada, Suisse : P	
Mali	Vol Paris-Bamako A/R : 480 € ; vol Paris-Gao A/R : 440 €	1600 € pour 15 jours dans le pays dogon et sur le fleuve Niger	FJ obligatoire, PAP indispensable	UE, Canada, Suisse : P, visa	
Malte	Vol Paris-La Valette A/R : 240 €	500 € pour une semaine balnéaire, vol et hébergement inclus		UE : CNI ou P, Canada : P	
Maroc	Vol Paris-Marrakech A/R : 140 €	700 € pour une semaine balnéaire ; 400 € pour une semaine à Marrakech en demi-pension		UE, Canada, Suisse : P, CNI suffisante en cas de voyage en groupe	
Martinique	Vol Paris-Fort-de-France A/R : 590 €	600 € pour une semaine balnéaire, vol et hébergement inclus ; 750 € pour une semaine de randonnée sur la montagne Pelée		UE, Suisse : CNI ou P, Canada : P	
Maurice	Vol Paris-Port-Louis A/R : 850 €	1000 € pour une semaine balnéaire, vol et hébergement inclus		UE, Canada, Suisse : P	
Mauritanie	Vol Paris-Nouakchott A/R : 550 € ; vol Paris-Atar A/R : 440 €	850 € pour une semaine de méharée (Chinguetti-Ouadane)	FJ recommandé pour le sud, PAP surtout dans le sud	UE, Canada, Suisse : P	
Mayotte	Vol Paris-Mamoudzou A/R : 900 €	1500 € pour une semaine plage et randonnée, vol et demi-pension inclus	PAP	UE, Suisse : CNI ou P, Canada : P	
Mexique	Vol Paris-Mexico A/R : 650 € ; vol Paris-Cancún A/R : 700 €	1000 € pour une semaine balnéaire sur la Riviera maya, vol et demi-pension inclus ; 1700 € pour 15 jours de circuit, vol et demi-pension inclus	PAP (Etats d'Oaxaca, du Chiapas)	UE, Canada, Suisse : P	
Mongolie	Vol Paris-Oulan-Bator A/R : 770 €	2500 € pour 15 jours en circuit, tout compris		UE, Canada, Suisse : P, visa	
Monténégro	Vol Paris-Podgorica A/R : 320 €	700 € pour une semaine balnéaire à Budva, vol et demi-pension inclus		UE, Canada, Suisse : P	
Myanmar	Vol Paris-Rangoon A/R : 850 €	2500 € pour 15 jours en circuit avec chauffeur-guide, tout compris	PAP au-dessous de 1000 mètres	UE, Canada, Suisse : P	
Namibie	Vol Paris-Windhoek A/R : 1050 €	1500 € pour 12 jours, vol, demi-pension et location de la voiture inclus	PAP dans le Nord	UE, Canada, Suisse : P	

>	TRANSPORT AU DEPART DE PARIS	DECALAGE HORAIRE	INFRASTRUCTURES	RISQUES	AFFLUENCE
	Paris-Beyrouth : 4 heures de vol	Midi à Paris : 13 heures à Beyrouth	Bus et taxis, pas de trains	Situation très instable, voyage pas toujours possible	Moyenne à forte en temps normal
	Paris-Tripoli : 3 heures de vol	Midi à Paris : 13 heures à Tripoli	Infrastructures de bonne qualité	Eviter de voyager seul, surtout aux frontières	De plus en plus forte dans le désert
	Paris-Antananarivo : 13 heures de vol	Midi à Paris : 13 heures en été, 14 heures en hiver à Antananarivo	Circulation difficile, tout-terrain avec guide de préférence		Moyenne
	Paris-Funchal : 3 h 30 de vol	Midi à Paris : 11 heures à Madère	Infrastructures de bonne qualité		Assez forte au printemps (floraison)
	Paris-Kuala Lumpur : 14 heures de vol	Midi à Paris : 18 heures en été, 19 heures en hiver à Kuala Lumpur	Moins de confort à Sarawak et Sabah		Moyenne
	Paris-Malé : 11 heures de vol	Midi à Paris : 15 heures en été, 16 heures en hiver à Malé	Hydravions et dhonis (bateaux de pêche), «îles-hôtels»		Moyenne, mais forte lors des fêtes de fin d'année
	Paris-Bamako : 5 h 30 de vol	Midi à Paris : 10 heures en été, 11 heures en hiver à Bamako	Confort limité, pistes difficiles	Eviter de partir seul dans le nord	Moyenne
	Paris-La Valette : 2 h 40 de vol	Midi à Paris, même heure à La Valette	Infrastructures de bonne qualité		Forte de juillet à septembre inclus
	Paris-Marrakech : 3 h 20 de vol	Midi à Paris : 10 heures en été, 11 heures en hiver à Marrakech	Hébergement divers (riads), bon réseau de bus, taxis collectifs		Forte au printemps et en été à Marrakech et Agadir
	Paris-Fort-de-France : 8 h 30 de vol	Midi à Paris : 6 heures en été, 7 heures en hiver à Fort-de-France	Infrastructures de bonne qualité		Forte pour les fêtes et en février
	Paris-Port-Louis : 12 heures de vol	Midi à Paris : 14 heures en été, 15 heures en hiver à Port-Louis	Infrastructures de bonne qualité		Forte pour les fêtes et d'octobre à mars
	Paris-Nouakchott : 5 heures de vol ; Paris-Atar : 4 heures de vol	Midi à Paris : 10 heures en été, 11 heures en hiver à Nouakchott	Structures parfois minimales, pistes difficiles	Vigilance aux frontières	Forte sur l'Adrar en fin d'année et en février
	Paris-Mamoudzou : 14 heures de vol	Midi à Paris : 13 heures en été, 14 heures en hiver à Mamoudzou	Peu de bus, nombreux taxis, bonnes structures		Moyenne
	Paris-Mexico : 11 heures de vol	Midi à Paris : 4 heures en été, 5 heures en hiver à Mexico	Infrastructures de bonne qualité		Forte d'octobre à avril à Mexico, Cancun et sur la Riviera maya
	Paris-Oulan-Bator : 15 heures de vol	Midi à Paris : 18 heures en été, 19 heures en hiver à Oulan-Bator	Conditions difficiles, mais habitat original (yourtes)	Voyage individuel peu couru, bien se renseigner	Moyenne mais en hausse
	Paris-Podgorica : 5 heures de vol	Midi à Paris, même heure à Podgorica	Infrastructures de bonne qualité		Moyenne mais en nette hausse en été
	Paris-Rangoon : 15 heures de vol	Midi à Paris : 16 h 30 en été, 17 h 30 en hiver à Rangoon	Trains lents, déplacements difficiles	Interdit de s'aventurer dans certaines régions, vigilance fortement recommandée	Moyenne à forte entre novembre et mars
	Paris-Windhoek : 13 heures de vol	Midi à Paris : même heure en été, 13 heures en hiver à Windhoek	Pistes excellentes, hébergement varié mais cher	Eviter la région nord	Moyenne

CNI : carte nationale d'identité. DP : demi-pension. FJ : fièvre jaune. P : passeport. PAP : plan antipaludisme. PC : pension complète. TC : tout compris.

A CHACUN SA DESTINATION

	COUT MOYEN DU BILLET	COUT MOYEN CHEZ UN VOYAGISTE	PRECAUTIONS DE SANTE	PAPIERS	> >
Népal	Vol Paris-Katmandou A/R : 700 €	2500 € pour 15 jours de trekking	PAP dans le sud	UE, Canada, Suisse : P, visa	
Niger	Vol Paris-Niamey A/R : 400 € ; vol Paris-Agadès A/R : 440 €	900 € pour une semaine de randonnée dans le désert	FJ obligatoire, PAP indispensable	UE, Canada, Suisse : P, visa	
Norvège	Vol Paris-Oslo A/R : 150 €	2000 € pour 13 jours de croisière		UE : CNI ou P, Canada : P	
Nouvelle-Calédonie	Vol Paris-Nouméa A/R : 1200 €	3000 € pour 15 jours de croisière ou en circuit	PAP	UE : CNI ou P, Canada : P	
Nouvelle-Zélande	Vol Paris-Auckland A/R : 990 €	3000 € pour 21 jours de randonnée ou en circuit		UE, Canada, Suisse : P	
Oman	Vol Paris-Mascate A/R : 510 €	2000 € pour 10 jours en circuit tout-terrain		UE, Canada, Suisse : P, visa	
Ouzbékistan	Vol Paris-Tachkent A/R : 950 €	1400 € pour une semaine en circuit culturel, tout compris		UE, Canada, Suisse : P, visa	
Pays Baltes	Vol Paris-Riga A/R : 160 €	Environ 350 € pour un week-end de 4 jours (Riga et Tallinn)		UE, Canada, Suisse : P	
Pays-Bas	Train Paris-Amsterdam A/R : autour de 100 € selon dates	Environ 250 € pour un week-end de 4 jours à Amsterdam, vol et hébergement inclus		UE : CNI ou P, Canada : P	
Pérou	Vol Paris-Lima A/R : 800 €	2500 € pour 15 jours de randonnée sur le chemin de l'Inca	PAP au-dessous de 1500 mètres	UE, Canada, Suisse : P	
Philippines	Vol Paris-Manille A/R : 670 €	2500 € pour 15 jours de randonnée ou en circuit	PAP au-dessous de 600 mètres sauf zones urbaines	UE, Canada, Suisse : P	
Pologne	Vol Paris-Varsovie A/R : 180 €	Environ 400 € pour un week-end de 4 jours à Cracovie et Varsovie, vol et hébergement inclus		UE : CNI ou P, Canada, Suisse : P	
Polynésie	Vol Paris-Papeete A/R : 1500 €	3000 € pour 12 jours de farniente ou de croisière		UE, Canada, Suisse : P	
République dominicaine	Paris-Saint-Domingue A/R : 550 €	Entre 800 et 1000 € pour une semaine balnéaire tout compris	PAP dans l'ouest (risque faible)	UE, Suisse : P, Canada : carte de citoyenneté.	
République tchèque	Vol Paris-Prague A/R : 150 €	350 € pour un week-end de 3 jours et 2 nuits à Prague		UE : CNI ou P, Canada : P	
Portugal	Vol Paris-Lisbonne A/R : entre 100 et 150 €	900 € pour une semaine balnéaire en Algarve, tout compris		UE : CNI ou P, Canada : P	
Réunion	Vol Paris-Saint-Denis A/R : 600 €	1500 € pour 10 jours, demi-pension et excursions incluses		UE : CNI ou P, Canada, Suisse : P	
Roumanie	Vol Paris-Bucarest A/R : 190 €	600 € pour une semaine balnéaire sur la mer Noire en demi-pension		UE : CNI ou P, Canada : P	
Russie	Vol Paris-Moscou A/R : 300 € ; Paris-Saint-Pétersbourg A/R : 400 €	1300 € pour 12 jours pour une croisière sur la Volga, de Moscou à Saint-Pétersbourg		UE, Canada, Suisse : P, visa	

>	TRANSPORT AU DEPART DE PARIS	DECALAGE HORAIRE	INFRASTRUCTURES	RISQUES	AFFLUENCE
	Paris-Katmandou : 13 heures de vol	Midi à Paris : 15 h 45 en été, 16 h 45 en hiver à Katmandou	Bonnes conditions pour les trekkings, lodges	Vigilance mais accord de paix entre pouvoir et guérilla maoïste	Moyenne
	Paris-Niamey : 4 heures de vol	Midi à Paris : même heure en hiver, 11 heures en été à Niamey	Bonnes conditions pour le désert	Ne pas voyager seul	Moyenne à forte en fin d'année et en février
	Paris-Oslo : 2 h 20 de vol	Midi à Paris, même heure à Oslo	Infrastructures de bonne qualité		Forte dans les fjords et en croisière en été
	Paris-Nouméa : 24 heures de vol	Midi à Paris : 21 heures en été, 22 heures en hiver à Nouméa	Infrastructures de bonne qualité		Moyenne
	Paris-Auckland : 27 heures de vol	Midi à Paris : 23 heures en été, minuit en hiver à Auckland	Bed & Breakfast, campings, fermes		Moyenne
	Paris-Mascate : 7 heures de vol	Midi à Paris : 14 heures en été, 15 heures en hiver à Mascate	Infrastructures de bonne qualité		Moyenne
	Paris-Tachkent : 6 h 30 de vol	Midi à Paris : 16 heures en hiver à Tachkent	Réseau routier de bonne qualité, chambres d'hôtes	Ne pas voyager vers les frontières sud-est	Moyenne
	Paris-Riga : 3 heures de vol	Midi à Paris : 13 heures à Riga	Infrastructures de bonne qualité		Moyenne
	Train Paris-Amsterdam : 3 heures	Midi à Paris, même heure à Amsterdam	Infrastructures de bonne qualité		Forte pour les tulipes au printemps, et à Amsterdam de mai à septembre
	Paris-Lima : 16 heures de vol	Midi à Paris : 5 heures en été, 6 heures en hiver à Lima	Infrastructures de bonne qualité	Ne pas partir seul dans certaines régions	Forte en été
	Paris-Manille : 17 heures de vol	Midi à Paris : 18 heures en été, 19 heures en hiver à Manille	Infrastructures de bonne qualité	Vigilance relative dans le sud	Moyenne
	Paris-Varsovie : 2 heures de vol	Midi à Paris, même heure à Varsovie	Infrastructures de bonne qualité		Moyenne
	Paris-Papeete : 19 heures de vol	Midi à Paris : minuit du jour précédent en été, 1 heure en hiver à Papeete	Infrastructures de bonne qualité		Moyenne à forte en été et en fin d'année
	Paris-Saint-Domingue : 9 heures de vol	Midi à Paris : 6 heures en été, 7 heures en hiver à Saint-Domingue	Réseau routier acceptable		Foule sur les côtes est en fin d'année et en février
	Paris-Prague : 1 h 40 de vol	Midi à Paris : même heure à Prague	Infrastructures de bonne qualité		Très forte à Prague de mai à août
	Paris-Lisbonne : 2 h 15 de vol	Midi à Paris : 11 heures à Lisbonne	Logement original en dormida ou pousada		Forte en juillet et août à Lisbonne et en Algarve
	Paris-Saint-Denis : 11 heures de vol	Midi à Paris : 14 heures en été, 15 heures en hiver à Saint-Denis	Gîtes ruraux, chambres d'hôtes, réseau routier de bonne qualité		Moyenne à forte en été
	Paris-Bucarest : 3 h 50 de vol	Midi à Paris : 13 heures à Bucarest	Auberges, logement chez l'habitant, camping		Forte en juillet-août sur la mer Noire
	Paris- Moscou : 5 h 35 de vol ; Paris-Saint-Pétersbourg : 5 h 15 de vol	Midi à Paris : 14 heures à Moscou, 21 heures à Vladivostok	Infrastructures de bonne qualité, hôtellerie plutôt chère	Voyage à éviter dans les républiques autonomes en bordure du Grand Caucase	Forte à Saint-Pétersbourg en juin

CNI : carte nationale d'identité. DP : demi-pension. FJ : fièvre jaune. P : passeport. PAP : plan antipaludisme. PC : pension complète. TC : tout compris.

A CHACUN SA DESTINATION

	COUT MOYEN DU BILLET	COUT MOYEN CHEZ UN VOYAGISTE	PRECAUTIONS DE SANTE	PAPIERS	>
Sardaigne	Vol Paris-Cagliari A/R : 300 €	600 € pour une semaine balnéaire en demi-pension		UE, Suisse : CNI ou P, Canada : P	
Sénégal	Vol Paris-Dakar A/R : 450 €	800 € pour une semaine balnéaire en demi-pension	FJ recommandé, PAP indispensable	UE, Canada, Suisse : P	
Seychelles	Vol Paris-Mahé A/R : 950 €	2200 € pour une semaine balnéaire et plongée en demi-pension		UE, Canada, Suisse : P	
Sicile	Vol Paris-Catane ou Paris-Palerme A/R : 210 €	550 € pour une semaine en hôtel-club		UE : CNI ou P, Canada : P	
Singapour	Vol Paris-Singapour A/R : 670 €	800 € pour une escapade éclair de 4 jours et 3 nuits		UE, Canada, Suisse : P	
Slovaquie	Vol Paris-Bratislava A/R : 230 €	950 € pour une semaine combinant randonnées et visites culturelles		UE : CNI ou P, Canada : P	
Slovénie	Vol Paris-Ljubljana A/R : 190 €	1000 € pour une semaine de randonnée ou en circuit		UE : CNI ou P, Canada : P	
Sri Lanka	Vol Paris-Colombo A/R : 720 €	1400 € pour 15 jours en circuit culturel en minibus et en demi-pension	PAP sauf pour Colombo, Kalutara, Nuwara Eliya	UE, Canada, Suisse : P	
Suède	Vol Paris-Stockholm A/R : 100-150 €	1400 € pour 10 jours neige «multiactivités» en Laponie, tout compris		UE, Canada, Suisse : P	
Suisse	Vol Paris-Genève A/R : 130 € ; vol Paris-Zurich A/R : 160 €	600 € pour une semaine de randonnée dans les Alpes, tout compris		UE : CNI ou P, Canada : P	
Syrie	Vol Paris-Damas A/R : 550 €	1500 € pour 15 jours (combiné culturel avec la Jordanie), tout compris		UE, Canada, Suisse : P, visa	
Tanzanie	Vol Paris-Dar es-Salaam A/R : 790 €	2500 € pour 15 jours (safari photo et Zanzibar) tout compris	FJ recommandé, PAP au-dessous de 1800 mètres	UE, Canada, Suisse : P, visa	
Thaïlande	Vol Paris-Bangkok A/R : 700 €	Environ 1000 € pour une semaine Bangkok-Phuket	PAP dans les zones rurales	UE, Canada, Suisse : P	
Tibet	Vol Paris-Lhassa A/R : 1 400 €	2500 € pour 15 jours de randonnée, tout compris		UE, Canada, Suisse : P, visa	
Tunisie	Vol Paris-Djerba A/R : 270 € ; vol Paris-Tunis A/R : 230 €	700 €, pour une semaine balnéaire, tout compris ; 800 € pour une semaine dans le désert, tout compris		UE : CNI en groupe, sinon P, Canada : P	
Turquie	Vol Paris-Antalya A/R : 270 € ; Paris-Istanbul A/R : 200 €	600 € pour une semaine balnéaire, tout compris ; 650 € pour une semaine en Cappadoce, tout compris	PAP pour le Sud-Est (Çukurova, Amikova)	UE : CNI ou P, Canada : P	
Venezuela	Vol Paris-Caracas A/R : 640 €	2500 € pour 15 jours de randonnée, tout compris	FJ recommandé, PAP zones rurales et Amazonie	UE, Canada, Suisse : P	
Viêt Nam	Vol Paris-Hô Chi Minh-Ville A/R : 700 €	2000 € pour 15 jours en circuit, tout compris	PAP, surtout dans le sud et au-dessous de 1500 mètres	UE, Canada, Suisse : P, visa	
Yémen	Vol Paris-Sana'a A/R : 700 €	Entre 1700 et 2000 € pour 15 jours de randonnée, tout compris	PAP au-dessous de 2000 mètres	UE, Canada, Suisse : P, visa	
Zimbabwe	Vol Paris-Harare A/R : 980 €	2500 € pour 18 jours (chutes Victoria et réserves)	PAP au-dessous de 1200 mètres	UE, Canada, Suisse : P, visa	

> TRANSPORT AU DEPART DE PARIS	DECALAGE HORAIRE	INFRASTRUCTURES	RISQUES	AFFLUENCE
Paris-Cagliari : 4 heures de vol	Midi à à Paris, même heure à Cagliari	Infrastructures de bonne qualité		Moyenne
Paris-Dakar : 5 heures de vol	Midi à Paris : 10 heures en été, 11 heures en hiver à Dakar	Bon réseau routier, séjour en campement et chez l'habitant de bonne qualité	Eviter les régions frontalières du sud de la Gambie et de la Guinée-Bissau	Forte sur les plages entre novembre et mai
Paris-Mahé : 9 h 30 de vol	Midi à Paris : 14 heures en été, 15 heures en hiver à Mahé	Infrastructures de bonne qualité		Forte en juillet-août
Paris-Catane : 2 h 30 de vol	Midi à Paris : même heure à Catane	Infrastructures de bonne qualité		Très forte en juillet-août sur les côtes
Paris-Singapour : 13 heures de vol	Midi à Paris : 18 heures en été, 19 heures en hiver à Singapour	Infrastructures de bonne qualité		Forte toute l'année
Paris-Bratislava : 3 heures de vol	Midi à Paris, même heure à Bratislava	Infrastructures de bonne qualité		Modeste
Paris-Ljubljana : 1 h 30 de vol	Midi à Paris, même heure à Ljubljana	Infrastructures de bonne qualité		Moyenne
Paris-Colombo : 11 heures de vol	Midi à Paris : 15 h 30 en été, 16 h 30 en hiver à Colombo	Bon réseau de trains, routes et hébergement de bonne qualité	Eviter absolument le nord de l'île	Moyenne à forte en janvier et février
Paris-Stockholm : 2 h 35 de vol	Midi à Paris : même heure à Stockholm	Infrastructures de bonne qualité		Moyenne
Paris-Genève : 1 heure de vol	Midi à Paris, même heure à Genève	Infrastructures de bonne qualité		Moyenne
Paris-Damas : 5 heures de vol	Midi à Paris : 13 heures en été, 14 heures en hiver à Damas	Bon réseau de bus et train, hébergement de bonne qualité		Moyenne
Paris-Dar es-Salaam : 10 heures de vol	Midi à Paris : 13 heures en été, 14 heures en hiver à Dar es-Salaam	Hébergement varié dans les réserves mais coût élevé	Ne pas s'aventurer vers les frontières du Rwanda et du Burundi	Forte lors des mois d'été
Paris-Bangkok : 11 heures de vol	Midi à Paris : 17 heures en été, 18 heures en hiver à Bangkok	Bons réseaux routiers et ferroviaires, hébergement varié	Eviter l'extrême sud du pays	Forte sur les plages en fin d'année
Paris-Lhassa : 16 heures de vol	Midi à Paris : 18 heures en été, 19 heures en hiver à Lhassa	Déplacements difficiles, hébergement parfois spartiate		Moyenne
Paris-Djerba : 2 h 50 de vol ; Paris-Tunis : 2 h 25 de vol	Midi à Paris : même heure en hiver, 11 heures en été à Tunis	Infrastructures de bonne qualité		Très forte sur les côtes de juin à septembre
Paris-Antalya : 6 h 50 de vol ; Paris-Istanbul : 4 h 25 de vol	Midi à Paris : 13 heures à Istanbul	Infrastructures de bonne qualité	Eviter de voyager dans le sud-est	Très forte sur les côtes méditerranéennes de juin à septembre
Paris-Caracas : 10 heures de vol	Midi à Paris : 6 heures en été, 7 heures en hiver à Caracas	Posadas, lodges, ranches, campements		Moyenne
Paris-Hô Chi Minh-Ville : 16 heures de vol	Midi à Paris : 17 heures en été, 18 heures en hiver à Hô Chi Minh-Ville	Logement chez l'habitant de bonne qualité, trains intéressants		Moyenne à forte
Paris-Sana'a : 7 h 30 de vol	Midi à Paris : 13 heures en été, 14 heures en hiver à Sana'a	Hébergement original (fondouk)	Eviter de partir seul et n'importe où	Modeste actuellement
Paris-Harare : 13 heures de vol	Midi à Paris : même heure en été, 13 heures en hiver à Harare	Excellents lodges mais chers		Moyenne

CNI : carte nationale d'identité. DP : demi-pension. FJ : fièvre jaune. P : passeport. PAP : plan antipaludisme. PC : pension complète. TC : tout compris.

A chacun son climat

Vous rêvez de partir au soleil alors qu'en France l'hiver s'installe, vous aimeriez visiter la Norvège mais vous craignez la rigueur du climat... Ce tableau donne pour chaque pays les températures maximales et minimales.

LES TEMPERATURES DANS LE MONDE

		Janvier	Février	Mars	Avril	Mai	Juin	Juillet	Août	Sept.	Oct.	Nov.	Déc.
AÇORES	Ponta Delgada	17/11	17/11	17/11	18/12	20/13	22/15	25/17	26/18	25/17	22/16	20/14	18/12
AFRIQUE DU SUD	Johannesburg	26/15	25/14	24/13	21/10	19/7	16/4	17/4	19/6	23/9	24/11	24/13	25/14
	Le Cap	26/16	27/16	25/14	23/12	20/9	18/8	18/7	18/8	19/9	21/11	24/13	25/15
ALASKA	Anchorage	-6/-13	-3/-11	1/-8	6/-2	12/4	16/8	18/11	17/10	13/5	5/-2	-3/-10	-5/-12
ALGERIE	Alger	17/6	17/6	19/7	21/9	24/12	28/16	31/19	32/20	30/18	26/14	21/10	18/7
ALLEMAGNE	Berlin	3/-2	4/-2	9/1	13/4	19/9	22/12	24/14	24/14	19/11	13/6	7/2	4/0
	Munich	3/-4	4/-3	9/0	13/3	18/7	21/10	23/13	23/12	19/9	13/5	7/0	4/-2
ANGLETERRE	Londres	7/2	8/3	10/4	13/6	17/9	20/12	22/14	22/13	20/11	15/9	10/5	8/3
ANTARCTIQUE	Péninsule de Palmer	3/-1	3/-1	2/-2	0 /-5	-2/-8	-5/-12	-5/-14	-5/-13	-2/-9	0/-6	2/-3	3/-1
ARGENTINE	Buenos Aires	30/20	29/19	26/17	23/14	19/10	16/8	15/7	17/9	19/10	23/13	25/16	28/18
	Ushuaia	15/6	14/5	12/4	10/2	6/0	5/-1	5/-1	6/-1	9/1	11/2	13/4	13/5
ARMENIE	Erevan	1/-8	4/-6	11/0	19/6	24/10	29/14	33/17	32/17	28/12	21/7	12/1	4/-4
AUSTRALIE	Alice Springs	36/21	35/21	33/17	28/13	23/8	20/5	20/4	23/6	27/10	31/15	34/18	35/20
	Darwin	32/25	31/25	32/25	33/24	32/22	31/20	30/21	31/21	33/23	33/25	33/25	33/25
	Perth	32/17	32/17	30/16	25/13	22/10	19/9	18/8	18/8	20/9	22/10	26/13	29/15
	Sydney	26/19	26/19	25/18	22/15	19/11	17/9	16/8	18/9	20/11	22/14	24/16	25/18
AUTRICHE	Vienne	3/-2	5/0	10/2	15/6	21/11	23/16	26/15	25/15	20/12	14/7	8/2	4/1
BALEARES	Ibiza	15/8	16/8	17/9	18/11	22/14	26/18	29/20	30/21	27/19	24/16	19/12	16/9
BELGIQUE	Bruxelles	6/1	6/1	10/3	13/5	18/9	20/12	22/14	23/13	19/11	14/8	9/4	7/2
BOLIVIE	La Paz	18/7	18/7	18/7	18/6	18/4	17/3	16/2	17/3	18/4	19/5	19/6	19/6
	Santa Cruz	30/21	30/21	30/20	28/19	26/17	24/15	25/15	27/16	30/18	30/19	31/20	31/21
BORNEO		31/23	32/24	32/24	32/24	32/24	32/24	32/23	32/23	32/24	32/24	32/24	32/24
BOTSWANA	Gaborone	31/17	30/17	28/14	28/10	23/5	21/1	21/1	24/4	27/9	30/10	31/15	31/16
BRESIL	Manaus	31/23	30/23	31/23	31/23	31/23	31/23	31/23	33/23	33/24	33/24	32/24	31/24
	Rio de Janeiro	30/23	30/24	29/23	28/22	26/20	25/19	25/18	26/19	25/19	26/20	27/21	29/22
BULGARIE	Sofia	2/-5	5/-3	10/0	16/5	20/9	24/12	26/14	26/13	23/10	17/6	10/1	4/-3
	Varna (Côte)	6/-1	7/0	10/2	15/7	20/12	25/16	27/18	27/18	24/14	18/10	13/6	8/2
CAMBODGE	Phnom Penh	32/22	33/23	35/24	35/25	34/25	34/25	33/25	33/25	32/24	31/24	30/23	30/22
CANADA	Montréal	-7/-17	-5/-15	2/-8	11/0	19/6	23/11	26/14	24/12	19/7	12/2	5/-4	-4/-13
	Vancouver	6/1	8/2	10/3	13/5	17/8	19/11	22/13	22/13	19/11	14/7	9/3	6/1
CANARIES	Las Palmas	21/15	21/15	22/15	22/16	23/17	25/19	27/20	27/21	27/21	26/20	24/18	22/16
CAP-VERT	Praia	25/20	25/19	26/20	26/21	27/21	28/22	28/24	29/24	29/25	29/24	28/23	26/22
CHILI	Santiago	30/13	30/12	27/11	23/8	19/6	15/4	15/4	17/5	19/6	22/8	25/10	28/12
CHINE	Canton	18/9	18/10	21/14	25/18	29/22	31/24	32/24	32/24	31/23	29/21	25/15	21/11

Sources : World Meteorological Organization (WMO), Genève. Précision : les températures nous ont été fournies avec leurs décimales.
Par souci de commodité, nous les avons adaptées à leur valeur inférieure (par exemple 15,3 devient 15) ou supérieure (15,7 devient 16).

LES TEMPERATURES DANS LE MONDE													
		Janvier	Février	Mars	Avril	Mai	Juin	Juillet	Août	Sept.	Oct.	Nov.	Déc.
	Pékin	1/-11	4/-8	11/-1	21/7	27/13	31/19	31/21	30/20	26/14	20/6	10/-2	2/-8
CHYPRE	Limassol	16/7	17/8	19/8	23/11	28/15	32/19	34/22	34/22	32/20	28/16	23/13	19/9
COMORES	Moroni	30/23	30/23	31/23	30/23	29/21	28/20	28/19	28/18	28/19	29/20	30/22	31/23
COREE DU SUD	Séoul	2/-6	4/-4	10/1	18/7	23/13	27/18	29/22	30/22	26/17	20/10	12/3	4/-3
COSTA RICA	San José	23/15	24/15	25/16	26/16	26/17	26/17	25/16	25/17	26/17	25/16	24/16	23/16
CROATIE	Dubrovnik	12/7	12/6	14/9	17/11	21/15	25/19	28/22	29/22	25/19	21/15	17/10	13/8
CUBA	La Havane	26/19	26/19	28/20	29/21	30/22	30/23	31/24	32/24	31/24	29/23	28/21	27/20
DANEMARK	Copenhague	2/-2	2/-2	5/-1	10/2	15/7	19/11	20/13	20/13	17/10	12/7	7/3	4/-1
ECOSSE	Edimbourg	6/1	7/1	9/2	11/3	14/6	17/9	18/11	18/11	16/9	13/6	9/3	7/1
EGYPTE	Le Caire	19/9	20/10	24/12	28/15	32/18	34/20	35/22	34/22	33/20	29/17	25/14	20/10
	Louxor	23/6	25/7	29/11	35/16	39/20	41/23	41/24	41/24	39/22	35/18	30/12	24/8
EMIRATS ARABES UNIS	Dubaï	24/14	25/15	28/17	32/20	37/24	39/26	41/29	40/29	39/26	35/23	31/18	26/15
EQUATEUR	Guayaquil	31/23	30/23	31/23	31/23	30/22	29/21	28/20	28/20	29/20	29/21	29/21	29/22
	Quito	22/8	21/8	21/8	21/9	22/8	21/8	22/7	23/7	23/7	22/8	21/8	21/8
ESPAGNE	Barcelone	13/4	15/5	16/7	18/9	21/12	24/16	28/19	28/19	26/17	22/13	17/8	14/6
	Madrid	10/3	12/4	16/6	18/7	21/11	27/15	31/18	31/18	26/15	19/10	13/6	10/4
	Malaga	17/7	18/8	19/9	21/10	24/13	27/17	30/20	30/21	28/18	24/14	20/11	17/8
ETATS-UNIS	Denver	6/-9	8/-7	11/-3	17//1	22/6	27/11	31/15	30/14	25/9	19/2	11/-4	7/-8
	La Nouvelle-Orléans	16/5	18/7	22/11	26/15	29/18	32/22	33/23	32/23	30/21	26/15	22/11	18/7
	Los Angeles	19/9	19/10	19/11	21/14	21/14	22/15	24/17	25/18	25/18	24/15	21/12	19/9
	New York	3/-4	4/-3	9/1	15/6	20/11	25/17	28/20	28/20	24/16	18/10	12/5	6/-1
ETHIOPIE	Addis-Abeba	24/15	24/16	25/17	24/17	25/18	23/17	21/16	21/16	22/16	23/15	23/14/	23/14
FINLANDE	Helsinki	-3/-9	-3/-9	1/-6	8/1	16/4	20/9	22/12	20/11	14/6	8/2	3/-2	-1/-7
GALLES (PAYS DE)	Cardiff	7/2	7/2	10/3	13/5	16/8	19/11	21/13	21/12	18/11	14/8	10/5	8/3
GRECE	Athènes	13/5	14/5	16/7	20/10	26/14	31/18	34/21	33/21	29/17	23/13	18/10	14/7_
GUADELOUPE	Pointe-à-Pitre	28/19	28/19	29/19	29/21	30/22	30/23	30/23	31/23	31/23	30/22	30/21	29/20
GUATEMALA		24/12	25/13	27/14	28/15	27/16	25/16	25/16	25/16	24/16	24/15	23/14	23/1
GUYANE FRANCAISE	Cayenne	29/23	29/23	29/23	29/23	29/23	30/22	30/22	31/22	32/21	32/21	31/22	30/22
HONG KONG		19/14	19/14	21/17	25/20	29/24	30/26	32/27	31/26	30/26	28/23	24/19	21/15
HONGRIE	Budapest	1/-4	5/-2	10/2	16/6	21/11	24/14	27/15	26/15	22/12	16/7	8/2	3/-2
INDE	Bombay	31/17	31/17	33/21	33/24	33/26	32/26	30/25	30/25	30/24	33/23	33/21	32/18
	Calcutta	27/14	30/17	34/22	36/25	36/27	34/27	32/26	32/26	32/26	32/24	30/19	27/14
	Madras	28/21	30/21	32/23	34/26	36/28	37/27	35/26	34/25	34/25	31/24	29/23	28/22
	New Delhi	21/7	24/10	30/15	36/22	40/26	39/28	35/27	33/26	34/24	33/20	28/13	23/8
	Srinagar	5/-2	8/-1	14/4	19/8	24/11	30/15	30/18	30/18	28/13	22/6	15/1	8/-2
INDONESIE	Denpasar	33/24	33/24	34/24	34/25	33/24	31/24	30/23	30/23	31/23	34/24	33/26	33/24
	Jakarta	30/24	30/24	32/25	33/25	33/25	31/25	32/25	32/25	33/26	33/26	31/25	32/25
IRLANDE	Dublin	8/3	8/3	10/3	11/4	14/7	17/10	19/11	19/11	17/10	14/8	10/4	8/3
ISLANDE	Reykjavík	2/-3	3/-2	3/-2	6/0	9/4	12/7	13/8	13/8	10/5	7/2	3/-1	2/-3
ISRAEL	Eilat	21/10	22/11	26/14	31/18	35/22	39/24	40/26	40/26	37/25	33/21	27/16	22/11
	Jérusalem	12/6	13/6	15/8	22/13	25/16	28/18	29/19	29/20	28/19	25/17	19/12	14/8

LES TEMPERATURES DANS LE MONDE

		Janvier	Février	Mars	Avril	Mai	Juin	Juillet	Août	Sept.	Oct.	Nov.	Déc.
ITALIE	Milan	5/-2	8/0	13/3	18/7	22/11	26/15	29/17	28/17	24/14	19/8	10/4	5/1
	Rome	13/4	14/4	15/6	18/8	22/12	26/16	29/18	29/18	26/16	22/12	17/8	14/5
	Venise	6/1	8/1	12/4	16/8	21/12	25/16	28/18	27/17	24/14	18/10	12/4	7/0
JAPON	Tokyo	10/2	10/2	13/5	18/11	23/15	25/19	29/26	31/24	27/21	22/15	17/10	12/5
JORDANIE	Amman	12/4	14/4	17/6	23/10	28/14	31/17	32/19	32/19	31/17	27/14	20/9	14/5
KENYA	Mombasa	32/23	32/24	33/24	31/24	29/23	28/21	28/20	28/20	29/21	30/22	31/23	32/23
	Nairobi	25/12	26/12	26/13	24/14	23/13	22/11	21/10	21/10	24/11	25/13	23/13	23/13
LAOS	Vientiane	28/16	30/19	33/22	34/24	33/25	32/25	31/25	31/25	31/24	31/23	30/19	28/17
LIBAN	Beyrouth	17/9	18/9	20/11	22/13	25/16	28/19	29/21	30/22	29/21	26/18	23/14	19/11
LIBYE	Tripoli	18/9	19/10	21/11	22/14	27/17	30/20	32/22	33/23	31/21	28/18	23/13	19/10
MADAGASCAR	Antananarivo	28/17	26/17	25/16	25/15	23/13	21/11	20/10	21/10	23/11	25/13	26/15	26/16
MADERE	Funchal	19/13	18/13	19/13	19/14	19/16	22/17	24/19	26/19	24/19	23/18	22/16	19/14
MALAISIE	Kuala Lumpur	32/23	33/23	33/23	33/24	33/24	33/24	32/23	32/23	32/23	32/23	32/23	32/23
MALDIVES	Malé	30/26	31/26	31/26	32/27	31/26	31/26	31/26	30/26	30/25	30/25	30/25	30/25
MALI	Bamako	33/17	36/20	39/23	40/25	39/25	35/24	32/22	31/22	32/22	35/21	35/18	33/17
	Tombouctou	30/13	33/15	37/19	40/26	42/26	42/27	39/26	37/25	38/25	39/23	35/18	30/14
MALTE	La Valette	14/10	15/10	16/11	18/13	22/16	26/19	29/22	29/23	27/22	24/19	20/16	16/12
MAROC	Agadir	20/9	22/9	22/11	22/12	24/15	24/16	26/18	27/18	27/17	26/15	23/12	20/8
	Casablanca	17/7	19/11	21/12	20/13	22/16	24/19	26/20	27/21	26/19	22/15	20/12	20/11
	Marrakech	18/7	20/8	22/10	24/12	28/15	31/17	36/20	36/20	32/18	27/15	21/10	18/7
MARTINIQUE	Fort-de-France	27/21	27/21	28/22	29/22	29/23	29/23	29/23	29/24	30/24	29/23	29/23	28/22
MAURICE	Port-louis	32/24	32/24	32/24	31/23	29/22	28/20	27/19	27/19	28/19	29/20	30/22	31/23
MAURITANIE	Nord	23/10	25/11	28/13	30/14	33/16	36/18	41/23	41/24	37/22	32/19	27/15	22/11
	Nouakchott	29/14	31/15	33/16	33/17	34/19	34/22	32/23	33/24	35/25	36/23	34/19	29/14
MAYOTTE		31/24	30/24	30/24	30/24	30/23	28/22	27/21	27/21	28/22	29/23	31/23	31/24
MEXIQUE	Acapulco	30/23	30/26	30/24	31/24	32/25	32/25	32/25	32/25	32/25	32/25	32/25	31/24
	Cancún	28/21	29/21	30/22	32/23	33/24	33/25	33/25	34/25	33/25	31/24	30/23	28/21
	Mexico	21/6	23/7	26/9	27/11	27/12	25/12	23/12	23/12	22/12	22/10	22/8	21/7
MONGOLIE	Oulan-Bator	-7/-33	-1/-30	10/-24	20/-14	28/-6	30/1	31/5	29/3	25/-5	18/-15	6/-25	-5/-32
MONTENEGRO	Podgorica	10/1	11/3	15/6	19/9	24/14	28/17	32/20	32/20	27/17	22/12	15/7	11/3
MYANMAR	Rangoon	32/18	35/19	36/21	37/24	33/25	30/25	30/24	30/24	30/24	32/24	32/22	32/19
NAMIBIE	Windhoek	30/17	28/16	27/15	26/13	23/9	20/7	20/6	23/9	29/11	29/15	30/15	30/16
NEPAL	Katmandou	18/2	20/4	24/8	27/11	28/16	28/19	28/20	28/20	27/18	26/13	23/7	19/3
NIGER	Niamey	33/16	36/19	39/23	41/27	40/28	37/26	34/24	33/23	34/24	38/24	36/20	33/17
NORVEGE	Oslo	-2/-7	-1/-7	4/-3	9/1	16/7	20/11	22/12	20/11	15/8	9/4	3/-2	-1/-6
	Karasjok Grand Nord	-9/-21	-10/-22	-3/-17	1/-9	7/-1	14/5	18/8	16/6	9/2	2/-5	-4/-12	-9/-18
NOUVELLE-CALEDONIE	Nouméa	29/23	29/23	28/23	26/21	24/20	24/19	23/17	23/17	24/18	25/19	27/21	28/22
NOUVELLE-ZELANDE	Auckland	23/16	23/16	22/15	19/13	17/11	14/9	13/8	14/8	16/9	17/11	19/12	21/14
OMAN	Mascate	26/17	26/18	30/20	35/24	40/29	40/30	39/30	36/28	36/27	35//25	30/21	27/18
OUZBEKISTAN	Tachkent	3/-6	7/-3	12/3	18/8	26/13	31/17	33/18	32/16	27/11	18/6	12/2	7/-2
PAYS BALTES LETTONIE	Riga	-4/-10	-3/-10	2/-7	10/1	16/6	21/9	22/11	21/11	17/8	11/4	4/-1	-2/-7

LES TEMPERATURES DANS LE MONDE													
		Janvier	Février	Mars	Avril	Mai	Juin	Juillet	Août	Sept.	Oct.	Nov.	Déc.
PAYS-BAS	Amsterdam	5/1	6/1	9/2	12/4	17/8	19/10	21/13	22/12	18/10	14/7	9/4	7/2
PEROU	Cuzco	19/7	19/7	19/6	20/5	20/3	20/0	19/0	20/0	20/4	21/6	21/6	19/6
	Lima	26/19	27/19	26/19	24/18	22/16	20/15	19/15	18/15	19/15	20/15	22/16	24/18
PHILIPPINES	Manille	30/24	31/24	32/25	34/26	33/27	32/26	31/26	31/26	31/26	31/26	31/25	30/24
POLOGNE	Varsovie	0/-5	2/-4	7/-1	13/3	19/8	22/11	24/13	23/12	18/9	12/4	5/0	2/-3
POLYNESIE FRANÇAISE	Tahiti	30/23	31/24	31/24	31/23	31/23	30/23	29/21	28/21	28/21	29/22	30/23	30/23
PORTUGAL	Faro	16/8	17/8	18/9	20/10	22/13	25/16	29/18	29/18	27/17	23/14	19/11	17/9
	Lisbonne	15/8	16/9	18/10	19/11	22/13	25/16	27/17	28/18	26/17	22/15	18/11	15/9
REP. DOMINICAINE	Saint-Domingue	30/20	30/20	30/20	30/21	30/22	31/23	31/23	32/23	31/23	31/22	31/21	30/20
REP. TCHEQUE	Prague	0/-5	3/-4	8/-1	13/3	18/7	21/11	23/12	23/12	19/9	13/4	6/0	2/-3
REUNION	Saint-Denis	29/23	30/23	29/23	28/22	27/20	26/18	25/18	24/17	25/18	26/19	27/20	28/22
ROUMANIE	Côte	3/-4	4/-2	8/1	13/6	19/11	24/16	27/18	26/17	23/14	17/9	11/4	6/-1
	Bucarest	2/-6	4/-3	11/0	18/6	23/11	27/14	29/16	29/15	25/11	18/6	10/2	4/-3
RUSSIE	Moscou	-6/-12	-4/-11	2/-6	10/2	18/8	22/12	23/14	22/12	15/7	8/2	1/-3	-4/-9
	Saint-Pétersbourg	-5/-11	-4/-10	1/-5	8/1	16/7	20/11	22/14	20/13	15/8	8/3	2/-2	-2/-7
	Vladivostok	-9/-16	-6/-14	2/-6	9/1	15/6	17/11	21/15	23/17	19/13	12/5	3/-4	-6/-13
SARDAIGNE	Cagliari	14/6	15/6	16/7	18/9	22/12	27/16	27/19	30/19	27/17	23/14	18/10	15/7
SENEGAL	Dakar	26/18	25/18	25/18	25/19	26/20	29/23	27/25	30/25	31/25	31/25	30/23	28/21
SEYCHELLES	Victoria (Mahé)	30/24	30/25	31/25	32/25	31/25	29/25	28/24	28/24	29/24	30/24	30/24	30/24
SICILE	Palerme	15/10	15/10	16/11	18/13	22/16	25/20	28/23	29/24	27/22	23/18	19/14	16/12
SINGAPOUR		30/23	31/26	31/24	32/24	32/25	31/25	31/24	31/24	31/24	31/24	31/24	30/23
SLOVAQUIE	Bratislava	2/-4	5/-2	11/1	16/5	22/10	25/13	27/15	22/11	22/11	15/6	8/1	4/-2
SLOVENIE	Ljubljana	3/-3	6/-2	11/1	14/5	21/10	24/13	27/15	26/14	22/11	15/7	8/2	3/-2
SRI LANKA	Colombo	31/22	31/23	32/24	32/25	31/26	30/26	30/25	30/25	30/25	30/24	30/23	30/23
SUEDE	Stockholm	-1/-5	-1/-5	3/-3	9/1	16/6	21/11	22/13	20/13	15/9	10/5	5/1	1/-3
SUISSE	Davos	-2/-11	0/-10	4/-6	8/-2	13/2	16/5	18/7	17/7	14/4	9/0	3/-5	-1/-9
	Genève	4/-2	6/-1	10/1	14/4	18/8	22/11	25/13	24/13	21/10	15/6	8/7	5/-1
SYRIE	Damas	12/3	14/3	18/5	23/9	29/13	34/16	36/17	36/18	32/15	27/12	20/8	14/4
TANZANIE	Dar es-Salaam	30/25	31/25	31/24	30/23	30/22	29/20	29/19	29/19	29/19	29/20	30/22	30/24
	Zanzibar	32/24	32/25	32/24	30/25	28/23	28/23	27/22	28/22	28/22	30/23	31/23	31/24
THAILANDE	Bangkok	32/21	33/23	34/25	35/26	34/26	33/25	33/25	33/25	32/25	32/24	32/23	31/21
TIBET	Lhassa	7/-10	9/-7	12/-3	16/1	19/5	23/9	22/10	21/9	20/8	16/1	11/-5	8/-9
TUNISIE	Gabès (Sud)	16/6	17/7	20/10	22/13	25/17	28/20	32/22	32/23	30/21	26/17	22/12	17/8
	Tunis	16/7	17/7	18/8	21/10	25/14	29/17	33/20	33/21	30/19	25/16	21/11	17/8
TURQUIE	Ankara	4/-4	6/-3	11/0	17/5	22/9	26/13	30/15	30/15	26/11	20/7	13/2	6/1
	Istanbul	9/3	9/3	11/4	17/8	21/12	26/16	28/19	29/19	25/16	20/12	15/9	11/5
VENEZUELA	Caracas	29/13	31/15	32/15	32/16	32/18	30/18	31/17	29/17	30/17	30/16	30/16	28/14
VIET NAM	Hanoi	19/14	20/15	23/18	27/21	32/24	33/26	33/26	32/26	31/25	29/22	25/19	22/15
	Hô Chi Minh-Ville	32/21	33/23	34/24	35/26	34/25	32/25	32/24	32/24	31/24	31/24	31/23	31/21
YEMEN	Sana'a	26/3	27/4	28/7	28/9	29/11	31/12	31/12	31/13	29/10	26/4	26/4	26/5
ZIMBABWE	Harare	26/16	26/16	26/15	26/13	24/9	22/7	22/7	24/9	28/12	28/15	28/16	26/16

Les périodes à préférer

Contrairement aux clichés, le ciel et l'atmosphère des tropiques sont tout sauf éternellement sereins. Aussi, dans ce tableau avons-nous rassemblé les pays compris dans la ceinture tropicale.

LES PERIODES A PREFERER

	Janvier	Février	Mars	Avril	Mai	Juin	Juillet	Août	Sept.	Octobre	Novembre	Décembre
AFRIQUE DU SUD	vert	vert	vert	vert	orange	orange	orange	orange	vert	vert	vert	vert
AUSTRALIE (NORD)	orange	orange	orange	orange	vert	vert	vert	vert	vert	vert	orange	orange
AUSTRALIE (CENTRE)	orange	orange	orange	vert	vert	orange	orange	vert	vert	orange	orange	orange
AUSTRALIE (SUD)	vert	vert	vert	vert	orange	orange	orange	orange	orange	vert	vert	vert
BRESIL (NORD)	orange	orange	orange	vert	vert	vert	orange	orange	vert	vert	vert	orange
BRESIL (AMAZONIE)	orange	orange	orange	rouge : fortes pluies	rouge	rouge	vert	vert	vert	orange	orange	orange
BRESIL (SUD)	orange	orange	orange	vert	vert	orange	orange	orange	orange	vert	vert	orange
CAP-VERT	orange	vert	vert	vert	vert	orange	orange	orange	orange	vert	vert	vert
CHINE (SUD)	vert	vert	vert	vert	orange	orange	orange	rouge : cyclones possibles	rouge	vert	vert	vert
COSTA RICA	vert	vert	vert	vert	orange	orange	orange	orange	orange	orange	orange	vert
CUBA	vert	vert	vert	vert	orange	orange	orange	orange	rouge : cyclones possibles	rouge	vert	vert
REPUBLIQUE DOMINICAINE	vert	vert	vert	vert	orange	orange	orange	rouge : cyclones possibles	rouge	rouge	orange	vert
EGYPTE	vert	vert	orange	orange	orange	rouge : très fortes chaleurs	rouge	rouge	orange	orange	vert	vert
EMIRATS ARABES UNIS	vert	vert	vert	vert	rouge : ◄ très fortes chaleurs ►	rouge	rouge	rouge	rouge	orange	vert	vert
ETATS-UNIS FLORIDE	vert	vert	vert	vert	orange	orange	orange	rouge : cyclones possibles	rouge	rouge	vert	vert
LOUISIANE	orange	orange	vert	vert	vert	orange	orange	rouge : cyclones possibles	rouge	rouge	vert	orange
GUADELOUPE	orange	vert	vert	vert	orange	orange	orange	rouge : cyclones possibles	rouge	rouge	orange	vert
GUATEMALA	vert	vert	vert	vert	orange	orange	orange	orange	rouge : cyclones possibles	rouge	vert	vert
GUYANE	orange	orange	orange	orange	rouge : fortes pluies	rouge	orange	vert	vert	vert	vert	orange
HONG-KONG	vert	vert	vert	vert	orange	orange	orange	rouge : cyclones possibles	rouge	vert	vert	vert

Nous avons opté pour les trois couleurs traditionnelles en la matière : en rouge, les mois formellement déconseillés, soit parce que la chaleur est insupportable, soit parce que des cyclones peuvent survenir ; en orange, les mois passables, une averse tropicale étant souvent et rapidement suivie de soleil ; en vert, les mois à préférer.

LES PERIODES A PREFERER												
	Janvier	Février	Mars	Avril	Mai	Juin	Juillet	Août	Sept.	Octobre	Novembre	Décembre
INDE (EXCEPTE HIMALAYA)				fortes pluies	cyclones possibles					cyclones		
INDONESIE												
KENYA												
MADAGASCAR	cyclones possibles											
MALAISIE	partie est											
MALDIVES												
MARTINIQUE								cyclones possibles				
MAURICE	cyclones possibles											
MAYOTTE												
MEXIQUE								cyclones possibles				
MYANMAR												
NOUVELLE-CALEDONIE	cyclones possibles											
OMAN												
PHILIPPINES												
POLYNESIE FRANCAISE												
REUNION	cyclones possibles											
SENEGAL												
SEYCHELLES												
SRI LANKA	côte sud-ouest			côte nord-ouest			côte nord-ouest					
TANZANIE												
THAILANDE												
VENEZUELA												
VIET NAM												
YEMEN												

ARRIVEZ AVEC L'ESSENTIEL
Portugal
GEOGUIDE
2009 2010
20 PAGES DE PHOTOS COULEURS
GEO 30 ANS
guides Gallimard
www.guides.gallimard.fr

Méridien de Greenwich
Groenland
(DANEMARK)
Mer du Groenland
ISLANDE
NORVÈ
Mer du Nord
ROYAUME-UNI
IRLANDE
PAYS-BAS
BELGIQUE
FRANCE
PORTUGAL
ESPAGNE
Mer Médi
CANADA
AMÉRIQUE DU NORD
ÉTATS-UNIS
Océan
Atlantique
Açores
Madère
MAROC
TUNIS
ALGÉRIE
Îles Canaries
Tropique du Cancer
Golfe du Mexique
MEXIQUE
BELIZE
CUBA
RÉPUBLIQUE DOMINICAINE
HONDURAS
Mer des Antilles
GUATEMALA
SALVADOR
NICARAGUA
COSTA RICA
PANAMA
Guadeloupe (FR.)
Martinique (FR.)
CAP-VERT
MAURITANIE
MALI
SÉNÉGAL
NIGE
GUINÉE-BISSAU
BURKINA
GUINÉE
SIERRA LEONE
LIBERIA
CÔTE D'IVOIRE
GHANA
TOGO
BÉNIN
GUYANA
SURINAME
Guyane française
VENEZUELA
COLOMBIE
Équateur
Galápagos
ÉQUATEUR
AMÉRIQUE DU SUD
Golfe de Guinée
Océan
PÉROU
BRÉSIL
BOLIVIE
Sainte-Hélène
Polynésie française
CHILI
PARAGUAY
Atlantique
Tropique du Capricorne
Île de Pâques
ARGENTINE
URUGUAY
Océan
Pacifique

1. Danemark
2. Allemagne
3. Suisse
4. République tchèque
5. Slovaquie
6. Autriche
7. Slovénie
8. Croatie
9. Hongrie
10. Bosnie-Herzégovine
11. Serbie
12. Monténégro
13. Albanie
14. Macédoine (ARYM)
15. Moldavie
16. Liban
17. Azerbaïdjan
18. Bhoutan
19. Bengladesh
20. Rwanda
21. Burundi
Spitzberg
FÉDÉRATION DE RUSSIE
FINLANDE
Pays Baltes
BIÉLORUSSIE
EUROPE
UKRAINE
ROUMANIE
GÉORGIE
ARMÉNIE
Mer Noire
BULGARIE
GRÈCE
TURQUIE
CHYPRE
MALTE
ISRAËL
SYRIE
IRAK
JORDANIE
KOWEIT
IRAN
KAZAKHSTAN
MONGOLIE
KIRGHIZSTAN
OUZBÉKISTAN
TURKMÉNISTAN
TADJIKISTAN
AFGHANISTAN
PAKISTAN
ASIE
CHINE
CORÉE DU NORD
CORÉE DU SUD
JAPON
Océan
Pacifique
Mer de Chine orientale
TAÏWAN
Hong Kong (CH.)
NÉPAL
INDE
MYANMAR
LAOS
ÉMIRATS ARABES UNIS
ARABIE SAOUDITE
OMAN
YÉMEN
Mer d'Oman
Golfe du Bengale
THAÏLANDE
VIÊT NAM
CAMBODGE
PHILIPPINES
Mer des Philippines
SRI LANKA
MALDIVES
MALAISIE
SINGAPOUR
INDONÉSIE
TIMOR-ORIENTAL
PAPOUASIE-NOUVELLE-GUINÉE
LIBYE
ÉGYPTE
TCHAD
SOUDAN
ÉRYTHRÉE
AFRIQUE
ÉTHIOPIE
RÉP. CENTRAFRICAINE
CAMEROUN
CONGO
OUGANDA
KENYA
SOMALIE
RÉPUBLIQUE DÉMOCRATIQUE DU CONGO
TANZANIE
SEYCHELLES
COMORES
Mayotte (FR.)
ANGOLA
ZAMBIE
MALAWI
NAMIBIE
ZIMBABWE
BOTSWANA
MOZAMBIQUE
MADAGASCAR
MAURICE
Rodrigues
La Réunion (FR.)
SWAZILAND
AFRIQUE DU SUD
LESOTHO
Océan Indien
AUSTRALIE
Nouvelle-Calédonie (FR.)
OCÉANIE
Golfe du Tasman
NOUVELLE-ZÉLANDE
Île du Prince-Édouard
Île Crozet
Île Kerguelen
ANTARCTIQUE

Les destinations de A à Z

La liste ci-dessous répertorie les pays présentés dans le guide, mais également certains lieux qui, bien que faisant partie d'un pays, sont des destinations à part entière.

Açores 322
Afrique du Sud 54
Alaska 152
Algérie 58
Allemagne 60
Antarctique 64
Argentine 66
Arménie 68
Australie 70
Autriche 76
Baléares 144
Belgique 78
Bolivie 80
Bornéo 208
Botswana 82
Brésil 84
Bulgarie 90
Cambodge 92
Canada 94
Canaries 144
Cap-Vert 104
Chili 106
Chine 108
Chypre 120
Comores 272
Corée du Sud 122
Costa Rica 124
Croatie 126
Cuba 128
Danemark 132
Ecosse 338
Egypte 134
Emirats arabes unis 140
Eoliennes (îles) 224
Equateur 142
Espagne 144
Etats-Unis 152
Ethiopie 172
Finlande 174
Galles (pays de) 338
Grèce 176
Guadeloupe 184
Guatemala 186
Guyane française 188
Hong Kong 190
Hongrie 192
Inde 194
Indonésie 208
Irlande 216
Islande 220
Israël 222
Italie 224
Japon 232
Jordanie 236
Kenya 238
Laos 242
Liban 244
Libye 246
Madagascar 248
Madère 322
Malaisie 250
Maldives 254
Mali 256
Malte 258
Maroc 260
Martinique 266
Maurice 268
Mauritanie 270
Mayotte 272
Mexique 274
Mongolie 280
Monténégro 282
Myanmar 284
Namibie 286
Népal 288
Niger 290
Norvège 292
Nouvelle-Calédonie 294
Nouvelle-Zélande 296
Oman 298
Ouzbékistan 300
Pays Baltes 302
Pays-Bas 308
Pérou 312
Philippines 316
Pologne 318
Polynésie 320
Portugal 322
République dominicaine 330
République tchèque 332
Réunion 334
Roumanie 336
Royaume-Uni 338
Russie 348
Sardaigne 224
Sénégal 354
Seychelles 356
Sicile 224
Singapour 358
Slovaquie 360
Slovénie 362
Sri Lanka 364
Suède 366
Suisse 368
Syrie 370
Tanzanie 372
Thaïlande 376
Tibet 108
Tunisie 380
Turquie 384
Venezuela 388
Viêt Nam 392
Yémen 396
Zanzibar 372
Zimbabwe 398

Les pays de A à Z

Afrique du Sud

QUE VOIR, QUE FAIRE EN AFRIQUE DU SUD ?

La faune

- Parc national de Kruger et réserve de Hluhluwe-Umfolozi avec le « Big Five » (buffles, éléphants, léopards, lions, rhinocéros)
- Marais de Santa Lucia (crocodiles, hippopotames)
- Parcs Karoo (springboks), Addo (éléphants), Pilanesberg (girafes, rhinocéros blancs, zèbres)
- Kalahari Gemsbok (springboks, guépards, gnous, suricates, aigles martiaux), Lambert's Bay et Langebaan Lagoon (oiseaux)
- Fermes d'autruches (Oudtshoorn)

Les paysages et les randonnées

- Drakensberg (canyon de la Blyde River), vallée de la Désolation
- Route des Vins, jardins de Kirstenbosch, cavernes de Cango
- KwaZulu-Natal (témoignages de l'art bochiman), chutes Augrabies, mines de diamant de Kimberley
- Réseau de grandes randonnées

Les côtes

- Durban, Wild Coast (« Côte Sauvage »)
- Garden Route (« Route des Jardins »)
- Côte de la Péninsule

Les villes

- Le Cap, Johannesburg, Pretoria, Sun City

Malgré un coût du voyage assez élevé et des problèmes d'insécurité dans les villes, la belle Afrique du Sud connaît un essor touristique continu. La découverte des réserves d'animaux, aux excellentes structures d'accueil, reste l'argument principal du séjour, mais nombreux et divers sont les autres attraits.

La faune

En partant du nord-est vers le sud-ouest, l'amateur de faune trouve en Afrique du Sud l'une des plus grandes diversités d'animaux du continent :
– le « Big Five » (buffles, éléphants, léopards, lions, rhinocéros) est présent, ainsi que les girafes et les guépards, dans le plus grand (350 km de long, 55 de large) et le plus réputé

L'Afrique du Sud comprend des parcs célèbres comme le parc Kruger mais aussi des réserves privées comme ici Singita.

des vingt-deux parcs nationaux sud-africains, le parc national **Kruger**; l'aspect particulier du bush (végétation parsemée d'arbustes), ses raretés (lycaon, rhinocéros noir) et le séjour dans des lodges confortables, voire luxueux, sont autant d'atouts pour ce parc, à l'organisation sans failles;
– au sud du Swaziland, la réserve de **Hluhluwe-Umfolozi** tire son intérêt de la présence du Big Five mais aussi de rhinocéros blancs, espèce rare qui a échappé à l'extermination;
– les marais de la région de **Santa Lucia**, dans le KwaZulu-Natal, renferment des hippopotames, des crocodiles et nombre d'espèces d'oiseaux;
– au nord, dans le Bophuthatswana, le parc national **Pilanesberg** accueille des rhinocéros blancs, des zèbres, des buffles, des girafes;
– non loin du Cap se trouvent les réserves d'oiseaux sauvages de **Langebaan Lagoon** et de **Lambert's Bay**;
– à mi-distance du Cap et de Port Elizabeth, il est également possible de visiter des fermes d'autruches autour d'**Oudtshoorn**;
– au nord de Port Elizabeth, **Addo** est un parc national réputé pour ses éléphants;
– parmi les savanes du parc **Karoo** vivent et gambadent les antilopes les plus célèbres qui soient: les springboks;
– on les retrouve dans le parc national **Kalahari Gemsbok**, aux frontières de la Namibie et du Botswana, où ils voisinent avec les lions, les guépards, les zèbres, les gnous, les suricates (petites mangoustes «stars» de l'endroit) et de nombreuses espèces d'oiseaux, dont l'aigle martial; les mois de juin et juillet sont les plus propices à une visite de ce parc.

Les paysages et les randonnées

Le clou des paysages sud-africains est une longue barrière montagneuse, le **Drakensberg**, qui court des confins du Mozambique jusqu'à la province du Cap. Les panoramas que le Drakensberg a engendrés dans le Transvaal, tout particulièrement ceux du

Le Cap a sa riviera, dont Camps Bay, avec en toile de fond la montagne de la Table et la chaîne des Douze Apôtres.

LE CARNET DE VOYAGE

Les premiers contacts
Office du tourisme (Satour), 61, rue La Boétie, 75008 Paris, 01.45.61.01.97 ou 08.10.20.34.03. Il publie une brochure mensuelle, le *Courrier du Cap*. Internet: www.satour.org, www.southafrica.net

Les formalités
UE: passeport suffisant, valable six mois après la date de retour, visa délivré à l'arrivée, billet de retour exigible.

La santé
Aucune vaccination n'est obligatoire. Prévention contre le paludisme recommandée, particulièrement d'octobre à mai, pour les zones de basse altitude des provinces du Nord, de la province de Mpumalanga (parc Kruger compris) et du nord-est du KwaZulu-Natal. Le pays est l'un des plus touchés au monde par le virus du sida.

Le voyage, le décalage
Paris-Johannesburg (direct): 10 h 30. Paris-Le Cap (10 100 km): 15 heures (escale). Même heure en été, une heure de plus en hiver.

Le coût moyen d'un séjour
1 500 € pour 10 jours comprenant le vol A/R, la voiture de location, l'hébergement. 2 500 € pour 15 jours en voyage accompagné.

Les langues, la monnaie
L'afrikaans, l'anglais et neuf autres langues (dont surtout le xhosa et le zoulou) sont officiels. **Monnaie**: le rand. Euros mais surtout US dollars à prévoir. 1 EUR = 9,50 rands.

La population
43 998 000 habitants, dont près des trois quarts sont des Noirs. Les Blancs sont à peine cinq millions et les métis trois millions. Pretoria est le siège du gouvernement, Le Cap celui du parlement.

Les religions
Forte majorité de chrétiens, répartis en anglicans, méthodistes, catholiques romains, Eglises indépendantes noires.

Les fêtes
2 janvier: grande parade carnavalesque du Cap; **21 mars**: Jour des droits de l'homme; **16 juin**: Jour de la jeunesse; **24 septembre**: Heritage Day.

Les achats
Diamants, pierres précieuses, cuir, sacs en croco… et excellents vins du terroir.

canyon de la **Blyde River** (26 km), comptent parmi les plus beaux du pays. Ils attirent les randonneurs, dont les plus chevronnés se lancent, à l'est du KwaZulu-Natal et du pays zoulou, vers les sommets au-dessus de 3000 m de Cathedral Peak ou du Royal Natal National Park.

Au sud, les paysages gagnent en diversité : on peut aussi bien apprécier les reliefs tourmentés et déchiquetés de la région désertique du Karoo et de la **vallée de la Désolation** que la douceur de la **route des Vins**, à l'est du Cap. Dans cette région se sont installés les huguenots après avoir été chassés de France : le quartier «français» (Franschhoek) en est un fort symbole.

On peut également choisir des visites ponctuelles : tout près du Cap, les jardins botaniques de **Kirstenbosch**, les plus riches du pays grâce à leurs 4500 variétés d'espèces, ou les cavernes de **Cango**, réputées, entre autres, parce qu'elles renferment des fresques et des vestiges bochimans. D'autres peintures et gravures bochimans sont visibles dans le **KwaZulu-Natal**, le long de la frontière est du Lesotho (Royal Natal National Park, Giant's Castle), où il est aussi possible de se familiariser avec les coutumes du peuple zoulou.

Deux curiosités existent dans la région du fleuve Orange: les chutes **Augrabies**, où le fleuve tombe d'une hauteur de 146 m, et les mines de diamant de **Kimberley**.

La majorité de ces sites bénéficie d'une excellente structure touristique et d'un important réseau national de grandes randonnées.

Les côtes

La côte de l'océan Indien est la plus chaude: **Durban**, où vécut Gandhi, en est une station populaire, très fréquentée toute l'année et idéale pour les surfeurs.

En continuant vers l'est, on aborde la **Wild Coast** (la «Côte Sauvage»): 300 km de collines ventées, retombant sur des côtes encore préservées du grand tourisme et parsemées des huttes traditionnelles du peuple xhosa. Cette région est aussi le berceau de Nelson Mandela, qui a droit à son musée à Umtata.

Vient ensuite, entre Mossel Bay (aux requins blancs «touristifiés») et Storms River, la **Garden Route** (la «Route des Jardins»), très – voire trop – courue. Elle alterne forêts, lacs, estuaires et plages.

Dotée d'une kyrielle de stations balnéaires autour du Cap, la **côte de la Péninsule** est le point de rencontre des océans Atlantique et Indien. L'eau y est plus fraîche qu'ailleurs.

Les villes

Le Cap est surtout connu pour son site, surmonté de la curieuse montagne de la Table (qui peut être atteinte par téléphérique ou faire l'objet d'une minirandonnée). La ville vaut aussi par les traces du passé architectural néerlandais (maison Koopmans) ou traditionnel (anciens docks de Waterfront, l'artère la plus animée). Au large du Cap, l'île Robben, où fut incarcéré Mandela, est devenue un musée de la Tolérance et des Droits de l'homme.

Johannesburg doit son existence à la ruée vers l'or vers la fin du XIXe siècle, dont l'histoire est retracée sur le site de Gold Reef City. Autres atouts de la ville, qui essaie de quitter depuis quelques années son habit de ville la plus violente du continent africain: le quartier de Newton, réhabilité depuis peu et creuset de culture; l'African Museum, à vocation surtout ethnologique; la Fuba Gallery, qui rassemble l'art des populations noires; Constitution Hill; le musée de l'Apartheid; la richesse de ses traditions musicales (jazz); la possibilité de survoler en montgolfière ou de visiter Soweto en circuit guidé, formes récentes de tourisme des grandes villes sud-africaines qui envoient leurs visiteurs dans les townships, naguère ignorés et qui, aujourd'hui, invitent à la découverte de traditions de toutes sortes (art, danses, guérisseurs, etc.).

A quelques kilomètres au nord de Johannesburg, **Pretoria** est bâtie autour de sa place centrale, Church Square, site de la première installation des Boers.

Une curiosité au Bophuthatswana: la ville neuve et un rien permissive de **Sun City**, qui se veut un petit Las Vegas et comprend également des parcours de golf réputés ainsi qu'un musée... du Crocodile. Sun City s'est vu adjoindre Lost City, sur les lieux d'une vieille cité reconstruite sous le signe de l'extravagance, avec jungle et plage artificielles. ■

QUAND PARTIR ?

	Climat	Réserves	Budget
Janvier	☼		
Février	☼		
Mars	☼		
Avril			
Mai		🐾	
Juin		🐾	€
Juillet	☼	🐾	€
Août	☼	🐾	€
Septembre		🐾	€
Octobre		🐾	€
Novembre			
Décembre	☼		

LES CONSEILS GEO

▶ Les plus

La qualité des infrastructures touristiques et de leur gestion, dans les parcs animaliers mais aussi dans l'ensemble du pays.

La plus forte diversité d'espèces animales en Afrique.

▶ Les moins

Un coût du voyage accompagné qui demeure élevé.

La réputation d'insécurité, même si les choses changent peu à peu.

▶ Les précautions

L'Afrique du Sud est l'un des pays pour lesquels les recommandations de prudence envers le touriste individuel sont les plus pressantes, du type maintenir toujours les vitres fermées lorsqu'on est en voiture de location ou ne jamais se rendre seul dans les townships. A chacun d'adapter son comportement, mais en évitant la paranoïa.

▶ Les recommandations

Si l'apartheid n'est plus dans les textes, le pays reste soumis à une certaine tension.

Il faut savoir garder sa mesure, lors des visites des townships, par exemple. De même, il faut s'efforcer de respecter et comprendre les coutumes, entre autres chez les Bochimans (Bushmen) et les Zoulous.

QUE VOIR, QUE FAIRE EN ALGERIE?

Le désert et les randonnées
- Tassili du Hoggar, Assekrem (ermitage), Tassili N'Ajjer (gravures rupestres), Tadrart
- Vallées (Tefedest, Amador), oasis (Timimoun)

Les paysages du Nord
- M'Zab, Kabylie

Les monuments
- Tlemcen, Tipasa, Djamila, Cherchell, Timgad

Les villes
- Alger, Oran, Constantine, El Oued

Les côtes
- Méditerranée (Tipasa)

Le tassili N'Ajjer et le Hoggar constituent l'un des plus majestueux duos du Sahara.

Algérie

Voilà plusieurs années que les voyagistes spécialistes de la randonnée diversifient à souhait le voyage au Sahara, qui revêt ici, grâce à la beauté âpre des tassilis et aux sommets du Hoggar, ses plus beaux atours. Pour ceux qui n'aiment pas le désert, le nord du pays s'ouvre de nouveau : Alger, la Kabylie, les sites romains.

Le désert et les randonnées

Dunes, ergs, djebels (montagnes), oasis : autant de termes et de terres qui font du **Sahara algérien** l'un des déserts les plus variés du monde.
Le massif du **Hoggar,** point d'orgue du Grand Sud, fait l'objet de méharées et de circuits en tout-terrain. Sommets déchiquetés, culots de lave, longs éboulis, peintures rupestres, lieu de rencontre avec les Touaregs, se succèdent. Le massif de l'**Atakor** (près de 3000 m d'altitude) renferme, sur l'**Asse-krem**, le site de l'ermitage du Père de Foucauld.
Le tassili (plateau) du Hoggar et le **tassili N'Ajjer**, hérissé de cheminées de fées, creusé de gorges, d'oueds verdoyants et de vallées, ne sont pas moins captivants. Le tassili N'Ajjer est également recherché pour ses innombrables gravures rupestres, qui, telles celles de Djabarren, datent de quatre mille ans.
Aux confins de l'Algérie, du Niger et de la Libye, le **Tadrart**, ses canyons,

LE CARNET DE VOYAGE

Les premiers contacts
Ambassade, 50, rue de Lisbonne, 75008 Paris, 01.53.93.20.20. Nombreux consulats dans les villes de province. Internet: www.algeriantourism.com

Les formalités
UE: passeport, visa obligatoire. Autorisation nécessaire pour la Transsaharienne (Alger-Tamanrasset).

La santé
Pas de problème de santé, uniquement les précautions d'usage pour le désert.

Le voyage, le décalage
Paris-Alger (1339 km) : 2 heures. Paris-Tamanrasset : 4 heures. Autour de 500 € pour le vol A/R dans les deux cas. Même heure en hiver, une heure de moins en été.

Le coût moyen d'un séjour
Environ 600 € pour un week-end à Alger. Aux alentours de 800 € la semaine tout compris pour une méharée dans le Hoggar.

Les langues, la monnaie
L'arabe est langue officielle mais la langue berbère (le tamazight) l'a rejoint. Le français est la langue de communication. **Monnaie :** le dinar algérien. 1 € = 96 dinars.

La population
33 333 000 habitants, dont un sur deux a moins de 20 ans. Le peuplement a été successivement enrichi de Berbères, d'Arabes (75 % de la population), de Turcs et de Français. **Capitale :** Alger.

Les religions
L'islam est religion officielle. Minorités catholique et juive.

Les fêtes
Janvier : Festival du tourisme saharien à Tamanrasset ;
5 juillet : fête de l'Indépendance ;
Aïd el-Fitr : fin du ramadan.

Les achats
On se procurera des bijoux de Kabylie, des objets en cuir et en cuivre, des poteries.

ses falaises et ses cordons de dunes promettent d'autres plaisirs. Une manière moins conventionnelle de parcourir le Sud algérien est de se rendre, au nord du Hoggar, dans les véritables canyons de la **Tefedest** et de l'**Amadror**. Autres nouveaux chemins de randonnée : ceux de l'Ahnet, aux confins du Tanezrouft.

A mi-chemin entre Alger et Tamanrasset, l'«oasis rouge» de **Timimoun** dort à la lisière du Grand Erg occidental. Ses environs (Tinerkouk, Gourara) offrent une large palette de randonnées à travers dunes et ksour. Autres oasis de renom: El Oued, où les palmeraies sont disposées en cuvettes; El Kantara, où se mêlent le vert profond des palmiers et le rouge des pierres.

Plus au nord, autour de Gardhaia, la vallée de l'oued **M'Zab** troque de plus en plus son ancienne image de lieu désolé contre celle de région pétrie de traditions.

Les paysages du nord

En remontant vers la côte méditerranéenne, on découvre un horizon de montagnes, de forêts et les villages de **Kabylie**. La chaîne de la Grande Kabylie est dominée par le **Djurdjura**, au cœur duquel se trouve une curiosité naturelle, le gouffre d'Anou Boussouil.

Au sud de Constantine, le massif des **Aurès** est creusé de gorges et de défilés où dominent les cèdres. Le plus bel exemple en est le canyon creusé par l'oued El Abiod.

Les monuments

Tlemcen reflète le plus l'art musulman du pays à travers sa pléiade de mosquées de différentes époques (Grande Mosquée, mosquée Sidi Bel Hasan).

Le site de **Tipasa** possède des vestiges romains d'importance, comme celui de **Djamila** avec les restes d'une colonie romaine fondée par Trajan et son étonnant arc de triomphe dédié à Caracalla. Les monuments de **Cherchell** ont malheureusement subi l'épreuve du temps, mais le site est enrichi, dans ses environs, d'un mausolée royal, le «Tombeau de la chrétienne» (Ier siècle av. J.-C.). Dans les Aurès, **Timgad**, fondée par Trajan, est un exemple de ville romaine remarquablement conservée.

Les musées d'Alger et de Constantine sont importants.

Les villes

Alger, édifiée au fond d'une baie, est la ville la plus intéressante. Mis à part ses mosquées (Grande Mosquée Djamaa el-Kébir, Djamaa Djedid), la plupart de ses édifices sont d'inspiration turque (palais Dar Khedaoudj et Dar Mustapha). Sa casbah labyrinthique est de plus en plus abîmée, mais reste pittoresque.

Le site d'**Oran** et surtout celui de **Constantine** qui surplombe les vertigineuses gorges de l'oued Rhumel, méritent le détour.

Les côtes

Peu fréquentées par le tourisme international, moins nombreuses que celles de la Tunisie et du Maroc, les plages méditerranéennes abritent, surtout à l'ouest d'Alger, quelques sites de villégiature côtière, par exemple dans les alentours de Tipasa. ■

LES CONSEILS GEO

▶ Les plus

Le retour lent mais réel d'une vie touristique, et pas seulement dans le sud du pays.

La diversité : qui ne veut pas du désert aura Alger, la montagneuse Kabylie ou les sites romains du nord pour un voyage tout différent.

La langue française, très largement pratiquée.

▶ Les moins

Un pays convalescent et qui se cherche toujours une nouvelle image.

Une côte méditerranéenne à revitaliser, très peu fréquentée par le tourisme international.

▶ Les précautions

Même si la sécurité n'est plus un vain mot, le nord de l'Algérie n'en a pas terminé avec l'époque des attentats terroristes des années 1990. Le sud, quant à lui, n'est pas touché.

Le touriste reste donc invité à bien se renseigner avant d'aborder telle ou telle région.

▶ Les tendances

L'image d'un pays corseté et austère n'a plus cours dès que l'on franchit le seuil d'un cabaret où se manifeste la vogue du raï, principalement à Oran.

Si l'on souhaite avoir une idée de la jeunesse algérienne en mutation, à la fois rêveuse et contestataire, c'est là qu'il convient de se rendre.

QUAND PARTIR ?

	Randonnée dans le désert	Oran et Alger	Les Aurès, la Kabylie
Janvier	Nuits froides 🚶		
Février	🚶		
Mars	🚶		
Avril	🚶	☼	
Mai		☼	☼
Juin		☼	☼
Juillet			
Août			
Septembre		☼	☼
Octobre	🚶		
Novembre	🚶		
Décembre	Nuits froides 🚶		

Allemagne

QUE VOIR EN ALLEMAGNE ?

Les villes et les monuments

- Hambourg, Berlin, Potsdam, Dresde, Weimar, Cologne, Rothenburg, Heidelberg, Munich, Brême, Lübeck, Francfort, Mayence, Würzburg, Nuremberg, Trèves, Aix-la-Chapelle, Bayreuth, Bamberg, Berchtesgaden
- Châteaux de Louis II de Bavière, des Hohenzollern, de la vallée du Rhin et de la Thuringe

Les paysages

- Alpes bavaroises, vallée du Rhin, Harz, Suisse saxonne, Loacher See, Weser, Forêt-Noire, forêt de Thuringe
- Vallées de l'Elbe et de la Moselle, vallée du Danube, Externsteine, îles de la Frise

Les fêtes

- Carnavals, marchés de Noël
- Oktoberfest de Munich (fête de la Bière)

Les vertus de la réunification offrent une bonne vingtaine de villes qui méritent le détour, avec Berlin comme porte-drapeau. Le romantisme de la vallée du Rhin, l'extravagance des châteaux de Bavière et les Alpes recèlent aussi bien des charmes.

Les villes et les monuments

Le voyageur qui déciderait de parcourir l'Allemagne du nord au sud n'en finirait pas de faire des haltes urbaines.

– **Hambourg,** appelée la «Venise rouge du Nord» pour la couleur de ses briques, pour ses canaux et sa tradition de ville hanséatique.

– **Berlin**, en perpétuel chantier depuis la chute du Mur, offre au visiteur son architecture ultramoderne dans le «Mitte» et le quartier de la Potsdamer Platz, mais préserve ses lieux «alternatifs» (quartiers de Kreuzberg et de Prenzlauer Berg). Les réalisations nouvelles (Reichstag, Mémorial aux juifs d'Europe) entourent la symbolique porte de Brandebourg, dans une ville où la vie culturelle et festive est désormais l'une des plus fortes d'Europe (île des Musées, Nouvelle Galerie de peinture).

– **Potsdam**, au sud de Berlin, mérita en son temps le surnom de Versailles prussien et renferme entre autres le parc de Sans-Souci (château, Nouveau Palais).

– **Dresde**, qualifiée de «Florence sur l'Elbe» en raison de son architecture baroque et de ses couleurs ocre et rouges, était l'une des plus belles villes d'Allemagne depuis le XVIIe siècle avant que les Alliés ne la bombardent en 1945 ; la reconstruction des monuments (palais Zwinger, opéra Semper et l'emblématique église protestante Frauenkirche, dont on a relevé les ruines récemment) est plutôt convaincante. A la Gemäldegalerie : œuvres de Raphaël, Titien, Poussin, Rembrandt, Rubens, Vermeer.

L'Altes Museum (Vieux Musée) à Berlin, construit en 1830, jouxte la cathédrale et constitue le fleuron de l'île des Musées.

– **Weimar** a eu son heure de gloire et conserve de nombreux témoignages de l'époque où l'écrivain Goethe s'y était installé.

– **Cologne** occupe un site idéal sur le Rhin et possède la plus belle cathédrale du pays.

– La petite ville de **Rothenburg** offre le meilleur exemple allemand du Moyen Age.

– Non loin de là, **Heidelberg** respire encore la grande époque du romantisme allemand (château, vieille ville, Pont Vieux).

– **Munich** se signale par sa vieille ville autour de la Marienplatz, sa résidence des Wittelsbach (palais Renaissance), ses églises baroques et ses réalisations futuristes (stade Allianz Arena, parc d'attraction du BMW-Welt).

Villes de moindre importance, mais largement dignes d'être visitées : les villes de la Hanse (**Brême**, **Lübeck**), **Francfort** (maison de Goethe, cathédrale, musées), **Mayence** (cathédrale romane du XIIIe siècle, château des Princes-électeurs), **Würzburg** (citadelle de Marienberg et surtout Résidence des princes-évêques décorée de fresques de Tiepolo), **Nuremberg** (château, églises Sankt Sebaldus et Sankt Lorenz, Belle Fontaine), **Trèves** (vestiges romains tels que la Porta Nigra et les thermes impériaux, cathédrale), **Aix-la-Chapelle** (cathédrale gothique et sa chapelle Palatine de Charlemagne), **Bayreuth** (pour son théâtre construit par Louis II et les œuvres du festival dédié chaque année à Wagner), **Bamberg** (cathédrale du Moyen Age, ancien hôtel de ville) ; **Berchtesgaden** (château des Wittelsbach, églises, anciennes salines).

Hormis les monuments déjà décrits, l'extravagance des incontournables châteaux de Louis II de Bavière (Hohenschwangau, Neuschwanstein) ou des **Hohenzollern** (Sigmaringen, dans le Bade-Wurtenberg), le romantisme des **châteaux de la Thuringe** (la Wartburg et la guerre des troubadours, source du Tannhäuser de Wagner) et l'élégance des châteaux de la **vallée du Rhin** donnent à l'Allemagne des atouts supplémentaires,

De Mayence à Coblence, le Rhin réussit sa «Trouée héroïque» et offre au touriste les charmes de la Lorelei.

que vient compléter une architecture religieuse baroque triomphante, comme à Ottobeuren, en Bavière. Chaque grande ville possède au moins un musée important : la Kunsthalle et le musée d'Histoire à Hambourg ; le musée de Pergame, le musée Bode, le musée d'Art contemporain, le musée de Dahlem (Rembrandt, Van Eyck, Vermeer, Watteau) et le musée du Mur à Berlin ; le musée Romain-Germanique et le musée Ludwig à Cologne ; la Gemäldegalerie à Dresde (œuvres de Raphaël, Titien, Poussin, Rembrandt, Rubens, Vermeer) ; le musée Gutenberg (musée mondial de l'Imprimerie) à Mayence.

Munich dispute à Berlin la palme des musées, avec en point d'orgue l'Ancienne Pinacothèque (Dürer, Grünewald, Jérôme Bosch, Fragonard, Le Tintoret, Rembrandt, Rubens, Van der Weyden) mais aussi la Nouvelle Pinacothèque (Cézanne, Degas, Delacroix, Gauguin, Géricault, Manet, Van Gogh) et la récente pinacothèque des Modernes, avec la plus belle collection d'art moderne du pays.

LE CARNET DE VOYAGE

Les premiers contacts
Office du tourisme (non ouvert au public), 01.40.20.01.88. Internet : www.allemagne-tourisme.com

Les formalités
Carte nationale d'identité ou passeport (même périmé depuis moins de cinq ans) pour les ressortissants de l'Union européenne.

La santé
Aucun problème.

Le voyage, le décalage
Paris-Berlin (879 km) : 1 h 40 ; Paris-Munich (840 km) : 1 h 30. Vols à bas coût pour Berlin et Munich. Pas de décalage horaire.

Le coût moyen d'un séjour
250 à 300 € pour un week-end à Berlin ou à Munich (vol A/R, hébergement). Environ 500 € pour une semaine de croisière sur le Rhin.

Les langues, la monnaie
Pour qui ne parle pas l'allemand, l'anglais est là, mais moins souvent qu'on ne le croit. Le russe est connu à l'est, le français est peu pratiqué. **Monnaie :** l'euro.

La population
Minorités importantes d'immigrés turcs et de l'ex-Yougoslavie. Avec ses 82 401 000 habitants, l'Allemagne est le pays le plus peuplé d'Europe. **Capitale :** Berlin.

Les religions
La Réforme (Luther) est venue d'Allemagne, aussi les protestants sont-ils en bon nombre, surtout dans le nord (environ 40 %). 45 % de la population de l'ex-RFA est catholique romaine, proportion bien plus importante à l'est.

Les fêtes
Février : carnaval à Cologne ; **septembre :** fête de la Bière à Munich ; **décembre :** marchés de Noël.

Les achats
Le jouet (jouets en bois, poupées de porcelaine, peluches) : Nuremberg en est la capitale. Penser également au lin et au loden, parmi les spécialités locales de Bavière.

Les paysages

Deux ensembles géographiques ont engendré deux grandes destinations : les **Alpes** et le **Rhin**.

Les **Alpes bavaroises** multiplient les panoramas, avec en points d'orgue le parc national de la Bayerischer Wald et sa faune, dont l'ours brun et le rare lynx européen, ainsi que la route qui va du lac de Constance à Berchtesgaden, les lacs Königsee et Staffelsee, le site de Garmisch-Partenkirchen, station de ski la plus fréquentée, et les 2 963 m de la Zugspitze, point culminant du pays, dont l'accès par téléphérique réserve de très jolies vues sur les Préalpes.

Plus au nord, la **Bavière** propose un savant mélange de châteaux et de paysages avec sa «Route romantique», qui longe la partie ouest du land (Augsbourg, massif du Spessart, Nordlingen, Rothenburg, Würzburg). On y trouve aussi de plus en plus de centres de remise en forme dans le massif du Haut Allgäu, qui s'enorgueillit de villes anciennes telles que Kempten et Murnäu.

La **vallée du Rhin**, qui mérite une croisière de trois ou quatre jours, tire sa réputation de ses vignobles à flanc de coteau, parfois dominés par des châteaux forts. Sa partie la plus intéressante se situe entre Mayence et Coblence («Trouée héroïque», rocher de la Lorelei).

Plusieurs autres sites méritent le détour: dans l'ex-RDA, les blocs granitiques et les forêts de sapins du massif du Harz, ainsi que les tours de grès de la Suisse saxonne, jolie région de la Basse-Saxe, drainée par l'Elbe aux confins de la Pologne et de la République tchèque; dans l'ex-RFA, le Loacher See, lac du massif de l'Eifel, les **vallées de la Moselle et de l'Elbe**, la partie allemande de la vallée du Danube (Ulm, Passau), le cours supérieur de la **Weser** avec la porte de Westphalie et surtout les rochers des Externsteine; les forêts (Forêt-Noire, forêt de Thuringe).

La côte de la Baltique n'est pas réputée. Or, elle peut réserver d'heureuses surprises, comme l'archipel des **îles de la Frise** et son îlot d'Helgoland, face à l'embouchure de l'Elbe (falaises de grès rouge, possibilités de baignade et de pêche, nombreuses espèces d'oiseaux dans les parcs nationaux de la Wattenmeer).

Les fêtes

Le carnaval fait partie des grandes traditions allemandes. Les carnavals les plus courus sont ceux de **Cologne** («Lundi des Roses»), **Düsseldorf**, **Mayence** et **Aix-la-Chapelle**.

Si, en septembre, l'Oktoberfest de Munich, fière de ses six millions de visiteurs annuels, est très colorée et très arrosée, elle est à peine plus célèbre que les marchés de Noël qui réchauffent le cœur de toutes les grandes villes, du début décembre à la veille de Noël. Parmi les amandes grillées, le vin chaud, les figurines en massepain et une pléiade d'échoppes remplies d'idées de cadeaux, le visiteur vit des moments qui n'appartiennent qu'à l'Europe du Nord. Nuremberg, Munich, Cologne, Lübeck, Augsbourg et Dresde proposent les marchés de Noël les plus fréquentés.

L'Allemagne est aussi l'un des grands creusets de la musique classique, comme en témoignent les nombreux festivals qui lui sont consacrés: Bayreuth mais aussi Dresde et sa Dresden Musikfestspiele (concerts et opéras, début juin). ■

LES CONSEILS GEO

▶ Les plus

La valeur artistique et culturelle des villes, et le nombre d'entre elles qui méritent la visite.
Une tradition de fêtes hautes en couleur.

▶ Les moins

Un coût du voyage plutôt élevé.

▶ Les idées reçues

Rien à voir en Allemagne et pas de soleil : il faut sortir de ce cliché.
Car les paysages sont souvent agréables et le tourisme a ses originalités, par exemple les carnavals, les fêtes de la bière et les marchés de Noël, qui sont autant d'institutions.

▶ Les tendances

La remise en forme dans des établissements dernier cri entre deux visites des châteaux délirants de Louis II de Bavière : cela se passe dans le Sud, du côté du massif du Haut Allgäu.

Dans le parc du château de Sans-Souci, à Potsdam, une maison de thé.

QUAND PARTIR ?

	Allemagne du Nord	Allemagne du Sud	Croisière sur le Danube ou le Rhin
Janvier		Ski ❄	
Février		Ski ❄	
Mars			
Avril			⛴
Mai		☼	⛴
Juin	☼	☼	⛴
Juillet	☼	☼	⛴
Août	☼	☼	⛴
Septembre	☼	☼	⛴
Octobre			⛴
Novembre			
Décembre		Ski ❄	

Le touriste va de plus en plus en Antarctique et dans les Terres australes et antarctiques françaises : un grand pas pour lui, mais un tout petit pour l'écologiste, qui craint une arrivée trop importante des bateaux de croisière... Cette restriction faite, extasions-nous sur l'idée de ce périple exceptionnel.

Antarctique

QUE VOIR, QUE FAIRE EN ANTARCTIQUE ?

Les paysages

- Croisières le long de la péninsule de Palmer : falaises de glace, sommets, icebergs
- Mer de Ross, volcan Erebus
- Iles Kerguelen, Crozet et Amsterdam

La faune

- Manchots, pingouins, pétrels, éléphants de mer, baleines, phoques, léopards de mer, orques

Les paysages

Le continent

Les croisières le long de la **péninsule de Palmer**, du **canal Lemaire** et de la Terre de Graham, agrémentées d'itinéraires sur les traces de l'océanographe français Charcot et de quelques escales souvent destinées à visiter les stations scientifiques, sont le seul et sage moyen choisi pour admirer le paysage.

Les icebergs et leurs falaises hautes parfois d'une cinquantaine de mètres, ainsi que les montagnes, ne sont pas les moindres attraits de ce voyage hors norme. Les limites en sont de

LE CARNET DE VOYAGE

Les premiers contacts
Le «sixième continent» étant sans appartenance administrative, l'heureux élu doit s'en remettre à des spécialistes du voyage polaire, tels Grand Nord Grand Large, 01.40.46.05.14, www.gngl.com, ou Hurtigruten, 01.58.30.86.86, www.hurtigruten.fr

Les formalités
Passeport en cours de validité suffisant.

La santé
Protection absolue contre le froid et surtout le vent.

Le voyage, le décalage
Durée moyenne du vol Paris-Ushuaia via Buenos Aires (15 000 km environ) : 19 heures. Lorsqu'il est midi en France, au niveau de la péninsule de Palmer, il est 7 heures en été et 8 heures en hiver.

Le coût moyen d'un séjour
Le voyage, presque toujours proposé sous forme de croisière dans des bateaux qui vont d'une cinquantaine de passagers à près de six cents selon le prestataire, est l'un des plus onéreux qui soient: les premiers prix pour une dizaine de jours naviguent aux alentours de 4 500 €. En revanche, il ne manque pas de diversité : conférenciers, voile, sorties en Zodiac.

Les langues, la monnaie
L'anglais et l'espagnol dominent les conversations.
Monnaie : le peso argentin et l'US dollar sont le plus couramment utilisés.

La population
Une population «mouvante» de professionnels se relaie sur les bases scientifiques.

A trois ou quatre jours de mer du cap Horn, le touriste effleure le sixième continent au niveau de la péninsule de Palmer.

plus en plus repoussées pour le touriste, qui peut aussi désormais – mais à prix d'or – embarquer sur un brise-glace et approcher la **mer de Ross** ainsi que le **volcan Erebus**.

Les archipels

Latitude très basse et absence d'infrastructures – hormis celles des bases scientifiques – caractérisent les Terres australes et antarctiques françaises, au tourisme encore largement confidentiel.

Le mythe des trois cents îles et îlots de l'**archipel des Kerguelen** n'est pas volé. Battu par les vents d'ouest, humide à l'excès, il héberge au maximum deux cents habitants (en été). En revanche, ses côtes croulent sous les espèces : albatros, manchots, pétrels, skuas, éléphants de mer. Et l'intérieur aurait été inondé de... choux si les tempêtes et surtout une importation coupable de lapins il y a plus d'un siècle n'avaient eu raison d'eux. Les **îles Crozet** et l'**île Amsterdam** sont de taille plus modeste, mais elles sont également promises à un tourisme de croisière qui s'apparente de plus en plus à un tourisme scientifique.

La faune

Les colonies de manchots sont impressionnantes par leur nombre et par leur organisation. Le manchot empereur, lui, est plus difficile à voir. Cormorans impériaux, pingouins, pétrels et skuas complètent la faune avicole.

Les mammifères marins (éléphants de mer, baleines à bosse, phoques, léopards de mer, orques, rorquals) constituent une attraction que l'on peut admirer à partir des bateaux de croisière. Autant que la rareté du spectacle, c'est la découverte de la faune antarctique dans son élément naturel qui fait la réputation de ce périple de plus en plus en vogue au cœur du « paradis blanc ». ■

QUAND PARTIR ?

	Croisières	Climat
Janvier	⪪	☼
Février	⪪	☼
Mars		☼
Avril		
Mai		
Juin		
Juillet		
Août		
Septembre		
Octobre		
Novembre		
Décembre	⪪	☼

LES CONSEILS GEO

▶ Les plus

Le caractère exceptionnel du voyage. Des croisières de plus en plus diversifiées et souvent personnalisées par la présence de conférenciers.

Une faune impressionnante et rare.

▶ Les moins

Un prix très élevé, qui réserve le voyage à des élus d'autant plus rares que les dates possibles sont mal placées sur le calendrier.

▶ Les tendances

Le rêve en blanc : au départ de la Réunion, le *Marion-Dufresne II* assure tous les mois la relève du personnel des bases scientifiques françaises, et les spécialistes des voyages polaires invitent alors à découvrir, au prix fort, des mythes tels que celui des îles Kerguelen, avec parfois l'assistance d'un naturaliste des Terres australes.

QUE VOIR, QUE FAIRE EN ARGENTINE ?

Les paysages et les randonnées

- Chutes d'Iguaçu, vallées et hauts plateaux andins
- Pampa, Patagonie, parc des Glaciers, Terre de Feu, Aconcagua, Fitz Roy

Les monuments et les villes

- Traces de l'époque coloniale, missions jésuites
- Buenos Aires, Ushuaia

Les côtes et la faune marine

- Faune de la péninsule Valdés et de la région d'Ushuaia
- Mar del Plata

Les chutes d'Iguaçu, comme celles du Niagara, sont parmi les plus belles du monde.

Argentine

L'Argentine est devenue l'un des rendez-vous du tourisme mondial. Elle doit cet engouement à ses paysages, à la faune marine de la péninsule Valdès mais aussi à son architecture coloniale, souvent ignorée.

Les paysages et les randonnées

Au bout de la corne nord-est de l'Argentine et aux confins du Brésil, les **chutes d'Iguaçu** – deux cent soixante-quinze chutes environ qui tombent de plus de 70 m et sont disséminées sur 2,5 km – figurent parmi les plus spectaculaires du monde. Elles sont le digne pendant de la **cordillère des Andes** qui, du nord au sud, fait se succéder les panoramas.

Dans le Nord-Ouest se dressent de hauts plateaux coupés de vallées, les quebradas, telles celles de Calchaquies et surtout de **Humahuaca**. Puer-

LE CARNET DE VOYAGE

Les premiers contacts
Bureau du tourisme argentin, 6, rue Cimarosa, 75116 Paris, 01.47.27.01.76. Internet: www.turismo.gov.ar

Les formalités
Pour les ressortissants de l'UE, canadiens et suisses : passeport en cours de validité suffisant, billet de retour ou de continuation exigible.

La santé
Aucune vaccination exigée. Prévention recommandée contre le paludisme dans certaines zones rurales des confins de la Bolivie et du Paraguay, mais le risque est faible.

Le voyage, le décalage
Durée moyenne du vol Paris-Buenos Aires direct (11062 km) : 12 heures. Lorsqu'il est midi en France, en Argentine il est 7 heures en été et 8 heures en hiver.

Le coût moyen d'un séjour
2000 € pour 10 jours dans le Nord-Ouest andin, 3000 € pour un combiné Argentine-Chili, 3500 € pour une croisière d'une quinzaine de jours (péninsule Valdés, Terre de Feu)

Les langues, la monnaie
Langue officielle : espagnol. Egalement parlé : le guarani, langue indienne. Langues étrangères : les non-hispanophones communiqueront mieux en anglais ou en italien qu'en français.
Monnaie : le peso argentin. 1 USD = 3,10 pesos argentins, 1 € = 4,27 pesos argentins.

La population
86% des 40302000 habitants sont d'origine européenne, essentiellement venus d'Espagne et d'Italie. Cette homogénéité ne laisse que 12% de Créoles et 2% d'Indiens.
Capitale : Buenos Aires (12 millions d'habitants pour l'agglomération).

Les religions
Neuf Argentins sur dix, dont obligatoirement le président, sont catholiques. Petites minorités de protestants et de juifs.

Les fêtes
Janvier : Festival international de folklore de Cosquin (province de Córdoba) ; avant le début du **carême :** fêtes de carnaval (corsos) au son des «murgas» ; **août :** Festival de la neige de San Carlos de Bariloche.

Les achats
Tissus andins, pulls en guanaco, ponchos. Les bijoux en argent sont également prisés. Achats symboliques : les objets en cuir... et la viande de bœuf.

namarca et son étonnante «montagne colorée» et le parc national des Cactus sur la route de Cachi sont des passages obligés.

La **vallée de la Lune**, ainsi nommée à cause de ses roches érodées dans un paysage minéral, renferme des restes de vertébrés (rincosaures, tocodantes) et des empreintes de pas de sauriens. A l'ouest de Córdoba, un mélange de salines, de volcans, de falaises et de roches polychromes donne à la région un attrait renforcé par de vieux villages indiens.

L'**Aconcagua**, le «Toit des Amériques» (6959 m), aride, soumis à des vents forts et baigné par une lumière éblouissante, est un rendez-vous majeur pour les randonneurs chevronnés. Non loin de là, la nature a dessiné le **Puente del Inca**, un pont naturel de 50 m de long au-dessus de la vallée du río Las Cuevas. Autre site le long de la cordillère des Andes: **San Carlos de Bariloche**, au bord du lac Nahuel Huapi.

Plus au sud, dans la **Pampa**, les gauchos accueillent de plus en plus les touristes, notamment lors des fêtes.

A l'extrême sud-ouest, la **Patagonie** offre le bleu profond du Lago Argentino, porte d'entrée du **parc national des Glaciers** et de son spectacle unique: d'énormes glaciers en mouvement, dont le plus connu est le Perito Moreno. Non loin de là, un rendez-vous pour les alpinistes expérimentés: le massif du **Fitz Roy**.

Le voyage se termine en apothéose par les lacs du parc national de la Terre de Feu et Ushuaia, la ville la plus australe du monde, d'où partent des excursions pour la baie du même nom et le canal de Beagle.

Les monuments et les villes

L'époque coloniale a laissé son empreinte à **Humahuaca**, **San Salvador de Jujuy**, **Salta** (cathédrale) et les ruines de Quilmes, non loin de Cachi.

Autres vestiges, ceux des missions jésuites des Guaranis (San Ignacio Mini, Santa Ana, San Francisco à Mendoza), édifiées aux XVIIe et XVIIIe siècles.

Buenos Aires offre de nombreux musées et églises, la toute rose «Casa de gobierno», le cimetière de la Recoleta avec la tombe d'Evita Perón, les quartiers branchés (Palermo et son «nuevo tango», San Telmo, creuset du tango argentin et aux airs de petit Montmartre), le tout dans une ville au modernisme marqué. A la pointe sud, **Ushuaia** justifie son mythe par un musée du Bout du monde et un Musée maritime.

QUAND PARTIR ?	Nord-Est et Buenos Aires	Pointe sud	Iguaçu Valdés
Janvier		☼	
Février		☼	Iguaçu ⋞
Mars		☼	⋞
Avril			⋞
Mai	Nord-Est ☼		⋞
Juin	☼		
Juillet	☼		
Août			
Septembre			Valdés ⋞
Octobre	Buenos Aires ☼		⋞
Novembre	☼		
Décembre			

LES CONSEILS GEO

▶ Les plus

Un spectacle de la nature captivant et soutenu du nord au sud mais aussi l'intérêt du patrimoine culturel. La revitalisation durable du tango.

▶ Les moins

Le coût élevé du voyage accompagné.

L'envers des saisons : l'hiver est en juillet et août.

▶ Les précautions

Seuls les quartiers pauvres ou touristiques – qui sont parfois les deux à la fois, comme La Boca à Buenos Aires – requièrent de la vigilance. Peu de problèmes ailleurs.

▶ Les tendances

A moins d'être un génie de la danse qui s'ignore, on n'apprendra pas le tango en deux jours et trois pas faits dans un établissement du quartier de San Telmo à Buenos Aires. Mais on peut prendre des cours dans ce quartier, devenu un passage obligé, ou tout simplement admirer la grâce des danseurs.

Autre tendance : l'ascension de l'Aconcagua. Là, il faut des mollets d'un autre genre et être sûr de ses aptitudes physiques.

Les côtes et la faune marine

Le golfe Nuevo, près de Puerto Piramides (**péninsule Valdés**), abrite une importante faune marine: otaries, lions de mer, flamants roses, éléphants de mer, pingouins, baleines franches australes (entre mai et décembre) et la plus grande colonie de manchots du monde.

Seule la pointe sud (canal de Beagle et région d'Ushuaia) peut rivaliser dans ce domaine.

Les rivages des environs de Buenos Aires connaissent une activité balnéaire, surtout **Mar del Plata.** ■

QUE VOIR EN ARMENIE ?

Les monuments

- Eglises (Etchmiadzine), monastères (Guéghard, Noravank), cimetières très anciens (Noratous)
- Temple gréco-romain (Garni)

La capitale

- Erevan

Les paysages

- Petit Caucase

L'Arménie dévoile aujourd'hui ses beaux paysages caucasiens et surtout son patrimoine religieux : les très vieilles églises des villages de montagne, les monastères et la capitale Erevan ont de quoi ravir le passionné d'histoire de l'art.

Arménie

Les monuments

Le pays a le privilège de compter des édifices religieux parmi les plus anciens de la chrétienté. Le plus réputé est la cathédrale d'**Etchmiadzine**, la «Rome arménienne» (IVe siècle, flanquée d'un musée riche en reliques). A **Guéghard**, on trouve un monastère du IVe siècle aux chapelles taillées dans le roc, alors que celui de Noravank et ses deux églises se situent dans un très beau site de montagnes. Quant au monastère de Khor Virap («Fosse profonde»), il est l'un des lieux sacrés de l'Eglise apostolique arménienne et donne sur le mont Ararat. Autres monastères : Hairavank et sa vue sur le lac Sevan, Sanahin (l'un des plus importants cen-

LE CARNET DE VOYAGE

Les premiers contacts
Ambassade, 9, rue Viète, 75017 Paris, 01.42.12.98.00. Internet : www.netarmenie.com/tourisme

Les formalités
Pour les ressortissants de l'Union européenne et suisses : passeport en cours de validité, visa obligatoire, obtenu auprès de l'ambassade ou à l'aéroport d'Erevan. Visa valable 21 jours.

La santé
Rien de particulier.

Le voyage, le décalage
Vol Bruxelles ou Paris-Erevan via Prague ou Vienne : 6 heures. Lorsqu'il est midi en France, en Arménie il est 15 heures.

Le coût moyen d'un séjour
1200 € pour une semaine culturelle, 1700 € pour 15 jours en alternant marche et visite.

Les langues, la monnaie
Langue officielle : l'arménien, parlé par 90% de la population. Langues minoritaires : l'azerbaïdjani et le russe. L'anglais est plutôt peu connu.
Monnaie : le dram. 1 € = 467 drams.

La population
2972000 Arméniens, dont un tiers à Erevan, la capitale. Les années de guerre ont provoqué une nette tendance à l'exil, alors que
la diaspora est importante (Etats-Unis et France, entre autres).

Les religions
L'Eglise arménienne (orthodoxe) conserve une très ancienne spécificité et a toujours été le ciment de l'unité et des revendications du peuple arménien.

Les fêtes
24 avril : «Medz Yeghern» («commémoration du génocide») ; **28 mai** : «Hanrabedoutian don» (fête de la République) ; **10 juillet** : Vardavar (rappel de l'ancienne fête des roses) ; **septembre** : fête du «Moussa Lèr» sur une colline près d'Erevan ; **octobre** : Festival de musique traditionnelle en l'honneur de la fondation d'Erevan.

Les achats
Une exclusivité : le papier d'Arménie, sorte de papier buvard désodorisant.

La majesté du mont Ararat en toile de fond du monastère Khor Virap: l'image d'une Arménie authentique qui s'ouvre au tourisme.

tres religieux des Xᵉ-XIIIᵉ siècles). Le cimetière de Noratous et son champ des mille khatchkars (pierres tombales) comme les petites églises, parfois flanquées d'une coupole à étages, du VIIᵉ siècle et au-delà, ne sont pas en reste: entre autres les églises de Sainte-Hripsimée, Sainte-Gayanée, Karmravor, ou encore l'église Saint-Zoradvor à Erevan.
A **Garni** s'élève un temple gréco-romain du Iᵉʳ siècle av. J.-C. (reconstitution du temple du roi Tiridate).

La capitale

Erevan, dans un site embelli par la proximité du mont Ararat, est l'une des plus anciennes villes du monde. Elle est surtout connue pour sa Bibliothèque nationale, le Maténadaran, qui renferme dix mille manuscrits arméniens très anciens, dont l'Evangile d'Etchmiadzine, rehaussé de miniatures des VIᵉ, VIIᵉ et Xᵉ siècles. La ville vaut également par sa forteresse (Erebouni), sa mosquée, son marché, son théâtre, ses musées (musée Paradjanov, peintures médiévales).

Les paysages

L'Arménie fait presque entièrement partie du **Petit Caucase**, qui offre par endroits des panoramas d'une sévère beauté en raison de la rudesse du relief. De plus en plus d'adeptes de la marche choisissent l'Arménie pour un cocktail randonnée-visites culturelles du plus bel effet.
Hauts plateaux, massifs volcaniques et cuvettes — telle celle du **lac Sevan**, que les Arméniens ont baptisé «beauté aux yeux bleus» — se succèdent, alors qu'à l'ouest l'horizon est relevé par les pentes enneigées du mont Ararat. ■

LES CONSEILS GEO

▶ Les plus

Des promesses touristiques enfin concrétisées, autant sur le plan culturel que sur celui des paysages. Des propositions de voyage qui s'étendent et se diversifient.

▶ Les moins

Des infrastructures touristiques encore fragiles voire inexistantes, reflet d'un pays en difficulté et encore trop méconnu. Une destination qui n'est pas encore vraiment propice au voyage individuel.

▶ Les précautions

Il est recommandé d'éviter les zones frontalières avec l'Azerbaïdjan, de même que le voyage dans le Nagorno-Karabakh.

▶ Les recommandations

Le temps n'est pas encore venu où l'on voyagera en Arménie comme sous nos latitudes. Louer une voiture avec chauffeur ou partir en groupe reste donc largement préférable, ce qui n'exclut pas les initiatives individuelles, mais au prix de conseils très avisés.

▶ Les tendances

Partir huit ou quinze jours au printemps avec un spécialiste de la marche et alterner randonnées et visite des petits monastères et des vieilles églises de village. Cette formule constitue le type même du «voyage émergent» à l'heure actuelle.

QUAND PARTIR ?

	Climat	Nature
Janvier		
Février		
Mars		
Avril	☼	🐾
Mai	☼	🐾
Juin	☼	🐾
Juillet	☼	
Août	☼	
Septembre	☼	
Octobre	☼	
Novembre		
Décembre		

Australie

L'Australie, «the Lucky Country», ainsi appelée pour la richesse de ses matières premières, de son soleil et de ses paysages, est certes trop neuve pour offrir des trésors historiques, mis à part les sites des peintures rupestres aborigènes. Mais elle vit sur son mythe de pays encore à défricher. En outre, les larges horizons de l'intérieur sont concurrencés par la réputation des côtes, avec la Grande Barrière de Corail en point d'orgue.

Les paysages

Le centre

Le rendez-vous que fixe la nature au visiteur s'appelle l'outback, c'est-à-dire les grands espaces de l'intérieur, faits d'un paysage semi-aride de brousse, de terres rouges, de rochers et d'arbres secs.

Là vivent des Aborigènes et des gardiens de bétail dans des fermes immenses, là roulent des camions interminables (les «road trains»), là gambadent des kangourous et paissent des dromadaires sauvages...

Au milieu s'étend le désert de Simpson, baptisé Centre rouge à cause de ses longues dunes rouges parsemées de buissons. Les gorges du **Kings Canyon**, puis **Alice Springs**, «la» ville du désert, annoncent, seul au-dessus de la plaine, **Ayers Rock** («Uluru»), un monolithe de grès, à la fois plus gros rocher du monde (9 km de circonfé-

QUE VOIR, QUE FAIRE EN AUSTRALIE ?

Les paysages

- Le centre : Centre rouge (Kings Canyon, Ayers Rock, monts Olga), lac Eyre, monts Flinders, Coober Pedy
- L'est : Blue Mountains, Hunter Valley (vignobles)
- Le nord : terre d'Arnhem, sites aborigènes du parc de Kakadu, Kimberley, Bungle Bungle, forêts du Queensland
- L'ouest : parc national de Karijini, région aurifère de Kalgoorlie
- Le sud : Tasmanie

Les côtes

- La côte est : rivages et îles de la Grande Barrière de Corail
- La côte nord : Melville, Bathurst
- La côte ouest : Broome, Perth
- La côte sud : Byron Bay, Sydney, Etat de Victoria
- Tasmanie et Norfolk Wineglass Bay

La faune

- Wallabies, koalas, kangourous, émeus, dauphins, requins-baleines, raies mantas, tortues de mer, phoques, opossums

Les villes

- Sydney, Alice Springs, Melbourne, Adelaïde, Perth

Les roches deviennent fantaisistes et sont surnommées les «Douze Apôtres» au large de Port Campbell, le long de la Great Ocean Road.

Les koalas attendent le visiteur, notamment au Featherdale National Park.

rence) et montagne sacrée des Aborigènes qui ont décoré de gravures et de peintures ses grottes. On peut escalader les 348 m d'Ayers Rock, en faire le tour (3 heures de marche), on peut surtout l'admirer au coucher du soleil, lorsqu'il se pare de teintes rouge orangé, comme les trente-six dômes des **monts Olga**, à 20 km en partant vers l'ouest.

Si l'on quitte le Centre rouge en train vers Adelaïde, on longe le **lac Eyre**, mélange de sel, de boue et d'eau saumâtre, avant de se retrouver dans les **monts Flinders** et les paysages verdoyants de Wilpena Pound, propices aux randonnées. Non loin de là, on trouve **Coober Pedy**, où des habitations troglodytiques ont succédé à des mines d'opale.

L'est

Non loin de Sydney se dressent les «montagnes Bleues» (**Blue Mountains**), ainsi nommées à cause de la couleur de leurs eucalyptus et où le grès a parfois formé des murailles verticales, donnant naissance à des canyons (Grose, Gowett, Cox), des cascades (Katoomba et surtout Govett's Leap) et des grottes (Jenolan). Près de là se trouvent des vestiges aborigènes et un parc (Featherdale National Park) où les koalas attendent le touriste.

Au nord de Sydney, la **Hunter Valley** ravira ceux qui souhaitent découvrir la fine fleur du vignoble australien. Ensuite s'étend une vaste forêt tropicale, au sud de Cairns.

Le nord

Dans le «Top End», la **terre d'Arnhem** est bordée par les gorges de la rivière Katherine et le très grand parc national de **Kakadu**, où a été tourné le film *Crocodile Dundee* et où l'on peut découvrir les sites aborigènes d'Obiri Rock et de Nourlangui Rock (peintures rupestres millénaires).

Au nord-ouest, la région des **Kimberley** a abrité les premiers Aborigènes il y a quarante mille ans. Les gorges et les montagnes de la région de **Bungle Bungle**, prolongées par le désert de Tanami et son immense cratère du «Météore du loup», valent aussi le déplacement.

Au nord-est, la presqu'île de Cape

LE CARNET DE VOYAGE

Les premiers contacts
Australian Tourism Commission, c/o Interface Tourism, 01.53.25.11.11. Ambassade, 4, rue Jean-Rey, 75015 Paris, 01.40.59.33.00. www.australia.com, www.queensland-europe.com, www.toptourist-parks.com

Les formalités
Pour les ressortissants de l'Union européenne, canadiens, suisses: passeport valable encore six mois après le retour, visa «électronique» (Electronic Travel Authority) délivré systématiquement et gratuitement par la compagnie aérienne ou le voyagiste.

La santé
Aucun problème.

Le voyage, le décalage
Durée moyenne du vol Paris-Sydney (20 346 km): 17 heures. Lorsqu'il est midi en France, à Perth il est 18 heures entre avril et octobre, 19 heures de novembre à mars; à Sydney, il est 20 heures d'avril à octobre et 22 heures de novembre à mars.

Le coût moyen d'un séjour
Le vol A/R, le camping et la location d'une voiture ou d'un tout-terrain: le tout revient à 3 000 € environ pour trois semaines. Pour un circuit accompagné de 15 jours, compter entre 2 000 et 2 300 €.

Les langues, la monnaie
Langue officielle: l'anglais, qui voisine avec des dialectes aborigènes; le français est peu connu. **Monnaie:** le dollar australien (subdivisé en 100 cents). 1 USD = 1,05 dollar australien, 1 € = 1,45 dollar australien.

La population
Un peuplement relativement récent fait que le chiffre de la population (20 434 000 habitants, dont six millions pour la seule agglomération de Sydney) est modeste par rapport à la superficie. La grande majorité des Australiens est originaire du Royaume-Uni (premières arrivées en 1788) mais aussi d'Europe centrale, d'Italie et de Grèce. On dénombre 140 000 aborigènes.
Capitale: Canberra.

Les religions
La proportion de catholiques (26%) rejoint celle des adeptes de l'Eglise anglicane d'Australie (26,1%). Les adeptes de l'Eglise unitarienne, les presbytériens, les orthodoxes et les baptistes sont autant de minorités religieuses.

Les fêtes
26 janvier: fête nationale; **mars:** Festival de Melbourne (Moomba); Mardi gras gay et lesbien à Sydney; **9 juin:** anniversaire de la reine; **26 décembre:** Boxing Day.

Les achats
Si le boomerang et le didgeridoo (instrument de musique traditionnel) caractérisent, dans l'imaginaire collectif, l'artisanat aborigène, ne pas oublier les autres réalisations, surtout le travail du bois (peintures, gravures). Penser aussi aux pierres précieuses (opales).

L'Australie est un terrain de découvertes infini, comme ici dans la région de Bungle Bungle, au nord du pays.

York, pointe extrême du **Queensland**, abrite une jungle impressionnante, alors que les «Wet Tropics» et la forêt tropicale du parc de Lamington complètent la richesse des sites naturels de ce grand Etat.

L'ouest

En quittant Exmouth et en se dirigeant vers l'intérieur, on traverse le parc national de **Karijini** avec ses gorges teintées de rouges, ses chutes et ses piscines naturelles.

Au sud-ouest, la ville de **Kalgoorlie**, entre Perth et Adelaïde, est au cœur d'une région qui a connu sa ruée vers l'or à la fin du XIXe siècle. Le Museum of Goldfields et la mine de Hannans North en demeurent les principaux témoignages.

Le sud

La **Tasmanie**, île appendice de l'Australie, est riche de parcs nationaux, de forêts, de lacs et de cascades. Elle attire les randonneurs en quête de contrées insolites comme celles de la partie sud-ouest de l'île (Mount Field Park) et surtout de l'ouest, où les 80 km de l'Overland Track, à travers le parc national de Cradle Mountain, constituent le dernier trekking à la mode, agrémenté de fougères arborescentes, de bruyères, et peuplé de marsupiaux et de wallabies. A une centaine de kilomètres à l'est de Hobart, les amateurs de sensations fortes apprécieront particulièrement la visite de l'ancien bagne de Port Arthur et la mini croisière qui mène jusqu'à l'«île des Morts».

QUAND PARTIR ?

	Centre	Grande Barrière	Sydney	Nord	Sud	Ouest
Janvier					☼	☼
Février					☼	☼
Mars			◉		☼	☼
Avril	☼		◉		☼	☼
Mai	☼			☼		
Juin	☼		◉	☼		
Juillet	☼	⋞	◉	☼		
Août	☼	⋞	◉	☼		
Septembre	☼	⋞	◉	☼		
Octobre		⋞		☼		☼
Novembre		⋞				☼
Décembre		⋞				☼

Les côtes

La côte est

Huitième merveille du monde selon les Australiens, classée sur la liste du Patrimoine mondial de l'humanité, la **Grande Barrière de Corail** (près de 2 500 km de long, deux mille cinq cents récifs, trois cent cinquante sortes de corail dur qui implore l'industriel de ne plus le salir et le touriste de ne plus le cueillir) justifierait le voyage à elle seule. C'est là, sur ce «reef», que les séjours sont le plus recherchés car ils combinent plages «de rêve» (Dunk Island, par exemple, à l'est de Cairns, est idéale pour ses plages et pour l'accès à la Grande Barrière), sports nautiques, observation de la faune (Heron Island, Lizard Island, île de sable de Fraser) et du corail grâce à des bateaux à fond de verre, ou avec un simple masque et un tuba.

La côte nord

Moins fréquentée, elle peut ménager un tourisme plus typé, tel celui que procurent les **îles de Melville** (à la rencontre du peuple aborigène Tiwi) et de **Bathurst**.

La côte ouest

Des plages peu fréquentées par le tourisme international entourent **Broome** (avec son interminable Cable Beach) et **Perth**, où les amateurs de surf s'en donnent à cœur joie. Rien d'étonnant: les côtes australiennes n'offrent-elles pas, avec les rivages hawaiiens et californiens, le privilège des plus belles vagues du monde pour les meilleurs surfeurs du monde? Ceux-ci se retrouvent non seulement autour de Perth mais aussi entre Brisbane et Melbourne.

La côte sud

En partant loin vers le sud-est, on trouve **Byron Bay,** où émerge une nouvelle clientèle fuyant les standards, avant d'aborder les 30 km de sites balnéaires qui sont éparpillés autour de **Sydney**. «La» plage de la ville est Bondi Beach, où l'on se montre et où l'on surfe beaucoup, tout en perpétuant le mythe de la Beach Culture et des vénérés «life-savers» (sauveteurs).

Les plages de la côte sud, aux alentours d'Adelaïde, la Murray River, la route côtière de la côte sud-est (Great Ocean Road), les atouts de l'**Etat de Victoria** (Wilsons Promontory National Park, parc national de Port Campbell, parc national d'Otway qui renferme l'une des dernières forêts pluviales tempérées au monde, lacs salés de la Desert Wilderness) donnent sa valeur touristique à l'Australie méridionale. Entre Warrnambool et le cap Otway, les baleines franches australes sont présentes de juin à septembre, comme les ornithorynques sur la plage de Lorne, alors que Torquay est l'une des capitales mondiales du surf.

Des milliers de récifs et des centaines de variétés de corail: la Grande Barrière est aussi fragile qu'imposante.

Circular Quay à Sydney, symbole d'une ville en mutation et où il fait bon vivre.

Tasmanie et Norfolk
Les côtes de la Tasmanie sont plutôt fraîches mais belles, par exemple **Wineglass Bay**, dans la péninsule de Freycinet, à l'est de l'île.
Insolite, à égale distance de la Nouvelle-Calédonie et de la Nouvelle-Zélande, l'**île de Norfolk** : cet endroit isolé est en partie habité par des descendants des révoltés du Bounty.

La faune

L'Australie a l'exclusivité de trois marsupiaux célèbres : le wallaby, le koala (celui-ci principalement dans les forêts du Queensland) et, bien sûr, le kangourou, que l'on peut apercevoir dans son élément naturel sur l'île qui porte son nom, au large d'Adelaïde, mais aussi dans les parcs de Kakadu et des Blue Mountains. Kangaroo Island abrite également des baleines, des koalas et des opossums.
Autres exclusivités : l'ornithorynque et ses pattes palmées, qui se meut dans les rivières et les lacs, et l'émeu, qui voisine avec une soixantaine d'espèces de perroquets.
Beaucoup d'espèces se retrouvent en Tasmanie, où la faune et la flore (forêts pluviales, eucalyptus, séquoias) ont mieux résisté que sur la grande voisine du dessus.
La faune aquatique de la côte de l'Australie-Occidentale n'est pas en reste, ce qui ravit les amateurs de plongée : dauphins sauvages du parc de Shark Bay et, d'avril à juin, présence d'imposants requins-marteaux aux abords de Ningaloo Reef, près d'Exmouth.
Dans le parc de Kakadu, outre le spectacle de peintures rupestres aborigènes dans les grottes et les gorges, on peut s'offrir un safari-photo de crocodiles géants et de termitières qui le sont tout autant.
Le long de la Grande Barrière, entre septembre et mars, les tortues de mer et une grande variété d'oiseaux viennent côtoyer des raies mantas et des poissons multicolores.

Les villes

Sydney a du cachet, et pas seulement pour l'architecture hérisson de son Opera House. En effet, depuis que sa baie (Harbour) a vu l'activité industrielle, les cargos et les docks en bois peu à peu remplacés par des structures de loisirs (voile, théâtres, restaurants, boutiques et aquarium de Darling Harbour), la ville est entrée dans une ère de grande popularité touristique. Ses espaces de verdure (Royal Botanic Gardens, Hyde Park), son «vieux» quartier (Rocks), son pont (le Sydney Harbour Bridge), ses audaces (le «Gay Mardi Gras») et son attrait culturel (témoignages aborigènes et orientaux de l'Art Gallery of New South Wales) complètent son label de ville la plus intéressante du pays.
Alice Springs (pour sa situation au cœur du désert), **Melbourne** (pour son urbanisme et ses jardins botaniques), **Adelaïde** (pour son site au pied des monts Lofty et Tandanya Institute) et **Perth** (pour son... splendide isolement, sa marina, son Musée maritime et son port de Fremantle) valent également la visite. ■

LES CONSEILS GEO

▶ Les plus
Des ingrédients de voyage multiples. La taille du pays fait que, hormis l'amateur de vieilles pierres, chacun y trouve son compte : le bronzeur-né, le plongeur téméraire, le surfeur, le croqueur de kilomètres, le passionné de faune aquatique ou terrestre.
Un billet d'avion et plus généralement un séjour accompagné à des prix de plus en plus raisonnables.

▶ Les moins
Un coût de la vie touristique généralement assez élevé.
Un climat relativement défavorable dans la partie sud entre juillet et septembre.

▶ Les précautions
Le voyage en Australie n'a rien de problématique. Il suffit de prendre les précautions d'usage si l'on décide de louer un véhicule pour les grandes étendues du Centre ou si l'on souhaite défier les super surfeurs du coin.

▶ Les tendances
Rechercher les racines profondes de l'île en soutenant la cause des Aborigènes engendre un voyage insolite vers la terre d'Arnhem, qui a été restituée aux Aborigènes en 1931. Les artistes locaux reproduisent les motifs naturalistes des peintures rupestres et connaissent un succès international.

QUE VOIR, QUE FAIRE EN AUTRICHE ?

Les paysages, les randonnées et le ski
- Tyrol, Vorarlberg, Wildschönau, Carinthie, lac de Neusield, Hohe Tauern
- Tourisme d'hiver (ski alpin, ski de fond)
- Tourisme d'été (randonnées)

Les villes
- Vienne, Salzbourg, Innsbruck, Graz, Linz, Bad Ischl, Mayerling, Melk, Bregenz

Le patrimoine culturel
- Festivals de musique, marchés de Noël

La ville de Mozart, Salzbourg, est aussi appréciée pour son architecture médiévale et baroque.

Autriche

Skieurs, randonneurs, mélomanes, gastronomes et amateurs d'air pur : hormis la mer, la petite Autriche a tout à offrir. Elle déroule des paysages alpins parsemés de villages aux balcons parmi les plus fleuris d'Europe. Enfin et surtout : Vienne, la plus romantique des capitales.

Les paysages, les randonnées et le ski

Le tourisme autrichien s'appuie sur sa meilleure matière première, la neige. Pour le ski alpin, à côté des grandes stations comme **Kitzbühel**, Saalbach, Zell am See ou Sankt Anton, un millier de communes font valoir la régularité de leur enneigement, telle Igls, au sud d'Innsbruck. De même, le ski de fond trouve aisément sa raison d'être dans ce pays aux trois quarts montagneux, dont les sommets les plus réputés s'appellent Dachstein et Gross Glockner.

Dans le **Tyrol**, le canyoning, le VTT, la randonnée, sportive ou familiale, sont monnaie courante, par exemple

LE CARNET DE VOYAGE

Les premiers contacts
Maison de l'Autriche, par courrier (BP 475, 75366 Paris) ou tél. 01.53.83.95.20. Internet : www.austria-info/fr, pour Vienne : www.info.wien.at

Les formalités
Pour les autres ressortissants de l'Union européenne, carte nationale d'identité ou passeport périmé depuis moins de cinq ans.

La santé
Aucun problème.

Le départ, le décalage
Route : Paris-Salzbourg, environ 1 000 km. Train de nuit Paris-Gare de l'Est-Vienne. Durée moyenne du vol Paris-Vienne (1 045 km) : 2 heures. Aucun décalage horaire.

Le coût moyen d'un séjour
Entre 350 et 400 € pour un week-end 3 jours/2 nuits à Vienne ou à Salzbourg. Environ 600 € pour une semaine aux sports d'hiver. 700 € pour une semaine de randonnée en été.

Les langues, la monnaie
Langue officielle : l'allemand. Langues étrangères : l'anglais assez largement, le français très faiblement. Monnaie : l'euro.

La population
8 200 000 habitants. L'immigration est l'une des plus faibles des pays occidentaux. Capitale : Vienne.

Les religions
Catholicisme omniprésent (85 %). Petite minorité de luthériens.

Les fêtes
Nuit du Nouvel An : bal de l'Empereur à Vienne, concert du Nouvel An de la philharmonie de Vienne ; **mi-janvier à mi-février :** saison des bals ; **juin :** « Schubertiades » de Feldkirch, « Styriarte » de Graz ; **juillet :** concerts aux abords du lac de Constance à Bregenz ; **août :** Festival de Salzbourg ; **septembre :** fêtes de la Transhumance dans le Tyrol (Schwarzenberg) ; **décembre :** marchés de Noël à Innsbruck, Linz, Salzbourg, Vienne.

Les achats
Difficile de faire plus cliché que le chapeau tyrolien ! Mais la qualité de son feutre est universellement réputée, comme celle du loden. Parmi les autres productions locales : tapis, broderies, cuirs, jouets en bois.

dans la vallée de la Wildschönau, à Fiss ou à Alpbach, villages traditionnels faits de chalets de bois aux balcons débordant de géraniums. Le **Vorarlberg** propose le même type de tourisme, grâce à ses vallées fleuries, ses forêts, sa flore variée (épicéas, mélèzes, pins noirs), ses lacs à 2000 m d'altitude.

Au sud, la **Carinthie** renferme plusieurs parcs nationaux, des sites propices à la randonnée, telle la vallée de la Lesachtal, et de nombreux lacs dans de jolis sites, tel le Millstätter See. Aux confins de la Hongrie, le **lac de Neusield** est entouré d'un parc national où abondent les marécages et la faune (oiseaux migrateurs).

Les villes

Vienne vaut le voyage à elle seule pour une foule de raisons: sa situation sur le Danube (minicroisières possibles), son charme rétro, ses façades baroques, le palais impérial Hofburg, où se tient lors de la nuit du Nouvel An le prestigieux bal de l'Empereur, son fameux Opéra national (Staatsoper), ses édifices religieux (cathédrale gothique Saint-Etienne), les maisons de Beethoven et de Freud, son artère principale (Graben), sa Maison de la musique et ses festivals de musique classique (festival de printemps et été musical), ses cafés (Café central, Café Bräunerhof), ses pâtisseries, ses bals (trois cents bals entre le début janvier et la mi-février).

La capitale voit grand sur le plan culturel: elle était déjà riche de cinquante-cinq musées dont le Kunsthistorisches Museum (Jérôme Bosch, Rembrandt, Rubens) et les collections du château de Belvedere (Klimt), mais un «Museums Quartier» est né en 2001, suivi en 2003 de la remise en valeur du palais de l'Albertina, ancien palais des Habsbourg.

Aux environs, le célèbre château de **Schönbrunn** est un motif de visite majeur: le «Versailles» autrichien, destiné à magnifier l'empire des Habsbourg dont il fut la résidence d'été, arbore quelque mille deux cents salles dont environ quarante ouvertes au public.

Seuls l'atmosphère baroque de la vieille ville (classée), les musées et la blanche forteresse de **Salzbourg**, qui connut l'insigne honneur de voir naître Mozart (maison natale et festival annuel), soutiennent la comparaison avec Vienne. **Innsbruck** offre le Goldenes Dachl au toit de cuivre doré et au balcon fermé, Hofkirche (l'église de la Cour) et le musée régional du Tyrol. Les vieux quartiers de **Graz** sont dominés par le clocher Renaissance et par l'horloge du Schlossberg. La ville de **Linz** (façades baroques et église Saint-Martin, la plus vieille d'Autriche) vaut aussi largement le déplacement.

D'autres villes ou lieux portent des témoignages historiques aux noms évocateurs: villa de **Bad Ischl** (Sissi), **Mayerling**, **Melk** (célèbre abbaye), **Bregenz** (festival annuel).

Le patrimoine culturel

L'Autriche est le pays natal de Mozart, de Strauss et de Schubert, un trio majeur de compositeurs qui lui vaut de grands festivals de musique classique en été, celui de Salzbourg, en août, demeurant le plus prestigieux. A Vienne, ne pas manquer les concerts impériaux au palais Palffy, ou ceux du Wiener Mozart Orchestra.

Autre grande tradition: les marchés de Noël. Concerts et petits théâtres de contes rythment celui de Vienne.

Des marchés de Noël réputés ont aussi lieu à Linz, à Salzbourg et à Innsbruck, où l'on dégustera volontiers quelques spécialités pâtissières tyroliennes. ■

QUAND PARTIR ?

	Vienne	Randonnées	Sports d'hiver
Janvier			❄
Février			❄
Mars			❄
Avril			
Mai	☼	🚶	
Juin	☼	🚶	
Juillet	☼	🚶	
Août		🚶	
Septembre	☼	🚶	
Octobre			
Novembre			
Décembre			❄

LES CONSEILS GEO

▶ Les plus

Une gamme importante de possibilités de séjour nées d'un double tourisme été/hiver et d'une vie musicale intense.

L'attrait de Vienne, l'une des plus belles villes d'Europe.

Une image qui s'est nettement redressée après les années Haider.

▶ Les moins

La nécessité de prévoir un budget élevé, bien que les séjours de ski ne soient pas hors de prix.

▶ Les précautions

Ni plus ni moins de problèmes qu'ailleurs en Europe occidentale.

▶ Les tendances

Les adeptes du ski jouent les branchés en s'essayant au figl, un ski de printemps pratiqué sur la poudreuse en pleine fonte, entre autres sur les pentes du mont Hafelekar-Spitze, près d'Innsbruck.

A Bruxelles, les maisons des corporations et l'hôtel de ville s'unissent pour faire de la Grand-Place un site hors du commun.

La fraîcheur de la mer du Nord et le gris du ciel privent la Belgique d'une meilleure fréquentation, mais elle prend sa revanche par la valeur architecturale de ses villes d'art. Les forêts des Ardennes et les Hautes Fagnes viennent contredire ceux qui croyaient le pays plat entièrement plat.

Belgique

Les villes

Bruges est posée entre des canaux romantiques qui l'ont fait baptiser la «Venise du Nord». Ses maisons anciennes et leurs pignons, le carillon de son beffroi, son béguinage d'un autre temps, ses dentelles et ses musées (primitifs flamands au Musée municipal), complètent le tableau.

A **Bruxelles**, la statuette de la fontaine du Manneken-Pis reste le rendez-vous favori des touristes. Même la Grand-Place, son hôtel de ville et les façades baroques de ses maisons des corporations peinent à rivaliser... Les maisons Art nouveau (avec le musée Horta en point d'orgue), la cathédrale Saint-Michel, le palais du parc du Cinquantenaire, l'avenue Louise, la maison d'Erasme, le marché aux puces des

LE CARNET DE VOYAGE

Les premiers contacts
Office belge du tourisme Wallonie-Bruxelles, Paris, tél. 01.53.85.05.20. Sites Internet : www.opt.be, www.tourisme-flandre.com

Les formalités
Carte nationale d'identité ou passeport pour les ressortissants de l'Union européenne.

La santé
Aucun problème.

Le voyage, le décalage
Bien plus indiqué que l'avion mais cher, le Thalys relie Paris-Gare du Nord à Bruxelles-Midi en 1h25 (jusqu'à 33 allers-retours quotidiens), à Anvers et à Liège. Train Paris-Ostende direct (2h55). Aucun décalage horaire.

Le coût moyen d'un séjour
Entre 150 et 200 € pour un forfait 3 jours/2 nuits à Bruges ou Bruxelles à partir de Paris.

Les langues, la monnaie
Le français, le néerlandais et l'allemand sont langues officielles.
Monnaie : l'euro.

La population
Nombreuse par rapport à la superficie (10 392 000 habitants), répartie en dix provinces mais surtout concentrée dans les villes, elle reste divisée sur bien des plans entre néerlandophones (Flamands, majoritaires) et francophones (Wallons et 80% des Bruxellois).
Capitale : Bruxelles.

Les religions
96% de catholiques. Minorités de protestants, d'anglicans et de juifs.

Les fêtes
Mardi gras : carnaval de Binche. **Autres carnavals réputés** : Alost, cantons de l'Est, Malmédy; **mars** : bal du Rat mort à Ostende; **printemps** : la Zinneke (Bruxelles); **Ascension** : procession du Saint-Sang à Bruges; **Pentecôte** : fête de la Mer à Ostende.

Les achats
Trois passages obligés : les dentelles de Bruges (celles travaillées selon une méthode artisanale locale se raréfient), le chocolat et les bières.

QUE VOIR EN BELGIQUE ?

Les villes

- Bruges, Bruxelles, Anvers, Gand, Liège, Louvain, Dinant, Mons, Tournai, Namur, Bouillon, Belœil, Arlon

Les côtes

- Rivages de la mer du Nord, Ostende

Les fêtes

- Carnavals, kermesses

Les paysages

- Digues et canaux autour de Damme
- Ardennes, parc naturel Hautes Fagnes-Eifel, grottes de Han

LES CONSEILS GEO

▶ Les plus

La grande richesse culturelle et architecturale des villes.
L'agrément trop souvent méconnu de la côte et des Ardennes.

▶ Les moins

Un climat qui n'incline pas aux séjours prolongés.

▶ Les tendances

Elle n'est pas vraiment aussi tendance que les moules-frites à l'automne et la carte des bières, mais la Zinneke mériterait de le devenir. En effet, l'âme de Bruxelles et de ses communes transparaît sous cette parade bisannuelle, les habitants se regroupant pour en confectionner les éléments.

Marolles, la cathédrale Saint-Michel et l'église Notre-Dame-du-Sablon sont les autres arguments de la capitale, outre ses musées de renom, tels les musées royaux des Beaux-Arts et le musée d'Art moderne.
Anvers est remarquable pour sa cathédrale Notre-Dame (gothique brabançon, œuvres de Rubens), sa Grand-Place (hôtel de ville, maisons des guildes), ses ruelles, son port, ses façades des XVIIe et XVIIIe siècles, la maison de Rubens et ses musées : le musée Plantin-Moretus, qui retrace l'histoire du livre ancien, et le musée royal des Beaux-Arts, où abondent les œuvres des primitifs flamands (Van der Weyden, Van Eyck).
Gand vaut par ses maisons des corporations sur le quai aux Herbes ou sur le quai au Blé, son château aux Comtes, ses musées (Smak, Design Museum, musée des Beaux-Arts) et sa cathédrale Saint-Bavon qui renferme un chef-d'œuvre de Van Eyck, *l'Agneau mystique*.
Autres villes qui méritent la visite : **Liège**, son atmosphère chaleureuse, ses nombreux musées et églises aux alentours de son palais des Princes-Evêques ; **Louvain**, où se côtoient le gothique (hôtel de ville, église Saint-Pierre) et le baroque (façade de l'église Saint-Michel, maisons anciennes) ; **Dinant**, dont le joli site entre rochers et cours de la Meuse est complété par la citadelle et la collégiale Notre-Dame ; **Mons** (collégiale Sainte-Waudru, beffroi baroque) ; **Tournai** (cathédrale Notre-Dame des XIIe et XIIIe siècles, beffroi, halle aux draps) ; **Namur** (citadelle, cathédrale Saint-Aubin) ; **Bouillon** (château médiéval) ; **Belœil** (château du XIIe siècle des princes de Ligne, aux beaux jardins) ; **Arlon** (Musée archéologique).

QUAND PARTIR ?

	Centre et côtes	Ardennes
Janvier		☼
Février		☼
Mars		
Avril		
Mai	☼	
Juin	☼	☼
Juillet	☼	☼
Août	☼	☼
Septembre	☼	☼
Octobre		
Novembre		
Décembre		☼

Les côtes

La **mer du Nord** n'est ni bleue ni souvent ensoleillée, mais elle offre de vastes plages bien aménagées pour les sports nautiques.
Le fin du fin est la plage de Knokke-le-Zoute. En partant vers le sud, on trouvera plus de simplicité tout au long des 70 km de côtes.

Les fêtes

Les traditions que perpétuent la petite ville de **Binche** et son carnaval les jours de Dimanche gras et de Mardi gras, avec la sortie du «Gille», personnage rituel richement déguisé, sont un symbole de l'enthousiasme du pays en matière de fêtes et de kermesses.

Les paysages

La platitude des régions flamandes et les «terrains vagues» chantés par Brel ne doivent pas faire oublier leur atmosphère romantique, comme la région de digues et de canaux qui entoure **Damme**, la ville de Till l'Espiègle. A l'est, l'arrondi des **Ardennes** est parsemé de superbes forêts. Plus au nord, les landes du parc naturel **Hautes Fagnes-Eifel** ne leur cèdent en rien. ■

Le lac Titicaca, plus haut lac navigable du monde et point d'orgue de l'Altiplano.

QUE VOIR, QUE FAIRE EN BOLIVIE ?

Les paysages

- Altiplano, lac Titicaca, Cordillère Royale
- Oriente (minicroisières amazoniennes)

Les villes et villages

- Potosi, Sucre, La Paz, Santa Cruz, Cochabamba
- Marchés indiens, missions jésuites

Les monuments

- Architecture coloniale, sites précolombiens (Tiahuanaco)

Les fêtes

- Musique indienne, carnaval d'Oruro

Bolivie

La discrète Bolivie subit l'ombre touristique du Pérou voisin, dont elle ne possède pas la richesse archéologique. Néanmoins, elle porte aussi la marque de la cordillère des Andes, de ses paysages et d'une identité indienne préservée.

Les paysages

Autour de La Paz et dans le sud-ouest, l'**Altiplano** offre, à plus de 4000 m d'altitude, les paysages saisissants des Andes mais aussi des sites insolites, dont le réputé salar de Uyuni, la «banquise de sel». Volcans, lagunes (dont la Laguna Verde et sa teinte émeraude), geysers et canyons sont également au rendez-vous, tandis que le relief nu de la **vallée de la Lune**, près de La Paz, tire son intérêt de ses cheminées de fées. Non loin de Sucre, le parc national de **Torotoro** est connu pour ses canyons et ses peintures rupestres.

Le **lac Titicaca**, le plus haut lac navigable du monde, est un réservoir de légendes : il aurait été le point de dé-

LE CARNET DE VOYAGE

Les premiers contacts
Consulat, 12, av. du Président-Kennedy, 75116 Paris, 01.42.24.93.44. www.boliviaweb.com

Les formalités
Pour les ressortissants de l'Union européenne, canadiens, suisses : passeport en cours de validité suffisant.

La santé
Ne pas gagner précipitamment les Andes : risque de soroche, le mal des montagnes. Pour la plaine, plan antipaludisme en dessous de 1500 m, vaccin contre la fièvre jaune.

Le voyage, le décalage
Durée moyenne du vol Paris-La Paz (environ 9000 km, escales) : 16 heures. Lorsqu'il est midi en France, en Bolivie il est 6 heures en été et 7 heures en hiver.

Le coût moyen d'un séjour
Au moins 2500 € pour le voyage accompagné Bolivie de l'ouest-Pérou, au moins 3000 € pour trois semaines de randonnée Bolivie de l'ouest-Chili du nord-est.

Les langues, la monnaie
Langues officielles : espagnol, quechua, aymara. **Monnaie :** le boliviano. 1 USD = 8,02 bolivianos, 1 € = 11,05 bolivianos.

La population
Les 9119000 habitants se composent d'une majorité d'Amérindiens (60 %). Les Indiens Aymaras et Quechuas vivent sur l'Altiplano. Sucre est la capitale constitutionnelle, mais le gouvernement siège à La Paz.

Les religions
Neuf Boliviens sur dix sont catholiques.

Les fêtes
Fin janvier : feria Alacitas à La Paz ; samedi qui précède le mercredi des **Cendres :** carnaval d'Oruro ; **février :** carnavals de La Paz et de Santa Cruz ; **10 février :** fête des Mineurs à Potosi ; **mars :** carnaval de Tarabuco (Pujllay) ; **21 juin :** fête du Solstice à Tiahuanaco ; **6 août :** fête nationale ; **2 novembre :** Todos Santos (fête des Morts).

Les achats
Tissus, pulls andins et, au chapitre des croyances, des... fœtus de lama et des figurines de la Pachamama (la déesse mère). Panorama quasi exclusif de cet artisanat dans la rue Sagarnaga à La Paz.

part des «enfants du Soleil», qui fondèrent l'Empire inca. Côté bolivien, l'île du Soleil et l'ancien palais de Pilkokaina sont les principaux centres d'intérêt.
A l'est du lac, la cordillère Royale offre le spectacle de deux massifs: l'**Illampu**, dont les 6485 m dessinent l'arrière-plan de l'Altiplano, et l'**Illimani**, dont les trois pics dominent la vallée de La Paz.
L'est du pays, l'**Oriente**, fait déjà partie de l'Amazonie. Des minicroisières sont possibles au sein de cette région de forêts et de savanes (parc national Mercado).

Les villes et villages

La Bolivie est l'un des pays d'Amérique latine où la vie et les coutumes indiennes sont le mieux préservées, surtout sur les hauts plateaux à l'occasion des fêtes et des marchés, tel celui de Tarabuco.
L'Espagne a laissé des traces profondes dans les villages et les villes, entre autres:
– à **Potosi**, classé Monument naturel et culturel de l'humanité, et dont la Montagne d'argent en fit la ville la plus riche du monde au XVIe siècle tout en déchaînant les convoitises;
– à **Sucre**, ville entièrement construite en pierre blanche, dominée par sa cathédrale, ses églises, ses couvents et son palais du gouverneur;
– à **La Paz**, siège de gouvernement le plus haut du monde, les quartiers anciens du centre, l'artisanat de la rue Sagarnata, l'église baroque San Francisco (XVIe siècle) et un riche musée national d'Art sont les endroits clés d'une ville bâtie dans un site extraordinaire, une cuvette entourée de hauts sommets andins.
Autres villes qui méritent le détour: **Santa Cruz**, qui domine la grande plaine du Chaco (cathédrale, maisons coloniales, missions jésuites), **Cochabamba** (église Santa Teresa, couvent des Capucins) et **Copacabana**, au bord du lac Titicaca.

Les monuments

Toute ville coloniale a ses églises, sa cathédrale et ses maisons du temps de la conquête espagnole. Mais un site précolombien, **Tiahuanaco**, centre cérémoniel des Tiwanakus (temple à demi souterrain, porte du Soleil), mérite absolument le détour, comme deux autres cités, celles-ci incas: l'une proche de Cochabamba, **Inkallatja**, et l'autre proche de Santa Cruz, **Samaipata**.
Dans l'est, autour de San Ignacio, on retrouve la trace des anciennes missions jésuites, elles aussi classées au Patrimoine mondial de l'humanité de l'Unesco.

Les fêtes

Les Boliviens aiment la fête sous toutes ses formes.
Le soir, ils se rendent dans une pena écouter la musique folklorique et mélancolique du peuple indien au son de la flûte de Pan et du charango (sorte de mandoline).
Au moment du carnaval, ils suivent la tradition de la diablada, la danse du diable, suivie d'un cortège coloré et très arrosé.
Un carnaval de renom: celui d'**Oruro**. Autres carnavals tout aussi réputés: ceux de Tarabuco (Pujllay), La Paz et Santa Cruz. ■

LES CONSEILS GEO

▶ Les plus

Une situation privilégiée et des cordillères diverses pour les passionnés de la randonnée en montagne.
Le pays où la population indienne reste proportionnellement la plus importante d'Amérique, avec des traditions préservées.
Un climat de l'Altiplano favorable à la période juin-septembre.

▶ Les moins

Dans l'ouest, l'altitude et donc la raréfaction de l'oxygène, deux éléments qui réclament un temps d'adaptation.
Une pléiade de recommandations certes justifiables (situation politique nerveuse, insécurité çà et là) mais qu'il faut savoir nuancer.
Les tarifs des voyages accompagnés : comme souvent pour l'Amérique du Sud, ils sont élevés.

▶ Les précautions

Beaucoup a été dit et écrit sur la sécurité en Bolivie, dont plus de la moitié de la population vit en dessous du seuil de pauvreté. Il suffit d'être vigilant et d'oublier sa naïveté, par exemple en cas de contrôle d'identité – les faux policiers ne sont pas une légende –, d'exportation de feuilles de coca – même en quantité anodine elle est interdite – et de déplacement dans des régions isolées.

QUAND PARTIR ?

	Andes (ouest du pays)	Plaine et Amazonie (est)
Janvier	☼	
Février		
Mars		
Avril		
Mai	☼	
Juin	☼	⋖
Juillet	☼	⋖
Août	☼	⋖
Septembre	☼	⋖
Octobre	☼	⋖
Novembre		⋖
Décembre		

Les troupeaux d'éléphants aux longues oreilles (ou éléphants d'Afrique) recherchent les rares points d'eau en fin de saison sèche.

QUE VOIR AU BOTSWANA ?

Les paysages
- Delta de l'Okavango, désert du Kalahari

La faune
- Parc national de Chobe, réserve naturelle de Moremi, parc national Kalahari Gemsbok
- Réserves de Mabuasehube et de Mashatu, bassins de Makgadikgadi et Nxai
- Eléphants, lions, girafes, antilopes, oiseaux, buffles, gnous, koudous, zèbres, springboks, flamants roses, guépards, hyènes, léopards

Botswana

Ce pays d'Afrique australe serait demeuré dans l'ombre si n'avait été popularisé le delta intérieur du fleuve Okavango, dont la configuration n'a pas son pareil au monde. Les réserves animalières constituent le deuxième grand rendez-vous d'un «dernier éden africain» au coût du voyage hélas! très élevé.

LE CARNET DE VOYAGE

Les premiers contacts
Ambassade, avenue de Tervuren, 169, B-1150 Bruxelles, + 32.2.735.20.70 www.botswanatourism.co.bw

Les formalités
Pour les ressortissants de l'Union européenne, canadiens, suisses: passeport en cours de validité suffisant, valable encore six mois après le retour, billet de continuation ou de retour exigible.

La santé
Prévention indispensable contre le paludisme, particulièrement de novembre à mai-juin inclus, dans les régions suivantes: Boteti, Chobe, Ngamiland, Okavango, Tutume.

Le voyage, le décalage
Durée moyenne du vol Paris-Gaborone (8497 km): 15 heures. Lorsqu'il est midi en France, au Botswana il est la même heure en été et 13 heures en hiver.

Le coût moyen d'un séjour
Au moins 2500 € pour le voyage traditionnel (10-12 jours): un safari-photo dans le delta de l'Okavango, le parc de Moremi et le parc de Chobe. Voyage souvent combiné avec la Namibie et les chutes Victoria au Zimbabwe.

Les langues, la monnaie
Langue officielle: l'anglais. Langue nationale: le setswana. **Monnaie:** le pula. 1 € = 8,61 pulas, 1 USD = 6,25 pulas.

La population
Ses 1816000 habitants, répartis en de nombreuses tribus et 6000 Blancs, valent au pays la densité de population la plus faible du monde. **Capitale:** Gaborone.

Les religions
80% de chrétiens cohabitent avec des animistes et une petite minorité de musulmans.

Les fêtes
1er juillet: fête de sir Seretse Khama; **30 septembre:** fête nationale.

Les achats
Vannerie (paniers), textiles et sculptures, ces dernières figurant souvent des animaux.

Les paysages

Epuisé par la traversée du plat Kalahari, le fleuve **Okavango** s'est arrêté sous la forme d'un imposant delta intérieur (60 000 km²) qui est devenu le pôle d'attraction du pays, non seulement pour la possibilité d'en suivre les méandres en pirogue tout en observant une infinité d'oiseaux (dont des aigles pêcheurs), les papyrus et les nénuphars, mais surtout parce qu'il est considéré comme un hiatus géographique unique, avec ses multiples îles (où se sont invités parfois les lions et les éléphants), ses canaux et ses bras de rivière qui viennent s'éteindre dans les sables du désert. Les couleurs orangées du légendaire **désert du Kalahari**, havre des Bochimans (Bushmen), ornent une nature bien trop sèche et hostile pour être menacée par une invasion des tout-terrain. Le voyage à travers les 1 000 km de la route trans-Kalahari reste très peu connu et ne semble devoir être entrepris qu'avec d'absolues précautions, accompagné par les Bochimans de la région.

La faune

La faune du Botswana est l'une des plus riches et des plus diverses d'Afrique australe. Le parc national de **Chobe** abrite trente mille éléphants, chiffre le plus élevé au monde pour une seule réserve. Des lions, des girafes, des antilopes (springboks), des hyènes et près de cinq cents espèces d'oiseaux sont également présents dans ce parc.

A l'est du parc, les marécages et les plaines de la réserve naturelle de **Moremi**, dans la région de l'Okavango, sont riches en buffles, éléphants, zèbres, girafes et koudous. Près du fleuve Linyanti et du chenal de Savuti s'attardent des girafes, des buffles, des lions et des gnous.

Au sud de ce même parc de Chobe, et à la lisière des sables du Kalahari, les étendues blanches des lacs salés des pans (bassins) de **Makgadikgadi** et **Nxai** composent un relief insolite. Les zèbres, les springboks, les gnous, les girafes et les flamants roses en sont les hôtes les plus réputés.

LES CONSEILS GEO

▶ Les plus

Les ingrédients de l'«expédition» africaine : paysages attachants, riches réserves d'animaux, populations aux traditions à peu près préservées.
Un tourisme encore assez neuf et peu polluant, pour la nature comme pour les esprits locaux.
Une période favorable bien placée sur le calendrier du voyageur occidental.

▶ Les moins

Un coût du voyage très élevé et qui devrait, hélas ! le rester.

▶ Les précautions

Le Botswana est un pays réputé sûr. Les seules difficultés auxquelles le visiteur pourrait être confronté proviendraient d'une mauvaise préparation de son safari-photo.

Dans le sud-ouest du pays, les dunes du parc national **Kalahari Gemsbok** et la réserve de **Mabuasehube** attirent des antilopes, des guépards, des hyènes, des lions et près de deux cents espèces d'oiseaux.

A l'opposé, le long de la rivière Limpopo, le sol verdit, les forêts et les rivières des **Tuli Block Farms** apparaissent et débouchent sur la réserve de **Mashatu** (éléphants, lions, léopards). ■

QUAND PARTIR ?

	Climat	Réserves
Janvier		
Février		
Mars		
Avril		🐾
Mai	☼	🐾
Juin	☼	
Juillet	☼	
Août	☼	🐾
Septembre	☼	🐾
Octobre	☼	🐾
Novembre		
Décembre		

Le carnaval de Rio et la plage de Copacabana collent à la peau du Brésil, au point de masquer ses multiples attraits. Or le «pays de braise» est en mesure de proposer aussi bien des sites naturels (Amazonie, chutes d'Iguaçu, Pantanal) que des plages tropicales et des villes à l'architecture coloniale. Cette capacité à varier les formes de tourisme, jointe au folklore musical, fait qu'une vie de voyageur accompli doit inclure un chapitre brésilien.

Brésil

Les paysages

Si l'homme interrompt à temps son entreprise de déforestation, l'**Amazonie** restera un grand spectacle naturel, un labyrinthe fluvial de 80000 km que l'on admire souvent à partir de Manaus. Le mariage est idéal entre la forêt vierge, l'«enfer vert», et l'Amazone, fleuve mythique qui, au niveau de Belèm, s'étend sur 30 km d'une rive à l'autre. Il délimite l'archipel de **Marajó**, un millier d'îlots avec grandes propriétés rurales et riche faune avicole, qui constitue le nouveau site écotouristique à la mode.
L'alter ego de l'Amazone, le **río Negro**, fait également l'objet de minicroisières lo-

QUE VOIR AU BRÉSIL?

Les paysages

- Amazonie (fleuve Amazone, archipel de Marajó, río Negro),
- Forêt vierge, chutes d'Iguaçu, canyons, llanos, marais du Pantanal

Les villes et les monuments

- Rio de Janeiro, Conghonas, Ouro Preto, Paraty, Salvador de Bahia, Brasília, Manaus, Belèm, Recife, Olinda, São Luis

Les côtes

- Plages de Copacabana et Ipanema à Rio
- Plages de la baie de Tous-les-Saints et d'Itaparica près de Salvador de Bahia, Angra dos Reis, Ilha Grande
- Nordeste (Aracajú, Maceió), fonds marins et coraux de Fernando de Noronha

Le patrimoine culturel

- Carnavals (Rio de Janeiro, Salvador de Bahia, Recife), folklore musical (samba, forró)

Rio, sa baie et son Christ Rédempteur: l'une des plus belles cartes postales du monde.

Dans la plaine du Pantanal, sur les grandes étendues souvent inondées, flottent des nénuphars géants.

LE CARNET DE VOYAGE

Les premiers contacts
Bureau brésilien de tourisme, 01.53.53.69.62. Consulat, 34 bis, cours Albert-Ier, 75008 Paris, 01.45.61.63.00. Internet : www.turismo.gov.br

Les formalités
Passeport suffisant, valable encore six mois après le retour. Billet de retour ou de continuation exigible.

La santé
Vaccination vivement recommandée contre la fièvre jaune pour les zones rurales d'une très large partie ouest du pays. Prévention indispensable contre le paludisme pour les régions amazoniennes.

Le voyage, le décalage
Vol Paris-Rio de Janeiro (9144 km) : 12 heures. Paris-Salvador de Bahia : 10 heures. Lorsqu'il est midi à Paris, il est 7 heures à Rio de Janeiro lors de notre été, 8 heures lors de notre hiver.

Le coût moyen d'un séjour
800 € pour un séjour éclair à Rio de Janeiro, 1000 € pour un séjour balnéaire «all inclusive» sur une plage du Nordeste, 2400 € pour un séjour de 15 jours en voyage accompagné dans le marais du Pantanal.

Les langues, la monnaie
Le portugais, de plus en plus mué en «brésilien». Anglais moyennement connu, français très peu. **Monnaie :** le réal. Euros mais surtout US dollars à prévoir. 1€ = 2,57 réals, 1 USD = 1,86 réal.

La population
190 011 000 habitants, dont 55 % de Blancs, 39 % de métis, 6 % de Noirs. Importantes conurbations de São Paulo (16 millions d'habitants) et Rio de Janeiro (10 millions). **Capitale :** Brasília.

Les religions
Majorité de catholiques. Une importante minorité suit les rites du macumba, culte venu d'Afrique et proche du vaudou.

Les fêtes
Février : carnavals de Rio, Salvador de Bahia, Recife, Olinda ; **avril :** Semaine sainte ; **juin :** fêtes «juninas» dans le Nordeste.

Les achats
Un achat original : le hamac. On pourra aussi se procurer de la vannerie (corbeilles), des sculptures sur bois exotique, des objets en cuir ou en terre cuite, de l'ivoire végétal, des instruments de musique, des broderies, des noix de coco ouvragées.

cales à partir de Manaus, sur des embarcations traditionnelles, les lanchas.

Aux confins de l'Argentine, du Brésil et du Paraguay, les **chutes d'Iguaçu**, formées d'un double rideau de deux cent cinquante cascades hautes de 30 à 60 m, se posent en grandes rivales de celles du Niagara.

Ailleurs, des canyons (gouffres et grottes du rio Ribeira, parc national de Chapada dos Guimaraes), des **llanos** (grandes plaines herbeuses), des montagnes (le Cipo, dans le Minas Gerais) et des accidents de terrain (pic d'Itabirito) offent une grande variété de paysages. Dans le sud-ouest, le **marais du Pantanal**, qui constitue la plus grande zone humide du monde, se transforme en avril, après la saison des pluies, en une vaste cour de récréation : plus de six cent cinquante espèces d'oiseaux, deux cent cinquante espèces de poissons, mais aussi des caïmans, des jaguars, des pumas, des lynx, des toucans, des tapirs et des jabirus (variété de cigognes).

Les villes et les monuments

La baie de **Rio de Janeiro** est l'une des plus célèbres cartes postales du monde parce que les éléments qui la composent (Pain de Sucre, pic du Corcovado surmonté d'un grand Christ Rédempteur, plages de Copacabana et d'Ipanema, ligne des gratte-ciel) y sont distribués dans une rare harmonie. Rio est aussi une ville verte grâce à son grand parc naturel de la forêt de Tijuca et à son Jardim Botanico.

Les traces des différentes époques coloniales sont nombreuses dans les villes et les villages de l'Etat de Minas Gerais, au nord de Rio de Janeiro. Cet Etat renferme deux petites villes célèbres pour conserver les œuvres baroques ou rococo du sculpteur l'Aleijadinho: les statues des prophètes et le chemin de croix à **Conghonas** et les décors des églises du XVIIIe siècle à **Ouro Preto**, entièrement classée monument national.

L'art baroque atteint des sommets à **Paraty**, ville aux maisons blanches, aux vieilles églises et aux fêtes religieuses réputées, ou à **Salvador de Bahia**, la ville aux trois cent soixante-cinq églises dont certaines datent des XVIe, XVIIe et XVIIIe siècles (São Francisco, dos Aflitos, do Carmo, da Boa Viagem). Salvador de Bahia, la ville de Jorge Amado et de Gilberto Gil, a un charme difficile à égaler dans toute l'Amérique latine, surtout grâce à sa vieille ville (Pelourinho), reine du capoeira, un mélange aujourd'hui partout célèbre de lutte et de rythmes.

Salvador de Bahia est d'un style opposé à celui de la capitale **Brasília**, due au génie futuriste de l'architecte Oscar Niemeyer.

Le parc national du Pantanal abrite des milliers d'espèces animales et végétales.

De la grande époque du caoutchouc (fin du XIXe et début du XXe siècle), deux villes gardent la nostalgie: à **Manaus** reste l'Opéra, une réplique, dans des dimensions plus modestes, du palais Garnier. La ville vaut également par ses halles et son marché flottant. A **Belèm**, le Théatre de la Paix a des airs de Scala et le Paris N'America rappelle les Galeries Lafayette, mais le marché de «ver-o-peso» est, lui, unique en son genre.

A **Recife**, la Venise brésilienne, ce sont les églises de style rococo qui retiennent l'attention, comme celles des localités voisines de Nazare et **Olinda**. Plus à l'ouest, **São Luis**, capi-

QUAND PARTIR ?

	Rio	Amazonie	Salvador de Bahia et l'océan
Janvier			
Février	☼		☼
Mars			
Avril			
Mai			
Juin	☼	⋞	
Juillet	☼	⋞	
Août	☼	⋞	
Septembre	☼	⋞	☼
Octobre		⋞	☼
Novembre			☼
Décembre	☼		☼

Salvador de Bahia, la ville aux trois cent soixante-cinq églises.

tale du Maranhão, imprégnée d'art baroque, possède une cathédrale du XVIIe siècle. Non loin de la ville s'élèvent les Lincois, une étonnante succession de dunes et de lacs.

Les côtes

Les plages s'étirent sur des milliers de kilomètres. Si, à Rio de Janeiro, celles de **Copacabana** et **Ipanema** ont atteint la célébrité éternelle, en face de Salvador de Bahia celles de la **baie de Tous-les-Saints** et de l'île d'**Itaparica** étalent leur beauté et, par endroits, leur luxe.

Les plages situées à quelques dizaines de kilomètres au sud de Rio sont devenues à la mode, telles celles d'Angra dos Reis ou, en face, celles de la belle et montagneuse Ilha Grande, recouverte par la forêt tropicale.

Le **Nordeste**, berceau du Brésil, comprend une kyrielle de longues plages, entre autres celles qui jouxtent **Aracajú** (Etat de Sergipe), **Maceió** (Etat d'Alagoas) et **Natal** (Rio Grande do Norte). Quant à la région côtière de **Salvador de Bahia**, elle développe à grands pas ses atouts balnéaires, allant même jusqu'au haut de gamme avec le complexe d'hôtels de Costa do Sauipe (6 km de plages).

Les amateurs de plongée sont attirés par le nombre et la variété des coraux qui entourent l'**archipel de Fernando de Noronha**, à 340 km au large de la côte nord-est. Les autorités brésiliennes ont décidé d'empêcher le développement du tourisme de masse et de préserver ces cinq îles et leur biodiversité (dauphins, tortues, etc.).

Rares sont les pays où le mot «fête» prend une telle ampleur, comme ici lors du carnaval de Rio de Janeiro.

Le patrimoine culturel

Entre fin janvier et mi-février, le Brésil est universellement reconnu comme la patrie du carnaval. Celui de **Rio de Janeiro**, qui a lieu le plus souvent au début de février sur l'avenue Marques-de-Sapucai, préserve sa réputation mais subit un certain conformisme touristique (défilé des écoles de samba que l'on suit à partir du sambodrome, places à réserver longtemps à l'avance). Le carnaval de Rio est très «contesté» par ceux du Nordeste (**Salvador de Bahia, Recife, Olinda**).

Le folklore musical, vieux de près de cinq siècles, impose à travers tout le pays sa triple origine indienne, portugaise et noire. On danse la samba, bien sûr, mais aussi le très sensuel forró, né dans le Nordeste et rythmé par l'accordéon. ■

LES CONSEILS GEO

▶ Les plus

Un des grands rendez-vous du tourisme mondial, capable de satisfaire tous les goûts : sites naturels, charme des villes coloniales, richesse des traditions, écotourisme. La baisse sensible du coût du voyage pour le Nordeste (vols charters pour Salvador de Bahia, forfaits balnéaires).

▶ Les moins

Une insécurité latente dans certains quartiers des grandes villes et dans les favelas.

▶ Les précautions

Deux villes, Rio de Janeiro et São Paulo, focalisent une pléiade de conseils de prudence : ne pas jouer les riches, éviter les favelas, être très vigilant en général, y compris sur les lieux très touristiques du genre Copacabana. Ces conseils doivent certes être suivis, mais il ne faut pas oublier que le Brésil est immense et que dans l'intérieur il n'y a pas plus de précautions à prendre qu'ailleurs.

▶ Les tendances

Le séjour balnéaire perce nettement dans le Nordeste, du côté de Salvador de Bahia, et, dans certains cas, les tarifs modestes font presque concurrence à ceux du même genre à Cuba et en République dominicaine. Une telle orientation laisse songeur : le mythique Brésil peut-il ainsi être ramené à un «produit» balnéaire à prix serrés mais sans dimensions ? Aussi, tendance pour tendance, pourquoi ne pas tenter un séjour à base d'écotourisme dans ce paradis de la faune et de la flore qu'est le marais du Pantanal ?

QUE VOIR, QUE FAIRE EN BULGARIE ?

Les côtes

■ Plages de la mer Noire : autour de Varna au nord, «côte du Soleil» au sud

Les montagnes et les randonnées

■ Massif du Rhodope (Rila, Pirin), mont Balkan, vallée des Roses (Kazanluk)

Les monuments

■ Monastères, églises et leurs iconostases (Rila, Batchkovo, Trojan)

Les villes

■ Plovdiv, Sofia, Veliko Tarnovo, Koprivchtitsa, Nesebar, Kazanluk

Blotti dans la montagne du même nom, le monastère de Rila mêle esthétique et sérénité.

Si les côtes de la mer Noire sont le vecteur du tourisme bulgare, elles sont loin d'en être l'aspect le plus original. Car une Bulgarie plus séduisante se cache à l'intérieur, entre moyenne montagne et monastères débordants d'icônes et de fresques.

Bulgarie

■ Les côtes

Les côtes de la **mer Noire** ont longtemps été le lieu de villégiature offert par les régimes communistes des pays de l'Est à leurs populations. Tout a changé, et ceux qui souhaitent éviter les plages de la Méditerranée et obtenir des prix de séjour plus abordables trouvent désormais sur ces quelques centaines de kilomètres de côtes l'équivalent en ensoleillement et en qualité (sable blanc, mer chaude, peu de profondeur, équipements pour la thalassothérapie).
Le tourisme balnéaire de masse se développe désormais sur la côte nord, autour de Varna, comme sur la côte sud («**côte du Soleil**»).

LE CARNET DE VOYAGE

Les premiers contacts
Ambassade, 1, av. Rapp, 75007 Paris, 01.45.51.85.90. www.tourism-bulgaria.com

Les formalités
Pour les autres ressortissants de l'Union européenne : carte d'identité ou passeport.

Le voyage, le décalage
Durée moyenne du vol Paris-Sofia (1 760 km) : 2 h 45. En été, vols charters et départs de villes de province pour la mer Noire (Bourgas et Varna). Route Paris-Sofia : près de 2 500 km via Vienne et Budapest. Lorsqu'il est midi en France, en Bulgarie il est 13 heures.

La santé
Aucun problème.

Le coût moyen d'un séjour
600 € pour le vol A/R et la semaine en demi-pension sur la côte de la mer Noire. 400 € (vol et hébergement) pour une semaine de ski dans la région de Bansko. 1 000 € pour 15 jours de randonnée accompagnée dans les massifs de l'ouest.

Les langues, la monnaie
Langue officielle : le bulgare, écrit selon l'alphabet cyrillique. Langues étrangères : le russe et l'allemand ; l'apprentissage du français est en bonne place dans le système scolaire bulgare.
La monnaie : le lev (pluriel : leva). 1 € = 1,96 lev.

La population
Son chiffre est modeste (7 323 000 habitants) et inclut des minorités turque et rom relativement importantes.
Capitale : Sofia.

Les religions
Un habitant sur quatre suit le rite orthodoxe. Minorités de musulmans, de catholiques et de protestants.

Les fêtes
1er mars : «Baba Marta» (fête de la Fin de l'hiver) ; **printemps :** Pâque orthodoxe ; **mai :** Festival des roses dans la région de Kazanluk.

Les achats
Deux types de souvenirs dominent : les icônes et la dentelle (nappes).

Les montagnes et les randonnées

Ah ! les belles montagnes, hélas !... ou heureusement, encore méconnues du grand tourisme. Dans le sud-ouest, le **Rhodope** et plus particulièrement les massifs du **Rila** et du **Pirin** attendent les randonneurs à près de 3000 m d'altitude, dans un décor saisissant de forêts, de lacs émeraude et de crêtes calcaires.

L'hiver, le ski prend le relais, principalement dans les environs de la petite ville de **Bansko**. Au centre, les deux axes (Stara Planina et Sredna Gora) du **mont Balkan** traversent le pays sur 600 km.

Près de Kazanluk, la **vallée des Roses** se couvre, entre la mi-mai et la mi-juin, d'une infinité desdites roses, à l'origine d'un festival annuel.

Les monuments

Quels monastères ! **Rila**, le plus prestigieux de tous, offre sa grande cour pavée, ses galeries de bois et surtout son église, ornée de fresques et d'une grande iconostase : cette cloison typique des églises orthodoxes, en bois doré, constellée d'icônes et derrière laquelle les prêtres officient, constitue l'un des symboles les plus aboutis de l'art byzantin.

Batchkovo, non loin de Plovdiv, est moins impressionnant, mais ses deux églises et leurs fresques sont plus typées. Enfin, **Trojan**, qui abrita Vasil Levski, l'un des héros de la résistance bulgare face aux Turcs, est riche d'une belle iconostase et de fresques.

Les églises rupestres d'Ivanovo et de Boyana complètent un patrimoine architectural de premier ordre.

Les villes

Plovdiv, traversée par le fleuve Maritsa qu'a chanté Sylvie Vartan, est la ville la plus attachante, avec une touche française (maison Lamartine, qui a vu le poète y séjourner à son retour d'Orient) et des vieux quartiers qui lui donnent une réputation de musée en plein air. On y trouve, en outre, un important musée ethnographique, des mosquées, plusieurs églises renfermant des iconostases et un théâtre antique récemment mis au jour.

Sofia, dominée par le populaire mont Vitocha, n'est pas la plus réputée des capitales de l'Est mais a aussi son intérêt. Si la cathédrale Alexandre-Nevski, de style néobyzantin et aux bulbes dorés, est son édifice le plus connu, on remarque surtout la diversité de l'architecture : lourds immeubles à la soviétique (maison du Parti), belles façades, églises (Saint-Nicolas), synagogue au lustre impressionnant... et enseignes occidentales de plus en plus insistantes.

Sa forteresse, ses églises médiévales, son vieux quartier (maisons datant du XIXe siècle) et son marché (Samovodska) valent à **Veliko Tarnovo**, ancienne capitale de l'Empire bulgare bâtie sur trois collines, une bonne fréquentation. Les maisons en bois de **Koprivchtitsa**, station d'altitude, méritent le détour. Grâce à ses monuments de la fin de l'Antiquité et de l'époque byzantine (églises, basilique Sainte-Sophie), la petite ville côtière de **Nesebar** appartient désormais au Patrimoine mondial de l'humanité.

Enfin, **Kazanluk** est devenue brusquement célèbre en 1944 à la suite de la découverte de la tombe d'un chef guerrier thrace. ■

QUAND PARTIR ?

	Mer Noire	Intérieur	Ski dans le Pirin
Janvier			❄
Février			❄
Mars			❄
Avril			
Mai		☼	
Juin	☼	☼	
Juillet	☼	☼	
Août	☼	☼	
Septembre	☼	☼	
Octobre		☼	
Novembre			
Décembre			

LES CONSEILS GEO

▶ Les plus

Un bon substitut de la Méditerranée pour des vacances balnéaires, grâce à des prestations au coût raisonnable et à de bonnes structures.

Une association facile entre tourisme de randonnée en montagne et tourisme culturel.

Un mode de vie à découvrir, encore assez éloigné des stéréotypes occidentaux.

▶ Les moins

Un pays dont l'image touristique est encore mal définie et trop souvent réduite aux côtes de la mer Noire.

▶ Les précautions

Seul le voyageur qui a choisi de venir avec son propre véhicule peut craindre les nids-de-poule et une recrudescence des vols de voiture dans les villes. Sinon, ni plus ni moins de problèmes qu'en Europe de l'Ouest.

▶ Les tendances

La côte de la mer Noire attire de plus en plus de monde parce que le séjour balnéaire y est moins cher qu'en Méditerranée. La balnéothérapie est en train de creuser son sillon et revient, elle aussi, moins cher.

Angkor Vat, sur le site d'Angkor, demeure l'un des plus beaux témoignages de l'art khmer.

QUE VOIR AU CAMBODGE ?

Les monuments
- Temples d'Angkor (Angkor Vat, Bayon à Angkor Thom, Preah Khan, Ta Phrom)
- Autres vestiges khmers (Banteay Srei, Beng Mealea)

La capitale
- Phnom Penh

Les paysages et les côtes
- Lac Tonlé Sap, Ratanakiri, Sihanoukville

Cambodge

La paix retrouvée voit une population rassérénée accueillir un nombre de touristes qui croît à grande vitesse pour découvrir les temples d'Angkor, perle du tourisme mondial qui a résisté tant bien que mal aux combats, aux pillages et au temps. Ne pas négliger pour autant les autres vestiges khmers, le caractère particulier de Phnom Penh et les paysages.

LE CARNET DE VOYAGE

Les premiers contacts
Ambassade, 4, rue Adolphe-Yvon, 75116 Paris, 01.45.03.47.20. www.tourismcambodia.com

Les formalités
Pour les ressortissants de l'Union européenne, canadiens et suisses : passeport valable encore six mois après le retour, visa obligatoire, obtenu auprès du consulat. Il est possible d'obtenir le visa à l'arrivée, bien se renseigner à ce sujet.

La santé
Aucune vaccination n'est obligatoire. Prévention indispensable contre le paludisme.

Le voyage, le décalage
Durée moyenne du vol Paris-Bangkok-Phnom Penh (9931 km) : 16 heures. Lorsqu'il est midi en France, au Cambodge il est 17 heures en été et 18 heures en hiver.

Le coût moyen d'un séjour
La visite d'Angkor demande au minimum trois jours, prix d'entrée des sites élevé. Le voyage accompagné est souvent combiné avec le Viêt Nam, compter 2000 € pour 15 jours.

Les langues, la monnaie
Langue officielle : le khmer. Langues étrangères : l'anglais est parlé dans les villes, le français l'est moins.
Monnaie : le riel, mais l'US dollar le supplante de fait. 1 USD = 4078 riels. Difficile de changer des euros.

La population
La grande majorité des 13996000 habitants, dont neuf sur dix sont des Kmers, vit dans les campagnes.

Les religions
Le bouddhisme est pratiqué par neuf Cambodgiens sur dix.

Les fêtes
Début avril : Nouvel An khmer; **novembre :** fête du «Retrait des eaux» du lac Tonlé Sap; **9 novembre :** fête nationale.

Les achats
Femmes et hommes portent le sarong, longue pièce d'étoffe que l'on peut acquérir, à défaut d'oser la porter ensuite... On trouve des foulards traditionnels, de la soie, des pierres précieuses, des bijoux en argent, de la vannerie.

Les monuments

Le site archéologique d'**Angkor**, ancienne capitale de l'Empire khmer, construit entre le VIIIe et le XVIe siècle, est l'un des plus visités du monde. Les temples, où l' hindouisme et le bouddhisme se croisent souvent, sont disséminés dans la jungle. Les temples royaux, dits temples-montagnes, fondés sur des techniques de construction affinées, sont les plus réputés.

Avec ses cinq tours en quinconce, ses galeries et ses bas-reliefs, **Angkor Vat** est le plus prestigieux témoignage de l'art khmer. Il est suivi de près par le **Bayon**, dont les sculptures de dizaines de visages mystérieux, les tours-sanctuaires et les bas-reliefs composent un ensemble exceptionnel. Avec le Baphuon et le Palais royal, le Bayon fait partie d'Angkor Thom, «Cité des dieux de la cosmologie bouddhique».

Ta Phrom et les fromagers qui l'envahissent, Preah Khan, le groupe des Roluos, plus loin le très délicat Banteay Srei, qui séduisit Malraux (à l'excès...), et encore plus loin Beng Mealea et la montagne sacrée de Phnom Kulen, flanquée de sa rivière aux mille lingas, sont les autres passages obligés. Mais chaque site a sa personnalité et il serait présomptueux de les classer...

Si l'ensemble d'Angkor domine, on ne doit pas oublier d'autres sites d'importance, tel au nord le temple de **Preah Vihear**, accessible uniquement à partir de la Thaïlande.

Oudong, au nord de Phnom Penh, et, au sud de la capitale, les sanctuaires de Phnom Chisor et de Phnom Da, ce dernier près du site de Angkor Borei, valent aussi le détour.

La capitale

Après de longues années de martyre, dramatiquement symbolisées par le camp de Choeung Ek et le musée du Crime génocidaire, **Phnom Penh**, qu'on appela un temps le «Paris de l'Orient», renaît sur son site traversé par le Mékong et le Tonlé Sap.

Ne pas manquer le sanctuaire de Vat Phnom, la pagode d'Argent et ses bouddhas d'émeraude et d'or au sein du Palais royal, ses façades de style colonial, ses marchés (marché central, marché «russe»), son Musée national des Beaux-Arts (collection de bouddhas, nombreuses pièces d'Angkor).

Les paysages et les côtes

Le **lac Tonlé Sap**, au sud d'Angkor, a une étrange particularité : les fantaisies des crues du Mékong font sextupler sa superficie à partir de juin, en même temps que s'inverse le cours du fleuve Tonlé Sap. La décrue, en novembre, est l'occasion de la plus grande manifestation de l'année, la fête du «Retrait des eaux», moment où les paysans peuvent procéder à une pêche abondante et à des cultures rendues prospères. Une course de pirogues et des offrandes faites au fleuve marquent l'événement à Siem Reap ou à Phnom Penh.

Des régions longtemps inaccessibles comme celles de l'est du lac Tonlé Sap permettent de constater l'intérêt du paysage cambodgien, fait de forêts de bambous, de chutes, de terres rouges. Une tendance récente privilégie la rencontre avec des ethnies minoritaires, comme celles de la région du **Ratanakiri**, aux confins du Viêt Nam.

La côte du golfe du Siam connaît un certain développement touristique, ce qui donne l'occasion de découvrir des villages de pêcheurs ainsi que **Sihanoukville**, site balnéaire encore préservé. ■

LES CONSEILS GEO

▶ Les plus

L'attrait d'Angkor, l'un des très grands rendez-vous mondiaux de l'architecture.

Un pays devenu sûr et dont le tourisme se diversifie.

▶ Les moins

Le développement trop rapide du grand tourisme, qui enlève à Angkor une part de sa magie.

Une bonne saison climatique mal placée dans le calendrier d'un voyageur occidental.

La persistance de mines antipersonnel dans les régions rurales ou isolées.

▶ Les précautions

Les «aventuriers» doivent absolument suivre les chemins balisés et uniquement ceux-là (risques de mines ailleurs), se conformer aux recommandations des agences de voyages locales et accepter la présence d'une escorte pour certains sites.

L'Asie du Sud-Est a ses (petites) exigences : se déchausser à l'entrée des pagodes, ne pas toucher la tête des enfants, ne pas s'énerver. Surtout il convient de se rappeler que l'histoire récente des Cambodgiens est faite de grands traumatismes. Enfin, l'exportation d'antiquités est interdite, aussi évitons de participer au pillage organisé...

QUAND PARTIR ?

	Angkor	Climat
Janvier	·<	☼
Février	·<	☼
Mars	·<	☼
Avril	·<	☼
Mai		
Juin		
Juillet		
Août		
Septembre		
Octobre		
Novembre	·<	☼
Décembre	·<	☼

Canada

🇨🇦 *Il n'y a qu'une vérité pour le tourisme au Canada : la nature avec un grand N. Elle y est infinie, montagneuse, glaciaire, lacustre, forestière, parfois désertée, comme dans les plaines de l'ouest, ou bien envahie, comme au pied des chutes du Niagara. Elle est parcourue en été et surtout en hiver, en motoneige ou traîneau à chiens. Quant au Québec, l'Européen francophone apprécie sa chaleur du côté du cœur et goûte à la douceur de son été.*

QUE VOIR, QUE FAIRE A L'OUEST ?

Les paysages
- Montagnes Rocheuses (canyons, lacs glaciaires, chutes, parcs nationaux Banff et Jasper), Badlands, île Vancouver (sapins de Douglas)
- Côtes : fjords, archipels
- Glaciers, icebergs, forêts boréales, lacs, canyons de la Nahanni-Sud, delta du Mackenzie
- Sites des chercheurs d'or

La faune
- Ours, mouflons, élans, bisons, baleines grises, orques, dauphins
- Parc Dinosaur

Les villes
- Victoria, Vancouver, Edmonton

Dans l'Ouest, la forêt boréale et les steppes s'offrent presque toujours la beauté des Rocheuses en toile de fond.

L'ouest

Colombie britannique, Alberta, Yukon, Territoires du Nord-Ouest

Les paysages

L'Ouest canadien, traversé par la mythique voie de chemin de fer transcanadienne qui relie Vancouver à Montréal, est une région parsemée de ranches et dominée par les **montagnes Rocheuses**, avec leur content de panoramas et de vastes parcs nationaux, tels Banff et Jasper, le plus spectaculaire. Ces parcs, reliés par une « route des Glaciers », permettent de faire des randonnées en été ou du ski alpin en hiver. **Banff** doit une grande part de sa beauté aux lacs Louise et Moraine. Avec de la chance, on peut y croiser des ours bruns, des grizzlis et des loups. **Jasper**, dominé par le mont Whistler et le glacier Athabasca (arches de glace, crevasses, cascades de séracs), a lui aussi ses lacs (Maligne, Medecine) et abrite grizzlis, wapitis, caribous et castors.

Autres sites : le **canyon du Fraser**, les formes et les couleurs violentes du chaînon Spectrum, les chutes de la Hunlen, dans le parc provincial Tweedsmuir, et les chutes de la rivière Murtle, dans le parc de Wells Gray.

Une curiosité dans les **Badlands** du Red Deer, au sud-est de l'Alberta : les « hoodoos », qui sont des cheminées de fées

ou des blocs rocheux aux formes rendues insolites par le travail incessant du vent.
Les archipels et les fjords valent aux paysages côtiers du Pacifique une réputation d'autant plus forte qu'ils sont parfois peu accessibles. Sur l'**île Vancouver**, la grande forêt de Cathedral Grove renferme des sapins de Douglas, arbres aux aiguilles vert sombre qui dépassent parfois 70 m et dont certains ont sept cents ans.
Glaciers, icebergs, forêts boréales, très grands parcs nationaux (parc Wood Buffalo, peuplé de milliers de bisons sauvages, dans les Territoires du Nord-Ouest, parc Kluane dans le Yukon), lacs aux noms imagés (Grand Lac de l'Ours, Grand Lac de l'Esclave) caractérisent cette région, la plus grande et la plus froide de tout le pays.
Longtemps restés à l'écart du tourisme, les Territoires du Nord-Ouest voient se développer aujourd'hui plusieurs attraits touristiques : rencontre des trappeurs, découverte des icebergs, des parcs nationaux, de la faune (Mackenzie Bison Sanctuary) et pêche dans les très nombreuses rivières.
Les randonnées sous diverses formes (à pied, en kayak, à skis) ne sont plus une rareté dans ces régions.
Après avoir traversé les reliefs tabulaires des monts Mackenzie, la rivière **Nahanni-Sud** a donné naissance à trois canyons, qui font le bonheur des amateurs de kayak.
Autres centres d'intérêt du parc national engendré par cette rivière : la faune (ours, grizzlis), les chutes (Virginia) et les sources, dont l'une, à Rabbitkettle, est à l'origine de nappes blanches de calcaire posées sur des travertins qui rappellent ceux de Pammukkale, en Turquie.
La Nahanni-Sud rejoint ensuite le **fleuve Mackenzie**, qui se termine dans le Grand Nord par un delta fait d'un mélange spectaculaire d'eau, de boue et de glace.
Les amateurs de sensations fortes peuvent jouer les chercheurs d'or dans les lieux du **Yukon** où s'est dessinée l'histoire de la célèbre ruée au tournant du XXe siècle : Dawson, Carcross, Whitehorse.

La faune

Les Rocheuses permettent de rencontrer, avec de la chance, une faune bien préservée : ours, mouflons, élans, wapitis, orignaux, grizzlis.
Dans l'Alberta, des troupeaux de bisons vivent dans des parcs ou des réserves.
A Fort Macleod a été édifié un musée historique.
Des baleines grises (entre mars et avril), des orques et des dauphins se laissent parfois admirer, et des saumons pêcher, le long des côtes et dans les détroits du nord de l'île de Vancouver (parc naturel Rim).
Pour avoir été découverts en grand nombre dans la région, les squelettes de dinosaures font l'objet d'une grande affluence dans le **Parc Dinosaur,** à l'est de Calgary.

Les villes

L'empreinte anglaise est forte à **Victoria**, capitale de la Colombie britannique sur l'île de Vancouver. Son Musée royal raconte l'histoire des Amérindiens de la côte ouest.
Vancouver, ville cosmopolite adossée à la montagne, est plus réputée que Victoria grâce à sa baie, ses fjords, sa longue promenade côtière et son parc Stanley. On y trouve également un aquarium (avec orques et bélougas) et un musée d'Anthropologie.
Edmonton mélange les genres : un musée des Civilisations amérindiennes et un énorme centre commercial.
Calgary se distingue par son site particulièrement agréable au pied des Rocheuses et par ses musées.

LE CARNET DE VOYAGE

Les premiers contacts
Commission du tourisme, 01.44.43.29.00. Internet: www.canada.travel/splash.fr.html
Destination Québec, 08.00.90.77.77, www.bonjourquebec.com

Les formalités
Pour les ressortissants de l'Union européenne et de la Suisse: passeport en cours de validité suffisant pour un séjour de moins de trois mois, billet de retour ou de continuation exigible. Bien vérifier son assurance car le coût des soins hospitaliers demeure élevé.

La santé
Aucun problème, sinon une aptitude à bien se prémunir du froid dans le Grand Nord.

Le voyage, le décalage
Paris-Montréal (5525 km) : 7h30. Paris-Vancouver : 10h30.
Lorsqu'il est midi à Paris, il est 3 heures à Vancouver et 6 heures à Montréal en été, 4 et 7 heures en hiver.

Le coût moyen d'un séjour
1500 € pour une semaine «multi activités» (motoneige, raquettes etc.) au Québec, 1500 € également pour 10 jours/8 nuits avec vol, hébergement et voiture de location, toujours 1500 € pour une douzaine de jours accompagnés pendant l'été indien.
Le séjour dans l'ouest canadien revient plus cher que dans l'est.

Les langues, la monnaie
Langues officielles : l'anglais (62%), le français (25%, parlé par les Québécois, mais aussi en Ontario et par un tiers des habitants du Nouveau-Brunswick). **Monnaie** : le dollar canadien (le «piastre» pour les Québécois). 1 € = 1,44 dollar canadien.

La population
33390000 habitants (dont 700000 Indiens) : un chiffre modeste par rapport à la superficie, malgré une immigration longtemps soutenue.
Les villes accueillent huit habitants sur dix et les plus grandes d'entre elles sont très cosmopolites. La capitale Ottawa est nettement moins peuplée que Toronto, Montréal et Vancouver.

Les religions
46% des Canadiens sont catholiques, 41% sont protestants. Nombreuses minorités religieuses.

Les fêtes
Février : carnavals de Québec et de Chicoutimi ; **juillet** : Festival de jazz de Montréal ; Stampede (festival de rodéo) de Calgary.

Les achats
Les productions issues de l'artisanat sont d'origine indienne : masques, tissus, bijoux. Penser aussi à se procurer les nombreux produits à base de sirop d'érable.

Adossée à la montagne,Vancouver est particulièrement réputée pour son port, sa baie, ses fjords et son parc Stanley.

QUE VOIR DANS LES PRAIRIES ?

Les paysages et la faune

- Grandes plaines, rivières, toundra, forêts
- Lac Winnipeg, baie d'Hudson
- Bélougas, castors, ours polaires, renards arctiques

Les Prairies

Saskatchewan, Manitoba

Les paysages et la faune

Deux mots résument à eux seuls cette région centrale : le blé et le vent. Le premier s'étend sur des plaines interminables, le second profite de l'absence d'obstacles pour souffler à satiété. Le touriste qui n'aime pas l'infinité des grands espaces a peu à voir et à faire dans les Prairies, mais il ne devra pas oublier les agréments des innombrables rivières, la présence de la faune (castors, orignaux), les cascades et le grand **lac Winnipeg** (pêche, canoë). S'il passe par **Winnipeg**, capitale du Manitoba, au moment du Festival des voyageurs en février, il visitera le musée de l'Homme et de la Nature et il assistera, entre autres, à des courses de chiens attelés et à des spectacles musicaux dans le quartier francophone de Saint-Boniface. En revanche, quiconque aime les paysages de forêt boréale et de toundra suivra les cours d'eau du nord du Manitoba, comme le **fleuve Churchill** qui se répand en lacs et chutes avant de gagner le port du même nom, sur la baie d'Hudson. A cet endroit, les ours polaires se laissent admirer à l'automne, la saison durant laquelle ils se rassemblent pour gagner la banquise. Jusqu'à quand ? C'est la question que l'on peut se poser quand on constate les dégâts que provoque sur leur équilibre le réchauffement climatique.

QUAND PARTIR ?

	Climat	Sports d'hiver	Montréal et Québec
Janvier		❄	
Février		❄	
Mars		❄	
Avril			
Mai			
Juin			
Juillet			☼
Août	☼		☼
Septembre	Eté indien ☼		☼
Octobre	☼		☼
Novembre		❄	
Décembre		❄	

Les Inuits ont non seulement conquis leur Nunavut, mais aussi les touristes.

QUE VOIR A L'EST ?

Les paysages
- Toundra et territoires glacés du Nunavut
- Ile de Qikiqtaaluk, ex-Terre de Baffin (ski nordique)
- Chutes du Niagara
- Parcs nationaux (Algonquin, mont Tremblant, parc Quetico, Grands Lacs)
- Lac Huron

Les villes
- Toronto, Ottawa

L'est

Nunavut, Ontario

Les paysages

Les chercheurs de nouveaux horizons ont désormais l'occasion de satisfaire leurs exigences en découvrant la toundra et les immenses terres glacées du **Nunavut**, devenu un territoire administratif à part entière et où vivent sur deux millions de km² 25 000 Inuits entre traditions, modernité et grandes interrogations sur leur devenir, suscitées par les premiers effets de la fonte de la banquise.

Depuis son autonomie, le Nunavut, repaire des caribous et des ours polaires, connaît un mini boom touristique grâce à la motoneige, au traîneau à chiens, au raid à skis, celui-ci entre autres dans l'île de Qikiqtaaluk (ex-Terre de Baffin), ou encore au kayak de mer en été.

L'**Ontario** renferme l'un des sites touristiques les plus courus du monde. En effet, après un cours large et plat, le **fleuve Niagara** laisse soudainement partir ses eaux pour un bond de 48 m, engendrant l'un des spectacles les plus banalement touristiques mais les plus célèbres qui soient. Le touriste est convié à descendre au pied des chutes et à se perdre dans leurs embruns à bord d'un bateau : le cliché-souvenir est garanti, surtout pour les jeunes mariés canadiens ou états-uniens, qui accourent ici en vertu d'une longue tradition. La partie des chutes qui appartient aux Etats-Unis a été remodelée mais passe inaperçue.

Les parcs nationaux sont en grand nombre avec, en points d'orgue, le parc **Algonquin**, près de Whitney, le parc **Quetico** et la région des **Grands Lacs**, où la qualité des sites naturels et les traditions encore vivaces des Indiens s'allient pour donner son poids touristique à l'endroit. Le **lac Huron** varie les charmes : on peut découvrir le village huron de Penetanguishene, au sud-est de la baie Géorgienne, ou arpenter les villages des Indiens Ojibwas sur l'île Manitoulin ; on peut assister à des pow-wows en été, on peut également faire de la randonnée ou de la plongée le long de la péninsule Bruce. Sur la rive ouest du **lac Supérieur**, le parc provincial Sibley et, en partant vers l'ouest, les chutes de Kakabeka sont les sites les plus intéressants de cette partie de l'Ontario.

Les villes

Grâce à son cosmopolitisme, ses nombreux musées (Musée royal, musée de l'Aérospatiale, The Bata Shoe Museum) et une modernité affichée (la structure autoportée de la Tour CN la fait culminer à 553 m), **Toronto** s'affirme comme la grande rivale de Montréal.

Malgré son statut de capitale, ses musées (musée des Beaux-Arts, musée canadien des Civilisations) et son canal Rideau, utilisé l'hiver pour le patinage, **Ottawa** demeure une ville qui fait peu parler d'elle, excepté pour les mélomanes avertis qui, tous les deux ans, peuvent suivre un important festival de quatuors à cordes.

Une femelle orignal et son petit, dans le parc Algonquin, en Ontario, un Etat très riche en parcs nationaux.

Derrière la ligne de ses buildings, Montréal, deuxième ville francophone du monde, cache des quartiers pleins de charme.

QUE VOIR, QUE FAIRE AU QUEBEC ?

Les paysages et la faune
- Lacs, forêts, chutes, fleuves (Saint-Laurent, Saguenay)
- Gaspésie, îles de la Madeleine, île d'Anticosti (castors, orignaux)
- Eté indien

Les loisirs d'hiver
- Motoneige, traîneau à chiens, raquettes, ski, pêche sous glace

Les villes
- Montréal, Québec

Les traditions
- Carnaval (Québec, Chicoutimi)

Le Québec

Les paysages et la faune

Comme ailleurs au Canada, la nature est vaste et belle, avec l'érable en point d'orgue. En imposant sa couleur rouge au milieu de celles de l'automne, il magnifie l'été indien, aussi beau que furtif (fin septembre-début octobre).

Les vallées perpendiculaires au Saint-Laurent sont bordées de forêts de sapins et parsemées de rivières, de cascades et de lacs, où l'amoureux des espaces verts comme l'amateur de descentes de rivières en canoë trouveront leur compte, avant de découvrir les institutions que sont le sirop d'érable et sa conséquence directe, les cabanes à sucre. Sans oublier les fêtes et festivals qui y sont liés.

Grands rendez-vous : les lacs (Saint-Jean), les chutes (Montmorency, Sainte-Anne), les gorges (rivière Malbaie), les fleuves (le **Saint-Laurent**, épine dorsale de la province, mais aussi son affluent, le **Saguenay,** qui dessine un fjord très profond et flanqué d'à-pics). Entre la ville de Québec et le Saguenay, la région de **Charlevoix**, déclarée Réserve mondiale de la biosphère, est, comme le parc national du **mont Tremblant**, au nord-ouest de Montréal, un condensé de tous les attraits de la province.

Le rocher Percé, en **Gaspésie**, falaise trouée d'une arche et dernière avancée de la chaîne des Appalaches, symbolise l'une des régions les plus prisées du Québec avec le parc de Gaspésie et le parc Forillon, paradis pour les randonneurs. Dans le parc de Gaspésie, on peut parfois croiser des cerfs de Virginie, des caribous (leur migration en juin est un grand spectacle) et des orignaux.

Dans le golfe du Saint-Laurent, les **îles de la Madeleine** sont battues par

les vents, qui découragent la végétation mais pas la faune aquatique (phoques et leurs blanchons).
Les baleines (baleines bleues) et leurs semblables (rorquals, cachalots, belougas) s'installent dans l'estuaire du Saint-Laurent, particulièrement dans la baie de Tadoussac, entre avril et octobre, et sur le fleuve même au printemps, ravissant la vedette aux orignaux et aux castors.
Au large de la Gaspésie, l'île Bonaventure abrite une réserve ornithologique peuplée, entre avril et novembre, de milliers de fous de Bassan, de cormorans à aigrette, de macareux, de goélands. Toujours en Gaspésie, sur la rive sud du Saint-Laurent, les paléontologues en herbe seront ravis d'examiner des fossiles animaux et végétaux vieux de trois cent soixante-cinq millions d'années dans le parc de Miguasha.
Les adeptes de la pêche au saumon trouveront leur bonheur aux abords de l'**île d'Anticosti**, grande île du Saint-Laurent où forêts et rivières voisinent avec les cerfs, les orignaux, les castors et les fous de Bassan.

Les loisirs d'hiver

Le Québec a une réputation justifiée de laboratoire de loisirs hivernaux (36 000 km de pistes balisées). Aujourd'hui, la mode est au safari motoneige (circuit itinérant avec nuits en refuge), à la conduite du traîneau à chiens, aux randonnées en raquettes et même à la descente des pentes enneigées à bord... d'un bateau pneumatique.
Le ski alpin et le ski de fond gardent néanmoins droit de cité (stations du mont Sainte-Anne, de l'Outaouais, du lac Beauport et de la région des Laurentides). Autre «sport» en vogue : dans une cabane avec un trou percé dans la glace, on pratique la pêche sous la glace de lacs (lac Saint-Pierre, lac des Deux-Montagnes, fjord du Saguenay).

Les villes

Bâtie entre le Mont-Royal et le Saint-Laurent, **Montréal,** deuxième ville francophone du monde, vaut par ses maisons victoriennes et de brique rouge, son pont Jacques-Cartier, son Vieux-Port, les rues branchées du plateau Mont-Royal, l'animation du «Village», sa densité culturelle (musée des Beaux-Arts, très important Festival international de jazz en juillet), sa «vie souterraine» en hiver (30 km de galeries marchandes), ses coins de verdure (parc du Mont-Royal, jardin botanique), ses aptitudes à bouger (Montréal vient d'être déclarée «ville design de l'Unesco»), son cosmopolitisme et, quelque peu oubliés dans l'ambiance futuriste de l'Amérique du Nord, ses édifices religieux, dont la basilique Notre-Dame et le vieux séminaire Saint-Sulpice.
La ville basse et le quartier Petit Champlain de **Québec** dégagent le plus fort parfum de culture «européenne» de l'Amérique du Nord, même si ce sont les images de l'embouchure du Saint-Laurent, du château Frontenac ou des plaines d'Abraham qui en sont le plus souvent montrées.

Les traditions

«Chaleur» inattendue sous ces latitudes, mais bien réelle : fin janvier début février, les villes de **Québec** et de **Chicoutimi** proposent leur carnaval avec des courses en canot et un concours de sculptures de glace.
Des traditions plus anciennes mènent certains visiteurs sur la côte nord du Québec, à la rencontre des Indiens Montagnais ou, dans la partie nord-ouest, aux confins de l'Ontario.

Au cœur du grand froid, le Québec propose mille et une activités parmi lesquelles les raquettes et la motoneige.

SPINNAKER INN
ADAMS & KNICKLE LTD
ENBURG OUTFIT

QUE VOIR EN REGION ATLANTIQUE ?

Les paysages et la faune

- Côte du Nouveau-Brunswick, île du Prince-Edouard, côte du Labrador
- Parcs nationaux (Kejimkujik, Louisbourg, Gros Morne), forêts, été indien
- Baleines, macareux, sternes

Le patrimoine culturel

- Acadiens (Nouvelle-Ecosse, Nouveau-Brunswick, île du Prince-Edouard, Terre-Neuve)

En automne, l'été indien et l'érable éblouissent la région atlantique.

La région atlantique

Nouveau-Brunswick, Nouvelle-Ecosse, île du Prince-Edouard, Terre-Neuve-et-Labrador

Les paysages et la faune

Partout ou presque, la forêt et des paysages verdoyants invitent à la randonnée, avec des haltes salutaires dans des ports de pêche où la morue et le homard sont rois.

Les lieux à découvrir sont multiples:
– dans les parcs nationaux (parc de Kouchibouguac, parc de **Fundy** et son «Fundy Trail») du **Nouveau-Brunswick**; au sud de cette même province, dans la baie de Fundy, se concentrent en été les baleines franches, les sternes et les macareux;
– en **Nouvelle-Ecosse,** le parc national Kejimkujik (forêts et lacs) et le site des villes d'Halifax et de Sydney (grande forteresse du XVIIIe siècle) donnent à cette région une valeur touristique injustement méconnue;
– les paysages et les plages de l'**île du Prince-Edouard**;
– les sites de l'**île du Cap-Breton**.

Tant au Nouveau-Brunswick qu'en Nouvelle-Ecosse, l'été indien est somptueux, quand l'érable et l'épinette rouge mêlent leurs couleurs à celles du sapin baumier et du bouleau jaune dans les grandes forêts qui longent le fleuve Saint-Jean.

La côte nord-est du **Labrador** mérite d'être connue pour ses fjords, ses falaises, ses chutes et sa faune marine. Elle est longée en été par des bateaux de croisière.

Terre-Neuve, sa toundra, ses tourbières et surtout son parc national du Gros Morne n'attirent pas vraiment le grand tourisme, mais ses traditions de pêche à la morue et au hareng, nées de l'arrivée des pêcheurs français au XVIe siècle, restent vives.

Le patrimoine culturel

C'est en Nouvelle-Ecosse, dans une partie du Nouveau-Brunswick, dans l'île du Prince-Edouard et à Terre-Neuve que se rencontre la majorité des 350000 Acadiens, secoués par l'histoire depuis plus de trois siècles mais toujours aussi attachés à leur francophonie. ■

Fidèle à l'architecture des villes au ciel bas, Lunenburg, en Nouvelle-Ecosse, multiplie les façades aux couleurs vives.

LES CONSEILS GEO

▶ Les plus

Une des plus grandes bouffées d'air pur de la planète : l'enthousiasme suscité par la nature canadienne est largement justifié.
Un pays qui bénéficie de très nombreuses propositions de la part des voyagistes mais qui est également facile à découvrir par soi-même.

▶ Les moins

Pour l'Ouest et les Rocheuses, le coût encore élevé du voyage par rapport au Québec.

▶ Les recommandations

Dans les réserves indiennes, ne pas confondre folklore et réalité. Auprès des Québécois, à moins d'accepter le risque de se faire traiter de «maudit Français», ne pas ressasser le cliché des «cousins» : ils savent !

▶ Les tendances

Le train. Rien de nouveau, dira-t-on. Pas tout à fait : en effet, jusqu'à maintenant, les passionnés du genre privilégiaient Le Canadien et ses wagons d'acier qui, sur 4000 km, vont de Vancouver à Toronto en trois jours et deux nuits. Mais d'autres parcours peuvent combler l'amateur, telle la ligne Jasper-Prince Rupert dans les Rocheuses, ou encore Winnipeg-Churchill : là, avec beaucoup de chance, les ours polaires peuvent faire la fête au touriste ébahi derrière sa vitre panoramique.

Au croisement des cultures portugaise et brésilienne, le Cap-Vert est une destination de plus en plus prisée.

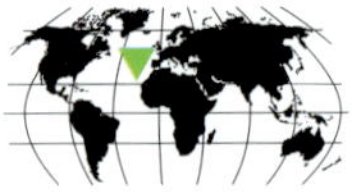

Cap-Vert

QUE VOIR, QUE FAIRE AU CAP-VERT ?

Les paysages

- Randonnées (Santo Antão, Fogo, São Vicente)

Les côtes

- Plages (Sal), windsurf (Sal, São Vicente, São Tiago), funboard, plongée, pêche

Le patrimoine culturel

- Danses, musique (morna), carnaval (Mindelo)

Cet archipel isolé dans l'Atlantique voit s'accélérer l'écotourisme, notamment dans l'île de Santo Antão. Peu de plages de sable, mais les amateurs de surf et de planche à voile trouveront ici des alizés bienveillants.

LE CARNET DE VOYAGE

Les premiers contacts
Consulat, 3, rue de Rigny, 75008 Paris, 01.42.12.73.50. Internet : www.cap-vert.com

Les formalités
Pour les ressortissants de l'Union européenne, canadiens, suisses : passeport encore valide six mois après le retour, visa obligatoire, obtenu auprès du consulat.

La santé
Vaccination contre la fièvre jaune conseillée.
Risque (limité) de paludisme sur l'île de São Tiago.

Le voyage, le décalage
Durée moyenne du vol Paris-Sal : 5 h 30. Lorsqu'il est midi en France, au Cap-Vert il est 9 heures du matin en été et 10 heures en hiver.

Le coût moyen d'un séjour
1 300 € pour une semaine de randonnée à Santo Antão ou pour une semaine de plongée ou de sports nautiques sur l'île de Sal.

Les langues, la monnaie
Langue officielle : le portugais, qui s'efface derrière le crioulo ; l'anglais et le français sont peu connus. **Monnaie :** l'escudo du Cap-Vert. 1 € = 110 escudos du Cap-Vert. Cartes de crédit très peu acceptées, chèques de voyage, plutôt en US dollars, négociables.

La population
423 600 habitants. Un nombre plus élevé a émigré au Portugal, dans d'autres pays européens, aux Etats-Unis et au Brésil.
Sept habitants sur dix sont des mulâtres. **Capitale :** Praia.

Les religions
Neuf Capverdiens sur dix sont catholiques.

Les fêtes
Février : carnaval de Mindelo (São Vicente) ; **fin avril :** fête des Bandeiras à Fogo ; **3 et 4 mai :** à Boa Vista, fête de l'Abolition de l'esclavage ; **5 juillet :** fête de l'Indépendance ; **fin août :** Festival de musique de Baia das Gatas (São Vicente) ; **12 septembre :** fête nationale.

Les achats
Textiles (broderies) et objets en coquillages.
A Mindelo, prendre son temps pour chercher les meilleurs CD de mornas.

Les paysages

Santo Antão, la plus occidentale des dix îles de l'archipel, est la préférée de beaucoup. Sa partie nord est coupée de ribeiras, véritables canyons où les agriculteurs ont réussi des modèles de cultures en terrasses. La tradition de la canne à sucre et la diversité de la flore autorisent par endroits bien des espoirs d'un développement (éco)touristique intelligent et mesuré, à base de randonnées autour de Ribeira Grande (ribeiras de Paúl et de Figueiral, entre autres).
Le volcan São Felipe, sur l'île de **Fogo**, est le deuxième point d'ancrage des randonneurs. Ailleurs se succèdent des paysages de plateaux désertiques et de végétation luxuriante, par exemple sur l'île de **São Vicente**, qui renferme également Mindelo, la ville la plus animée de l'archipel.
Des parcours consacrés à la randonnée, à pied ou à vélo, sont partout de plus en plus proposés.

Les côtes

L'image de paradis balnéaire que pourrait susciter la position géographique du Cap-Vert est fausse. Seule, l'**île de Sal** fait vraiment exception, autour de Santa Maria. A cet endroit, les longues plages de sable blanc et fin se différencient de la plupart des autres sites, bordés de sable noir en raison du volcanisme.

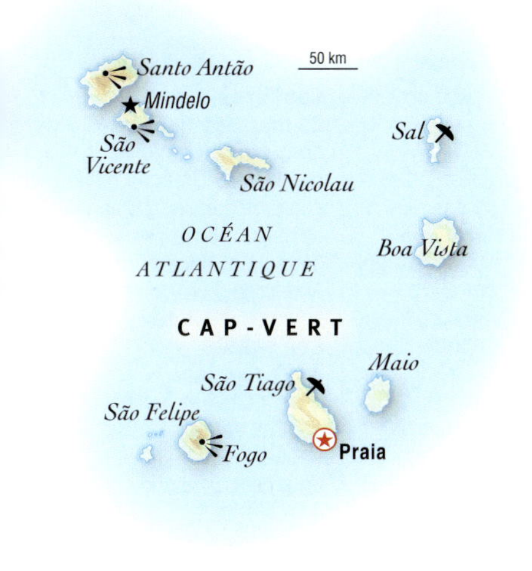

Toutefois, les alizés sont une bénédiction pour les amateurs d'activités océaniques très sportives et très à la mode : ainsi, le windsurf autour de Santa Maria, de Boa Vista et São Tiago (Praia) et à São Vicente est-il une activité en plein devenir.
Le funboard (forme de planche à voile très sportive) est surtout pratiqué sur l'île de Boa Vista, dans la baie de Sal Rei. La plongée n'est pas en reste, particulièrement à Sal. L'archipel mêle l'observation des thons, des raies mantas, des requins-marteaux et des poissons multicolores sur fond de madrépores. Enfin, la pêche, au gros (marlin, thon) ou à la palangrotte (ligne pour pêcher les poissons de fond), se développe, particulièrement dans les parages de São Nicolau.
Quelle que soit leur expérience, les pêcheurs, plongeurs et nageurs doivent savoir que les eaux de l'Atlantique sont puissantes et dangereuses sous ces latitudes, surtout quand soufflent les alizés.

Le patrimoine culturel

Impossible, aujourd'hui, de prononcer le nom Cap-Vert sans lui adjoindre celui de la «chanteuse aux pieds nus», Cesaria Evora. Elle a offert une réputation universelle à son archipel grâce à ses interprétations de mornas, qui expriment à la fois l'exil, l'amour, le désespoir, la sodade (sorte de mélancolie) mais aussi l'énergie du peuple capverdien, sur fond de pauvreté et de passé douloureux traversé par l'esclavage.
Ces traditions se vivent et s'entendent surtout à **Mindelo** (São Vicente), le berceau de Cesaria Evora. C'est de cette jolie ville, sise dans une baie et à la douce architecture colorée, que s'échappent les grands courants de pensée du Cap-Vert, avec en point d'orgue un carnaval au mois de février. Non loin de là, le festival de Baia das Gatas réunit, en août, les principaux musiciens du pays. ■

LES CONSEILS GEO

▶ Les plus

Un archipel au tourisme en expansion mais encore mesuré : l'idéal pour le voyageur-découvreur.
Un «spot» de premier choix pour les amateurs de planche à voile et de surf.

▶ Les moins

Le coût encore élevé de l'acheminement aérien et plus généralement du voyage accompagné.
Des côtes peu adaptées à des vacances familiales balnéaires en raison de la force des courants et du petit nombre de plages de sable.

▶ Les précautions

Si l'on marche isolément la nuit dans les grandes villes comme Praia ou Mindelo, il existe un risque de vol à l'arraché, forme de délinquance qui connaît une recrudescence.
Par ailleurs, ne pas s'aventurer loin des côtes sans un minimum de précautions : les vagues et les courants sont puissants sous les latitudes capverdiennes.

▶ Les tendances

Le funboard, le windsurf, le kitesurf : ne cherchez plus, ce sont des types de planche à voile inconnus du profane mais très en vogue et dont le Cap-Vert s'est fait une spécialité. Il a l'exclusivité de la morna, à écouter absolument dans un cabaret de Mindelo, la ville de Cesaria Evora.

QUAND PARTIR ?

	Climat	Surf et planche à voile
Janvier	☼	☼
Février	☼	☼
Mars	☼	
Avril	☼	
Mai	☼	
Juin		
Juillet		
Août		
Septembre		
Octobre	☼	
Novembre	☼	
Décembre	☼	☼

Peut-on imaginer désert plus nu, plus aride et aux couleurs aussi profondes que l'Atacama ?

Chili

Une longue bande de terre de plus en plus en vogue grâce à la variété de ses paysages, son patrimoine architectural, les Andes, la densité de sa faune et, au large, les mystérieuses statues géantes de l'île de Pâques.

Les paysages et les randonnées

Le paysage chilien n'en finit pas d'étaler sa beauté du nord au sud de la mince bande de terre relevée par la cordillère des Andes:

– le très haut **lac Chungara**, encerclé par plusieurs volcans, et le parc national **Lauca**;

– le **désert d'Atacama**, le plus aride du globe; la porte d'entrée en est le village-marché de San Pedro de Atacama, avant les lacs de sel (salares, tels le salar de Atacama et le salar de Surire), les lagunes (Miscanti et Mi-

LE CARNET DE VOYAGE

Les premiers contacts
Consulat, 64, bd de La-Tour-Maubourg, 75007 Paris, 01.47.05.46.61. Internet: www.sernatur.cl, www.abc-latina.com/chili

Les formalités
Pour les ressortissants de l'Union européenne, canadiens, suisses: passeport suffisant (valable encore six mois après le retour), carte de tourisme, billet de retour ou de continuation exigible.

La santé
Aucun problème, excepté un possible mal des montagnes (soroche).

Le voyage, le décalage
Durée moyenne du vol Paris-Santiago (11831 km): 19 heures. Lorsqu'il est midi en France, au Chili il est 7 heures en été et 8 heures en hiver.

Le coût moyen d'un séjour
Au moins 3000 € pour un séjour de 15 à 20 jours, surtout si on ajoute l'île de Pâques… Pas beaucoup moins cher en voyage individuel et location de voiture.

Les langues, la monnaie
Langue officielle: l'espagnol.
Langues étrangères: l'anglais et, moins, le français.
Monnaie: le peso chilien. US dollars conseillés. 1 USD = 516 pesos chiliens, 1 € = 714 pesos chiliens.

La population
Les 16285000 habitants se répartissent entre métis (92%), Européens et Indiens. **Capitale:** Santiago.

Les religions
Quatre Chiliens sur cinq sont catholiques. Minorités de protestants et de juifs.

Les fêtes
21 mai: Jour de la marine; **premier lundi de septembre:** Journée de l'unité nationale; **18 septembre:** fête de l'Indépendance; **décembre:** à Andacollo (nord), Fiesta de la Virgen del Rosario.

Les achats
Textile (ponchos, couvertures) et matières haut de gamme (alpaga), bijoux en argent, vannerie.

QUE VOIR, QUE FAIRE AU CHILI ?

Les paysages et les randonnées
▪ Cordillère des Andes, désert d'Atacama, Patagonie, Terre de Feu
▪ Geysers, volcans, vignobles, lacs, fjords

La faune et la flore
▪ Lamas, alpagas, guanacos, pingouins, éléphants de mer
▪ Forêts, araucarias

Les monuments et les villes
▪ Statues de l'île de Pâques, églises, Valparaiso, Santiago

Les côtes
▪ Arica, Viña del Mar, cap Horn

niques), les geysers d'El Tatio et, au nord de Calama, la mine de cuivre à ciel ouvert de Chuquicamata ;
– les vignobles, et donc une «route des Vins», dans le centre du pays ;
– les volcans Osorno, Michimahuida, Corcovado ;
– le **glacier San Rafael**, d'un bleu saisissant et qui laisse choir des pans entiers de glace ;
– le parc national **Torres del Paine** avec ses lacs bleu-vert et ses hautes parois de granit ;
– la **Terre de Feu** et les fjords de la **Patagonie** méridionale, où tout n'est que vent, pluie, tempêtes, pics acérés et rochers chaotiques, l'ensemble débouchant sur un spectacle aussi sévère que fascinant.

Sur la majorité de ces sites, les randonnées sont possibles, certaines se révélant toutefois éprouvantes en raison de l'altitude.

▪ La faune et la flore

Trente parcs nationaux et autant de réserves font du Chili un endroit privilégié pour la faune. Les lamas et les alpagas paissent entre autres dans le parc national Lauca. Des espèces menacées sont de mieux en mieux préservées : ainsi la race sauvage (vigognes) et la race domestique (alpagas) du lama, comme les chinchillas dans le parc national Lauca, les flamants roses dans le salar de Atacama, les guanacos (lamas au pelage court) et les pumas dans le parc Torres del Paine. Le condor et l'aigle peuplent la cordillère. Dans les fjords s'ébattent des phoques, des pingouins et des éléphants de mer, très nombreux dans la lagune San Rafael.

Au sud-est de Concepción, la Araucanía est une région de forêts qui renferme le très décoratif araucaria, grand conifère d'Amérique du Sud.

▪ Les monuments et les villes

Les sanctuaires et les statues géantes de «Rapa Nui», l'**île de Pâques**, «déposés» là par une population polynésienne il y a mille cinq cents ans, n'ont toujours pas livré leur vrai secret, dans un cadre de volcans, dont le Rano-Raraku qui a servi de matière première pour les statues.

Le pays est riche en églises, dont certaines, très vieilles, comme à San Pedro de Atacama et à **Chiloé**, où la plupart sont en bois peint. Toujours à Chiloé, l'habitat se distingue par de longues rangées de maisons montées sur pilotis.

A **Valparaiso**, ville très attachante, les cerros sont des collines auxquelles un habitat anarchique et des maisons peintes en pastel donnent un charme tenace. Le modernisme échevelé de **Santiago** ne lui laisse que la visite du palais de la Moneda et des musées (Musée historique national, musée d'Art précolombien) comme réels centres d'intérêt.

▪ Les côtes

Les rivages n'occupent qu'une place touristique modeste. Toutefois, autour d'**Arica**, au nord, et à **Viña del Mar**, les plages sont agréables.

Le rocher noir du **cap Horn**, qui ferme le continent sud-américain, est le témoin d'histoires vraies et de légendes et le cadre d'actes d'héroïsme lors des courses de bateaux médiatisées d'aujourd'hui. ▪

QUAND PARTIR ?

	Nord	Centre	Sud
Janvier	☼	☼	☼
Février	☼	☼	☼
Mars	☼	☼	
Avril		☼	
Mai			
Juin			
Juillet			
Août			
Septembre		☼	
Octobre		☼	☼
Novembre		☼	☼
Décembre	☼	☼	☼

LES CONSEILS GEO

▶ Les plus
Une cordillère des Andes capable de satisfaire aussi bien le marcheur impénitent que le contemplateur de paysages.
Le mythe de la Patagonie.
Une faune riche, diverse et de mieux en mieux préservée.

▶ Les moins
Le coût de la vie touristique le plus élevé d'Amérique latine.
Une côte peu exploitable sur le plan balnéaire.
Des dates de voyage favorables mal placées sur le calendrier du voyageur du nord.

▶ Les précautions
Compte tenu d'un niveau de vie plus élevé que dans d'autres pays d'Amérique latine, l'insécurité est moindre.

▶ Les tendances
Ils ont nom Concha y Toro, Cousino Macul, Santa Rita : ces domaines, où se font certains de ces vins chiliens dont on parle tant, peuvent être visités.

Chine

Dans les paysages mythiques de la Route de la Soie, les bergers du Xinjiang rencontrent désormais de nombreux randonneurs.

En décidant d'ouvrir leurs frontières aux voyageurs dans les années 1980, les autorités chinoises ont vu déferler une vague touristique venue chercher la réalité de noms magiques tels que Cité interdite, Grande Muraille, Route de la soie, Tibet, Lhassa. Le voyageur va aujourd'hui à Pékin comme il va à New York et a fait de l'empire du Milieu l'une des destinations du monde les plus recherchées. Il peut même parcourir cet immense pays de manière individuelle mais gagnera à examiner les propositions des voyagistes.

QUE VOIR, QUE FAIRE AU NORD ET AU NORD-OUEST ?
Gansu, Xinjiang

Les villes

- Etapes de la Route de la soie : Xi'an, Lanzhou, Binglingsi, Dunhuang, Mogao, Urumqi, Turfan, Kashi

Les paysages et les randonnées

- Trekking dans les déserts (Takla-Makan, Dzoungarie), chaîne du Tian Shan

Le nord et le nord-ouest

Gansu, Xinjiang

Les villes

De la Méditerranée jusqu'à l'ancienne capitale Xi'an, la **Route de la soie**, itinéraire d'échanges commerciaux entre l'Occident et l'Extrême-Orient, trouve là ses endroits de légende.
Première étape en partant de **Xi'an**, les grottes bouddhiques de **Binglingsi** sont ornées de sculptures en argile et de peintures murales. Suivent **Lanzhou**, capitale du Gansu, très industrielle, et **Dunhuang**, considérée comme le carrefour le plus important de la Route de la soie. A proximité, les quatre cent quatre-vingt-douze grottes de **Mogao**, leurs statues et leurs peintures murales constituent l'un des sommets de l'art bouddhique.
Urumqi, capitale du Xinjiang, et ses vingt mosquées sont un bastion de l'islam chinois. La fosse de **Turfan**, chapelet d'oasis bordé par les montagnes du désert de Gobi, renferme les ruines de l'ancienne capitale impériale Gaoshung. **Kashi**, aux portes du Pamir, dernier point chinois de la Route de la soie, abrite la plus grande mosquée du pays (Id Kah).

Loin de Pékin, les Ouïgours font sécher leurs récoltes de raisin au soleil.

Les paysages et les randonnées

Depuis que l'écrivain-baroudeur et marcheur invétéré, Jacques Lanzmann, l'a traversé et qu'il l'a fait connaître par ses écrits, le désert de sable de **Takla-Makan** fait l'objet du dernier trekking à la mode: un voyage onéreux mais qui demeure d'une rare beauté et, pour un temps encore, exceptionnel.

Un autre désert, la **Dzoungarie**, occupe les confins de la Sibérie et de la Mongolie.

Entre les deux déserts précités se dresse le **Tian Shan**, sorte de ruban montagneux bordé de nombreuses oasis qui furent de précieux points de repère pour les commerçants de la Route de la soie.

LE CARNET DE VOYAGE

Les premiers contacts

Office du tourisme, 15, rue de Berri, 75008 Paris, 01.56.59.10.10. Internet: www.cnto.org Consulat, Issy-les-Moulineaux, 01.47.36.02.58. Internet: www.amb-chine.fr Autres consulats à Marseille, 04.91.32.00.01, et à Strasbourg, 03.88.45.32.32. Centre culturel de Chine, 01.53.59.59.20, www.cccparis.org Autres sites internet: www.maisondelachine.fr, www.travelchinaguide.com, www.tibet.fr

Les formalités

Pour les ressortissants de l'Union européenne, canadiens, suisses: passeport valable encore six mois après le retour; visa obligatoire, valable deux mois. Le visa peut être obtenu soit de manière collective par le voyagiste choisi, soit individuellement (délai à prévoir) auprès du consulat. Billet de retour ou de continuation exigible. Pour un séjour à Hong Kong ou Macao en cours de voyage, demander un visa à deux entrées. Pour passer du Népal au Tibet, nécessité de faire partie d'un groupe. Dans tous les cas, l'accès au Tibet est soumis à un permis spécial, de même que certaines provinces du Nord-Est et de l'Ouest.

La santé

Aucun vaccin n'est obligatoire. Prévention indispensable contre le paludisme pour les provinces de Henan et du Yunnan. Risque de paludisme très limité dans des régions telles que celles de Guangdong, Guizhou, Guangxi, Sichuan, Fujian.

Le voyage, le décalage

Durée moyenne du vol direct Paris-Pékin (12 566 km): 10 heures; du vol Paris-Hong Kong: 12 heures. Pour le Yunnan, les aéroports de Bangkok et de Hong Kong sont recommandés. Pour le Tibet, Paris-Lhassa via Katmandou (puis bus). Vols intérieurs nombreux, penser aussi à l'expérience des trains. Lorsqu'il est midi en France, en Chine il est 18 heures en été et 19 heures en hiver.

Le coût moyen d'un séjour

750 € pour une semaine à Pékin entre novembre et mars. Environ 2000 € pour 15 jours d'un voyage accompagné classique: Pékin, la Grande Muraille, Xi'an, Shanghai, Suzhou, le Yang-tsé-Kiang, Guilin, Canton, Hong Kong.

Les langues, la monnaie

Langue officielle: le mandarin, qui est parlé par sept Chinois sur dix. A l'est, on compte sept millions de musulmans turcophones, alors qu'au sud-ouest les dialectes tibétains tentent de perdurer. Langue étrangère: l'anglais, surtout dans les grandes villes, mais encore bien discret. **Monnaie:** le renminbi yuan. 1 € = 10,50 renminbis yuans. Aucun problème pour changer les euros. Le dollar de Hong Kong reste en vigueur. Conserver au moins un bordereau de change pour laisser à la sortie les renminbis yuans restants. Cartes de crédit: commerces, distributeurs, grands hôtels de grandes villes.

La population

La Chine regroupe le cinquième de la population mondiale avec 1 321 852 000 habitants. Les Hans constituent l'écrasante majorité (95 %), les miettes étant réparties entre cinquante-cinq autres ethnies, parmi lesquelles surtout les Ouïgours, les Mandchous et les Mongols. Dans le Yunnan vivent de nombreuses minorités. **Capitale:** Pékin («Beijing»), agglomération de 15 000 000 d'habitants, peu ou prou comme Shanghai.

Les religions

Le bouddhisme et le taoïsme sont les deux grandes religions pratiquées. Les musulmans (à l'ouest) et les chrétiens sont également présents.

Les fêtes

Attention, le calendrier peut être différent (mois lunaires, mois tibétains). **Janvier:** fête des Lanternes (15e jour du 1er mois lunaire); **février:** Nouvel An chinois: le 18 février en 2007 (cochon), le 7 février en 2008 (rat); **avril:** fête du Bouddha exposé (14e au 16e jour du 5e mois du calendrier tibétain); **juin:** fête des Bateaux-Dragons (5 du 7e mois lunaire); **juillet:** fête des Fantômes (15e jour du 7e mois lunaire); **1er octobre:** fête nationale.

Les achats

Pékin est devenu en peu de temps un important lieu de shopping à des prix très avantageux, vu le décalage entre l'euro et le yuan, et avec marchandage à la clé: artisanat traditionnel, perles, lainages, laques, vêtements de soie. Au Tibet, on pourra se procurer pulls en cachemire, peintures et herbes médicinales.

QUE VOIR, QUE FAIRE AU SUD-OUEST?
Tibet

Les paysages et les randonnées
- Montagnes, lacs, mont Kailas

Les villes et les monuments
- Lhassa
- Ensembles monastiques (Gyantsé, Shigatsé, Kangding, Tagong)

Le sud-ouest

Tibet

Les paysages et les randonnées

Tout voyageur au long cours a rêvé un jour d'aller au **Tibet**... Le «toit du monde», qui fait l'objet de nombreux circuits et randonnées, rassemble des paysages parmi les plus saisissants de la planète en raison de la teinte ocre jaune de sa terre et de ses roches, de ses cratères et de ses montagnes foulées par les yacks.

Ses lacs constituent également un trésor touristique (lac de Turquoise, lac Manasarovar), comme le mode de vie plus ou moins sauvegardé de ses habitants, entre prières, danses et musique monastique. Mais on peut se

Un moine tibétain entre prière et musique; combien de temps cette image traditionnelle va-t-elle pouvoir perdurer?

QUAND PARTIR ?

	Nord-Ouest	Pékin et Nord-Est	Centre	Tibet et Sud-Ouest	Sud et Sud-Est
Janvier		☼			
Février					
Mars					☼
Avril		☼	☼	☼	☼
Mai	☼	☼	☼	☼	
Juin	☼	☼	☼	☼	
Juillet	☼			☼	
Août	☼			☼	
Septembre	☼	☼	☼	☼	
Octobre		☼	☼		☼
Novembre					☼
Décembre					☼

Le Potala, le plus spectaculaire des hommages rendus à Bouddha, est un palais-montagne mêlant sanctuaires et pagodes.

demander ce qu'il adviendra de cette spécificité depuis l'ouverture, en juillet 2006 et à plus de 5000 m d'altitude, du dernier tronçon ferroviaire entre Golmud et Lhassa.

En remontant vers l'ouest, la route transhimalayenne, point de rencontre entre le Tadjikistan, l'Inde et la Chine, apparaît aussi belle que tourmentée. Cette route rejoint le Pakistan et le Karakorum par le col de Kunjerab.

A l'ouest, le **mont Kailas** a vu naître quatre grands cours d'eau sacrés : Karnali, Indus, Brahmapoutre, Sutlej. Il est lui-même considéré comme sacré, aussi bien par les Tibétains que par les Indiens qui l'identifient au trône de Shiva et s'y rendent en pèlerinage pour en faire le tour (khora). Le touriste a le loisir de les imiter aujourd'hui, lors de randonnées à haute altitude au côté des sherpas et des yacks. Non loin du mont Kailas, le sanctuaire de **Tirthapuri** est aussi important.

A l'opposé, aux confins du Sichuan, la région du **Kham** et de ses nomades est riche en monastères.

Les villes et les monuments

Lhassa, la «terre des dieux», ville sainte de plus en plus désenclavée par souci du gouvernement central de la contrôler et de lui faire oublier qu'elle attend toujours le dalaï-lama en exil, est un lieu mythique.

Le Potala, palais-montagne du Bouddha, le Jokhang (le plus ancien des temples), le Norbulingka (résidence d'été du dalaï-lama), le Drépung (autrefois le plus grand monastère du monde) et le Sera sont les principaux monuments d'une ville qui a du mal à préserver l'authenticité de son quartier tibétain traditionnel.

Guru Rimpoche, «doublure» de Bouddha, a transporté le bouddhisme de l'Inde au Tibet au VIIIe siècle en méditant dans une centaine de grottes sur son chemin. Bien que le soulèvement des Tibétains en 1959 ait eu pour lourdes conséquences une

tragique répression et la destruction de la plupart des grands monastères, les lieux de culte qui restent reçoivent de plus en plus de visiteurs.
Sur la route entre Katmandou et Lhassa, il faut s'arrêter à **Gyantsé** et ses très grands stoupas (monuments funéraires ou commémoratifs en forme de dôme plein), ainsi qu'à **Shigatsé**, avec le Tashilumpo et ses innombrables statues de Bouddha.
A l'est, du côté du peuple khampa, **Kangding** et ses monastères de l'ordre des Gelugpas, enfin Tagong renferment, avec les deux villes citées précédemment, les ensembles monastiques bouddhiques les plus connus au monde en dehors de Lhassa.

Le centre

Anhui, Hubei, Jiangsu, Sichuan, Zhejiang

■ Les villes

Shanghai, la plus grande ville du pays et la plus cosmopolite, très occidentalisée, possède une avenue branchée (Bund) et une vieille ville qui jouxte une ancienne concession française. Elle vaut également par son musée aux collections de bronzes, de porcelaine et de jade, par le jardin du mandarin Yu et par son temple du Bouddha-de-Jade.
Non loin de là, **Suzhou** est réputée pour ses canaux, qui l'ont fait comparer à Venise, et pour ses jardins. Aux alentours sont disséminés des villages lacustres, dont le plus réputé

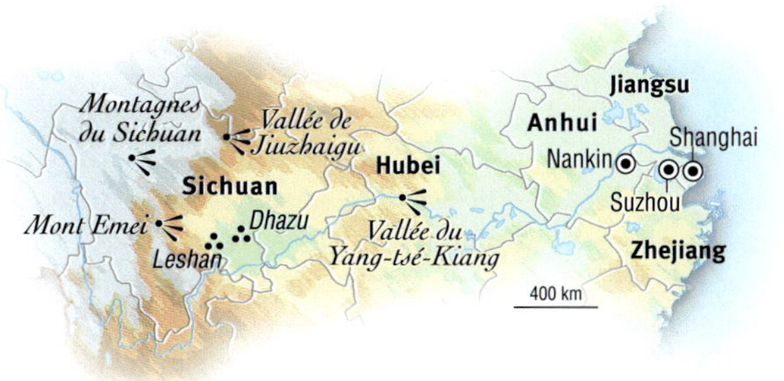

Nanjin Road à Shanghai. La plus grande ville du pays vit depuis longtemps à l'heure occidentale.

QUE VOIR AU CENTRE ?
Anhui, Hubei, Jiangsu, Sichuan, Zhejiang
Les villes
■ Shanghai, Suzhou, Nankin
Les paysages
■ Montagnes du Sichuan, vallée de Jiuzhaigu, cours du Yang-tsé-Kiang, monts Huangshan, mont Emei
Les monuments
■ Monastères et temples du Sichuan, falaise des Mille-Bouddhas, bouddhas de Leshan et Dhazu

est Zhouzuang (avec ses ponts de pierre et ses canaux).
Situé sur le Yang-tsé-Kiang, **Nankin** connut son apogée sous les Mings et en conserve la trace avec le tombeau de l'empereur Hongwu.

Les paysages

Occupant les contreforts est du Tibet, le Sichuan en a la beauté (montagnes, gorges, cols à plus de 4000 m) et la piété. Il renferme aussi la vallée de Jiuzhaigu, truffée de lacs, de cascades et de forêts de bambous dans lesquelles vivent des pandas géants (réserve de Wolong).
Dans la province de Hubei, avec la construction contestée du barrage des Trois-Gorges, qui est désormais le plus imposant du monde, le **Yang-tsé-Kiang** (Yangzijiang ou Yangtze), l'ancien fleuve Bleu, perd l'attrait d'une croisière mythique entre de hautes falaises (Qutang, Wu et Xiling) jusqu'à Yichang.
Le fleuve longe ensuite de vieilles villes (Shashi et surtout Jingzhou) avant de voir se dresser, au sud, entre Wuhan et Shanghai, les pins et les pics aux formes tourmentées des **monts Huangshan**.
Ultime attrait de cette partie de la Chine: le **mont Emei**, haut lieu du bouddhisme chinois.

Les monuments

Comme le Tibet voisin, le Sichuan est riche de ses monastères et temples bouddhistes. Dans les environs de Nankin, un ensemble monastique rupestre de renom: la **falaise des Mille-Bouddhas**.
Dans le Sichuan, en remontant le Yang-tsé-Kiang et le fleuve Changjiang, on découvre des témoignages bouddhistes réputés: ainsi, à **Leshan**, la statue du grand bouddha assis atteint 71 m.

Leshan et son bouddha sculpté dans la terre rouge: comme au Myanmar ou au Sri Lanka, les sculpteurs de l'âme bouddhiste voient grand.

QUE VOIR AU NORD-EST?
Henan, Liaoning, Shaanxi, Shanxi
Les villes
■ Pékin, Shenyang, Xi'an
Les monuments
■ Grande Muraille, tombeaux des Mings, grottes de Longmen, temples (Tai Shan)
Les paysages
■ Plateaux de lœss du Shaanxi, défilés du fleuve Jaune

Le nord-est

Henan, Liaoning, Shaanxi, Shanxi

Les villes

La grande majorité des voyages en Chine passe par **Pékin** (Beijing). La capitale, aux monuments célèbres et site olympique 2008, a malheureusement l'âme flétrie par la pollution et par son nouvel urbanisme qui détruit les «hutongs», vieux quartiers historiques, tel Nanchizi, les venelles et les maisons traditionnelles (siheynans) du quartier de la tour de la Cloche.
Restent tout de même la Cité interdite (ancien palais impérial truffé de trésors), la place Tian'anmen avec le mo-

La Grande Muraille, ici à la hauteur de Jinshanling, classée au Patrimoine mondial de l'humanité.

Pékin mue à grande vitesse mais garde la couleur pourpre, symboliquement intouchable, des toits de la Cité interdite.

nument aux héros du peuple et le mémorial de Mao, le temple du Ciel (aux milliers de tuiles bleues), le Palais d'été, résidence de la dernière impératrice de Chine.

Un autre argument de poids est donné par le célèbre Opéra de Pékin et ses non moins célèbres costumes.

Au nord-est de Pékin, **Shenyang**, imposante et méconnue alors qu'elle est la troisième ville du pays et la porte de la Mandchourie, vaut par ses vieux quartiers mandchous.

Xi'an, qui fut capitale pendant mille deux cents ans et point de départ de la Route de la soie, a presque autant à offrir : Grande Pagode des oies sauvages, forêt des stèles dans le musée provincial, site néolithique de la culture de Yangshao, allée d'animaux sculptés précédant la tombe du général Han Huo Qubing (Ier siècle av. J.-C), armée de Shi Huangdi (six mille figures en terre cuite de guerriers grandeur nature et mille chevaux avec leurs cavaliers), monuments de la dynastie des Tangs (pagodes, temple, mosquée, tumulus de l'impératrice Wu Zetian).

Les monuments

Hormis les monuments déjà cités, un rendez-vous majeur du tourisme mondial est la **Grande Muraille**, soit 6 000 km de pierres, érigée par les Etats du Nord

à partir du IIIe siècle av. J.-C. pour se protéger des Barbares. Elle part du golfe du Bohai et se poursuit jusqu'à la bordure sud du désert de Gobi.
Second ensemble fameux non loin de Pékin : les treize tombeaux de la dynastie des Mings et leurs allées d'animaux en pierre.
Troisième joyau : les grottes bouddhiques rupestres de **Longmen**, travaillées entre le Ve et le XIe siècle ; on y trouve bon nombre de statues taillées dans le roc, dont un bouddha colossal datant du Ve siècle.

Dans la péninsule du Shandong, à mi-distance entre Pékin et Shanghai, les pentes du massif du **Tai Shan**, le «pic sacré de l'Est», qui fait l'objet d'un culte national, sont parsemées de temples.

Les paysages

La province de **Shaanxi** (Chen-si), traversée par le fleuve Jaune (Huan He), est composée d'un grand plateau de lœss, terre aussi spectaculaire que fertile. Cela a valu au site le surnom de «pays de la terre jaune», région monotone jusqu'à ce qu'un ravin, puis un autre ne viennent la déchirer et lui donner une forme insolite, comme dans la province voisine et presque homonyme du **Shanxi** (Chan-si). Ce dernier est composé d'une succession de moyennes montagnes fermées au nord-est par le Wutai Shan, qui culmine à 2 900 m et qui constitue l'un des cinq sites sacrés du pays.
Ici coule le **fleuve Jaune**, dont le cours alambiqué est capable de créer des défilés, tels que la porte du Dragon.

A Xi'an, l'armée de terre cuite protège le mausolée de Qin Shi Huangdi.

QUE VOIR AU SUD-EST ?
Guangdong, Guangxi
Les paysages
- Grottes de Guilin

Les villes
- Canton, Macao, Nanning

Le sud-est

Guangdong, Guangxi

Les paysages

Encore une merveille naturelle : les collines karstiques en pain de sucre et les **grottes de Guilin**, panorama qui se laisse admirer au cours d'une croisière sur le fleuve Lijiang, entre Guilin et Yang Shuo.

Au sud-ouest de Guilin s'étend la province de Guangdong dont le point d'orgue est le Baiyun Shan, ou «monts du Nuage blanc» qu'il est possible d'escalader. La province est également connue pour ses plantations de thé et la qualité de celui-ci.

Les villes

En partant du sud, on trouve **Canton** (Guangzhou), pris autant que Pékin ou Shanghai, sinon plus, par la fièvre du béton et de l'argent. D'une ville qui perd trop vite son cœur historique émergent quelques ensembles intéressants (pagode des Six-Banians, bonsaïs centenaires du temple des ancêtres de la famille Chen).

Sous réserve que l'administration chinoise en conserve les particularités dans les temps à venir, **Macao** continuera de baser son activité touristique sur l'attrait de ses casinos. Mais

La minorité Zhuang vit dans la région autonome du Guangxi, aux confins de la Chine et du Viêt Nam.

à la sortie, rien à faire ou presque, sinon arpenter les ruelles pavées ou entrer dans les quelques églises baroques de la ville, histoire de marcher sur les dernières traces de la colonisation portugaise.
Capitale du Guangxi, **Nanning** renferme un musée aux célèbres tambours de bronze. A Wuzhou a été érigé un mémorial à la gloire de Sun Yat-sen, le fondateur du Guomindang.

QUE VOIR, QUE FAIRE AU SUD ?
Yunnan

Les paysages et les randonnées
■ Rizières en terrasses, «forêt de pierres», vallée de la Suo

Les villes et les monuments
■ Lijiang, Dali, Kunming, Shangri-la

Le sud

Yunnan

■ Les paysages et les randonnées

Aux confins du Laos et du Viêt Nam, le Yunnan est de plus en plus en vogue, grâce entre autres à une nature préhimalayenne douce (rizières en terrasse, forêts) ou prétibétaine (milliers d'éléments de la «forêt de pierres», ensemble karstique de colonnes calcaires de 5 à 30 m de hauteur près de la capitale Kunming).
Dans le sud de la province, la **vallée de la Suo** est flanquée de montagnes, de plateaux (Loo-Wu-Chang) et de pics (Tian-Zi-Shan).
Toujours dans le sud vivent des minorités (Dais, Miaos) qui ont préservé leurs coutumes.

■ Les villes et les monuments

La Chine possède sa «Petite Venise» sous les traits de la vieille ville de **Lijiang**, avec ses trois cent cinquante ponts et son lacis de canaux que dominent les 5 596 m du mont du Dragon-de-Jade.
Les pagodes de **Dali**, les pagodes de la dynastie Tang et le temple taoïste de **Kunming**, le monastère tibétain de **Shangri-la**, site légendaire au cœur du «pays du sacré et de la paix» dont ressortent les pagodes blanches, sont autant de témoignages de l'empreinte bouddhiste dans cette région qui connaît un afflux touristique important depuis quelques années. ■

LES CONSEILS GEO

▶ Les plus
Un des plus grands éventails touristiques du monde.
La possibilité de voyager en individuel sans risque.
Un coût du voyage de plus en plus abordable, particulièrement sur le plan des tarifs aériens.

▶ Les moins
Une infrastructure hôtelière peu diversifiée et chère.
Les difficultés de communication, l'anglais étant rarement pratiqué, y compris à Pékin.
La pression du pouvoir central sur le Tibet, dont les traditions et l'authenticité sont mises à mal.

▶ Les précautions
Les voyageurs isolés doivent faire preuve de vigilance dans le Xinjiang, à la frontière sino-pakistanaise et en Mongolie intérieure. Prendre également les précautions d'usage concernant la grippe aviaire sur certains marchés de certaines régions. Sinon, pas de problème, la Chine est un pays sûr.

▶ Les tendances
Le voyage ferroviaire sur la ligne la plus haute du monde entre Golmud et Lhassa, ouverte en juillet 2006, connaît un succès rapide.

QUE VOIR, QUE FAIRE A CHYPRE ?

Les côtes

■ Plages (Paphos, Limassol, Aghia Napa, Polis)

■ Site d'Aphrodite (Petra tou Romiou)

Les paysages et les randonnées

■ Mont Troodos, vallée des Cèdres

Les villes et les villages

■ Nicosie, Paphos

Les monuments

■ Eglises byzantines, monastères grecs orthodoxes (Kykko)

■ Sites archéologiques (Kourion, Paphos), château de Saint-Hilarion, abbaye de Bellapaïse

Chypre

Fière de son soleil 340 jours sur 365, Chypre ressemble à une Corse que l'on aurait retournée : configuration méditerranéenne, vocation au tourisme balnéaire, montagnes centrales et remous politiques, toutefois atténués.

Les côtes

Les côtes chypriotes sont surtout constituées de plages de galets, et le sable y est rare. En revanche, les sites embellis par le découpage des falaises ne manquent pas, et la baignade reste possible jusqu'en novembre. Le tourisme de masse a envahi – et enlaidi – les abords de **Limassol**. Il est légèrement plus discret aux alentours de **Paphos** (Coral Bay) et d'**Aghia Napa**. Ce sont les environs de **Polis**, au nord-ouest, qui paraissent le moins touchés. Quant à Aphrodite et sa légende, elles ont émergé au sud, sur le site forcément idyllique de **Petra tou Romiou**.

Les paysages et les randonnées

Le cadre montagneux et forestier (pins) du **mont Troodos** est très prisé des Chypriotes qui, en été, viennent y chercher, autour du mont Olympe

LE CARNET DE VOYAGE

Les premiers contacts
Office du tourisme, 15, rue de la Paix, 75002 Paris, 01.42.61.42.49. Internet: www.cyprustourism.org

Les formalités
Pour les ressortissants de l'Union européenne et suisses: carte nationale d'identité ou passeport suffisant (valable encore six mois après le retour). Pour les Canadiens, passeport. A Nicosie, possibilité de passer dans la partie nord sur simple présentation d'un document d'identité.

La santé
Pas de problème.

Le voyage, le décalage
Durée moyenne du vol Paris-Larnaca (2 986 km): 4 heures. Lorsqu'il est midi en France, il est 13 heures à Chypre.

Le coût moyen d'un séjour
Environ 600 € en saison pour un séjour d'une semaine en bord de mer (vol A/R et demi-pension), 800 € la semaine pour le vol A/R, la voiture et l'hôtel réservé aux étapes.

Les langues, la monnaie
Langues officielles: le grec et le turc. Langue étrangère: l'anglais. **Monnaie:** dans la partie nord, la lire turque; dans la partie sud, l'euro. 1 € = 1,7 nouvelle lire turque.

La population
Environ les trois quarts des 788 500 habitants vivent dans la partie grecque. **Capitale:** Nicosie.

Les religions
77 % des habitants sont orthodoxes, 22 % sont musulmans. Minorités de maronites et d'arméniens.

Les fêtes
Mars: carnaval de Limassol (50 jours avant la Pâque orthodoxe, elle-même objet d'importantes processions); **1er avril:** fête de la Résistance; **mai:** fête des Fleurs (Anthestiria) à Limassol et Paphos; **Pentecôte:** fête du Déluge (Kataklysmos) dans les villes côtières; **septembre:** fête du Vin; **1er octobre:** fête de l'Indépendance.

Les achats
Broderies, cuir, dentelles, vannerie et poteries

Sur une côte sud très visitée, Paphos et son port ont du mal à rivaliser avec les toutes proches mosaïques des maisons de Dionysos ou de Thésée.

et à près de 2000 m d'altitude, une alternative à la chaleur des plaines, via des chemins de randonnées faciles. En hiver, il est parfois possible de pratiquer le ski.
En quittant le Troodos par l'ouest, une piste traverse la belle et silencieuse vallée des Cèdres.

Les villes et les villages

Bien que coupée en deux en 1974 par une «Ligne verte» enfin franchissable par les deux communautés depuis 2004, **Nicosie**, la capitale, garde fière allure:
– côté grec, un vieux quartier, un musée d'Art byzantin aux exceptionnelles icônes, un Musée archéologique d'une grande diversité et nombre d'églises byzantines;
– côté nord, la cathédrale Sainte-Sophie, devenue mosquée, et la maison des Lusignan, seigneurs poitevins qui édifièrent un royaume dans l'île entre les XIIe et XVe siècles.
Outre l'agrément de ses mosaïques, **Paphos** propose un fort ottoman, un joli port et les tombeaux des rois, creusés dans la roche. **Larnaca**, outre le Musée archéologique, possède un fort avec une belle vue sur la ville.

Les coutumes des villages, qui réussissent à se préserver du tourisme de masse, accueillent nombre de fêtes traditionnelles et permettent à Chypre de se défaire de son image stéréotypée d'île à bronzage.

Les monuments

Dans le massif du Troodos, se déploie une jolie palette de petites églises byzantines dont l'état de conservation des fresques est étonnant: ainsi, **Asinou**, **Aghios Nikolaos** et **Panaghia tou Arakou** sont des passages obligés parmi bien d'autres, complétés par des monastères grecs orthodoxes tels que celui de **Kykko**, quelque peu surchargé de dorures mais qui renferme un riche musée.
Les sites archéologiques de **Khirokitia** (reconstitution des huttes circulaires des premiers Orientaux) et de **Kourion** (ancienne cité gréco-romaine), ainsi que celui de **Paphos**, dominé par les mosaïques des maisons de Dionysos, Thésée et Aiôn, méritent la visite.
Dans la zone turque, deux sites s'imposent, tous deux au sud du port de Kyrenia : le **château de Saint-Hilarion** (les Byzantins s'y protégèrent de Richard Cœur de Lion) et l'**abbaye de Bellapaïse** (ordre des prémontrés). A un degré moindre : Famagouste, sa partie médiévale entourée de remparts et ses monuments gothiques (cathédrale Saint-Nicolas, transformée en mosquée), ainsi que Salamine, cité détruite au VIIe siècle. ■

LES CONSEILS GEO

▶ Les plus

Un des meilleurs climats de la Méditerranée, réputé sain et doté d'un long ensoleillement.
Une mer peu profonde, propice à des vacances familiales.
L'assouplissement de la «Ligne verte» à Nicosie.

▶ Les moins

Un voyage vers l'intérieur de l'île trop souvent négligé.
La relative rareté des plages de sable.
Les conséquences de la partition entre communautés grecque et turque, même si l'avenir proche suscite l'optimisme.
Pour ceux qui ne peuvent s'en passer, un manque d'hôtels-clubs francophones.

▶ Les précautions

Peu de risques, ne pas s'imaginer que la partie nord est inaccessible ou dangereuse. Depuis 2004, au contraire, il est facile au touriste de passer du sud au nord et inversement, particulièrement à Nicosie, où la simple présentation du passeport suffit.

▶ Les tendances

Partir en randonnée – facile – pour gagner le mont Olympe, dans le massif du Troodos, est un plaisir d'autant plus fort que les touristes se massent sur les plages et oublient les belles montagnes de l'intérieur.

QUAND PARTIR ?

	Côtes	Intérieur
Janvier		☼
Février		☼
Mars		
Avril		☼
Mai	☼	☼
Juin	☼	☼
Juillet	☼	☼
Août	☼	☼
Septembre	☼	☼
Octobre	☼	
Novembre		
Décembre		

QUE VOIR, QUE FAIRE EN COREE DU SUD ?

Les paysages

- Montagnes de Taebaek Sanmaek (randonnées, ski)
- Parcs nationaux (Soraksan, chenal de Hallyo)
- Cheju

Les villes et les monuments

- Temples et effigies bouddhiques, Kyongju, Séoul, Puyo

Les côtes

- Plages des côtes est et ouest, Cheju

Le «pays du matin clair» demeure une destination touristique moyennement courue. Il possède pourtant de solides arguments : témoignages du bouddhisme, vestiges des époques royales, sites balnéaires, paysages de moyenne montagne.

Corée du Sud

Les paysages

Sur la côte est, les montagnes (Taebaek Sanmaek) «plongent» dans la mer, embellissant le paysage et invitant à la randonnée. Le ski est également d'actualité, avec les stations de la vallée de Yongp'yong.

Les parcs nationaux sont en nombre : les plus connus sont **Soraksan**, propice aux randonnées, et, près de Pusan, le parc du **chenal de Hallyo** et ses îlots. La floraison du printemps coréen est très réputée : l'exemple le plus remarquable en est offert par

LE CARNET DE VOYAGE

Les premiers contacts
Office national du tourisme coréen, Tour Maine-Montparnasse, 33, av. du Maine, 75755 Paris Cedex 15, tél. 01.45.38.71.23. Internet : french.tour2korea.com/index.asp

Les formalités
Pour les ressortissants de l'Union européenne, canadiens, suisses : passeport suffisant (valable encore six mois après le retour). Le billet de retour ou de continuation peut être exigé.

La santé
Aucune vaccination n'est exigée. Risque très limité de paludisme dans le nord de la province de Kyungggi Do.

Le voyage, le décalage
Durée moyenne du vol Paris-Séoul (9000 km) : 11 heures. Lorsqu'il est midi en France, en Corée du Sud il est 19 heures en été et 20 heures en hiver.

Le coût moyen d'un séjour
Au moins 2500 € pour une douzaine de jours et 3000 € pour un combiné Japon-Corée, package souvent proposé.

Les langues, la monnaie
Langue officielle : le coréen. Langue étrangère : l'anglais. **Monnaie :** Le won. 1 USD = 925 wons. 1 € = 1267 wons.

La population
Densité record : 449 h/m². La majorité des 49044800 habitants, dont près du quart vivent dans l'agglomération de Séoul, est issue de groupes ethniques venus d'Asie centrale.
Capitale : Séoul.

Les religions
Bouddhisme et protestantisme prédominent. Minorités de catholiques et de confucianistes.

Les fêtes
Nouvel An lunaire ; **avril :** Festival des cerisiers en fleur au mont Maisan ; **1er mai :** fête de la Nativité de Bouddha ; **à partir du 5e jour du 5e mois lunaire :** Festival «Dano» de Gangneung) ; **17 juillet :** fête de la Constitution ; **octobre :** fête des Récoltes (chusok) ; Festival en l'honneur de la dynastie Shilla à Kyongju.

Les achats
On pourra acheter des vêtements, des produits électroniques, des bijoux en or ou en argent.

Dès que la montagne est là, comme ici à Naksan, Bouddha apparaît, taillé à même la roche.

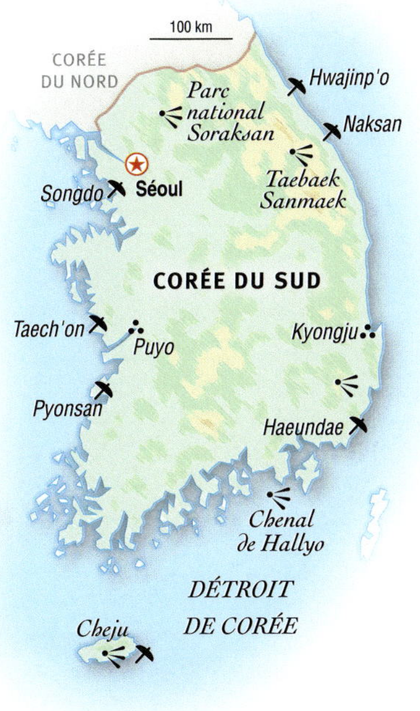

LES CONSEILS GEO

▶ Les plus

Un registre touristique varié et d'excellentes structures.
La possibilité d'achats intéressants dans les domaines vestimentaire et électronique.

▶ Les moins

Le niveau élevé du coût du voyage accompagné.
Un calendrier estival perturbé par les pluies de mousson.

▶ Les tendances

Aller voir la brève mais bellissime floraison des cerisiers dans la région de Pusan au printemps est, comme au Japon, devenu un coup de cœur à la mode lorsqu'on peut ne pas être trop regardant sur le coût élevé d'un tel voyage.

les cerisiers de la région de Pusan. Au sud, l'**île de Cheju** (Jeju), l'«île des Dieux», est la favorite des Sud-Coréens et surtout des jeunes couples qui s'y rendent en voyage de noces pour ses plages, certes, mais aussi pour ses multiples cratères dominés par le mont Halla, qu'il est possible de gravir.

Les villes et les monuments

Les temples et les effigies en l'honneur de Bouddha sont très nombreux: temple de Popchusa et son bouddha de 17 m de haut, temple de Kwanch'oksa et son plus grand bouddha de pierre de l'Orient, temple de Sanbangguesa à Cheju, temple de Tonghwa-sa, temple très ancien de Hwaom, temple de Haiensa, non loin du mont Songni, renfermant des dizaines de milliers de tablettes d'écrits bouddhiques (Tripitaka koreana), temple de Songqwongsa, le plus important des quarante temples ouverts aux étrangers qui désirent s'initier à la culture bouddhiste traditionnelle ou la découvrir.
Parmi les villes «à vestiges», **Kyongju**, ancienne capitale royale, est la plus riche architecturalement: tombes royales, observatoire, vestiges de pagodes carrées, bouddhas en pierre, terrasses du monastère Pulkuk-sa, bouddha taillé dans un bloc de granit blanc de la grotte de Sokkuram. La pagode en pierre à cinq étages du VIe siècle édifiée à **Puyo** est un exemple rare de ce genre de construction. **Séoul**, ancienne capitale de la dynastie des Li, en a gardé les traces à travers ses palais (Kyongbok, Changdok, Toksu), aujourd'hui transformés en musées. La capitale sud-coréenne, également riche de sanctuaires (Jongmyo), de temples (Jogyesa), de marchés traditionnels et d'un Musée national avec des collections de céramiques et de sculptures bouddhiques, n'oublie pas néanmoins le présent: ainsi les quartiers voués au shopping se multiplient, et le parc olympique est devenu l'un des principaux lieux à visiter de la ville.

QUAND PARTIR ?

	Intérieur	Côtes
Janvier	☼	☼
Février	☼	
Mars	☼	
Avril		
Mai		
Juin		☼
Juillet		☼
Août		☼
Septembre	☼	☼
Octobre	☼	☼
Novembre	☼	
Décembre	☼	

Les côtes

Les plages ne doivent pas constituer l'unique raison d'un voyage en Corée du Sud. Elles n'en sont pas moins belles et relativement nombreuses, sur la côte est (Hwajinp'o, Naksan, Kuongp'odae, Haeundae) comme sur la côte ouest (Songdo, Mallip'o, Taech'on, Pyonsan). Celles de l'île de Cheju, dont surtout Jungmun, connaissent un boom touristique. ■

Avec le Poas et l'Irazú, le volcan Arenal constitue l'épine dorsale du Costa Rica et fait la joie des randonneurs.

La «côte riche», ainsi baptisée par Christophe Colomb, est devenue un pays de fort tourisme grâce, entre autres, à la mise en place d'un écotourisme intelligent dans sa trentaine de parcs nationaux.

Costa Rica

LE CARNET DE VOYAGE

Les premiers contacts
Ambassade, 78, av. Emile-Zola, 75015 Paris, 01.45.78.96.96. Internet: www.visitcostarica.com

Les formalités
Pour les ressortissants de l'Union européenne et suisses: passeport suffisant pour un séjour inférieur à un mois, valable encore six mois après le retour. Penser au passeport biométrique si le vol transite par les Etats-Unis.

La santé
Aucune vaccination obligatoire. Prévention recommandée contre le risque (modéré) de paludisme dans certains cantons à basse altitude.

Le voyage, le décalage
Durée moyenne du vol Paris-San José (pas de vol direct, escale à Miami le plus souvent): 13 heures. Lorsqu'il est midi en France, au Costa Rica il est 4 heures en été et 5 heures en hiver.

Le coût moyen d'un séjour
Le vol A/R, l'hébergement et la location d'une voiture reviennent à environ 1500 € pour 10 jours. Location possible avec ou sans chauffeur. Un circuit accompagné de 15 jours se situe aux alentours de 2000 €.

Les langues, la monnaie
Langue officielle: l'espagnol. L'anglais est assez répandu.
Monnaie: le colón (pluriel: colones).
1 USD = 529 colones, 1 € = 725 colones.

La population
Les Blancs constituent la très large majorité (85%) des «Ticos», population chaleureuse de 4133900 habitants. Minorités de métis, de mulâtres et de Chinois.
Capitale: San José.

Les religions
Le catholicisme (88% de la population) est religion d'Etat. Minorité protestante.

Les fêtes
Avril: Semaine sainte (importantes processions);
12 octobre: Jour de l'indépendance;
octobre: carnaval de Puerto Limon.

Les achats
Les objets en bois, en cuir, en osier, le hamac... et un café haut de gamme sont autant de produits à acheter.

QUE VOIR, QUE FAIRE AU COSTA RICA?

Les paysages, les randonnées, la faune

- Flore (forêts pluviales, observation de la canopée)
- Faune (iguanes, caïmans, quetzals, jaguars), volcans (Arenal, Poas, Irazú)
- Randonnées pédestres, rafting

Les côtes

- Plages atlantiques (Tortuguero) et pacifiques (péninsule de Nicoya)
- Plongée (Isla del Coco)

Les paysages, les randonnées, la faune

Trente-trois parcs nationaux sont autant de lieux où le visiteur peut découvrir une jungle, une faune et une flore d'une telle richesse que le Costa Rica est devenu un laboratoire, sinon le précurseur, de l'écotourisme. Les autorités, très soucieuses d'écologie – le quart de la superficie du pays est considéré comme zone protégée –, en ont fait leur credo, symbolisé par l'Institut national de la biodiversité de San José.

L'axe central, qui voit se succéder des forêts pluviales (Monte Verde), des forêts «rabougries» et des cordillères (Guanacaste, Cordillère centrale, cordillère de Talamanca, parc national La Amistad), est propice aux randonnées, à pied comme à cheval, parfois avec des moyens pittoresques.

Iguanes, caïmans et oiseaux (dont le quetzal) peuplent le parc national de **Santa Rosa**, sur la côte du Pacifique, où les tortues luths viennent déposer leurs œufs. Pendant ce temps, les quetzals se cachent dans la région de Monte Verde. Le parc national du **Corcovado**, dans l'hostile péninsule de Osa, abrite des centaines d'espèces d'oiseaux, des alligators, des reptiles, des jaguars et des anacondas: frissons garantis! Autour du village de **Tortuguero**, dans le parc national du même nom, une jungle épaisse cache des crocodiles et des singes hurleurs. La faune du Costa Rica renferme d'autres espèces (colibris, perroquets, grenouilles rouges, tapirs).

En outre, il est possible d'accéder à des volcans en activité tels que l'**Arenal**, le **Poas** et surtout l'**Irazú** : son ascension est facile, et il est le seul sommet du continent américain permettant d'apercevoir à la fois l'Atlantique et le Pacifique.

Une expérience unique consiste à emprunter la voie ferrée qui relie Puerto Limón à Puntarenas. On passe de la côte atlantique à la côte pacifique après une traversée de la jungle et de la Cordillère centrale. On peut également descendre des rivières en raft (notamment río Corobici, río Pacuare, río Chirripó).

Les côtes

Les rivages du Costa Rica ne sont pas souvent cités comme appartenant à l'éden balnéaire de la mer des Antilles alors que, géographiquement et esthétiquement, ils en font de toute évidence partie.

Les plages de la **côte atlantique**, bordées de palmiers et bénéficiant de l'agrément de récifs coralliens, sont plutôt arrosées. Le village de Tortuguero, auquel on n'accède que par bateau ou avion, en apparaît comme le site le plus attachant, avec en prime la possibilité d'observer la ponte d'une espèce rare, celle des tortues vertes, surtout en été.

Les **côtes du Pacifique** attirent beaucoup plus de monde. Les plages sont nombreuses au sud de Puntarenas et autour de la péninsule de Nicoya (Tamarindo), mais les vagues sont parfois très fortes. Quant au golfe de Papagayo, il est promis au développement des loisirs balnéaires (plongée, pêche, surf).

Les plongeurs prennent le bateau pour se rendre à des dizaines de kilomètres de la côte sud, aux alentours de l'**Isla del Coco** : ils y découvrent alors des marlins, des raies, des requins-baleines, des tortues de mer, ces dernières particulièrement au moment de la ponte. ■

QUAND PARTIR ?

	Vallée centrale	Côte du Pacifique	Nature et photos
Janvier	☼	☼	
Février	☼	☼	
Mars	☼	☼	
Avril	☼	☼	
Mai			⋞
Juin			⋞
Juillet			⋞
Août			⋞
Septembre			⋞
Octobre			⋞
Novembre			⋞
Décembre	☼		

LES CONSEILS GEO

▶ Les plus

La qualité des parcs nationaux et un pays qui compte parmi les grands vecteurs mondiaux de l'écotourisme. Une longue tradition de paix (il n'y a pas d'armée) et de stabilité politique qui rassure pleinement le candidat au voyage.

▶ Les moins

Très peu d'alternatives touristiques en dehors de la nature et des plages.

▶ Les précautions

Le Costa Rica est considéré comme un pays sûr. Quelques risques de vol si l'on choisit de voyager à bord d'une voiture de location.

▶ Les tendances

Le Costa Rica est une destination très prisée par ceux qui ont la fibre écologique ou qui souhaitent faire rêver leurs enfants, par exemple sur les ponts de singe suspendus en haut des arbres pour observer la faune avicole de la canopée : tout un programme, très branché !

La Croatie confirme de façon spectaculaire son retour en grâce après des années de conflit puis de doutes. Si le tourisme balnéaire de masse est en train de s'étendre et si la beauté des îles dalmates fait se multiplier les locations de bateaux ainsi que les croisières, on aura intérêt à varier les plaisirs : l'architecture des grandes villes côtières et les somptueux lacs de Plitvice le permettent largement.

La petite station de Rovinj, sur la côte ouest de l'Istrie, est une valeur sûre.

Croatie

Les côtes

Les 1700 km de côtes d'Istrie et de Dalmatie (sur les 5835 km que compte en tout la «Riviera croate») sont bordés par une lisière rocheuse, des pinèdes, des criques, des golfes et des baies, avec les Alpes dinariques en toile de fond. Cela offre à ce long littoral fortement découpé et flanqué de mille deux cents îles ou îlots, dont moins de cent sont habités, une beauté certaine.

Les côtes croates sont une source infinie d'escapades sous des formes diverses : voilier, avec ou sans skipper, cabotage en goélette.

En **Dalmatie**, les abords de la ville de Dubrovnik remportaient la palme touristique de la côte avant le conflit et retrouvent, par exemple à Makarska, leur image passée.

Autres sites côtiers de renom, non seulement pour leur agrément balnéaire mais aussi pour leur valeur architecturale : ceux des îles de Brac, Cres, Hvar, Korčula, Krk, Lošinj ou Mljet, cette dernière étant devenue un parc national.

LE CARNET DE VOYAGE

Les premiers contacts
Office central croate de tourisme, 48, av. Victor-Hugo, 75116 Paris, 01.45.00.99.55.
Internet : www.ot-croatie.com

Les formalités
Carte nationale d'identité ou passeport.

La santé
Aucun problème.

Le voyage, le décalage
Dubrovnik, Split : les vols à bas prix sont de plus en plus nombreux. Train de nuit Paris/Gare de Lyon-Milan-Zagreb.
Il existe aussi un Paris-Munich-Zadar.
Route : via Milan et Trieste en venant du sud, via Munich et Ljubljana en venant
du nord. A partir de l'Italie, possibilité d'embarquer la voiture sur un car-ferry : à Ancône pour Split, Zadar et Dubrovnik ; à Pescara pour l'île de Hvar et Split.
Pas de décalage horaire.

Le coût moyen d'un séjour
700 € pour une semaine en bord de mer en haute saison, comprenant le vol A/R et la demi-pension. Entre 1000 et 1200 € la semaine en bateau ou en randonnée.

Les langues, la monnaie
Langue officielle : serbo-croate. Langues étrangères : l'allemand, loin devant l'italien ; l'anglais et le français sont peu connus. **Monnaie :** la kuna.
L'euro est le bienvenu.
1 € = 7,32 kunas.

La population
4493000 habitants.
Les Serbes (12 % de la population avant la guerre) ne seraient plus que 150000. Le pays compte de nombreux réfugiés bosniaques.
Capitale : Zagreb.

Les religions
Au tournant du deuxième millénaire, l'Eglise croate a choisi le rite latin au détriment du rite slave et oriental, situation qui se vérifie encore aujourd'hui.

Les fêtes
Février : carnaval de Rijeka ; **juin :** «Vino Forum» sur l'île de Krk (seconde partie en septembre) ; **juillet :** Festival de danses folkloriques à Zagreb, Festival d'été à Dubrovnik (musique classique, art dramatique) ; **5 août :** Jour de la reconnaissance nationale.

Les achats
Des broderies, des objets en cristal... et de très réputés alcools de fruits.

QUE VOIR EN CROATIE ?

Les côtes

- Istrie (Opatija, Porec, Pula, Rovinj, Umag)
- Dalmatie (Dubrovnik, îles de Brac, Cres, Hvar, Korčula, Krk, Lošinj, Mljet)

Les villes et les monuments

- Dubrovnik, Pula, Sibenik, Split, Trogir, Zadar, Zagreb

Les paysages

- Alpes dinariques
- Lacs de Plitvice

La côte ouest de l'**Istrie** comprend des villages côtiers qui sont des rendez-vous balnéaires un peu oubliés par les touristes francophones : Porec, Rovinj, Umag. Les alentours de Pula et, sur la côte est, la station d'Opatija, qui vit séjourner la haute société austro-hongroise, sont également très fréquentés.

Les villes et les monuments

Dubrovnik, à laquelle l'aide de l'Unesco a rendu son vrai visage après les bombardements de 1991, a, aujourd'hui, retrouvé ses touristes et son Festival d'été (théâtre, danse, musique classique, jazz).

Outre son site fortifié, Dubrovnik a bâti sa réputation sur sa richesse historique : fondée par les anciens habitants d'Epidaure en fuite et baptisée Raguse, elle est entourée de remparts et a bénéficié progressivement d'un apport architectural roman, gothique, Renaissance (église Saint-Sauveur, palais Sponza) et baroque (maisons à arcades et pavage de marbre du Stradun, cathédrale, église des Jésuites).

Les Romains ont légué un amphithéâtre très bien conservé à **Pula**, alors que la Renaissance a laissé de belles traces à **Sibenik** et que l'intérieur des murs du palais de Dioclétien, à **Split**, fait aujourd'hui l'objet d'une intense animation. **Zadar** possède des églises médiévales (Saint-Donat) et des restes de fortifications romaines et vénitiennes.

Trogir, qui garde les marques de son passé grec puis vénitien, offre les sculptures de ses églises et un tracé pittoresque que l'on retrouve souvent dans les petits ports de Dalmatie mais aussi d'Istrie. Dominé par sa cathédrale néogothique et par son pavillon des Arts, parsemé de monuments à l'architecture baroque, **Zagreb** est également riche de galeries (galerie de l'Art naïf, d'Art moderne) et de musées (Musée archéologique, musée des Arts décoratifs).

Les paysages

Les poljés (vastes dépressions fermées) des **Alpes dinariques** sont à l'origine de paysages étonnants, parfois grandioses, où des montagnes à la végétation éparse entourent de larges plaines.

Toutefois, ce sont les **lacs de Plitvice** qui laissent le plus fort souvenir : seize lacs aux eaux transparentes sont reliés entre eux par des chutes nées de barrages naturels et des dizaines de cascades ravissent le randonneur. ■

QUAND PARTIR ?

	Côtes et îles	Intérieur
Janvier		
Février		
Mars		
Avril		
Mai	☼	☼
Juin	☼	☼
Juillet	☼	☼
Août	☼	☼
Septembre	☼	☼
Octobre	☼	
Novembre		
Décembre		

LES CONSEILS GEO

▶ Les plus

L'ensemble côtes/monuments/paysages de loin le plus intéressant de l'ex-Yougoslavie.

Un tourisme qui retrouve à grande vitesse son passé, aidé par la rénovation des équipements et la mise en place de vols charters.

▶ Les moins

La rareté des plages de sable sur la longue côte adriatique (galets).

Une augmentation sensible et récente du coût de la vie touristique.

▶ Les précautions

Le voyageur qui vient avec sa propre voiture ou prend une voiture de location doit éviter de s'écarter des routes principales et des chemins balisés (risques de mines). Pour le reste, pas de problème notable de sécurité.

▶ Les tendances

La location d'un bateau (caïque, voilier) destiné à voguer entre les îles dalmates est en plein essor au sein de la cinquantaine de marinas existantes.

Autre tendance : élaborer son séjour à Dubrovnik en incluant un saut à Mostar, en Bosnie-Herzégovine, ou vers les bouches de Kotor, au Monténégro.

Cuba

Voilà bien des années que Cuba a décidé de relancer le tourisme pour rattraper les devises et le temps perdus. Il table sur des centaines de kilomètres de côtes, sur des paysages de montagne propices à des randonnées, sur des traditions vivaces comme la salsa, sur l'accueil éclairé de la population, sur l'image éculée du Cubain cigare aux lèvres accoudé à une vieille voiture américaine et sur des vestiges coloniaux.

QUE VOIR, QUE FAIRE A CUBA ?

Les côtes
- Plages de la mer des Antilles (Varadero, cayo Largo, cayo Coco, Guardalavaca)
- Croisières

Les villes
- Eglises baroques, cathédrales et maisons coloniales (Trinidad, La Havane, Santiago de Cuba, Cienfuegos, Sancti Spiritus, Baracoa), mausolée de Che Guevara à Santa Clara

Le patrimoine culturel
- Carnaval, salsa, cigares

Les paysages
- Oriente (sierra Maestra, sierra del Escambray)
- Sierra de los Organos, vallée de Viñales

Eglises baroques, bâtiments coloniaux et couleurs exceptionnelles font de Trinidad la ville la plus recherchée de Cuba après La Havane.

Les côtes

Loin de constituer l'aspect le plus intéressant d'un voyage à Cuba, les plages en sont néanmoins, et de loin, le principal vecteur. Elles répondent à l'image caraïbe : longues, en pente douce, dotées d'un sable blond et fin, propices à la planche à voile, à la voile, à la plongée.

Ceux qui visitent l'île pour des raisons autres ne pourront se satisfaire de l'aspect «ghetto chic» qui prédomine sur les sites balnéaires de la côte nord et de l'archipel de Sabana. En premier lieu, **Varadero**, langue de sable étirée sur 15 km, bordée de palmiers et de flamboyants, mais aussi les «cayos» que sont cayo Levisa, cayo Las Brujas, cayo Guillermo, cayo Coco, jusqu'à Guardalavaca. Les cayos du Nord-Ouest (dont cayo Jutias) sont du même acabit, très beaux et très bien équipés.

La côte sud est moins fournie en sites, excepté au sud-est (playa Las Coloradas, playa Siboney). Les possibilités de plongée sous-marine ne sont pas rares, par exemple aux abords de la côte sud et de l'île des Pins, tandis que la voile et la pêche au gros sont

des activités courantes. De La Havane partent de plus en plus de croisières. Les plus classiques passent par Grand Cayman et la Jamaïque avant de revenir dans la capitale cubaine.

Les villes

Il y a plusieurs **Havane** en une seule. La plus classique – et la plus touristique – en est le cœur historique, La Habana Vieja, classé au Patrimoine mondial de l'humanité, avec, au premier chef, la place de la Cathédrale, la place d'Armes et la place Saint-François-d'Assise. Palais, maisons à balcon, musées, églises, y sont un véritable ravissement.

Mais il faudra savoir quitter La Habana Vieja pour, via le Parque Central, parcourir Centro Habana, le quartier qui paraît le plus abîmé mais aux monuments emblématiques (Capitole, Grand Théâtre). Ensuite il sera temps d'entamer la sacro-sainte promenade sur le front de mer, le romantique Malecón et ses demeures baroques souvent dégradées, avant de découvrir le moderne Vedado, ses avenues (Paseo, Los Presidentes) et l'immense place de la Révolution, où ceux qui auront eu la chance d'entendre un discours fleuve de Castro le 1er mai auront l'impression de connaître un moment d'histoire.

Le seul risque que court La Havane actuellement est de se voir trop «reliftée» pour cause d'un tourisme de masse qui a déjà entraîné l'apparition d'un chapelet de restaurants et de cafés dans La Habana Vieja mais aussi, élément plus positif, l'ouverture de musées tel que le musée d'Art et d'Ethnographie précoloniale.

A quelques kilomètres à l'est de La Havane se trouvent «la Finca la Vigia», lieu où vécut et écrivit Hemingway, et le petit port de Cojimar, creuset du *Vieil Homme et la mer* et dont l'écrivain aventurier aimait le restaurant Las Terrazas.

Classée au Patrimoine mondial de l'humanité, **Trinidad** est considérée comme l'une des villes coloniales les plus intéressantes des Caraïbes grâce

Les vieilles voitures américaines, ici au pied du Capitole, sont une image désormais emblématique de La Havane.

LE CARNET DE VOYAGE

Les premiers contacts
Office du tourisme, 280, bd Raspail, 75014 Paris, 01.45.38.90.10. Internet: www.cubatourisme.fr

Les formalités
Passeport valable encore six mois après la date du retour. Obligation d'acquérir une carte de tourisme (payante) délivrée par le consulat, par le voyagiste choisi ou, depuis peu, sur place.

La santé
Pas de problème majeur, aucune vaccination n'est requise. Au pire, il suffit de se rappeler que la médecine cubaine est haut de gamme.

Le voyage, le décalage
Durée moyenne du vol Paris-La Havane (7636 km): 10 heures. Il existe des vols charters pour Santiago, Holguin et cayo Coco. Lorsqu'il est midi en France, à Cuba il est 6 heures, en été comme en hiver.

Le coût moyen d'un séjour
En basse saison, une semaine balnéaire à Varadero peut revenir à 800 € en «all inclusive». Pour l'intérieur de l'île, le vol A/R, la location de voiture et l'hôtel réservé à l'étape coûtent autour de 1300 € la semaine.

Les langues, la monnaie
Langue officielle: l'espagnol. Langues étrangères: le français n'est pas inconnu, l'anglais peu apprécié.
Monnaie: il existe un «peso cubain», non convertible, mais le visiteur doit utiliser le «peso convertible» (CUC), équivalent de l'US dollar. 1€ = 1,26 CUC. Depuis fin 2004, l'USD a été mis en quarantaine et l'euro doit lui être préféré. Les chèques de voyage et les cartes de crédit émis par de grandes banques états-uniennes ne sont pas acceptés.

La population
Sur les 11394000 habitants, plus de deux millions vivent à La Havane, la capitale. Répartition de la population: 66% de Blancs, 22% de mulâtres et 12% de Noirs. Depuis 1958, un million de personnes ont quitté le pays pour des raisons politiques.

Les religions
40% de catholiques, minorité de protestants et d'adeptes de cultes afro-cubains. Un Cubain sur deux ne se réclame d'aucune religion.

Les fêtes
Mai: Festival de folklore à La Havane; **juillet:** carnavals de La Havane et de Santiago; **décembre:** Festival de cinéma latino-américain et Festival de jazz à La Havane.

Les achats
Le rhum (particulièrement le Habana Club Añejo 7 años) et les cigares (Cohiba, Montecristo) sont de grandes tentations. Egalement sculptures sur bois et... portraits du Che sous toutes ses facettes.

à ses églises baroques, ses maisons basses aux couleurs tendres et ses patios bâtis sur le modèle andalou.
Santiago de Cuba, l'ancienne capitale, offre sa baie, son château-forteresse (San Pedro del Morro), sa cathédrale, ses églises et sa passion de la salsa.
Cienfuegos, la «perle du Sud», récemment placée sur la liste du patrimoine mondial de l'humanité, mêle son triple passé architectural français (balcons en fer forgé du centre historique), espagnol (palais Ferrer) et italien (théâtre Terry, palacio de Valle). D'autre part, son jardin botanique renferme pas moins de deux mille espèces.
Dans le Centre, **Sancti Spiritus** vaut par l'atmosphère de sa vieille ville. A **Baracoa**, à l'extrême est de l'île, la pluie et le label de première ville espagnole du Nouveau Monde font bon ménage. Quant au mythe de Che Guevara, il est désormais entretenu à **Santa Clara**, où une statue et un mausolée, un rien pompeux, lui sont consacrés.

Le patrimoine culturel

Seuls Cuba et Porto Rico sont en droit de revendiquer l'origine de la salsa, baptisée jazz afro-cubain avant les années 1960. C'est elle que l'on entend le soir à des adresses de Centro Habana ou du Vedado, mais aussi en plein air, sur la place de villes comme Trinidad. C'est elle aussi qui fait l'originalité du carnaval cubain, dont le meilleur exemple est fourni par Santiago de Cuba, au mois de juillet.
Autre tradition : le cigare (puro), issu de fabriques de havanes que l'on peut visiter, particulièrement celles de Pinar del Río.

Les paysages

Les sierras (chaînes de montagnes) sont à l'origine d'un tourisme de l'intérieur trop longtemps négligé mais aujourd'hui en plein développement, entre autres par la programmation de randonnées pédestres, surtout à l'est (Oriente), où la **sierra Maestra** surplombe Santiago de Cuba.
Au centre, une fort jolie route partie de Trinidad traverse la **sierra del Escambray**, ses escarpements, ses lacs et ses caféiers jusqu'à Santa Clara. A l'ouest, la **sierra de los Organos**, entre La Havane et Pinar del Río, est non seulement considérée comme la plus belle (**vallée de Viñales**), mais elle débouche également sur les plantations de tabac les plus réputées de l'île (récolte de janvier à mars). ■

La musique traditionnelle et les bars cubains sont très souvent inséparables.

QUAND PARTIR ?

	Climat	Fêtes à La Havane
Janvier	☼	
Février	☼	
Mars	☼	
Avril	☼	
Mai		✶
Juin		
Juillet		✶
Août		
Septembre		
Octobre		
Novembre		✶
Décembre	☼	✶

LES CONSEILS GEO

▶ Les plus

Le dynamisme du tourisme, dont Cuba a choisi de faire un atout économique essentiel après la perte du parapluie soviétique.
Un des plus riches patrimoines historiques des Antilles.

▶ Les moins

Un coût de la vie touristique plus élevé qu'il n'y paraît.
Le clivage géographique, économique et humain entre visiteurs et population locale sur certains lieux touristiques.
Une saison climatique peu favorable entre juin et octobre.

▶ Les précautions

Le pays est l'un des plus sûrs de la région caraïbe. On déplore peu de vols, en tout cas aussi longtemps que le touriste occidental n'exhibe pas stupidement sa richesse.

▶ Les tendances

Quittons un peu la salsa et le mojito, troquons-les pour un lever de soleil sur la vallée de Viñales : c'est l'autre enchantement cubain, mais il faut se dépêcher d'y aller et surtout ne pas le répéter…

Les maisons colorées et sagement alignées du port de Nyhavn, à Copenhague, sont les seules à rivaliser avec la Petite Sirène.

Danemark

Face à ses concurrents du nord, le Danemark ne peut donner le change malgré ses presque cinq cents îles. Mais il mérite bien mieux que sa discrète réputation car il met en harmonie de jolies villes, des musées de renom, des falaises, des dunes et une nature douce.

LE CARNET DE VOYAGE

Les premiers contacts
Conseil du tourisme (non accessible au public), 01.42.56.18.72, paris@dt.dk
Internet: www.visitdenmark.com

Les formalités
Carte nationale d'identité ou passeport pour les autres ressortissants de l'Union européenne. Passeport valide pour les Canadiens.

La santé
Aucun problème.

Le voyage, le décalage
Paris ou Bruxelles-Copenhague A/R: 100 à 150 € (compagnies à bas prix). Durée moyenne du vol Paris-Copenhague: 1h45. Voiture: Paris-Bruxelles-Copenhague: environ 1200 km via Hambourg. La traversée en ferry de l'Allemagne (Puttgarden) à Copenhague augmente le temps du trajet d'environ une heure. Pas de décalage horaire.

Le coût moyen d'un séjour
Environ 300 € pour un week-end 3 jours/2 nuits à Copenhague (vol et hébergement).

Les langues, la monnaie
Langue officielle: le danois. Langues étrangères: anglais surtout, allemand souvent. **Monnaie:** la couronne danoise (krone). 1 € = 7,45 couronnes danoises.

La population
Descendants directs des Vikings, les Danois sont aujourd'hui 5468000, une densité de population non négligeable. **Capitale:** Copenhague.

Les religions
Neuf Danois sur dix sont luthériens.

Les fêtes
Février: «Fastelavn», carnaval (lundi qui précède le Mardi gras); **23 et 24 juin:** fêtes de la Saint-Jean; **13 décembre:** Sainte-Lucie.

Les achats
Parmi les productions locales, l'ambre de la Baltique côtoie la porcelaine, le cristal, les bijoux vikings.

QUE VOIR, QUE FAIRE AU DANEMARK ?

Les villes et les monuments

- Copenhague, Århus, Ålborg, Odense, Ribe
- Helsingør (château de Kronborg), Hillerød (château de Frederiksborg), Billund (Legoland)

Les paysages et les côtes

- Lacs, forêts, dunes, falaises, plages, pêche

Les villes et les monuments

Découverte par une belle journée d'été, **Copenhague** apparaît comme l'une des villes les plus jeunes et les plus souriantes d'Europe. Elle conduit son visiteur vers d'autres images que celles, certes élégantes et incontournables, de la Petite Sirène et des maisons colorées de Nyhavn, l'ancien quartier de pêcheurs.

Si le site de Christiania, qui fut à l'avant-garde sociale dans les années 1970, semble rechercher son passé, les rues centrales du Quartier latin et du Strøget sont très animées, comme le quartier branché Vesterbro, ou le Tivoli, vénérable parc d'attractions depuis plus de cent cinquante ans.

Copenhague est également riche des canaux de Christianhavn (à parcourir en bateau-mouche), du château de Rosenborg, des palais de la place Amalienborg et d'importants musées : Glyptotek, musée des Beaux-Arts, Musée national, villa d'Ordrupgaard. A voir aussi : le nouveau Dansk Design Center et le Carlsberg Visitors Centre. A une trentaine de kilomètres au nord est établi le Louisiana, important musée d'art moderne.

Sa vieille ville, sa cathédrale (1201) et son musée préhistorique font d'**Århus** un site à voir. Plus au nord, **Ålborg** vaut par ses quartiers anciens, son musée des Beaux-Arts et, à quelques kilomètres, par un important cimetière viking. **Odense** est réputée pour le retable et les tombeaux royaux de l'église Saint-Knud, ainsi que pour la maison d'Andersen. A **Ribe**, l'une des plus vieilles villes du pays, on s'attardera sur les sculptures de la cathédrale romane et gothique (XIIe siècle).

La plupart des châteaux datent des XVIe et XVIIe siècles. Les plus connus sont ceux de **Frederiksborg**, près d'Hillerød, et de **Kronborg**, à Helsingør, où Shakespeare a situé l'action d'*Hamlet*.

A l'ouest de Copenhague, **Roskilde**, ancienne capitale, possède une cathédrale romane et gothique ainsi qu'un musée de bateaux vikings.

L'un des lieux les plus fréquentés est un site fait... de petits éléments de plastique disséminés dans un parc d'attractions pour enfants, le **Legoland**, installé à Billund (Jutland).

Les paysages et les côtes

Le voyageur doit s'attendre à découvrir des horizons dégagés, conséquence d'une platitude quasi générale et parfois monotone, coupés néanmoins par des lacs et des forêts. Cela ne doit pas faire oublier les atouts de certaines côtes. Pour le Jutland : longs rivages du Skagerrak, réserve naturelle et ornithologique de Tipperne, région de Skagen, cordon de dunes couvertes de landes à bruyère d'Holmsland Klit, fjord et région de Hobro. Pour l'île de Møn : les falaises de craie de Møns Klint.

Pour ceux que la latitude n'effraie pas, les plages les plus propices à la baignade sont dans l'est du pays : côtes de Fionie, du sud du Seeland, de Lolland et de la petite île de Bornholm, sous la pointe sud de la Suède.

La pêche est une activité très prisée, en eau douce ou en mer. ■

LES CONSEILS GEO

▶ Les plus

Des visites culturelles qui peuvent harmonieusement se combiner avec la découverte des paysages.

▶ Les moins

Une belle saison plutôt brève.
Un coût du séjour plutôt élevé.

▶ Les précautions

Le Danemark est un pays très tranquille, il existe un art de vivre et une tolérance qui ont longtemps été à l'avant-garde en Europe.

▶ Les tendances

Malgré des tarifs très élevés, la visite du Legoland continue de paraître si incontournable pour les parents qu'il existe désormais des vols directs pour le petit bourg de Billund.

QUAND PARTIR ?

	Climat	Legoland
Janvier		
Février		
Mars		
Avril	☼	
Mai	☼	⩤
Juin	☼	⩤
Juillet	☼	
Août	☼	
Septembre	☼	⩤
Octobre		
Novembre		
Décembre		

Egypte

QUE VOIR, QUE FAIRE EN EGYPTE ?

Les monuments

- Pyramides des nécropoles de Gizeh (Kheops, Khephren, Mykerinus), de Saqqarah, du Fayoum, Memphis
- Vestiges de l'ancienne Thèbes : temples de Louxor, Karnak, colosses de Memnon, tombeaux royaux (vallée des Rois, vallée des Reines)
- Temples d'Edfou, Philae, Kom Ombo, Karguèh, temples déplacés de Nubie (Abou-Simbel)
- Monastères (Sainte-Catherine, Saint-Siméon)
- Haut-barrage d'Assouan

Les côtes

- Plages de la mer Rouge et de la Méditerranée, golfe de Suez, golfe d'Aqaba
- Plongée (mer Rouge)

Les villes et villages

- Le Caire, Alexandrie
- Villages nubiens

Les déserts et oasis

- Désert du Sinaï (mont Sainte-Catherine), désert Blanc
- Oasis de Siwa et du désert occidental (Dakhla, Farafra, Kharguèh)

Si le casanier impénitent veut faire une seule entorse à ses habitudes, il devra placer l'Egypte parmi les premiers pays de son choix. Il y trouvera un extraordinaire livre d'histoire en grandeur nature. Au cours de la dernière décennie, une autre Egypte a pris beaucoup d'ampleur, celle des sites balnéaires et de plongée de la mer Rouge. Le troisième volet est désertique avec le désert Blanc, les oasis et le Sinaï.

Les monuments

Les abords du Nil, du Caire à Assouan, ressemblent à un livre d'histoire que l'on découvre aujourd'hui sous la forme de croisières en tout genre, le «fleuve-Dieu» recevant des navires de luxe ou des voiliers au côté de ses traditionnelles felouques et de ses dahabiehs.

Dans la grande banlieue du Caire, la nécropole de **Gizeh**, composée des trois pyramides des pharaons Kheops, Khephren et Mykerinus, gardées par le **Sphinx**, constitue le trésor touristique de l'Egypte, voire du patrimoine architectural mondial. Néanmoins, le colosse de Ramsès II et le sphinx de **Memphis**, la nécropole de **Saqqarah** (pyramide à degrés du roi Djoser, Serapeum) et celle du **Fayoum**, avec ses portraits funéraires, ne sauraient être oubliés, pas plus que les temples et sépultures de la **plaine de Tanis**, composante du delta du Nil. Dernière mise au jour, non loin de Saqqarah : le site d'Abou-Seir, composé de pyramides et de temples royaux de la Ve dynastie.

A Abou-Simbel, le temple sauvé des eaux par l'Unesco arbore quatre colosses représentant Ramsès II et témoigne du culte absolu qui lui fut rendu.

La remontée du Nil en felouque permet une approche authentique de l'Egypte.

Deuxième grand trésor archéologique de l'Egypte, les ruines de l'ancienne Thèbes, qui connut son apogée sous le Nouvel Empire, avec les Aménophis et les Thoutmosis. Aujourd'hui, le temple de Louxor et surtout celui de **Karnak** en sont les vestiges les plus connus sur la rive droite du Nil. Sur la rive gauche, Médinet Habou, les colosses de **Memnon**, qui furent l'une des Sept Merveilles du monde, la dizaine de temples de Gournah et le temple d'Hatshepsout à Deir el-Bahari servent de prélude à la **vallée des Rois** et à la **vallée des Reines**. Là se trouvent les tombeaux des souverains du Nouvel Empire. C'est là également que fut découvert le trésor de Toutankhamon en 1922 et que s'est ouvert récemment un musée de Thèbes qui renferme les momies de plusieurs rois guerriers.

En quittant Louxor pour le sud, on croise deux autres temples importants : **Edfou**, consacré au dieu faucon Horus, et **Kom Ombo**, fondé par Thoutmosis III, qui honore à la fois Horus le faucon et Sobek le crocodile. Viennent ensuite, au niveau d'Assouan, les temples de l'**île de Philae**, dédiés au culte d'Isis, et les agréments de l'île Eléphantine (temple de Khnoum, nilomètre).

Au nord d'Assouan, le contraste architectural est offert par le vieux monastère **Saint-Siméon** (VIe siècle), édifié par les Coptes. On retrouve les Coptes avec la nécropole de Bagawat, au nord de l'oasis de **Kharguèh**, site dont le patrimoine est trop méconnu (temples, forts romains).

Le lac Nasser a enseveli la **vallée de Nubie**, mais le travail de déplacement des sites historiques entrepris il y a plus de trente ans par l'Unesco a permis de sauver les temples rupestres de Ramsès II et de Néfertari à **Abou-Simbel**, qui bénéficie désormais d'un accès routier. L'Unesco a également sauvé ce qui pouvait l'être pour d'autres temples et de nombreux trésors architecturaux : Kalabcha, Kertasi,

LE CARNET DE VOYAGE

Les premiers contacts
Bureau du tourisme, 90, av. des Champs-Elysées, 75008 Paris, 01.45.62.94.42.
Centre culturel égyptien, www.culture-egypt.com
www.egypt.travel
www.red-sea.com

Les formalités
Pour les ressortissants de l'Union européenne, passeport valable encore six mois après le retour. Carte d'identité parfois suffisante, bien se renseigner. Pour les Canadiens, passeport nécessaire. Dans tous les cas, un visa est obligatoire, avant le départ auprès de l'ambassade ou à l'arrivée dans le pays. Billet de retour ou de continuation exigible.

La santé
Pas de problème si l'on suit les précautions d'usage. Aucune vaccination n'est obligatoire.

Le voyage, le décalage
Durée moyenne du vol Paris-Le Caire (3210 km) : 4h30 ; Paris-Sharm el-Sheik : 4h45. Vols charters pour Alexandrie, Hourghada, Marsa Alam et Sharm el-Sheik. Combinés possibles avec arrivée au Caire et retour de Louxor, et inversement. Vols directs possibles à partir des grandes villes de province. Lorsqu'il est midi en France, en Egypte il est la même heure en été et 13 heures en hiver.

Le coût moyen d'un séjour
Entre 750 et 900 € pour une croisière sur le Nil. Environ 700 € pour la semaine de farniente et de plongée sur la mer Rouge, 1200 € pour une dizaine de jours dans le désert Blanc.

Les langues, la monnaie
Langue nationale : l'arabe. Langues étrangères : l'anglais sur les lieux touristiques, le français parfois car enseigné çà et là.
Monnaie : la livre égyptienne. Les US dollars ou les euros, en espèces ou en chèques de voyage, sont bien acceptés. 1 USD = 7,50 livres égyptiennes, 1 € = 7,80 livres égyptiennes.

La population
Son chiffre est très élevé par rapport au peu de surface habitable qu'elle doit se partager. On compte aujourd'hui 80335000 habitants, dont quinze millions pour l'agglomération de la capitale, Le Caire.

Les religions
94% de la population est musulmane sunnite. On dénombre également six millions de coptes (premiers chrétiens, qui n'acceptent Jésus que sous sa forme divine) et une minorité juive.

Les fêtes
Février : fête de l'Ascension de Ramsès II à Abou-Simbel (également en octobre) ; marathon de Louxor ; **avril :** fête du Printemps (premier lundi après la Pâque copte) ; **6 octobre :** fête nationale ; **novembre :** Festival de musique arabe au Caire, **Aïd el-Fitr :** fin du ramadan.

Les achats
Le papyrus et les épices (dont le karkadé, base d'une boisson typiquement locale) sont des particularités.On trouvera également des bijoux en argent et du textile traditionnel (châles, gallabiehs, soie travaillée à la main).

Vestiges de l'ancien dromos bordé de plus de sept cents sphinx, qui reliait le temple de Louxor à celui de Karnak.

Maharraka, Daké.

L'architecture contemporaine laissera une trace imposante mais parfois contestée : le haut-barrage d'**Assouan**, dont les 111 m maîtrisent le Nil et sont à l'origine du lac Nasser, qui fait l'objet, aujourd'hui, de minicroisières.

Dans le Sinaï, au pied de la **montagne Sainte-Catherine**, le monastère byzantin du même nom est le plus ancien du monde à conserver son activité. Construit au VIe siècle par Justinien, il renferme des icônes et des témoignages de la vie de Moïse.

Les côtes

La réputation balnéaire de l'Egypte est longtemps demeurée discrète, malgré la **Méditerranée** et le sable fin des alentours d'Alexandrie ou de Marsa-Matrouh. Mais le développement récent et rapide des structures destinées à mettre en valeur les fonds exceptionnels de la **mer Rouge** a tout changé, et le simple tourisme balnéaire, fort de 360 jours de soleil par an, prend d'autant plus d'ampleur que les prix des séjours se révèlent relativement modestes.

Plongeurs et amateurs de photo sous-marine, même débutants, se voient désormais offrir le spectacle de multiples variétés de récifs coralliens et d'espèces de poissons parmi les plus spectaculaires du monde sous-marin. Endroits obligé : **Hourghada**, surtout familiale et au rapport qualité-prix le plus bas, et **Sharm el-Sheik**, petite station à la pointe du Sinaï,

QUAND PARTIR ?

	Croisières sur le Nil et désert	Mer Rouge	Budget
Janvier	☼		
Février	☼		
Mars			
Avril		☼	
Mai		☼	€
Juin		☼	€
Juillet			€
Août			€
Septembre		☼	
Octobre		☼	
Novembre	☼	☼	
Décembre	☼		

Alexandrie, dont on voit ici le front de mer, est une ville souriante et chargée d'histoire.

haut de gamme, idéale pour la plongée et le snorkeling. D'autres «resorts» ont vu le jour: **Safaga**, **El-Gouna**, **Marsa Alam** et **Soma Bay**. La recherche de diversification et de raffinement, notamment grâce à la thalassothérapie et au golf, caractérise aussi ces stations.

Les villes et villages

Le fourmillement du **Caire**, ses vieux quartiers, ses mosquées anciennes (Ibn Tulun, al-Azhar) et ses monuments coptes – dont l'église Saint-Serge, où la Sainte Famille aurait séjourné lors de sa fuite – sont les principaux attraits d'une ville hypertrophiée. La visite des musées est un moment absolument incontournable d'un séjour au Caire : musée national des Antiquités, qui renferme des momies et le trésor de Toutankhamon ; Musée copte ; musée d'Art islamique ; musée Mahmoud-Khalil (peintures impressionnistes).

Alexandrie est à la recherche de sa splendeur passée, celle que lui avaient offerte les Ptolémées, derniers pharaons, entre 360 et 30 av. J.-C. Récemment, des fouilles ont permis de mettre au jour la Cité des morts, à défaut de retrouver les rêves engloutis : le célèbre Phare, l'île de Cléopâtre et la Grande Bibliothèque de Ptolémée Ier, que la toute récente et futuriste Bibliotheca Alexandrina, flanquée d'un musée gréco-romain, tente de remémorer. La ville vaut aussi le détour pour sa Corniche (longue promenade

Comme le désert Blanc, l'oasis de Siwa offre des paysages exceptionnels.

en bord de mer), les ruelles du quartier d'El-Mansheya, les catacombes des Ier et IIe siècles (Kom el-Chougafa), le théâtre romain, le palais de Ras el-Tin et la nécropole d'Anfouchi.

Si Assouan n'est pas inoubliable, ses alentours, comme l'île Eléphantine et l'île de Séhel, ont vu les Nubiens reconstruire les villages aux maisons colorées dont les ont privés les eaux du lac Nasser en 1970.

Les déserts et oasis

La vallée du Nil tend à faire oublier les autres paysages de l'Egypte, particulièrement des déserts saisissants de beauté, de chaque côté du fleuve, qui invitent à des randonnées aussi prenantes que partout ailleurs dans le Sahara.

A l'est, dans le **Sinaï**, l'ascension du **mont Moïse** (2 285 m), sur lequel Jehovah dicta à Moïse les Dix Commandements, est désormais célèbre pour son lever de soleil. Plus haute (2 637 m), la **montagne Sainte-Catherine** fait l'objet de randonnées, avant le désert lui-même et ses paysages de grès multicolores, tel le Colored Canyon, près de Nuweiba.

A l'ouest se déploie le **désert Blanc**, ainsi appelé à cause de la présence de craie, à l'origine de reliefs et de mélanges de couleur étonnants. Le spectacle se poursuit jusqu'aux confins de la frontière libyenne, l'oasis de Siwa donnant sur des lacs de sel situés au pied de la Grande Mer de sable. Siwa elle-même comprend une forteresse (Shali) et des tombes sur la montagne des Morts (XXVIe dynastie). En quittant **Siwa** pour retrouver le Nil, d'autres promesses de panoramas exceptionnels sont comblées par les oasis de **Dakhla**, **Farafra** et surtout **Kharguèh**. ■

LES CONSEILS GEO

▶ Les plus

La multiplicité des sources de voyage : de la croisière de luxe à la balade sur le Nil en felouque en passant par un séjour sur la mer Rouge et les randonnées dans le désert. Des fonds marins parmi les plus spectaculaires du monde.

▶ Les moins

La pression de l'intégrisme islamiste et ses conséquences sur certains lieux touristiques, avec, notamment, des déplacements en convois et une surveillance policière rapprochée. Un été trop chaud pour voyager.

▶ Les précautions

Entre des menaces latentes d'attentat et la présence de mines sur les zones frontalières, il y aurait mille raisons de ne pas se rendre en Egypte. Il en reste bien plus pour s'y rendre à qui saura être vigilant tout en évitant la paranoïa.

▶ Les tendances

Oublier les gros bateaux de croisière pour leur préférer la felouque des paysans du Nil (bateau à voile et à rames) permet de connaître autrement et avantageusement le «fleuve-Dieu».

Comme avec le Burj Al Arab Hotel, tout est bon pour gagner sur la mer à Dubaï et développer le tourisme à un rythme échevelé.

Emirats arabes unis

Après l'or noir, l'or touristique ? Dubaï s'est forgé une image qui est un parangon à la fois d'une véritable extravagance hôtelière et commerciale – souvent de luxe, parfois abordable – et d'un tourisme balnéaire récent et en plein essor. Largement de quoi donner des idées en la matière aux émirats voisins, tels Abu Dhabi et, à un degré moindre, Sharjah et Ras al-Khaimah.

LE CARNET DE VOYAGE

Les premiers contacts
Government of Dubai, dép. du tourisme, 15 bis, rue de Marignan, 75008 Paris, 01.44.95.85.00. Internet : www.dubaitourism.ae (en anglais)

Les formalités
Pour les ressortissants de l'Union européenne et les Canadiens, passeport suffisant (valable encore six mois après le retour), permis de séjour délivré à l'entrée, valable un mois.

La santé
Aucun problème, sauf la très forte chaleur de l'été. Aucune vaccination n'est requise.

Le voyage, le décalage
Durée moyenne du vol Paris-Dubaï (5248 km) : 7 heures. Lorsqu'il est midi en France, aux Emirats arabes unis il est 14 heures en été et 15 heures en hiver.

Le coût moyen d'un séjour
Premiers prix aux alentours de 800 € (vol et hébergement) pour une semaine.

Les langues, la monnaie
Langue officielle : l'arabe. Langue étrangère : l'anglais est largement répandu, le français pas du tout.
Monnaie : le dirham, subdivisé en 100 fils. Le dieu Dollar est recommandé.
1 USD = 3,67 dirhams, 1 € = 5,02 dirhams.
Cartes de crédit facilement acceptées dans les grands hôtels.

La population
4444000 habitants sont disséminés dans sept émirats : Abu Dhabi, Dubaï, Sharjah, Fudjayra, Adjman, Umm al-Qaywayn et Ras al-Khaimah. Le pays compte 850000 immigrés (Arabes de divers pays, mais aussi Iraniens, Indiens et Pakistanais). **Capitale :** Abu Dhabi.

Les religions
80 % de la population obéit à l'islam sunnite, 16 % à l'islam chiite. Minorité de chrétiens.

Les fêtes
12 janvier : marathon de Dubaï ; **mars :** Festival de jazz de Dubaï ; **2 décembre :** fête nationale ; **mi-décembre à début février :** Dubai Shopping Festival ; **Aïd el-Fitr :** fin du ramadan.

Les achats
L'or et les tapis d'Orient ne sont pas un mirage mais bel et bien présents dans les souks.

QUE VOIR AUX EMIRATS ARABES UNIS ?

Les villes
- Dubaï, Abu Dhabi, Sharjah, Ras al-Khaimah

Les côtes
- Plages des alentours de Dubaï

Les paysages
- Oasis d'Al-Ain, Ras al-Khaimah

Les villes

En quelques années, porté par un savant marketing touristique, **Dubaï** est devenu un passage obligé, où les recettes occidentales, dans tous les sens de l'expression, ont imposé leur marque.

Les constructions hardies, le dôme de «Ski Dubaï» – où l'on peut glisser sur de la... vraie neige – sont autant d'extravagances qui ne doivent pas masquer l'autre Dubaï. Ainsi, les souks, le marché de l'or («souk de l'or») et les vieux quartiers (Bastikiya) tentent de préserver leur authenticité, à côté de la forteresse (Al-Fahidi, qui renferme un musée), du palais du Cheikh Saïd et du vieux port (Creek), où dorment des boutres anciens, embarcations de bois (dhows) parfois utilisées aujourd'hui pour des mini-croisières.

Chaque année, de la mi-décembre à début février, la ville propose un festival du shopping avec force animations, où les prix, celui de l'or comme des tapis d'Orient et de toutes sortes de produits en vogue, font une nette plongée vers le bas.

Abu Dhabi vaut par ses mosquées, ses palais, ses jardins, son souk, son musée qui retrace la découverte du pétrole et son chantier de construction de bateaux de bois... entièrement faits main.

Non loin de Dubaï, les souks de **Sharjah** sont les plus intéressants des Emirats. A **Ras al-Khaimah**, on peut voir le fort mais surtout le site archéologique de Shimal et ses tombes datant du IIIe millénaire av. J.-C.

Les côtes

Chassant peu à peu l'image d'une «côte des pirates» faite de pêcheurs de perles et de contrebandiers, les plages de sable fin, dont les plus fréquentées se trouvent autour d'Abu Dhabi, de Dubaï (Jumeirah) et dans l'émirat de Ras al-Khaimah, connaissent un essor rapide et pourraient constituer l'avenir touristique des Emirats, d'autant que la plongée (sur le site de Fudjayra), la pêche au gros (barracudas, espadons, thons jaunes) et le golf (autour de Dubaï) varient les divertissements.

Au large, les boutres traditionnels et les pêcheurs de perles sont encore une réalité qui contraste avec la création d'îles artificielles comme «The Palm» et «The World» ou la réalisation d'un véritable hôtel sous-marin.

QUAND PARTIR ?

	Climat	Budget
Janvier	☼	
Février	☼	
Mars	☼	
Avril	☼	
Mai		€
Juin		€
Juillet		
Août		
Septembre		
Octobre		
Novembre	☼	
Décembre	☼	

LES CONSEILS GEO

▶ Les plus

Un tourisme sans cesse en expansion, qui s'étend désormais au-delà du seul Dubaï.
Un coût de séjour qui devient raisonnable pour qui décide de partir un peu hors saison.

▶ Les moins

Une forme de tourisme qui s'est développée trop vite et qui, partant, se révèle quelque peu surfaite.
Une chaleur difficilement supportable entre juin et août.

▶ Les précautions

Les Emirats arabes unis sont une destination sûre, nonobstant la menace latente d'attentats dans cette zone sensible.

▶ Les tendances

Le dôme de «Ski Dubaï» avec de la vraie neige, un hôtel sous la mer: tendance et extravagance riment souvent aux Emirats arabes unis. Qui aime les suive, mais il faudra savoir y mettre le prix.

Les paysages

L'oasis d'**Al-Ain**, avec ses marchés aux chameaux, est la plus spectaculaire, alors que les régions de la pointe nord et celle de l'émirat de **Ras al-Khaimah** offrent des paysages vallonnés.

Quant aux étendues désertiques, elles ne sont pas vouées au grand tourisme actuellement mais, dans un registre très varié, le... ski sur dunes, le spectacle du dressage des faucons pour la chasse et les randonnées en véhicules tout-terrain commencent à se développer.

Lacs d'altitude et traditions indiennes sur fond de cordillère, tout l'Equateur est là.

Equateur

QUE VOIR, QUE FAIRE EN EQUATEUR ?

Les paysages et les randonnées
- Avenue des Volcans, Sangay
- Forêts et rivières amazoniennes

La faune
- Galápagos (flamants roses, iguanes, lions de mer, otaries, tortues)
- Parc du Cotopaxi (condors, pumas, lamas), du Sangay (tapirs de montagne, condors)

Les villes et les vestiges
- Quito, Cuenca

Le patrimoine culturel
- Marchés indiens (Otavalo), ferias, ligne de l'équateur

Malgré la discrétion de son patrimoine archéologique, l'Equateur constitue un excellent condensé du voyage sud-américain : cordillère des Andes (randonnées), Amazonie (descentes de rivières), marchés indiens, églises et maisons coloniales. Sans oublier l'archipel des Galápagos, paradis qui abrite de nombreuses espèces animales rares.

LE CARNET DE VOYAGE

Les premiers contacts
Service d'information touristique du consulat, 34, av. de Messine, 75008 Paris, 01.45.61.10.04. www.vivecuador.com

Les formalités
Ressortissants de l'Union européenne, canadiens, suisses : passeport valable encore six mois après le retour. Taxe à acquitter pour l'entrée aux Galápagos.

La santé
Prévention vivement recommandée contre le paludisme au-dessous de 1500 m. Pas de risque à Guayaquil et Quito. Vaccination recommandée contre la fièvre jaune.

Le voyage, le décalage
Durée moyenne du vol Paris-Quito (9363 km, pas de vol direct) : 13 heures. Lorsqu'il est midi en France, en Equateur il est 5 heures en été et 6 heures en hiver. Ajouter une heure pour les Galápagos.

Le coût moyen d'un séjour
Environ 2500 € pour un séjour accompagné de 15 jours, et au moins 3000 € si l'on ajoute les Galápagos.

Les langues, la monnaie
Langue officielle : l'espagnol, qui voisine avec les dialectes quechuas. L'anglais est peu pratiqué. **Monnaie :** l'US dollar s'est substitué au sucre. Chèques de voyage bien acceptés.

La population
Les 13756000 habitants se répartissent entre Quechuas (40%), métis (40%), Blancs (10%) et Noirs (10%).
Capitale : Quito.

Les religions
Presque tous les Equatoriens sont catholiques. Minorité de protestants.

Les fêtes
27 février : Jour de l'unité nationale ; **10 août :** fête nationale ; **1er novembre :** Todos los Santos ; **début décembre :** feria de Quito.

Les achats
Les broderies et les ponchos des marchés indiens, les hamacs, les panamas, les objets en masapan (pâte à sel).

Les paysages et les randonnées

Pour les randonneurs, l'une des plus belles avenues andines est celle des volcans équatoriens («Avenue des Volcans»), de Quito à Riobamba. Les 6310 m du **Chimborazo** rivalisent avec le cône le plus pur du pays, le **Cotopaxi**, qui frôle 6000 m et constitue le volcan en activité le plus haut du monde. Autres stars du genre: le Pichincha, le Pasochoa, le Fuya Fuya et le **Sangay**.

Pour les amoureux du train, la voie royale est celle qu'emprunte le pittoresque petit train des Andes: versants abrupts, vallées semi-désertiques, formation rocheuse et pentue du Nariz del Diablo.

Pour les passionnés de l'**Amazonie**, la forêt, les cascades, les ports fluviaux comme Coca, point de départ de la rivière Napo, les rivières parfois navigables en pirogue et la faune marine (dauphins d'eau douce, anancondas, caïmans) constituent les ingrédients de choix pour un périple riche en émotions.

La faune

A près de 1000 km du continent, les **Galápagos** (trente îles ou îlots) et leur relief volcanique renferment des espèces protégées: albatros, cormorans, flamants roses, fous masqués à pattes bleues, iguanes terrestres et marins, lions de mer, otaries, pélicans, pinsons et tortues géantes.

Avec ses sept mille cinq cents espèces terrestres ou marines et ses vingt-cinq mille espèces végétales, l'Equateur est un laboratoire rare des trésors de la nature. Dans le parc national qui entoure le **Cotopaxi**, on trouve condors, pumas, lamas ou chevaux sauvages. Le parc national du **Sangay** abrite des espèces préservées (tapirs de montagne, condors), alors que la partie amazonienne du pays regorge d'espèces d'oiseaux (aras, perroquets, perruches).

Les villes et les vestiges

Son patrimoine colonial baroque et Renaissance (églises, chapelles, couvents, patios andalous, monastère Santo Domingo, église San Francisco) ainsi que ses traditions picturales font la valeur de **Quito**, capitale perchée à 2850 m et classée au Patrimoine mondial de l'humanité.

Le centre historique dessiné en plan orthogonal, les quartiers anciens, les places, les patios et les balcons de bois de **Cuenca** la rendent très attachante. Il reste quelques vestiges incas qui furent transformés... en monastères au XVIIe siècle par les colons.

Le patrimoine culturel

Les plus grandes réussites de l'artisanat indien d'Amérique latine sont ici, sur les marchés des villages, entre autres à **Otavalo** (marché de la laine et des ponchos), à **Cotacachi** (marché du cuir), à **Ríobamba**. Contrairement à ce que laisse croire son nom, le panama est un chapeau qui est né et qui continue d'être fabriqué dans le sud de l'Equateur.

Les coutumes des Noirs présents à l'est d'Esmeraldas, le long des ríos Caypa et Chota, ainsi que dans la petite ville de Borbon, ne vont pas sans rappeler parfois l'Afrique occidentale ou les Antilles.

Tradition née de l'époque coloniale: les ferias (Quito par exemple). Une autre tradition consiste à se rendre sur la ligne de l'équateur, au monument de la «Mittad del Mundo». ■

LES CONSEILS GEO

▶ Les plus

Un condensé des agréments de l'Amérique latine : l'héritage colonial, la tradition indienne, la faune, la forêt dense, les randonnées vers les volcans sont des atouts de taille. Hormis l'Amazonie, un climat favorable au moment opportun pour un voyageur occidental.

▶ Les moins

Une côte peu appropriée pour le tourisme balnéaire.

Un voyage qui a du mal à rester dans des tarifs abordables pour le plus grand nombre quand les Galápagos s'ajoutent au programme.

▶ Les précautions

L'insécurité règne dans les zones frontalières nord et nord-est, qui sont à éviter. Eviter également toute attitude ostentatoire sur les lieux touristiques.

QUAND PARTIR ?

	Zone côtière	Cordillère des Andes	Galápagos
Janvier			⋞
Février			Ponte tortues et iguanes ⋞
Mars			⋞
Avril			⋞
Mai			⋞
Juin	☼	☼	
Juillet	☼	☼	
Août	☼	☼	
Septembre	☼		
Octobre	☼		
Novembre	☼		
Décembre			

L'Espagne continue à fonder son tourisme sur ses infrastructures côtières, dressées à une époque où le vacancier trouvait sur les «costas» de la Méditerranée un exotisme à bon marché. Mais si plusieurs millions de visiteurs choisissent encore de franchir les Pyrénées chaque année, le budget à consentir n'a plus rien de commun. Belle occasion pour quitter parfois les plages et s'aventurer vers les paysages de montagnes ou découvrir les grands atouts architecturaux de l'intérieur.

Espagne

L'Espagne continentale

Les côtes

Les rivages méditerranéens demeurent l'argument le plus fort grâce à leur ensoleillement et à leur étendue. De la Catalogne à l'Andalousie s'égrènent les «costas» : **Costa Brava** (Cadaques, Rosas), **Costa Dorada** (Sitges, Salou et le parc à thème Port Aventura), **Costa del Azahar**, **Costa Blanca** (Benidorm), **Costa del Sol** (Marbella, Torremolinos).
Les plages atlantiques dégagent plus de charme. D'ouest en est, la côte nord (côte cantabrique) se répartit en **Costa Verde**, côte de **Santander**

QUE VOIR EN ESPAGNE CONTINENTALE ?

Les côtes
- Côte méditerranéenne, côte cantabrique, côte atlantique sud

Les villes et les monuments
- Au nord : Saint-Jacques-de-Compostelle, León, Saragosse, Valladolid, Barcelone, Salamanque, Ségovie, Avila, Madrid,
- Au sud : Cuenca, Aranjuez, Tolède, Almagro, Valence, Trujillo, Cáceres, Mérida, Cordoue, Séville, Grenade, Almería, Cadix

Les paysages
- Pyrénées aragonaises et catalanes, pics d'Europe, Andalousie, Guadalquivir

Le patrimoine culturel
- Corridas, romerías, Don Quichotte (Mancha)

A Barcelone, la ville de Gaudí, l'extravagance de la Casa Batlló fait écho à celle de la Sagrada Familia ou du parc Güell.

Une statue de Philippe III trône au centre de l'imposante Plaza Mayor de Madrid.

Le Tage s'enroule autour de Tolède et donne à la ville, l'une des plus charmantes d'Espagne, un cachet renforcé par la patte du Greco et les vestiges mauresques.

et côte basque. La côte sud-est, baptisée **Costa de la Luz** – dont Cadix et sa plage de la Caleta sont le point d'orgue – est l'un des rares sites espagnols qui ne soit pas voué au tourisme balnéaire international.

Les villes et les monuments

La plupart des grandes villes ont un monument et un vieux quartier de renom autour de leur Plaza Mayor. Du nord au sud :

– à **Bilbao**, l'avant-gardiste musée Guggenheim, aussi admiré pour sa structure que pour ses collections d'art moderne ;

– la cathédrale de style roman de **Saint-Jacques-de-Compostelle**, objet de pèlerinage toujours si intense que le «touriste-pèlerin» est une espèce en plein développement ;

– les superbes vitraux de la cathédrale de **León** ;

– la basilique du Pilar et l'Aljafería (ancien palais des souverains musulmans, devenu ensuite celui des Rois catholiques) à **Saragosse** ;

– les retables des églises et les sculptures polychromes du collège San Gregorio de **Valladolid** ;

– les clochers comme les portails des petites églises romanes qui parsè-

LE CARNET DE VOYAGE

Les premiers contacts
Office espagnol du tourisme, 43, rue Decamps, 75784 Paris Cedex 16, 01.45.03.82.50. Internet: www.espagne.infotourisme.com, www.tourspain.es, www.andalucia.org, www.catalunyaturisme.com, www.ilescanaries.com

Les formalités
Autres ressortissants de l'UE : carte nationale d'identité ou passeport.

La santé
Aucun problème quand on sait éviter une trop longue exposition au soleil…

Le voyage, le décalage
Vol Paris-Barcelone (840 km): 1h35; Paris-Madrid (1044 km): 1h50; Paris-Las Palmas (Canaries, 2767 km): 4 heures; Paris-Palma de Majorque (Baléares): 2 heures. Pas de vol direct pour Minorque. Route: Paris-Madrid (1260 km), Paris-Séville (1800 km). Train: «Train-hotels» Paris-Barcelone (Joan-Miró) et Paris-Madrid (Francisco-de-Goya). Décalage horaire: moins une heure aux Canaries.

Le coût moyen d'un séjour
La semaine en hôtel-club, vol compris, en chambre double et en demi-pension: sur la Costa Brava, aux alentours de 350 € (en avril-mai et fin septembre-octobre) et de 550 € en haute saison. 450 € la semaine pour le vol A/R, la voiture de location et des bons d'hôtel.

Les langues, la monnaie
L'espagnol, ou castillan. Mais le bilinguisme est de règle au Pays basque (langue basque), en Catalogne et aux Baléares (catalan); 7% des habitants parlent le galicien. **Monnaie:** l'euro.

La population
40448000 habitants se partagent les 15 provinces, avec des particularismes parfois très marqués. Andalous, Catalans et surtout Basques n'ont en commun que… leur opposition au pouvoir central.
Capitale: Madrid.

Les religions
Forte prépondérance catholique.

Les fêtes
6 janvier: fête des Rois mages; **février:** Carnaval de Cadix; **mi-mars:** Fallas de Valence; **avril:** Semaine sainte (pénitents de Séville); **début juillet:** San Firmin à Pampelune; **fin juillet:** fête de Saint-Jacques; **24 septembre:** Festa de la Mercé à Barcelone.

Les achats
Des objets symboliques comme une vraie guitare classique ramenée de chez un vrai luthier andalou, un éventail en bois peint, des castagnettes pas trop touristiques ou des produits de tradition culinaire tels que l'huile d'olive, le xérès.

ment la Catalogne, ainsi que la Vierge noire de Montserrat, «mère des Catalans»; à **Figueras**, l'extravagant musée Dalí; pour compléter le «triangle dalinien», il faut se rendre dans la crique de Portlligat (maison-musée) et dans le hameau de Pubol (maison dédiée à son inséparable Gala);
– l'héritage de Gaudí (Sagrada Familia, parc Güell, Casa Mila, Casa Batlló), le vieux quartier gothique, la place Reial et la Ribera à **Barcelone**; la capitale catalane renferme la fondation Miró, le musée Picasso, le Musée maritime; dans le Barrio Chino, de bodega (bar) en restaurant, le visiteur côtoie le citadin branché;
– l'université (style plateresque), les deux cathédrales (Vieja et Nueva), mais aussi le musée Art nouveau de **Salamanque**;
– l'alcázar et l'aqueduc de **Ségovie**;
– les remparts, les églises et l'empreinte mystique (celle de Sainte-Thérèse) d'**Avila**;
– la Plaza Mayor, le Palais royal, les monuments baroques et les églises de **Madrid**; au Prado se côtoient les œuvres de Goya, Rubens, Velázquez, Titien et Greco; les impressionnistes sont à la fondation Thyssen-Bornemisza; Dalí, Miró et Picasso (dont *Guernica*) sont au centre Reina-Sofia; Madrid est aussi connue pour l'ambiance nocturne de son vieux quartier autour de la Plaza Santa Ana ou pour relancer des modes, comme dans le quartier populaire de Lavapiés;
– au nord-ouest de Madrid, **El Escorial** est une grande nécropole royale du XVIe siècle, qui renferme aussi des peintures (primitifs flamands, Titien, El Greco);
– les «maisons suspendues» de **Cuenca**;
– **Aranjuez**, son palais royal et ses superbes jardins;
– à **Tolède**, ville du Greco (maison et musée), bâtie sur un promontoire entouré par le Tage, les vestiges mauresques, les églises mudéjares (décor tiré de l'art islamique), la cathédrale, le quartier de la Judería et la synagogue du Transito;
– les galeries en bois du Corral de Comedias d'**Almagro**;
– **Valence**, aussi réputée pour la dé-

QUAND PARTIR ?

	Plages du continent et Baléares	Canaries	Compromis farniente-culture
Janvier			
Février			
Mars			
Avril			⦿
Mai		☼	⦿
Juin	☼	☼	⦿
Juillet	☼	☼	
Août	☼	☼	
Septembre	☼	☼	⦿
Octobre		☼	⦿
Novembre			
Décembre			

Encore sous le charme de la dentelle des pierres de l'Alhambra à Grenade, le visiteur se voit offrir la délicatesse des jardins du Generalife.

licatesse de ses monuments publics civils (Lonja de la Seda, palais de Dos Aguas) que pour celle de ses édifices religieux (cathédrale et nombreux monuments gothiques) ;
– les belles façades (palais des ducs et del Marquès) et la statue équestre de Pizarro à **Trujillo** ;
– le mélange romain, arabe et chrétien (inscrit au Patrimoine mondial de l'humanité) de **Cáceres** ;
– les vestiges romains (théâtre, aqueduc) de **Mérida** ;
– les joyaux religieux d'autres sites de l'Estrémadure (Guadalupe, Jerez de los Caballeros, Zafra) ;
– la Grande Mosquée (du VIIIe au Xe siècle) et ses arcs de brique et de pierre à **Cordoue**, exemple unique du genre, mosquée dénaturée quelques siècles plus tard par la construction d'une cathédrale en son milieu ;
– à **Séville**, l'immense cathédrale (datant du XVe siècle), flanquée de la tour de la Giralda (minaret de l'ancienne Grande Mosquée), l'alcázar du XIVe siècle (art mudéjar), les patios et les demeures des quartiers de Santa Cruz et de la Macarena ; au musée provincial des Beaux-Arts, œuvres de Zurbarán et de Murillo ;
– à **Grenade,** l'Alhambra (résidence des rois maures, ensemble exceptionnellement préservé de palais, de logis, de bains et de mosquées) ainsi que les jardins du Generalife ;
– l'Alcazaba, ancienne forteresse mauresque, d'**Almería** ;
– les deux cents œuvres de Picasso, l'enfant du pays, que vient d'acquérir **Malaga** ;
– les maisons blanches et l'hôpital du Carmen de **Cadix**, où l'art est aussi très présent, grâce aux oratoires des églises, dont Santa Cueva et ses trois grands tableaux de Goya.

Les paysages

La barrière pyrénéenne offre une version aragonaise avec le parc national d'Ordesa, au pied du mont Perdu (río Mascún, río Gallego). La réserve naturelle de la Sierra de Guara est très prisée des amateurs de balades en rivière (canyoning). Au sud-est d'Andorre, les Pyrénées catalanes proposent au marcheur des sentiers méconnus dans la réserve de Cadi-Moxeiro et la région volcanique de la Garrotxa.

En partant vers la Galice, on découvre les défilés des **pics d'Europe** (cordillère Cantabrique), les sierras de Montserrat, Guadarrama, Gredos et Cazorla.

Entre la côte nord-ouest et la cordillère Cantabrique, on regrettera la fermeture actuelle de la grotte d'**Altamira**, célèbre pour les peintures de la « salle des Bisons », qui datent du magdalénien. Autres grottes : la torca del Carlista, qui renferme la plus grande salle naturelle du monde ; la grotte d'Ojo Guarena.

Entre Madrid et Valence, un détour s'impose pour admirer les formes fantasmagoriques prises par les blocs de calcaire de la **Ciudad Encantada**. Au nord de Malaga, on peut contempler un phénomène semblable avec le **Torcal de Antequera**.

Au sud, la brûlante **Andalousie, dominée par la sierra Nevada**, offre une succession de panoramas : oliveraies de la région de Jaén et leurs haciendas; plaines arides de la région d'Almería; mini-désert... et mini-Hollywood de Tabernas, qui a vu le tournage de scènes de western célèbres (*Il était une fois dans l'Ouest*); villages blancs, tels Arcos de la Frontera et Ronda. L'ensemble a tout de même laissé une place au **Guadalquivir** et à son interminable embouchure, qu'il faut voir au printemps, quand les maquis se couvrent de fleurs et que les forêts de chênes-lièges laissent réapparaître une faune variée.

Les pics d'Europe, dans la cordillère Cantabrique, font souvent figure d'oubliés.

Le patrimoine culturel

Toute agglomération espagnole qui se respecte a sa plaza de toros (arènes), avec début de la corrida le dimanche à 17 heures. Moins protocolaire est la fête de la San Fermín, à Pampelune, au début de juillet : là,

les taureaux sont dans la rue et la population aussi...
Dans un autre genre, les romerías (pèlerinages consacrés à la Vierge), les processions de la Semaine sainte (celle des pénitents de Séville est la plus connue), les ferias, les cavalcades de la fête des Rois mages le 6 janvier à travers tout le pays, les fallas de Valence (d'imposantes statues de papier mâché sont exhibées à travers la ville avant d'être brûlées le jour de la Saint-Joseph), la Festa de la Mercé à Barcelone (le 24 septembre), le carnaval de Cadix dans son quartier de la Vina, et bien sûr les spectacles de flamenco en Andalousie attirent les foules.
Au cœur du pays, en Nouvelle-Castille, la **plaine de la Mancha** compense la monotonie de son relief par le pittoresque de ses villages fortifiés et par son hymne à Cervantès : en effet, il existe un parcours «don-quichottien» qui passe par le lieu où le héros a été fait chevalier (ferme de Puerto Lapiche), la route des moulins (moulins à vent de Consuegra ou de Quintanao de la Orden), la patrie de Dulcinée (El Tobosco), les châteaux (Belmonte, Guadamur).

De villages pittoresques en paysages charmants : il serait dommage de limiter les Baléares aux seules plages.

QUE VOIR, QUE FAIRE DANS LES ILES ?

■ LES BALEARES

Les côtes
Plages de Majorque, Minorque, Ibiza, Formentera

Les paysages et les randonnées
Puigs (sommets) de Majorque

Les monuments et les musées
Seu de Palma, palais royal, fondation Miró

■ LES CANARIES

Les côtes
Plages de Grande Canarie, Tenerife, Lanzarote, Fuerteventura, El Hierro

Les paysages et les randonnées
Volcans (pic de Teide), La Gomera

A Séville, couleur rime avec chaleur, et l'habit ne laisse jamais indifférent.

L'Espagne des îles

Les Baléares

Les côtes

Les noms de Majorque, Minorque, Ibiza et, à un degré moindre, de Formentera font désormais partie des images d'Epinal du tourisme balnéaire européen. Cependant, ces sites sont en mesure de prodiguer au touriste d'autres plaisirs que la simple baignade : voile (surtout), plongée, planche à voile.
A **Majorque,** les plages de part et d'autre de Palma sont longues et belles mais souvent très fréquentées. Le visiteur trouvera un calme certes relatif sur les rivages et au cœur des criques de la côte nord.
Minorque offre 200 km de côtes, avec les plages de Cala Pregonda et Vall

LES CONSEILS GEO

▶ Les plus

La solidité du tourisme balnéaire : époque idéale, climat idéal, espace côtier très étendu (6 000 km).

Les atouts architecturaux de la plupart des villages et des villes.

La face cachée des Baléares et des Canaries, où les randonnées sont un véritable plaisir.

▶ Les moins

Une notion de côtes bétonnées qui a du mal à se dissiper.

Une image du tourisme de l'intérieur qui a du mal à percer.

Pour les nostalgiques du genre, la fin de l'Espagne balnéaire bon marché.

▶ Les tendances

De la même manière que Don Quichotte se battait contre les moulins, les responsables du tourisme espagnol se battent contre les images d'Epinal pour faire découvrir par exemple le parcours du héros de Cervantès malgré la monotonie de la plaine de la Mancha. Un tel parcours constitue un exemple parfait de «contre-Espagne», aux antipodes des plages, loin des stéréotypes et d'un tourisme conventionnel !

en figure de proue. Ses calanques se révèlent toutefois nettement moins fréquentées.

Quant à **Ibiza**, les plages au creux des falaises dans le nord compensent la surcharge de celles qui entourent le chef-lieu.

Les paysages et les randonnées

Majorque offre des chemins de randonnée qui mènent à des puigs, sommets à près de 1 500 m. Autres sites : les grottes du Drach (lacs souterrains, calcite), le cap Formentor (falaises, calanques, pins).

Les monuments et les musées

Contrairement aux idées reçues, l'art se manifeste pleinement à Palma de Majorque. La cathédrale de Palma, la Seu, arbore une des nefs les plus hautes du monde, alors que les bains arabes et le palais royal Almudaina attestent du passage des Maures.

Par ailleurs, la fondation Miró présente une collection permanente des œuvres du peintre. Quant au musée d'Art espagnol contemporain, il possède des œuvres signées de Miró, Dalí, Picasso et Barcelo.

■ Les Canaries

Les côtes

La température de l'eau est moins élevée qu'aux Baléares, malgré la latitude. Mais la notion de plage béton est aussi forte, sinon plus, surtout sur la côte sud de **Grande Canarie**.

L'**île de Tenerife** est surtout fréquentée dans sa partie sud (Los Cristianos, Playa de las Americas).

Lanzarote et **Fuerteventura** sont les îles les plus typées. Non loin des plages de Tenerife, Lanzarote et Fuerteventura, les amateurs de grosses vagues peuvent pratiquer le funboard. Enfin, El Hierro, la plus occidentale, est aussi la mieux préservée du tourisme de masse.

Les paysages et les randonnées

Plus qu'aux Baléares, les fascinants paysages volcaniques des Canaries (volcans de l'île de La Palma, cône violacé du **pic de Teide** à Tenerife et sommets de Grande Canarie, propices aux randonnées, cratères des Montañas del Fuego à Lanzarote) apparaissent comme un complément idéal à un tourisme uniquement fondé sur les plaisirs balnéaires.

La Gomera, petite île accessible uniquement par bateau à partir de Tenerife, est privilégiée par les amateurs de randonnée (forêt subtropicale de Laurisilva). On trouvera le même schéma confidentiel pour El Hierro et ses sentiers qui conduisent, par exemple, au Malpaso (1 500 m). ■

Le voyageur était trop attiré par l'aimant des Etats-Unis pour délaisser longtemps le pays après le 11 septembre 2001. Et de fait il est revenu. Comme ses devanciers, il doit garder à l'esprit que le plus spectaculaire n'est pas à chercher dans la façade des villes démesurées mais bien dans l'arrière-cour des paysages naturels, préservés par l'existence d'au moins quarante parcs nationaux. De plus, la concurrence entre les compagnies aériennes rend le voyage relativement abordable.

Etats-Unis

L'est

District of Columbia

La ville

Washington, la capitale fédérale, essaie de tempérer sa réputation de ville violente par des atouts touristiques de première valeur : Maison Blanche, Lincoln Memorial, Capitole. On y visite également de riches musées, la plupart dans un même périmètre et dus à la générosité de la Smithsonian Institution : entre autres la National Gallery of Art (œuvres de Miró, Raphaël, Rembrandt, Rubens, Van Gogh, Velázquez, Vermeer), le musée national des Indiens d'Amérique et le musée de l'Art et de l'Espace, qui comprend la capsule Apollo 11, la première à s'être posée sur la Lune. Non loin de

QUE VOIR A L'EST ?

■ DISTRICT OF COLUMBIA
La ville
Washington
■ GEORGIE
Les villes et les paysages
Savannah
Stone Mountain
■ MASSACHUSETTS
Les paysages
Eté indien
Les villes
Boston, Cambridge, Salem
Les côtes
Cape Cod (observation des baleines)
Plymouth

New York City collectionne les ponts sur l'East River mais aucun ne dépasse en élégance et en réputation le Brooklyn Bridge.

Le front de mer de Boston contraste avec les vieux quartiers de la ville, qui ont gardé leur cachet européen.

LE CARNET DE VOYAGE

Les premiers contacts
Visit USA Committee France, 0899.70.24.70, Consulat, 0892.23.84.72. Une fois sur place, ne pas passer à côté des Visitor's Center et des Convention and Visitors Bureau. Penser également aux cartes routières de l'éditeur Rand Mac Nally et, pour l'hébergement, au «Mobil Travel Guide».
Internet: www.nycvisit.com (pour New York), www.ecltd.com (pour la Louisiane), disney.go.com/disneyworld (pour les attractions du Walt Disney World Resort en Floride), www.flausa.com (pour la Floride), www.lasvegasfreedom.fr, www.wildwestusa.com (pour les Rocheuses), www.louisianatravel.com

Les formalités
Passeport en cours de validité suffisant. Nécessité d'un passeport biométrique ou bien à lecture optique (Delphine) émis avant le 26 octobre 2005, sinon un visa est nécessaire, à demander au consulat. Preuves de solvabilité et billet de retour exigibles.

La santé
Aucun problème.

Le voyage, le décalage
Paris-Boston (5531 km): 7h40; Paris-New York (5837 km): 8 heures (une heure de moins au retour); Paris-Los Angeles (9 107 km): 12 heures; Paris-San Francisco (8971 km): 12 heures. Lorsqu'il est midi en France, il est minuit (douze heures de moins) à Hawaii, 3 heures à Los Angeles (côte ouest) et 6 heures à New York (côte est).

Le coût moyen d'un séjour
Environ 500 € (vol A/R et hébergement chambre double) pour 4 jours/3 nuits à New York, 600 € pour la même durée à Los Angeles ou San Francisco. Pour une voiture de location, de 300 à 400 € la semaine en fonction du modèle choisi, de A (Subcompact) à F (Full Size); de 500 à 750 € pour un motorhome. Aux alentours de 1600 € pour une randonnée accompagnée dans les canyons de l'Ouest.

Les langues, la monnaie
Langue officielle, l'anglais s'est progressivement mué en «anglo-américain»; le français est rare, y compris en Louisiane, les anglophones se préoccupant davantage d'apprendre l'espagnol, au vu de la répartition démographique (14,8% d'hispanophones, dont six habitants sur dix à Miami).
Monnaie : le dollar (USD) est subdivisé en 100 cents. 1 € = 1,40 USD.
Les cartes de crédit ou les traveler's cheques en dollars sont une nécessité: ils sont nés ici. S'en munir avant le départ et prendre peu d'espèces.

La population
50 Etats et 301140000 habitants, dont les trois quarts vivent dans les villes (200 villes dépassent 100000 habitants).
Parmi les minorités, les Noirs (12% de la population totale) sont les plus nombreux, devant les Indiens et les Asiatiques.
Capitale: Washington, loin derrière les agglomérations de New York (16300000 habitants) et de Los Angeles (12200000 habitants).

Les religions
Un Américain sur deux est protestant, un sur trois est catholique.
Les autres grandes religions du monde sont représentées dans des proportions allant, pour chacune d'entre elles, de 1 à 4% de la population.

Les fêtes
La nuit du **Nouvel An**, entre autres à New York (Times Square); **4 juillet:** Independence Day; **31 octobre:** Halloween; quatrième jeudi de **novembre:** Thanksgiving.

Les achats
En fonction de la spécificité des Etats, la légendaire habileté commerciale du pays trouve toujours de quoi séduire son client, mais on ne manquera pas de privilégier l'artisanat indien, et on se souviendra que, dans les grandes villes, se présentent des affaires à ne pas manquer pour l'habillement (chaussures, jeans, tee-shirts) et l'électronique.
Attention, toutefois, aux (in)compatibilités de certains matériels électroniques ou téléphoniques.

là, le cimetière national d'Arlington abrite des tombes célèbres, dont celles de Bob, Jackie et John Kennedy.

Georgie

Les villes et les paysages

On imagine souvent toutes les villes du pays tracées au cordeau, mais il existe aussi une architecture classique, par exemple à **Savannah**, fondée en 1733. La plupart de ses maisons, typiquement géorgiennes, sont de petites bâtisses de bois posées sur des piles de maçonnerie, parmi squares et églises.

Non loin de la futuriste Atlanta, de son State Museum of Art et de son musée du Coca-Cola, se dresse **Stone Mountain**. Il s'agit d'un énorme rocher de granit renfermant, sur l'un de ses flancs, les bas-reliefs, taillés à même le roc, de trois dirigeants de la Confédération.

Massachusetts

Les paysages

Avec le Connecticut, une partie de l'Etat de New York et les Etats qui jouxtent la frontière de l'est du Canada, le Massachusetts est l'endroit où se vivent le mieux les charmes de l'été indien, dus en grande partie au rouge des érables. La beauté de la couleur des feuilles atteint son apogée de la fin septembre à la mi-octobre, soit un peu avant la survenue de l'été indien proprement dit.

Les villes

Boston est la plus ancienne des villes neuves des Etats-Unis. Un parfum d'Angleterre toujours vivace, dans l'habitat (Beacon Hill) comme dans les habitudes, et des musées de renom (Museum of Fine Arts, Isabella Stewart Gardner Museum) font l'intérêt de la ville, à visiter en suivant, inscrits sur les trottoirs, le «Freedom Trail», le «Beacon Trail» et le «Black Heritage Trail». Aux portes de Boston, Cambridge abrite **Harvard**, la plus ancienne et la plus prestigieuse université du pays, qu'il est également possible de visiter.

Plus de trois siècles après leurs supposés méfaits, les sorcières de **Salem** offrent son succès touristique (musées,

Abraham Lincoln, qui s'est battu contre l'esclavage tout en n'évitant pas la guerre civile, a eu droit à son mémorial à Washington D. C.

QUAND PARTIR ?

	Est, New York	Ouest, Grand Canyon, Californie	Sud, Floride	Centre
Janvier			☼	
Février			☼	
Mars			☼	
Avril		☼	☼	☼
Mai	☼	☼		☼
Juin	☼	☼		☼
Juillet		☼		
Août		☼		
Septembre	☼	☼		☼
Octobre	Été indien ☼			☼
Novembre				
Décembre				

New York, qui a retrouvé son audience, reste la ville qui change le plus et le plus vite aux Etats-Unis.

QUE VOIR A L'EST ?

■ **NEW YORK**

La ville

New York City

Les paysages

Parc de Watkins Glen

Finger Lakes

■ **PENNSYLVANIE**

Les villes

Philadelphie, Pittsburgh

Le patrimoine culturel

Communauté amish

■ **VIRGINIE**

L'histoire

Williamsburg, Charlottesville

Les paysages

Parc national Shenandoah, montagnes Bleues

maisons, boutiques) à cette petite ville côtière située à une vingtaine de kilomètres de Boston.

Les côtes

La **presqu'île de Cape Cod** est connue pour l'agrément de son parc national et de ses stations balnéaires. A quinze kilomètres au large, Martha's Vineyard arbore ses maisons «pain d'épices» et son cachet jet-set.

A quelques encablures au nord se trouve le port de **Plymouth** où débarquèrent du *Mayflower* les pères pèlerins («pilgrim fathers») en 1620. Un musée vivant, à Plimoth Plantation, rappelle leur habitat type.

Pour découvrir et observer les baleines, des croisières (appelées «Whale Watching Cruises») sont organisées entre avril et octobre à partir de Cape Cod mais aussi de Boston et de Plymouth.

■ New York

La ville

New York City, «La ville des villes», doit justifier sans cesse cet honneur. Accablée par la tragédie et la destruction du World Trade Center le 11 septembre 2001 – le site renaîtra en 2011 avec un mémorial et cinq tours dont une «tour de la Liberté» – New York veut continuer à montrer ses multiples et uniques attraits : on y vit toujours intensément dans les quartiers branchés (Soho, Tribeca, East Village, Columbus Avenue), on s'y cultive toujours plus (quarante musées dont le Metropolitan Museum of Art, le musée d'Art moderne, le musée Guggenheim, le musée américain d'Histoire naturelle, le Museum of the American Indian), on y écoute beaucoup de musique (Lincoln Center, accents des comédies musicales de Broadway, airs de jazz dans les clubs et les églises de Harlem, quartier de plus en plus banalisé par la «gentrification»).

On trouve aussi dans la «Grosse Pomme» les symboles de l'immigration européenne : ainsi, à l'entrée du port, la statue de la Liberté, debout depuis 1886 ; non loin de là sommeille Ellis Island, qui fut un sas sévère pour dix-sept millions de futurs Américains entre 1890 et 1920 et dont les bâtiments abritent aujourd'hui le musée de l'Immigration. Cosmopolite et pétrie de culture européenne, New York est la moins américaine des villes du pays.

Les paysages

Dans cet Etat plus grand que la France, on rencontre les mêmes attraits de l'été indien que dans le Massachusetts. On y voit aussi une partie des chutes du Niagara, mais côté américain, les moins belles. Heureusement, les chutes canadiennes, les «vraies», sont à un petit kilomètre...

On y visite des sites attrayants tels que le parc de **Watkins Glen** et les **Finger Lakes**.

New York City se voit même offrir des plages à quelques encablures de Manhattan, à Long Island. De Montauk, à l'est de Long Island, partent des croisières de quatre heures environ à la découverte des baleines.

■ Pennsylvanie

Les villes

Philadelphie est la ville «mémoire» des Etats-Unis : son quartier historique, l'Independence National Historic Park, renferme le hall de l'Indépendance, qui y fut signée en 1776, d'élégantes demeures coloniales de style géorgien dans le quartier de Society Hill et d'importants musées. La ville est également l'une des plus ri-

La communauté amish et ses buggies, en Pennsylvanie, refusent de s'adapter au monde moderne qui les entoure.

ches du pays en musées de renom : le Museum of Art renferme des collections asiatiques et européennes, dont des tableaux de Léger et de Picasso, et la Fondation Barnes, du nom d'un médecin philanthrope local qui fit venir d'Europe nombre d'œuvres célèbres, propose des tableaux des époques impressionniste et cubiste. A noter encore un important musée Rodin et un musée des Sciences.
Si **Pittsburgh** vit surtout par son travail de l'acier, elle arbore une palette fournie de maisons victoriennes. Par ailleurs, elle a vu naître Andy Warhol, à la fois peintre, cinéaste et prince du pop art, et a eu le bon goût de lui consacrer un musée.

Le patrimoine culturel

Les traditions perpétuées par la communauté amish, secte chrétienne d'origine allemande, fondée sur l'austérité et le refus du monde moderne, suscitent la curiosité. Les mentalités, le mode de vie, la façon de se déplacer avec des buggies (chevaux attelés) et l'art d'une technique particulière d'applique du tissu (quilt), le tout bien dépeint par le cinéaste Peter Weir en 1985 dans *Witness*, n'ont pas bougé depuis le XVIIe siècle.

Virginie

L'histoire

En Virginie, la nostalgie est un véritable état d'esprit. Premier Etat de l'histoire du pays, lieu du premier «Thanksgiving» rendu par les émigrants (les «Pilgrim Fathers» venus d'Angleterre) pour remercier Dieu de les avoir conduits ici puis protégés, la Virginie est, pour beaucoup, un lieu de «pèlerinage», particulièrement **Williamsburg**, ancienne capitale restaurée dans le style colonial en 1927 grâce à la générosité de John Davison Rockefeller.
Egalement ville du souvenir, **Charlottesville** renferme l'Université de Virginie, non loin de laquelle a été érigée, à Monticello, la maison de Jefferson. Autre demeure célèbre qu'il est possible de voir : celle de George Washington à Mount Vernon.

Les paysages

Dans le centre-ouest de l'Etat, le parc national de **Shenandoah** est un lieu réputé pour les balades. Il est le point de départ de la Blue Ridge Parkway, route qui suit la crête des **montagnes Bleues**, longue arête des Appalaches. Sur la côte, on peut s'attarder à Chesapeake Bay et ses villages des pêcheurs.

A Lookout Mountain, aux confins de l'Alabama et de la Georgie, la rivière Tennessee sculpte le paysage

QUE VOIR, QUE FAIRE AU CENTRE ?

■ **DAKOTA DU SUD**

Les paysages

Jewel Cave, Wind Cave (grottes), Badlands, mont Rushmore

■ **ILLINOIS**

Les villes

Chicago, Springfield

■ **MICHIGAN**

Les villes

Detroit

Les paysages

Lacs (Michigan, Huron, Erié)

■ **TENNESSEE**

Le patrimoine culturel

Country music (Nashville)

Rock et blues (Memphis)

Hommage à Elvis Presley

Le Centre

Dakota du Sud

Les paysages

82 km de grottes, dont une partie est classée Monument national, et plusieurs salles souterraines ornées de fleurs de gypse permettent à **Jewel Cave** de n'avoir qu'une seule rivale dans l'Etat, à quelques kilomètres : **Wind Cave**. La «grotte du vent», ainsi appelée à cause de l'air qui s'échappe de l'une de ses anfractuosités, vaut par la calcite fine de ses parois, pareille à du cristal.

Ces deux grottes sont situées à la lisière d'un plateau de steppes, les **Badlands**, hérissé de pitons et de pics surplombant des ravins.

Dans les Black Hills, au sud-ouest de Rapid City, se trouve le **mont Rushmore**, réputé pour les visages, taillés dans le roc, des présidents Washington, Jefferson, Roosevelt et Lincoln. Au sud du mont Rushmore s'étend

Pine Ridge, l'une des réserves de la Grande Nation sioux.

Illinois

Les villes

Il faut avoir de **Chicago** une autre idée que celle de berceau du crime. Née de rien à la fin du XVIIIe siècle, la ville a conservé un esprit pionnier et novateur (constructions de Frank Lloyd Wright). Elle renferme de nombreux parcs et musées, dont l'Arts Institute, qui présente des œuvres des grands impressionnistes (Degas, Manet, Monet, Pissarro, Renoir), et le musée d'Art contemporain (œuvres de Bacon, Calder, Klee, Picasso). Située sur les rives du lac Michigan (nombreuses plages), la ville s'est longtemps enorgueillie de posséder la plus haute tour du monde avec la Sears Tower (442 m, 108 étages).

A l'instar de La Nouvelle-Orléans, Chicago est un creuset du blues et du jazz. Elle est aussi le point de départ de la célèbre route 66, une pionnière qui court sur près de 4 000 km jusqu'à Los Angeles. La «66» n'apparaît plus aujourd'hui sur la carte routière des grands «Interstates», mais le touriste est toujours invité à la suivre et à traverser des lieux mythiques tels que Saint Louis et le Nouveau-Mexique.

Bien moins imposante que Chicago, **Springfield**, la capitale de l'Etat, est une destination historique recherchée car elle renferme la maison et le tombeau d'Abraham Lincoln.

Michigan

Les villes

La grande ville du Michigan, **Detroit**, offre son musée Henry-Ford, le plus grand musée automobile des Etats-Unis. Le Detroit Art Institute vaut également le détour.

Les paysages

L'Etat le plus «lacustre» des Etats-Unis est cerné par le **lac Michigan** à l'ouest, le **lac Huron** à l'est et le **lac Erié** au sud : autant de possibilités balnéaires en été et de paysages côtiers à découvrir.

Tennessee

Le patrimoine culturel

Les échangeurs autoroutiers qui entourent **Nashville** sont en forme de guitare, pour bien signifier sa vocation de capitale de la country music. Ces accents de l'Amérique profonde ont leur musée (Country Music Hall of Fame), leurs deux cents studios d'enregistrement et leurs lieux célèbres (studio B de RCA), dans une ville vouée à un genre musical dont les racines dépassent les frontières d'un Etat qui est lui-même l'épicentre du jazz, du rock'n roll et du rythm'n blues. Une curiosité entre toutes : la Cadillac Solid Gold d'Elvis Presley, où même les tourne-disques sont en or. Chaque année, en juin, a lieu une grande fête, la Fan Fair.

Le rock et le blues ont élu domicile à Memphis, plus exactement à Beale Street. Le fantôme d'Elvis Presley rôde dans sa maison de Graceland, au Sun Studio et dans les boutiques de souvenirs, remplies de gadgets en son honneur. Les inconditionnels du blues empruntent la route 61 qui, de Memphis, les conduit au delta du Mississippi. Ce dernier a son musée à Memphis, d'où partent des croisières en bateau à aubes.

Un quatuor présidentiel sur les flancs du mont Rushmore, dans le Dakota du Sud.

Toutes trompettes dehors partout en Louisiane, patrie du dixieland.

QUE VOIR, QUE FAIRE AU SUD ?

■ **LOUISIANE**

Le patrimoine culturel

Dixieland, « Vieux Carré » de La Nouvelle-Orléans

Culture cajun

Les villes

La Nouvelle-Orléans, Baton Rouge, Lafayette, Natchitoches

Les paysages

Plantations

Mississippi (minicroisières)

■ **MISSISSIPPI**

Le patrimoine culturel

Route 61

Blues (Clarksdale)

Musée Coca-Cola (Vicksburg)

Maisons coloniales (Natchez)

Le Sud

■ Louisiane

Le patrimoine culturel

Le dixieland, le style de jazz le plus traditionnel, est né dans le sud des Etats-Unis. Aujourd'hui, son souvenir se perpétue tant bien que mal dans les bistrots du «Vieux Carré» de La Nouvelle-Orléans, mais il est battu en brèche par les boîtes de strip-tease de Bourbon Street. Certains creusets des grandes heures du jazz, comme le Preservation Hall, demeurent mythiques, mais les notes et les accents les plus sincères se sont réfugiés au-delà de Canal Street, dans les salons des grands hôtels. En revanche, la force du Jazz and Heritage Festival, tous les ans au mois d'avril à La Nouvelle-Orléans, ne se dément pas. Il est précédé, en février, d'un carnaval tout aussi réputé.

Autre histoire : celle de la colonisation, française d'abord, espagnole ensuite. Au détour des villages, par exemple à Saint-Martin-Ville, près de Lafayette, on peut entendre quelques mots de français sortis de la bouche des Cajuns, chassés du Canada en 1755 et qui se sont installés dans la région hostile du delta du Mississippi. Le visiteur peut découvrir leur mode de vie (musique traditionnelle, bals du samedi soir symbolisés par la gigue, pêche des écrevisses, cuisine épicée) mais aussi envisager des swamp tours en air boat (canoë à fond plat) ou en canot dans les bayous, bras morts du Mississippi où se rencontrent parfois des alligators plus assoupis que belliqueux et des aigles.

Les villes

Défigurée par l'ouragan Katrina en août 2005, **La Nouvelle-Orléans** se reconstruit et tente de restituer le parfum de nostalgie né de sa fondation et de son peuplement par les Français au début du XVIIIe siècle. Les demeures du Vieux Carré, miraculeusement préservées de la catastrophe,

Les minicroisières sur le Mississippi à bord de bateaux à aubes : l'un des nombreux charmes de la Nouvelle-Orléans.

NATCHEZ
STEAMER
NATCHEZ
PORT OF NEW ORLEANS

La plantation de Oak Alley, en Louisiane, arbore une superbe allée de chênes quatre fois centenaires.

la cathédrale Saint-Louis, le couvent des Ursulines, édifice le plus ancien de la vallée du Mississippi, sont là pour témoigner, même s'ils sont mâtinés du style espagnol, que l'on retrouve joliment exprimé par les balcons en fer forgé. Des rives du Mississippi partent des minicroisières sur des bateaux à aubes.

Autres villes qui évoquent la vieille France (la Louisiane a été vendue en 1803 aux Etats-Unis pour quatre-vingts millions de francs): **Baton Rouge**, **Lafayette** et surtout, dans le nord-ouest de l'Etat, **Natchitoches**, chargée d'histoire car fondée peu avant La Nouvelle-Orléans (vieux quartier, rives de la Cane River).

Les paysages

Les plantations, grandes demeures à portiques et à colonnes entourées de champs de coton ou de canne à sucre travaillés par les esclaves au XVIIIe siècle, symbolisent une histoire tourmentée. Les plus connues sont, à Vacherie, Oak Alley, flanquée de deux magnifiques rangées de chênes, et la très élégante Laura Plantation. A Cheyneville, non loin d'Alexandria, on découvre Loyd Hall Plantation. Quant au **Mississippi**, il cache aujourd'hui sa gloire commerciale des siècles passés sous les palettes rouge vif des bateaux à aubes, chéris des touristes lors de minicroisières aux accents de jazz.

Mississippi

Le patrimoine culturel

Un fleuve légendaire par sa puissance et son importance économique, la fameuse **route 61** qui vient de Memphis, des champs de coton: le décor est toujours prêt pour perpétuer le blues, dont les sons et les souvenirs cultes (Muddy Waters, Bessie Smith, Tennessee Williams) sont surtout ressentis dans de petites villes comme **Clarksdale** à large majorité noire de condition modeste, et où l'on peut visiter un Delta Blues Museum rempli de supports musicaux. L'authenticité du Sud, résumée par le circuit «Mississippi Delta Blues» souvent proposé au visiteur, est mieux préservée dans ce genre d'endroit.

Retour à la réalité avec **Vicksburg**, qui abrite un musée Coca-Cola (né ici en 1894) et, plus romantiques, les demeures coloniales de **Natchez**, souvent transformées en hôtels.

Nouveau-Mexique

Le patrimoine culturel

Les maisons en adobe (terre ocre et

QUE VOIR, QUE FAIRE AU SUD ?

■ **NOUVEAU-MEXIQUE**

Le patrimoine culturel
Indiens, Santa Fe

Les paysages
White Sands, grottes de Carlsbad

■ **TEXAS**

Le patrimoine culturel
Ranches, cow-boys (Kingsville, Fort Alamo)
Country music (Austin)

Les villes
Dallas, Fort Worth, Houston

■ **FLORIDE**

Les côtes
Suncoast (stations balnéaires)
Les Keys (plongée à Key Largo)
Miami Beach

Les attractions
Disneyworld, cap Canaveral

La faune
Marécage des Everglades (alligators, panthères, lynxs)

Les Indiens tentent de retrouver leur identité en revêtant les costumes traditionnels.

paille séchées) et les ruines de villages précolombiens appartiennent à cet Etat. De plus, le Nouveau-Mexique est l'Etat des Etats-Unis qui renferme la plus forte proportion d'Indiens, dont plusieurs musées de Santa Fe racontent l'histoire.

Santa Fe est une ville mythique, berceau des Anasazis et des Pueblos (Hopis), puis carrefour légendaire de la conquête de l'Ouest, du western et de la terre promise californienne (Santa Fe Trail, Old Spanish Trail, El Camino Real).

Le tourisme est concentré sur l'histoire des Indiens Acomas et Taos, sur les villages des Pueblos, ainsi que sur les villes qui connurent la prospérité minière, symbolisée par la ligne de chemin de fer qui relie Santa Fe à la Californie. Enfin, l'Etat est également concerné par la route 66, qui passe à Gallup.

Les paysages

Avec ses grands espaces parfois désertiques, ses reliefs de grès rouge, ses lacs de montagne et ses forêts, le Nouveau-Mexique varie à souhait les balades possibles. Au centre du bassin de Tularosa, entre les monts San Andres et les monts Sacramento, s'étend une sorte de mer de gypse : **White Sands**. Seuls les yuccas et quelques autres espèces du genre ont le droit d'y pousser.

En se dirigeant vers l'est, on rencontre les **grottes de Carlsbad**, dont les grandes salles souterraines offrent le spectacle de concrétions serrées et de gros piliers de calcite.

Texas

Le patrimoine culturel

S'il lui fallait un dernier refuge, le cow-boy choisirait le Texas, ses prairies, ses ranches et ses rodéos. Il irait, par exemple, à **Kingsville**, où se trouve le plus grand ranch du monde, ou à **Fort Alamo**, voué au souvenir de Davy Crockett. Les concerts de country music, dont les meilleurs sont donnés à **Austin,** appartiennent également au patrimoine culturel de cet Etat.

Les villes

Bien que chacune d'elles possède un important musée, **Dallas**, **Fort Worth** et **Houston** (qui abrite un Space Center où la NASA et la lune sont à l'honneur) ne font pas partie des grandes villes touristiques des Etats-Unis. Cependant, elles réunissent les défauts et les qualités de l'exacerbation de la modernité américaine.

Floride

Les côtes

C'est parce qu'ils ont déjà la saveur, sinon l'exacte apparence, des plages caraïbes que les rivages de sable blanc de Floride ont si grande réputation, particulièrement la **Suncoast** : de Tampa à la pointe sud de la presqu'île se retrouvent les heureux élus du système américain, souvent du troisième âge, dans des stations balnéaires aux noms prestigieux (Naples, Sarasota, Saint Petersburg où a été ouvert un musée Salvador-Dalí) et truffées de parcours de golf.

En Floride, le quartier Art Déco de Miami est une des curiosités de la ville, qui oscille entre extravagance et sérieux.

Point le plus méridional des Etats-Unis, **les Keys** forment un groupe de quarante-deux îles rendues célèbres par Humphrey Bogart et le film *Key Largo*, ou encore par Hemingway qui, en arrivant en 1931 et en séjournant neuf ans à Key West, kilomètre zéro de la route n°1, en a fait le port d'attache des écrivains de tous styles au milieu des contrebandiers. Key Largo renferme un parc naturel de récifs coralliens, le parc John-Pennekamp, devenu un paradis pour les plongeurs amateurs d'images de poissons tropicaux.

Sur la côte ouest, **Sanibel Island** est réputée pour ses grandes plages, ses coquillages et son parc naturel Ding Darling National Wildlife Refuge. Sur la côte est, **Miami Beach** étire dans sa baie la «rangée des millionnaires» et ses maisons inaccessibles au commun des habitants de **Miami**, ville traversée par tous les trafics mais victime d'une trop sévère réputation qui fait parfois oublier la renommée d'Ocean Drive, du quartier Art déco (Art Deco National Historic District), de Little Havana, de Coral Gables et de South Beach.

Autres lieux réputés de la côte est: Daytona Beach, West Palm Beach.

Les attractions

Plus récent (1971) et plus vaste que son homologue californien Disneyland, **Disneyworld** (10 000 ha), devenu Walt Disney World Resort et situé à proximité d'Orlando, possède quatre parcs principaux: Magic Kingdom, Epcot Center (le Monde du futur), les studios Disney-MGM et le Disney Animal Kingdom. Il existe également trois parcs aquatiques (Blizzard Beach, Typhoon Lagoon et River Country), en sus du Miami Seaquarium.

A mi-chemin de Daytona Beach et de West Palm Beach, au **cap Canaveral**, se trouve la base Kennedy, d'où partent les engins spatiaux.

La faune

Le marécage sauvage des **Everglades**, transformé en parc national, est une bonne alternative pour qui veut échapper un temps à l'océan. On peut le visiter à pied, à vélo et surtout en air boat.

Parmi une faune surtout avicole, on peut apercevoir des alligators, plus sûrement dans les fermes tenues par les Indiens Séminoles. Avec beaucoup de chance, on verra peut-être aussi le museau de panthères, lynx ou chats sauvages.

L'ouest

L'Alaska est un Etat connu pour ses milliers de glaciers. Ici le glacier Le Conte.

Alaska

Les paysages

L'Alaska, the «last frontier», dont la froidure ne fait plus peur au touriste-randonneur, doit sa beauté et sa réputation à ses milliers de glaciers : Columbia, Portage et surtout Malaspina et Nabesna, les plus imposants. C'est en cabotant sur de petits navires de croisière qu'on les observe le mieux, tout en ayant quelque chance de croiser les hôtes de l'endroit (baleines, lions de mer, phoques).

En septembre, avant les grands froids, la nature et ses couleurs d'automne imposent leur beauté. L'Etat est dominé par les 6 194 m du mont McKinley, dans le Denali National Park, et les sommets des monts Wrangell. Le mont McKinley est le point culminant de l'Amérique du Nord et fut l'un des objectifs de la ruée vers l'or, dont la route la plus connue se situe au sud-est de l'Etat.

Les fjords du parc national de la presqu'île de Kenai, la région de la **rivière Yukon**, qu'apprécient les amateurs de kayak, et les sources chaudes sont les autres aspects du spectacle, alors que l'abondance des rivières, des lacs et des torrents constitue une invitation pour les amateurs de pêche. Sur les rivières Yukon et Tanana, ainsi que sur le Lynn Canal, d'agréables croisières sont proposées.

La faune

La faune du Denali National Park est riche : ours, élans, caribous, grizzlis, castors, aigles. Phoques, marsouins et baleines sont présents dans Glacier Bay National Monument.

Le patrimoine culturel

Les Esquimaux, dont on visite les villages, tentent de préserver leurs traditions, mises en valeur par le musée d'Art d'Anchorage.

Une tradition s'est, elle, perdue depuis bien longtemps : celle qui a vu les fous de la ruée vers l'or emprunter à partir de 1897 la courte ligne de chemin de fer qui relie Skagway à Whitehorse (Yukon, Canada). Mais le tourisme vient de la reprendre à son compte...

Arizona

Les paysages

C'est en Arizona que se trouve l'un des sites naturels les plus célèbres du monde : le **Grand Canyon du Colorado.** Le fleuve a creusé un sillon aujourd'hui étendu à une succession de falaises pour la plupart rouge orangé, entre 6 et 29 km de largeur pour une profondeur maximale de 1 600 m. Le survol est possible en petit avion, et des balades à pied ou à dos de mulet sont envisageables autour ou au fond du canyon.

Il y a foule également à la frontière

QUE VOIR A L'OUEST ?

■ ALASKA

Les paysages
Glaciers, montagnes, fjords, sources chaudes

La faune
Caribous, grizzlis, castors, baleines

Le patrimoine culturel
Traditions esquimaudes

■ ARIZONA

Les paysages
Grand Canyon du Colorado, Monument Valley, Meteor Crater, Petrified Forest, canyon de Chelly

Les villes
Old Tucson, oasis de Phoenix

L'Organ Pipe Cactus National Monument, en Arizona: certains cactus peuvent atteindre environ quinze mètres de hauteur.

de l'Arizona et de l'Utah, au nord-est de la réserve des Navajos: là s'élèvent les piliers et les aiguilles de grès rouge de **Monument Valley**, qui ont tant servi aux réalisateurs de westerns et de films publicitaires. Les réserves des Indiens Hopis et Navajos trouvent leur symbole dans le **canyon de Chelly,** qui a vu naître les premières civilisations américaines et conserve un caractère sacré pour les Navajos. Evalué à quelques dizaines de milliers d'années, **Meteor Crater** est dû à la chute d'une météorite qui a creusé un trou de 180 m de profondeur et de 1300 m de large.

A quelques encablures au nord-est, **Petrified Forest** est la démonstration de ce que peut provoquer le désert une fois que les derniers cours d'eau ont disparu...

A la lisière du Mexique, les cactus dominent, qu'il s'agisse des saguaros géants du Saguaro National Monument (ils peuvent atteindre 15 m de hauteur) ou des cactus en forme d'orgue que l'on trouve dans la région des Ajo Mountains.

Les villes

Au sud-est de l'Etat, le village d'**Old Tucson** tire sa célébrité du choix de la Columbia d'en faire en 1939 le premier grand site des tournages de westerns. Enfin, l'oasis qui sert de cadre à la ville de **Phoenix** n'est pas l'attrait le moins spectaculaire d'un Etat parmi les plus attachants du pays.

Californie

Les paysages

La plupart des grands parcs naturels de l'Ouest américain sont ici: le **Kings Canyon** et, à proximité, le **Sequoia National Park**, créé pour préserver les séquoias, aussi hauts que sont petites leurs feuilles; le **Yosemite National Park**, ses lacs, ses pins Bristlecones séculaires dans les White Mountains, ses séquoias géants (Mariposa Grove), ses escarpements tels que les 2600 m du Half Dome; la **vallée de la Mort** (85 m au-dessous du niveau de la mer pour son point le plus bas), que l'on peut visiter à partir de l'oasis située en son milieu, véritable havre de fraîcheur dans l'un des endroits les plus chauds, les plus désolés mais aussi les plus intéressants de la planète.

Dans le sud de l'Etat, et dans le même registre, on trouve le **désert de Mojave** et Joshua Tree, flanqué de ses gros cactus, à l'est de Palm Springs.

Le long de la côte californienne, la Pacific Coast Highway n° 1 est l'un des itinéraires les plus spectaculaires des Etats-Unis. De là on aborde l'océan et sa faune facilement observable (éléphants de mer, phoques, otaries, goélands et, en novembre et au printemps, les baleines grises en cours de migration).

Non loin de San Francisco se trouve la **Napa Valley,** où les amateurs sont invités à accroître leurs connaissances œnologiques en goûtant les crus californiens. Plus au nord, les amateurs d'insolite choisiront la **Gold Country,** ses vallons, ses vignes, ses rivières (kayak et raftings possibles), ses idées de randonnée et l'histoire des débuts de la ruée vers l'or du milieu du XIXe siècle.
Le voyageur titillé par la probabilité des séismes est invité à survoler la **faille de San Andreas**, entre Point Arena et la frontière mexicaine. Quant au passionné d'astronomie, il aura l'occasion de visiter, au nord-est de San Diego, l'observatoire du mont Palomar équipé d'un télescope de plus de 5 m d'ouverture.

Les villes

Los Angeles est la ville de la démesure dans tous les sens du terme : 100 km de long sur sa façade ouest. Les grandes légendes du cinéma et ses noms célèbres (Hollywood, Beverly Hills, Sunset Boulevard et Universal Studios, qui demande une journée de visite) s'y côtoient. Hollywood Boulevard, actuellement plutôt décrépit, conserve son cinéma chinois, sur le parvis duquel sont tracées les empreintes et les dédicaces des grandes stars américaines des dernières décennies ; sur les trottoirs, les étoiles en bronze incarnent plus de deux mille célébrités du monde du spectacle (Walk of Fame). Les branchés gagneront Melrose Avenue, quelques «blocks» plus loin. Disneyland, le plus réputé des paradis pour enfants, est moins vaste mais plus ancien que Disneyworld, en Floride. On doit aussi s'attacher à la visite de musées renommés (Pasadena, Getty Center, Museum of Contemporary Art).
Le long de sa baie, **San Francisco** est moins impressionnante que Los Angeles mais plus attachante. Ses emblèmes touristiques (Golden Gate, Cable Car, rues en montagnes russes, Chinatown, pénitencier d'Alcatraz au large) et les mœurs les plus affranchies des Etats-Unis ont fait sa réputation. Mais les mythes vacillent : la trace du mouvement hippie ou de Jack Kerouac a du mal à résister dans Haight Street et Ashbury Street, alors que «The Mission», quartier modeste et rebelle, doit affronter l'invasion des start-up. La ville s'est enrichie, en 1995, d'un musée d'Art moderne. De l'autre côté du Golden Gate se trouve Sausalito, où les hippies des années 1960, puis les boutiques et les touristes, ont succédé aux pêcheurs.
San Diego est recherché pour la douceur de son climat, pour ses musées (Musée maritime, Museum of Art), pour son quartier ancien de style espagnol (Old Town) et pour le centre

Le Golden Gate Bridge fut, jusqu'en 1964, le pont suspendu le plus long du monde.

QUE VOIR A L'OUEST ?

■ CALIFORNIE

Les paysages

Grands parcs naturels de l'Ouest américain (Kings Canyon, Sequoia National Park, Yosemite National Park, vallée de la Mort)

Napa Valley

Désert de Mojave

Les villes

Los Angeles, San Francisco, San Diego

Les côtes

Plages de la partie sud

Baie de Monterey

Las Vegas n'en finira jamais avec ses extravagances architecturales, comme ici New York revisité.

aquatique de Sea World, où le spectacle des grands cétacés constitue l'attraction principale.

Spectacle moins assuré mais plus réel : entre la mi-décembre et la mi-février, la migration des baleines descendues des rivages de l'Alaska vers la basse Californie.

Enfin, ce n'est pas une ville mais plutôt un vrai mythe : Bagdad Café, le vrai, celui du film du même nom, se trouve à Newberry Springs, 10 miles à l'est de Barstow.

Les côtes

Les plages les plus connues des Etats-Unis sont autour de Los Angeles (**Santa Monica**, **Malibu**, **Venice** et, pour les surfeurs, **Huntington Beach**) ou au nord (alentours de Santa Barbara). Après les avoir vues et pratiquées, il faudra savoir les délaisser pour d'autres, un rien plus paisibles mais aux eaux plus fraîches, par exemple celles qui jalonnent la **baie de Monterey,** où se trouve par ailleurs un aquarium réputé et de beaux sites le long de la route (Seventeen Miles) qui relie Pacific Grove à **Carmel**. Quelques kilomètres au sud de la ville chère à Clint Eastwood, il en existe une autre, également chère à bien d'autres artistes : **Big Sur.**

Colorado

Les paysages

Si les plus beaux panoramas du Grand Canyon ne se situent pas dans l'Etat qui porte son nom mais bien dans l'Arizona voisin, le Colorado donne le change avec, à l'extrême sud-ouest, la **Mesa Verde** («table verte»), grand plateau gréseux entaillé par une dizaine de canyons boisés. Dans leurs parois, des abris sous roche creusés par les eaux et le vent ont vu les Indiens nomades venus des vallées s'y réfugier, puis s'y installer du VIe au XIVe siècle. Aujourd'hui, on peut visiter les habitations troglodytiques (Cliff Palace) et les maisons à étages de Sun Point Pueblo.

L'Etat du Colorado a aussi son canyon, plus sauvage que l'autre : le **Black Canyon**. Au fond, la rivière Gunnison a du mal à se laisser admirer, tant les versants sont étroits et vertigineux.

Dans le **Summit County**, non loin de Denver, apparaissent les stations de ski les plus élégantes du pays : Vail, Beaver Creek, Breckenridge, Keystone. La motoneige y a largement creusé son sillon.

QUE VOIR, QUE FAIRE A L'OUEST?

■ **COLORADO**

Les paysages
Mesa Verde, Black Canyon, Summit County (stations de ski)

■ **HAWAII**

Les côtes
Plages, surf, funboard

Les paysages
Volcans

■ **MONTANA**

Les paysages et la faune
Glacier National Park, National Bison Range

■ **NEVADA**

La ville
Las Vegas

Les fêtes
National Final Rodeo

■ **OREGON**

Les paysages
Crater Lake

Les côtes
Plages, falaise, faune marine

Hawaii

Les côtes

La dimension exotique de cet archipel (sept îles habitées sur une vingtaine), au climat tropical et au cœur du Pacifique, peut être comparée à celle des Bahamas: plages de sable blanc et fin (dont, sur l'île d'Oahu, la célèbre Waikiki), cocotiers, mais aussi récifs de corail.
Le surf, principalement pratiqué sur les rivages de l'île de Maui, connaît à Hawaii ses plus grandes compétitions mondiales. La planche à voile et surtout le funboard trouvent également ici leur terre d'élection.

Les paysages

L'aspect volcanique d'Hawaii, où les coulées de lave ne sont pas rares, lui confère des paysages grandioses, surtout sur l'île du même nom – ou «Big Island». Tout autour des volcans **Mauna Kea** et **Mauna Loa** se sont fait jour des possibilités de randonnées, agrémentées des hibiscus, fleurs caractéristiques de l'archipel.

Montana

Les paysages et la faune

Au fil des siècles, les Indiens et les bisons ont toujours fait route ensemble. Parmi la vingtaine de parcs et de réserves de bisons qui existent encore, beaucoup sont situés dans le Montana et quelques-uns dans l'Etat voisin de l'Idaho. Le **National Bison Range**, à **Moiese**, et le musée des Indiens des plaines, à Browning, en renferment des nombreux témoignages. Au nord de **Browning**, le **Glacier National Park** est parsemé de magnifiques lacs et de forêts peuplées d'animaux.

Nevada

La ville

Au cœur du désert est née **Las Vegas**, la ville du jeu, où tout va très vite: la ronde des «quarters» emmagasinés par les trente mille machines à sous, mais aussi le mariage et le divorce. Question poudre aux yeux, jeux de lumière et extravagance des palaces alignés sur le Strip, la ville est sans égale dans le monde. Au cours des dernières années, elle a multiplié les folies évocatrices (reconstitution

Loin des volcans, Hawaii a son île-jardin, Kauai, avec ici la plage de Lumahai.

Bryce Canyon, dans l'Utah, n'est pas aussi grandiose que le Grand Canyon, mais il est plus caractéristique.

des immeubles de Manhattan, de monuments et de sites parisiens).

Les fêtes

Chaque année, au début du mois de décembre, se tient à Las Vegas le **National Final Rodeo**, où se retrouve pendant dix jours la fine fleur de ce «sport» né dans l'Ouest à la fin du XIXe siècle et toujours populaire à travers le pays. Les vrais cow-boys, mais aussi de plus en plus les cow-girls, y démontrent leur adresse sur le dos du taureau.

Oregon

Les paysages

Un volcan dont le cône s'est affaissé et qui est devenu un vaste cratère de 8 km de large au centre d'un plateau de laves : tel est le **Crater Lake.** Il est désormais inclus dans un parc national, situé au cœur de la chaîne des Cascades.

Les côtes

L'une des côtes les plus méconnues des Etats-Unis est celle qui, sur près de 600 km, est longée par la belle **Highway 101** : les falaises, les estuaires, les baies (Depoe Bay) et les caps (Cape Foulweather), ponctués de phares et d'embruns, les paysages de dunes, les larges plages (Gold Beach), la diversité de la faune marine (baleines, lions de mer, otaries) compensent l'impossibilité de la baignade pour cause de latitude trop haute.

Utah

Les paysages

Bryce Canyon, l'un des grands rendez-vous du voyage dans l'ouest, est un site naturel moins grandiose mais plus typique géologiquement que le Grand Canyon, en raison de son argile rougie par l'oxyde de fer et de ses spirales rocheuses. Non loin de là, **Zyon Canyon**

QUE VOIR A L'OUEST ?

■ UTAH

Les paysages

Bryce Canyon, Grand Lac salé, Rainbow Bridge, lac Powell, parc national d'Arches

Cataract Canyon, Capitol Reef National Park

Salt Lake City (ski)

■ WASHINGTON

Les paysages et la faune

Mont Saint Helens, mont Rainier

Orques, baleines

■ WYOMING

Les paysages

Yellowstone National Park

Chaîne du Grand Teton, Devils Tower

Le patrimoine culturel

Ranches, vie des cow-boys

Au-delà du folklore, le cow-boy est une figure mythique de l'Ouest américain.

est d'une configuration plus classique.

Autres sites majeurs: le **Grand Lac salé**, résidu d'un lac qui s'est asséché au fil des siècles et porte d'entrée de stations de ski aux alentours de **Salt Lake City**; **Rainbow Bridge**, dans la zone des Navajo Mountains, arc rocheux de plus de 100 m de hauteur et de près de 100 m de largeur, pont suspendu de grès rose; le **lac Powell**, lac artificiel très long et très profond et qui a généré des canyons; le **parc national d'Arches**, où des sculptures de grès dues au vent traversent le paysage, telle Landscape Arch, une lame de roche de 100 m de long audessus d'un amphithéâtre de grès; **Cataract Canyon**, confluence du Colorado et de la Green River; les falaises rouges ou ocre de **Capitol Reef National Park**.

Washington

Les paysages et la faune

Cet Etat ferme le pays au nord-ouest. Il est coupé par la chaîne des Cascades, un plateau de 1000 km de long hérissé de volcans eux-mêmes chargés de glaciers. Les sommets les plus réputés sont le **mont Saint Helens**, qui a connu naguère une très forte éruption, et le **mont Rainier**, pour la blancheur de son cône au-dessus des sapins. Les cirques (Willis Wall), les cascades et les forêts de pins Douglas contribuent à la beauté d'un Etat trop ignoré par le tourisme international, hormis les randonneurs.

A partir d'Everett, des croisières conduisent aux îles San Juan, à la découverte des orques et des baleines dans leur élément naturel.

Wyoming

Les paysages

Le **Yellowstone National Park** est le plus vaste et le plus prestigieux des parcs nationaux des Etats-Unis, ouvert été (randonnées) comme hiver (motoneige). Ses forêts recèlent des pins Douglas, vieux de cent cinquante ans, et des pins Lodgepole, avec lesquels les Indiens construisaient leurs tipis. Le parc, à moitié détruit par un incendie en 1988, mettra cinquante ans à retrouver son visage mais certaines espèces s'en trouveront revigorées. Il est entouré de montagnes dont la plus connue est la **chaîne du Grand Teton**.

Les sources, les geysers (dont Old Faithfull, dans le sud de Yellowstone) et la faune (ours, wapitis, élans, loups, coyotes, bisons) sont la preuve d'une grande diversité touristique.

A l'autre extrémité de l'Etat se dresse une curiosité géologique, la **Devils Tower**, tour de basalte de 265 m de haut, favorite des escaladeurs et embellie par des colonnes verticales pareilles à de longs tuyaux d'orgue.

Le patrimoine culturel

Pour beaucoup, le Wyoming est l'Etat type des grandes plaines du Far West, des ranches, des chevaux et des cowboys. Il est même possible de travailler dans certains ranches. On peut se contenter d'admirer les lieux et en particulier Cody, la ville de Buffalo Bill, où est ouvert un musée d'Arts et des Traditions populaires. Il existe aussi un tourisme d'hiver très peu connu (Jackson Hole) à base de ski et de motoneige. ■

LES CONSEILS GEO

▶ Les plus

Un des plus larges éventails touristiques du monde.

Le retour des touristes après le 11 septembre 2001 et des années de doutes.

Un pragmatisme hors du commun pour le tourisme : les Etats-Unis ont inventé plusieurs façons de voyager, entre autres le motorhome et le pass aérien, qui ont fait école.

Les bienfaits de la concurrence aérienne, qui maintient des tarifs modestes par rapport à la distance.

▶ Les moins

L'absence de vieilles pierres et de passé lointain à contempler: les Etats-Unis sont nés il y a seulement un peu plus de deux siècles.

Les tracasseries aux frontières et la sévérité des contrôles imposées aux visiteurs dans les zones d'accès depuis la mise en pratique des mesures antiterroristes.

▶ Les précautions

Ne pas manquer certes de visiter en voiture un pays qui la vénère, mais respecter scrupuleusement les limitations de vitesse, la maréchaussée ne plaisante pas... Se rappeler que les réserves indiennes de l'Ouest sont des réalités économiques et humaines, et non des musées.

QUE VOIR EN ETHIOPIE ?

Les monuments

- Sites historico-religieux de Lalibela et Aksoum, vieilles cités (Gondar, Harar)
- Musée d'Archéologie d'Addis-Abeba

Les paysages et la faune

- Chutes du Nil Bleu (Tississat), hauts plateaux (parc national de Simen), lac Tana, volcans (Erta Ale), lacs du Danakil
- Parcs nationaux d'Awash et de la vallée de l'Omo

Longtemps perçue comme le pays de toutes les calamités, l'Ethiopie peine à montrer son autre image : des atouts architecturaux très anciens, des hauts plateaux, des lacs, une faune et une flore riches, des volcans, le Nil Bleu. Le tout sous un des climats les plus agréables d'Afrique.

Ethiopie

LE CARNET DE VOYAGE

Les premiers contacts
Ambassade, 35, av. Charles-Floquet, 75007 Paris, 01.47.83.83.95. Internet: www.tourismethiopia.org

Les formalités
Pour les ressortissants de l'Union européenne, canadiens, suisses: passeport (valable encore six mois après le retour), visa obligatoire, obtenu auprès du consulat ou à l'arrivée (vérifier cette possibilité le moment venu) dans l'un des deux aéroports internationaux du pays, Addis-Abeba et Dirédaoua.

La santé
Vaccination vivement recommandée contre la fièvre jaune en dehors des zones urbaines. Prévention indispensable contre le paludisme au-dessous de 2000 m. Pas de risque à Addis-Abeba.

Le voyage, le décalage
Paris-Addis-Abeba via Francfort ou Londres avec Ethiopian Airlines. Lorsqu'il est midi en France, en Ethiopie il est 13 heures en été et 14 heures en hiver.

Le coût moyen d'un séjour
Un coût plutôt élevé (au moins 2500 € pour 15 jours), d'autant que le voyage individuel est peu répandu et peu conseillé.

Les langues, la monnaie
Langue officielle: l'amharique. Très nombreux dialectes. Langues étrangères: l'italien et l'anglais dans les villes.
Monnaie: le birr. Il est vivement conseillé de se munir d'US dollars.
1 USD = 9 birrs, 1 € = 13 birrs.

La population
Les 76512000 habitants sont répartis en une mosaïque sans liens véritables: Amharas (majoritaires), Oromos, Somalis, Danakils, Tigréens, Afars.
Capitale: Addis-Abeba.

Les religions
L'Eglise éthiopienne orthodoxe, qui s'est détachée des coptes d'Egypte au milieu du siècle dernier, regroupe 52% de la population, l'islam sunnite 31%, les croyances traditionnelles 11%. Il existe également une communauté juive (Falachas).

Les fêtes
19 janvier: procession du Timkat (Epiphanie copte, Pâques est également très important); **6 avril:** fête de la Victoire: **27 ou 28 septembre:** Meskel («fête de la Vraie Croix»); **Aïd el-Fitr:** fin du ramadan.

Les achats
Des bijoux en argent et en ambre, des croix éthiopiennes, des peintures sur parchemin, des vêtements en coton et un café haut de gamme.

Des bergers dans le parc national de Simen. L'histoire et la beauté de l'Ethiopie attirent de plus en plus de visiteurs.

Les monuments

Les onze églises rupestres (XIIe siècle) de la cité monastique de **Lalibela**, la «Jérusalem noire», sont taillées à même le tuf et communiquent entre elles par d'étroits tunnels : elles constituent l'un des sites architecturaux les plus intéressants d'Afrique. Sur ce même lieu, au mois de janvier, la fête de l'Epiphanie copte (Timkat) apparaît comme un grand moment, marqué par des processions au son des tambours, la couleur des costumes des prêtres et des diacres coptes, ainsi que la sortie rarissime des tables et des pierres sacrées.

Aksoum, berceau du royaume des Sabéens au VIe siècle et où la légende place un palais de la reine de Saba, est d'un intérêt égal à Lalibela : la ville vaut par ses imposantes stèles (33,5 m pour la plus haute), ses ruines du palais Dongour et son église Sainte-Marie-de-Sion. Son obélisque du IVe siècle en basalte, la «Flûte de Dieu», lui a récemment été restitué par l'Italie.

Non loin d'Aksoum, se dresse le monastère de Debré Damo, le plus ancien du pays (VIe siècle) et où vivent six cents moines.

Gondar, la ville aux quarante-quatre églises anciennes et aux châteaux royaux des XVIIe et XVIIIe siècles, est également un passage obligé, comme **Harar**, vieille cité aux murs blancs, perchée à 1 700 m et qui possède toujours ses remparts. C'est là que l'islam a trouvé sa place en Ethiopie, c'est là aussi que Rimbaud a séjourné.

Les églises (avec des manuscrits peints) et les monastères décorés de peintures sur l'histoire biblique autour du **Tana** complètent le patrimoine architectural du pays.

Le musée national d'Archéologie d'**Addis-Abeba** se distingue par une copie de Lucy, australopithèque désormais célèbre, découvert dans le Danakil.

Les paysages et la faune

L'Ethiopie offre certes le spectacle des chutes du **Nil Bleu** (chutes de Tissisat) et de ses longues gorges, mais aussi celui de ses hauts plateaux, étagés entre 2000 et 3500 m. Les plus beaux panoramas en sont offerts par le parc de **Simen**, au nord du **lac Tana**, lui-même hérissé par endroits de cases lacustres et parsemé de canots de papyrus sur lesquels se déplacent les pêcheurs. Autres curiosités : la grotte de Sof Omar, creusée par le cours du Ouebi Chebeli ; les volcans (Erta Ale), la montagne du Bale et les lacs de la dépression du **Danakil**.

L'Ethiopie renferme de nombreuses variétés d'oiseaux qui, tel le gypaète, sont réputés pour se laisser facilement approcher car ils n'ont pas été chassés par l'homme à travers l'histoire. Les espèces les plus nombreuses se rencontrent autour des lacs de la vallée du Rift, à 200 km environ au sud d'Addis-Abeba : des aigles pêcheurs, des flamants roses, des ibis et des marabouts y vivent.

La faune classique d'Afrique (lions, girafes, éléphants, crocodiles, hippopotames) peuple le parc de la **vallée de l'Omo** et le parc d'**Awash**, tous deux propices à des safaris-photos. Le fleuve Omo, qui finit par un delta dans le lac Turkana, au Kenya, fait l'objet de remontées en bateau. ■

QUAND PARTIR ?

	Climat	Nature
Janvier	☼	
Février	☼	
Mars	☼	
Avril	☼	⋖
Mai	☼	⋖
Juin		⋖
Juillet		
Août		
Septembre		⋖
Octobre	☼	⋖
Novembre	☼	⋖
Décembre	☼	

LES CONSEILS GEO

▶ Les plus

Une diversité rare en Afrique : l'Ethiopie renferme aussi bien les vestiges d'une histoire religieuse très riche que de beaux paysages et une faune rare et variée.

Un climat privilégié sur le haut plateau central.

La paix avec l'Erythrée, qui semble devoir durer.

▶ Les moins

Un voyage individuel difficile à mettre sur pied et, quoi qu'il en soit, fortement déconseillé.

Des conditions de séjour relativement éprouvantes et des prestations d'un coût élevé.

Des pluies qui tombent surtout entre juin et septembre.

▶ Les précautions

L'Ogaden, la région de Gambela, les zones frontalières avec l'Erythrée et le Kenya sont fortement déconseillés au voyageur.

Par ailleurs, il existe un certain risque à voyager isolément en dehors des zones touristiques.

La Laponie et son mode de vie tiennent désormais le haut du pavé du tourisme finlandais.

QUE VOIR, QUE FAIRE EN FINLANDE ?

Les paysages et les randonnées
- Laponie : traîneau, motoneige, attelages de chiens ou de rennes, ski de fond
- Mont Saana, lac Inari
- Soleil de minuit, aurores boréales
- Lacs : canoë, minicroisières, sports nautiques
- Forêts de conifères
- Archipel des Åland

Les villes
- Helsinki, Tampere, Turku, Imatra, Kuopio, Kerimäki

Le patrimoine culturel
- Sauna, Père Noël, courses de rennes

Finlande

Randonneurs, skieurs, amoureux de la nature de toutes tendances, unissez-vous car ce pays est fait pour vous ! Là où l'être humain a rarement eu autant de lacs et d'espace, on peut passer un moment d'été, avec en prime la lumière du soleil de minuit, ou, surtout, un moment d'hiver entre ski de fond, traîneau à rennes, motoneige, sauna et Père Noël.

LE CARNET DE VOYAGE

Les premiers contacts
Office national du tourisme de Finlande, BP 283, 75425 Paris Cedex 9, 01.55.17.42.70. Internet : www.visitfinland.com, www.santapark.com (Père Noël).

Les formalités
Pour les autres ressortissants de l'Union européenne : une carte d'identité ou un passeport.

La santé
Aucun problème, mis à part les hordes de moustiques en été.

Le voyage, le décalage
Durée moyenne du vol Paris-Helsinki (1894 km) : 2h30 ; Paris-Rovaniemi : 3h30. Vols directs en hiver pour Ivalo ou Kittilä à partir de Paris en 3h30. Bateau : embarquement à Rostock (Allemagne) pour Hangö, à l'ouest d'Helsinki, ou via la Suède (Stockholm-Turku). Lorsqu'il est midi en France, en Finlande il est 13 heures.

Le coût moyen d'un séjour
1300 € environ pour une semaine «multiactivités» en Laponie. 450 € pour un week-end éclair à Helsinki.

Les langues, la monnaie
Langues officielles : le finnois, le suédois et le lapon (sâme), ce dernier depuis 1988 seulement. Langue étrangère : l'anglais.
Monnaie : l'euro.

La population
On dénombre 5238000 Finlandais, dont l'histoire et la langue se différencient nettement de celles de la Norvège et de la Suède. Environ 1500 Lapons. Peu d'étrangers.
Capitale : Helsinki.

Les religions
90% des habitants sont évangéliques luthériens.

Les fêtes
Mai : Vappu (carnaval) ; **24 juin :** Saint-Jean ; **fin août-début septembre :** Festival d'Helsinki ; **26 décembre :** Tapaninpäivä (promenade en traîneau tiré par un cheval).

Les achats
Le bonnet lapon est l'exemple des achats le plus souvent mis en avant. On citera aussi le costume traditionnel, les bottes fourrées et les peaux de renne.

Les paysages et les randonnées

Au-delà du cercle polaire s'étend la **Laponie**, qui connaît un engouement en automne, lors de son été indien (ruska), et surtout en hiver. On la découvre à partir de stations de sports d'hiver telles que Levi ou Ylläs, près de Kittilä, ou Saariselka, non loin d'Ivalo : en motoneige, derrière un attelage de chiens ou de rennes, en croisière sur un brise-glace, en luge, en raquettes ou en ski de fond, grande spécialité locale.

La taïga enneigée est hérissée de reliefs tels que le **mont Saana**, la montagne sacrée des Lapons. On y vient aussi en été pour des balades en tout-terrain ou en VTT le long de la rivière Tenojoki, dans les parcs nationaux de la Lemmenjoki (la plus vaste étendue forestière d'Europe) et de Pallas Ounastunturi, ou encore aux abords du **lac Inari**, qui comprend l'île sacrée d'Uko et un cimetière lapon.

La nature est truffée de lacs (près de deux cent mille !), surtout dans le sud-est et en **Carélie**, embellis par la couleur vert sombre des forêts de conifères (deux tiers du territoire).

Dans l'**archipel des Åland**, en face de Turku, plus de 6 500 îles ou îlots de granit émergent de la mer Baltique. L'agrément est renforcé par les châteaux, les églises... et la possibilité de bénéficier de prix hors taxes.

De la mi-mai à la fin juillet selon la latitude, le soleil est présent en permanence et offre en moyenne soixante-treize jours de clarté ininterrompue. En hiver, le spectacle s'inverse : nuit polaire et, de temps en temps, aurores boréales.

Les villes

Helsinki, ville d'intérêt moyen, est bâtie sur une presqu'île qui offre de belles balades en bateau dans l'archipel avoisinant ou, en hiver, des promenades sur... l'eau prise par les glaces. La capitale renferme ses plus beaux bâtiments classiques autour de la place du Sénat, mais son originalité est à rechercher dans la cathédrale orthodoxe Uspenski et surtout l'église Temppeliaukio, creusée dans le rocher. A un quart d'heure en ferry, la forteresse Suomenlinna abrite plusieurs musées.

Au carrefour de deux grands lacs, **Tampere** vaut par son musée Sara-Hildén et l'église Kaleva.

A **Turku**, la plus ancienne ville du pays, l'histoire a laissé un château, une cathédrale du XIIIe siècle et un musée en plein air. En Carélie et à la lisière de la Russie, **Imatra** mérite le détour. **Kuopio** vaut par ses halles et sa cathédrale blanche. Quant à la petite ville de **Kerimäki**, elle possède la plus grande église en bois du monde.

Le patrimoine culturel

Le sauna est une invention finlandaise et une institution. On prend d'abord un bain de vapeur et de chaleur sèche, puis on plonge dans l'eau froide de la Baltique ou d'un lac.

Le Père Noël est également une institution. Près de Rovaniemi, en Laponie, a été ouvert un parc d'attractions, Santa Park.

Une tradition plus récente : les courses de rennes, qui se déroulent entre janvier et mars. ■

QUAND PARTIR ?

	Tourisme d'été	Tourisme d'hiver	Soleil de minuit	Aurores boréales
Janvier		☼		⋖
Février		☼		⋖
Mars		☼		⋖
Avril		☼		⋖
Mai		Laponie ☼	☼	
Juin	☼		☼	
Juillet	☼		☼	
Août	☼			
Septembre				
Octobre		Laponie ☼		
Novembre		☼		⋖
Décembre		☼		⋖

LES CONSEILS GEO

▶ Les plus

Un pays où l'expression «grand air» prend tout son sens : l'écologie n'est pas considérée comme une composante politique mais comme une philosophie.

L'ouverture de nouvelles lignes aériennes en hiver qui placent la Laponie à moins de quatre heures d'avion de Paris.

▶ Les moins

Le coût élevé du tourisme.

La faiblesse relative du patrimoine architectural.

Pour ceux qui n'y sont pas prêts : les rigueurs du climat, le manque de lumière vive... et les moustiques.

▶ Les précautions

Agressivité et insécurité sont des mots à oublier : franchement très cool, la Finlande !

▶ Les tendances

L'image d'Epinal du Père Noël à Rovaniemi commence à jaunir, une autre lui succède, celle du séjour dit «multiactivités» : la petite famille prend un vol pour Kittilä, en Laponie, et s'installe pour une semaine dans le style formule-club (ski de fond, motoneige, attelage de chiens ou de rennes, sauna).

Grèce

L'hypermarché du soleil qu'est devenue la Méditerranée trouve en Grèce l'une de ses succursales les plus traditionnelles. L'attrait des vacances «farniente» est tel que l'image des îles aux maisons blanches sur fond bleu occulte trop souvent celle de l'Acropole, de la pléiade des autres monuments et vestiges, mais aussi des paysages montagneux du nord et du Péloponnèse.

La Grèce continentale

Les monuments et les vestiges

Du nord au sud, le visiteur ne saurait passer à côté des grands sites hérités de la Grèce antique:
– les ruines romaines de **Philippes** (théâtre, forum, thermes) et ses basiliques paléochrétiennes;
– le site grandiose de **Delphes,** siège du sanctuaire d'Apollon, auquel les pèlerins venaient poser leurs questions par l'intermédiaire de la célèbre Pythie, qui rendait ses oracles;
– les monuments d'**Athènes** (voir la partie consacrée aux villes);
– au sud d'Athènes s'élèvent le promontoire du **cap Sounion** et les quinze colonnes restantes du temple de Poséidon;
– à **Olympie**, dominé par le temple de Zeus, plane le souvenir des premiers Jeux olympiques il y a plus de deux mille cinq cents ans (gymnase, palestre, stade et Musée olympique);

QUE VOIR EN GRECE CONTINENTALE?

Les monuments et les vestiges

- La Grèce antique, du nord au sud : Philippes, Delphes, les monuments d'Athènes, cap Sounion, Olympie, Corinthe, Mycènes, Epidaure
- Les autres grands sites : mont Athos, Météores, Nauplie, Mystras

Les villes

- Athènes, Thessalonique, Ioannina

Les paysages

- La partie nord : monts du Pinde (gorges de Vikos), massif du Pélion, mont Olympe
- Le Péloponnèse : canal de Corinthe, Magne

Les côtes

- Péloponnèse, Macédoine, Chalcidique

Des rochers qui surgissent soudain au-dessus de la plaine en Thessalie: les Météores et leurs monastères, dont ici Aghia Triada, forment un ensemble grandiose.

Les célèbres caryatides de l'Erechtéion sur l'Acropole à Athènes.

– **Corinthe** offre son site antique (temple d'Apollon, fontaine Pirène) et le vaste ensemble de ruines de l'Acrocorinthe;

– **Mycènes**, la «riche en or» d'après Homère, est le cœur du royaume des Atrides, ville-forteresse du IIe millénaire av. J.-C.; il n'en reste plus grand-chose mais, passé la porte des Lionnes, l'imagination gambade à travers des sépultures et des noms aussi célèbres que Ménélas, Agamemnon, Clytemnestre ou Oreste;

– **Epidaure**, site du sanctuaire d'Asclépios, dieu de la Médecine qui rendit de fameux oracles, offre le théâtre le plus élégant et le mieux conservé de toute la Grèce antique, avec une étonnante acoustique.

Les autres grands sites

Le **mont Athos** est une sorte d'Etat dans l'Etat: il abrite plus de mille moines gardiens d'une sévère orthodoxie et des œuvres d'art en tout genre, répartis dans une vingtaine de monastères; hélas ! il est quasi impossible de visiter, à moins d'arguer de convictions religieuses ou culturelles solides; en outre, les femmes comme les animaux femelles n'y sont pas admis depuis près d'un millénaire.

Les monastères cénobitiques des **Météores** forment un ensemble grandiose de sept bâtiments perchés en haut d'énormes rochers gris au-dessus de la vallée du Pénée, en Thessalie.

Non loin de Mycènes, le joli site balnéaire et l'agréable vieille ville de **Nauplie** sont rehaussés de forteresses grecque (Acronauplie) et vénitienne (fort Palamède).

Près de Sparte l'oubliée, la citadelle de **Mystras**, prise par les Français lors d'une croisade en 1204 et orgueil du despotat de Morée, arbore des monastères byzantins, des couvents, des palais, une forteresse et des églises des XIVe et XVe siècles, plus tard remodelés par les Ottomans.

Les villes

Qui dit **Athènes** dit Acropole. Aménagée il y a deux mille cinq cents ans environ par Périclès, elle émerge au-dessus de la ville avec un trio de monuments parmi les plus visités du monde: les Propylées à l'entrée; ensuite le Parthénon, dédié à Athena, et l'Erechthéion, flanqué des statues des caryatides. L'ensemble est complété, à deux pas, par le temple d'Athena Niké et le tout Nouveau Musée de l'Acropole, qui a réservé sa place à la frise orientale du Parthénon pour le jour où le British Museum de Londres voudra bien la restituer.

Légèrement en contrebas, se trouvent

LE CARNET DE VOYAGE

Les premiers contacts
Office national du tourisme hellénique, 3, av. de l'Opéra, 75001 Paris, 01.42.60.65.75. www.gnto.gr www.athensguide.gr

Les formalités
Carte nationale d'identité ou passeport périmé depuis moins de cinq ans pour les autres ressortissants de l'Union européenne. Passeport nécessaire pour les Canadiens. Penser à emporter la carte européenne d'assurance maladie.

La santé
Aucun problème majeur, sauf de menus désagréments avec la forte pollution d'Athènes en été.

Le voyage, le décalage
Durée moyenne du vol Paris-Athènes (2096 km): 3 heures; Paris-Héraklion: 3 h 20. Bateau: départs d'Italie (Ancône, Bari, Brindisi, Trieste, Venise) à destination d'Igoumenitsa et Patras, avec possibilité d'embarquer sa voiture. Les traversées durent de 9 heures (Bari-Patras) à 39 heures (Trieste-Patras) et s'apparentent souvent à de vraies croisières. Route: Paris-Athènes (3000 km) via l'embarquement de la voiture en Italie (voir ci-dessus). Lorsqu'il est midi en France, en Grèce il est 13 heures.

Le coût moyen d'un séjour
Des compagnies à bas prix desservent Athènes. Environ 600 € pour une semaine balnéaire, près de 1 000 € pour une semaine randonnée.

Les langues, la monnaie
Langue officielle: le grec. Langues étrangères: l'anglais; le français reste confidentiel.
Monnaie: l'euro.

La population
10706000 habitants, dont environ le tiers dans l'agglomération d'Athènes, la capitale.

Les religions
Très forte majorité de chrétiens orthodoxes. Petites minorités de catholiques, de musulmans et de protestants.

Les fêtes
6 janvier: Epiphanie; **février ou mars:** Kathari Deftera («Lundi pur»); **mars:** carnaval en Crète; **25 mars:** fête nationale; **avril ou mai:** Pâque orthodoxe, très suivie; **août:** Festival du vin en Crète; **novembre:** récolte des olives en Crète.

Les achats
Les céramiques, les poteries, les tapis, les bijoux en argent, le cuir: autant de classiques artisanaux. Achats tout aussi classiques mais dans un autre genre: l'ouzo, le retsina et les olives.

L'Acropole et son trio de monuments célèbres : le Parthénon, les Propylées et l'Erechtéion.

la colline de l'Aréopage ainsi que le théâtre de Dionysos et l'odéon d'Hérode Atticus, qui reçoit les spectacles lyriques du Festival estival d'Athènes. Au bas de l'Acropole, le Theséion et l'Agora parachèvent l'imposante richesse architecturale antique de la capitale grecque.

La ville moderne n'est jamais mieux perçue que du haut du Lycabette, la «colline des loups», ou de la colline de Philopappos. Revigorée par les Jeux olympiques 2004, elle essaie de compenser sa réputation de creuset de pollution par l'animation des ruelles et placettes du quartier médiéval de Plaka et, à peine moins touristique, de Monastiraki, l'ancien quartier turc. Un peu moins intéressant, le quartier de Kolonaki renferme la place Syntagma et le marché central, à la saisissante animation.

A travers la ville, on découvre des musées de grand renom : l'incontournable Musée national archéologique, qui renferme presque toutes les grandes œuvres d'art de la Grèce antique, et, au premier chef les antiquités mycéniennes ; le musée Benaki ; le musée d'Art cycladique, le Musée byzantin, la Pinacothèque (tableaux du Greco), la fondation Melina-Mercouri et le nouveau musée d'Art contemporain Frissiras. Les autres grandes villes ont du mal à rivaliser. On se gardera, toutefois, d'oublier les églises, les anciennes mosquées et les musées (archéologique et byzantin) de **Thessalonique**, comme la tranquille **Ioannina**, son lac, ses monastères, ses mosquées et sa forteresse.

Les paysages

Le nord

Tant dans le nord que dans le Péloponnèse, la configuration montagneuse de la Grèce continentale est à l'origine de paysages injustement méconnus par le touriste, décidément trop occupé par l'Antiquité et les plages.

QUAND PARTIR ?

	Côtes	Visites culturelles	Nature
Janvier			
Février			
Mars			
Avril		◉	⋞
Mai		◉	⋞
Juin	☼		⋞
Juillet	☼		
Août	☼		
Septembre	☼	◉	⋞
Octobre		◉	
Novembre			
Décembre			

Dommage de passer à côté de sites qui ont conservé une certaine authenticité comme, au nord-ouest, l'Epire, les **monts du Pinde**, ou pays des Zagoria. Là se mêlent de jolis villages (Vitsa, Monodendri), de vieux ponts et surtout les **gorges de Vikos**, aux falaises qui surplombent la rivière de près de 1 000 m.
Dommage, également, de trop souvent ignorer, à l'est, le **massif du Pélion**, aux villages pétris de charme, et dont les forêts comme les vergers sont propices à la randonnée.
Plus arpenté est, au nord-est, le **mont Olympe**, séjour des déesses et des dieux, montagne sacrée et haut lieu de la mythologie grecque. Aujourd'hui, il est plus prosaïquement et assez facilement escaladé par de nombreux randonneurs.

Le Péloponnèse

Plus couru que la partie nord, le Péloponnèse s'ouvre sur une curiosité : l'étroit **canal de Corinthe**, aux parois impressionnantes. Il voisine avec le golfe du même nom, que l'on se doit de découvrir à partir des pentes du cap de l'Iraio.
Mais la presqu'île vaut surtout par les trois «doigts» qui la terminent au sud, et plus particulièrement celui du milieu, le **Magne**. Cette région isolée présente un relief tourmenté, aussi hostile que prenant. Elle est parsemée de petites églises byzantines et surtout de tours de défense propres à la région, érigées dans des villages qui se dépeuplent inexorablement.

Les côtes

Les côtes du **Péloponnèse** (côte de l'Arcadie, à l'est) et de la **Macédoine** n'ont pas la prétention de rivaliser avec celles des îles sur le plan du tourisme balnéaire, mais elles restent mal connues. On en arrive ainsi à des situations inhabituelles : les plages de sable blanc de la **Chalcidique**, au nord, voient séjourner autant de Grecs que de touristes étrangers...

QUE VOIR DANS LES ILES ?

■ LA CRETE

Les paysages
Gorges (Samaria), monastères, villages

Les côtes
Plages de la côte nord autour de La Canée, Rethymnon, Aghios Nikolaos, plages moins fréquentées de la côte sud

L'archéologie
Cnossos, Phaistos, musée d'Héraklion

■ LES CYCLADES

Les côtes
Plages de Mykonos, Santorin, Naxos, Paros

Les monuments
Délos (grand sanctuaire d'Apollon), Santorin (Akrotiri), Eubée

■ EUBEE

Les côtes et paysages
Baies, criques

Les monuments
Erétrie

■ LES ILES IONIENNES

Les côtes
Plages de Corfou, Céphalonie, Ithaque, Meganisi

Les monuments
Temple d'Artémis

■ LES SPORADES DU NORD

Les côtes
Rivages de Skiathos et de Skopelos

■ LES SPORADES DU SUD

Les côtes
Plages de Kos, Patmos, Rhodes

Les monuments
Rhodes

La Grèce des îles

La Crète

Les paysages

L'intérieur de la Crète est un terrain de choix pour les marcheurs comme pour les passionnés des traditions d'une île dont peu d'endroits restent préservés de l'invasion estivale. Certaines balades conduisent à de très beaux sites (gorges de Samaria), à des monastères ou à des villages embellis par leurs chapelles. Mais les «grands» marcheurs auront intérêt à prendre contact avec des voyagis-

Santorin, le village de Oia et le dôme bleu marine des églises : l'image idéale des Cyclades et de la mer Egée.

tes spécialistes de la randonnée pour trouver des sites moins fréquentés que Samaria. Insolite : le plateau de Lassithi et ses moulins à vent, même si la plupart ne fonctionnent plus aujourd'hui que pour le tourisme.

Les côtes

Les sites de la côte nord, surchargés en été, sont souvent considérés comme guindés, Aghios Nikolaos et plus encore Elounda en étant la démonstration. Il existe toutefois des exceptions, comme les plages plus familiales de Gouvès et Hersonissos, et l'île de Spinalonga, aux fortifications vénitiennes. A l'ouest d'Héraklion, l'atmosphère est attachante à Aghia Pelaghia, à La Canée, Rethymnon et leurs grandes plages.

La côte sud, moins sablonneuse et dotée de moins d'infrastructures, est plus appropriée pour qui recherche une certaine tranquillité.

L'archéologie

Le site historique le plus important est **Cnossos**, non loin d'Héraklion. C'est là que s'est épanouie la civilisation minoenne, dont il reste les ruines du palais de Minos, le prêtre-roi. Autre site minoen d'importance : **Phaistos**, dont le disque d'argile aux 210 signes pictographiques et toujours énigmatiques est conservé au **musée d'Héraklion**. La visite de ce musée, riche de collections de la civilisation minoenne, est indispensable à quiconque envisage un voyage culturel dans l'île.

Les Cyclades

Les côtes

Mykonos, **Santorin**, **Naxos**, **Paros** : autant de noms qui évoquent le soleil, la mer bleu profond, le sable, les maisons aux murs blancs. Avec la Crète, nul autre endroit que les Cyclades et leurs trente-quatre îles n'est aussi prisé du touriste, surtout pour le quatuor précité.

Syros, Amorgos, Folegandros, Tinos et Andros sont moins fréquentées, bien que les deux dernières soient proches d'Athènes. A l'opposé, les nuits jeunes de Mykonos sont très agitées.

Le succès de Santorin est dû au cadre de l'archipel, secoué par des éruptions et des séismes mais qui en a retiré un relief inhabituel. Aujourd'hui, les îlots enferment la mer dans une grande baie ovale, bordée de falaises où les couleurs blanche, ocre et noire rivalisent d'attraits.

Autour des Cyclades comme entre les autres groupes d'îles grecques, il est possible et même recommandé d'envisager des croisières plus ou moins longues et sous plusieurs formes (caïques, voiliers, etc.).

Les monuments

A **Délos** se trouve le plus important témoignage historique de l'archipel : le grand sanctuaire d'Apollon. Quoique mal en point, il présente l'un des ensembles les plus complets du pays (temples, trésors et monuments votifs). Les pièces les plus significatives sont conservées dans un musée.

A Santorin, la ville d'**Akrotiri**, dégagée des cendres d'une éruption qui l'avait recouverte en 1 500 av. J.-C., conserve les traces d'un habitat raffiné.

Eubée

Les côtes et paysages

Moins connues que celles des Cyclades, peu fournies en plages de sable mais riches de baies et de criques (surtout au sud), les côtes de l'Eubée constituent une bonne alternative à la surcharge de la mer Egée. En outre, elles sont agrémentées de ports de pêche pittoresques.

L'intérieur de l'île est relevé d'une moyenne montagne (Dirfi Oros) que les randonneurs parcourront avec un grand plaisir.

Les monuments

Les ruines de l'acropole, du théâtre et des temples d'**Erétrie** dominent l'intérêt architectural et historique de l'île. L'art byzantin apparaît dans les nombreuses églises et chapelles, ainsi que dans les monastères.

Zakynthos est l'une des îles Ioniennes qui ont vu passer Siciliens, Napolitains, Vénitiens, Français et Anglais...

L'acropole de Lindos, sur l'île de Rhodes, a conservé ses colonnes.

Les îles Ioniennes

Les côtes

Corfou n'a pas de rivale tout au long de cet archipel du nord-ouest qui, tout comme les Sporades du Nord, échappe relativement au flot touristique de la mer Egée. Situées plus bas que Corfou, les îles de **Céphalonie**, **Ithaque** et **Meganisi** sont également moins fréquentées.

Les monuments

C'est à Corfou qu'il faut chercher les monuments les plus connus, et principalement le temple d'Artémis, dont on peut voir le célèbre fronton de la Gorgone au Musée archéologique.

Les Sporades du Nord

Les côtes

Situées dans la partie centrale de la mer Egée, les Sporades du Nord sont relativement moins courues que la Crète et les Cyclades. **Skiathos** et **Skopelos** en sont les destinations les plus recherchées.

Les Sporades du Sud

Les côtes

Encore appelé Dodécanèse, ce groupe d'îles, situé au sud du trio Lesbos (l'île de Sappho), Chios et Samos, également très prisé, est le plus proche des côtes turques. **Kos**, **Patmos** et surtout **Rhodes** (plages de Falirakiet de Kolymbia sur la côte est) font le plein de touristes en été. Kalymnos (très propice à l'escalade et à la plongée), Karpathos, Nissiros et Symi sont un peu plus épargnées.

Les monuments

Rhodes n'a plus son Colosse, détruit par un séisme en 227 av. J.-C., mais a réussi à préserver sa ville murée, son palais des Grands-Maîtres et ses «auberges» de style gothique, autrefois maisons des provinces de l'ordre de Saint-Jean.

Autre site à ne pas ignorer : le village de Lindos, flanqué de son château médiéval. ■

LES CONSEILS GEO

▶ Les plus

Une richesse archéologique qui place la Grèce parmi les premiers pays touristiques du monde.
Des côtes morcelées, extrêmement nombreuses (15 000 km) et bien équipées depuis longtemps (hôtels-clubs, campings, etc.).
Le nombre et le prix des vols, y compris à partir des villes autres que la capitale.

▶ Les moins

La difficulté de prendre des vacances au pied levé en haute saison : hôtels et, par endroits, transports d'île en île sont à réserver longtemps à l'avance et souvent complets.

▶ Les précautions

Précautions d'usage sur les lieux touristiques d'Athènes. Vigilance sur les routes, le taux d'accidents mortels étant parmi les plus élevés de l'Union européenne.

▶ Les tendances

Mykonos rivalise avec Ibiza sur le plan des nuits d'été sans fin, c'est dire... Mais on n'est pas tenu de suivre, d'autres îles moins connues et surtout le nord de la Grèce étant largement en mesure d'offrir de quoi sortir des sentiers battus.

Entre cocotiers et collines, le vacancier trouve aux Saintes un condensé idéal de l'archipel.

QUE VOIR, QUE FAIRE EN GUADELOUPE ?

■ **BASSE-TERRE**

Les paysages
Forêt pluviale, chutes du Carbet, volcan de la Soufrière

Les côtes
De Pointe-Noire à Sainte-Rose

■ **GRANDE-TERRE**

Les côtes
Gosier, Sainte-Anne, Saint-François

■ **LES AUTRES ÎLES ET DEPENDANCES**

Les Saintes, La Désirade, Marie-Galante, Saint-Barthélemy, partie nord de Saint-Martin

Guadeloupe

Les deux ailes du papillon guadeloupéen sont très différentes : autant la plate Grande-Terre, l'aile droite, est vouée au grand tourisme balnéaire, autant la montagneuse Basse-Terre, l'aile gauche, fait valoir la randonnée et l'écotourisme. La Désirade, les Saintes, Marie-Galante, Saint-Barthélemy, la partie française de Saint-Martin complètent le tableau.

LE CARNET DE VOYAGE

Les premiers contacts
Comité du tourisme de la Guadeloupe, 23-25, rue du Champ-de-l'Alouette, 75013 Paris, 08.20.01.70.18. Internet: www.lesilesdeguadeloupe.com, www.ot-desirade.com, www.les-saintes-guadeloupe.com, www.otmarie-galante.com, www.stbarth.fr

Les formalités
Carte d'identité suffisante pour les ressortissants de l'Union européenne, passeport en cas de croisières ou visite d'autres îles des Antilles. Pour les Canadiens, passeport suffisant.

La santé
Aucun problème en dehors de la visite vespérale des moustiques.

Le voyage, le décalage
Durée moyenne du vol Paris-Pointe-à-Pitre: 8 heures. Lorsqu'il est midi à Paris, en Guadeloupe il est 6 heures en été et 7 heures en hiver.

Le coût moyen d'un séjour
Environ 600 € la semaine hors saison pour le vol A/R et l'hébergement en bord de mer, 1500 € pour quinze jours à base de randonnée. Selon la saison et le type de navire, de 1200 à 1600 € la croisière d'une semaine à travers les Antilles.

Les langues, la monnaie
Le français dans le texte, le créole plus souvent dans la rue. **Monnaie**: l'euro. Penser à l'accompagner d'US dollars en cas de croisière.

La population
431000 habitants, chef-lieu: Basse-Terre. Population de Noirs, mulâtres, Indiens, Créoles et métropolitains.

Les religions
Majorité de catholiques.

Les fêtes
Janvier et février: carnaval, apothéose lors de Mardi gras; **avril**: Festival de la gastronomie créole; **27 juin**: fête de l'Abolition de l'esclavage.

Les achats
Le rhum, les bijoux (dont les boucles d'oreilles créoles), les épices, les fleurs et les tissus (madras).

Basse-Terre

Les paysages

La forêt pluviale, le parc floral, les chutes du Carbet, l'ascension du **volcan de la Soufrière** : tout, dans le parc national de Guadeloupe, prête à la randonnée, au canyoning, aux activités sportives, à l'«accrobranche» et à l'essor de l'écotourisme, contrepoint au cliché d'archipel à bronzage que constitue la Guadeloupe vue de la métropole.

Les côtes

Moins fréquentées, moins réputées que celles de Grande-Terre, les côtes n'en méritent pas moins le séjour, que ce soit tout au sud (Grande-Anse, près de Trois-Rivières) ou sur l'épaule gauche de l'île, de Pointe-Noire à Sainte-Rose en passant par Deshaies. Quant aux fonds marins des îlets Pigeon, ils ont été transformés en réserve Cousteau.

Grande-Terre

Grande-Terre n'a pas beaucoup plus à proposer que ses plages, particulièrement celles de sa côte sud, mais elle le fait bien : le choix du farniente à Sainte-Anne ou à Saint-François offre toutes les chances d'un séjour réussi. Au Gosier également, mais les plages y sont moins étendues. La plongée s'impose souvent.

En partant vers l'est (Le Moule) et le nord (Anse-Bertrand), on trouve des rivages moins fréquentés.

Les autres îles et dépendances

Les Saintes, divisées en Terre-de-Haut et Terre-de-Bas, sont le résumé idéal de l'archipel : une dizaine de plages bordées de cocotiers, des petites embarcations pour de mini-escapades en mer et des mornes (collines) agrémentés de chemins pour pratiquer la randonnée.

La toute petite **Désirade** – 11 km sur 2 – vit au rythme de ses pêcheurs, avec son cimetière marin de Grande-Anse et ses lagons. La Désirade constitue vraiment l'autre Guadeloupe, hors des standards, avec **Marie-Galante**, où l'on trouve, dit-on, le meilleur rhum des Antilles et où le château Murat rappelle le temps de la canne à sucre triomphante,

Deux îles sont devenues Collectivités d'outre-mer en 2007 : à 175 km au nord-ouest, l'étiquette de «paradis pour milliardaires» de **Saint-Barthélemy** freine le touriste moyen. L'empreinte architecturale de la colonisation suédoise, les toits très rouges et les maisons couleur pastel donnent le change. A 25 km au sud, la partie française de **Saint-Martin** cumule les clichés : plages paradisiaques, paradis fiscal, casinos. ■

QUAND PARTIR ?

	Climat	Nature et photos
Janvier	☼	
Février	☼	
Mars	☼	
Avril	☼	
Mai		
Juin		⋖
Juillet		⋖
Août		⋖
Septembre		⋖
Octobre		
Novembre		
Décembre		

LES CONSEILS GEO

▶ Les plus

La variété et la spécificité des composantes de l'archipel, toutes très différentes mais toutes passionnantes. Un épicentre des croisières antillaises, avec des tarifs qui deviennent de plus en plus abordables.

▶ Les moins

Une image un peu écornée et un tourisme en baisse ces dernières années, mais ces deux écueils sont peu à peu surmontés.

▶ Les précautions

Ni plus ni moins de problèmes de sécurité qu'en métropole.

▶ Les tendances

Aussi longtemps que la majorité des croisières francophones partira de Pointe-à-Pitre pour une dizaines d'escales à travers les Antilles, la tendance à embarquer pour une semaine persistera et devrait même se renforcer si les prix poursuivent leur course vers le bas.

Autour du lac Atitlán, le voyageur découvre à la fois les traditions mayas et un paysage d'une grande harmonie.

Tapi dans l'ombre du Mexique, le Guatemala partage avec son grand frère le titre de plus beau pays d'Amérique centrale grâce à ses lacs, sa jungle, ses volcans, la richesse archéologique de Tikal et la fidélité des Mayas à leurs traditions.

Guatemala

Les paysages

Le **lac Atitlán**, entouré de trois volcans (Atitlán, San Pedro, Toliman) et de villages indiens, est dans un cadre idyllique. La contemplation des volcans (le cône de l'**Agua** confine à la perfection) et l'ascension possible de certains d'entre eux dans les sierras centrales (Acatenango, Fuego, Pataya, San Pedro, Santiaguito) ont de quoi occuper les yeux et les muscles, comme les paysages dénudés de la **sierra de los Cuchumatanes**, où les horizons ainsi que les traditions

LE CARNET DE VOYAGE

Les premiers contacts
Ambassade, 2, rue Villebois-Mareuil, 75017 Paris, 01.42.27.78.63. Internet: www.visitguatemala.com

Les formalités
Pour les ressortissants de l'Union européenne, canadiens, suisses: passeport encore valable six mois après la date du retour.

La santé
Prévention vivement recommandée contre le paludisme au-dessous de 1500 m et aussi contre la dengue.

Le voyage, le décalage
Durée moyenne du vol Paris-Guatemala Ciudad (via Madrid, Dallas ou Miami): 13 heures. Lorsqu'il est midi en France, au Guatemala il est 4 heures du matin en été et 5 heures en hiver.

Le coût moyen d'un séjour
Entre 2000 et 2500 € pour le voyage accompagné classique (15 jours): visite d'Antigua, de Chichicastenango, des villages indiens autour du lac Atitlán, des vestiges mayas et excursions à Copán (Honduras).

Les langues, la monnaie
Langue officielle: l'espagnol, qui voisine avec les dialectes indiens. L'anglais est moyennement connu. **Monnaie:** le quetzal. US dollars recommandés. 1 USD = 7,8 quetzals. 1 euro = 11 quetzals L'usage des cartes de crédit est limité.

La population
Les 12728000 habitants vivent surtout dans les régions montagneuses et sont juxtaposés: à l'ouest, sur les hautes terres, les Indios (56% de la population, taux record en Amérique latine); à l'est, les Ladinos, métis d'Indiens et d'Espagnols. **Capitale:** Guatemala Ciudad.

Les religions
Les trois quarts de la population sont catholiques, le dernier quart est protestant. Le rituel maya est autorisé mais les Eglises évangélistes tracent leur sillon et l'affaiblissent.

Les fêtes
Mi-janvier: pèlerinage du «Christ noir» à Esquipulas; **avril:** procession du Vendredi saint à Antigua; **novembre:** célébration festive de la Toussaint dans les villages mayas des hauts plateaux, semaine de feria puis Jour des morts à Todos Santos; **décembre:** fête de Santo Romas à Chichicastenango.

Les achats
Traditionnel: un textile très coloré et marchandé sur un marché local. A côté, des bijoux en argent, des objets de jade, des articles en cuir, en osier et en céramique.

QUE VOIR, QUE FAIRE AU GUATEMALA ?

Les paysages

- Lacs (Atitlán), jungle (Petén)
- Randonnées, volcans (Agua)
- Sierra de los Cuchumatanes

Le patrimoine culturel

- Mœurs mayas (villages, marchés), population caraïbe (Livingston)
- Nombreuses fêtes

Les monuments

- Temples-pyramides mayas de Tikal, El Mirador, Uaxactun, Ceibal, Antigua

et les rituels mayas composent un ensemble idéal pour le touriste.

Le cadre d'**Antigua** et la région de **Cobán** (cours souterrain du río Candelaria, gouffres, grottes) sont également dignes d'intérêt.

La faune est surtout remarquable dans le nord. Ainsi est-il possible qu'un jaguar laisse voir son museau, mais plus probable qu'un coati ou un toucan fasse la fête au visiteur.

Le patrimoine culturel

Les Indiens composent près de la moitié de la population. Que ce soit dans les villages, sur les marchés («tanguis»), au travers des couleurs des étoffes ou dans l'atmosphère de leurs fêtes religieuses, ils sont encore à l'abri de la caricature, même si des villages comme ceux qui ponctuent la région du lac Atitlán (Santa Cruz, San Pedro) sont très visités et risquent de perdre, avec le temps, leur authenticité.

Les tissages, les broderies et les masques en bois sont les attraits des marchés dont les principaux – mais pas les moins touristiques – sont ceux de Chichicastenango et d'Antigua.

Aux abords du golfe de Honduras, dans la région de **Livingston**, vit une population caraïbe aux mœurs et au mode de vie qui tranchent avec ceux du reste du pays.

Les monuments

Tikal a été, de 430 à 830, la plus grande métropole maya. Au milieu d'une végétation tropicale exubérante dans tous les sens du terme, ce site, l'un des plus imposants du genre, laisse apparaître, parmi bien d'autres, deux imposants temples-pyramides de 40 et 50 m de hauteur.

Au nord de Tikal et au cœur de la «Réserve biosphère maya» se cache le site archéologique du **Mirador**, réputé d'une très grande importance. Encore inaccessible au grand tourisme, il possède les plus hautes pyramides (147 m), et certains archéologues en font le berceau de la civilisation maya tout en se demandant comment le préserver. Autres sites mayas : **Uaxactun**, **Ceibal**.

La réputation des sites mayas efface parfois celle des sites urbains, où l'art colonial et baroque a laissé une trace profonde. Ainsi **Antigua**, qui fut la première capitale de l'Amérique centrale, affiche un plan en damier (sous l'influence de la Renaissance italienne) et une architecture baroque remarquable : palais des Capitaines-généraux, cathédrale Santiago, églises et couvents sont autant de lieux à découvrir. ■

QUAND PARTIR ?

	Climat	Petén et Tikal
Janvier	☼	⋞
Février	☼	⋞
Mars	☼	
Avril	☼	
Mai		
Juin		
Juillet		
Août		
Septembre		
Octobre		
Novembre	☼	⋞
Décembre	☼	⋞

LES CONSEILS GEO

▶ Les plus

Un pays capable, malgré la modestie de sa superficie, de réunir des atouts qui le placent parmi les destinations les plus intéressantes de l'Amérique latine.

La persistance des accords de paix entre le pouvoir et la guérilla.

▶ Les moins

Une côte pacifique peu attirante.

Des conditions de sécurité souvent jugées délicates pour qui voyage de manière isolée ou en dehors des grands axes.

▶ Les précautions

Le candidat au voyage pour le Guatemala doit s'attendre à lire des recommandations lui demandant de ne pas voyager seul et de faire très attention aux vols ou agressions, parfois à main armée. Il en va ainsi depuis longtemps, à chacun de savoir faire la part des choses.

QUE VOIR, QUE FAIRE EN GUYANE ?

Les rivières

- Remontée des rivières en pirogue (Maroni, Oyapock, Approuague, Mana, Inini)

La faune

- Agoutis, anacondas, caïmans noirs, ibis rouges, paresseux, perroquets, urubus, tortues luths, toucans

Les lieux d'histoire

- Bagne de l'île Royale, pénitencier de Saint-Laurent-du-Maroni
- Centre spatial de Kourou, musée de l'Espace

L'île du Diable, vue de l'île Royale : un atout touristique qui tente de résister à l'attrait de la forêt dense.

Guyane française

La Guyane française fait partie de l'«enfer vert» amazonien et trouve en lui son attrait touristique majeur. Malgré la monotonie née d'une forêt dense étouffante, des périples consistant à remonter les rivières en pirogue se développent, complétés par la visite du bagne de l'île Royale et du centre spatial de Kourou.

LE CARNET DE VOYAGE

Les premiers contacts
Comité du tourisme de Guyane, 1, rue Clapeyron, 75008 Paris, 01.42.94.15.16. www.tourisme-guyane.com

Les formalités
Pour les ressortissants de l'Union européenne, la carte nationale d'identité ou le passeport sont suffisants. Pour les Canadiens et Suisses, passeport encore valable six mois après le retour.

La santé
Vaccination obligatoire contre la fièvre jaune, prévention indispensable contre le paludisme.

Le voyage, le décalage
Durée moyenne du vol Paris-Cayenne (7 094 km) : 8 heures. Lorsqu'il est midi à Paris, en Guyane française il est 7 heures en été et 8 heures en hiver.

Le coût moyen d'un séjour
Environ 2 000 € pour un séjour d'une quinzaine de jours comprenant parcours en pirogue et visite de villages.

Les langues, la monnaie
Neuf Guyanais sur dix accompagnent le français de leur créole. Le taki-taki est parlé autour du Maroni. **Monnaie :** l'euro.

La population
Vu la topographie, le chiffre est modeste : 199 500 habitants, dont un quart à Cayenne, le chef-lieu.

Les religions
87 % des Guyanais sont catholiques. Minorités de protestants, d'animistes, de musulmans, de spiritistes et de bahaïs. Progression des évangélistes.

Les fêtes
Carnaval autour du roi «Vaval» lors des week-ends **entre l'Epiphanie et le mercredi des Cendres,** lui-même précédé de «quatre jours gras» ; **10 juin :** fête de l'Abolition de l'esclavage.

Les achats
Un hamac... du Brésil, une calebasse et quelques pépites.

Les rivières

Les rivières amazoniennes, qui voient affluer les orpailleurs clandestins en quête de rêves dorés, sont la base du tourisme guyanais : accidentées, coupées de rapides («sauts»), elles font l'objet de remontées en canoë ou en pirogue. Les plus connues : le **Maroni** (quatre jours de pirogue entre Maripasoula et Saint-Laurent-du-Maroni), l'**Oyapock**, l'**Approuague**, le **Mana**, l'**Inini**.

La pirogue est à la fois moyen de transport local et attrait touristique, tout comme le carbet, une grande case ouverte qui sert d'abri et de gîte d'étape (nuit dans un hamac). Outre son aspect sportif et parfois aventurier, la remontée des rivières permet de temps en temps d'agréables baignades et la rencontres de populations amérindiennes, telles que les Wayanas.

La faune

Si on n'est ni Guyanais, ni chasseur, ni connaisseur de la forêt tropicale humide, on aura du mal à repérer, parmi les centaines d'espèces de reptiles, poissons ou oiseaux disséminés dans les 80000 km² de jungle, les agoutis, les anacondas ou les caïmans noirs, ces derniers résidant dans les marais de la région de Kaw.

Les randonneurs-découvreurs ne doivent pas s'attendre à découvrir des espèces animales à chaque courbe des rivières. En outre, la présence d'un guide est indispensable, non seulement pour ne pas se perdre mais aussi pour avoir plus de chances, particulièrement à partir de Saül, de rencontrer les espèces précitées, ainsi que les paresseux, les perroquets, les urubus, les jacanas, les ibis rouges (ceux-ci dans l'estuaire de la rivière Sinnamary) et les toucans.

Autre pôle d'attraction réputé : la ponte des tortues luths entre avril et fin juillet à Mana ou sur la plage des Haltes, dans la commune d'Awala-Yalimapo.

Pour qui aura tout manqué, la visite à Cayenne du zoo Eugène-Bellony, du musée Franconi ou de la Fauna Flora Amazonica est impérative.

Les lieux d'histoire

Le bagne, fermé en 1954, se trouve au large de Kourou, sur l'**île Royale** qui, avec Saint-Joseph et l'île du Diable, forme les îles du Salut. Les bâtiments du bagne, où furent enfermés Dreyfus et Seznec, font l'objet de la visite la plus insolite du département, et un petit musée en raconte l'histoire. Le pénitencier de **Saint-Laurent-du-Maroni** connaît, quant à lui, le «privilège» de posséder la cellule la plus célèbre, celle de Papillon.

Un futur vestige... dans quelques siècles : le centre spatial guyanais à Kourou, que l'on peut visiter le mercredi, sur rendez-vous, avec l'éventualité d'assister au lancement d'une fusée Ariane en se renseignant longtemps à l'avance. Une autre visite particulièrement intéressante à Kourou, en rapport avec la précédente : le musée de l'Espace. ■

LES CONSEILS GEO

▶ Les plus

La «vraie» Amazonie à portée de pirogue.
Des infrastructures touristiques affirmées.
La langue française pour la facilité des contacts.
Une assez bonne coïncidence entre les dates de l'été de l'hémisphère Nord et celles de la saison favorable.

▶ Les moins

Une humidité et un climat difficiles à supporter pour les non-habitués.
Pour la descente des rivières, des conditions de voyage qui ne conviendront pas à ceux qui ne se font pas à l'idée de dormir dans un hamac et de parfois bivouaquer.
Une côte (mangroves) non aménagée pour le tourisme et peu intéressante pour la baignade.

▶ Les précautions

A moins d'avoir un passé d'explorateur, il est plus que déconseillé d'aborder seul la forêt et les rivières guyanaises.

▶ Les tendances

Quiconque n'aura pas célébré ici le mariage touristique du moment, à savoir un parcours en pirogue et la visite d'un village prend un risque certain : celui de n'avoir pas su découvrir la vraie Guyane et de se l'entendre reprocher.

QUAND PARTIR ?

	Climat	Ponte des tortues luths
Janvier		
Février		
Mars		
Avril		⩤
Mai		⩤
Juin		⩤
Juillet		⩤
Août	☼	
Septembre	☼	
Octobre	☼	
Novembre	☼	
Décembre		

Le skyline de Central District est certes en figure de proue, mais les autres îles et les Nouveaux Territoires valent le détour.

QUE VOIR, QUE FAIRE A HONG KONG ?

Les sites
- Pic Victoria, Nouveaux Territoires (Kowloon), îles

Le shopping
- Bijoux, photo, hi-fi

Les côtes
- Plages (Lantau), ports

Depuis la rétrocession à la Chine en 1997, tout change et rien ne change à Hong Kong. L'animation des rues et les nuits tube au néon en constituent toujours l'attrait, renforcé par l'opposition entre traditions séculaires et modernité revendiquée et affichée.

Hong Kong

LE CARNET DE VOYAGE

Les premiers contacts
Hong Kong Tourism Board, 37, rue de Caumartin, 75009 Paris, 01.42.65.66.64, www.discoverhongkong.com

Les formalités
Ressortissants UE, Canada, Suisse : passeport suffisant (valable encore 6 mois après le retour) mais un visa est nécessaire pour les autres parties de la Chine). Billet de retour ou de continuation exigible.

La santé
Aucun problème.

Le voyage, le décalage
Durée moyenne du vol direct Paris-Hong Kong (9982 km) : 11 heures. Lorsqu'il est midi en France, à Hong Kong il est 18 heures en été et 19 heures en hiver.

Le coût moyen d'un séjour
900 à 1000 € en haute saison pour 4 jours/3 nuits comprenant le vol et l'hébergement.

Les langues, la monnaie
Langues officielles : le chinois et l'anglais. Le cantonais (surtout) et le mandarin sont les dialectes les plus utilisés.
Monnaie : le dollar de Hong Kong reste en vigueur. 1 USD = 7,80 dollars de Hong Kong. 1 euro = 11,50 dollars de Hong Kong. Les grandes cartes de crédit et les chèques de voyage sont bienvenus.

La population
Le surpeuplement est manifeste (6980000 habitants). Presque toute la population est chinoise.

Les religions
Les bouddhistes et les taoïstes sont nettement majoritaires. Minorités de chrétiens (10 %), de musulmans, d'hindous, de juifs et de sikhs.

Les fêtes
Février : fête de la Lanterne (dernier jour des fêtes du Nouvel An chinois) ; carnaval ; **mars :** fête de Chung-Ming (culte des ancêtres) ; **juin :** fête du Bateau-Dragon ; **octobre :** fête du Gâteau de la Lune.

Les achats
L'informatique, la photo et la hi-fi constituent un trio de choc. Ne pas se précipiter, ne pas oublier les petits marchés et bien comparer les prix.

Les sites

La ligne des gratte-ciel de **Central District**, dans la partie nord de l'île de Hong Kong, est dominée par le **pic Victoria**, que l'on atteint par le vieux funiculaire Peak Tram et qui permet d'avoir accès à «la» vue sur l'île de Hong Kong et la presqu'île. Elle est devenue la carte postale de l'endroit et reste le garant de sa réputation touristique.

Mais l'île a bien d'autres atouts à dévoiler : le quartier d'Aberdeen, connu pour ses villages flottants et l'image rétro de jonques et de sampans ; le parc d'attractions de Middle Kingdom et sa réplique du bouddha de Da Tong ; les musées (musée d'Histoire, musée des Arts du thé à Flagstaff House, Musée océanographique d'Ocean Park, Tsui Museum of Art) ; les décors fastueux de l'hôtel Peninsula.

Les **Nouveaux Territoires** (New Territories) révèlent, par opposition à l'urbanisation effrénée de Hong Kong, une campagne imprégnée de traditions chinoises. Propices aux randonnées, ils renferment trois sites touristiques importants : le monastère des Dix-Mille-Bouddhas, les jardins botaniques de Kadoorie et la **forêt de Tai Po Kau**, où se côtoient oiseaux et plantes rares.

Les îles sont parsemées de parcs naturels (dont le récent Wetland Park pour l'observation des oiseaux) et permettent de nombreuses balades, particulièrement Lantau, Cheung Chau (important lieu de villégiature car... sans voitures), Lamma, Grass et la péninsule de Sai Kung. Le bouddhisme les a marquées de son empreinte, par exemple Lantau, où le monastère de Po Lin abrite un imposant bouddha assis.

Un site de plus en plus prisé : le delta de la Rivière des Perles, qui rassemble l'image des «Trois Chines», soit Hong Kong, Macao et Canton.

Le shopping

Comme à Singapour, le commerce est une activité majeure, tant sur l'île de Hong Kong, aux centres commerciaux souvent luxueux, qu'en face, à Kowloon (Nouveaux Territoires), nettement plus populaire.

La détaxe appliquée à certains articles tels que bijoux, matériel informatique, photo, hi-fi permet d'envisager de bonnes affaires, surtout en hiver, période de soldes importants. Le site commercial le plus réputé dans ce domaine est le «Golden Mile», sur Nathan Road (Central Hong Kong), dans le quartier de Tsim Sha Tsui. Mais on aura intérêt à délaisser de temps en temps les grands centres commerciaux pour leur préférer les marchés chinois (Hollywood Street, Cat Street, marché nocturne de Temple Street, marché de nuit du quartier de Mongkok).

Il faut impérativement se renseigner auprès de l'office du tourisme, qui édite un *Official Shopping Guide*, afin de connaître la qualité (l'estampille de l'office du tourisme est un gage d'authenticité), la nature (normes européennes ou non) et la quantité de ce que l'on est en droit de ramener. Il faut aussi être conscient que les prix du matériel photo et de l'électronique ne sont plus ce qu'ils étaient.

LES CONSEILS GEO

▶ Les plus

Une configuration, une atmosphère et une extravagance qui, hormis Singapour, n'ont pas leur pareil en Asie du Sud-Est.

Une ouverture récente et plutôt réussie au tourisme vert.

▶ Les moins

Un budget relativement élevé à prévoir à cause du coût de l'hébergement.

De bonnes affaires qui se raréfient.

Un climat défavorable entre juin et septembre.

▶ Les précautions

Pas de vrai problème de sécurité. Il suffit de prendre les précautions d'usage dans la foule et sur les lieux touristiques.

Les côtes

Les plages apparaissent comme la plus grande surprise de l'endroit : sur les premières îles qui font face à Hong Kong, elles sont relativement nombreuses et agréables, par exemple sur l'île de Lantau. Villages traditionnels et petits ports constituent des havres de paix pour le moins inattendus, même si le vrai isolement est un luxe que l'on a peu de chances de s'offrir dans cette partie du monde où le surpeuplement est manifeste. ■

QUAND PARTIR ?

	Climat	Shopping
Janvier	☼	Fin des soldes : le 2 €
Février	☼	
Mars	☼	
Avril		
Mai		
Juin		
Juillet		
Août		
Septembre		
Octobre		
Novembre	☼	Début des soldes : le 28 €
Décembre	☼	€

QUE VOIR, QUE FAIRE EN HONGRIE ?

Les villes et les monuments

■ Budapest, Szentendre, Hollokö, Sopron, Eger, Fertöd, Györ, Pécs, Székesfehérvár

Les paysages

■ Puszta (Hortobagy, Bugac), lacs (Balaton, Velence), monts Mátra, boucle du Danube, Tokaj

■ Sources thermales

Budapest, à classer parmi les très belles villes d'Europe, attirait déjà le voyageur du temps de l'appartenance de la Hongrie au bloc soviétique. La tendance s'est poursuivie et les séjours week-ends consacrés à la capitale progressent. On peut seulement regretter que le touriste néglige trop souvent les autres aspects du pays.

Le pont des Chaînes, l'un des neuf ponts sur le Danube qui, avec les bains, font la fierté de Budapest.

Hongrie

LE CARNET DE VOYAGE

Les premiers contacts
Office de tourisme, 140, av. Victor-Hugo, 75116 Paris, 01.53.70.67.17. www.hongrietourisme.com, www.budapestinfo.hu

Les formalités
Pour les autres ressortissants de l'Union européenne : carte d'identité ou passeport. Pour les Canadiens : passeport, valable encore six mois après le retour.

La santé
Aucun problème.

Le voyage, le décalage
Durée moyenne du vol Paris-Budapest (1 257 km) : 2 heures. Pas de décalage horaire avec l'Europe de l'Ouest.

Le coût moyen d'un séjour
Compagnies à bas prix de Bruxelles ou Paris. Premiers prix aux alentours de 300 € pour un long week-end à Budapest (vol et hébergement). Environ 1 000 € pour un trio d'une semaine Budapest-Prague-Vienne et croisière sur le Danube.

Les langues, la monnaie
Le hongrois a la particularité de ressembler au finnois, toutes deux langues finno-ougriennes. La langue tsigane concerne 2 % de la population. L'allemand est nettement plus répandu que l'anglais et le français.
Monnaie : le forint. 1 € = 255 forints.

La population
On dénombre 9 956 000 Hongrois (ou «Magyars»), dont un sur cinq vit à Budapest, la capitale. Le pays compte treize minorités nationales, dont 8 % de tsiganes.

Les religions
Deux habitants sur trois sont catholiques, un sur quatre est protestant calviniste. Minorités de luthériens, d'orthodoxes et de juifs.

Les fêtes
Février : divers carnavals ; **15 mars :** fête de la Révolution de 1848 ; **mars :** Festival de printemps de Budapest ; **août :** Festival d'art folklorique à Nagykállo.

Les achats
Les broderies colorées à motifs floraux, les objets en porcelaine, les jouets en bois, les poteries et le tokaj.

Les villes et les monuments

Budapest, la « perle du Danube », enjambée par neuf ponts, est la réunion de trois villes : Buda et Obuda sur une rive du fleuve, Pest sur l'autre.

Les amateurs d'histoire et d'architecture classique aimeront la tranquille Buda et son Palais royal qui abrite la Galerie nationale et le musée d'Histoire, avant de déambuler dans les rues anciennes de la colline du château et son point d'orgue, l'église Mathias, flanquée du bastion des Pêcheurs. Il sera temps alors de gagner le mont Gellért et sa citadelle, celle-ci offrant la plus belle vue de Budapest, puis de franchir l'emblématique pont des Chaînes pour gagner Pest.

Pest offre une image toute différente, creuset à la fois historique et économique de la capitale. La Cité en constitue l'épicentre (façades Art nouveau, place Vörösmarty, rue Vaci), avec au nord l'imposant Parlement, joyau néo-gothique du début du siècle dernier.

En s'éloignant du fleuve, on ne doit manquer ni le Musée national hongrois, ni le quartier juif. Plus loin, l'avenue Andrássy (et son superbe opéra, sosie de celui de Vienne), la place des Héros (et son immanquable musée des Beaux-Arts avec Raphaël, Dürer, El Greco, Manet, Monet, Gauguin), enfin le parc du Bois-de-Ville complètent l'intérêt d'une capitale qui demande au moins trois jours de visite, dont une mini-croisière sur le Danube.

Les cinquante bains environ de Budapest, nés de l'initiative des Romains ou des Turcs et de la centaine de sources d'eau chaude, sont une institution : ils sont tantôt populaires, tantôt raffinés, mais toujours aussi prisés de la population locale. Les plus connus sont, à Buda, les bains Gellért et leur style Art déco ; à Pest, les bains Széchényi, plus grand établissement du genre en Europe et favori des joueurs d'échecs.

Au nord de Budapest, **Szentendre**, réputée pour la couleur de ses murs, est la plus jolie ville de la boucle du Danube, tandis que le village de **Hollokö** revendique des traditions sauvegardées.

Tout à l'est du pays, la médiévale **Sopron** et **Fertöd** (château baroque d'Esterhazy) sont des passages obligés. **Eger** (pour son site, sa cathédrale et ses maisons baroques), **Györ** (monuments baroques), **Székesfehérvár** (baroque et néo-classique), **Pécs** (monuments de l'époque ottomane) sont les autres villes intéressantes.

Les paysages

La puszta (la « plaine »), la steppe la plus grande d'Europe, conserve encore de-ci de-là des puits à balancier. Deux points d'orgue : à l'est, le parc national de l'Hortobágy, où des espèces animales domestiques comme le cheval sont préservées ; au sud, le parc national de Bugac, avec ses marécages, ses dunes et ses forêts.

Le lac Balaton, plus grand réservoir d'eau douce en Europe, constitue un semblant de mer. Il est aussi beau en été, vu des monts boisés de Bakony et de sa presqu'île de Tihany, qu'en hiver, recouvert de glace. La baignade et les loisirs nautiques sur sa rive sud ont longtemps été l'apanage de la clientèle des pays de l'Est.

Il a un « concurrent » : le lac Velence. Ses lagunes, ses roseaux, un massif cristallin en toile de fond au nord, ses plages au sud, ses eaux peu profondes en font un but intéressant à 50 km de Budapest.

Une pléiade de sources thermales jaillissent dans le pays, particulièrement dans les monts Mátra, qui constituent l'une des plus belles régions de la Hongrie. Les curistes, venus aussi d'Europe occidentale, sont de plus en plus nombreux.

Une curiosité au nord de Budapest : la boucle du Danube, qui a eu son heure de gloire au Moyen Age et dont il faut voir, outre Szentendre, les ruines du palais royal de Visegrad et la basilique de l'archevêché d'Esztergom. Autre curiosité : la région de Tokaj, où est produit le célèbre vin blanc du même nom.

QUAND PARTIR ?

	Climat	Budapest
Janvier		
Février		
Mars		
Avril	☼	◉
Mai	☼	◉
Juin	☼	◉
Juillet	☼	
Août	☼	
Septembre	☼	◉
Octobre		
Novembre		
Décembre		

LES CONSEILS GEO

▶ Les plus
L'attrait de Budapest mais aussi un pays d'une bonne valeur touristique.

▶ Les moins
Des propositions de voyage trop limitées à Budapest chez la plupart des voyagistes.

▶ Les précautions
La Hongrie n'est pas un pays difficile sur le plan de la sécurité, la vigilance est toutefois de rigueur sur les sites touristiques et dans les transports en commun.

▶ Les tendances
La plupart des hôtels sont équipés de centres de remise en forme où le massage, ville de bains oblige, est la règle. En y mettant le prix, on peut aussi se retrouver dans un hôtel avec bains et vue sur le Danube.

«How do you like India ?» A la question rituelle que posent au visiteur la plupart des Indiens, on peut répondre par une large affirmative. Soutenu par un patrimoine architectural très riche, le mythe de la ferveur et du sacré a tout d'abord entraîné des générations de routards sur la défunte «route des Indes». Aujourd'hui, des visiteurs de tous les styles se sont mis à sillonner le pays.

Inde

Le nord et le nord-est

Bihar

Le site bouddhiste

Le *Ficus religiosa* de **Bodh-Gaya** est l'un des arbres les plus vénérés qui soient : c'est sous ses branches que Gautama a acquis l'état de bouddha. Plus tard a été érigé le Mahabodhi Temple, l'ensemble faisant de Bodh-Gaya le plus grand centre bouddhiste mondial de pèlerinage.

La faune

Dans un paysage de forêts, le Palamau National Park renferme des panthères et des tigres qu'il est malheureusement très difficile d'apercevoir.

QUE VOIR, QUE FAIRE AU NORD ET AU NORD-EST ?

■ BIHAR
Le site bouddhiste
Bodh-Gaya
La faune
Panthères, tigres

■ ASSAM
La faune
Rhinocéros unicornes, buffles d'Asie, tigres

■ BENGALE-OCCIDENTAL
La faune
Tigre du Bengale
Les villes
Calcutta, Darjeeling

■ SIKKIM (nord-est)
Les monuments
Monastères tibétains
Les trekkings
Autour du col de Gocha

■ PENDJAB
La ville
Amritsar, Temple d'or

■ DELHI (territoire de)
Les villes
Old Delhi et New Delhi

■ HIMACHAL PRADESH
Les paysages et les monuments
Randonnées himalayennes, monastères tibétains

■ JAMMU-ET-CACHEMIRE
Les paysages et les trekkings
Vallée du Cachemire, Srinagar (lacs Dal et Nagin, Shalimar Gardens), Ladakh, Zanskar
Les monuments
Monastères du Ladakh
La faune
Cerfs (hanguls), ours bruns, léopards

Dans l'Etat de Bihar, la tour du temple Mahabodhi domine Bodh-Gaya, où Siddhartha Gautama devint Bouddha après avoir reçu l'Eveil.

Rickshaws, porteurs, vélos : les rues de Calcutta vivent un mouvement perpétuel.

Assam

La faune

Le **Kaziranga National Park**, entre Jorath et Gauhati, est surtout connu pour ses «rhinocéros indiens» unicornes et ses buffles d'Asie (Water Buffaloes). Tigres, léopards, cerfs sont également présents, se cachant du visiteur qui tente de les apercevoir juché sur le dos d'un éléphant. Nombreux oiseaux à proximité, dans le Manas Wildlife Sanctuary.

Bengale-occidental

La faune

Même s'il n'est pas toujours aisé de le trouver, le tigre du Bengale se laisse admirer dans la **Sunderbans Tiger Reserve**, à une centaine de kilomètres au sud de Calcutta.

Les villes

L'énorme **Calcutta** (rebaptisée Kalkota), ancienne capitale de l'Empire des Indes, est à la fois fascinante et inquiétante. Les contrastes violents entre misère et richesse, les sans-abri entassés dans la gare de Howrah, le grand pont métallique au-dessus du fleuve Hoogly, le marché de Mahatma Gandhi Road, le temple de la déesse Kâli et les sacrifices d'animaux destinés à la satisfaire, le quartier des sculpteurs de dieux hindous en argile de Kumartuli, la seule ligne de métro de l'Inde, les dernières traces anglaises sur la plaine du Maidan, poumon vert d'une ville polluée, le Victoria Memorial, la qualité de l'Indian Museum sont autant d'aspects étonnants et passionnants de la plus grande agglomération indienne.

A l'inverse, la paisible **Darjeeling**, station d'altitude, est connue pour la qualité de son thé et pour son panorama ouvert sur l'Himalaya.

LE CARNET DE VOYAGE

Les premiers contacts

India Tourism, 13, bd Haussmann, 75009 Paris, 01.45.23.30.45. Service des visas de l'ambassade, 20-22, rue Albéric-Magnard, 75016 Paris, 01.40.50.70.70. http://french.incredibleindia.org/

Les formalités

Pour les ressortissants de l'Union européenne, canadiens, suisses : passeport valable six mois après le retour, visa obligatoire et payant. Pour certains États ou régions, dont le Sikkim, Darjeeling et les îles Andaman, un permis spécial est obligatoire, à demander au consulat avant le départ.

La santé

Aucun vaccin n'est obligatoire. Prévention recommandée contre le paludisme toute l'année, mais surtout pendant la mousson, pour toutes les régions du pays situées au-dessous de 2000 m.

Le voyage, le décalage

Durée moyenne du vol Paris-Bombay (7004 km) : 14 heures ; Paris-Delhi (6579 km) : 10 heures ; Paris-Calcutta : 18 heures. Lorsqu'il est midi en France, en Inde il est 15 h 30 en été et 16 h 30 en hiver.

Le coût moyen d'un séjour

Selon le degré de confort recherché, de 1700 à 2500 € pour un séjour de 15 jours comprenant le vol et l'hébergement.

Les langues, la monnaie

Langue officielle : l'hindi ; voisinant avec quinze langues reconnues et plusieurs milliers de dialectes, il n'est représentatif que d'un Indien sur trois. Langue étrangère : l'anglais ; le français est peu connu dans les anciens comptoirs français. **Monnaie :** la roupie indienne. Pour les espèces et les chèques de voyage, l'US dollar s'impose. 1 USD = 39 roupies, 1 € = 58 roupies. Importation et exportation interdites.

La population

Le milliard d'hommes est désormais une réalité (1129866000), dans ce qui reste, bon gré mal gré, la plus grande démocratie du monde. A l'origine la population était rurale et l'est restée à 70%, ainsi qu'en témoignent les 700000 villages. New Delhi est la capitale fédérale, englobée dans l'agglomération de Delhi (9500000 habitants), celle-ci dépassée par les agglomérations de Bombay (18000000 habitants) et de Calcutta (14000000 habitants).

Les religions

En Inde, les religions gouvernent tout, même les conflits, qu'elles ont longtemps engendrés entre les hindous, adeptes de la religion védique importée par les Aryens et majoritaires (83%), et les musulmans (11%). Chrétiens surtout dans le sud, sikhs au Pendjab, jaïna au Gujerat, dans le Bihar et dans l'Etat de Mysore, bouddhistes, parsis et juifs complètent l'une des plus grandes mosaïques religieuses de la planète.

Les fêtes

Février-mars : Nouvel An tibétain ; **juin :** pèlerinage au temple de Jagannatha à Puri (Orissa) ; **novembre :** fête de Dusserah (pour la déesse Devi) à Mysore (Karnataka) ; pleine lune de **novembre :** Festival de Pushkar (Rajasthan).

Les achats

De la soie au cachemire en passant par les bijoux, les pierres précieuses et les objets en bois de santal : l'éventail est large, à la mesure du pays. Pour être sûr de faire le bon choix au juste prix, il est recommandé de se rendre dans les magasins d'Etat (emporiums).

Le Temple d'or d'Amritsar et son lac Immortalité sont le saint des saints de la communauté sikh.

Sikkim

Les monuments

Le bouddhisme tibétain, arrivé ici au XIIIe siècle, est le fondement culturel de ce petit Etat accolé au Bhoutan et au Népal. L'écrivaine-voyageuse Alexandra David-Neel ne s'y était pas trompée, qui eut un faible tenace pour le Sikkim et ses deux cents monastères bouddhistes, dont Rumtek et Pemayangtse sont les fleurons.

Les trekkings

Moins répandus qu'au Ladakh ou au Zanskar, entre autres parce que la majorité de l'Etat n'est pas accessible à partir du camp de base de Kangchenjunga, les trekkings se sont tout de même développés, essentiellement autour du col de Gocha.

Pendjab

La ville

Amritsar, ville sainte des sikhs, domine la situation touristique du «pays aux cinq rivières». Son joyau est le **Temple d'or**, sanctuaire au toit recouvert de plaques d'or et bâti au milieu du «lac Immortalité».

Delhi (territoire de)

Les villes

Dans **Old Delhi**, on a droit à la fois au calme des lieux historiques (Fort Rouge, mémorial de Gandhi et mosquée Jama-Masjid, la plus grande du pays) et à la cacophonie des rues populaires et surpeuplées, surtout aux alentours du marché de Chandni Chowk, où se côtoient commerçants, passants et vaches sacrées.

Dans **New Delhi**, «rajouté» au sud de la ville par les Anglais pour en faire la capitale fédérale de l'Inde, on se languit sur les longues avenues sans charme, mais on se rattrape en découvrant l'India Gate, le Parlement, et sur-

QUAND PARTIR ?

	Climat	Régions himalayennes	Réserves*
Janvier	☼		
Février	☼		🐾
Mars	☼	☼	🐾
Avril		☼	🐾
Mai		☼	🐾
Juin		☼	
Juillet		☼	
Août		☼	
Septembre		☼	
Octobre		☼	
Novembre	☼		
Décembre	☼		

*Dates à affiner selon chaque réserve

Au Ladakh, les monastères tibétains ne font qu'un avec la majesté de l'Himalaya.

tout, à la limite sud du territoire urbain, la tour du Qutb Minar, qui date du XIIIe siècle.

Himachal Pradesh

Les paysages et les monuments

Situé entre le Cachemire et le Népal, ce petit Etat himalayen en propose les mêmes intérêts pour l'amateur de randonnées en haute montagne. Les sommets y frôlent 8 000 m, tel le mythique Nanda Devi, fermé au trekking mais souvent approché. Les monastères tibétains haut perchés, les abords des rivières **Parvati** et **Spiti** constituent d'autres raisons d'opter pour cet Etat où l'on trouve aussi **Dharamsala**, jadis petite villégiature anglaise, aujourd'hui résidence de l'actuel dalaï-lama en exil.

Jammu-et-Cachemire

Les paysages et les trekkings

La **vallée du Cachemire**, enchâssée dans un écrin de sommets himalayens, a été baptisée la «Vallée heureuse». Malheureusement, elle est soumise périodiquement à des tensions politiques depuis 1989 (une guérilla séparatiste musulmane s'oppose à l'armée indienne) et demeure déconseillée. Autour de **Srinagar**, principale station de l'Himalaya, connue pour ses maisons en bordure de la Jehlum River et ses mosquées de bois, s'étend un doux paysage de verdure (dominé par les prestigieux jardins de Shalimar), de rivières et de lacs (Dal, Nagin). Lorsque la situation le permet, il est recommandé de séjourner dans des bateaux (houseboats) arrimés à la rive de ces lacs.

Le **Ladakh**, région montagneuse, religieuse (monastères tibétains) et désertique du Cachemire, connaît un tourisme de randonnées, parfois ponctué de fêtes comme celles du Nouvel An (losar). Son voisin, le **Zanskar**, plus haut situé (5 000 m), suit le même destin touristique.

Les monuments

Les monastères du Ladakh (Lamayuru, Phuktal), la plupart dispersés autour de la capitale Leh, constituent le principal atout architectural de l'Etat. En outre, des festivals religieux réputés (Hemis) leur sont attachés.

La faune

A Dachigam, près de Srinagar, il est possible d'apercevoir le très rare hangul, des ours bruns et des léopards.

QUE VOIR AU NORD-OUEST?

■ RAJASTHAN

Les couleurs
Costumes locaux, désert du Thar, villages du Shekawati

Les villes
Jaipur, Udaipur, Amber, Bikaner, Jaisalmer

La faune
Daims, antilopes, tigres (Ranthambore)

Les fêtes
Festival de Pushkar

■ UTTAR PRADESH

Les monuments
Agra (Taj Mahal, Fort rouge et Grande Mosquée), Fathepur Sikri, Bénarès (temples et ghats), Allahabad

Les paysages
Glaciers du Gahrwal, source du Gange

La faune
Tigres, éléphants, léopards, chitals

Le nord-ouest

Rajasthan

Les couleurs

Le jaune du sol du **désert du Thar**, le bleu permanent du ciel, le rose de Jaipur, le rouge des vêtements et, dans les villages de la région du Shekawati, les teintes des maisons ont fait du Rajasthan l'Etat de toutes les couleurs, sous-tendues par le maintien des traditions nées de la civilisation des guerriers rajputs.

La pierre rose de Jaipur orne le palais des Vents, dont la délicate architecture n'est égalée que par celle de la voisine Udaipur.

Les villes
«Pays des rois», des forteresses et des palais des maharadjahs, le Rajasthan est riche en monuments de renom. Jaipur et Udaipur en sont les grands classiques: **Jaipur** pour son palais des Vents et sa brique rose, **Udaipur** pour ses palais témoins de l'art rajput. A peine moins connues: **Amber**, dont le palais a été construit à l'époque des Grands Moghols, et **Jodhpur** (citadelle). Dans un autre registre, les villes de la route des caravanes du désert du Thar (**Bikaner**, **Jaisalmer**) sont devenues des grands pôles touristiques.

La faune
Les survivants de l'espèce *Panthera tigris* (tigre du Bengale), une trentaine, hautement protégés et très difficiles à voir, dans le parc national de **Ranthambore**, ont fait de celui-ci, autrefois terrain de chasse des maharadjahs, l'un des sites animaliers les plus prisés du pays (mais fermé entre juin et octobre). On y trouve aussi le chinkara (gazelle).
Le sambar et le nilgaut, respectivement variétés de daim et d'antilope, dominent le **Sariska National Park**. On découvrira une grande variété d'oiseaux, surtout en hiver, au **Bharatpur National Park** (hérons, ibis, cigognes, grues, oies paléactiques).

Les fêtes
Le plus grand rassemblement mondial de dromadaires a lieu chaque année à **Pushkar**, lors d'une foire où se rencontrent aussi des cavaliers du désert et des montreurs d'ours. La fête se déroule au moment de la pleine lune de novembre, lorsque des centaines de milliers de pèlerins marient commerce et religion en venant chercher la purification dans les eaux d'un lac sacré.

Le Taj Mahal, grande figure de l'art mondial et de surcroît hymne à l'amour.

Uttar Pradesh

Les monuments
Le **Taj Mahal**, à **Agra**, est à l'Inde ce que la tour Eiffel est à la France... Ce mausolée de marbre blanc, que l'empereur moghol Chah Djahan fit ériger en mémoire de son épouse, est encore plus majestueux au coucher du soleil: ses murs – qui, hélas!, souffrent d'un début de pollution inquiétant – prennent alors une teinte rose. Le «Taj» relègue au second plan le **Fort rouge** et la **Grande Mosquée**. Agra, qui possède en outre un riche artisanat, est la ville d'art qu'il ne faut surtout pas manquer en Inde.
Non loin de là, **Fathepur Sikri**, l'ancienne capitale d'Akbar, est l'exemple type de l'art moghol islamique: grande mosquée (Djami Masdjid) et tombeau de Salim Tchichti.
Aussi incontournable qu'Agra est **Bénarès** (Varanasi), la ville aux mille cinq cents temples, celle où Bouddha prononça son premier sermon et où la tradition de l'étude comme des sciences du sanskrit est la plus suivie. Mais Bénarès est surtout le haut lieu de l'hindouisme avec ses célèbres ghats (escaliers) qui conduisent au Gange, le fleuve sacré, où des millions de pèlerins hindous viennent s'adonner au rite de la purification et où sont disséminées les cendres des défunts.
Moins connue, la ville sainte d'**Allahabad** n'a pas moins d'importance. Située au confluent du Gange et de la Yamuna, tous deux fleuves sacrés pour les hindous, elle renferme, dans son fort d'Akbar, un pilier d'Asoka, l'un des grands souverains de l'Inde ancienne. Mais surtout elle accueille la Khumbha Mela, gigantesque pèlerinage effectué dans un but de purification tous les douze ans (le prochain aura lieu en 2013).

Les paysages
Deux torrents descendent des glaciers himalayens du **Gahrwal**, se rejoignent et donnent naissance au **Gange**, fleuve sacré de l'Inde. La région a toujours vu affluer des foules de pèlerins.

La faune
Le **Corbett National Park**, situé au pied de l'Himalaya, renferme des tigres, des éléphants, des léopards et une grande variété de cerfs, dont le chital, considéré comme la plus belle espèce du genre.
On pourra également partir à la découverte de tigres, de panthères et de plusieurs variétés de cerfs dans le **Dudhwa National Park**.

L'incontournable Agra a aussi ses artisans et ses couleurs, sous des formes multiples.

QUE VOIR AU CENTRE ?

■ ANDHRA PRADESH
Les villes
Hyderabad, Golconde

■ GOA, DAMAN ET DIU
Les côtes
Plages
Les monuments
Nova Goa

■ GUJERAT
La ville
Ahmedabad
Les monuments
Palitana
Mausolées, temples, ashram de Gandhi
La faune
Lions d'Asie

■ MADHYA PRADESH
Les monuments
Khajuraho (temples hindous et jaïna), Gwalior, Sanchi (Grand Stoupa)
La faune
Tigres, cerfs des marais, oiseaux, léopards

■ MAHARASHTRA
Les monuments
Architecture bouddhique d'Ajanta et d'Ellora, sanctuaires d'Elephanta
Les villes
Bombay, Poona
Les paysages
Ghats occidentaux

■ ORISSA
Les monuments
Temples brahmaniques de Bhubaneswar, temple du Soleil à Konarak, temple et pèlerinage de Jagannatha à Puri
Les plages
Alentours de Puri

Le centre

■ Andhra Pradesh

Les villes

Gouvernée par des souverains musulmans (nizams) à partir de 1725 et pendant plus de deux siècles, **Hyderabad** a conservé leurs résidences. Une époque plus ancienne a également vu la construction de mosquées et surtout du Charminar (1591). **Golconde** devint un important sultanat au début du XVIe siècle, connut ensuite la ruine mais a conservé de cette époque plusieurs mausolées.

■ Goa, Daman et Diu

Les côtes

Dans les années 1960-70, la vague hippie d'abord, la vague routarde ensuite ont investi les longues et belles plages de Goa. Mais au fil des décen-

Dix-huit millions d'âmes à Bombay qui se croisent dans des gares ferroviaires et routières, comme ici à Chhatraputi Sivaja.

nies, l'image d'«amour, de paix et de tranquillité» s'est peu à peu estompée pour faire place à un tourisme balnéaire parfois luxueux, même si la jeunesse, le rock et le jazz animent encore bien des nuits.

Les monuments

Il ne reste que ruines du Vieux Goa (Velha Goa), ville commerçante et prospère jusqu'au XIVe siècle. **Nova Goa**, en revanche, qui englobe le chef-lieu **Panaji**, conserve des traces de la présence portugaise (rues en arcades, balcons ouvragés). Des édifices religieux (cathédrale Saint-Etienne, église Saint-François-d'Assise, aux murs recouverts de céramique) attestent le style indo-portugais des XVIe et XVIIe siècles.

Gujerat

La ville

Riche de mausolées, de temples (temple jaïna de Hathi Singh), d'un ashram fondé par Gandhi (qui y vécut de 1918 à 1930) et surtout de mosquées (Grande Mosquée, Muhafiz Khan), **Ahmedabad** était l'un des principaux rendez-vous touristiques urbains du pays avant la tragédie du tremblement de terre survenu en janvier 2001.

Les monuments

C'est au Gujerat que le jaïnisme a le plus laissé son empreinte. Le **Palitana**, montagne sacrée surmontée de deux acropoles, elles-mêmes agrémentées de temples et de remparts, en témoigne.

La faune

Dans le **Gir National Park**, près de Junagadh, on tente d'apercevoir la seule population survivante de lions d'Asie (*Panthera leo persica*), qui régnaient sur toute l'Inde et qui sont encore environ deux cents.

Madhya Pradesh

Les monuments

Erigés entre le IXe et le XIe siècle, les trente temples hindous et jaïna de **Khajuraho**, ancienne capitale de la dynastie Candella, rivalisent de sculptures. La plupart figurent des thèmes érotiques et valent tous les jours au site la visite d'une foule de passionnés soudain épris de culture...

Deux autres sites méritent le détour : **Gwalior**, pour ses temples et son palais fortifié (Man-Mandir), et surtout **Sanchi,** pour son Grand Stoupa (IIe siècle av. J.-C.), agrémenté d'autres vestiges bouddhiques (monastères et temples).

La faune

Le **Kanha National Park** renferme des barasinghas (cerfs des marais, à douze cornes), espèce protégée car en voie d'extinction. Egalement de plus en plus rares : les tigres. Dans la réserve

Purification, crémation : maîtres mots de Bénarès où le Gange est dans son élément le plus sacré pour des millions d'hindous.

de **Bandhavgarh**, il en est encore qui voisinent avec des léopards et une grande variété d'oiseaux.

Maharashtra

Les monuments

Le site d'**Ajanta**, dans les monts du même nom, renferme des viharas (logements creusés dans la roche afin d'abriter les moines bouddhistes pendant la saison des pluies) et des caityas (édifices consacrés), dont quelques-uns datent du IIe siècle av. J.-C. Certaines peintures murales sont dans un rare état de conservation.

A **Ellora**, on dénombre trente-quatre sanctuaires excavés, édifiés entre le VIe et le IXe siècle. Ils sont soit bouddhiques, soit brahmaniques, ou encore jaïna. Le plus réputé est le Kailasa, temple monolithique consacré à Shiva.

Au large de Bombay, l'**île d'Elephanta** renferme sept sanctuaires avec bustes et sculptures dédiés à Shiva.

Les villes

Bombay, rebaptisée Mumbai, est la plus anglaise des villes indiennes. La «porte des Indes», qui voit se heurter les images d'opulence et de misère, vaut par l'élégance de son front de mer (Marine Drive), ses édifices (Gate of India), sa station balnéaire (Juhu Beach) et ses marchés (Crawford Market).

Poona, l'ancienne capitale de l'Empire marathe (XVIIIe siècle), renferme des palais, tel le Shanwarwada, palais de la dynastie des Peshwas. Poona préserve également une réputation artisanale et culturelle, le sanskrit trouvant ici sa terre d'élection.

Les paysages

Le long de la mer d'Oman se dressent les ghats occidentaux, sorte de falaise rouge et noire qui se prolonge jusqu'au Kerala et dont un très beau panorama se dessine à partir du site de Bhima Shankar, situé au nord-ouest de Poona.

Orissa

Les monuments

L'Orissa offre un ensemble de temples qui rivalisent avec ceux du Tamil Nadu : dans la capitale de l'État, **Bhubaneswar**, nombreux temples brahmaniques, dont le Lingaraja ; à **Konarak**, le temple en forme de char solaire consacré à Surya, le dieu du Soleil ; à **Puri**, le **temple de Jagannatha**, qui fait l'objet, en juin, de l'un des plus importants pèlerinages du pays et au cours duquel les fidèles tirent un grand char de bois.

Les plages

Les alentours de **Puri** sont agrémentés de plages de sable fin sur le golfe du Bengale.

Le temple de Virupaksha à Hampi, capitale du dernier grand royaume hindou de Vijayanagar.

QUE VOIR, QUE FAIRE AU SUD ?

■ **ANDAMAN ET NICOBAR (océan Indien)**

Les côtes

Fonds sous-marins, plages

■ **KARNATAKA**

Les villes et les monuments

Mysore, Hampi, Badami, Srirangapatnam

Les paysages

Site et chute de Sivasamudram, Ghats occidentaux

La faune

Tigres, macaques ouandérous, oiseaux, crocodiles, chitals

■ **KERALA**

Les paysages

Canaux, cocoteraies, monts Nilgiri, monts des Cardamomes

Les côtes

Plage de Kovalam Beach, site lagunaire d'Alleppey

Le patrimoine culturel

Cochin, Trivandrum, arts traditionnels (théâtre sanskrit, théâtre dansé)

La faune

Eléphants, tahrs

■ **LAQUEDIVES**

La plongée

Iles coralliennes

■ **TAMIL NADU**

Les monuments

Temples de Mahabalipuram (dynastie des Pallava), Srirangam, Thanjavur, Madurai

Les paysages et la faune

Monts Nilgiri, stations climatiques (Ootacamund, Coonor)

Tigres et panthères noires de Mudumalai

Les villes

Madras, Pondichéry, Auroville

En Inde, toute fête ou procession d'importance inclut des éléphants caparaçonnés d'or.

Le sud

Andaman et Nicobar (océan Indien)

Les côtes

Cet archipel (trois cent vingt-huit îles dont vingt-huit seulement sont habitées) a été sévèrement touché par le raz de marée de décembre 2004. Après avoir servi de colonie pénitentiaire aux Anglais à la fin du XVIIIe siècle, il offre aujourd'hui ses plages bordées par des cocotiers, délimitées par des récifs coralliens et riches de fonds sous-marins aussi prometteurs que ceux des Maldives.

Karnataka

Les villes et les monuments

Outre son palais de style indo-musulman et sa colline de Chamundi où trône l'imposant taureau Nandi, **Mysore** est le théâtre de la fête de Dusserah qui, chaque année au mois de novembre, célèbre la déesse Devi. Des éléphants caparaçonnés d'or et d'argent, des chameaux et des chevaux défilent dans les rues, côtoyant des danseurs et des musiciens.

Au nord de l'Etat, le site archéologique de **Hampi** révèle, dans un ensemble de grès rose, les ruines de forteresses, palais, pavillons et sanctuaires qui ont magnifié le grand empire du Vijayanagar. Non loin de là, le site de **Badami** comprend quatre sanctuaires du royaume hindou de Chalukya, creusés dans la falaise. En redescendant vers Mysore, on traverse **Srirangapatnam**, l'ancienne capitale de l'Etat, et ses nombreux temples dédiés à Vishnu.

Les paysages

Le site de **Sivasamudram**, la «mer de Shiva», a été embelli par une facétie du fleuve Kaveri : après avoir adopté un cours paisible, celui-ci décide soudain de se séparer en deux bras et de plonger en une chute d'une centaine de mètres, avant de se resserrer dans des gorges, de recevoir des rapides et de se calmer au terme de 80 km d'un cours nerveux.

Cette chute est considérée comme la plus belle du pays, dans cet Etat traversé par la moyenne montagne des Ghats occidentaux et leurs forêts très menacées.

La faune

Au nord de l'Etat s'étendent la réserve de tigres de Bhadra et le parc de Kudremukh, qui abrite une espèce rare et menacée de singes (macaques ouandérous).

Sur un îlot dessiné par le Kaveri, non loin de Mysore, se trouve la réserve d'oiseaux de Ranganathittu. Au sud, le parc de Bandipur renferme des cerfs (chitals), des léopards mais aussi des tigres.

Kerala

Les paysages

Le Kerala est si vert que les Anglais en avaient fait leur lieu de villégiature favori. Le long de la côte de Malabar, on peut se laisser porter par les barques qui glissent sur de nombreux canaux (backwaters) conduisant à des villages de pêcheurs, qui sont eux-mêmes entourés de cocoteraies et de rizières.

A l'est, la plaine laisse place aux contreforts des **monts Nilgiri** et aux **monts des Cardamomes**, couverts de caféiers et de théiers.

Les côtes

Kovalam Beach et son arc de cocotiers sont l'un des plus beaux sites balnéaires de l'Inde. Autre plage, au nord de l'Etat : Cannanore. Moins grandioses mais plus typiques sont les sites lagunaires d'**Alleppey** et de Kottayam.

Le patrimoine culturel

Les filets de pêche chinois de **Cochin** et de la péninsule de Fort Cochin voisinent avec des monuments qu'ont laissés les Portugais et les Néerlandais lors de la colonisation (du XVIe au XVIIIe siècle).

Tradition d'un autre genre : celle que suivent les pèlerins hindouistes en se rendant au temple de Vishnu, dans la forteresse de **Trivandrum**.

Etat le plus alphabétisé de l'Inde (70 % de la population), le Kerala allie une longue tradition démocratique et communiste à une forte tolérance religieuse, alors que se sont multipliées les croyances au fil des siècles, y compris au sein même de la chrétienté.

Par ailleurs, le Kerala est dépositaire de plusieurs formes d'arts ancestraux hindous comme le kootiyattam (théâtre sanskrit) et, plus récent, le kathakali, un théâtre dansé dont le touriste ne voit aujourd'hui que des versions imaginées... pour lui et édulcorées.

Les pêcheurs et leurs grands filets sont un symbole fort du Kerala, Etat verdoyant et doté de belles plages.

La faune

Prudemment installé dans une embarcation sur le lac Periyar, on peut tenter d'apercevoir les éléphants du Periyar Wildlife Sanctuary.

Dans les monts Nilgiri, un parc national, Eravikulam, renferme une flore et une faune fragilisées, à l'exemple des derniers spécimens d'une espèce de chèvres sauvages, les tahrs.

Laquedives

La plongée

Perdues dans la mer d'Oman, au large du Kerala, ces îles coralliennes, partie du territoire de Laksha Dvipa, voient désormais débarquer – en très petit nombre pour l'instant – des voyageurs avides de plongée vers des fonds aussi beaux que ceux de leurs presque voisines, les Maldives.

Tamil Nadu

Les monuments

Le plus grand ensemble de temples indiens renommés est ici : les témoi-

LES CONSEILS GEO

▶ Les plus
La densité du patrimoine architectural : nul autre pays ne réunit autant de temples, de mosquées ou de lieux de pèlerinage.
Un tourisme en expansion, ce qui maintient le prix du voyage à un niveau raisonnable.

▶ Les moins
Des troubles sporadiques entre communautés religieuses et surtout une tension persistante au Cachemire et dans les Etats du nord-est.
En dehors des régions himalayennes, un climat très difficile à supporter entre juin et septembre (mousson), sauf au Cachemire et au Ladakh.

▶ Les précautions
La tension politique dans l'Etat de Jammu-et-Cachemire, l'un des plus beaux du pays, reste hélas ! d'actualité. La visite de sept petits Etats de l'extrême nord-est est également déconseillée pour raisons politiques. Quelques autres Etats ont été ou sont encore touchés par la dengue ou le chikungunya.

▶ Les tendances
Le Rajasthan est souvent en tête du hit-parade indien avec un duo animalier : la foire de Pushkar et le parc national de Ranthambore, ou la réunion improbable du dromadaire et du tigre du Bengale. Autre duo en vogue : au Kerala, la balade sur les canaux (backwaters) et les filets de pêche de Cochin.

gnages de la dynastie des Pallavas sont parmi les sanctuaires et les temples de **Mahabalipuram**, au bord de l'océan, avec son temple du Rivage et un bas-relief, *la Descente du Gange*, complété par les vestiges d'un grand temple qu'a révélé le reflux du raz de marée de 2004.

Vishnu est honoré chaque année à **Srirangam** par les pèlerins qui convergent vers le Ranganatha Swami et ses piliers de façade ornés de sculptures de chevaux; à **Thanjavur**, le grand temple de Shiva Brihadisvara comporte une vimana (tour) de treize étages ; à **Tiruchirapalli** («Trichy»), se trouve le temple de Ranganatha, véritable ville dans la ville ; enfin et surtout, le temple de **Madurai** est considéré comme le plus bel exemple de l'art dravidien.

Les paysages et la faune

Les **monts Nilgiri** (les «montagnes bleues») sont un havre de fraîcheur dans l'atmosphère tropicale du sud de l'Inde. La forêt et les plantations de théiers, de caféiers et d'eucalyptus ont favorisé l'émergence de stations climatiques (**Ootacamund**, **Coonor**) propices aux randonnées.

Non loin d'Ootacamund, on peut passer une journée à dos d'éléphant à la recherche, parfois difficile, des tigres et des panthères noires du **Mudumalai** Wildlife Sanctuary, l'un des plus «fournis» de l'Inde.

Les villes

Aérée et étendue, **Madras**, désormais appelée Chennai, possède de riches musées et les studios de cinéma les plus réputés du pays, dont certains peuvent être visités.

Malgré son charme «colonial» et un récent regain d'intérêt, **Pondichéry** a du mal à rappeler qu'il fut le chef-lieu de l'Inde française. Non loin de là, **Auroville** («cité de l'aurore»), fondée en 1968 par «la Mère» pour étendre l'action du philosophe Sri Aurobindo désireux d'atteindre à l'«unité humaine», poursuit difficilement son idéal de réunir un jour cinquante mille habitants venus du monde entier. ■

Indonésie

Durant la décennie écoulée, les tensions et les attentats ont changé l'image sereine de ce pays né sous une bonne étoile touristique. Ainsi, qui souhaite en découvrir les grands classiques ira à Java et à Bali. Qui cherche un zeste d'insolite se rendra dans les petites îles de la Sonde, à Sumatra et à Sulawesi. Qui se sent une âme de découvreur arpentera Irian Jaya et plus encore Kalimantan, la partie sud de Bornéo.

Le sud

Sumatra

Les paysages et les randonnées

La grande île de Sumatra est l'«anti-Java» dans l'esprit de ceux qui cherchent une part d'aventure en Indonésie. Elle a aussi son content de volcans et de lacs, ceux-ci étant le produit de ceux-là. Au cœur du pays batak, le **lac Toba**, entouré de pentes raides franchies par des cascades, est le plus réputé. Le **lac Maninjau** est tout aussi intéressant à découvrir.

On marche beaucoup à Sumatra, à la recherche des populations et de leurs coutumes. Ainsi, dans la région de Padang et de Bukittinggi, les Minangs préservent leur originalité autant par leur manière de vivre que par leur habitat, illustré çà et là par de grandes maisons traditionnelles aux toits ornés de cornes de buffle. Les buffles, animaux emblématiques des Minangs, s'opposent dans des combats qui ravissent autant les parieurs que les touristes. Les orangs-outangs sont en revanche moins chanceux, victimes des incendies et de la déforestation.

En vogue était la visite des villages des Nias, sur l'île montagneuse du même nom, avant le violent séisme qui a durement frappé l'île en mars 2005. Les Nias ont toujours préservé leur mode de vie (chasse, pêche, cueillette). Des mégalithes sculptés

QUE VOIR, QUE FAIRE AU SUD ?

■ SUMATRA

Les paysages et les randonnées

Volcans, lacs (lacs Toba et Maninjau), Bintan

Trekkings à la rencontre des Bataks, Minangs, Nias, Sakkudeis

■ JAVA

Les monuments

Pyramide bouddhique de Borobudur, temples hindouistes de Prambanan, Dieng

Les volcans

Merapi, Semeru, Papandayan, Kawa Idjen, Bromo, Perbuatan

Les villes

Jakarta, Jogjakarta, Solo

■ MADURA

Courses de taureaux

■ PETITES ILES DE LA SONDE

Les côtes

Plages et coraux de Flores, Lombok, Sumbawa, Sumba

La faune

Varans de Komodo

■ BALI

Le patrimoine culturel

Traditions artisanales, fêtes religieuses, crémations, danses (barong, kechak, legong)

Les paysages

Rizières, volcans (mont Batur, mont Agung)

Les côtes

Plages, surf

Le temple bouddhique de Borobudur aux multiples stoupas est l'un des sites les plus prestigieux de l'Asie du Sud-Est.

Pour l'amateur de volcans, Java est un paradis et l'ascension du Bromo n'a rien d'exténuant.

LE CARNET DE VOYAGE

Les premiers contacts
Ambassade, 47-49, rue Cortambert, 75116 Paris, 01.45.03.07.60. Internet : www.tourismindonesia.com

Les formalités
Pour les ressortissants canadiens, suisses et de l'Union européenne: passeport (valable encore six mois après la date de retour), visa obligatoire et payant, obtenu à l'arrivée dans certains cas, bien se renseigner avant le départ pour confirmation de cette possibilité. Autorisation nécessaire pour Irian Jaya et les Moluques. Billet de retour ou de continuation exigible.

La santé
Aucun vaccin n'est obligatoire. Prévention indispensable contre le paludisme en dehors de Jakarta, des autres grandes villes et des principaux lieux touristiques de Bali et de Java.

Le voyage, le décalage
Durée moyenne du vol Paris-Jakarta (11587 km): 15 heures; Paris-Denpasar (17 heures, escales). Lorsqu'il est midi en France, en Indonésie il est, selon les endroits, 17 heures en été et 18 heures en hiver.

Le coût moyen d'un séjour
Entre 2000 et 2300 € pour un voyage accompagné de 15 jours rassemblant Java et Bali, ou Sumatra et Java. Un peu plus de 2000 € pour une quinzaine de jours à base de randonnées vers les volcans.

Les langues, la monnaie
Langue officielle: le bahasa indonesia, flanqué de 250 dialectes. Parlé par 80 millions de personnes, le bahasa indonesia n'est toutefois que la deuxième langue dans la plupart des îles. Ainsi le javanais le relègue-t-il loin dans les conversations à Java. Langue de communication: l'anglais. **Monnaie:** la rupiah. Les espèces ou chèques de voyage en US dollars sont les bienvenus. 1 USD = 9400 rupiahs, 1 € = 13800 rupiahs. Le change est souvent plus avantageux auprès d'un money changer.

La population
Elle est très dense: 234694000 habitants, dont plus de la moitié dans la seule île de Java. Les Malais sont les plus nombreux, qu'ils soient proto-malais, comme les Dayaks de Bornéo ou les Torajas de Sulawesi, ou deutéro-malais. Les Chinois, qui se consacrent au commerce et à la finance, sont quatre millions. **Capitale:** Jakarta (onze millions d'habitants pour l'agglomération).

Les religions
87% des Indonésiens sont musulmans, 9% sont chrétiens (protestants surtout dans le nord de Sulawesi, catholiques au Timor et à Irian Jaya), 2% sont hindouistes, 1% sont bouddhistes. Bali fait exception avec une forte majorité d'hindouistes, d'où la diversité des rites et des traditions qui ont fait la réputation de l'île.

Les fêtes
Février: fête de la Mer à Lombok; **juin:** Festival de Borobudur; **17 août:** fête nationale; **décembre:** pèlerinage au mont Bromo (Java); toute l'année: cérémonies religieuses à Bali (processions, crémations), courses de taureaux attelés (Karapan Sapi) à Madura.

Les achats
Une originalité entre toutes: le batik. Que ce soit sous forme de tableaux, de peintures ou de tissus muraux et vestimentaires, on en trouve le choix le plus représentatif à Jogjakarta (Java). Autre originalité, également à Java: les marionnettes des personnages du *Ramayana*, épopée indienne très populaire en Asie du Sud-Est.

Entre volcans et océan, Bali propose au visiteur l'harmonie de ses paysages et l'étagement de ses rizières.

représentant les ancêtres se dressent dans plusieurs endroits.
En vogue également: la rencontre des «hommes fleurs» (ainsi appelés pour les motifs de leurs tatouages) de la tribu des Sakkudeis, dans l'île voisine de **Sibeirut**. Comme les Nias, les Sakkudeis ont su garder la plupart de leurs traditions: chasse, pêche, vie communautaire.
Non loin de Sumatra et surtout très proches de Singapour (moins d'une heure en ferry), les **îles de Batam** et de **Bintan** sont devenues pour l'île-Etat des exutoires souvent luxueux, parsemés de parcours de golf.

■ Java

Les monuments

Le vaste ensemble bouddhique de **Borobudur** (IXe siècle), en forme de pyramide, est l'un des grands rendez-vous mondiaux de l'architecture. Il se compose de quatre étages de galeries ornées de mille six cent quarante bas-reliefs racontant les vies passées et présentes de Bouddha, de trois terrasses circulaires renfermant soixante-douze stoupas et d'un grand stoupa au sommet. Chaque année, entre mai et octobre, le Borobudur reçoit les acteurs du *Ramayana*.
Non loin de là, les temples hindouistes de **Prambanan** (VIIIe-IXe siècle) supportent la comparaison. Le couple Borobudur/Prambanan est le «must culturel» de Java, voire du pays. Les temples des hauts plateaux de **Dieng** sont également intéressants, mais la région est toutefois mieux connue pour le spectacle de ses minigeysers de soufre.

Les volcans

Pour les passionnés de volcanisme, Java est le centre du monde. Plus de cent volcans hérissent son relief, dont vingt-cinq sont en activité. Les grands classiques pour l'observation d'éruptions ou pour des randonnées dans les alentours sont le **Merapi** (qui a été pris de fureur en mai 2006), le **Semeru**, point culminant de l'île, le **Papandayan**, aux grondements si réguliers qu'ils lui ont valu le qualificatif de «forge», le **Kawa Idjen**. Une randonnée de quelques heures conduit au **Bromo** et à ses cratères à l'intérieur du Tengger, la «mer de Sable», qui fait l'objet d'un pèlerinage annuel en décembre. Il faut ajouter à cette longue liste le **Perbuatan**, sur l'îlot voisin de Krakatau, dont le bruit de l'éruption de 1883 n'a jamais été égalé. L'**Anak Krakatau**, que l'on peut approcher, est l'enfant naturel de son terrible père.
Trekkings peu difficiles: Papandayan, Bromo, Kawa Idjen. Trekkings éprouvants: Merapi (souvent dangereux), mais aussi Semeru.

QUAND PARTIR ?

	Climat	Moins d'affluence à Bali
Janvier		
Février		
Mars		
Avril	☼	☼
Mai	☼	☼
Juin	☼	
Juillet	☼	
Août	☼	
Septembre	☼	☼
Octobre	☼	☼
Novembre		
Décembre		

Des plages comme Amed Beach ne sont pas les plus réputées de Bali mais offrent le calme qu'a perdu Kuta Beach.

Les villes

Bien plus qu'à Jakarta, capitale démesurée et plutôt quelconque, mis à part son Musée national, il faut s'attarder à **Solo** et surtout dans la très animée **Jogjakarta**.

L'intérêt culturel, l'artisanat (batik) et les traditions (danseurs, marionnettistes) se rapportant aux épopées mais aussi à la vie politique se mêlent pour faire de ces deux villes de l'intérieur les plus plaisantes de Java.

Madura

Dans cette petite île proche de Java, le voyageur vient assister à un spectacle pour le moins original : le Karapan Sapi. Cette course de trot attelé se différencie des nôtres par le fait que ce sont des boeufs que dirigent les jockeys. Les uns comme les autres font partie des traditions de l'île et sont très respectés.

Petites îles de la Sonde

Les côtes

Chapelet d'îles qui fait la jonction entre l'Indonésie et l'Australie, les petites îles de la Sonde sont appelées ainsi par comparaison avec leurs grandes voisines, Java et Sumatra. Les îles situées le plus au nord (Flores, Lombok, Sumbawa) figurent parmi les plus visitées.

La côte sud de **Flores** est formée de plusieurs baies et bordée de volcans actifs. Le plus réputé est le Kelimutu, flanqué de trois lacs de couleurs différentes et changeantes au fil du temps. Les paysages de Flores sont dominés par la forêt et parfois troués de gorges. L'intérêt de la visite de l'île est accru par la possibilité de découvrir les petits villages de pêcheurs ainsi que l'habitat traditionnel et les mœurs des ethnies de l'intérieur.

La géographie de **Lombok** est dominée par les 3 726 m du Rinjani, qui fait l'objet d'ascensions. La beauté de l'endroit s'apparente souvent à celle de sa voisine balinaise, grâce aux volcans mais aussi et surtout à l'étagement des rizières. L'île, qui possède des plages de sable blanc (Sengigi), une côte sud propice au surf et des fonds coralliens bénis des plongeurs (Gilli Islands), est souvent recherchée par ceux qui veulent échapper au surpeuplement touristique de Bali.

Sumbawa et **Sumba** méritent le détour pour la qualité de leurs paysages et de leurs rivages. Les maisons et l'artisanat traditionnel, tel que le procédé de tissage «ikat» dans les villages de Sumba, suscite un intérêt supplémentaire.

La faune

L'île de **Komodo** doit sa réputation à son *Varanus komodoensis*, 3 m de long et 100 kg en moyenne à l'âge adulte, lézard préhistorique géant, descendant des dinosaures. Komodo

Si le barong est souvent remodelé pour le touriste, il n'en demeure pas moins un très beau spectacle de danse.

adulte, lézard préhistorique géant, descendant des dinosaures. Komodo et l'île voisine de Rincha sont les seuls endroits du monde à héberger cette espèce. A Komodo, les visiteurs sont conduits dans un observatoire du parc national de l'île pour découvrir les varans.

Bali

Le patrimoine culturel

L'attachement à ses traditions et à la spiritualité fait la réputation de Bali : traditions artistiques (danses chargées de préserver l'harmonie et de transmettre les mythes sacrés) et artisanales dans la plupart des villages (ateliers de peinture et galeries du village d'Ubud), et surtout fêtes religieuses (processions, cérémonies dans les temples, crémation du défunt en présence de la famille, de tout le village... et de tous les touristes). Parfois «préfabriqués» pour le visiteur, néanmoins captivants, sont les spectacles de danses (barong, kechak, legong), avec en point d'orgue le *Ramayana*, le plus célèbre poème épique de l'Inde, largement étendu à l'Asie du Sud-Est.

Une autre tradition veut que les musiciens des villages se rassemblent pour former un gamelan (gambuh), un orchestre bien particulier et propre à l'Indonésie, qui mêle les sons des xylophones en bambou et les rythmes des tambours.

Les paysages

Les vertes rizières en terrasses sur fond de volcans font de Bali un chef-d'œuvre géographique et un vrai musée topographique. Comme pour couronner ce spectacle permanent, la caldeira et le lac de cratère du **mont Batur** comme le **mont Agung**, les deux volcans sacrés de l'île, font l'objet de belles randonnées.

Les côtes

La plupart des plages de Bali sont ourlées de hautes vagues recherchées par les surfeurs. Elles ne sont plus désertes depuis longtemps, des endroits de la partie sud tels que Kuta Beach, Legian Beach et Sanur étant même outrageusement occidentalisés et rejoints par de nouveaux noms (Nusa Dua, Tanah Lot, Tuban).

Un déplacement en bemo (petit taxi collectif) vers les rivages du nord peut toutefois laisser entrevoir quelques havres de tranquillité, ce qui n'est jamais assuré si l'on songe que Bali, bien que frappé de plein fouet par les attentats de 2002 et de 2005, doit canaliser chaque année un flot de quatre millions de touristes.

Près de la rivière Mahakam, à Kalimantan, partie sud de Bornéo, les Dayaks tentent de préserver l'authenticité de leurs rituels.

QUE VOIR AU NORD ?

■ KALIMANTAN

Les paysages et la faune

Forêt primaire, rivières
Crocodiles, pythons, dauphins, calaos, orangs-outans, singes nasiques

L'habitat

Banjarmasin (pilotis), Tamianglayang, Berau

■ MOLUQUES

Epices et grands navigateurs

■ SULAWESI (CELEBES)

Le patrimoine culturel

Habitat et rites des Torajas

Les paysages

Lac Posso, îles Togian, parc de Lore Lindu

■ IRIAN JAYA

Les trekkings

A la rencontre des Papous

La faune

Oiseaux de paradis

Le nord

■ Kalimantan

Les paysages et la faune

La forêt primaire et la descente des rivières sont les deux atouts de Kalimantan. Deux rivières, le Kapuas et la Mahakam, font l'objet de descentes en pirogue qui durent plusieurs jours et qui se poursuivent par des marches dans la jungle ou par la visite de villages dayaks.

Qu'elle soit inquiétante (crocodiles, pythons) ou attendrissante (dauphins, calaos, orangs-outans), la faune du parc national de Tanjung Pating est l'un des principaux attraits de Kalimantan. Près de Banjarmasin se trouve Palau Kaget, une réserve naturelle de singes nasiques.

L'habitat

Les constructions sur pilotis de **Banjarmasin** ont fait comparer ce grand port de commerce à Venise, le marché flottant en sus. A 200 km de là, le village de **Tamianglayang**, de tradition animiste, vaut par son marché où les villageois dayaks se donnent rendez-vous. A contempler également l'embouchure de la rivière **Berau**, qui vit débarquer l'écrivain Joseph Conrad.

■ Moluques

La noix de muscade et le clou de girofle ont donné à l'archipel son surnom d'«îles aux épices» et ont fait rêver l'Europe durant le XVIe siècle : ainsi les Moluques, qui en étaient les dépositaires, ont-elles accueilli les grands navigateurs, tel Magellan. Aujourd'hui, ce millier d'îles reste l'un des endroits les moins connus d'Indonésie par le touriste, qui souvent les approche par des croisières parties du nord-est de Sulawesi, du moins quand s'apaisent les tensions entre chrétiens et musulmans.

Le marché flottant de Banjarmasin, l'une des rares villes de Kalimantan.

Sulawesi (Célèbes)

Le patrimoine culturel

Parmi les groupes de l'archipel, les Torajas sont les plus fameux en raison de leurs rites funéraires (tombes taillées dans les falaises, effigies en bois) ou sacrificiels (buffles, cochons). De longues maisons sur pilotis (tongkonan), au toit en forme de proue, sont la base de leur habitat, le plus original d'Indonésie.

Les paysages

Rizières, orchidées, plantes carnivores, sont autant de particularités de la nature qui, ajoutées à l'originalité du mode de vie des Torajas, suscitent des randonnées. Les alentours du **lac Posso**, région jusque-là restée à l'écart des grands axes touristiques, et le parc de **Lore Lindu** font désormais l'objet de trekkings.

Les **îles Togian** (plages, lagons, faune sous-marine) méritent d'autant plus la visite qu'elles sont peu connues du grand tourisme.

Irian Jaya

Les trekkings

Hormis les ethnologues, personne ne s'intéressait à cette moitié ouest de la Nouvelle-Guinée. Aujourd'hui, lorsque la situation le permet, on va y chercher le frisson avec des trekkings (difficiles) à la rencontre des Papous. Irian Jaya reste une des destinations les plus insolites d'Indonésie.

La faune

Avec la Papouasie-Nouvelle-Guinée voisine, Irian Jaya, et plus précisément l'archipel de Biak, est le seul endroit où l'on peut apercevoir des oiseaux de paradis. ■

LES CONSEILS GEO

▶ Les plus

Un pays qui figure parmi les grands rendez-vous touristiques mondiaux grâce à une rare diversité de paysages et de traditions.

L'heureuse coïncidence des saisons favorables : l'ensoleillement et une atmosphère moins humide caractérisent la période juin-septembre.

▶ Les moins

Un risque d'attentats visant directement les étrangers, dans un pays pourtant longtemps épargné dans ce domaine.

Une chaleur et une humidité qui peuvent parfois rendre éprouvants les déplacements et les randonnées de longue durée.

▶ Les précautions

Le pays demeure soumis à un activisme terroriste latent. Par ailleurs tout voyage dans la province d'Aceh (ouest de Sumatra), le sud des Moluques, le centre de Sulawesi, l'ouest d'Irian Jaya, Kalimantan et le Timor-Occidental doit faire l'objet d'une préparation rigoureuse ou, dans certains cas, d'une autorisation auprès du consulat.

▶ Les tendances

Il a fallu du temps, mais les paysages du quatuor des petites îles de la Sonde (Flores, Lombok, Sumbawa, Sumba) séduisent de plus en plus. De quoi concurrencer Bali, qui n'en sera pas autrement fâchée...

Une tendance, devenue aujourd'hui une institution : les randonnées vers les volcans de Java, pas aussi éprouvantes qu'on ne l'imagine. La caldeira du Bromo, par exemple, est facilement accessible.

Irlande

QUE VOIR, QUE FAIRE EN IRLANDE ?

Les paysages
- Landes, tourbières et lacs du Connemara, massif du Burren, péninsule du Kerry, falaises (Slieve League), îles d'Aran, montagne tabulaire (Benbulbin)
- Comtés de Wicklow et de Waterford

Les activités
- Golf, balades à cheval, pêche (saumon)
- Randonnées à pied, à cheval, en vélo
- Croisières sur le Shannon

Les monuments et les traditions
- Dolmens, châteaux, vestiges (Staigue Fort)
- Fête de la Saint-Patrick

Les villes
- Dublin, Kilkenny, Waterford, Cork

Il faut imaginer une Normandie encore plus verte, encore plus mouillée : on aime ou on n'aime pas... Mais l'Irlande a su troquer son image négative de pays pluvieux – le ciel est plus changeant qu'on ne le pense – contre celle de lieu bénéficiant de formes de tourisme originales, fondées sur le voyage à thème : randonnées à pied, en roulotte ou à vélo, minicroisières fluviales...

Les paysages

La quasi-totalité du tourisme irlandais est centrée sur la nature, sans doute jamais aussi belle qu'au moment où le soleil succède à une averse. Les sites de plaines et de collines se ressemblent peu ou prou, mais le **Connemara** est le plus attachant grâce à ses landes, ses tourbières, ses lacs, ses bras de mer propices à la pêche, sa fidélité au gaélique, sa lumière et ses «country houses».

La côte ouest est également réputée pour ses falaises (dont celles de Moher, les plus hautes), ses rivages découpés et l'agrément des **îles d'Aran**. Elle est bordée par des régions de grand intérêt : le massif calcaire du

Le Connemara demeure le symbole de la côte ouest de l'Irlande grâce à ses fleurs, ses landes et ses tourbières.

Burren, qui renferme des grottes, et surtout la province du **Kerry,** à l'extrême sud-ouest, connue pour la douceur de son climat, la floraison de ses grands rhododendrons au début du mois de juin, les lacs qui entourent la petite ville de Killarney, les plages de sable autour de Inch, au fond de la baie de Dingle, enfin les points de vue offerts par ses falaises ou par le Carrantuohill, dont les 1041 m en font le point culminant de l'île.

Sur la côte nord, deux curiosités: les **falaises de Slieve League**, qui forment par endroits le relief côtier le plus haut d'Europe; à l'ouest des monts Dartry, la montagne tabulaire de **Benbulbin** qui, haute de 520 m, ressemble à l'étrave d'un gigantesque navire.

Au sud de Dublin, le **comté de Wicklow** vaut par ses jardins (Killruddery, Powerscourt) et ses landes.

Le **comté de Waterford**, au sud-est, est fait de doux paysages traversés par les rivières Barrow, Suir et Blackwater. C'est de cette région (New Ross) que partit pour l'Amérique la famille de John Fitzgerald Kennedy. De Cobh, près de Cork, sont également partis près de trois millions d'Irlandais pour le Nouveau Monde, ainsi que le légendaire *Titanic*. Quant à **Midleton**, elle renferme le Jameson Heritage Centre, distillerie de whisky célèbre entre toutes, avec l'alambic le plus grand du monde.

Les activités

Ces divers atouts ont permis le développement de la randonnée, dont le tourisme irlandais a su multiplier les formes: à pied, à cheval, à vélo, en bateau (minicroisières sur le Shannon et sur la Blackwater).

Le golf apparaît comme un loisir d'envergure, la petite balle blanche pouvant être travaillée sur des parcours très nombreux et parfois répu-

Les ruelles et les pubs de la rivière Liffey, qui traverse Dublin, lui confèrent une partie de son charme et de son cachet.

LE CARNET DE VOYAGE

Les premiers contacts
Office du tourisme, 33, rue de Miromesnil, 75008 Paris, 01.70.20. 00.20, www.discoverireland.com/fr/ www.townandcountry (pour les bed and breakfast), www.visitdublin.com

Les formalités
Pour les ressortissants de l'Union européenne : carte nationale d'identité ou passeport en cours de validité suffisant. Pour les Canadiens, passeport encore valide six mois après le retour.

La santé
Aucun problème particulier.

Le voyage, le décalage
Avion: durée moyenne du vol Paris-Dublin (784 km) ou Paris-Shannon: 1h40. Bateau: Cherbourg-Rosslare, Roscoff-Cork; via la Grande-Bretagne: Fishguard, Holyhead ou Pembroke pour Dublin ou Rosslare.
Lorsqu'il est midi en France, en Irlande il est 11 heures, sauf entre fin septembre et fin octobre, où l'heure est identique.

Le coût moyen d'un séjour
600 € pour une semaine comprenant le ferry, le passage de la voiture et le logement en bed and breakfast; 300 € le week-end à Dublin (vol et hébergement); 1200 € pour 10 jours d'un voyage à thème (pêche, golf, roulotte, etc.).

Les langues, la monnaie
Langues officielles: le gaélique et l'anglais.
Monnaie: l'euro.

La population
Il y a cent cinquante ans, les Irlandais étaient deux fois plus nombreux qu'aujourd'hui. Mais la pauvreté et la famine ont donné le signal d'une émigration, surtout vers les Etats-Unis, qui a duré plus d'un siècle. L'essor économique actuel attire des gens de toute l'Europe. Le pays compte 4109000 habitants. **Capitale:** Dublin (1100000 habitants pour l'agglomération).

Les religions
La ferveur catholique ne s'est jamais démentie (93% de la population, très pratiquante). Minorités: adeptes de l'Eglise d'Irlande (anglicane), presbytériens, méthodistes.

Les fêtes
17 mars et jours précédents: Saint Patrick's Festival; **juin:** Bloomsday Festival à Dublin; **août:** Rose of Tralee; **septembre:** finales de hurling; **octobre:** Guinness Cork Jazz Festival; **fin octobre:** marathon de Dublin.

Les achats
Un vêtement en tweed ou un pull en laine blanche, un échantillon local de Guinness, de whiskey et de saumon fumé. Les productions artisanales sont variées (bijoux, céramiques, cristal, verreries).

tés, tels Tralee, Ballybunion, Clifden et surtout Waterville, qui est aussi l'une des plus belles plages d'Irlande. Le cheval, présent dans le pays depuis fort longtemps, promène le visiteur dans le Kerry, le Connemara et le Donegal, sur les bancs de sable de la péninsule de Dingle ou dans des gorges (Gap of Dunloe). Loisir également très prisé, parfois à bord de bateaux de location: la pêche (le saumon abonde dans la rivière Blackwater et le brochet dans le Shannon). La balade en roulotte constitue une autre tradition.

Les monuments et les traditions

Dolmens, châteaux (Kilkenny), vestiges (ruines de Fort Staigue): l'Irlande laisse apparaître les témoignages, quelquefois oubliés par le tourisme, de sa longue histoire.
Pour avoir évangélisé l'Irlande au Ve siècle, saint Patrick est devenu une «star» encensée chaque année le

17 mars, sous une forme bruyante et débordante : à Dublin, par exemple, feux d'artifice, spectacles de rue, parade et danses irlandaises (ceili) sont de mise. Les Irlandais sont très attachés à cette tradition, qui devient de plus en plus populaire auprès des touristes étrangers.

Les villes

Située au fond d'une baie, dans un joli site entouré de collines, **Dublin** n'entre pas dans les grandes destinations urbaines d'Europe, mais son intérêt va croissant : les ruelles, les pubs et la vogue du quartier rénové de Temple Bar ne sont pas étrangers à cette situation. La rivière Liffey, qui coupe la ville en deux, est enjambée par des ponts parfois pittoresques, comme le Half-Penny Bridge.
Trois itinéraires sont recommandés pour bien pénétrer les vieux quartiers : le Georgian Trail, le Old City Trail et le Cultural Trail.
La capitale irlandaise renferme une université emblématique (Trinity College) et des musées très intéressants, dont le Musée national (qui présente des antiquités irlandaises) et la Dublin City Gallery (qui conserve des œuvres de Corot, Monet, Osborne, Renoir).

QUAND PARTIR ?		
	Climat	Floraison sur la côte ouest
Janvier		
Février		
Mars		
Avril		
Mai		⚘
Juin	☼	⚘
Juillet	☼	
Août	☼	
Septembre	☼	
Octobre		
Novembre		
Décembre		

Au détour des nombreux squares et jardins, les pubs invitent à déguster l'emblématique Guinness, qui a droit à son musée (Guinness Storehouse) situé dans l'usine même. Autre musée du même genre : celui du whiskey Jameson à Smithfield Village.
Au sud-est, **Waterford** mêle son site et ses traditions portuaires à la fierté de sa très réputée cristallerie. **Kilkenny**, quant à elle, est typique de la petite ville irlandaise aux façades gaies et aux pubs bondés, voués bien évidemment à la Guinness.
Au sud-ouest, **Cork** a gagné ses galons en étant devenue capitale européenne de la culture en 2005 grâce à son passé portuaire, sa vitalité de ville étudiante, ses monuments victoriens et ses nombreuses églises. ■

LES CONSEILS GEO

▶ Les plus
Une aptitude à diversifier les formes de tourisme.
La légendaire – et vérifiable – chaleur de l'accueil irlandais.
Une nature omniprésente et bien préservée.

▶ Les moins
Un ciel moins souvent gris qu'on ne le prétend, mais peu favorable.
La nette et récente montée des prix.

▶ Les précautions
Ni plus ni moins de problèmes qu'ailleurs, y compris quand la Guinness s'en mêle.

▶ Les tendances
Cottages, chambres d'hôte, manoirs, maisons de campagne, logement à la ferme : l'heure est à la diversification des modes d'hébergement, une spécialité du tourisme irlandais.

Les falaises du fort de Dun Aenghus, dans les îles d'Aran.

QUE VOIR, QUE FAIRE EN ISLANDE ?

Les paysages et les randonnées

- Geysers, solfatares, cascades, glaciers (Vatnajökull), lacs (Myvatn), fjords (Breidhafjördhur, Isafjördhur)
- Randonnées à pied ou en VTT, ski de fond, motoneige, balades à cheval, pêche, aurores boréales

La faune

- Macareux, pygargues, faucons gerfauts, rennes, renards bleus, cachalots, phoques, rorquals

La ville

- Reykjavík

C'est dans l'instabilité de son sous-sol que l'Islande a trouvé son équilibre touristique. On y accourt pour le jaillissement des geysers et les chutes d'eau, le désert taché de vert et noir, les aurores boréales, les vallées glaciaires et les fjords. Idéal pour le routard-randonneur sous la lumière interminable de l'été.

Islande

LE CARNET DE VOYAGE

Les premiers contacts
Ambassade, Paris, 01.44.17.32.85
Internet: www.visiticeland.com/ (également en français)

Les formalités
Pour les ressortissants de l'Union européenne, canadiens et suisses: carte nationale d'identité ou passeport suffisant, valable encore six mois après le retour.

La santé
Aucun problème.

Le voyage, le décalage
Durée moyenne du vol Paris-Reykjavík (2244 km): 3 heures. Lorsqu'il est midi en France, en Islande il est 10 heures en été et 11 heures en hiver.

Le coût moyen d'un séjour
Entre 350 et 400 € pour un week-end de 4 jours/3 nuits à Reykjavík (vol et hébergement); aux alentours de 2000 € pour un circuit de 15 jours fondé sur la randonnée.

Les langues, la monnaie
Langue officielle: l'islandais, langue germanique sans grands changements depuis le Moyen Age. Langue étrangère: l'anglais est largement pratiqué.
Monnaie: la króna, la couronne islandaise (pluriel: krónur). Elle ne peut être échangée que sur l'île.
1 € = 92 krónur.

La population
Les 301 900 Islandais, d'origine viking, ont théoriquement plus de 2 km² chacun d'espace vital, mais ils vivent surtout sur les côtes.
Les quatre cinquièmes de l'île sont inhabités et la capitale Reykjavík abrite, avec sa banlieue, plus de la moitié de la population.

Les religions
Presque tous les habitants appartiennent à l'Eglise évangélique luthérienne (93 %).

Les fêtes
Février: fête des Lumières et Festival Food and fun à Reykjavík; **juin:** Sjómannadagurinn (Jour des marins); **20 août:** Nuit de la culture à Reykjavík; **septembre:** Rassemblement des moutons.

Les achats
Les pulls en pure laine aux couleurs bleu pâle et blanc cassé ne sont pas donnés, mais quel confort en perspective! Quant au saumon, il rivalise avec celui des Norvégiens ou des Ecossais.

A 50 km de Reykjavík, les eaux chaudes et curatives du bassin aménagé de Blue Lagoon sont très prisées

Les paysages et les randonnées

L'origine volcanique de l'île a eu des conséquences déterminantes sur son relief... et sur son tourisme. Dès que l'on quitte les régions côtières, il n'y a plus âme qui vive ou presque, et la nature prend tous ses droits : geysers, sources d'eau chaude jaillissante comme le **Strokkur**, dans la zone de Geysir, qui envoie des jets d'eau bouillante toutes les six à dix minutes, parfois jusqu'à 30 m de hauteur ; solfatares (terrains propices aux dégagements de soufre) ; chutes (Godhafoss, Gullfoss et Dettifoss, qui retombe de 50 m entre deux falaises de basalte) et «piscines» naturelles d'eau chaude sulfureuse, dans lesquelles la baignade est un plaisir partagé par tous, touristes compris; glaciers (le **Vatnajökull**, qui est le plus grand d'Europe, ceux du parc national de Skaftafell, la vallée glaciaire de Thorsmörk) ; lacs (**lac Myvatn**) ; fjords, tels le **Breidhafjördhur** et, tout en haut de la pointe nord-ouest, l'**Isafjördhur**.

Le volcanisme, dont le symbole le plus recherché est le mont Hekla, engendre même des terres nouvelles, comme, dans l'archipel Vestman, l'île Surtsey, née en 1963 mais que le touriste ne peut admirer que depuis un avion ou un bateau.

Conséquence : la randonnée est devenue l'un des grands attraits touristiques en été, sous des formes multiples telles que la marche, le VTT ou le dos confortable d'un (petit) cheval islandais, habitué aux terrains difficiles. L'hiver, le ski de fond, la motoneige et l'observation des aurores boréales prennent le relais.

La pêche dans les lacs ou dans les rivières (ombles, chevaliers, truites et saumons) est particulièrement prisée.

La faune

L'Islande est peuplée de plus de deux cents espèces d'oiseaux, entre autres macareux moines et leurs pattes rouges, guillemots, pygargues, faucons gerfauts, pétrels. Le lac Myvatn et l'archipel Vestman en sont des sites d'observation connus. La nidification a lieu généralement au printemps.

Parfois, des phoques gris se laissent admirer sur la côte sud, ainsi que des rorquals et des cachalots. Le renne, sur les plateaux de l'est, et le renard bleu sont les autres espèces intéressantes à découvrir.

La ville

Reykjavík n'aurait rien de remarquable si ne s'y perpétuaient de petites traditions : par exemple les sorties jeunes et branchées des vendredis et samedis soir avec force bière et whisky jusqu'au bout de la nuit, ou bien le séjour en piscines de plein air, réchauffées par une eau naturellement chaude. Il ne faut pas hésiter à visiter la ville en hiver, c'est à ce moment-là qu'elle vit encore plus intensément ses nuits. ■

LES CONSEILS GEO

▶ Les plus

Un petit paradis pour le randonneur : une nature quasiment intacte, des paysages rares en raison de la spécificité du relief.

Un froid moins rigoureux que supposé grâce au Gulf Stream.

▶ Les moins

Un coût de la vie touristique plutôt élevé.

Le manque d'alternative au tourisme de nature.

▶ Les précautions

Pays très calme, sans agressivité, sauf quand l'alcool est trop généreusement honoré dans les bars de Reykjavík le week-end.

Les tendances

▶ La randonnée flanquée d'un petit cheval islandais et la nuit sous la tente sont les activités favorites de beaucoup. Autres tendances : les aurores boréales lors de week-ends (de septembre à mars) concoctés par certains voyagistes.

QUAND PARTIR ?

	Climat	Ski	En particulier
Janvier			
Février			
Mars		❄	
Avril		❄	
Mai			nidification
Juin	☼		soleil de minuit
Juillet	☼		soleil de minuit
Août	☼		
Septembre	☼		aurores boréales
Octobre			
Novembre			
Décembre			

Ville sainte et lieu de pèlerinage, Jérusalem réunit un nombre exceptionnel d'édifices religieux.

Israël

Lorsque la tension politique retombe, Israël est à même de proposer aussi bien le poids de ses sites historiques et la qualité de l'architecture que l'agrément de ses plages et, pour les randonneurs, les déserts de Judée et du Néguev.

Les sites historiques

D'ouest en est, **Jérusalem** voit se côtoyer quatre quartiers : chrétien, arménien, juif, musulman. En regroupant ainsi les adeptes des confessions juive, chrétienne et musulmane, la ville, que l'on englobe du regard à partir du mont des Oliviers, multiplie les monuments célèbres à très peu de distance les uns des autres : la Coupole du Rocher de la mosquée d'Omar, plus ancien monument islamique datant du VIIe siècle ; la mosquée d'al-Aqsa, la plus grande de la

QUE VOIR, QUE FAIRE EN ISRAEL ?

Les sites historiques

- Jérusalem
- Terre sainte et pèlerinages : Bethléem, Nazareth, Capharnaüm, mont Thabor, lac de Tibériade, mont Carmel, Akko (Saint-Jean-d'Acre)
- Qumran, Massada

Les paysages

- Mer Morte
- Désert de Judée, désert du Néguev
- Kibboutzim

Les côtes

- Plages de la Méditerranée (Netanya, Césarée) et de la mer Rouge (Eilat)
- Mer Morte (cures et thalassothérapie), mer de Galilée (lac de Tibériade)

LE CARNET DE VOYAGE

Les premiers contacts
Office national israélien du tourisme, 94, rue Saint-Lazare, 75009 Paris, 01.42.61.01.97. Internet : www.otisrael.com

Les formalités
Pour les ressortissants de l'Union européenne, canadiens, suisses : passeport suffisant, valable encore six mois après le retour. Les voyageurs qui doivent se rendre dans un pays arabe opposé à Israël peuvent demander que le tampon israélien soit apposé sur une feuille volante.

La santé
Aucun problème.

Le voyage, le décalage
Durée moyenne du vol Paris/Tel-Aviv-Jaffa (3 289 km) : 3 h 30. Lorsqu'il est midi en France, en Israël il est 13 heures.

Le coût moyen d'un séjour
Le prix d'un séjour «all inclusive» d'une semaine en haute saison à Eilat avoisine 650 € (vol et hébergement). Compter 400 à 500 € pour un week-end prolongé à Jérusalem.

Les langues, la monnaie
Langues officielles : l'arabe et l'hébreu. Langue étrangère : l'anglais. **Monnaie :** le nouveau shekel. Il est recommandé de se munir d'US dollars. 1 USD = 3,9 nouveaux shekels, 1 € = 5,7 nouveaux shekels.

La population
L'immigration juive (Europe centrale, Afrique du Nord et Moyen-Orient avant Europe occidentale, Etats-Unis et ex-URSS) a donné à Israël les cinq sixièmes de sa population actuelle de 6 427 000 habitants. Depuis 1980, Jérusalem, réunifiée, a été décrétée capitale par la Knesset au détriment de Tel-Aviv-Jaffa.

Les religions
Environ huit personnes sur dix sont de religion juive. Minorités de musulmans, de chrétiens et de druzes.

Les fêtes
Janvier : Festival de danse à Eilat ; **juin :** Festival de Jérusalem ; **au fil de l'année**, fêtes liées à la religion juive : Nouvel An juif (Rosh Hashana), Pâque (Pesach), Shavout (retour de Moïse), Sukkot (construction de petites cabanes) ; Yom Kippour (fête de l'Expiation, la plus importante).

Les achats
Le bois (olivier), le cuir et les épices ne doivent pas être négligés, mais ils ont du mal à rivaliser avec les souvenirs liés à la religion.

ville ; l'Esplanade du Temple et le mur des Lamentations, seul vestige du Second Temple (Hérode) et très important lieu de prière juif ; le tombeau du Christ au Saint-Sépulcre ; les portes des murailles de la vieille ville ; la via Dolorosa, jalonnée par les étapes du Calvaire.

Deux musées dominent à Jérusalem : le récent musée Yad Vashem, consacré à l'Holocauste, et le musée Israël, qui abrite les manuscrits de la mer Morte, découverts en 1946 (textes bibliques et apocryphes juifs voisinant avec ceux de la secte de Qumran).

Les lieux de culte des trois religions (juive, chrétienne et musulmane) restent le but principal de la visite du pays. La **Terre sainte** fait l'objet des pèlerinages les plus importants de la chrétienté. Les fidèles viennent du monde entier se recueillir à Jérusalem (tombeau du Christ), à **Bethléem** (grotte et basilique de la Nativité), à **Nazareth**, à **Capharnaüm**, au **mont Thabor** (Transfiguration du Christ), au **lac de Tibériade**, au **mont Carmel**, à **Akko** (Saint-Jean-d'Acre), ce dernier ancienne forteresse des Croisés, l'une des plus anciennes du monde.

D'autres sites ont acquis leur réputation à d'autres moments de l'histoire : les grottes de **Qumran**, où ont été découverts les manuscrits de la mer Morte, et la forteresse de **Massada**, où l'on peut voir les vestiges de l'ensemble des constructions d'Hérode le Grand.

Les paysages

Les dépôts de sel, les falaises et le bleu soutenu du ciel et de l'eau de la **mer Morte** attisent la curiosité, alors que les baigneurs et les curistes sont de plus en plus nombreux. Les hauts plateaux et les canyons assurent en alternance l'intérêt du **désert de Judée**, à l'ouest de Massada et en appui sur la rive ouest de la mer Morte.

Les gorges (canyon Rouge), les pierres couleur pastel et les « sculptures » dues à l'érosion font la beauté du **Néguev**. Ce désert est également chargé d'histoire car traversé par l'ancienne route nabatéenne des parfums.

D'autres sites doivent tout à la main de l'homme : les kibboutzim. Dans les années 1960 et 1970, ces exploitations agricoles collectives ont séduit de jeunes étrangers, surtout américains, qui s'y installaient pour plusieurs mois afin de participer aux travaux. Aujourd'hui, le touriste est invité à les découvrir en logeant en lisière ou à l'intérieur.

QUAND PARTIR ?

	Jérusalem et la côte	Est et déserts du sud	Plongée en mer Rouge
Janvier		☼	
Février		☼	
Mars		☼	⋖
Avril	☼	☼	⋖
Mai	☼		
Juin	☼		
Juillet	☼		
Août	☼		
Septembre	☼		
Octobre	☼	☼	
Novembre	☼	☼	⋖
Décembre		☼	⋖

LES CONSEILS GEO

▶ Les plus

Un tourisme dynamique, harmonieux (conjugaison des attraits culturel, balnéaire, pédestre) et original (séjour possible dans un kibboutz).

La coïncidence des dates de vacances estivales et de la bonne période climatique.

▶ Les moins

La persistance de la tension politique israélo-palestinienne, qui conduit beaucoup de voyageurs et de voyagistes à rester en position d'attente et à différer régulièrement leur départ.

▶ Les précautions

La situation politique demeure tendue, aussi est-il impératif, pour le voyageur individuel, de s'informer sur les conditions de sécurité dans l'ensemble de la région.

Les côtes

Israël peut offrir les rivages de quatre mers : **Méditerranée** (plages de Netanya, Césarée, Tel-Aviv-Jaffa), **mer Rouge** (Eilat), **mer Morte**, **mer de Galilée** (lac de Tibériade). Les sites balnéaires sont nombreux, agrémentés de la possibilité de pratiquer des sports nautiques.

Eilat, tout au sud, remporte la palme de la fréquentation en hiver, particulièrement pour la plongée (corail et poissons multicolores) et le voisinage des dauphins.

La mer Morte (400 m au-dessous du niveau normal) et sa forte concentration de minéraux sont universellement connues pour leurs vertus thérapeutiques, surtout contre le psoriasis et les rhumatismes. Les offres de séjours de thalassothérapie se multiplient. ■

Italie

Son patrimoine architectural et ses côtes méditerranéennes valent à l'Italie d'être l'un des grands pays touristiques du monde. Elle offre tout pour tous : des villes chargées d'histoire, des plages très raffinées ou plus populaires, des paysages riants comme la Toscane et des volcans en activité comme l'Etna. Sans oublier les îles, qui allient plaisirs balnéaires et intérêt culturel.

QUE VOIR EN ITALIE CONTINENTALE ?

Les villes

- Florence, Rome, Venise, Naples, Vérone, Pise, Sienne, Milan, Assise, Bologne, Padoue, Vicence, Ravenne, Turin, Trieste
- Vestiges de Pompéi, Herculanum, Paestum

Les côtes

- Plages pittoresques (côte d'Amalfi, Riviera italienne)
- Plages populaires (Riviera Adriatica)
- Capri

Les paysages

- Alpes (Cervin, Dolomites), val d'Aoste, Abruzzes, lacs (lac de Côme, lac Majeur, lac de Garde), Toscane

L'Italie continentale

Les villes

Les édifices, tant publics que religieux, de Florence, Rome et Venise comptent parmi les tout premiers rendez-vous mondiaux de l'art.

Le panorama de **Florence**, la ville des Médicis, n'est jamais mieux apprécié que depuis la colline de Fiesole, au nord. Florence a construit l'essentiel de son patrimoine artistique entre le XIIe et le XVIe siècle : la piazza della Signoria, qui regroupe le plus bel ensemble architectural de la ville avec le palazzo Vecchio, la loggia dei Lanzi et une copie du *David* de Michel-Ange ; le palais Médicis, le palais Pitti et ses fresques célébrant les Médicis ; la cathédrale Santa Maria del Fiore avec sa coupole due à Brunelleschi et le campanile de Giotto ; les églises de San Marco (couvent et compositions de Fra Angelico), Santa Croce et Santa Maria Novella. Les musées sont dominés par la galerie des Offices, où les collections des Médicis rassemblent de nombreuses œuvres, notamment de Botticelli, Dürer, Michel-Ange, Raphaël, Rembrandt.

Rome et ses sept collines, outre qu'elles constituent un site urbain d'exception, gardent des empreintes célèbres, principalement le Palatin, habité dès le VIIIe siècle av. J.-C. La Rome impériale a construit le Coli-

Quelle que soit la saison, quel que soit l'angle de vue, Venise, la « Sérénissime » ne peut qu'envoûter le visiteur.

Situé sur la rive droite du Tibre, le château Saint-Ange fut construit pour abriter les cendres de l'empereur Hadrien.

sée, le Panthéon, la colonne Trajane et son imposant bas-relief, les thermes (Dioclétien, Caracalla) ; ont suivi les églises et les basiliques telles que Saint-Jean-de-Latran et Saint-Laurent-hors-les-Murs ; la Renaissance a produit le palais de Venise, l'ébauche de la chapelle Sixtine et, avec la patte de Raphaël ou de Michel-Ange, la reconstruction de la basilique Saint-Pierre ainsi que l'édification de demeures nobles (palais Farnèse) ; l'art baroque s'est ensuite imposé (piazza Navona, avec ses fontaines du Bernin). La galerie et le musée Borghèse, de même que la galerie nationale d'Art ancien (palais Barberini et Corsini), sont les musées les plus connus en dehors du Vatican.

Venise : celle dont on annonce sans cesse la fin sous le double coup de l'eau et du tourisme aligne nombre de sites célèbres : la place et la basilique Saint-Marc, le palais des Doges, le pont des Soupirs, les palais du Grand-Canal, le pont du Rialto, une centaine d'églises, l'Accademia (creuset de l'Ecole vénitienne avec Véronèse, Titien, le Tintoret), le palais Grassi (grandes expositions), le théâtre de la Fenice. Le tout est exploré au cours de balades à pied ou en gondole, et sans la gêne des voitures.

« Vois **Naples** et meurs » : l'exclamation vaut aussi bien pour la splendeur de la baie que pour le danger potentiel du Vésuve. La ville qui a inventé la pizza et la débrouillardise est soumise à un péril économique de tous les instants, mais elle est pétrie de charme, surtout à travers ses ruelles. L'art n'en est pas absent : palais (palais royal), églises (San Pietro a Maiella), monastères (Santa Chiara), bâtisses (Castel Nuovo, opéra San Carlo), musées (Musée archéologique, qui comprend de l'orfèvrerie et

LE CARNET DE VOYAGE

Les premiers contacts
Office de tourisme (ENIT), 23, rue de la Paix, 75002 Paris, 01.42.66.66.68. www.enit-it, www.valaoste.com

Les formalités
Pour les ressortissants de l'Union européenne et les Suisses : carte d'identité ou passeport périmé depuis moins de cinq ans. Pour les Canadiens : passeport.

La santé
Rien à signaler.

Le voyage, le décalage
Avion : Paris-Rome : 2 heures ; Paris-nord de la Sardaigne : 1 h 35 ; Paris-Sicile : 2 h 30. Minicroisière : 15 heures de ferry entre Marseille ou Toulon et Porto Torres (Sardaigne). Pas de décalage.

Le coût moyen d'un séjour
300 € pour un week-end 3 jours/2 nuits dans les grandes villes touristiques ; 600 € la semaine balnéaire en demi-pension ; 950 € la semaine en randonnée.

Les langues, la monnaie
Le français ou l'anglais pour suppléer les carences en italien. **Monnaie :** l'euro.

La population
58148000 habitants. Signe des temps : l'Italie connaît une forte immigration après avoir longtemps été un pays d'émigration. **Capitale :** Rome.

Les religions
Le catholicisme est dans son berceau mais 15 % d'habitants sont sans obédience.

Les fêtes
Février : carnaval et Mostra de Venise ; **Juin** : Saint-Jean à Florence ; **mi-juin à fin août** : Festival classique à Vérone ; **juillet** : fête Notre-Dame du Carmel à Naples ; fête du Rédempteur à Venise (bateaux décorés sur le canal de Giudecca et le bassin Saint-Marc) ; **septembre** : régates de Venise.

Les achats
Un vêtement classe, une cravate et une paire de gants (de Naples), une paire de chaussures : le pays reste en pointe dans ces domaines. Plus localement : les bijoux à Florence ; les masques du carnaval de Venise ; les objets en verre de Murano ; les santons de Naples ; les bijoux de corail de la ville sarde d'Alghero.

des grands vases de l'époque hellénistique, sculptures, mosaïques et peintures murales de Pompéi et Herculanum, musée des Santons, musée de Capodimonte).

Moins célèbres, plusieurs autres villes apparaissent tout de même comme des passages obligés :

– **Vérone**, pour ses vastes arènes du Ier siècle, son théâtre romain audessus de l'Adige, ses places delle Erbe (ex-forum) et dei Signori (architecture gothique et Renaissance), ses églises San Zeno Maggiore et Sant'Anastasia, ses bibliothèques, son musée de Castelvecchio (peintures des écoles véronaise et vénitienne) et la légendaire fenêtre de la maison des Capulet, depuis laquelle la belle Juliette interpella Roméo ;

– **Pise**, certes pour sa tour penchée – et bien restaurée – des XIIe-XIIIe siècles mais aussi pour sa belle voisine, la cathédrale de la piazza del Duomo ;

– **Sienne**, pour le dessin unique de sa piazza del Campo, avec laquelle seule la place du Dôme, à Lecce, pourrait rivaliser ;

– **Assise** pour sa pléiade de monuments : ruines romaines (amphithéâtre, temple de Minerve) mais aussi et surtout la basilique Saint-François, dont les fresques célèbres de Cimabue et Giotto ont été durement touchées par le tremblement de terre qui eut lieu en 1997 ;

– **Milan**, ville de la mode, du raffinement et des brocantes, pour sa cathédrale gothique, pour son théâtre de la Scala et son château des Sforza ;

– **Bologne**, pour son centre historique qui renferme des monuments du Moyen Age et de la Renaissance (parmi lesquels de nombreux palais, musées et églises) ;

– **Padoue**, entre autres pour son palazzo della Ragione et ses prestigieux édifices religieux ;

Le Ponte Vecchio, qui enjambe l'Arno à Florence, abrite des orfèvres et des bijoutiers depuis le XVIe siècle.

QUAND PARTIR ?

	Nord	Sud et îles	Florence, Rome, Venise
Janvier			
Février			Carnaval de Venise ⦿
Mars			⦿
Avril		☼	
Mai	☼	☼	⦿
Juin	☼	☼	⦿
Juillet	☼		
Août	☼		
Septembre	☼	☼	⦿
Octobre		☼	⦿
Novembre			
Décembre			

– **Vicence**, pour son édifice communal («Basilique») du XVe siècle, son théâtre olympique de Palladio et les villas environnantes;
– **Ravenne**, pour ses monuments romains (amphithéâtre, aqueduc) et byzantins (églises aux mosaïques mondialement célèbres);
– **Turin**, pour ses édifices de style baroque, son très riche musée égyptien et la présence du saint suaire, le linceul qui aurait recouvert le Christ et dont la rare ostension publique attire des millions de fidèles;
– **Trieste**, pour le quadruple aspect

Le Haut-Adige annonce les Dolomites et leur dessin aussi abrupt qu'insolite.

de son architecture (vestiges romains, château fortifié, cathédrale, églises romanes et baroques;
Les témoignages de l'Antiquité attirent la curiosité du touriste dans toutes les régions:
– **Pompéi** n'a pas seulement à proposer son triste destin de ville recouverte sous une pluie de cendres en 79 apr. J.-C. mais vaut aussi par ses vestiges (via del Foro) et son habitat (maison des Mystères);
– **Herculanum** a conservé des maisons remarquables comme la maison de Neptune et d'Amphitrite;
– **Ostie** possède plusieurs exemples d'architecture romaine autour de sa place des Corporations;
– **Paestum** arbore son temple de Poséidon, qui est resté dans un bon état de conservation.

Les témoignages de l'Empire romain, du Moyen Age et de la Renaissance surgissent quel que soit l'itinéraire choisi.

L'Ombrie renferme de jolis sites médiévaux (Spolète, Orvieto, Città della Pieve).

L'Italie possède même un site rupestre, le **val Camonica**, en amont du lac d'Iseo, dont certaines représentations datent du néolithique.

Les côtes

L'Italie fait partie des pays méditerranéens à forte affluence balnéaire, mais elle est aussi, avec l'Espagne et la Grèce, une grande pourvoyeuse de croisières en Méditerranée du printemps à octobre à partir de Venise, Gênes, Naples, Palerme.

La côte la plus pittoresque est celle d'**Amalfi**, au sud de Naples, avec, parmi les plus connus, les sites balnéaires de Ravello et de Positano, sur la presqu'île de Sorrente. De Naples ou de Sorrente, excursions possibles vers **Capri**: l'île vaut plus par son site et ses grottes aux étranges effets de lumière que par son ambiance, surfaite et versée dans le luxe. Ischia, à quelques encablures au nord-ouest, est tout aussi séduisante.

La **Riviera italienne**, prolongement de la Côte d'Azur, a bien des atouts, parmi lesquels Portofino. En descendant, la côte ligure offre, entre La Spezia et Levanto, le quintette des villages du **Cinque Terre**, avec nombreuses vignes en terrasses et escarpements spectaculaires.

Les côtes de **Toscane** connaissent un tourisme balnéaire plus modeste mais contrasté, allant de l'ancienne et délicate architecture du front de mer de Viareggio au tourisme de masse de Forte dei Marmi.

Le tourisme balnéaire de masse inonde la **Riviera Adriatica** et les abords de Rimini, toujours sous la menace de la pollution par les algues survenue en 1989.

Les paysages

Entre val d'Aoste et Piémont, le parc national du **Grand Paradis** mêle vallées glaciaires, forêts, torrents et une foule de sentiers de randonnée. De la station de sports d'hiver de Cervinia, on aperçoit le cône pointu du **Cervin**, «le plus noble rocher d'Europe». En poursuivant vers l'est, on atteint les **Dolomites**, et leurs raides parois de calcaire surplombant les pentes douces et les conifères.

La diversité des sports d'hiver vaut aux Alpes italiennes une audience aussi forte que celle des pays voisins. Dans le **val d'Aoste**, les stations et les villages ont gardé un aspect traditionnel tout en accueillant le ski alpin, l'héliski et le ski de fond (stations de

La lumière de la Toscane est unique lorsqu'elle baigne un monument ou un paysage.

Courmayeur, La Thuile, Breuil-Cervinia, Pila). Le tourisme d'été permet la visite de monuments historiques et des balades dans le parc national du Grand Paradis (bouquetins, chamois, marmottes).
Les massifs calcaires des **Abruzzes** et surtout le parc national du même nom, où les forêts de hêtres abritent et cachent parfois des loups, des lynx et des ours, multiplient les possibilités de randonnée.
Les abords du **lac de Côme** valent autant par le site que par l'histoire, avec de somptueuses villas (villa d'Este, villa Erba, où vécut Visconti jeune, villa Carlotta). Autres grands sites : le **lac de Garde** (Riviera des Oliviers) et surtout le **lac Majeur**, auquel une surprenante flore méditerranéenne vient ajouter sa couleur et sa générosité à un cadre enchanteur bordé de villas.
La conjugaison du climat méditerranéen et d'un relief de moyenne montagne donne aux paysages, aux vignes et aux oliviers de la **Toscane** une harmonie et une lumière sans égales dans la péninsule, sauf peut-être chez sa voisine, l'**Ombrie, dont l'agrément et la** beauté restent méconnus.

QUE VOIR DANS LES ILES ?

■ ILES EOLIENNES

Les côtes
Lipari, Panarea, Salina, Filicudi

Les paysages
Volcans (Stromboli, Vulcano)

■ SARDAIGNE

Les côtes
Archipel de la Maddalena, Costa Smeralda, côte sud (Pula, Villasimius)

Les monuments
Tours de pierre sèche (nuraghes)

■ SICILE

Les côtes
Taormina et sites balnéaires de la côte est

Les paysages
L'Etna

Les monuments
Villes anciennes (Taormina, Syracuse, Agrigente, Palerme, Piazza Armerina)

L'Italie des îles

Iles Eoliennes

Ces sept îles, situées au nord de la Sicile et accessibles par hydroglisseur, proposent aussi bien l'agrément des randonnées autour ou sur les pentes de leurs volcans – le **Stromboli**, très nerveux, et le **Vulcano** – que la baignade dans leurs criques. Une part d'insolite existe encore sur l'île de pêcheurs de **Filicudi**, sur les 3 km^2, parsemés de sources chaudes, de **Panarea** et, pour les nostalgiques du lieu de tournage du film *le Facteur* et de la maison de Neruda, le long des côtes de **Salina**.

Les Eoliennes ont longtemps constitué un havre de tranquillité, en partie à cause de la rareté des plages de sable fin. Mais le grand tourisme s'est imposé, surtout à **Lipari**.

Sardaigne

Les côtes

La Sardaigne offre des criques et des plages relativement calmes. Les plages du nord sont plutôt rocheuses, à l'inverse de celles du sud, longues et sablonneuses.
Au nord-est, les soixante-deux îlots de l'**archipel de la Maddalena**, parsemés de maquis, de pins et de chênes verts, de criques, sont propices à des balades. Dans cette même région, l'Aga Khan a transformé un désert touristique en une côte de luxe très fréquentée, la **Costa Smeralda**. Hôtels et villages de vacances y sont légion mais les côtes, rocheuses, permettent de diversifier les activités (voile, plongée, surf).
Sur la côte ouest, se dessine une succession de côtes découpées, moins fréquentées que les sites balnéaires de la côte sud (**Pula, Villasimius**).

Les monuments

Les remparts et les ruelles étroites d'Alghero, sorte de comptoir côtier aux accents... catalans, valent la visite. Mais ce sont les six mille nuraghes, tours de défense en pierre sèche élevées un peu partout dans l'île à l'âge du bronze, qui font la singularité architecturale de la Sardaigne. Ils sont complétés par des temples puniques (Antas, Nora), des églises romanes (Sassari, San Giusta) ou gothiques (Alghero), la tombe de Garibaldi sur l'île de Caprera, le château et la cathédrale baroque de Cagliari.

Une cathédrale, un château en ruine sur un rocher, un temple dédié à Diane : Cefalu, en Sicile, a d'autres atouts que sa plage.

LES CONSEILS GEO

▶ Les plus

Un pouvoir d'attraction exceptionnel : le passé (témoignages artistiques et architecturaux) et le présent (loisirs balnéaires et alpestres) se conjuguent pour multiplier les raisons de voyager.

Un patrimoine artistique et culturel d'une très haute valeur : si l'on devait établir une échelle sur ce point précis, l'Italie ne serait pas loin de la palme mondiale.

La proximité, qui permet d'organiser des week-ends dans les nombreuses villes ou régions méritant amplement une visite.

▶ Les moins

La surcharge touristique lors de la Semaine sainte et durant les mois d'été. La visite de Venise, par exemple, doit être absolument recherchée dans les périodes creuses de l'année.

▶ Les précautions

L'Italie traîne une vieille réputation de pays du vol à la tire.

Les Italiens eux-mêmes n'ont de cesse de chercher pour le touriste un parking gardé.

Pour autant, ne pas verser dans la paranoïa ni dans les préjugés outranciers.

■ Sicile

Les côtes

Ile la plus étendue de la Méditerranée, la Sicile est un haut lieu du tourisme italien. **Taormina**, qui allie la beauté de sa baie à la qualité de ses témoignages historiques, est un site balnéaire qui n'a plus assez de secrets, comme la plupart de ceux de la côte est, la plus fréquentée. Cependant, la Sicile réserve encore au visiteur des rivages plus intimes.

Les paysages

L'ascension qui mène au cratère de l'**Etna** demande deux heures et demie de marche environ, entre autres à partir du refuge Sapienza et après avoir pris le téléphérique ou un camion tout-terrain. Elle se fait de préférence le matin et n'a rien d'exténuant mais demande au préalable de prendre tous les renseignements et tous les gages de sécurité nécessaires. Les flancs du volcan varient le spectacle : véritable désert de lave ou bien végétation particulière.

Les monuments

La Sicile est une terre parcourue par l'histoire. On en trouve des témoignages :

– dans le site en pente de **Taormina** (théâtre grec et ruelles) ;

– à **Syracuse** (amphithéâtre, temples doriques d'Apollon à Ortygie, fortification des Epipoles, palais Beneventano, nécropole de Pantalica, collections grecques du Musée archéologique) ;

– à **Agrigente**, riche de sa «vallée des temples» et de ses sanctuaires du IVe siècle av. J.-C. ; autre curiosité non loin des temples : le parc littéraire Luigi-Pirandello ;

– à **Palerme**, qui réunit les trois cultures latine, grecque et musulmane, et qui connut son apogée au XIIe siècle avec l'édification de la chapelle Palatine (bois et mosaïque), de l'église byzantine de la Martorana, des églises de San Giovanni et San Cataldo et, au sud-ouest, la cathédrale de Guillaume II (et ses nombreuses mosaïques byzantines) ;

– à **Piazza Armerina**, où se laissent admirer les 3 500 m² de mosaïques polychromes de la villa Casale ;

– à **Ségeste**, où le temple de Cérès constitue un grand exemple d'architecture dorique ;

– à **Sélinonte**, cité grecque qui a conservé des vestiges de temples. ■

Japon

QUE VOIR AU JAPON ?

Les paysages

- Montagnes (Fuji-Yama, mont Aso, mont Asama, Alpes japonaises, Hokkaido)
- Sites (baie de Matsushima), sources (Beppu), lacs, gorges (Yabaki), jardins (Kenrokuen), parc national Yoshino-Kumano

Les villes et les monuments

- Tokyo, Kyoto, Osaka, Kobe, Hiroshima, Himeji
- Sanctuaires bouddhistes et shintoïstes (Ise, Nara, Kamakura, Kyoto, Nikko, Miyajima, Tokyo, Koyasan)

Sur la case Japon, le cerveau d'un Occidental pose pêle-mêle l'image d'une geisha silencieuse et le cône parfait du Fuji-Yama. Si la première doit demeurer dans le domaine du fantasme, le second s'offre intact à l'admiration de tous et draine dans son sillage des paysages d'une grande beauté par endroits, ainsi que de nombreux temples et sanctuaires.

Les paysages

La situation volcanique du Japon a engendré un sommet de légende, le **Fuji-Yama** (Fuji san). Aujourd'hui éteint, il reste le symbole du pays et un lieu de pèlerinage. La perfection de son cône (3776 m) a inspiré des artistes traditionnels et beaucoup d'estampes (Hokusai). Il y a également le **mont Aso**, volcan actif à plusieurs cônes rassemblés dans une très large caldeira, le **mont Asama**, les **Alpes japonaises** et les sommets d'**Hokkaido**, propices au ski (Sapporo). Le Japon possède ses estampes

Sommet de légende, but de pèlerinages et thème pour les artistes, le Fuji-Yama reste un objet de vénération.

au naturel comme la baie de **Matsushima**, où la mer, les îlots et les temples composent un ensemble délicat, des sites **(Beppu)** où jaillissent des sources d'eau chaude, et des lacs. De-ci de-là apparaissent des gorges, dont celles de Yabaki, non loin de Beppu, et des jardins paysagers, dont le Kenrokuen, à Kanazawa. Le parc national **Yoshino-Kumano** symbolise, quant à lui, la «Terre pure»: les pèlerins bouddhistes s'y rendent et entrent alors en pleine communion avec les temples et la nature.
C'est au cours de la première quinzaine d'avril que se dessine la plus belle image du Japon : les cerisiers sont alors en fleur, et les habitants les remercient de leur générosité esthétique par force fêtes et animations.

Les villes et les monuments

Tokyo constitue un bon résumé de l'histoire du pays grâce au Palais impérial (lui-même proche de Ginza, quartier de commerces et de sorties), au sanctuaire Meiji et au temple bouddhique Asakusa. La ville vaut par les contrastes qu'offrent, en son centre, les quartiers modernes (Century Tower) et les maisonnettes avec jardinet, qui n'ont jamais changé mais qui sont aujourd'hui menacées. Une curiosité : Tsukiji, le plus grand marché aux poissons du monde, mais il va quitter le centre-ville dans quelques années. Un musée à ne pas man-

quer : le Tokyo National Museum (art traditionnel japonais).
Parsemée de jardins plantés de cerisiers et creuset du mouvement zen, **Kyoto** est souvent comparée à une ville-musée : environ mille cinq cents temples bouddhistes, dont le temple du Pavillon d'or est le plus célèbre, et quatre cents sanctuaires shintoïstes.
Osaka vaut par ses sanctuaires (Shitenno-ji), son château féodal et ses musées, alors que **Kobe**, avant le tremblement de terre de 1995, mettait en avant ses maisons de l'ère Meiji, dans le quartier de Kitanocho.
Expérience intéressante : un séjour dans l'un des temples-auberges de **Koyasan**, sur le mont Koya (région d'Osaka), haut lieu de la secte bouddhique Shingon et sur lequel se répartissent une centaine de sanctuaires.
Expérience douloureuse : la visite du parc de la Paix et du musée de la bombe A à **Hiroshima**, avec un dôme commémoratif désormais intégré au Patrimoine mondial de l'humanité.
Dans le sud de Honshu, la vieille cité

LE CARNET DE VOYAGE

Les premiers contacts
Office national du tourisme japonais (JNTO), 4, rue de Ventadour, 75001 Paris, 01.42.96.20.29. Internet : www.jnto.go.jp

Les formalités
Pour les ressortissants de l'Union européenne, canadiens, suisses : passeport suffisant, valable encore six mois après le retour.

Le voyage, le décalage
Les vols internationaux atterrissent principalement à Tokyo mais aussi à Osaka. Durée moyenne du vol Paris-Tokyo (9998 km) : 11 heures. Lorsqu'il est midi en France, au Japon il est 19 heures en été et 20 heures en hiver.

La santé
Aucun problème.

Le coût moyen d'un séjour
Formule week-end prolongé Tokyo-Kyoto : compter environ 1200 € pour 5 jours. Pour un circuit accompagné, difficile de s'en sortir à moins de 2000 € la semaine et de 3000 € pour 15 jours.

Les langues, la monnaie
Le japonais laisse bien peu de place à l'anglais, longtemps balbutiant mais qui se fraie un chemin dans les grandes villes. **Monnaie :** le yen. Il est préférable d'acheter des yens avant le départ et de se munir de chèques de voyage en yens ou en US dollars.
1 USD = 109 yens,
1 € = 161 yens.

La population
Le Japon frôle la surpopulation, surtout dans ses villes, où vivent quatre habitants sur cinq : ainsi, la capitale Tokyo et son agglomération atteignent 26 500 000 habitants. Toutefois, le nombre total de 127 433 000 habitants se stabilise.

Les religions
Le bouddhisme et le shintoïsme, religion ancienne qui n'appartient qu'au Japon et qui a pris un caractère nationaliste, se partagent les croyances.

Les fêtes
Le Nouvel An (Ganjitsu) est fêté pendant plusieurs jours ; **février :** Festival des lanternes à Nara ; **avril à mai** selon les régions : floraison des cerisiers, objet de réjouissances ; **juin :** fête du Solstice d'été (geshi) ; **novembre :** fête des Râteaux à Tokyo ; **23 décembre :** fête nationale.

Les achats
Les poupées traditionnelles ou, plus spécifique, le kimono (yukata) sont les principaux achats.

Avec ses mille cinq cents temples, Kyoto apparaît comme une véritable ville-musée. Ici le temple de Kiyomizudera.

d'**Himeji** renferme le château dit «du Héron blanc», la plus belle forteresse féodale du pays (XIVe-XVe siècle).
Le bouddhisme est, au même titre que le shintoïsme (dont le sanctuaire d'**Ise** est le meilleur témoignage), la marque de la piété japonaise. Ses temples se reconnaissent autour du Daibutsu, figuration de Bouddha. On retrouve celui-ci sur le mont sacré Koya, au sud de **Nara**, qui renferme le Todai-ji (qui est le plus important temple bouddhique du pays en même temps que le plus grand temple en bois du monde), et Horyuji, berceau du bouddhisme japonais.
Bouddha est aussi très présent à **Kamakura** (daibutsu de bronze de 14 m de haut, fondu au XIIIe siècle) et à Kyoto. A **Nikko**, outre les temples, on trouve des mausolées du clan des shoguns Tokugawa, alors que sur l'**île de Miyajima** apparaît le sanctuaire sur l'eau d'Itsukushima-jinja. ■

L'urbanisation galopante de Tokyo est inventive mais elle met à mal son habitat traditionnel.

LES CONSEILS GEO

▶ Les plus

Un des contrastes les plus marqués d'Asie entre l'ancien et le moderne : les sources et les intérêts de visite en sont multipliés.
La possibilité de rendre le voyage original en choisissant des lieux de vie à la japonaise (ryokan, minshuku).

▶ Les moins

Un coût de la vie touristique très élevé, malgré une timide tendance à la baisse.
Une communication relativement malaisée, la pratique de l'anglais restant limitée.
Un ciel d'été guère enchanteur.

▶ Les précautions

Le Japon est un pays sûr. S'il y a des précautions à prendre, c'est dans le domaine de la communication et la lecture des... idéogrammes.
Les frais médicaux sont élevés, aussi est-il recommandé de bien vérifier avant le départ ses conditions d'assurance maladie et de prendre, le cas échéant, une assurance complémentaire.

▶ Les tendances

Après avoir été longtemps boudé par le touriste européen, le Japon gagne en audience sur des thèmes précis, comme la floraison, furtive, des cerisiers. Elle est très prisée des habitants, qui la transforment en une vraie fête.

QUAND PARTIR ?

	En général	Tokyo et le Sud
Janvier		
Février		
Mars	☼	
Avril	☼	☼
Mai	☼	☼
Juin		☼
Juillet		
Août		
Septembre		
Octobre	☼	☼
Novembre	☼	☼
Décembre		

Pétra est, sur plusieurs kilomètres, une vraie leçon d'histoire et d'architecture.

Jordanie

Les Nabatéens ? Pas vraiment connus de la gent touristique... C'est pourtant à ce peuple d'Arabie que l'on doit Pétra, le plus beau site du Moyen-Orient, non loin du désert du Wadi Rum qui est le deuxième joyau touristique jordanien, rendu célèbre par Lawrence d'Arabie et propice aux randonnées.

Les monuments

A **Pétra**, les temples funéraires et les tombeaux, témoins du passé prestigieux du royaume des Nabatéens (IVe siècle-IIe siècle av. J.-C.), sont taillés à même des falaises de grès rose ou rouge dans une sorte de cirque rocheux long de 3 km. Le site, placé sur la route des aromates et capitale choisie à dessein en raison de son relief tourmenté, est atteint après avoir traversé une gorge (Siq) qui ne laisse que trois quarts d'heure au soleil pour illuminer la façade orangée et sculptée du Khazné, temple célébré par Spielberg dans *Indiana Jones et la dernière croisade* et par Hergé dans *Coke en stock*.

Pétra mérite deux jours et des kilomètres de visite : outre les temples, les mausolées, les chambres funéraires et le monastère du Deir, on y trouve de hauts lieux de sacrifices et un théâtre romain. Le site apparaît sans conteste comme le plus ma-

LE CARNET DE VOYAGE

Les premiers contacts
Ambassade, 80, bd Maurice-Barrès, 92200 Neuilly-sur-Seine, 01.55.62.00.00. www.jordanie-tourisme.com

Les formalités
Pour les ressortissants de l'Union européenne, canadiens et suisses : passeport valable encore 6 mois après le retour, visa obligatoire (possible à l'arrivée).

La santé
Aucune vaccination requise, conditions de voyage faciles.

Le voyage, le décalage
Durée moyenne du vol Paris-Amman (3380 km) : 4 heures. Lorsqu'il est midi en France, en Jordanie il est la même heure en été et 13 heures en hiver.

Le coût moyen d'un séjour
1100 € la semaine classique en demi-pension, 1900 € pour 15 jours en randonnée.

Les langues, la monnaie
La langue : l'arabe. L'anglais est assez bien répandu. **Monnaie :** le dinar jordanien. Euros ou US dollars bienvenus. 1 € = 1,05 dinar jordanien

La population
6053000 habitants, dont 60% de réfugiés palestiniens. Egalement cent mille Bédouins et vingt mille Kurdes circassiens. **Capitale :** Amman.

Les religions
Forte majorité de musulmans sunnites (93%).

Les fêtes
25 mai : fête de l'indépendance ; **Aïd el-Fitr** : fin du ramadan.

Les achats
On peut se procurer des bijoux fabriqués par les Bédouins, mais aussi des objets en verre soufflé.

QUE VOIR, QUE FAIRE EN JORDANIE ?

Les monuments

- Temples et tombeaux de Pétra
- Vestiges romains et chrétiens de Jerash, château des Croisés d'al-Karak, «Châteaux du désert», ksour
- Vestiges de Madaba, palais de Qusayr 'Amra, Béthanie (site du baptême du Christ)

Les paysages

- Désert du Wadi Rum, mont Nébo

Les côtes

- Plages et plongée en mer Rouge (Aqaba)
- Rivages de la mer Morte

jestueux du Proche-Orient.
Jerash (Gerasa) est le deuxième monument par ordre d'importance : d'abord romaine et surnommée la «Pompéi jordanienne» (excellent état de conservation du forum, des théâtres, des temples d'Artémis et de Zeus), elle connut ensuite une influence chrétienne (nombreux monuments, dont les églises accolées de Saint-Jean-Baptiste, Saint-Georges et Saints-Côme-et-Damien).
Viennent ensuite **Al-Karak**, dans un site entouré de ravins, qui eut son heure de gloire au temps des croisades et conserve un château (krak) des Croisés (XIIe siècle), isolé sur une colline proche ; les relais de chasse («châteaux du désert») ; les ksour laissés par les sultans omeyyades ; les ruines (sanctuaires et monastères) et les très anciennes mosaïques byzantines de **Madaba** (haute époque chrétienne) ; le palais arabe du VIIIe siècle de **Qusayr 'Amra**, édifié en grès rouge et situé dans le désert, à l'est d'Amman ; le site de **Béthanie**, qui aurait vu Jean-Baptiste baptiser le Christ sur la rive gauche du Jourdain, tout près de la côte nord de la mer Morte.
Le **mont Nébo** (900 m), non loin de l'embouchure du Jourdain, est l'un des lieux les plus célèbres du Moyen-Orient : c'est de là que Moïse contempla la Terre promise et c'est là que, traditionnellement, on situe le lieu de sa mort.

Les paysages et les randonnées

Au sud s'étend le désert semi-aride du **Wadi Rum**, également appelé «vallée de la Lune». En 1917, le village de Rum a vu Thomas Edward Lawrence rameuter les guerriers destinés à se battre contre les Ottomans. Aussi, avec les Sept Piliers de la sagesse à la lisière du désert, le visiteur se trouve-t-il rapidement confronté au souvenir des images qu'il a découvertes dans le film *Lawrence d'Arabie*. La rencontre des Bédouins, les masses rocheuses, le mélange du sable, du granit et du grès, attirent de plus en plus le randonneur, assuré de marcher et de bivouaquer au sein de la plus belle harmonie de couleurs des déserts du Proche-Orient.

QUAND PARTIR ?

	Climat	Randonnées dans le Wadi Rum
Janvier		🚶
Février		🚶
Mars	☼	🚶
Avril	☼	🚶
Mai	☼	
Juin		
Juillet		
Août		
Septembre	☼	
Octobre	☼	🚶
Novembre	☼	🚶
Décembre	☼	🚶

Les côtes

Autour d'**Aqaba**, les abords de la **mer Rouge** renferment des fonds sous-marins riches en récifs coralliens et en poissons multicolores. Les plongeurs en ramènent des images de haute tenue.
La **mer Morte** possède quelques plages (Suweima) et offre des panoramas intéressants. ■

LES CONSEILS GEO

▶ Les plus
Un pays qui mêle idéalement l'aspect culturel, le désert et la plongée.
Une destination qui a toujours réussi à maintenir sa vie touristique malgré sa situation au cœur d'une région sensible.

▶ Les moins
La mue trop rapide du site de Pétra, passé en quelques années d'une situation de site culturel ponctuel à celle d'«usine à tourisme».
La menace latente des attentats.

▶ Les précautions
La sécurité n'est plus ce qu'elle était. Même si le touriste est épargné – bien que directement visé début septembre 2006 lors d'une attaque isolée à Amman –, une certaine tension s'est fait jour.

▶ Les recommandations
La Jordanie est un pays musulman, aux traditions marquées. Il conviendra donc de ne pas choquer la sensibilité des différentes communautés par sa tenue vestimentaire.

Kenya

Champion incontesté du pointage d'objectifs photographiques sur une faune abondante, mais également capable de proposer des plages tropicales ou des trekkings au nord et chez les Masais, le Kenya est paré des grandes vertus du tourisme exotique. Hélas ! Meurtri par ses récents et dramatiques problèmes interethniques, le Kenya doit aussi sauver son image.

QUE VOIR, QUE FAIRE AU KENYA ?

La faune

- Parc de Masai-Mara et son «Big Five» (buffles, éléphants, léopards, lions, rhinocéros), migration des gnous et des zèbres, girafes, hippopotames
- Parc et lac de Nakuru (flamants roses, pélicans)
- Parcs et réserves d'Amboseli, Tsavo, Samburu, Aberdare
- Lacs Baringo et Naivasha

Les côtes

- Plages de l'océan Indien : Lamu, Malindi, Mombasa, Tiwi Beach, Diani Beach

Les paysages et les trekkings

- Mont Kenya, abords du lac Turkana

La faune

La grande famille animalière, dont le «Big Five» (buffles, éléphants, léopards, lions, rhinocéros), est présente et justifie les nombreuses propositions de safaris-photos, qui voient les visiteurs juchés sur un minibus à toit ouvrant dans l'attente de l'image idéale. Les réserves, très visitées en juillet et août, gagnent à être explo-

Pour ces grandes dames du parc de Masai-Mara comme pour les autres animaux, le visiteur fait désormais partie du décor.

rées en septembre ou octobre, moment de la fin de la saison sèche, quand la végétation est rare et que les animaux cherchent à s'abreuver.

Le Big Five est réuni dans le parc de **Masai-Mara**, le plus intéressant et donc aussi le plus couru des touristes. La rivière Mara voit barboter les hippopotames et surtout passer une infinité de gnous et de zèbres en juillet et août, lors de la grande migration vers le sud.

Dans un tout autre genre mais tout aussi riche, le parc de **Nakuru** et son lac rassemblent des colonies de flamants roses et de pélicans aux côtés des girafes, des gazelles et des rhinocéros noirs.

Autres grandes vedettes parmi les réserves : le parc d'**Amboseli**, avec vue sur le Kilimandjaro ; le parc **Tsavo**, le plus étendu ; la réserve de **Samburu** ; le parc national d'**Aberdare**. Les **lacs Baringo** et **Naivasha** renferment plusieurs centaines d'espèces d'oiseaux. Plus insolite pour observer la faune avicole : l'île de Mfangano, sur le lac Victoria, est le cadre idéal pour approcher, entre autres, aigles pêcheurs, aigrettes et cormorans.

La côte kenyane est vouée au grand tourisme mais sauve ses particularités, comme l'archipel de Lamu, à dominante musulmane.

LE CARNET DE VOYAGE

Les premiers contacts
Kenya Tourist Board, c/o Interface Tourism, 11 bis, rue Blanche, 75009 Paris, 01.53.25.11.11. Ambassade, 3, rue Freycinet, 75116 Paris, 01.56.62. 25.25. www.magicalkenya.com (office du tourisme), www.kws.org (parcs nationaux)

Les formalités
Pour les ressortissants de l'Union européenne, canadiens, suisses: passeport (valable encore six mois après le retour), visa obligatoire, obtenu auprès du consulat. Le visa à une entrée permet un aller-retour pour la Tanzanie. Le visa peut être obtenu à l'arrivée, précision à demander impérativement à l'ambassade. Dans tous les cas, billet de retour ou de continuation exigible.

La santé
Vaccination vivement recommandée contre la fièvre jaune en dehors des zones urbaines. Prévention indispensable contre le paludisme, particulièrement pour les régions situées au-dessous de 2500 m, excepté Nairobi.

Le voyage, le décalage
Durée moyenne du vol Paris-Nairobi (6487 km): 9 heures. Nombreux vols charters pour Mombasa et Nairobi, et possibilité d'aménager les itinéraires (par exemple arrivée à Nairobi, départ de Mombasa ou d'Arusha, près du Kilimandjaro). Lorsqu'il est midi en France, au Kenya il est 13 heures en été et 14 heures en hiver.

Le coût moyen d'un séjour
1200 € en juillet-août pour un safari-photo d'une semaine. 2500 € pour 15 jours d'un combiné réserves animalières-océan ou d'un combiné Kenya-Tanzanie.

Les langues, la monnaie
Langues officielles: le swahili, dont l'exemple le plus édifiant est le mot «safari» (signifiant «voyage»), et l'anglais.
Monnaie: le shilling kenyan est subdivisé en 100 cents. 1 USD = 68 shillings kenyans, 1 € = 100 shillings kenyans.

La population
Les 36914000 habitants représentent un chiffre plutôt élevé comparativement aux autres pays d'Afrique. On relève plusieurs groupes ethniques, dont les Kikuyus (21%) sont les plus nombreux. Présence d'Asiatiques (venus essentiellement d'Inde), d'Arabes et d'Européens.
Capitale: Nairobi.

Les religions
Catholiques et protestants sont dans d'égales proportions (26%). On compte près de 20% d'animistes et 6% de musulmans (dont quatre habitants sur cinq dans l'archipel de Lamu).

Les fêtes
1er juin: Madaraka day; **août:** Festival du Maulidi (naissance du Prophète) à Lamu; **12 décembre:** fête de l'Indépendance; **Aïd el-Fitr:** fin du ramadan.

Les achats
Sculptures en bois, pagnes, objets en osier, bijoux masaïs. Le marchandage fait partie du jeu.

Les côtes

L'agrément des rivages kenyans de l'**océan Indien** est à la hauteur : plages de sable blanc, cocotiers et, en prime, une barrière de corail («côte de Corail»), suscitant la découverte de la vie sous-marine. La plongée, la planche à voile et la pêche au gros, cette dernière surtout à Malindi (barracudas, marlins, thons), sont autant d'atouts qui ont permis le développement de structures balnéaires, au nord (**archipel de Lamu**, alentours de **Malindi**) comme au sud (**Tiwi Beach**, **Diani Beach**) de Mombasa. Autre avantage : à l'heure actuelle, le tourisme balnéaire de masse n'a pas encore envahi le Kenya, quoique de nouveaux noms de sites, toujours de part et d'autre de Mombasa, commencent à fleurir, tels Galu Kinondo, Shanzu, l'île de Chale.

Les paysages et les trekkings

Les trois sommets qui constituent le **mont Kenya** (5 199 m), volcan éteint aussi respecté par les Kenyans que le Fuji-Yama par les Japonais, constitue un bon entraînement pour le candidat à l'ascension du Kilimandjaro dans le cas d'un voyage couplé Kenya-Tanzanie. Les autres grands trekkings se situent autour du **lac Turkana** (ex-lac Rodolphe), à la rencontre des El Molo, pêcheurs, et des groupes turkana et samburu.

Ses montagnes et ses lacs offrent au Kenya des paysages attachants, dominés par la couleur jaune tendre de la savane. L'ancienneté des volcans donne çà et là des reliefs insolites tels que les vastes cavités naturelles du mont Elgon ou la grotte Leviathan, creusée dans la lave. ■

L'habit et la danse caractérisent les groupes ethniques kenyans, qui accueillent les visiteurs avec sympathie.

LES CONSEILS GEO

Les plus

L'endroit du monde, avec la Tanzanie, où le plus grand nombre de touristes peut faire le plus grand nombre de photos du plus grand nombre d'animaux.
Des formules de voyages nombreuses et des saisons qui tombent bien.

Les moins

En temps normal, un tourisme qui frôle la bousculade généralisée en juillet-août et qui oblige à se décider longtemps à l'avance.
Des problèmes d'insécurité nés de différends interethniques et des régions frontalières du nord très déconseillées.
La rareté des témoignages historiques.

Les précautions

Problèmes interethniques, risque d'attentats, tendance au vol à la tire : sur le papier, le voyage au Kenya s'annonce perturbé.
A chacun de s'adapter en fonction des circonstances et sans grossir démesurément les risques.

Les tendances

Un safari-photo dans une réserve animalière, puis la détente sur la côte de l'océan Indien : la tendance n'est pas nouvelle mais elle reste un tel idéal de voyage que cela va mieux en le disant et en le répétant...

QUAND PARTIR ?

	Climat	Réserves	Océan Indien
Janvier		🐾	
Février		🐾	
Mars			
Avril			
Mai			
Juin	☼		
Juillet	☼	🐾	
Août	☼	🐾	☼
Septembre	☼	🐾	☼
Octobre	☼	🐾	☼
Novembre			
Décembre			

Non loin de Vientiane, les statues du parc de Wat Xieng Khuan ne prétendent pas rivaliser avec Luang Prabang mais méritent le détour.

Laos

Blotti entre des voisins touristiques prestigieux, le «pays au million d'éléphants» reste une destination insolite du Sud-Est asiatique. Au-delà du dense patrimoine bouddhique de l'ancienne capitale royale Luang Prabang, le visiteur découvre une vie intense autour du Mékong et un peuple chaleureux qui a su conserver ses traditions ainsi qu'un zeste de francophilie.

LE CARNET DE VOYAGE

Les premiers contacts
Ambassade, 74, av. Raymond-Poincaré, 75116 Paris, 01.45.53.02.98. Internet: www.visit-laos.com

Les formalités
Pour les ressortissants de l'Union européenne, canadiens, suisses: passeport valable encore six mois après le retour, visa obligatoire auprès du consulat ou dans les aéroports d'arrivée, également à la frontière avec la Thaïlande.

La santé
Prévention indispensable contre le paludisme, excepté à Vientiane.

Le voyage, le décalage
Durée moyenne du vol Paris-Vientiane (via Bangkok): 14 heures. Lorsqu'il est midi en France, au Laos il est 17 heures en été et 18 heures en hiver.

Le coût moyen d'un séjour
1800 € pour un voyage accompagné de 15 jours, 2000 à 2500 € pour le duo Laos-Cambodge.

Les langues, la monnaie
Langue officielle: le lao, proche du thaï; l'anglais est pratiqué à peu près partout, le français est devenu rare.
Monnaie: le kip. Les bahts thaïlandais sont acceptés, les US dollars également.
1 USD = 9500 kips, 1 euro = 14000 kips. Cartes de crédit de peu de secours.

La population
Sept habitants sur dix sont des Laos, un peuple de cultivateurs. Avec 6522000 habitants, le Laos est un pays sous-peuplé à l'aune de cette région du monde.
Capitale: Vientiane.

Les religions
Les adeptes, majoritaires, du bouddhisme theravada (du «Petit Véhicule») côtoient les pratiquants de l'animisme.

Les fêtes
Mai: fête des Fusées, pour «appeler» la mousson.

Les achats
Coton, soie, mais aussi bijoux en argent.

QUE VOIR AU LAOS ?

Les villes et les monuments

- Monastères et temples bouddhistes (vats) de Luang Prabang et de Vientiane
- Statues de Pak Ou, site khmer de Vat Phu

Les paysages

- Mékong, montagnes du nord, Boloven

Les villes et les monuments

Site préservé et classé au Patrimoine mondial de l'humanité, l'ancienne capitale royale **Luang Prabang** justifierait le voyage à elle seule.

Le mont Phousi, son temple et son stoupa dominent la petite ville nichée au confluent du Mékong et de la Nam Khane. Partout, une atmosphère douce émane des nombreux temples, au premier rang desquels le Vat Xieng Thong, des rues animées et des couleurs de la robe safran des moines. Une bonne dizaine de «vats» et l'ancien Palais royal méritent absolument la visite.

Les temples, dont surtout le Vat That Luang (le plus important du pays) et le Vat Sisaket, sont aussi la marque principale de **Vientiane**.

La capitale, paisible, vaut également par son imposant marché (Talat Sao), un curieux arc de triomphe (Patuxai) et le style des maisons coloniales laissées par les Français.

Autres grands rendez-vous architecturaux du pays :

– à l'ouest de Luang Prabang, les grottes de **Pak Ou**, où sont conservées pas moins de quatre mille cinq cents statues de Bouddha ;

– à l'est, la **plaine des Jarres** et ses grands vases mégalithiques qui, il y a deux mille ans, auraient servi d'urnes funéraires ;

- au sud, tout près de l'agréable bourgade de Champassak, le site khmer de **Vat Phu** (IX-XIIIe siècle), dont certains aspects rappellent Angkor.

Les paysages

Le plus fort symbole du pays sera toujours le **Mékong**, autour duquel la vie des paysans laos tente de garder son caractère traditionnel.

Tantôt transformé en rapide dans le nord, en chutes spectaculaires dans le district de Siphandone au sud, rarement calme, très souvent jauni ou rougi par les alluvions qu'il charrie, le Mékong demeure l'un des grands arguments touristiques et mérite d'être descendu à bord d'un «slow boat», longue pirogue à moteur, par exemple dans le nord entre Houeisai et Luang Prabang.

Toutefois, c'est dans la partie sud du pays que le fleuve, en multipliant ses bras et en formant ainsi les «Quatre Mille Iles», devient le plus recherché. On peut décider de séjourner sur la très tranquille île de Khong et, en période de hautes eaux, rayonner en bateau vers le sud ; on peut aussi séjourner sur les îles plus fréquentées de Khône et de Det et tenter d'apercevoir non loin de là les rares dauphins d'eau douce.

Les montagnes du nord, où vivent des minorités de plus en plus visitées (Lantans, Mongs), n'ont d'égal au sud que le plateau de Boloven (villages traditionnels, chutes et café de grande qualité).

Entre Luang Prabang et Vientiane, on peut faire une halte à **Vang Vieng**, où les paysages (pains de sucre calcaires) et la descente de rivière sur... chambre à air sont de plus en plus prisés. ■

QUAND PARTIR ?

	Climat	Croisière sur le Mékong	Montagnes du nord
Janvier	☼	⪪	☼
Février	☼	⪪	☼
Mars	☼		☼
Avril			☼
Mai			
Juin			
Juillet			
Août			
Septembre			
Octobre			
Novembre	☼	⪪	
Décembre	☼	⪪	

LES CONSEILS GEO

▶ Les plus

Une image sereine de l'Asie du Sud-Est et des traditions préservées le long du Mékong, sur lequel les croisières prennent leur essor.

Une francophilie marquée et la langue française encore présente par endroits.

Un coût du voyage très avantageux pour le gîte et le couvert.

La progression prometteuse de l'écotourisme

▶ Les moins

Un climat franchement pluvieux et humide en été.

Une image de pays le plus «authentique» d'Asie du Sud-Est qui s'estompe peu à peu sous l'effet du grand tourisme.

▶ Les précautions

Le peuple laotien est doux et hospitalier. Les problèmes nés de la guerilla hmong se sont éloignés. Dans le nord, éviter absolument l'opium...

Le mont Liban (Jabal Lubnan) ainsi que les forêts de pins et de cèdres de son versant ouest annoncent Byblos et la côte.

Liban

Au cours de la décennie, le Liban avait fini par retrouver une sérénité et son triple atout architecture/mer/montagne qui lui avait valu un tourisme important et un Beyrouth rayonnant dans les années 1970. Mais les récentes secousses politiques ont coupé cet élan et renvoyé à des jours plus sereins la visite d'un des pays les plus attachants et les plus passionnants du pourtour méditerranéen.

LE CARNET DE VOYAGE

Les premiers contacts
Office de tourisme, 124, rue du Faubourg-Saint-Honoré, 75008 Paris, 01.43.59.10.36. Ambassade, 3, villa Copernic, 75116 Paris, 01.40.67.75.75.www.destinationlebanon.gov.lb (également en en français)

Les formalités
Pour les ressortissants de l'Union européenne, canadiens, suisses: passeport (valable encore six mois après le retour), visa obligatoire, obtenu auprès de l'ambassade. Un visa de court séjour peut être obtenu à l'arrivée à Beyrouth, prendre confirmation avant le départ auprès du consulat. Eviter les visas, tampons ou billets d'avion ayant rapport à Israël, sous peine de refoulement à l'entrée.

La santé
Aucun problème.

Le voyage, le décalage
Durée moyenne du vol Paris-Beyrouth (3 191 km): 4 heures. Lorsqu'il est midi en France, au Liban il est 13 heures.

Le coût moyen d'un séjour
Autour de 1 100 € la semaine et de 2 000 € pour un Liban-Syrie de 15 jours tout compris.

Les langues, la monnaie
Langue officielle: l'arabe. Langues étrangères: le français et l'anglais.
Monnaie: la livre libanaise. La plupart des transactions se font en US dollars, les cartes de crédit sont de peu d'utilité. 1 USD = 1522 livres libanaises, 1 € = 2238 livres libanaises.

La population
Une mosaïque de communautés, qui ont longtemps vécu en bonne intelligence, compose un pays de 3 926 000 habitants. La population musulmane est majoritaire, alors que les chrétiens furent longtemps les plus nombreux.
Capitale: Beyrouth.

Les religions
Dans l'ordre: musulmans chiites (41 %), musulmans sunnites (27 %), chrétiens maronites (16 %), druzes (7 %), grecs orthodoxes (5 %), grecs catholiques (3 %), arméniens.

Les fêtes
9 février: jour de Saint-Maron; **en été:** Festival de Baalbeck; **Aïd el-Fitr:** fin du ramadan.

Les achats
Objets en fer, bois, cuivre, poteries. Le marchandage est de rigueur dans les souks.

QUE VOIR AU LIBAN ?

Les vestiges et les monuments

- Vestiges romains de Baalbeck et de Tyr
- Temples et tombes de Byblos, château de Saïda, palais de Beiteddine, musées, monastères (vallée sainte de la Qadicha)

Les paysages

- Chaîne du Liban (sources, cascades, forêts de cèdres)
- Défilé de l'Oronte, grottes d'Afqa et de Jeita

La côte

- Côte méditerranéenne (Jounié, Byblos, Beyrouth)

Les vestiges et les monuments

Le Liban est un passage obligé pour les passionnés de vestiges romains. Ainsi, **Baalbeck** offre un ensemble remarquable, lieu d'élection du dieu Soleil sous les Antonins (temples de Jupiter, Bacchus et Vénus). C'est là que, depuis 1997 en été, le célèbre Festival de Baalbeck a retrouvé son lustre après vingt ans d'interruption.

Tyr (Sour) conserve également d'importants vestiges romains (arènes, hippodrome, théâtre, thermes), et un festival se tient chaque été.

Les traces des brillantes périodes de la présence égyptienne (temples, tombes) sont présentes à **Byblos** (Jubail), alors qu'à **Saïda** (Sidon), où ont été découverts des vestiges de l'âge du bronze, le château de la Mer atteste du passage des Croisés. Plus près dans le temps, l'architecture orientale du **palais de Beiteddine** (construit par un émir au début du XIXe siècle), qui accueille lui aussi un festival en été, complète la richesse historique du pays, à laquelle s'ajoutent les musées (musée des Mosaïques à Beiteddine, Musée archéologique national de Beyrouth), les monastères (Qochaya, dans la **vallée sainte de la Qadicha**, au nord du mont Liban) et les églises.

L'architecture moderne tend à s'imposer trop vite, et le béton comme les autoroutes mettent à mal le patrimoine et l'habitat ancien, particulièrement sur la bande côtière (Saïda, Tyr) et à Beyrouth, où les projets de reconstruction dans le centre-ville ont malheureusement avalé le vieux centre historique (place des Martyrs, place de l'Etoile).

Les paysages

Si le nombre des légendaires cèdres du Liban n'est plus ce qu'il était, on peut toutefois les admirer dans le massif du Chouf et à Becharré. Des sources, des cascades et des forêts composent la **chaîne du Liban**, agréable pour des balades au printemps et en automne (mais pas en été, trop brumeux), notamment dans les environs de stations propices au ski.

Au nord, la région désertique du plateau de Hermel est soudain coupée par le **défilé de l'Oronte**, dont les eaux souterraines jaillissent sous la forme d'une source artésienne.

Sur les pentes du mont Liban, une falaise calcaire est trouée par la **grotte d'Afqa**, où la légende situe les amours d'Adonis et de Vénus. Outre la rivière souterraine qui s'en échappe et les ruines d'un temple d'Adonis à proximité, le site de la **grotte d'Afqa** constitue, avec celui de la **grotte de Jeita** (6 km de galeries et de concrétions), l'un des principaux rendez-vous du tourisme libanais de l'intérieur.

La côte

La côte méditerranéenne offre son content de soleil et de plages : celles de **Jounié**, de **Byblos**, stations en vogue, et de **Beyrouth** apparaissent parmi les plus fréquentées. ■

LES CONSEILS GEO

▶ Les plus

Des atouts touristiques divers et réputés, qui ne demandent qu'à retrouver leur lustre des années 1970. La présence de la langue française.

▶ Les moins

Le coût plutôt élevé des séjours. Une situation encore très fragile, qui occasionne des hauts et des bas dans les propositions des voyagistes.

▶ Les précautions

A situation précaire, précautions rigoureuses. Aussi est-il vivement conseillé de prendre des renseignements auprès du consulat avant toute intention de voyage. Par ailleurs, la partie sud doit être évitée.

QUAND PARTIR ?

	Côte	Est du pays
Janvier		
Février		
Mars		
Avril	☼	
Mai	☼	
Juin	☼	☼
Juillet	☼	☼
Août		☼
Septembre	☼	
Octobre	☼	
Novembre	☼	
Décembre		

Comme ici Sabratah, les vestiges romains de la côte libyenne sont de plus en plus visités.

Libye

Longtemps, la Libye a été considérée comme une immense contrée désertique, à l'image de sa fréquentation touristique. Mais l'attrait des vestiges des époques hellénistique et romaine ainsi que l'attrait de la région du Fezzan ont changé la donne. Seule la longue côte, également désertique en son milieu, reste la grande absente du tourisme balnéaire méditerranéen.

LE CARNET DE VOYAGE

Les premiers contacts
Consulat, 18, rue Keppler, 75016 Paris, 01.47.20.19.70. Consulat, 6, bd Rivet, 13008 Marseille, 04.91.29.03.80. www.libye-voyages.com

Les formalités
Pour les ressortissants de l'Union européenne, canadiens, suisses : passeport encore valable six mois après le retour, sans tampon israélien. Visa obligatoire, obtenu auprès du consulat soit à titre individuel (long délai à prévoir), soit par l'organisme de voyage choisi.

La santé
Aucune vaccination n'est exigée.

Le voyage, le décalage
Vols pour Tripoli et Benghazi mais aussi Paris-Marseille-Sebha, porte du Fezzan. Lorsqu'il est midi en France, en Libye il est 13 heures.

Le coût moyen d'un séjour
Les premiers prix pour un voyage dans le désert sont à moins de 1 000 € la semaine. Idem pour le voyage dans la «Libye antique» sur la côte.

Les langues, la monnaie
L'arabe, langue officielle, est côtoyé par le tamacheq, la langue des Touaregs. L'anglais et l'italien sont langues de communication, mais restent peu répandus.
Monnaie : le dinar libyen, subdivisé en 1000 dirhams. 1 € = 1,83 dinar libyen.

La population
Son chiffre (6 037 000 habitants) est dérisoire par rapport à la superficie. Les habitants vivent, pour la quasi-totalité, dans le nord, surtout dans les villes de Tripoli (capitale) et de Benghazi.

Les religions
Presque tout le pays obéit aux règles de l'islam sunnite, qui laisse place à une poignée de chrétiens.

Les fêtes
Octobre : festivités consécutives à la récolte des dattes ; **24 décembre :** fête de l'Indépendance ; **fin décembre :** Festival touareg de Ghat.

Les achats
Bijoux en or et argent, poteries, tissages, cuir… mais la plupart de ces produits viennent d'Egypte, du Niger ou du Tchad, l'artisanat libyen étant encore confidentiel.

LES CONSEILS GEO

▶ Les plus

Un pays qui a radicalement changé son image aux yeux du touriste, désormais bien présent, tant sur le plan culturel que sur l'approche du désert. La découverte du Fezzan, l'une des plus belles régions du Sahara.

▶ Les moins

Des infrastructures hôtelières encore insuffisantes.
Pour ceux qui n'y sont pas prêts, la nécessité de s'adapter à un mode de vie très différent des standards occidentaux (alcool interdit, tenue vestimentaire stricte, etc.).

▶ Les précautions

Le voyage individuel n'est pas monnaie courante en Libye et demande donc une bonne préparation et un certain nombre de précautions. Eviter absolument les régions proches des frontières du Niger, du Soudan et du Tchad, ainsi que le Tibesti libyen.

QUE VOIR EN LIBYE ?

Les vestiges et les monuments
- Vestiges romains (Sabratah, Leptis Magna)
- Vestiges romains et grecs (Cyrène)
- Sites d'Apollonia, de Ptolémaïs, de Garama, de Ghadamès (oasis fortifiée)

Le désert
- Dunes, sites rupestres, escarpements du Fezzan

Les vestiges et les monuments

Les ruines de **Sabratah** – qui, outre des forums et un temple d'Antonin, possède le plus grand théâtre romain d'Afrique – et de **Leptis Magna**, embellie par Septime Sévère et dont le théâtre est bien conservé, dominent l'architecture romaine. Les musées de Sabratah et de Tripoli possèdent les principales pièces qui témoignent de cette époque.

A **Cyrène**, point d'ancrage de la Cyrénaïque et de la «Grèce africaine», on trouve des vestiges des époques hellénistique et romaine (temples de Zeus et de Déméter). Autres sites: **Apollonia** (époque hellénistique, non loin de Cyrène), **Ptolémaïs** et les ruines de Toulmeitah. En partant vers le sud: les ruines de **Ghadamès**, ville fortifiée qui fut une oasis prospère, et les gravures et peintures rupestres de **Garama** et alentour, où vécurent les Garamantes (dont seraient issus les Touaregs).

QUAND PARTIR ?

	Sites antiques de la côte	Désert
Janvier		☼
Février		☼
Mars		☼
Avril	⋖	
Mai	⋖	
Juin	⋖	
Juillet		
Août		
Septembre		☼
Octobre	⋖	
Novembre		☼
Décembre		☼

Au nord-est du pays, les férus d'histoire contemporaine trouveront, avec Bir Hakeim et Tobrouk, deux lieux connus pour avoir été le théâtre de violents combats qui opposèrent les Alliés et les puissances de l'Axe en 1941-1942.

Le désert

Aux confins de l'Algérie, de la Libye et du Niger se dessine, dans le prolongement du tassili N'Ajjer, une partie du Sahara aussi belle que longtemps méconnue: le **Fezzan**. Du tassili de Maghidet à la Tadrart, au sud, en passant par l'Akakous, se succèdent harmonieusement les dunes, les gorges, les sites rupestres, les blocs de grès et les escarpements.

L'engouement général pour le voyage saharien et l'impossibilité prolongée de se rendre dans le Hoggar voisin ont enlevé une partie de son mystère à cette région. A l'image du désert mauritanien, le Fezzan connaît désormais un miniboom touristique entre décembre et avril. ■

L'« allée des Baobabs », désormais image ambassadrice des attraits de la nature malgache.

Madagascar

QUE VOIR, QUE FAIRE A MADAGASCAR ?

Les paysages

- Rizières en terrasses, lacs de cratère, grottes, chaînes de montagnes
- Hauts plateaux, minéraux (Bemaraha Tsingy), chutes (Mandraka), massifs ruiniformes (Isalo)

La faune et la flore

- Lémuriens, tortues, lézards, caméléons et papillons géants, crocodiles
- Orchidées noires, népenthès, ylangs-ylangs, eucalyptus, arbres du voyageur, baobabs

Les côtes

- Océan Indien : plages et plongée (Nosy Be, Toleara, Nosy Boraha, baie de Diégo-Suarez)

Les villes

- Antananarivo, Antsirabé, Fianarantsoa

S'il n'y avait qu'une raison de visiter la « Grande Ile », ce serait la rencontre des lémuriens, espèce rare et menacée de disparition. Mais il y a bien plus : des possibilités de trekkings au cœur de paysages parmi les plus beaux d'Afrique, un tourisme vert et le farniente dans des paradis balnéaires comme l'île de Nosy Be et la baie de Diégo-Suarez.

LE CARNET DE VOYAGE

Les premiers contacts
Bureau touristique de l'ambassade, 4, av. Raphaël, 75116 Paris, 01.45.04.62.11, www.ambassade-madagascar.fr/ Voir également www.madagascar-tourisme.com

Les formalités
Pour les ressortissants de l'Union européenne, canadiens, suisses : passeport (valable encore six mois après le retour), visa obligatoire, obtenu auprès du consulat. Possibilité d'obtenir le visa à l'arrivée, bien se renseigner sur cette possibilité avant le départ.

La santé
Aucune vaccination n'est exigée. Prévention indispensable contre le paludisme, particulièrement dans les régions côtières.

Le voyage, le décalage
Durée moyenne du vol Paris-Antananarivo (8 748 km) : 13 heures. Lorsqu'il est midi en France, à Madagascar il est 13 heures en été et 14 heures en hiver.

Le coût moyen d'un séjour
Un coût plutôt élevé : environ 2 500 € pour 15 jours en demi-pension. Le voyage individuel est encore peu répandu.

Les langues, la monnaie
Langue officielle : le malgache. Langue de communication : le français. **Monnaie :** l'ariary, monnaie ancienne, est de retour et a supplanté le franc malgache. 1 € = 2 610 ariarys.

La population
19 449 000 habitants d'origine à la fois malaisienne et africaine, répartis en une mosaïque d'ethnies. La démographie croît à un rythme soutenu. **Capitale :** Antananarivo, ex-Tananarive.

Les religions
Près d'un habitant sur deux est animiste. Catholiques (26 %), protestants (23 %) et musulmans (2 %) composent les autres croyances.

Les fêtes
Mars : Nouvel An malgache ; **mai :** « Donia » à Nosy Be (musique traditionnelle) ; **juin à septembre :** « Famadihana » (fête du « Retournement des morts ») ; **26 juin :** fête de l'Indépendance.

Les achats
Les objets en bois (sculptures), les broderies et les épices sont les achats les plus tentants. Original : les jouets en matériaux de bric et de broc sur le marché d'Antananarivo.

Les paysages

L'inventaire de la nature malgache est l'un des plus inhabituels que l'on puisse imaginer.
Ainsi, au nord, le parc national de la montagne d'Ambre renferme des fougères arborescentes et des plantes épiphytes. Dans cette région, on découvre également la grotte d'Andrafiabe, la plus spectaculaire du pays.
En partant vers le sud, le plateau de Bemaraha, devenu parc national, offre ses étranges pierres aux pointes acérées d'origine coralienne (tsingys), tandis qu'au sud l'Andringitra dessine par endroits d'étranges cannelures.
Les hauts plateaux avec leurs rizières en escaliers et leurs collines rougies par la latérite, les rochers et les bassins du parc national de l'Isalo, la désormais célèbre «allée des Baobabs» près de Morondava, les lacs de cratère (Tritriva) sont les grands atouts du centre et de l'ouest de l'île et constituent autant d'occasions de randonner.
Le parcours de la Nationale 7, qui va d'Antananarivo à Ifaty (un millier de kilomètres), et le voyage en train entre Antananarivo et Toamasina (ex-Tamatave) constituent des choix avisés pour une approche différente du pays.

La faune et la flore

Les lémuriens (indri, aye-aye, maki) sont ici dans un des rares milieux naturels encore présents dans le monde. On peut les voir dans le massif de l'Isalo et dans des réserves comme celle de Berenty, qui abrite aussi des tortues, des lézards géants, des caméléons et des papillons.
Toutefois, la dégradation des forêts fait craindre le pire pour certaines espèces.
L'isolement de Madagascar a également favorisé l'épanouissement d'une flore riche d'au moins neuf mille espèces. L'orchidée noire, le népenthès (plante carnivore), l'ylang-ylang (fleur odoriférante dont on tire

des parfums), les forêts d'eucalyptus et l'arbre du voyageur, symbole de l'île, sont les plus intéressants.

Les côtes

Sur les 20 km de la baie de **Diégo-Suarez** (aujourd'hui Antsiranana) s'étend une succession de petites baies (Sakalava, Danas).
Les îles de l'archipel de **Nosy Be**, parsemées de flamboyants et d'ylangs-ylangs, sont considérées comme le Tahiti de l'océan Indien, avec des plages et des lagons favorables à la plongée et à l'observation des espèces (baleines, barracudas, mérous, raies mantas, requins-baleines). Non loin de Nosy Be, Nosy Komba abrite une réserve de lémuriens, et Nosy Tanikely dispose d'une réserve corallienne propice à la plongée.
Plaisirs balnéaires et plongée sont possibles à **Nosy Boraha** (ex-Sainte-Marie), sur la côte est. De l'autre côté de l'île, **Toleara** (ex-Tuléar) et sa voisine Ifaty sont plus calmes.

Les villes

Antananarivo (ex-Tananarive), bâtie sur une colline, est faite de jolies maisons aux toits de tuile. Le quartier Analekely, les peintures murales du palais d'Argent, le parc zoologique et surtout, dans la ville basse, le grand marché (Zoma), foisonnant d'artisanat, de gris-gris et de couleurs, sont ses principaux atouts.
Deux autres villes méritent le détour: **Antsirabé**, station thermale à l'architecture coloniale (hôtel des Thermes), et **Fianarantsoa**, pour sa situation sur les hauts plateaux. ■

QUAND PARTIR ?

	Plateaux du centre	Côte ouest	Côte est
Janvier			
Février			
Mars			
Avril	☼		
Mai	☼	☼	
Juin	☼	☼	
Juillet	☼	☼	
Août	☼	☼	
Septembre	☼	☼	☼
Octobre	☼	☼	☼
Novembre			
Décembre			

LES CONSEILS GEO

▶ Les plus

L'importance de la faune et de la flore: si l'on doit voir encore des espèces uniques ou rares, Madagascar se situe dans les tout premiers endroits du genre.
Un voyage qui a de plus en plus d'audience tout en restant à l'abri du tourisme de masse.
Un retour au calme durable après les remous politiques.
Le français comme langue de communication.

▶ Les moins

Pour ceux qui n'y sont pas suffisamment rompus, un confort souvent rudimentaire, y compris dans le cadre des circuits organisés.
Un voyage dont le coût reste élevé.

▶ Les précautions

Le voyage individuel étant encore de peu d'actualité, il convient d'éviter les régions peu habitées et les plages désertes. De même, sur les sites balnéaires ou dans les régions touristiques, il faut faire preuve de la vigilance d'usage.

Malaisie

Couleurs d'Asie chez un fabricant de cerfs-volants dans la partie ouest du pays.

QUE VOIR EN MALAISIE OCCIDENTALE ?

Les paysages

- Forêt primaire (huit mille espèces), montagnes (Cameron Highlands)

Les monuments

- Vestiges de la colonisation portugaise (Malacca)
- Temples, mosquées, palais, pagodes (Kuala Lumpur, Penang, Kuala Kangsar, Chah-Alam), Petronas Towers

Les côtes

- Penang, Langkawi, Tioman, Pangkor,
- Tortues géantes de Rantau Abang

La Malaisie, le pays le plus méconnu de l'Asie du Sud-Est, est coupée en deux, tant sur le plan géographique et administratif (Malaisie occidentale dans le prolongement de la Thaïlande, Malaisie orientale au nord de l'île de Bornéo) que sur le plan touristique. La partie ouest propose un aspect classique, tandis que la partie est distille un parfum d'aventure, préservant une couleur «amazonienne» de forêts tropicales.

La Malaisie occidentale

Les paysages

Lorsqu'on quitte Penang pour le centre de la péninsule, le relief s'élève et les panoramas se multiplient, surtout ceux des **Cameron Highlands**, où se succèdent des collines, des plantations de thé et la jungle.

A l'est des Cameron Highlands, le parc national du Taman Negara (plus de 4000 km²) renferme l'une des plus vieilles forêts primaires du monde, riche de huit mille espèces, dont huit cents sortes d'orchidées, des grottes (Gua Telinga, où grenouilles et chauves-souris accueillent le visiteur) et des chutes (Lata Berkoh).

En continuant vers l'est, apparaissent des plantations de thé qui ont été aménagées au siècle dernier et qui n'ont rien à envier à celles de Nuwara Eliya au Sri Lanka.

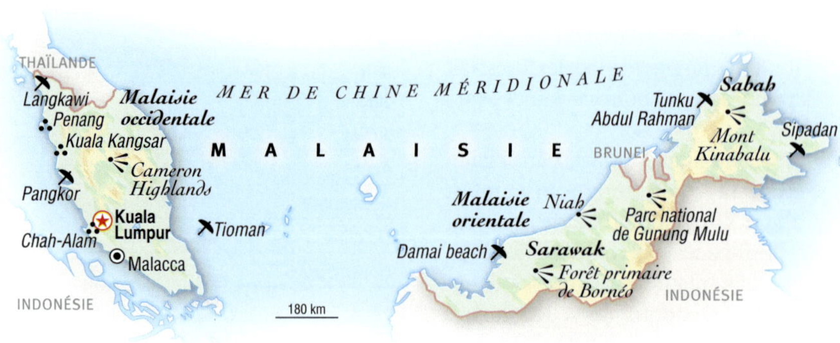

Bien que majoritairement musulmane, la Malaisie a aussi ses temples comme celui de Sampoh à Ipoh.

Les monuments

Autant que les monuments de la capitale **Kuala Lumpur** (Grande Mosquée, palais Sultan-Abdoussamad et gare de style mauresque), l'empreinte chinoise (très grand cimetière avec des tombes datant de la période ming) et la diversité des traces des colonisations néerlandaise et portugaise à **Malacca**, les temples (birmans, chinois, thaïlandais), mosquées, pagodes et façades coloniales de **Penang**, ainsi que le fort Cornwallis, témoin de la prospérité de l'East Indian Company, les maisons de bois et les palais des sultans de **Kota Bharu**, les palais et la mosquée de **Kuala Kangsar** retiennent l'attention.

Dans les Cameron Highlands, les grottes de **Batu** abritent des sanctuaires hindous. La mosquée Saladin-Abdelaziz-Chah, à **Chah-Alam**, est une curiosité en raison de son style futuriste. Futuristes également, dans un tout autre style : les **Petronas Towers**, à Kuala Lumpur, buildings les plus hauts du monde avant que T'ai-pei puis Dubaï ne les détrônent.

Les côtes

L'**île de Penang** a longtemps symbolisé le tourisme balnéaire de la Malaisie, les «routards» ayant ouvert la voie dans les années 1970. Aujourd'hui, ils sont côtoyés ou supplantés par des visiteurs installés dans des structures conventionnelles, voire luxueuses, ce qui confirme l'excellente réputation du pays pour ses centres de bien-être et autres spa sur les sites balnéaires.

Le succès touristique de Penang a engendré la mise en valeur d'autres archipels ou îles de la côte ouest, de plus en plus fréquentés : **Langkawi** (atmosphère à l'anglaise, équipements haut de gamme, golf, plongée sous-marine, shopping prisé grâce à un statut de zone franche), **Tioman**, **Pangkor**, **Redang**, **Perhentian**.

Sur la péninsule malaise, les plages de la côte est sont réputées les plus belles. Sur cette même côte, aux alentours de Kuantan, des tortues géantes viennent s'échouer de juillet à septembre pour pondre leurs œufs avant de repartir, épuisées, vers la mer.

La Malaisie orientale

Sabah

Les paysages

Naguère bien peu connu du tourisme, le **mont Kinabalu** (4175 m) fait désormais l'objet de trekkings. Il appartient au parc national du même

Dans la forêt de Sabah, les orangs-outans réapprennent la vie sauvage.

nom, agrémenté de rizières et de plantations d'hévéas. Au sommet, un panorama sur la forêt et sur le massif de **Crocker** s'offre aux regards.

Les côtes

Sur la côte nord-ouest de Sabah, les plages des îles qui composent le parc **Tunku Abdul Rahman** et ses récifs de corail constituent les nouveaux rendez-vous balnéaires de la mer de Chine. La plongée aux environs de l'**île de Sipadan**, à la pointe sud-est, offre le spectacle de barracudas, raies mantas, requins, tortues de mer et tortues à écailles.

La faune et la flore

Deux espèces retiennent l'attention : les orangs-outans de Sepilok, non loin de Sandakan, réduits à quelques milliers mais auxquels on réapprend la vie sauvage, et les tortues vertes, dont la ponte se déroule entre juillet et septembre, dans des îlots de la mer de Sulu situés à trois heures de bateau de Sandakan.

Non loin du mont Kinabalu, les forêts qui enserrent les sources chaudes de Poring renferment la rafflesia, la plus grande fleur jamais produite par la nature : entre 45 cm et 1 m de diamètre. De couleur pourpre, elle n'est pas facile à admirer à cause de sa rareté mais aussi de la rapidité avec laquelle elle se fane. Les exceptions ne s'arrêtent pas là : en effet, la forêt pluviale qui s'étend dans le sud du Sabah est vieille de plus de cent millions d'années, ce qui multiplie le nombre des espèces d'arbres, de plantes et d'espèces végétales. Tout passionné de botanique trouvera son éden dans ces contrées, en déplorant les méfaits de la dérofestation grandissante...

Sarawak

Les paysages

La jungle de Sarawak renferme une grande partie des trois mille espèces

QUE VOIR, QUE FAIRE EN MALAISIE ORIENTALE ?

■ SABAH

Les paysages

Mont Kinabalu (trekkings)

Les côtes

Plages (îles du parc Tunku Abdul Rahman)

Plongée autour de Sipadan (barracudas, tortues, corail)

La faune et la flore

Orangs-outans, ponte des tortues vertes

Rafflesia (plus grande fleur du monde), forêt pluviale

■ SARAWAK

Les paysages

Forêt primaire de Bornéo, pirogue, grottes (parc national de Gunung Mulu, Niah)

Les côtes

Plages (Damai Beach)

LE CARNET DE VOYAGE

Les premiers contacts
Office de tourisme, 29, rue des Pyramides, 75001 Paris, 01.42.97.41.71. Internet : www.ont-malaisie.com/france/malaisie.php, www.tourism.gov.my, www.sabahtourism.com, www.sarawak-tourism.com

Les formalités
Pour les ressortissants de l'Union européenne, canadiens, suisses : passeport suffisant, valable encore six mois après le retour.

La santé
Aucune vaccination requise. Faible risque de paludisme dans certaines régions de l'intérieur.

Le voyage, le décalage
Durée moyenne du vol Paris-Kuala Lumpur (10 395 km) : 14 heures. Lorsqu'il est midi en France, en Malaisie il est 18 heures en été et 19 heures en hiver.

Le coût moyen d'un séjour
Le prix d'une semaine balnéaire (vol et hébergement) hors saison à Kuantan ou à Langkawi se situe aux alentours de 1 000 €. Un séjour de 15 jours tout compris à Sabah et Sarawak peut atteindre 3 000 €.

Les langues, la monnaie
Le malais (bahasa), langue officielle, est pratiqué par un habitant sur deux. Il voisine avec le chinois, le tamoul, le penjabi, l'urdu. Langue étrangère : l'anglais. **Monnaie :** le ringitt malaisien.
1 €€€ =3,25 ringitts
1 € = 4,80 ringitts.

La population
13 Etats et 2 territoires fédéraux rassemblent 24 821 000 habitants. Malais (56 %) et Chinois (33 %) sont majoritaires, Indiens (10 %) et Pakistanais sont également présents dans le pays.

Les religions
L'islam, majoritaire (53 %), voisine avec le bouddhisme (17 %), le taoïsme (12 %), l'hindouisme (7 %) et le christianisme (6 %).

Les fêtes
Février : Nouvel An chinois ; **4 mai :** fête de la naissance de Bouddha ; **31 août :** fête de l'Indépendance ; **Septembre-octobre :** « Deepavali » (festival hindou, fête des Lumières).

Les achats
Le batik, la soie, les bijoux en filigrane d'argent, les porcelaines chinoises, les colliers de perles de Sarawak.

Au milieu de la jungle de Sarawak, les surprenantes aiguilles calcaires du parc national de Gunung Mulu.

d'arbres et des quatre cents espèces d'oiseaux de la forêt primaire de Bornéo. Elle est propice à des trekkings ou encore à des balades en pirogue sur les rapides.

Bien que le développement du tourisme soit de plus en plus conséquent, la remontée de la rivière Rajang jusqu'à Kapit reste passionnante. Elle permet de longer les maisons communautaires (longhouses) de l'ethnie des Ibans, qui accueillent volontiers le voyageur.

Non loin du sultanat de Brunei, le parc national de **Gunung Mulu** renferme des grottes exceptionnelles (Deer Cave, Clearwater Cave, Wind Cave, Wonder Cave).

Au sud de Miri, les grottes de **Niah**, dans le parc national du même nom, ont révélé un habitat datant de quarante mille ans.

Les côtes

Jusqu'à récemment, le nord de Bornéo n'était pas vraiment connu pour abriter des sites balnéaires mais plutôt des pêcheurs, dans leurs kampungs (villages en bois sur pilotis).

Le changement est là : désormais, les parcours de golf et l'hôtellerie, parfois de luxe, ont fait leur apparition le long de la mer de Chine méridionale. **Damai Beach** est l'un des sites les plus connus. ■

QUAND PARTIR ?

	Climat	Penang et côte ouest	Sabah et Sarawak
Janvier			
Février		☼	
Mars		☼	
Avril			☼
Mai			☼
Juin	☼	☼	☼
Juillet	☼	☼	☼
Août	☼		☼
Septembre	☼		☼
Octobre			
Novembre			
Décembre	☼		

LES CONSEILS GEO

▶ Les plus

Le contraste, tant géographique qu'humain, entre les deux parties du pays, qui accroît l'intérêt du voyage.
La bonne période climatique au bon moment pour le voyageur.
Une situation nettement meilleure dans les régions côtières de l'est de Sabah après les menaces latentes d'enlèvements de ces dernières années.

▶ Les moins

Un coût du voyage accompagné qui reste relativement élevé par rapport à d'autres destinations de la région.
Une destination longtemps méconnue et qui doit encore gagner en reconnaissance.

▶ Les précautions

Les menaces d'enlèvements évoquées ci-dessus s'estompent.
Le pays est considéré comme sûr pour peu que soient respectées les précautions d'usage.

Corail, poissons multicolores : les atolls des Maldives ont des prétentions limitées mais le bonheur des plongeurs est garanti.

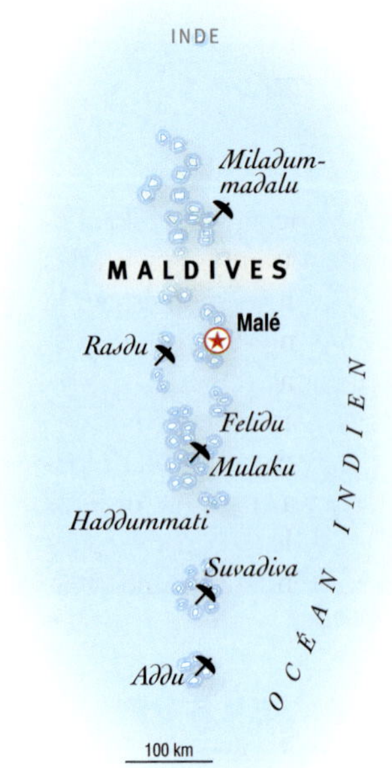

Maldives

Le mot «atoll» est né aux Maldives. Il y avait des raisons : vingt-six exemplaires du genre, regroupant près de mille deux cents îles ou îlots sur huit cents kilomètres, avec un paysage sous-marin considéré comme le plus beau du monde avec celui de la mer Rouge et protégé par une politique écologique. Les amateurs de plongée sont de plus en plus rejoints par ceux des centres de remise en forme.

LE CARNET DE VOYAGE

Les premiers contacts
Maldives Government Tourist Information Office (valable pour l'Europe), Francfort, (00.49) 69.27.40. 44.20. Internet : www.visitmaldives.com

Les formalités
Pour les ressortissants de l'Union européenne, canadiens, suisses : passeport encore valable six mois après le retour, visa délivré à l'arrivée. Importation d'alcool interdite.

La santé
Aucune vaccination n'est requise. Les plongeurs expérimentés doivent être en possession d'un certificat médical (vieux de six mois maximum) et d'un brevet.

Le voyage, le décalage
Durée moyenne du vol Paris-Malé : 11 heures. Vols charters entre novembre et avril. Lorsqu'il est midi en France, aux Maldives il est 15 heures en été et 16 heures en hiver.

Le coût moyen d'un séjour
A partir de 1 500 € la semaine pour un séjour comprenant le vol A/R et la demi-pension. Attention aux prestations annexes (croisière-découverte, école de plongée, ski nautique, etc.) qui font monter rapidement le coût du séjour.

Les langues, la monnaie
Langue officielle : le dhivehi, langue indo-aryenne. L'anglais est largement pratiqué. **Monnaie :** la rufiyaa. Les dollars US sont vivement recommandés. 1 USD = 13 rufiyaas. 1 euro = 19 rufiyaas.

La population
Originaire de Sri Lanka, la population est nombreuse (369 000 habitants) par rapport à la superficie. **Capitale :** Malé, sur l'atoll du même nom.

Les religions
L'islam sunnite est religion officielle.

Les fêtes
Mars : Nouvel An islamique ; **26-27 juillet :** fête de l'Indépendance ; **3 novembre :** Jour de la victoire. **Aïd el-Fitr :** fin du ramadan.

Les achats
Coquillages et objets en écaille. Les marchés des villages proposent des tissus, des objets en laque et des tambours du cru.

QUE VOIR, QUE FAIRE AUX MALDIVES ?

La plongée

- Faune et flore sous-marines (poissons tropicaux, corail)

Les côtes

- Plages, sports nautiques, pêche

La plongée

Que l'on soit débutant ou non, «plongée» est le maître mot du tourisme aux Maldives, surtout pendant les quatre premiers mois de l'année, nettement plus favorables que la période juin-novembre. Les plongeurs découvrent des fonds coralliens saisissants et d'une grande variété d'espèces : poissons de récifs multicolores, raies mantas, barracudas, requins-marteaux, tortues. En outre, la clarté et la propreté de l'eau garantissent une généreuse visibilité.

Les responsables du tourisme maldivien sont de vrais représentants d'une écologie bien comprise : non seulement ils interdisent le ramassage du corail et la chasse sous-marine, mais ils n'ouvrent qu'une dizaine d'atolls au tourisme et ont développé un système d'«îles-hôtels» au nombre limité. Une telle initiative exclut toute alternative, entre autres celle de loger sur des îles où vivent les pêcheurs.

Les côtes

Si l'on n'est pas plongeur – mais que diable fait-on en ce lieu ? –, on peut toujours apprendre à le devenir sur place. Sinon, on goûtera au plaisir des plages de sable blanc des atolls, avec les sports nautiques qui s'y rattachent (catamaran, planche à voile, ski nautique) et les excursions sur les îles alentour. On peut aussi envisager la pêche à la palangrotte et au gros (thons, barracudas).

Une nouvelle forme de séjour préconise le passage d'un atoll de pêcheur à l'autre via des minicroisières qui sont le moyen le plus adéquat pour bien cerner ces confettis à peine émergents de l'océan. ■

QUAND PARTIR ?

	Climat	Eviter la grande affluence
Janvier	☼	
Février	☼	
Mars	☼	
Avril	☼	
Mai		⌘
Juin		⌘
Juillet		⌘
Août		
Septembre		
Octobre		
Novembre		⌘
Décembre	☼	

LES CONSEILS GEO

▶ Les plus

Des fonds sous-marins parmi les plus beaux du monde.

Des séjours bien étudiés : à côté des prestations pour plongeurs chevronnés, les fabricants de voyages insistent sur les stages de plongée pour débutants et les minicroisières.

Une adhésion récente au spa et aux programmes de remise en forme sur le mode asiatique.

▶ Les moins

Un tourisme qui a du mal à varier le créneau haut de gamme et qui ne peut proposer d'alternative aux joies de l'océan.

Pour ceux qui imaginaient le paradis débridé, quelques restrictions (importation d'alcool interdite, exigence d'une tenue vestimentaire correcte) qui peuvent les contrarier.

▶ Les tendances

Le voyage de noces paradisiaque gagne de l'audience, les heureux élus poursuivant le périple au Sri Lanka.

QUE VOIR AU MALI ?

Les paysages

- Falaise de Bandiagara (pays dogon)
- Fleuve Niger, monts Mandingues, gorges de Talary, parc du Baoulé
- Adrar des Iforas (randonnées chamelières)

Les villes

- Djenné, Mopti, Tombouctou, Gao

Si l'Afrique noire conduit plus souvent le touriste sur les pistes de la savane que sur celles de l'histoire, le Mali, pays inventif et chaleureux, se pose en contestataire car il offre ces deux voies avec un égal intérêt : côté histoire, le pays dogon et la falaise de Bandiagara, côté aventure, la randonnée chamelière.

Mali

Les paysages

Le pays dogon n'est plus ce qu'il était du temps où Marcel Griaule en fit un inventaire qui remplit la plus grande partie de sa vie d'anthropologue le long de la **falaise de Bandiagara**, où s'allient la beauté du site et le poids des traditions. Aujourd'hui, cette société forte de trois cent mille agriculteurs vivant dans des villages situés au pied de la falaise, connue pour ses croyances en un dieu créateur et pour ses rituels, subit l'assaut du tourisme avec philosophie.

LE CARNET DE VOYAGE

Les premiers contacts
Consulat général, 64, rue Pelleport, 75020 Paris, 01.48.07.85.85.
Internet: www.malitourisme.com

Les formalités
Pour les ressortissants de l'Union européenne, canadiens, suisses: passeport encore valable six mois après le retour, visa obligatoire, obtenu auprès du consulat.

La santé
Vaccination obligatoire contre la fièvre jaune. Prévention indispensable contre le paludisme.

Le voyage, le décalage
Durée moyenne du vol Paris-Bamako (4160 km): 5h30. Lorsqu'il est midi en France, au Mali il est 10 heures en été et 11 heures en hiver.

Le coût moyen d'un séjour
15 jours avec une première semaine à Djenné, Mopti et dans le pays dogon, et une seconde semaine dans le delta intérieur du Niger sont la règle, entre 1500 et 2200 € selon le prestataire. Une méharée dans l'Adrar des Iforas revient à 800 € environ la semaine, tout compris.

Les langues, la monnaie
Langue officielle: le français. Toutefois, c'est le bambara, langue nationale, que l'on entend le plus souvent dans la rue, aux côtés du malinké, du sénoufo, du soninké et de plusieurs autres dialectes.
Monnaie: le franc CFA (XOF).
1 € = 655,957 francs CFA.

La population
Vingt-trois ethnies rassemblent 11995000 habitants, dont principalement les Peuls, les Dogons et les Bambaras, ces derniers les plus nombreux (quatre Maliens sur dix).
Les nomades (Touaregs et Maures) sont environ 600000.
Capitale: Bamako.

Les religions
Neuf habitants sur dix obéissent à l'islam. Minorités d'animistes et de chrétiens.

Les fêtes
Janvier: festival au désert d'Essakane, Nuits sahariennes d'Essouk (danses, poésie, courses de chameaux). Un peu plus tard, dans toute la région: la Tabaski.

Les achats
Djembés, objets en bois et en cuir, mais surtout orfèvrerie chez les Touaregs, dont l'artisanat est très divers et très recherché: boucles d'oreilles, colliers, pendentifs.

La falaise de Bandiagara n'est plus un rempart infranchissable et les agriculteurs dogons doivent désormais s'accommoder d'un fort tourisme.

LES CONSEILS GEO

▶ Les plus

Un pays capable de proposer des témoignages religieux et ethnologiques uniques sous ces latitudes.
Le français comme langue véhiculaire.

▶ Les moins

Un voyage pénible pour qui n'est pas prêt à supporter la modestie des équipements, le climat et des conditions de vie difficiles.
La nécessité, pour le voyageur individuel, de se renseigner sur les conditions de sécurité non seulement dans le nord, mais aussi dans les régions de Tombouctou, Gao et Kidal.
Un climat défavorable entre juin et septembre.

▶ Les tendances

Les traditions touarègues (festival au désert d'Essakane, Nuits sahariennes d'Essouk) attirent de plus en plus.

Surnommé «la bosse du chameau» à cause du dessin de son cours mais aussi le «Djoliba» (mot bambara qui signifie «sang»), le **fleuve Niger** charrie, entre Tombouctou et Gao, des traditions (pêcheurs bozos, bateliers, teinturières) et voit passer les troupeaux des Peuls et des Maures, alors que des milliers d'oiseaux emplissent les roseaux et que des hippopotames daignent parfois montrer le museau.

Les **monts Mandingues**, au sud-ouest de Bamako, sont remarquables par leurs rochers ruiniformes et leurs grottes. Au sud-est de Kayes, les **gorges de Talary** voient s'enfoncer le fleuve Sénégal. Non loin de là, la réserve de biosphère de la boucle du Baoulé mérite la visite (gravures rupestres, faune).

A l'est, l'**Adrar des Iforas**, lieu de passage historique entre le Maghreb et le Sahel, laisse apparaître des ruines de villes anciennes (Es-Souk), ainsi que des peintures et des gravures rupestres (char des Garamantes) dans les campements touaregs.

Le sud de l'Adrar des Iforas est une partie du Sahara peu connue. Lorsque la situation l'autorise, la région, grand carrefour de pistes caravanières, est l'une des plus attachantes du Sahara pour les possibilités de méharées.

La plus insolite, mais à envisager avec un guide local et moult renseignements, conduit de Tombouctou à Taoudenni, tout au nord, piste difficile suivie par les dernières caravanes du sel.

■ Les villes

L'histoire de **Djenné**, où la vie aurait eu cours bien avant l'arrivée de l'islam, rend la ville attachante. La Grande Mosquée, le monument en terre («banco») le plus imposant du monde, est l'œuvre la mieux achevée de l'art islamique en Afrique.

QUAND PARTIR ?

	Climat	Désert	Photo dans le Sud
Janvier	☼		
Février	☼		
Mars			
Avril			
Mai			
Juin			⋞
Juillet			⋞
Août			⋞
Septembre			⋞
Octobre	☼		
Novembre	☼	☼	
Décembre	☼	☼	

Une autre ville phare est **Mopti**, la «Venise malienne», site le plus important des cinq deltas intérieurs du Niger et dont la mosquée, le port fluvial et le marché aux poissons méritent amplement le détour.

Tombouctou vaut désormais par... la difficulté à vaincre les écueils des pistes pour l'atteindre. En effet, cette ville mythique du désert a malheureusement perdu les témoignages de sa longue histoire commerciale. L'architecture des mosquées reste toutefois intéressante.

Gao, ville stratégique qui fut la capitale de l'empire songhaï à la fin du XVe et au début du XVIe siècle, conserve de cette époque le tombeau de l'empereur Askia Mohammed. On peut y visiter aussi un passionnant musée du Sahel.

Toutes ces villes sont jugées plus originales que **Bamako**, mais la capitale malienne a tout de même pour elle sa situation sur le Niger, ses marchés, un Musée ethnographique national (importante collection de tissus) et une Maison des artisans. ■

Derrière ses murs évocateurs de la résistance de l'ordre de Malte, La Valette s'ouvre sur un archipel dominé par le tourisme balnéaire.

Malgré son relatif isolement en Méditerranée entre Tunisie et Sicile, et malgré le petit nombre de ses plages de sable, Malte reçoit chaque été une noria de charters qui amènent leur content de touristes accrochés au dieu Soleil mais aussi amateurs de plongée. Les traces d'une très vieille civilisation mégalithique et le passage des chevaliers de Saint-Jean apportent l'atout culturel.

Malte

LE CARNET DE VOYAGE

Les premiers contacts
Office de tourisme, 01.48.00.03.79, info@visitemalte.com
Internet: www.visitmalta.com

Les formalités
Carte nationale d'identité ou passeport pour les ressortissants de l'Union européenne.
Pour les Canadiens: passeport valide.

La santé
Aucun problème.

Le voyage, le décalage
Durée moyenne du vol Paris-La Valette A/R (1 750 km): 2 h 40. Bateau: car-ferries au départ de Gênes (il existe une ligne Gênes-Tunis via Malte), de Marseille, de Naples (25 heures de trajet), de Reggio de Calabre (Italie) et de la Sicile (Catane, Syracuse). Pas de décalage horaire avec l'Europe de l'ouest.

Le coût moyen d'un séjour
Aux alentours de 550 € pour la semaine balnéaire comprenant le vol A/R et l'hébergement en hôtel de catégorie moyenne.

Les langues, la monnaie
Langues officielles: l'anglais et le maltais, dialecte arabe mais qui s'écrit en caractères latins.
Monnaie: l'euro.

La population
402 000 habitants, soit un chiffre élevé par rapport à la superficie.
Capitale: La Valette (Valletta).

Les religions
Malte a été la terre des premiers chrétiens d'Europe.
Le catholicisme (97 %) est sans rival. Minorité d'anglicans.

Les fêtes
Février: carnaval;
fin juin: «Imnarja», festival des moissons et récoltes;
de juin à septembre: «festas» des villages, très suivies, données en l'honneur du saint patron de la paroisse;
septembre: fêtes de l'In-Guardia et de la Mdina.

Les achats
Il existe un artisanat traditionnel qui propose objets en verre (vases), maquettes de bateaux et dentelles.

QUE VOIR, QUE FAIRE A MALTE ?

Les côtes

- Malte, Gozo et Comino
- Plages rocheuses, grottes marines, criques, villages de pêcheurs
- Plongée, ski nautique, planche à voile

Les villes et les monuments

- Ggantija, La Valette, Mdina

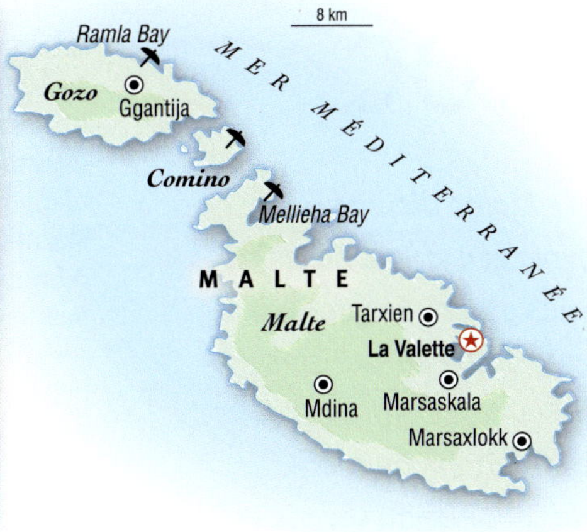

LES CONSEILS GEO

▶ Les plus

Un bon compromis entre le tourisme balnéaire et le tourisme culturel.
Des départs directs possibles à partir de plusieurs villes de province.
Une relative proximité, qui favorise les formules «week-end».

▶ Les moins

Le petit nombre des plages de sable.
Un coût du séjour balnéaire un tantinet plus élevé que celui des grands classiques méditerranéens.

▶ Les tendances

A son tour, l'archipel se met aux formules «week-end Europe» : ainsi se développent les séjours qui souvent prennent La Valette comme base pour rayonner.

Les côtes

Malte fait partie des destinations méditerranéennes du printemps et de l'été, bien que ses rivages soient essentiellement rocheux.
Seules, sur l'île de Malte même, **Mellieha Bay** au nord-ouest et **Golden Bay** à l'ouest possèdent réellement des plages de sable, comme **Ramla Bay** à **Gozo**. Cette situation limite certes l'agrément balnéaire mais débouche sur le spectacle étonnant de grottes marines, dont la plus belle est la «grotte Bleue» (Blue Hole), sur la côte sud de Gozo.
Les sports nautiques sont partout au rendez-vous : canotage, ski nautique, plongée, planche à voile et désormais le très à la mode kitesurfing (ou comment se laisser entraîner sur une planche par un cerf-volant). Entre-temps, on se doit de visiter des villages de pêcheurs tels que **Marsaskala** et **Marsaxlokk**, ce dernier connu, entre autres, pour son marché aux poissons qui se tient le dimanche.
Les **îles de Gozo** et **de Comino** (celle-ci épargnée par les voitures) sont un peu moins fréquentées en été que l'île de Malte. Elles offrent des criques, des sites pour les sports nautiques, surtout à Comino, et des paysages particulièrement attachants.
A Gozo, la légende a placé la grotte de la nymphe Calypso qui y retint Ulysse prisonnier pendant sept ans. Aujourd'hui, ce sont les baigneurs et surtout les plongeurs qui font l'histoire moderne de l'île, particulièrement dans la baie Xlendi, sur la côte sud, et dans la très jolie baie de Dwejra, elle-même flanquée de la «Fenêtre d'azur», une arche naturelle dans le prolongement du Fungus Rock, un rocher de 60 m de hauteur.

Les villes et les monuments

Les sépultures et les temples mégalithiques érigés il y a cinq mille ans constituent le principal attrait du tourisme culturel maltais. Ils sont encore présents à **Ggjantija** (Gozo), **Hal Saflieni** et **Tarxien**. A noter également le site de la cathédrale dédiée à saint Paul, les remparts, la citadelle, la cathédrale et les rues étroites de la petite ville médiévale de **Mdina**, aussi appelée la «Cité du silence».
A **La Valette** se côtoient le baroque et une architecture militaire née de la résistance victorieuse des chevaliers à l'envahisseur turc il y a quatre siècles. La curiosité du visiteur est éveillée par le musée national des Beaux-Arts et les objets ayant un rapport avec l'ordre de Malte et par le palais des Grands Maîtres, anciens chevaliers de Saint-Jean (portraits et tapisseries des Gobelins, armurerie des chevaliers).
Les trois cents chevaliers venus de Rhodes au XVIe siècle se sont installés aux Trois Cités, en face de La Valette. Outre son architecture militaire, Malte leur doit l'établissement des auberges (auberge de Provence, devenue Musée national), les chapelles et les lieux de culte (cathédrale Saint-Jean et ses pierres tombales des Grands Maîtres). ■

QUAND PARTIR ?

	Climat	Visite culturelle et moindre affluence
Janvier		
Février		
Mars		
Avril	☼	
Mai	☼	⋞
Juin	☼	⋞
Juillet	☼	
Août	☼	
Septembre	☼	⋞
Octobre		⋞
Novembre		
Décembre		

Maroc

QUE VOIR, QUE FAIRE AU MAROC ?

Les villes et les monuments
- Villes impériales : Marrakech, Fès, Rabat, Meknès
- Safi, Casablanca, Tanger, Essaouira
- Moulay-Idriss, Volubilis

Les paysages et les randonnées
- Haut Atlas (vallée du Dadès), Moyen Atlas, Anti-Atlas (vallée du Drâa)
- Grand Sud : casbahs, villages fortifiés, oasis, palmeraies, contreforts du Sahara
- Rif

Les côtes
- Plages de la côte atlantique (Agadir, Essaouira), Plage blanche
- Parc national de Souss-Massa

Les fêtes
- Moussems

Le Maroc dispute à l'Egypte et à la Tunisie le titre de plus grand réceptacle du monde arabe en touristes occidentaux. L'afflux est donc très important mais logique car le candidat au voyage est séduit par le quintuple pouvoir d'attraction du pays : plages et soleil, architecture des villes impériales, randonnées dans l'Atlas et aux portes du Sahara, liens avec l'histoire et la langue françaises, coût du séjour raisonnable.

Les villes et les monuments

Le quatuor des villes impériales (Marrakech, Fès, Rabat, Meknès) justifie à lui seul un voyage au Maroc.

Marrakech, qui a vu se succéder les Almohades, les Almoravides et les Saadiens, met en avant ses remparts, ses jardins, le minaret de la Koutoubia (élevé par les Almohades au IIe siècle), la medersa Ben-Youssef (XVIe siècle), ses souks et sa médina (un joyau architectural musulman), les vestiges du palais Al-Badi (fin du XVIe siècle), son quartier juif (le Mellah), ses Tombeaux saadiens et, passage obligé, le folklore de la place Djemaa-El-Fna.

La ville est devenue le pivot du tourisme marocain et se lance délibérément dans le haut de gamme et l'hôtellerie de luxe, tout en enrichissant la gamme de ses riads.

Fès, première capitale impériale, capitale artistique et intellectuelle aujourd'hui, vaut par ses remparts et surtout par sa grande médina, Fès el-Bali, qui renferme la zaouïa (établissement religieux) de son fondateur Moulay Idriss, des écoles coraniques (medersas Bou-Inania et el-Attarine) et la mosquée Qarawiyyin, qui peut accueillir vingt mille fidèles mais qui est interdite aux non-musulmans ; dans cette médina, la plus prestigieuse du Maroc (près de deux mille rues et de deux cents mosquées), on croise aussi les célèbres couleurs des bassins du quartier des tanneurs et les senteurs du souk du henné.

La capitale **Rabat** offre, quant à elle,

Marrakech : le minaret de la Koutoubia et plus encore ses riads (maisons d'hôte) attirent de plus en plus de visiteurs.

Repaire d'esthètes et d'intellectuels, Essaouira la blanche, et parfois rose rouge, rivalise d'élégance avec Marrakech.

LE CARNET DE VOYAGE

Les premiers contacts
Office national marocain du tourisme, 161, rue Saint-Honoré, 75001 Paris, 01.42.60.63.50. www.tourisme-marocain.com

Les formalités
Pour les ressortissants de l'Union européenne, canadiens et suisses: passeport suffisant, valable encore six mois après le retour; la carte d'identité ne suffit que dans le cas d'un voyage en groupe.

La santé
Aucune vaccination n'est requise.

Le voyage, le décalage
Durée moyenne du vol Paris-Casablanca 3 heures, vol Paris-Marrakech, 3 h 20. Bateau: départs de Sète pour Nador (près de Melilla) et Tanger. Lorsqu'il est midi en France, au Maroc il est 10 heures en été et 11 heures en hiver.

Le coût moyen d'un séjour
750 € environ pour une semaine balnéaire en haute saison, 400 € pour un week-end à Marrakech ou à Fès, 850 € pour une semaine de randonnée dans l'Atlas ou pour une randonnée chamelière dans les contreforts du Sahara.

Les langues, la monnaie
L'arabe, langue officielle, voisine avec le berbère. Le français est langue de communication, l'espagnol n'est pas rare au nord.
Monnaie: le dirham. 1 € = 11,40 dirhams.

La population
Le Maroc compte 33 757 000 habitants, d'origine arabe, berbère ou soudanaise.
Capitale: Rabat.

Les religions
L'islam sunnite est religion officielle. Minorités de chrétiens et de juifs.

Les fêtes
30 juillet: fête du Trône; **après les récoltes de l'été:** moussems; **18 novembre:** fête de l'Indépendance; **Aïd el-Fitr:** fin du ramadan; un peu plus tard, **Aïd el-Kebir:** fête du Mouton.

Les achats
Les souks regorgent de tapis, poteries, vanneries de tous les genres... Pour faire couleur locale en rentrant, une paire de babouches et un nécessaire à tajine n'ont pas leur pareil.

la qualité architecturale de la porte de la casbah des Oudaïa (XIIe siècle), celle-ci délimitée par une muraille de 5 km de long qui comprend cinq portes d'accès.
La medersa Bouinaniyya, le mausolée d'Ismaïl Ier et surtout la porte Bab al-Mansour constituent les atouts majeurs de **Meknès**, qui demeure toutefois la moins réputée des quatre villes impériales à cause des destructions qu'elle a subies.
En dehors des villes précitées, il faut voir le ribat (couvent fortifié) et les fortifications (époque portugaise) de **Safi**, **Casablanca** (pour sa médina, ses maisons Art déco et sa Grande Mosquée Hassan-II, la plus imposante d'Afrique), **Tanger** (pour sa vieille ville et sa casbah) et surtout **Essaouira**, l'ancienne Mogador, ville blan-

che fortifiée et tracée au cordeau par l'ingénieur français Cornut au XVIIIe siècle, aujourd'hui recherchée par des intellectuels et des peintres venus de tous les horizons.

L'histoire a laissé **Moulay-Idriss**, ville sainte qui renferme le tombeau et la zaouïa du dynaste Idriss (VIIIe siècle), ainsi que le site de **Volubilis**, qui a conservé des ruines de l'époque romaine, dont un arc de triomphe élevé au IIIe siècle en l'honneur de l'empereur Caracalla.

Depuis une dizaine d'années, les belles demeures traditionnelles que constituent les riads sont choyées par les touristes, qui y découvrent des patios à ciel ouvert avec fontaines centrales et décor de zelliges (briques émaillées).

Les paysages et les randonnées

Si les randonnées dans l'Atlas sont de plus en plus en vogue, l'attrait des paysages marocains a toujours été présent du nord au sud.

Cela commence par le Kef Thogobeit, gouffre de montagne le plus profond d'Afrique ; par le réseau souterrain de Chara, dans le **Rif**, dû à un causse qui aspire nombre de cours d'eau et, non loin de là, par la grotte du Chiker, dont les résurgences retombent sous forme de cascades.

Viennent ensuite les trois diagonales de l'Atlas, qui renferment les plus beaux paysages du pays.

Le **Haut Atlas** culmine à plus de 4000 m, offrant la majesté de ses sommets enneigés et l'agrément de ses stations de ski. Ses autres grands atouts : la «cathédrale» d'Amesfrane, une haute falaise de strates en saillie qui lui donnent l'apparence d'une nef, et les gorges qui enserrent l'**oued Dadès**, où par endroits les falaises rouges ressemblent à celles du canyon du Colorado. Casbahs, palmeraies, roseraies (El-Kelaa, M'Goun), vallées aux traditions berbères sau-

Comme le prouve cette porte du palais royal Dar el-Makhzen, Fès est une ville d'art et de raffinement, et sa médina est un modèle du genre.

QUAND PARTIR ?

	Marrakech, villes impériales et nord	Plages	Montagnes de l'Atlas	Désert
Janvier			Ski ❄	Nuits froides ☼
Février			Ski ❄	☼
Mars				☼
Avril				
Mai	☼	☼		
Juin	☼	☼	🚶	
Juillet		☼	🚶	
Août		☼	🚶	
Septembre	☼	☼		
Octobre	☼	☼		☼
Novembre				☼
Décembre				Nuits froides ☼

vegardées (Aït-Bouguemez) et traditions (moussems) ont fait aussi la célébrité de l'endroit.

Le **Moyen Atlas** a trois atouts majeurs : ses rivières, ses forêts de cèdres et de chênes, et ses stations de montagne, telles Ifrane et Midelt.

L'**Anti-Atlas** est creusé de la **vallée du Drâa**. Parti de Ouarzazate – dont la casbah du Glaoui, le «pacha de Marrakech», est le principal attrait –, le voyageur se voit peu à peu transporté dans un décor grandiose, qui fait se succéder les ksour (villages fortifiés aux constructions en pisé), les palmeraies, les oasis, les gorges, les plantations de grenadiers, de figuiers et d'églantiers. Parvenu à Zagora, il peut envisager une randonnée chamelière qui donne un aperçu des contreforts et des premières dunes du **Sahara**.

Les côtes

L'étendue de ses plages de sable blanc et la possibilité de se baigner toute l'année ont fait de la côte atlantique l'un des grands rendez-vous du tourisme balnéaire pour les Européens. Le symbole du genre est constitué par les 9 km de plage d'**Agadir**, dont le soleil d'hiver constant est un bonheur. Au nord de la ville, les surfeurs du monde entier se donnent rendez-vous (pointe des Ancres). Au sud d'Agadir, le parc national de **Souss-Massa**, formé d'un oued entouré de dunes, est le repaire d'une multitude d'oiseaux, dont certains appartiennent à des espèces rares.

A un degré moindre, **Essaouira** est l'autre site phare du tourisme balnéaire marocain, qui mise aussi désormais sur la thalassothérapie. Plus au sud, Tiznit et Tan-Tan développent peu à peu, mais sûrement, des

Forêts, gorges, vallées, oueds et villages ocre caractérisent l'Atlas, autre grand rendez-vous du tourisme marocain.

Les femmes des tribus berbères portent des costumes très colorés.

infrastructures côtières de qualité. Baptisée «**Plage blanche**», une portion de 50 km de côtes s'étend d'Agadir à Dakhla. Adossée au désert, elle apparaît comme un paradis pour les surfeurs et les pêcheurs. Le site de Mirlef et les possibilités qu'il offre à ces derniers gagnent en audience.
Les côtes du Sahara occidental commencent, elles aussi, à être équipées dans les environs de Laayoune et (surtout pour la pratique de la pêche) autour de Dakhla, près de la frontière mauritanienne.
Sur la côte méditerranéenne, la hardiesse du Rif débouche sur des rivages plus rocheux (caps et criques) que sablonneux, où se nichent des villages de pêcheurs. L'eau y est plus chaude que celle de l'Atlantique.

Les fêtes

Le moussem, une fête consacrée à des saints marabouts, se déroule dans sept cents lieux environ à travers tout le pays, après les récoltes de juillet et août, avec, en point d'orgue, la fantasia, qui voit les cavaliers rivaliser de prouesses. Les dates des moussems varient d'une année sur l'autre, et il est recommandé de bien se renseigner auprès de l'office du tourisme. Parmi les plus connus : celui de Moulay Abdellah, au sud de Casablanca, et celui de Moulay Idriss Zerhoun, non loin de Meknès. ■

LES CONSEILS GEO

▶ Les plus

Un tourisme éprouvé, diversifié et très large car capable de proposer aussi bien de grands sites culturels que des randonnées en montagne et dans le désert.
Un coût du séjour très raisonnable.
La pratique de la langue française.

▶ Les moins

La saturation des grands sites touristiques en été.
La question latente du terrorisme.

▶ Les tendances

Le logement dans un riad, belle demeure traditionnelle, devient un passage obligé et fort agréable. Marrakech a été la pionnière du genre. D'autres villes ont suivi cette tendance, telle Essaouira.

L'«île aux fleurs» prouve, par ce surnom, qu'elle a plus à offrir que le farniente classique des Antilles, dont les côtes sud-ouest et sud sont ici les dépositaires. Les randonnées dans le nord, petit paradis des botanistes, et l'ascension de la montagne Pelée se posent en grandes rivales des eaux turquoise.

Martinique

QUE FAIRE, QUE VOIR EN MARTINIQUE ?

Les côtes

- Plages des côtes sud-ouest (Anse-Noire, les Anses-d'Arlets) et sud (Le Diamant, Sainte-Luce)
- Plaisance (Le Marin, les Trois-Ilets)
- Baies du Robert et du François, fonds Blancs

Les paysages

- Randonnées dans les paysages de montagne (ascension de la montagne Pelée) et de forêts
- Jardins et plantations

LE CARNET DE VOYAGE

Les premiers contacts
Comité martiniquais du tourisme, 2, rue des Moulins, 75001 Paris, 01.44.77.86.00. www.martiniquetourisme.com

Les formalités
Pour les ressortissants de l'Union européenne : carte nationale d'identité ou passeport en cours de validité.

La santé
Aucun problème.

Le voyage, le décalage
Durée moyenne du vol Paris-Fort-de-France (6800 km) : 8h30. Lorsqu'il est midi à Paris, en Martinique il est 6 heures en été et 7 heures en hiver.

Le coût moyen d'un séjour
Le vol A/R et l'hébergement reviennent à 750 € environ la semaine. Logement en bord de mer, loisirs nautiques et thalassothérapie : ce cocktail est à environ 1000 € la semaine tout compris.

Les langues, la monnaie
Le français est langue officielle, mais le créole est la langue identitaire, symbolisée par les écrits de Patrick Chamoiseau ou Raphaël Confiant.
Monnaie : l'euro.

La population
436000 habitants. Le métissage de la population est très marqué : békés (Créoles descendants d'immigrés blancs), Européens, Asiatiques, mulâtres et Noirs.

Les religions
Le catholicisme domine. On trouve cependant des minorités de musulmans et d'hindous.

Les fêtes
Février-mars : carnaval ; **juin :** régates (Le Marin) ; **août :** tour de l'île des yoles rondes ; **décembre :** fête du Rhum à Sainte-Marie ; **toute l'année :** fêtes patronales.

Les achats
La religion du rhum (ti' punch) doit certes être respectée, mais aussi le bois (bois précieux), les madras (étoffes), les soieries et un dernier bouquet de fleurs au moment de reprendre l'avion.

Les 175 mètres du rocher du Diamant, uniquement habité par des colonies d'oiseaux.

Les côtes

Les côtes sud-ouest et sud, aux villages de pêcheurs et aux plages de sable blanc baignées par la mer des Antilles, remportent les suffrages des «visiteurs farniente» par rapport à la côte est, aux falaises balayées par l'Atlantique et plus propices au surf qu'à la baignade.

Le farniente se décline surtout dans les anses du sud-ouest, telles **Anse-Noire**, les **Anses-d'Arlets**, aux **Trois-Ilets**, et sur les plages de la côte sud : Le Diamant, Sainte-Luce, Grande-Anse-des-Salines.

Voile, ski nautique, quad, kayak et scooter de mer sont de rigueur, tandis que les plaisanciers se rassemblent au Marin ou aux Trois-Ilets. Quant aux plongeurs, ils trouvent leur bonheur dans les fonds de la côte sud et autour des épaves de Saint-Pierre.

Sur la côte est, le surf et désormais le kite-surf sont de mise dans la **baie du Robert** et dans la **baie du François**, qui sont surtout remarquables par leurs hauts-fonds de sable, leurs îlets et la couleur des eaux des «fonds Blancs», où le verre de punch se laisse facilement apprécier...

Les côtes nord et nord-est, les moins connues et les moins fréquentées, offrent en revanche de beaux abrupts (Basse-Pointe, Grand-Rivière).

Les paysages

Aussi intéressant que le tourisme côtier, le tourisme de l'intérieur est dominé par les paysages de montagne et de forêt du nord de l'île. L'ascension de la **montagne Pelée** est le clou de la fête, même si une visite au Musée vulcanologique de Saint-Pierre peut la faire détester pour les méfaits commis par les cendres de son éruption de 1902.

La randonnée pédestre (une trentaine de sentiers balisés) s'impose dans cette région nord, non seulement pour les forêts et leurs cascades mais aussi pour les jardins et plantations, vrai paradis pour les botanistes qui ne comptent plus les variétés de fleurs (bougainvillées, balisiers, entre autres). ■

LES CONSEILS GEO

▶ Les plus

Un joli cocktail de farniente et de tourisme de randonnée.

▶ Les moins

Un coût de la vie touristique relativement élevé.

▶ Les précautions

Ni plus ni moins de problèmes de sécurité qu'en métropole.

▶ Les tendances

Le tourisme vert est en plein essor, essor symbolisé par l'ouverture du parc d'aventures Mangofil le long de la rivière du Carbet. Il vient compléter les grands classiques : l'ascension de la montagne Pelée, la descente des rivières, les randonnées vers la forêt tropicales et les mornes (collines).

QUAND PARTIR ?

	Climat	Nature et photos
Janvier		
Février		
Mars	☼	
Avril	☼	
Mai		
Juin		⋞
Juillet		⋞
Août		⋞
Septembre		⋞
Octobre		
Novembre		
Décembre		

Bleu de l'océan, rouge des toits, anciennes demeures créoles : Maurice mélange les genres.

QUE VOIR, QUE FAIRE A MAURICE ?

Les côtes

- Plages (Grand-Baie, île aux Cerfs, îlot de Ródrigues), lagon, barrière de corail

Les paysages et la flore

- Mornes, Trou aux Cerfs, jardin de Pamplemousses
- Nénuphars géants, talipots, flamboyants, bougainvillées

La faune marine

- Poissons-chats, poissons-chirurgiens, poissons-pyjamas
- Pêche au gros

Le patrimoine

- Anciennes demeures créoles, séga

Maurice

L'ex-Isle de France, avec ses cocotiers et ses eaux tièdes, reste fidèle à un tourisme haut de gamme centré sur le farniente, le golf, la plongée, les voyages de noces et, dernière mode, le mariage sur place. L'écotourisme tente de se faire une place en mettant en valeur des paysages rares, une flore abondante et une faune marine exceptionnelle. Pour les amateurs d'architecture : d'anciennes demeures créoles.

LE CARNET DE VOYAGE

Les premiers contacts
Office du tourisme, 124, bd Haussmann, 75008 Paris, 01.44.69.34.50. www.ot-maurice.com, www.vivrodrigues.com/

Les formalités
Pour les ressortissants de l'Union européenne, canadiens, suisses : passeport en cours de validité, valable encore six mois après le retour.

La santé
Aucun problème.

Le voyage, le décalage
Durée moyenne du vol Paris-Plaisance/Port-Louis (9445 km) : 12 heures. Lorsqu'il est midi en France, à l'île Maurice il est 14 heures en été et 15 heures en hiver.

Le coût moyen d'un séjour
La semaine à Maurice, comprenant le vol A/R et la demi-pension, requiert au moins 1300 €. Le combiné Maurice-Réunion sur deux semaines, souvent proposé, se trouve aux alentours de 1800 €.

Les langues, la monnaie
L'anglais est langue officielle. Le français est répandu mais c'est un français créole que l'on entend le plus souvent dans la rue.
Monnaie : la roupie mauricienne.
1 USD = 29 roupies, 1 € = 43 roupies.

La population
1251000 habitants représentent un total élevé pour une petite île et ses deux dépendances. Les Indiens d'Inde sont majoritaires (7 habitants sur 10). On trouve également des mulâtres, des Blancs et des Chinois, alors que les Créoles sont souvent apparentés à la classe sous-dominante.
Capitale : Port-Louis.

Les religions
Un habitant sur deux est hindou, un sur quatre est catholique.
Minorités de musulmans, de protestants et de bouddhistes.

Les fêtes
Janvier-février : fête chinoise des Lanternes ; **février :** fêtes hindoues à Grand-Bassin en l'honneur de Shiva (Cavadee, Maha Shivaratree) ; **septembre :** pèlerinage chrétien dédié au père Laval ; fête chinoise de la Lune ; **octobre ou novembre :** fête en l'honneur de Rama.

Les achats
Les boutiques hors taxes se multiplient et permettent de faire des économies substantielles sur les vêtements, la photo, les bijoux. L'artisanat local résiste grâce aux maquettes de bateaux, à la vannerie, aux broderies.

Les côtes

Prolongées par le lagon et une barrière corallienne, les plages sont bien équipées (clubs de voile, de pêche sportive au marlin et au thon, de plongée).

La côte nord-ouest, abritée du vent, constitue le principal rendez-vous balnéaire : Grand-Baie, Pointe aux Piments, Pointe aux Canonniers, Trou aux Biches. Plus bas, la Pointe Flic-en-Flac et, encore plus bas, Pointe Pêcheurs et Pointe Sud-Ouest sont d'autres grands classiques du Maurice balnéaire.

Sur la côte est, l'**île aux Cerfs** est très fréquentée, comme Pointe des Puits, Pointe aux Bœufs et, au sud-est, Pointe d'Esny et Pointe des Deux-Cocos. La côte sud, plus rocheuse, est tout indiquée pour qui veut échapper à l'uniformité.

De plus en plus promue, **Ródrigues**, l'«île de Robinson», située à 560 km à l'est de Maurice et à une heure et demie de vol, promet un séjour paisible, entre collines, filaos, villages de pêcheurs et plages.

Les paysages et la flore

L'intérieur, qui verse dans l'écotourisme, est parsemé de forêts et de mornes, sortes de collines aux formes inhabituelles (**morne Brabant**). L'île compte aussi deux lacs naturels, dont Grand-Bassin, situé sur l'emplacement d'un volcan éteint.

L'origine volcanique de Maurice – dont le **Trou aux Cerfs et ses** 85 m de profondeur – a engendré une flore dense, bien résumée par le **jardin de Pamplemousses** : celui-ci, l'un des plus anciens au monde, renferme environ cinq cents espèces végétales, dont des talipots, qui fleurissent... tous les soixante ans, et des nénuphars géants. Les flamboyants et les bougainvillées sont les arbres les plus réputés et sont côtoyés par quatre-vingts espèces de palmiers.

Autres sites : les vergers de La Bourdonnais (fleurs et fruits tropicaux en tout genre), le parc aventure Chamarel (« Terres de Couleurs »), le parc national des gorges de la Rivière noire, la réserve des Mascareignes (tortues géantes et crocodiles), les domaines des Grands-Bois et du Val, les chutes de Rochester.

La faune marine

Le lagon et la barrière de corail renferment une faune marine (poissons-chats, poissons-chirurgiens, poissons-pyjamas) que les non-plongeurs peuvent examiner à partir de bateaux à fond de verre, ou bien en pratiquant... la marche sous l'eau.

Au-delà de la barrière de corail, les espadons, les thons, les marlins et les barracudas ne sont pas rares, favorisant le développement touristique de la pêche au gros.

Il y a environ trois siècles, la faune terrestre a perdu son oiseau légendaire et typiquement mauricien, le dodo (dronte), sorte de gros pigeon devenu le symbole de l'île et visible sous une forme empaillée au musée d'Histoire naturelle à Port-Louis.

Le patrimoine

Les localités portent des noms pittoresques : Curepipe, Beau-Bassin, Poudre d'Or. Leurs marchés (fleurs, épices) et l'architecture typique de leurs maisons sont un argument supplémentaire de visite. Enfin, Maurice a une tradition culturelle marquée par le séga, danse des anciens esclaves. ■

LES CONSEILS GEO

▶ Les plus

Une politique active du tourisme, qui garantit des équipements de plus en plus nombreux dans un strict respect de l'environnement.

Les avantages d'une zone franche pour des achats tels que bijoux, textile, matériel électronique.

Un contact facilité par la pratique de la langue française.

La récente diversification du transport aérien pour tempérer les prix en ce domaine.

▶ Les moins

Une destination touristique plus chère que ses voisines car tournée vers le haut de gamme, mais la diversification tarifaire est en marche.

▶ Les précautions

Maurice est une île sûre, sans grands risques.

▶ Les tendances

Le golf, les séjours de remise en forme font florès.

De même, les anciennes demeures créoles, type Eureka, rappellent les situations du roman de Bernardin de Saint-Pierre, *Paul et Virginie*, et amènent à transposer ce romantisme dans des initiatives dernier cri pour le voyageur occidental, comme le mariage sur place, tant civil que religieux.

QUAND PARTIR ?

	Climat	Photos
Janvier		⋖
Février		⋖
Mars		⋖
Avril		⋖
Mai		
Juin	☼	
Juillet	☼	
Août	☼	
Septembre	☼	
Octobre	☼	
Novembre	☼	
Décembre		

Il fut un temps où le désert mauritanien ne recevait que les défricheurs et les passionnés de Théodore Monod. Mais tout a changé : les plateaux de l'Adrar et du Tagant voient affluer de plus en plus d'amateurs de méharées ou de balades en tout-terrain. A l'attachante Mauritanie de savoir préserver désormais son authenticité tout en composant avec un tourisme inédit.

Au terme d'une méharée, la baignade dans l'oasis de Terjit est un moment délicieux.

Mauritanie

LE CARNET DE VOYAGE

Les premiers contacts
Consulat, 89, rue du Cherche-Midi, 75006 Paris, 01.45.48.23.88. www.terremauritanie.com
Les formalités
Passeport valable encore six mois après le retour, visa obligatoire, obtenu auprès du consulat.
La santé
Vaccination contre la fièvre jaune recommandée pour le sud du pays. Prévention contre le paludisme, excepté autour de Nouadhibou et dans la région nord. Risque en saison des pluies (juillet-octobre) sur le plateau de l'Adrar.
Le voyage, le décalage
Durée moyenne du vol Paris-Nouakchott (3186 km) : 5 heures. Lorsqu'il est midi en France, en Mauritanie il est 10 heures en été et 11 heures en hiver.
Le coût moyen d'un séjour
Les premiers prix pour une semaine en randonnée chamelière se trouvent aux alentours de 700 €, les prix moyens se situant aux alentours de 850 € un peu plus élevés si on opte pour une méharée.
Les langues, la monnaie
Langue officielle : l'arabe, mais un dialecte, le hassaniya, est prédominant. On entend aussi le pulaar, le soninké et le wolof.
Langue de communication : le français.
Monnaie : l'ouguiya.
1 € = 374 ouguiyas.
Emporter des espèces en euros, les chèques de voyage et cartes bancaires ne trouvant théoriquement pas preneurs.
La population
3069000 habitants, soit à peine trois habitants au km². Huit habitants sur dix sont des Maures dont la plupart sont métissés de Noirs.
Le reste de la population se partage entre Toucouleurs, Soninkés, Wolofs et Peuls.
Capitale : Nouakchott.
Les religions
La Mauritanie est une république islamique sunnite, plus précisément malékite (de Malik ibn Anas).
Les fêtes
10 janvier : fête du Sacrifice ; **juillet-août** : «Guetna», fête des Dattes dans les oasis ; **28 novembre** : fête de l'Indépendance. **Aïd el-Fitr** : fin du ramadan.
Les achats
Au marché de Nouakchott, véritable caverne d'Ali Baba, les amateurs trouveront, entre autres, un fume-cigarettes hors normes. A travers le pays : bijoux, objets de bois et grandes tentures.

QUE VOIR, QUE FAIRE EN MAURITANIE ?

Les paysages et les randonnées

- Plateau de l'Adrar (oasis, falaises, grandes dunes, Chinguetti)
- Plateau du Tagant
- Méharées, trekkings, Train du désert

La côte

- Parc national du banc d'Arguin (oiseaux migrateurs)
- Faune marine (dauphins, épaulards, requins, phoques moines)
- Plages de la baie de Tanit et de la baie du Lévrier (pêche)

La ville

- Nouakchott

Les paysages et les randonnées

Les passionnés du désert se rejoignent sur le **plateau de l'Adrar**, à l'est d'Atar. Une randonnée ou une méharée dans ces régions laisse un grand souvenir, tant pour la beauté des paysages que pour l'accueil que les populations nomades ou sédentarisées réservent au visiteur.

Le plateau de l'Adrar multiplie les sites : grandes dunes, passes d'Ebnou et d'Amodjar qui, à travers une piste aussi rude que spectaculaire, ont parfois des airs de canyon du Colorado, oasis anciennes de Terjit – où la baignade est un vrai plaisir –, Ouadane, le volcan avorté et aux cercles concentriques du Guelb er Richat, et surtout **Chinguetti**. Cette ancienne ville sainte de l'islam renferme une mosquée et des bibliothèques qui gardent précieusement des manuscrits datant du Moyen Age. Menacée par le sable, mais tenace et inventive dans sa manière de le repousser, Chinguetti l'intellectuelle bénéficie d'une grande cote d'amour auprès des visiteurs.

C'est également dans l'Adrar que se rencontrent des peintures rupestres et les ruines de Fort Saganne. Au cœur d'un été brûlant, la cueillette des dattes (guetna) voit affluer sur le plateau des milliers de Mauritaniens nostalgiques, qui organisent de grandes réjouissances.

Parmi dunes et palmeraies (Tidjikja), le **plateau du Tagant** renferme des villages néolithiques, ainsi que des vestiges de villes du XVIe siècle (Tit-chitt) et, au-delà, de style architectural arabo-berbère.

La côte

Au sud de Nouadhibou et jusqu'à Nouamghar, l'océan enfonce un coin habité par les pêcheurs mraguens et devenu en 1976 un parc national, celui du **banc d'Arguin**. Les oiseaux migrateurs, dont des flamants roses et des hérons, y viennent en grand nombre entre octobre et mars. C'est au début de cette période que la visite est la plus indiquée. Dans le parc et à sa périphérie voisinent dauphins, requins, épaulards et les désormais rares phoques moines : cent cinquante environ sur les trois cent cinquante qui restent sur la planète y ont élu domicile.

La plupart des plages se trouvent dans les **baies de Tanit** et **du Lévrier**. Elles sont sablonneuses, mais peu connues et peu aménagées. En revanche, la pêche, sous des formes variées (lancer au-dessus des vagues, palangrotte), est une activité de plus en plus pratiquée, par exemple dans le centre de pêche sportive de Nouadhibou.

La ville

Contrairement aux idées reçues, la capitale **Nouakchott** ne manque pas d'intérêt : son marché principal est un vrai spectacle, fait d'objets d'artisanat de tous les genres possibles et étalant de grandes bandes de tissus multicolores. Par ailleurs, en avril, la ville abrite depuis 2004 un festival consacré aux musiques nomades.

Le moment de la pêche sur le port est également un grand spectacle, lorsque se côtoient les barques et les couleurs des vêtements de femmes et hommes venus retirer les bienfaits d'une des faunes marines les plus abondantes du monde. ■

LES CONSEILS GEO

▶ Les plus

Pour l'inconditionnel du Sahara, des paysages très spécifiques et le rayonnement de Chinguetti.

La pratique de la langue française.

▶ Les moins

Un pays qui a perdu sa réputation de tranquillité depuis l'attaque fatale de touristes en décembre 2007 et qui doit reconquérir son image.

▶ Les tendances

La semaine en randonnée chamelière ou sous forme d'une méharée entre Chinguetti et Ouadane est devenue un grand classique saharien depuis une bonne dizaine d'années.

Le voyage à bord du « train du désert » entre Nouadhibou et Zouerate est une deuxième tendance, très insolite.

QUAND PARTIR ?

	Désert	Photos des régions sud
Janvier	Nuits fraîches ☼	
Février	☼	
Mars	☼	
Avril	Avant les grandes chaleurs ☼	
Mai		
Juin		
Juillet		⊲
Août		⊲
Septembre		⊲
Octobre		
Novembre	☼	
Décembre	☼	

Une collectivité départementale française qui a encore plus à offrir au visiteur que ses senteurs et son vaste lagon.

Mayotte

Discrète Mayotte, longtemps restée dans l'ombre touristique des îles ou archipels de l'océan Indien et qui connaît aujourd'hui un début de médiatisation touristique. Une occasion de démontrer que le lagon et la plage ne sont pas ses seuls atouts, un tourisme de randonnée tentant de tracer son chemin. Un écueil qui devrait disparaître à terme : le coût élevé du transport aérien.

LE CARNET DE VOYAGE

Les premiers contacts
Comité du tourisme, 33, rue de l'Opéra, 75013 Paris, 01.55.03.03.03, www.mayotte-tourisme.com

Les formalités
Mayotte : pour les ressortissants de l'Union européenne, carte d'identité ou passeport suffisant.
Pour les autres Comores, passeport valable encore six mois après le retour, visa obligatoire, obtention possible à l'aéroport d'arrivée.

La santé
Prévention recommandée contre le paludisme.

Le voyage, le décalage
Durée moyenne du vol direct Paris-Dzaoudzi (Petite-Terre) : 11 heures 20. Lorsqu'il est midi à Paris, à Mayotte il est 13 heures en été et 14 heures en hiver.

Le coût moyen d'un séjour
La semaine à Mayotte n'est pas donnée : aux alentours de 1 400 € pour un séjour d'une semaine comprenant le vol A/R et la demi-pension.

Les langues, la monnaie
Le français n'est pratiqué que par un quart des Mahorais ; le shimaoré, mâtiné d'arabe et qui ressemble au swahili, est prédominant.
Monnaie : l'euro.

La population
178 000 habitants dont 3 000 «M'zoungou» (Français métropolitains). **Chef-lieu :** Mamoudzou.

Les religions
La religion musulmane, ici sunnite et souple, est omniprésente. Minorités de chrétiens et de baha'is.

Les fêtes
A partir de juin : cérémonies du «Haroussi» (Grand Mariage) ; **Aïd el-Fitr :** fin du ramadan.

Les achats
L'artisanat ressemble à celui que l'on trouve le plus souvent sous ces latitudes : objets réalisés à partir de coquillages et textiles en tout genre.
Un cadeau insolite mais tout indiqué comme symbole : des gousses de vanille.

QUE VOIR, QUE FAIRE A MAYOTTE ?

Les côtes
- Plages de Grande-Terre, Petite-Terre
- Corail (croisières-plongées)

Les paysages
- Collines, lac de cratère (Dziani)

La faune et la flore
- Oiseaux, makis (lémuriens roux)
- Cannelle, girofle, vanille

Les autres îles des Comores
Moili, Ngazidja, Ndzouani

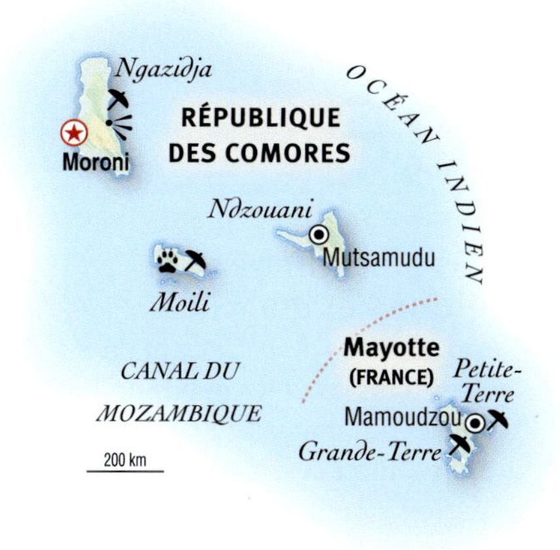

LES CONSEILS GEO

▶ Les plus

Les ingrédients habituels du tourisme balnéaire sous les tropiques, agrémenté d'un riche lagon et d'une imposante barrière de corail.
Un intérêt croissant pour le tourisme de randonnée.
La présence de la langue française.
Des vols désormais directs pour Dzaoudzi.

▶ Les moins

Le coût élevé du transport aérien et de la vie touristique.

▶ Les tendances

Mayotte arbore certes des plages de sable blanc mais offre aussi une habile conjugaison de ses atouts coralliens et de ses paysages, ceux-ci désormais offerts à la randonnée.

Les côtes

Mayotte est divisée en deux îles, Grande-Terre et Petite-Terre, et une vingtaine d'îlots aux côtes bordées de sable fin qui multiplient les possibilités balnéaires, au sein d'un vaste lagon fermé (1 500 km²).
Grande-Terre comprend une vingtaine de sites balnéaires et de plongée au nord-ouest et au sud-est.
La profondeur du lagon autorise bien des découvertes de poissons tropicaux et de coraux de toutes tailles, de la fosse aux requins et aux mérous en passant par les poissons-papillons et les tortues géantes, via des croisières-plongées. Des sorties en mer sont organisées pour partir à la rencontre des dauphins et des baleines, surtout visibles d'août à octobre.

Les paysages

Mayotte peut se prévaloir d'un doux relief de collines et de la couleur verte du petit lac de cratère Dziani sur l'îlot de Pamandzi (Petite-Terre).

La faune et la flore

La faune comprend des tortues, venues là pour la ponte, et surtout des makis (lémuriens roux), une espèce rare dont Mayotte et les Comores ont la quasi-exclusivité.
Concernant la végétation et les espèces, son surnom d'«île aux parfums» n'est pas usurpé : cannelle, girofle, vanille en témoignent.

Les autres îles des Comores

Moili (ex-Mohéli)

Sans doute l'île la plus à l'écart des grands flux touristiques. Autant que de ses plages, surtout sur la côte sud, Moili tire sa fierté des roussettes de Livingstone, bien jolie expression pour des chauves-souris de plus d'un mètre de diamètre.
Par ailleurs, une nature jusqu'ici bien préservée incite les responsables locaux à mettre en avant l'écotourisme, via l'intégration des visiteurs dans la vie des villages.

Ngazidja (ex-Grande Comore)

Les plages se trouvent surtout dans le nord. Une curiosité : le Trou du Prophète, crique où la légende situe le refuge de Mahomet. Un poisson refuse de se laisser admirer, sauf au musée de Moroni, la capitale : le cœlacanthe. L'espèce, qui a subi peu de mutations depuis des centaines de millions d'années, survit, grâce aux eaux à la fois profondes et chaudes.
L'intérieur de l'île ne cède en rien à ses côtes, bien au contraire. A 1 000 m d'altitude s'étend une forêt tropicale et pousse l'orchidée sauvage qui est à l'origine de la vanille. Ngazidja possède également le volcan Kartala, qui culmine à 2 361 m.

Ndzouani (ex-Anjouan)

Les plages aménagées sont peu nombreuses. Alternative au farniente : les ruelles, la mosquée, les petits commerces indiens et les ruines de la citadelle de la principale ville de l'île, Mutsamudu. Le cirque de Bambao, un ancien cratère, abrite des plantations d'ylangs-ylangs. ■

QUAND PARTIR ?

	Climat	Plongée
Janvier		
Février		
Mars		
Avril	☼	
Mai	☼	
Juin	☼	
Juillet	☼	
Août	☼	🐟
Septembre	☼	🐟
Octobre	☼	🐟
Novembre	☼	🐟
Décembre		🐟

Mexique

L'image de paradis archéologico-balnéaire véhiculée par le Mexique est si banalisée que le voyageur pourrait avoir envie d'aller chercher plus d'authenticité ailleurs. Surtout pas ! Les vestiges de la civilisation précolombienne sont ici trop riches et trop nombreux pour être ignorés. Grâce à son étendue, le pays offre de multiples facettes, des clichés d'Acapulco ou de Cancún aux forêts de cactus et aux plages désertes de la Basse-Californie.

Les sites archéologiques et les villes

Les pyramides de la Lune et du Soleil, les temples et les palais de **Teotihuacán** ont inauguré l'époque des grands centres cérémoniels. Ensuite, et parfois simultanément, la civilisation zapotèque (Monte Albán) et surtout la civilisation maya ont laissé une kyrielle de sites. Les plus connus sont **Uxmal** et **Palenque** pour la période maya du classique récent (600-950), **Chichén Itzá** et **Tulum** pour la période maya postclassique (950-1500).

La civilisation espagnole, après avoir éliminé la civilisation aztèque en fondant Mexico sur le site de Tenochtitlán, a déployé un art religieux et urbain (baroque) aisément reconnaissable grâce aux nombreuses églises et cathédrales ainsi qu'aux zocalos, les places centrales des villes.

On a tant présenté **Mexico** – avec raison – comme une mégapole polluée

QUE VOIR, QUE FAIRE AU MEXIQUE ?

Les sites archéologiques et les villes

- Teotihuacán (centre cérémoniel précolombien), Monte Albán (civilisation zapotèque), Uxmal, Palenque, Chichén Itzá, Tulum, (civilisation maya)
- Mexico, Guanajuato, San Miguel de Allende, Morelia, Xalapa, San Cristobal de las Casas, Oaxaca, Taxco, Puebla, Querétaro, Mérida

Les côtes et la faune marine

- Cancún, Isla Mujeres (plages caraïbes de la « Riviera maya » du Yucatán)
- Acapulco, Basse-Californie, Ixtapa, Puerto Vallarta (plages du Pacifique)
- Cozumel (plongée)
- Basse-Californie (baleines grises)

Les paysages

- Paricutín, Popocatépelt (volcans)
- Sierra Madre occidentale (montagnes)
- Basse-Californie (canyons et cactus)

En vogue chez les surfeurs et les marcheurs, la Basse-Californie crée aussi des surprises, telle la mission San Ignacio, intacte après trois siècles.

Chac-Mool, sorte d'intermédiaire entre les mortels et les dieux, veille sur le site maya de Chichén Itzá.

et surpeuplée qu'on en oublie parfois sa valeur artistique (cathédrale et son Sagrario, sanctuaire de Guadalupe, place des Trois-Cultures, Zócalo, couvents, églises, palais) et culturelle, comme dans le quartier de Coyoacan, qui renferme, entre autres, la maison de Trotski et le musée Frida-Kahlo. Le point d'orgue de la capitale reste toutefois le musée national d'Anthropologie, l'un des plus importants du monde grâce à ses collections précolombiennes et indiennes, dont le fameux «calendrier aztèque», un disque de pierre de vingt-quatre tonnes.

San Cristobal de las Casas, dans l'Etat du Chiapas, est l'une des quelques petites villes ou villages du Mexique dont le marché et le caractère indiens sont bien marqués.

Oaxaca, fondée par les Aztèques, vaut par la façade baroque des ses églises (Santo Domingo) et par ses musées (trésor de Monte Albán au musée d'Etat, pièces préhispaniques au musée Rufino-Tamayo).

A **Guanajuato**, surtout connue pour ses mines d'argent, on admire les églises baroques qui dominent la vieille ville. **San Miguel de Allende** a si bien préservé son caractère colonial que l'ensemble est classé monument historique national. A **Morelia**, c'est la richesse de la flore (orchidées, lauriers d'Inde) qui rivalise avec celle de l'art (peintures murales du palais du Gouverneur). A **Xalapa**, non loin

LE CARNET DE VOYAGE

Les premiers contacts
Conseil de promotion du tourisme, Paris, 00.800.11.11.22. Internet: www.mexique.infotourisme.com, www.rivieramaya.com

Les formalités
Pour les ressortissants de l'Union européenne, canadiens et suisses: passeport suffisant, valable encore six mois après le retour.
Une carte de tourisme est délivrée gratuitement à l'arrivée.

La santé
Aucune vaccination n'est obligatoire. Prévention recommandée contre le paludisme pour certaines régions rurales, principalement celles des États d'Oaxaca et du Chiapas.

Le voyage, le décalage
Durée moyenne du vol Paris-Mexico (9194 km): 11 heures; Mexico-Cancún: 2 heures. Plusieurs propositions incluent un aller Paris-Mexico et un retour Cancún-Paris.
Lorsqu'il est midi en France, au Mexique il est 4 heures en été et 5 heures en hiver.

Le coût moyen d'un séjour
Pour un séjour balnéaire, la note peut descendre sous les 1000 € la semaine à Playa del Carmen en basse saison (vol et hébergement).
L'itinéraire classique de deux semaines qui suit un axe à partir de Mexico et se poursuit par Teotihuacán, Puebla, Oaxaca, San Cristobal de las Casas, Palenque et le Yucatán tourne autour de 1700 € en demi-pension et dépasse 2300 € quand le Guatemala est inclus.

Les langues, la monnaie
Langue officielle: l'espagnol, parlé par neuf habitants sur dix. Langues étrangères: l'anglo-américain, mais avec modération; le français est peu connu. **Monnaie**: le peso mexicain. Les petites coupures ou les chèques de voyage en US dollars sont conseillés.
1 USD = 11 pesos,
1 € = 16 pesos. Cartes American Express, Mastercard et Visa utilisables.

La population
Le Mexique a franchi le cap des cent millions d'habitants (108701000), dont plus de quinze millions pour la seule agglomération de la capitale, Mexico.
Un Mexicain sur dix est un Indien qui vit dans les montagnes. Si les Espagnols sont encore 15%, ce sont les métis qui composent l'essentiel de la population.

Les religions
Le pays est catholique (fervent) à une écrasante majorité (93%). Minorité de protestants.

Les fêtes
Mars-avril: Semaine sainte avec surtout le «jeu de la Passion» à Ixtapalapa, dans la banlieue de Mexico; **5 mai**: anniversaire de la bataille de Puebla; **20 novembre**: jour de la Révolution; **12 décembre**: jour de la Vierge de Guadalupe.

Les achats
Bijoux, poteries. Dans le Yucatán: hamacs, vêtements brodés, sandales.

Uxmal forme, avec Palenque et Chichén Itzá, une fameuse trilogie maya, d'autant que ces sites sont peu éloignés les uns des autres.

de Veracruz, le récent musée d'Anthropologie présente des collections de toutes les époques.

Autres villes coloniales qui méritent le détour : **Taxco** (site montagneux, façade et retables baroques de l'église Santa Prisca), **Puebla** (églises baroques, cathédrale, chapelle du Rosaire de l'église Santo Domingo), **Querétaro** (cathédrale baroque), **Mérida** (Palais national, importants vestiges coloniaux des places ou encore sur le Paseo de Montejo).

Tijuana symbolise le dynamisme et l'ambiguïté, vis-à-vis des Etats-Unis, d'une population mexicaine jeune et pressée. Peu après, au sud, impossible de rater les studios de la Fox et le parc thématique Foxploration, qui leur fait suite.

Dans la partie sud de la Basse-Californie, entre Loreto et le cap San Lucas, il est possible de découvrir d'anciennes missions espagnoles.

Les côtes et la faune marine

Les plages sont l'un des grands arguments de la visite du Mexique. Souvent flanquées de cocoteraies et de

QUAND PARTIR ?

	Climat	Nord et Basse-Californie	Nord et Basse-Californie
Janvier	☼		Observation des baleines
Février	☼		Observation des baleines
Mars	☼		Observation des baleines
Avril	☼		Observation des baleines
Mai		☼	
Juin		☼	
Juillet			
Août			
Septembre		☼	
Octobre	☼	☼	
Novembre	☼		
Décembre	☼		

La Riviera maya, riche de ses plages et de ses monuments, ne doit pas occulter les attraits de la petite Isla Mujeres.

récifs coralliens, elles sont nombreuses (10 000 km de côtes) et belles, comparables aux autres sites caraïbes ou du Pacifique.

Les rivages du Yucatán, désormais connus sous l'appellation de «**Riviera maya**», sont très courus, au risque de voir la surcharge touristique menacer les fonds marins et le corail du golfe du Mexique. De **Cancún** jusqu'à **Tulum**, ils s'étalent sur 120 km, avec **Playa del Carmen** en figure de proue. Le site de **Cozumel** est l'un des plus recherchés des Caraïbes pour la plongée sous-marine : les éponges et les gorgones voisinent avec les barracudas, les mérous, les tortues et une infinité de poissons de récifs. Toujours au Yucatán, il existe des sites balnéaires plus abordables, tel que l'ex-baba cool **Isla Mujeres**.

La côte du Pacifique et ses sites chic d'**Acapulco**, d'**Ixtapa** et de **Puerto Vallarta** sont plutôt l'apanage de la clientèle balnéaire nord-américaine.

Quiconque recherche plus d'insolite ira le long de la langue de terre pacifique de la **Basse-Californie**, dans des lieux tels que **San José del Cabo** (calme), **Cabo San Lucas** (bruyant) ou, pour les surfeurs, **Todos Santos**.

Au cours de leur longue traversée du détroit de Bering jusqu'au Mexique, des baleines grises s'arrêtent en février-mars dans les eaux chaudes de cette même Basse-Californie. Ainsi, la lagune de l'Œil-du-lièvre à Guerrero Negro, site également réputé pour ses salines, les voit s'accoupler ou faire naître les baleineaux.

Eléphants de mer (dans l'île Cedros), rorquals, dauphins, otaries, phoques, lions de mer (aux alentours de l'île Espiritu Santo) et une grande diversité d'oiseaux sont également présents dans une **mer de Cortès** souvent considérée comme un aquarium unique en son genre. Elle est malheureusement menacée par un projet qui vise à multiplier à l'infini les

L'église Notre-Dame-de-Los-Remedios avec en toile de fond le Popocatépelt.

marinas et à attirer les yachts des riches Américains.

Les paysages

Entre Guadalajara, ville à la belle architecture coloniale non loin de la côte pacifique, et Veracruz, station balnéaire sur le golfe du Mexique, la nature a dessiné une succession de volcans qui donnent au Mexique ses plus beaux panoramas.

D'ouest en est :

– le volcan **Paricutín**, né il y a moins d'un siècle sous les yeux d'un agriculteur incrédule ;

– le lac de Pátzcuaro, dont on obtient la vue la plus intéressante du haut de la colline où se trouve la statue de Morelos, révolutionnaire mexicain ;

– le volcan Nevado de Toluca et surtout le **Popocatépelt**, traduction aztèque de la «montagne qui fume», cône de 5432 m aux neiges éternelles et que l'on peut escalader.

La **Sierra Madre occidentale** déroule un paysage de dizaines de canyons creusés par les affluents du río Fuerte et observables à partir du train (le Chepe) qui relie Los Mochis à Chihuahua. Le plus grand et le plus spectaculaire est le canyon du Cuivre, près de Chihuahua. D'autres sont remarquables : le canyon de la Huasteca, près de Monterrey, et plus encore El Sumidero, dans le Chiapas, où le río Chiapa creuse un sillon de 800 m de profondeur avant de rejoindre le golfe du Mexique.

L'intérieur, désolé, de la Basse-Californie est mal connu mais voit de plus en plus de visiteurs venir admirer les forêts de cactus du **désert de Vizcaino** ou les gorges des sierras qui traversent la région jusqu'à sa pointe sud. Les vignes de la vallée de Guadalupe annoncent les cactus d'une autre vallée, celle de **Los Cirios**. Certains cactus grimpent jusqu'à 30 m. ■

LES CONSEILS GEO

▶ Les plus

Un foisonnement de vestiges archéologiques : seul le Pérou a autant à proposer en Amérique latine.

Une géographie qui, telle celle du Yucatán, permet souvent de combiner des visites culturelles passionnantes et des séjours balnéaires reposants.

▶ Les moins

Une situation politique assez souvent tendue dans certains Etats.

Une saison des pluies mal placée (juin-septembre) pour les visites de l'intérieur des terres mais aussi pour la baignade.

▶ Les précautions

L'Etat du Chiapas et, plus récemment, celui d'Oaxaca ont été en proie à des secousses politiques et une certaine tension persiste.

Par ailleurs, il convient de demeurer vigilant sur les sites touristiques des grandes villes.

▶ Les tendances

Le touriste se débarrasse peu à peu de ses images d'Epinal balnéaires ou archéologiques sur le pays et s'aventure dans la bande de terre de Basse-Californie ou dans les canyons de la Sierra Madre. Tendances à ne surtout pas abandonner...

QUE VOIR, QUE FAIRE EN MONGOLIE ?

Les paysages et les randonnées

- Massif de l'Altaï, vallée de l'Orkhon (randonnées à cheval), désert de Gobi

Les monuments

- Monastères (Oulan-Bator, Erdeni-Dzou), ruines de Karakorum, temples

Les fêtes

- Fête du Naadam, fête du Nouvel An

Gengis Khan, Oulan-Bator : noms magiques d'un voyage pour lequel naguère les candidats étaient aussi rares que les jours sans vent. Dans ce grand pays vide aux horizons de steppes infinies, les randonnées à cheval ou à dos de chameau sont de plus en plus à l'ordre du jour.

Mongolie

LE CARNET DE VOYAGE

Les premiers contacts
Ambassade, 5, avenue Robert-Schuman, 92100 Boulogne-Billancourt, 01.46.05.28.12. Internet : www.mongoliatourism.gov.mn/

Les formalités
Pour les ressortissants de l'Union européenne, canadiens, suisses : passeport valable encore six mois après le retour, visa obligatoire, obtenu auprès du consulat. Billet de retour ou de continuation exigible.

La santé
Aucune vaccination n'est requise.

Le voyage, le décalage
Durée moyenne du vol Paris-Oulan-Bator (via Moscou) : 15 heures. Train : le Transmongolien relie Moscou à Pékin via Oulan-Bator. Trajet Moscou/Oulan-Bator : 5 jours ; trajet Pékin/Oulan-Bator : 30 heures. Lorsqu'il est midi en France, en Mongolie il est 18 heures en été et 19 heures en hiver.

Le coût moyen d'un séjour
Dans la très grande majorité des cas, le voyage est programmé entre juin et août. Trois rendez-vous majeurs : la vallée de l'Orkhon, les ruines de Karakorum, le désert de Gobi. Difficile de trouver des prestations à moins de 2 500 € pour 15 jours.

Les langues, la monnaie
Langue officielle : le khalkha, parlé par les trois quarts de la population et appelé à retrouver sa première forme, en lieu et place du cyrillique ; il est côtoyé par plusieurs dialectes. Langues étrangères : il sera pardonné de ne connaître ni le chinois ni le russe, mais l'anglais est une bien mince planche de salut. **Monnaie :** le tugrik (pluriel : tögrös). Le change se fait surtout en US dollars. 1 USD = 1 170 tögrös. 1 euro = 1 710 tögrös.

La population
Avec ses 2 952 000 âmes, dont la moitié vivent dans les villes, le pays a de la peine à proposer plus de 1,5 habitant au km^2... Néanmoins, quatre ethnies cohabitent, parmi lesquelles les Khalkhas sont largement majoritaires. **Capitale :** Oulan-Bator.

Les religions
Aux côtés du chamanisme, le lamaïsme, forme du bouddhisme propre à l'Asie centrale et au Tibet, retrouve de plus en plus de couleurs depuis l'effondrement soviétique. L'islam (sunnite) est également présent mais minoritaire.

Les fêtes
Tsagaan sar (Nouvel An) ; **mai :** célébration des drapeaux blancs ; **juillet :** fête du Naadam, à travers tout le pays.

Les achats
Diversité garantie : les pulls en cachemire ou en laine de chameau, les bottes, les selles, les ceintures, les chapkas (bonnets de fourrure), les vêtements traditionnels.

De ce pays qui s'ouvre à toute vitesse au tourisme d'envergure, on dit que son «ciel est plus grand».

Les paysages et les randonnées

Le **massif de l'Altaï**, la vallée de l'Orkhon, le **désert de Gobi** et les immenses steppes semblent intacts, même si le nomadisme, victime de la libéralisation brutale de l'économie, est en grand danger. Les randonneurs, de plus en plus nombreux, découvrent des contrées qui ressemblent encore à un paradis écologique d'antan.

Les paysages, hérissés çà et là de ghers (yourtes, tentes de feutre traditionnelles des nomades kazakhs), peuvent aussi être admirés à partir du Transmongolien, train qui conduit de Pékin à la capitale Oulan-Bator via le Gobi, un désert plus caillouteux que sablonneux.

Argument touristique de plus en plus fort: le cheval. Fondée sur une longue tradition, la pratique du cheval peut devenir l'un des grands atouts du tourisme mongol de demain, sous forme de randonnées. Les visiteurs passionnés du genre sont déjà là, dans la **vallée de l'Orkhon** et autour des lacs et des forêts de l'Altaï.

Les monuments

Désormais libéré du joug soviétique, le bouddhisme lamaïste sort de l'ombre et ses monastères aussi. Ceux d'Oulan-Bator (Bogdo Gegeen, Gandan et son Bouddha géant) relèvent l'intérêt d'une capitale dont le nom est aussi beau qu'est dépourvue d'intérêt son architecture...

Parmi les autres monastères, ceux de Khovd (Shar Süm, reconstruit après qu'il fut détruit sous Staline en 1937) et surtout d'Erdeni-Dzou sont parmi les plus visités. Le site d'Erdeni-Dzou est en partie occupé par les ruines de **Karakorum**, que Gengis Khan avait choisi comme capitale de l'Empire mongol au XIIIe siècle.

A Oulan-Bator, le musée de Choijin Lama ainsi que le Musée national sont des passages culturels obligés.

LES CONSEILS GEO

▶ Les plus

Un pays intact ou presque : le voyageur a le privilège de découvrir des traditions, un habitat et des paysages encore préservés.

▶ Les moins

Un voyage individuel qui n'est pas encore à l'ordre du jour et un coût du séjour qui demeure élevé.

Un climat impitoyable en hiver et à peine passable en été, pour une saison touristique très brève.

▶ Les précautions

Malgré une progression de la petite délinquance dans la capitale, la Mongolie reste un pays sûr. Pour qui souhaite louer un véhicule, il est fortement recommandé d'adopter la solution du chauffeur-guide, vu l'état des pistes et la quasi-absence de panneaux indicateurs.

Les fêtes

La Mongolie a renoué avec une grande manifestation populaire, le Naadam, lors de la fête nationale en juillet. Le Naadam honore les trois arts virils que sont la lutte, le tir à l'arc et la course de chevaux. Il a lieu à Oulan-Bator, mais aussi peu avant ou peu après dans le reste du pays.

Autre fête : Tsagaan sar, le Nouvel An, objet de rituels alimentaires et festifs.

QUAND PARTIR ?

	Climat	Désert de Gobi
Janvier		
Février		
Mars		
Avril		
Mai		
Juin	☼	
Juillet	☼	
Août	☼	
Septembre		☼
Octobre		☼
Novembre		
Décembre		

Indépendance : en juin 2006, ce terme a agi comme un déclencheur et offert en quelques mois seulement à la «Montagne noire» une dimension touristique inédite. Grâce à la côte et aux bouches de Kotor, certes, mais aussi à des lacs et des paysages de moyenne montagne encore à défricher, le Monténégro dévoile ses nombreux atouts.

Monténégro

LE CARNET DE VOYAGE

Les premiers contacts
Ambassade : 216, bvd Saint-Germain, 75017 Paris, 01.53.63.80.30, www.visit-montenegro.com (en anglais)

Les formalités
Pour les ressortissants de l'Union européenne, passeport en cours de validité suffisant.

La santé
Aucun problème.

Le voyage, le décalage
Vols pour Podgorica (intérieur) et Tivat (côte). Pas de décalage horaire.

Le coût moyen d'un séjour
Les «all inclusive» sur la Riviera monténégrine arrivent à grands pas. Compter environ 700 € pour un séjour à Budva (vol A/R et demi-pension).

Les langues, la monnaie
Le «monténégrin» est une version locale du serbo-croate. Langues de communication : allemand, italien et anglais. **Monnaie :** l'euro.

La population
685 000 habitants. Aux côtés des Monténégrins, on trouve des Albanais, des Bosniaques, des Croates et des Serbes. **Capitale :** Podgorica (ex-Titograd).

Les religions
Une majorité d'orthodoxes. Minorités de musulmans et de catholiques.

Les fêtes
Avril : Pâque orthodoxe ; **mai :** Festival de théâtre de Podgorica.

Les achats
Artisanat : poteries et tapis.

Dans leur écrin montagneux, les bouches de Kotor sont un des plus jolis sites côtiers d'Europe.

QUE VOIR AU MONTENEGRO ?

La côte
- Bouches de Kotor
- Stations balnéaires (Budva, Ulcinj, Sveti Stefan)

Les paysages
- Parcs nationaux (Lovcen, Durmitor)

La côte

Les rivages monténégrins semblent promis à un bien bel essor, aussi ne saurait-on trop conseiller de les découvrir au plus tôt. Certains n'hésitent pas à comparer ces rivages à la Côte d'Azur française et donc à trouver justifié le baptême local de Riviera.
Il faut dire que la géographie s'y prête : près de 300 km de côtes parsemées de villages de pêcheurs et de petites îles (telle Saint-Georges), et en toile de fond une barrière montagneuse.

Si les nostalgiques de la Yougoslavie en paix aiment séjourner à Sveti Stefan, le berceau de Tito, ceux du Monténégro de jadis vont, eux, à Milocer, l'ancienne résidence des rois.
Le golfe créé par les **bouches de Kotor** est délimité par des montagnes posées à 1 500 m d'altitude et par la forteresse du mont Saint-Jean. Parsemé de petits ports, il s'apparente à un fjord et offre un dessin côtier qui en fait l'un des plus jolis sites de l'Europe.
Les croisières parties d'Italie pour la Grèce et la Turquie font désormais de Kotor l'un de leurs passages obligés. Plus au sud, les stations balnéaires de **Budva**, **Ulcinj** et **Sveti Stefan**, cette dernière composant une sorte d'île-hôtel, étaient déjà en vogue auprès de la population locale. Les voici désormais engagées dans un développement touristique international.

Les paysages

Deux parcs nationaux commencent à faire parler d'eux : **Lovcen**, tout près des bouches de Kotor, et **Durmitor**, à une centaine de kilomètres au nord, riche de ses lacs de montagne à 2 500 m d'altitude.
Le lac Skadar, les monts Biogradska, où il est possible de pratiquer le ski, et de belles vallées, comme celle de la Tara, propice, entre autres, au rafting, complètent le tableau. ■

LES CONSEILS GEO

▶ Les plus
Un pays neuf, qui se révèle très vite sur le plan touristique et qui possède des atouts de taille pour plaire tant aux amateurs de farniente qu'aux randonneurs.

▶ Les moins
Une image et des infrastructures qui restent à peaufiner.

▶ Les précautions
Pas de problème majeur de sécurité, y compris en voiture de location. Il convient seulement de faire preuve de prudence, surtout dans les zones frontalières isolées.

QUAND PARTIR ?

	Côtes	Randonnées
Janvier		
Février		
Mars		
Avril		
Mai		🚶
Juin	☼	🚶
Juillet	☼	
Août	☼	
Septembre	☼	🚶
Octobre		🚶
Novembre		
Décembre		

Tout en maintenant fermées les portes de la démocratie, le pouvoir de l'ex-Birmanie a ouvert celles du tourisme. Pagodes recouvertes de feuilles d'or ou sites lacustres : le voyageur trouvera bien du caractère à ce pays atypique, où l'empreinte du bouddhisme rythme la vie de tous les jours.

Les villes et les monuments

Des signes éclatants de l'art bouddhique mondial se retrouvent un peu partout dans le pays, sous la forme de pagodes et de représentations de Bouddha, debout ou couché, petit ou grand. Deux sites d'importance :

— la **pagode Shwedagon** à Rangoon (plus de 400 m de périmètre) et son dôme recouvert de plus de dix mille plaques d'or ;

— les cinq mille édifices religieux, dont plus de deux mille pagodes, de **Pagan** : monastères, temples (Ananda) et zedis, ces derniers équivalents des stoupas (Shwezigon, Thatbyinnyu), se succèdent sur 42 km², les plus significatifs datant du XIe siècle.

Par endroits, **Rangoon** garde le charme de l'époque coloniale britannique mais vaut surtout par son marché (Bogyoke) et ses pagodes. Outre Shwedagon, on doit visiter la plus ancienne, Sule Pagoda (stupa doré), Botatong et Kabagye Pagoda.

Mandalay, l'ancienne capitale et deuxième ville du pays, vaut par la colline chargée d'histoire qui la domine. Comme Rangoon, la ville est riche en pagodes et renferme également des monastères.

Au nord de Mandalay, à **Mingun**, Payagyi aurait dû être la plus grande

Myanmar

LE CARNET DE VOYAGE

Les premiers contacts
Consulat, 60, rue de Courcelles, 75008 Paris, 01.42.25.56.95. www.myanmar-tourism.com

Les formalités
Passeport encore valable six mois après le retour. Visa obligatoire, valable 28 jours, obtenu auprès du consulat. Bien se renseigner sur les possibilités d'accès ou non à certaines régions du nord.

La santé
Aucune vaccination n'est obligatoire. Prévention indispensable contre le paludisme au-dessous de 1 000 m.

Le voyage, le décalage
Pas de vol direct. Durée moyenne du vol Paris-Rangoon (8 865 km) via Bangkok : 15 heures. Lorsqu'il est midi en France, au Myanmar il est 16 h 30 en été et 17 h 30 en hiver.

Le coût moyen d'un séjour
Pour un circuit qui passe par les sites clés que sont le lac Inle, Pagan, Mandalay et Rangoon, tabler sur 1 500 à 2 000 €.

Les langues, la monnaie
Langue officielle : le birman. Un habitant sur cinq parle le karen. Nombreux dialectes.
Langue étrangère : l'anglais, dans les villes et sur les lieux touristiques. **Monnaie :** le kyat. L'euro peut être changé mais l'US dollar est très apprécié.
1 USD = 6,60 kyats, 1 € = 9,60 kyats.

La population
69 % des 47 374 000 habitants sont des Birmans de souche.
Des ethnies au particularisme marqué sont souvent en butte au pouvoir central : Karens, Shans, Kachins, Mons. **Capitale :** Nay Pyi Daw a supplanté Rangoon (Yangon).

Les religions
Forte empreinte du bouddhisme (87 %). 5 % de chrétiens et 4 % de musulmans.

Les fêtes
Août : sur le mont Popa, fête consacrée aux « nats », génies à la fois du bien et du mal ; **octobre :** sur le lac Inle, fête de la pagode Phaung Daw U.

Les achats
Parmi l'artisanat local : objets en laque à Pagan, longuis (sorte de jupes), objets en bois sculpté, marionnettes, rubis.

Pagan illumine l'art bouddhique du pays en multipliant pagodes, monastères, temples, stoupas.

QUE VOIR AU MYANMAR ?

Les villes et les monuments

- Pagode Shwedagon à Rangoon (Yangon), temples et pagodes de Pagan
- Pagodes et monastères de Mandalay, de sa région (Mingun, Sagaing) et de la chaîne de l'Arakan, pagodes et bouddhas géants de Pegu

Les paysages

- Vallée de l'Irrawaddy, lac Inle, grottes de Pindaya, canyon de la Salouen
- Maymyo, Kyaikto, mont Popa, Triangle d'or

pagode jamais édifiée si, en 1838, un tremblement de terre n'avait réduit le projet à néant ; à défaut, l'endroit renferme la plus grosse cloche du monde (87 tonnes) ; au sud-ouest, **Sagaing** abrite sur sa colline de nombreux temples et pagodes.

A **Pegu**, outre des pagodes parfois très anciennes, on trouve un bouddha couché de 60 m de long datant du Xe siècle (Shwethalyaung) ainsi que quatre autres bouddhas géants.
Moins connus sont les sites de la chaîne de l'**Arakan**. A ses pieds, les pagodes, les monastères et le temple-forteresse de Shittaung ont été édifiés entre le XVe et le XVIIIe siècle.

Les paysages

Si le **fleuve Irrawaddy**, épine dorsale du pays et gardien de rares dauphins d'eau douce, mérite une minicroisière, l'un des plus beaux sites est constitué par le **lac Inle** et ses îlots flottants. Dignes du lac Inle : les **grottes de Pindaya**, agrémentées de milliers de statues de Bouddha, et le **canyon de la Salouen**, l'un des plus grands du monde. Au nord de Mandalay, la ville de **Maymyo** vaut par son marché et son musée forestier.
Deux autres sites méritent d'être vus : le **mont Popa**, non loin de Pagan, mais surtout **Kyaikto** et son énorme rocher doré en équilibre qui fait l'objet de nouveaux pèlerinages.
La route qui rejoint la Thaïlande côtoie le Mékong et passe la frontière du Myanmar à Mae Saï et Tachilek, au cœur du **Triangle d'or**.
Le Myanmar n'est pas une destination balnéaire, toutefois on ne doit pas négliger certains très jolis sites comme Ngapali, sur la baie du Bengale, ou, à l'est de l'Arakan, l'archipel Mergui et de belles plages sur la mer d'Andaman. ■

QUAND PARTIR ?

	Climat	Photos de paysages
Janvier	☼	
Février	☼	
Mars	☼	
Avril		
Mai		
Juin		
Juillet		
Août		
Septembre		⋞
Octobre		⋞
Novembre	☼	⋞
Décembre	☼	

LES CONSEILS GEO

▶ Les plus

Un tourisme qui mêle, à un haut niveau, la qualité de l'art et des paysages, ainsi que la préservation des traditions.

▶ Les moins

De sérieux démêlés avec les droits de l'homme et les libertés publiques.
L'impossibilité de découvrir certaines régions.
Un coût du voyage supérieur à celui de la plupart des pays d'Asie du Sud.

▶ Les précautions

Pour cause de conflit, certaines régions frontalières de l'Inde et de la Thaïlande sont déconseillées, voire interdites au voyageur étranger.

QUE VOIR EN NAMIBIE ?

Les paysages

- Dunes du désert du Namib (Sossusvlei), Fish River Canyon, massifs du Brandberg et du Waterberg (peintures rupestres)
- Kaokoland, Hoba (cratère de météorite)

La côte

- Swakopmund, Lüderitz

La faune et la flore

- Parcs d'Etosha, du Damaraland et du Waterberg (éléphants, girafes, zèbres, etc.)
- Cape Cross (otaries, phoques), lagune de Walvis Bay (flamants roses, pélicans)
- Plantes rares : welwitschia, kokerboom

Pays aussi beau que cher, la Namibie est capable de proposer à la fois des randonnées dans un désert aux dunes les plus hautes du monde, une flore rare et une faune très diversifiée, allant du phoque à l'éléphant en passant par le flamant rose.

Namibie

Les paysages

Le vieux **désert du Namib**, qui longe la côte sur plus de 2 000 km pour 50 à 100 km de largeur, vaut le détour à lui seul pour ses sites grandioses, principalement dans sa partie sud où il héberge les dunes les plus hautes du monde : jusqu'à 300 m pour certaines, telles celles du bassin de **Sossusvlei**. Sans cesse redessinées par le vent et soumises au brouillard, elles offrent des formes fantastiques, dans tous les sens du terme, et sont devenues des destinations de randonnées, de même

LE CARNET DE VOYAGE

Les premiers contacts
Consulat, 80, avenue Foch, 75116 Paris, 01.44.17.32.65. Internet : www.namibiatourism.com.na

Les formalités
Pour les ressortissants de l'Union européenne, canadiens et suisses : passeport suffisant, valable encore six mois après le retour. Billet de retour ou de continuation exigible.

La santé
Aucune vaccination n'est obligatoire. Prévention recommandée contre le paludisme de novembre à juin dans les régions du nord, et toute l'année le long des fleuves Okavango et Cunene.

Le voyage, le décalage
Durée moyenne du vol Paris-Windhoek (8 384 km, pas de vol direct) : 16 heures. Lorsqu'il est midi en France, en Namibie il est la même heure en été et 13 heures en hiver.

Le coût moyen d'un séjour
Difficile de s'en sortir à moins de 3 000 € pour le circuit classique de 15 jours en minibus (désert du Namib, dunes de Sossusvlei, Swakopmund, parcs du Waterberg, Damaraland et Etosha).

Les langues, la monnaie
Langue officielle : l'anglais. L'afrikaans est toutefois la langue la plus répandue, aux côtés de dialectes dont le kwanyama, pratiqué par un habitant sur deux. L'allemand est parlé dans les villes. **Monnaie :** le dollar de Namibie, aligné sur le rand, également accepté. 1 USD = 7,10 dollars de Namibie, 1 € = 10,50 dollars de Namibie.

La population
Son chiffre est modeste (2 055 000 habitants). Les Noirs, dont les pasteurs hereros, sont largement majoritaires. Les Afrikaners et les Allemands représentent 7,5% de la population. **Capitale :** Windhoek.

Les religions
Un Namibien sur deux obéit à l'Eglise luthérienne, un sur cinq est catholique. Minorité d'anglicans et d'adeptes de l'Eglise calviniste néerlandaise.

Les fêtes
21 mars : fête de l'Indépendance ; **mars :** Festival de rue de Mpabira-Enjando à Windhoek ; **avril-mai :** carnaval de Windhoek ; **août et octobre :** «Maherero», fête traditionnelle des pasteurs hereros.

Les achats
Qui dit Afrique australe dit pierres précieuses ou semi-précieuses (améthyste, topaze). On se procurera des objets en cuir et de la vannerie.

Tout au nord, dans le pays Himba, le cours du fleuve Cunene est interrompu par les chutes d'Epupa.

que le massif du Naukluft dans la partie nord.
Au sud, les dunes font place au relief de roches nues du très aride **Fish River Canyon** : ses 550 m de profondeur, ses 160 km de long et ses 27 km de large l'apparentent au canyon du Colorado et attirent des randonneurs de plus en plus nombreux.
Certaines peintures rupestres comptent parmi les plus anciennes qui soient. Ainsi, la «Dame blanche», dans le massif de granit rouge du **Brandberg**, est due aux Bochimans (Bushmen) et date de trois mille cinq cents ans. Des gravures rupestres sont visibles sur le plateau du **Waterberg**, à Twyfelfontein.
De là, il est possible de se rendre soit dans le **Kaokoland**, où vit la tribu semi-nomade des Himbas, soit à **Hoba**, où se trouve le cratère d'une météorite, le troisième du monde en importance. Aux confins de la frontière angolaise se trouvent les chutes d'Epupa, sur le fleuve Cunene.
La grande variété des paysages laisse dans l'ombre la capitale Windhoek. Cette ville se révèle tout de même intéressante, notamment grâce aux contours de l'«Alte Feste», ancienne forteresse allemande.

La côte

La côte est généralement inhospitalière et nimbée de brouillard né de la rencontre entre la chaleur du Namib et le courant froid du Benguela. Les petites villes de **Swakopmund**, germanisée au tournant du XXe siècle, et de **Lüderitz** s'avèrent parmi les stations balnéaires les plus connues.

QUAND PARTIR ?

	Côte	Réserves
Janvier	☼	
Février	☼	
Mars	☼	
Avril		🐾
Mai		🐾
Juin		🐾
Juillet		🐾
Août		🐾
Septembre		🐾
Octobre		🐾
Novembre	☼	
Décembre		

LES CONSEILS GEO

▶ Les plus

Des paysages de dunes uniques en leur genre.
La diversité, la particularité et la qualité de la préservation de la faune et de la flore.
Un hiver austral si timide que le voyage reste possible quasiment toute l'année.

▶ Les moins

La persistance d'un coût très élevé du voyage.
Une côte inhospitalière.
Une zone frontière nord déconseillée.

▶ Les tendances

La rencontre des Himbas, semi-nomades longtemps isolés, est à la mode : un peu trop? Le tourisme équitable tente d'apporter une réponse.

La faune et la flore

Du nord au sud, plusieurs réserves gagnent à être visitées en fin de saison (octobre) car les points d'eau se font rares et les animaux s'y regroupent.
Le spectacle débute par la très grande réserve d'**Etosha** (22 000 km²), ouverte de la mi-mars à la fin octobre. Elle est peuplée du fameux «Big Five» (buffles, éléphants, léopards, lions, rhinocéros), d'antilopes, de zèbres, d'oryx, de plus de trois cents espèces d'oiseaux et de vingt-sept espèces... de serpents.
Lui succèdent le **Damaraland** et le parc national du **Waterberg**. Entre le Namib et l'océan, **Cape Cross** fait valoir sa forte colonie d'otaries, et la **lagune de Walvis Bay** accueille de nombreux flamants roses et pélicans.
La flore est riche d'espèces rares et spécifiques au pays. Ainsi, le welwitschia, qui ressemble à une pieuvre aux ramifications de près de 2 m, peut dater de deux mille ans et doit être classé parmi les plus vieilles plantes de l'univers. Il rivalise avec le kokerboom (l'«arbre à carquois»), un aloès géant qui émerge sur les roches granitiques de la **forêt de Kokerboom**. ■

En contrepoint des sommets, une paire d'yeux émerge au-dessus du stoupa de Bodnath.

QUE VOIR, QUE FAIRE AU NEPAL ?

Les paysages et les trekkings

- Randonnées dans l'Himalaya, tour des Annapurnas, Dhaulagiri, Dolpo, Mustang, Kangchenjunga
- Vues sur l'Everest, expéditions et grands trekkings : Ama Dablam, Baruntse, Everest, Makalu

Les villes et les monuments

- Katmandou, Patan, Bhadgaun
- Svayambunath, Bodnath, Pasupatinath, Lumbini : lieux et fêtes bouddhistes

La faune

- Plateau du Terai (parcs de Chitwan et de Bardia) : singes, buffles, rhinocéros unicornes, éléphants, crocodiles, tigres, dauphins du Gange

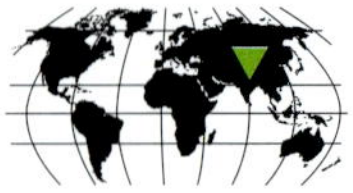

Népal

Hier l'une des destinations de la «route des Indes», aujourd'hui paradis des randonneurs qui partent en nombre à l'assaut de l'Himalaya : le majestueux Népal doit s'adapter aux mœurs et humeurs des Occidentaux alors que le mode de vie de ses habitants en est très éloigné. La persistance de la tension politique affaiblit le pays et son image.

LE CARNET DE VOYAGE

Les premiers contacts
Consulat, 45 bis, rue des Acacias, 75017 Paris, 01.46.22.48.67. www.welcomenepal.com

Les formalités
Passeport valable encore six mois après le retour, visa obligatoire, obtenu auprès du consulat. Possibilité d'obtenir le visa à l'arrivée à Katmandou. Possibilité de passer la frontière pour le Tibet, mais via une agence.

La santé
Prévention recommandée contre le paludisme dans les zones rurales du Terai et le long de la frontière indienne.

Le voyage, le décalage
Durée moyenne du vol Paris-Katmandou (environ 7 500 km) : 13 heures. Lorsqu'il est midi en France, au Népal il est 15 h 45 en été et 16 h 45 en hiver.

Le coût moyen d'un séjour
Un circuit randonnée de 12 jours est proposé aux alentours de 1 300 €, un circuit de trois semaines entre 2 200 et 2 600 €.

Les langues, la monnaie
Langue officielle : le népali. Il existe une soixantaine de dialectes. Langue étrangère : l'anglais, dans les villes et sur les lieux touristiques. **Monnaie :** la roupie népalaise. 1 USD = 65 roupies népalaises, 1 € = 95 roupies népalaises.

La population
Les 28 902 000 habitants sont d'origines mongole, tibétaine et indo-aryenne. **Capitale :** Katmandou.

Les religions
L'hindouisme est religion d'Etat et rassemble neuf Népalais sur dix. Minorités de bouddhistes lamaïstes et de musulmans.

Les fêtes
Mars ou avril : jour de la pleine lune : «Holi Pumima» ; même époque : Nouvel An népalais ; **octobre ou novembre :** «Dasain» et «Tihar» ; **novembre :** «Mani Rimdu» au monastère de Tengboche.

Les achats
L'artisanat est d'origine cachemirienne (pulls), tibétaine (bijoux en argent) ou indienne. Sacs à main en laine et mandalas (images peintes bouddhiques) dans le quartier de Thamel à Katmandou.

Les paysages et les trekkings

La **vallée de Katmandou**, cernée par les sommets de l'**Himalaya** qui prennent une teinte orangée au coucher du soleil, est un des grands mariages mondiaux de la nature et de la beauté. Mais la **vallée de Pokhara** (lacs, gorges) et surtout celle de la **Karnali** (canyons) ont peu à lui envier.
Les paysages vont de pair avec les trekkings, multiformes. Tous les styles de marcheurs, du plus inexpérimenté au plus résistant, sont invités dans les vallées et sur les sentiers himalayens, les plus hauts du monde.
Trois sortes de trekkings : jusqu'à 3000 m, jusqu'à 4500 m, jusqu'à 5500 m. Les exigences d'une bonne condition physique et d'une certaine expérience augmentent avec l'altitude, pour une marche qui dure environ cinq heures par jour. Durée moyenne d'un séjour à consacrer au trekking : quinze à vingt jours.
Parmi les grands classiques :
– le **tour des Annapurnas**, dont une belle vue se dessine à partir du lac de Pokhara ;
– le **Dhaulagiri**, non loin du fleuve sacré Kali Gandaki ;
– le camp de base de l'**Everest**, via la région du Khumbu ; là vivent les célèbres sherpas, qui souvent ont troqué leur existence traditionnelle pour le tourisme ; pour apercevoir le toit du monde, une modeste randonnée, par exemple vers Nagarkot à quelques heures de marche de Katmandou, suffit ; à partir de Kalapattar, la vue sur le trio Everest, Lothse (8545 m) et Nuptse (7879 m) est somptueuse.
Deux régions de population et de tradition bouddhistes : le **Dolpo** et la principauté du **Mustang**, agrémentée de monastères, de grottes sacrées et de vues sur l'Annapurna. De nouveaux itinéraires s'ouvrent à l'extrême nord-est, aux alentours du **Kangchenjunga**, troisième sommet de la planète (8586 m).
Dans le nord-est, les alpinistes tutoient les « trekking peaks » : les « 7000 » (Ama Dablam, Baruntse) comme les « 8000 » (Makalu et certaines faces de l'Everest).

Les villes et les monuments

Katmandou, mythe des années 1970, a changé d'époque et d'image. Assagie, la capitale offre son vieux quartier, le Thamel, ses portes et ses balcons de bois sculptés, sa Living Goddess (déesse vivante apparaissant régulièrement à son balcon sur Durbar Square, la place de l'ancien palais royal), ses échoppes, ses temples bouddhiques et brahmaniques.
Dans les environs, **Patan** (Lalitpur) garde des traces de son statut de haut lieu du bouddhisme tantrique (« temple d'or », fontaines), alors que **Bhadgaun** (Bhaktapur) est une « ville-musée », avec en point d'orgue sa Porte d'or. Les deux villes témoignent de l'art des Newars, qui formèrent avec Katmandou autant de royaumes.
Autres rendez-vous, disséminés dans la région de Katmandou : les stoupas (monuments funéraires en forme de dôme) de **Svayambunath** et du village de **Bodnath** ; le temple au double toit en bronze doré de **Pasupatinath**, haut lieu hindouiste (sanctuaire de Shiva). Quant au site archéologique de **Lumbini**, où serait né Bouddha, six siècles avant l'ère chrétienne, il est un lieu important de pèlerinage.

QUAND PARTIR ?

	Trekkings et Terai	Floraison et couleurs de la nature
Janvier	☼	
Février	☼	
Mars	☼	
Avril		⩤
Mai		⩤
Juin		⩤
Juillet		
Août		
Septembre		
Octobre	☼	
Novembre	☼	
Décembre	☼	

LES CONSEILS GEO

▶ Les plus
L'un des plus beaux ensembles montagneux de la planète et le plus réputé des lieux de trekking.

▶ Les moins
En montagne, les difficultés pour l'économie locale de répondre aux besoins engendrés par l'importance du tourisme.
Le retour toujours possible et soudain de troubles politiques malgré de meilleures relations entre opposants.
Une période mai-septembre gênée par la mousson, l'humidité et les nuages qui masquent les sommets.

▶ Les précautions
La guérilla maoïste reste d'actualité mais ne vise pas le tourisme. Néanmoins, il est impératif de s'informer auprès de l'ambassade sur ce point.
Concernant l'Himalaya, il est recommandé aux randonneurs de ne jamais s'aventurer seuls et de toujours partir avec une agence reconnue.

La faune

Une faune nombreuse vit dans le **Terai**, région tropicale à la lisière de l'Inde. Dans le parc de **Chitwan**, on peut apercevoir des singes, des buffles, des rhinocéros unicornes, des éléphants, des crocodiles. A **Bardia**, sont visibles des éléphants, des singes et les dauphins du Gange. ■

QUE VOIR, QUE FAIRE AU NIGER ?

Les paysages et les randonnées

- Randonnées et méharées dans l'Aïr
- Traversée du Ténéré en tout-terrain
- Descente du fleuve Niger

La faune

- Eléphants, lions, antilopes, babouins, hippopotames

Les sites préhistoriques

- Gravures rupestres de l'Aïr et du Djado

Les fêtes

- Fête des Bororos

C'est ici que s'étend le Ténéré, la plus nue et la plus mythique des régions sahariennes. C'est ici aussi, dans le massif de l'Aïr, que l'amateur d'art rupestre trouve des gravures du néolithique. C'est ici, enfin, que l'explorateur en herbe dépiste les animaux sauvages dans l'extrême sud ou vogue sur le fleuve Niger.

Niger

LE CARNET DE VOYAGE

Les premiers contacts
Ambassade, 154, rue de Longchamp, 75116 Paris, 01.45.04.80.60. www.niger-tourisme.com

Les formalités
Passeport en cours de validité, visa obligatoire, obtenu auprès du consulat. Billet de retour ou de continuation exigible.

La santé
Vaccination obligatoire contre la fièvre jaune. Prévention indispensable contre le paludisme.

Le voyage, le décalage
En haute saison, vol hebdomadaire Paris, Marseille ou Bâle-Mulhouse pour Niamey et Agadès avec Point Afrique. Durée moyenne du vol Paris-Niamey (3 942 km) : 4 heures. Lorsqu'il est midi en France, au Niger il est la même heure en hiver et 11 heures en été.

Le coût moyen d'un séjour
Deux clés pour les randonneurs du désert : le massif de l'Aïr et le Ténéré entre octobre et avril sous forme de méharées ou d'une alternance marche (5 à 6 heures quotidiennes) et déplacements en tout-terrain. Premiers tarifs aux alentours de 900 € la semaine.

Les langues, la monnaie
Langue officielle : le français ; mais le haoussa, qui emprunte beaucoup à l'arabe, est majoritaire.
Autres dialectes : songhai, peul, tamasheq et kanouri.
Monnaie : le franc CFA (XOF). 1 € = 655,957 francs CFA.

La population
Sur les 12 895 000 habitants, un peu plus de la moitié sont des Haoussas. Zarmas-Songhais, Peuls, Touaregs et Kanouris complètent ce nombre.

Capitale : Niamey.

Les religions
Les musulmans sont largement majoritaires (85 %). Minorité d'animistes.

Les fêtes
Janvier : «Tabaski» (fête du Mouton) ; **mi-janvier :** «Hottungo» (rencontre des éleveurs) ; **septembre :** le «Guérewol»,; **18 décembre :** fête nationale ; **Aïd el-Fitr :** fin du ramadan.

Les achats
Les croix et animaux en argent des Touaregs dominent l'artisanat.
Egalement objets en bois, en cuir, perles, pierres semi-précieuses.

Le Sahara profond et mythique, celui de la piste des Azalaï et de l'arbre du Ténéré, est ici : sol nu et sans concession parcouru par les légendaires Touaregs.

Les paysages et les randonnées

Au nord d'Agadès, le Sahara offre à son visiteur, via des méharées ou une alternance de tout-terrain et de randonnées, la terre d'élection des Touaregs : le **massif de l'Aïr**, ses 2000 m d'altitude, ses «Montagnes bleues» (massif des Bagzanes et ses 2000 m, mont Gréboun), ses oasis de montagne, sa «pince de crabe» de l'Arakao, ses sources chaudes, ses lacs, ses coupoles de granit, ses palmeraies et ses oueds, le long desquels sont nichés les villages.

Au pied de l'Aïr, le **Ténéré** s'étale sur plusieurs centaines de kilomètres d'un horizon nu. Il fut une époque où, après de longs mois de préparation, des fous du Sahara équipaient leur 2 CV et le traversaient d'Agadès à Dirkou en suivant l'itinéraire des caravanes de sel (Azalaï) entre l'Aïr et l'oasis de Bilma, passant, à mi-chemin, au pied du célèbre «arbre du Ténéré», dernier puits avant l'infini. Aujourd'hui, quand la situation l'autorise, des voyagistes proposent de reconduire ce mythe en tout-terrain. Troisième centre d'intérêt : le **fleuve Niger**. Sa descente en pinasse offre le spectacle d'îlots chargés d'oiseaux, de la transhumance des troupeaux menés par les Peuls, de marchés et de berges occupées par des villages de pêcheurs. Des hippopotames daignent parfois se montrer. Pour qui a du temps, embarquer à bord d'un zirdji, une pirogue qui joue le rôle de taxi du fleuve, est une expérience idéale pour découvrir la vie des villages de pisé.

La faune

Dans le parc national du **W** (ou Tapoa), au sud de Niamey, des éléphants, des lions, des antilopes, des girafes, des babouins et des hippopotames se laissent voir de temps en temps et font l'objet de safaris-photos, surtout entre février et avril, mois qui marque le terme théorique de la saison sèche.

QUAND PARTIR ?

	Randonnées dans le désert	Faune (parc du W)	Photos du Sud
Janvier	🚶		
Février	🚶	🐾	
Mars	🚶	🐾	
Avril	🚶	🐾	
Mai			
Juin			
Juillet			
Août			🐦
Septembre			🐦
Octobre	🚶		🐦
Novembre	🚶		
Décembre	🚶		

Les sites préhistoriques

Le Niger a sa part de témoignages du néolithique au Sahara avec les gravures rupestres que renferment le **massif de l'Aïr** et le **plateau du Djado**. A Niamey, le Musée national présente une collection de fossiles recueillis dans le sol africain et vieux de cent millions d'années. A **Ayorou**, le marché est l'un des plus réputés d'Afrique noire.

Les fêtes

Les Bororos, des éleveurs appartenant à un sous-groupe peul, vivent en fonction de leurs troupeaux.

En septembre, ils honorent les bienfaits de la saison des pluies par le Guérewol, une fête également dominée par des danses, des défilés costumés et des jeux rituels de séduction entre hommes et femmes. ■

LES CONSEILS GEO

▶ Les plus

La diversité : le désert total avec le Ténéré, les montagnes et oasis avec l'Aïr, le fleuve Niger.

Le français comme langue de communication.

▶ Les moins

Une situation politique instable dans le nord, qui empêche parfois l'organisation des voyages au Sahara.

▶ Les précautions

Il est vivement déconseillé de voyager isolément dans la partie nord, où le conflit entre Touaregs et pouvoir central est latent. En général, les zones aux frontières du Mali, de l'Algérie et de la Libye sont à éviter.

▶ Les tendances

Le Ténéré fascine, même si les possibilités de s'y rendre sont actuellement aléatoires. Il est «le» désert, celui qu'il faut avoir entrevu au moins une fois dans sa vie de passionné du Sahara.

Aux îles Lofoten, haut situées sur la carte, la vie des villages de pêcheurs est hors du temps, à peine troublée par le tourisme.

Norvège

Comment s'étonner de l'origine norvégienne du mot «fjord» ? Ces anciennes vallées glaciaires que la mer a recouvertes sur plus de deux mille kilomètres font la réputation du pays. Mais les fjords ne sont pas seuls : les îles Lofoten, le cap Nord et le soleil de minuit complètent le tableau .

Les paysages et les randonnées

Le fjord est une «propriété» norvégienne. Cette curiosité naturelle voit la mer s'enfoncer entre deux falaises et renouveler ce spectacle à l'envi. L'eau est mise en valeur par l'alternance de ses couleurs bleu profond et vert tendre, parfois par le miroitement des glaciers.

C'est dans le sud, aux alentours de Bergen, que se dessinent les fjords les plus réputés : le **Hardangerfjord**, le **Sognefjord** (le plus long et le plus profond) et le **Nordfjord**.

Le top du genre est le **Geirangerfjord**, sorte d'auge glaciaire dont les parois sont coiffées de neige et laissent s'écouler de longues cascades.

A l'intérieur, de nombreux lacs sont

LE CARNET DE VOYAGE

Les premiers contacts
Ambassade, 28, rue Bayard, 75008 Paris, 01.53.67.04.00. Internet : www.visitnorway.com (office du tourisme), www.svalbard.net (Spitzberg), www.fjordnorway.com

Les formalités
Carte nationale d'identité ou passeport.

La santé
Aucun problème.

Le voyage, le décalage
Durée moyenne du vol Paris-Oslo (1800 km) : 2 h 20. Vols également pour la Laponie et le Spitzberg.
Bateau : possibilité d'embarquer la voiture à Kiel (Allemagne), Copenhague, Hirtshals (Danemark), Newcastle (Angleterre), Amsterdam (Pays-Bas). Pas de décalage horaire.

Le coût moyen d'un séjour
Un forfait A/R tout compris Paris-Paris, ou Bruxelles-Bruxelles, avec croisière Bergen-Kirkenes-Bergen, 13 jours en tout dont 11 à bord, coûte entre 1800 et 2300 €.
Un week-end à Oslo revient à environ 400 € pour 3 jours/2 nuits.

Les langues, la monnaie
Le bokmaal et le nynorsk sont les deux variantes du norvégien, qui est langue officielle, comme le sâme des Lapons. L'anglais est très répandu. **Monnaie :** la couronne norvégienne. 1 € = 8 couronnes norvégiennes.

La population
4628000 Norvégiens, dont 20000 Lapons, ne se retrouveront jamais à l'étroit. **Capitale :** Oslo.

Les religions
L'Eglise luthérienne, religion d'Etat, draine neuf Norvégiens sur dix.

Les fêtes
Avril et mai : période des mariages chez les Lapons ; **17 mai :** fête nationale ; **29 juillet :** «Olsok», en hommage au roi Olav ; **13 décembre :** Sainte-Lucie.

Les achats
Artisanat : objets en bois peints, gros pulls. Plus spécifiques : le saumon et surtout les trolls, lutins de la légende scandinave.

QUE VOIR, QUE FAIRE EN NORVÈGE ?

Les paysages et les randonnées

- Fjords (Hardangerfjord, Sognefjord, Nordfjord, Geirangerfjord), parcs nationaux et ski (Jotunheim, Rondane, Hardanger)
- Iles Lofoten, Laponie, cap Nord, Spitzberg
- Pêche, chutes, lacs
- Soleil de minuit, aurores boréales

Les villes et les monuments

- Bergen, Oslo, Lillehammer
- Eglises en bois de bout (Heddal, Lom, Ringebu, Røldal)

autant de traits d'union esthétiques avec des montagnes culminant au-delà de 2 000 m (parcs nationaux du **Jotunheim**, de **Rondane** et de **Hardanger**, où toutes les formes de ski sont une institution). Le tourisme d'été, à base de randonnées, a aussi sa part. La Norvège est également riche en rivières dans lesquelles le pêcheur a tout loisir de taquiner force truites et saumons.

Le passage du cercle polaire arctique permet l'observation du soleil de minuit, de la mi-mai à fin juin. En novembre ou en décembre et jusqu'en février, vient le temps des aurores boréales, visibles par temps clair.

Les **îles Lofoten** ont souvent été comparées à un massif alpin posé sur l'eau : cirques, aiguilles, petits fjords, pâturages, habitat sur pilotis et aux couleurs gaies des pêcheurs de morue. Aux Lofoten, on peut aussi observer la nidification des pétrels fulmars ou des macareux et, à l'automne, l'arrivée des orques dans l'un des fjords (Tysfjord). Plus haut, on atteint la **Laponie** (Finnmark), où les Saami et leurs coutumes se fondent peu à peu dans l'époque moderne. Les rennes sont présents, certains quittant parfois l'endroit pour prendre leurs quartiers d'été sur l'île de Ringvassoy. Les touristes, quant à eux, conduisent une motoneige, un traîneau à chiens, parfois vont jusqu'à Kirkenes pêcher le crabe royal ou... plonger sous la glace.

Viennent enfin le **cap Nord** et son symbole de bout du monde, aujourd'hui démythifié par un flot d'automobilistes obstinés.

Le **Spitzberg** est une île de l'extrême nord, la plus grande de l'archipel du Svalbard. Glaciers, icebergs et montagnes noires y déploient un grand spectacle, rehaussé au printemps par une brève mais éclatante floraison. La faune marine y est importante.

Les villes et les monuments

Dans son quartier médiéval de Bryggen, **Bergen** conserve les traces reconstituées de l'important comptoir de la Hanse qu'il fut au XIIIe siècle.

Oslo est riche en musées : outre le Munchmuseet, qui rend hommage à Edvard Munch, le musée national des Beaux-Arts fait la part belle aux impressionnistes, alors que le musée en plein air du parc Frogner arbore les sculptures, représentant le cycle de la vie, de Gustav Vigeland. Le quartier insulaire de Bigdøy comprend le musée Viking (drakkars).

Lillehammer vaut par le musée de plein air de Maihaugen, qui présente une fresque de cent quarante habitations nordiques.

Enfin certains villages renferment de petites églises dites en bois de bout (la planche a été découpée perpendiculairement au sens des fibres). Les plus beaux spécimens se rencontrent à Heddal, Lom, Ringebu et Røldal. ■

LES CONSEILS GEO

▶ Les plus

La particularité des atouts touristiques (fjords, soleil de minuit, aurores boréales), dans des cadres absolument majestueux.

Les plus belles croisières du nord de l'Europe, bénies par le Gulf Stream, sans compter le plus apporté par le Spitzberg.

▶ Les moins

Le coût prohibitif de la vie touristique, à la mesure d'un pays qui connaît l'un des niveaux de vie les plus élevés d'Europe.

▶ Les tendances

L'*Express côtier*, qui relie Bergen à Kirkenes en six jours quelle que soit la saison, fut longtemps à usage local. Il le reste, mais le touriste s'en est entiché et le fréquente beaucoup en été.

QUAND PARTIR ?

	Fjords et croisières	Sports d'hiver	Soleil de minuit, aurores boréales
Janvier		Partie sud ❄	✓
Février		Partie sud ❄	✓
Mars		Laponie ❄	
Avril		Laponie ❄	
Mai			✓
Juin	✓		✓
Juillet	✓		
Août	✓		
Septembre			
Octobre			
Novembre		Partie sud ❄	✓
Décembre		❄	✓

QUE VOIR, QUE FAIRE EN NOUVELLE-CALEDONIE ?

Les côtes
- Barrière de corail, plages de sable blanc
- Plongée, surf autour de Grande-Terre, des îles Bélep, Loyauté et de l'île des Pins

Les paysages et les traditions
- Savane, marécages, cascades, forêts
- Découverte des «stockmen» et des tribus kanakes

Nouvelle-Calédonie

Avec ses plages et le corail de son interminable lagon annoncé comme le plus grand du monde, le «Caillou», flanqué de l'île des Pins, des îles Bélep et Loyauté, et riche de la culture kanake, rivalise avec la Polynésie française comme point de chute idéal pour le voyageur francophone en Océanie. On en oublierait presque le coût du voyage...

LE CARNET DE VOYAGE

Les premiers contacts
Nouvelle-Calédonie Tourisme Point-Sud, 01.42.73.69.80. Internet: www. nouvellecaledonie-tourisme-sud.com

Les formalités
Pour les ressortissants français : carte d'identité; autres ressortissants UE, Canada, Suisse : passeport. Billet de retour ou de continuation exigible.

La santé
Aucun problème.

Le voyage, le décalage
Durée moyenne du vol Paris-Nouméa (18368 km): 24 heures. Lorsqu'il est midi à Paris, en Nouvelle-Calédonie il est 21 heures en été et 22 heures en hiver.

Le coût moyen d'un séjour
Au moins 2000 € pour une courte semaine (vol A/R, hébergement, voiture de location). Difficile de trouver un circuit de 15 jours à moins de 3000 €. Les tarifs grimpent rapidement en haute saison.

Les langues, la monnaie
Le français est langue officielle et cohabite avec une trentaine de dialectes d'origine mélanésienne. **Monnaie:** le franc Pacifique (CFP). 1 € = 119,33 francs Pacifique. L'euro est accepté, en attendant sa totale adoption. Les principales cartes de crédit le sont également, plus rarement dans l'intérieur des îles.

La population
Sur les 221900 habitants, 44,1% sont des Mélanésiens (Kanaks) et 34,1% des Européens (appelés Caldoches). Wallisiens, Futuniens, Polynésiens, Indonésiens et Vietnamiens constituent les minorités. Près de la moitié de la population vit dans le chef-lieu, Nouméa (91000 habitants).

Les religions
Trois Néo-Calédoniens sur quatre sont catholiques. Minorités de protestants (16%) et de musulmans (4%).

Les fêtes
Février: fête de l'Igname; **mars:** Festival du Yam (fête kanake); **mai:** «Pacific Tempo», festival de musique à Nouméa; **août:** Foire de Bourail; **24 septembre:** fête nationale; **octobre:** Journées «Mwata», pour fêter la banane, à Pouébo.

Les achats
Sculptures sur bois de Pouébo, bijoux, paniers, articles tressés, colliers, masques.

Le «Caillou», son majestueux lagon et sa double culture attirent de plus en plus de monde.

Les côtes

Grande-Terre, l'île principale, est entourée d'une barrière de corail de 800 km de long qui a engendré le plus grand lagon du monde, riche en poissons tropicaux. Du sud jusqu'aux baies de Poum, tout au nord, les plages de sable blanc et les criques se succèdent. La seule différence est une pluviosité plus forte sur la côte est, mais une différence bien relative... Nouméa, chef-lieu de la «Californie française», profite de sa situation proche des plages raffinées de l'anse Vata et de la baie des Citrons. Baignade, plongée et surf y battent leur plein. Les **îles Bélep** au nord, l'**île des Pins** au sud et les **îles Loyauté** à l'est (Lifou, Maré, Ouvéa) supportent la comparaison avec Grande-Terre et sont autant de points d'ancrage pour qui veut mêler farniente sur des plages de sable blanc, spectacle des fonds coralliens en plongée, planche à voile, observation des baleines et cachalots durant l'hiver austral à **Lifou**, perruches à **Ouvéa**.

Les paysages et les traditions

La province nord vaut par une nature de savane, de niaoulis (arbres à tronc blanc), de marécages, de montagnes, de rivières, de cascades et de forêts avec «le cœur» de Voh, seulement visible du ciel, comme curiosité. La région de Hienghène, au nord-est, est privilégiée par beaucoup de touristes en ce qu'elle offre divers intérêts côtiers (baignade, plongée) et des possibilités d'accueil des touristes dans les tribus. Désormais, des voyagistes invitent leur client à choisir leur hébergement dans un habitat traditionnel de villages et cases, avec rencontre des populations et découverte de la culture mélanésienne.
La province sud est la terre des «stockmen», cavaliers chargés de rassembler les troupeaux et, autour de Sarraméa, celle de tribus kanakes et de forêts propices à des randonnées. Au sud de Nouméa se trouve une autre région remarquable: celle qui comprend le lac de Yaté et les chutes de la Madeleine, ainsi que le **Mont-Dore**, zone inondée du parc de la Rivière bleue, où niche le rare cagou, oiseau emblème de l'archipel.
L'île des Pins vaut par ses plages mais aussi par une végétation spécifique (pins colonnaires, santals, orchidées sauvages) et la grotte de la reine Hortense. ■

QUAND PARTIR ?

	Climat	Plongée et couleurs du corail
Janvier		
Février		
Mars		
Avril	☼	
Mai	☼	
Juin		
Juillet		⋞
Août		⋞
Septembre		
Octobre	☼	
Novembre	☼	
Décembre		

LES CONSEILS GEO

▶ Les plus
Derrière l'image du lagon et de la plongée, une diversité insoupçonnée qui mêle randonnées et découverte de la culture mélanésienne.

▶ Les moins
Le coût du transport aérien pour qui ne peut partir hors saison et, plus généralement, une vie touristique chère.

▶ Les précautions
La Nouvelle-Calédonie n'est pas spécialement agressive, si ce n'est à cause de ses moustiques, particulièrement voraces au moment des pluies.

▶ Les tendances
Les plongeurs n'abandonneront jamais le lagon, mais les visiteurs s'intéressent de plus en plus à l'intérieur de Grande-Terre ou aux îles Loyauté. Ils peuvent aussi découvrir les collections présentées au Centre culturel kanak Jean-Marie-Tjibaou à Nouméa.

La Nouvelle-Zélande mêle harmonieusement végétation tropicale, lacs, paysages montagneux et volcaniques.

Nouvelle-Zélande

Bien lointaine, Aoetearoa, la «terre du long nuage blanc», ainsi que l'avaient baptisée les premiers Maoris! Mais elle a des atouts : on y pêche et on y surfe, et surtout on s'y balade dans une nature protégée, blanchie par la laine des moutons au pied des montagnes, des glaciers, des volcans et des geysers.

Les paysages

La nature est l'argument clé du tourisme néo-zélandais. Montagnes, glaciers, forêts et lacs rassemblent autant de thèmes de randonnées, voire de ski, au sein de paysages préservés par des lois rigoureuses.

L'île du Nord est aussi appelée l'«île Fumante» : autour de **Rotorua**, ville empreinte de culture maorie, on peut admirer des geysers, des sources chaudes, le «chaudron» de **Waimangu** (un lac bouillant né d'une éruption au début du XXe siècle), le Lady Knox Geyser, à **Waiotapu**, le Pohutu Geyser, à **Whakarewarewa**, dont le jet peut dépasser 30 m.

Dans le parc national de **Tongariro**, propice à la randonnée et au ski, s'élèvent

LE CARNET DE VOYAGE

Les premiers contacts
Ambassade, 7 ter, rue Léonard-de-Vinci, 75116 Paris, 01.45. 01.43.43. www.newzealand.com/travel/international, www.frogs-in-nz.com

Les formalités
Passeport valable encore trois mois après le retour. Billet de retour ou preuve de fonds suffisants exigibles.

La santé
Aucun problème.

Le voyage, le décalage
Durée moyenne du vol Paris-Auckland (20227 km) : 27 heures. Lorsqu'il est midi en France, pour la Nouvelle-Zélande il faut ajouter 11 heures en été et 12 heures en hiver.

Le coût moyen d'un séjour
L'autotour (vol A/R, hébergement, location de voiture) est idéal pour couvrir en une quinzaine de jours les deux îles dans leurs recoins les plus réputés. Compter environ 1800 € pour ce cas de figure. En voyage accompagné : environ 2500 € tout compris pour 15 jours.

Les langues, la monnaie
Le maori a rejoint l'anglais comme langue officielle.
Monnaie : le dollar néo-zélandais.
1 € = 1,88 dollar néo-zélandais,
1 USD = 1,27 dollar néo-zélandais.

La population
4115800 habitants. Un habitant sur dix est un Maori descendant de peuples venus de Polynésie.
Capitale : Wellington.

Les religions
Anglicans (24%), presbytériens (18%), catholiques (15%), méthodistes et baptistes se partagent les croyances.

Les fêtes
6 février : «Waitangi Day» (fête nationale) ;
février : fête du Vin à Waiheke Island ;
juin : «Matariki» et hommage au cerf-volant à l'occasion du Nouvel An maori.

Les achats
Peau de mouton, poteries, vannerie et objets maoris.

QUE VOIR, QUE FAIRE EN NOUVELLE-ZELANDE ?

Les paysages
- Geysers, lacs et volcans de l'île du Nord, autour de Rotorua
- Montagnes et glaciers de l'île du Sud

La faune
- Faune terrestre (kiwis, moutons), faune marine (baleines à bosse, cachalots, dauphins, orques)

Les côtes
- Fjords (Milford Sound)
- Plages (presqu'île de Coromandel, Napier)
- Surf, pêche
- Ile océanienne de Tokelau

Les villes
- Auckland, Christchurch, Dunedin, Wellington

LES CONSEILS GEO

▶ Les plus

Un hymne à la nature, qui est de surcroît respectée et protégée.

▶ Les moins

Un éloignement désespérant : à moins d'être un joueur de rugby destiné à taquiner les All Blacks, on aura du mal à se motiver financièrement. Une pluviosité tenace et un été en hiver : c'est entre décembre et février que le soleil et la chaleur se feront plus présents et plus appréciables.

des volcans, dont le Ruapehu, le plus haut du pays.
L'île du Sud, ou «île de Jade», a ses **Alpes** à elle, qui lui procurent ses plus beaux paysages : glaciers du **Westland** National Park (Franz Josef, Fox, Tasman), aux alentours du mont Cook, et chutes (580 m pour les chutes Sutherland, en trois paliers, les classent parmi les plus hautes du monde). L'île du Sud est riche en parcs nationaux, dont ceux des **lacs Nelson** et de la forêt primitive de **Punakaiki**. Autour de Queenstown, la pratique du ski et du rafting est de mise.
Au nord comme au sud, la Nouvelle-Zélande est imprégnée de la culture maorie, qui fait aujourd'hui l'objet de tous les égards.

■ La faune

La faune est caractérisé par le kiwi – aujourd'hui protégé –, par les multiples variétés d'oiseaux, particulièrement dans le Fiordland, et plus prosaïquement par le mouton, dans la proportion de vingt moutons pour un habitant.
La faune marine réserve d'agréables surprises : au large de la presqu'île de Kaikoura, il est possible d'apercevoir des cachalots, des dauphins, des baleines à bosse et des orques.

■ Les côtes

La côte de la mer de Tasman est creusée de fjords sur sa partie ouest (Fiordland). Le plus accessible et en même temps le plus beau est celui de **Milford Sound**, constellé de vallées «suspendues» et de cascades s'étendant sur plus de 20 km.
5000 km de côtes ouvrent des perspectives. Toutefois, la Nouvelle-Zélande est bas située sur la carte, et ses eaux ne sont pas très chaudes. Sur l'île du Nord, la **presqu'île de Coromandel** offre les rivages les plus réputés, tant pour ses plages que pour le surf. Autres centres d'intérêt : Hawke's Bay et le port de **Napier**. Sur l'île du Sud, **Nelson**, dans la baie de Tasman, est un site balnéaire recherché. Au nord de Christchurch, il est possible d'observer dauphins et baleines, alors que la pêche jouit d'une grande popularité.
Tokelau : trois minuscules atolls (12,2 km²) isolés dans l'Océanie, au nord des Samoa, et parsemés de cocotiers. Ils sont habités par deux mille habitants d'origine polynésienne, sujets britanniques mais citoyens néo-zélandais depuis 1948. Un endroit où le tourisme ne s'est pas vraiment imposé et qui reste peu connu, hormis par les spécialistes du coprah...

■ Les villes

Christchurch (la «cité-jardin», très anglaise), **Dunedin** (très écossaise), **Wellington** (site à flanc de montagne, maisons coloniales, Maritime Museum avec la reconstitution du bateau de James Cook, nouveau musée Te Papa) et surtout **Auckland**, bâtie sur un isthme et qui renferme un important musée maori, sont des villes agréables à visiter. ■

QUAND PARTIR ?

	Climat	Sports d'hiver dans l'île du Sud
Janvier	☼	
Février	☼	
Mars	☼	
Avril		
Mai		
Juin		
Juillet		❄
Août		❄
Septembre	☼	❄
Octobre	☼	❄
Novembre	☼	
Décembre	☼	

QUE VOIR, QUE FAIRE A OMAN ?

Les paysages

- Djebel Akhdar, djebel Hajar, wadis
- Désert de Wahiba, Rub al-Khali
- Sanctuaire de l'oryx arabe
- Dhofar, djebel Al-Qamar (arbres à parfum d'encens et de myrrhe)

Les côtes

- Plages (Salalah), presqu'île de Moussandam
- Plongée (coraux), villages de pêcheurs, tortues de mer (Ras al-Hadd)

Les villes et les monuments

- Mascate, Al-Rustaq, Nizwa, Sur, Salalah, Sumhuram, Ubar
- Ksour, forts

La corniche de Muttrah à Mascate, capitale éclatée en petits quartiers dans la verdure.

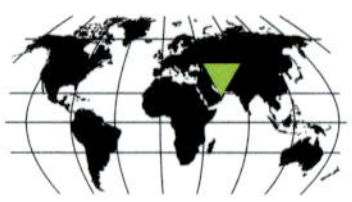

Oman

Le riche sultanat d'Oman demeure fidèle à une politique touristique soucieuse de préserver son authenticité grâce, entre autres, à une fréquentation mesurée. Aussi, à la manière des Emirats arabes unis, dévoile-t-il lentement ses multiples attraits touristiques : ses djebels, ses wadis, ses rivages, ses déserts et la présence du légendaire arbre à encens.

LE CARNET DE VOYAGE

Les premiers contacts
Services touristiques du consulat, 50, av. d'Iéna, 75116 Paris, 01.47.20.56.06. Internet : www.omantourisme.com

Les formalités
Passeport valable encore trois mois après le retour, visa obligatoire et payant, obtenu auprès du consulat ou directement à l'arrivée à Mascate (confirmation de cette possibilité à demander au consulat).
Billet de retour ou de continuation exigible.

La santé
Aucune vaccination obligatoire.
Risque très limité de paludisme dans des parties de la province de Moussandam.

Le voyage, le décalage
Durée moyenne du vol Paris-Mascate (5574 km) : 7 heures.
Lorsqu'il est midi en France, il est 14 heures en été et 15 heures en hiver dans le sultanat d'Oman.

Le coût moyen d'un séjour
Compter environ 1100 € la semaine pour le vol A/R, la location de la voiture avec chauffeur guide et l'hébergement.
En moyenne, tabler sur 2600 € pour un séjour accompagné de 15 jours.

Les langues, la monnaie
L'arabe est langue officielle ;
langues minoritaires : baloutche, mehri, persan, ourdou, swahili.
Langue étrangère : l'anglais n'est pas rare dans les villes.
Monnaie : le rial omanais est subdivisé en 1000 baizas.
1 USD = 0,39 rial omanais,
1 € = 0,57 rial omanais.

La population
3205000 habitants.
Les travailleurs étrangers, surtout indiens, constituent 15% de la population.
Capitale : Mascate.

Les religions
L'islam (large majorité d'ibadites) est ici moins rigoriste qu'il n'y paraît. Il est suivi par trois habitants sur quatre. On compte 13% d'hindous et une minorité de chrétiens.

Les fêtes
Janvier-février : Festival de Mascate ;
Juillet-août : «Khareef» à Salalah ;
18 novembre : fête nationale ; **Aïd el-Fitr :** fin du ramadan.

Les achats
Dans les souks, on découvre une richesse artisanale comparable à celle du Moyen-Orient : bijoux en argent et en or, étoffes, tapis, savons d'Alep.
Les parfums sont incontournables, avec l'encens et la myrrhe en figures de proue.

Les paysages

Deux mots caractérisent le paysage omanais : djebel (chaîne de montagne) et wadi (lit de rivière) :

– à l'ouest de Mascate, le **djebel Akhdar** voit se succéder canyons, falaises, villages de montagne fortifiés et oasis (Hamz) ;

– à l'est, le **djebel Hajar** fait alterner canyons très profonds et palmeraies ; au fond des canyons, le lit de la rivière est parsemé de points d'eau, tel le wadi Bani Auf, qui est le plus connu.

Le long de la côte est, le **désert de Wahiba**, habité par l'ethnie du même nom, s'étend sur 80 km de dunes ocre et rougeâtres.

Ensuite apparaît le sanctuaire de l'oryx arabe, avec le premier troupeau du genre depuis la réintroduction de l'espèce en 1982. Dans ce parc, on trouve également des bouquetins, des loups d'Arabie, des caracals (lynx) ainsi que des gazelles d'Arabie.

Dans le sud, le **Dhofar,** coupé par des canyons vertigineux, permet d'admirer les rares et légendaires arbres à parfum d'encens et de myrrhe, particulièrement dans le **djebel Al-Qamar** et le wadi Dawkah.

Certaines randonnées conduisent à la lisière du grand désert saoudien, le **Rub al-Khali**.

Les côtes

Les rivages sont peu fréquentés et le tourisme balnéaire reste modeste.

Toutefois, les fonds marins et les coraux attirent de plus en plus les amateurs de plongée, surtout sur la côte nord, au large de villages de pêcheurs qui ont préservé leur habitat traditionnel.

Entre les golfes Persique et d'Oman, la **presqu'île de Moussandam**, enclavée dans les Emirats arabes unis, est devenue un rendez-vous touristique.

La route côtière qui va de Mascate à Sur est jalonnée d'oueds et de lieux de ponte des grandes tortues de mer (Ras al-Hadd).

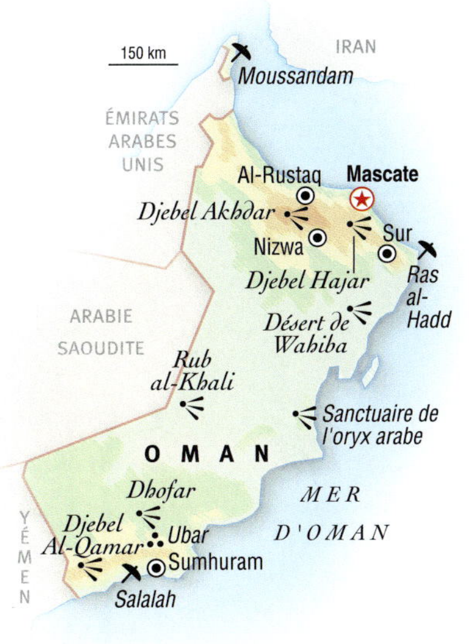

Les villes et les monuments

Mascate, une capitale aux petits quartiers étirés sur 40 km, a longtemps été le pivot du commerce de l'encens. La ville vaut par ses souks (Muttrah), par les deux châteaux forts (Mirani et Jalali) laissés par les Portugais, seuls colons de l'endroit, et par le palais du sultan (palais Al-Alam). Une curiosité : le Musée franco-omanais qui permet de comprendre les liens avec la France qui datent du temps de Louis XIV.

Nizwa, dont le fort et les enchères au bétail méritent la visite, est située dans une jolie palmeraie et proche du spectaculaire Bani Awf. Il faut aussi voir **Sur** et son ancien port, où l'on fabriquait des dhows (boutres en bois) qui servaient à la pêche aux perles. **Al-Rustaq** a connu son apogée aux XVIIe et XVIIIe siècles sous la dynastie des Yaruba, imams qui occupaient le fort de la ville.

Salalah, la capitale du Dhofar, est réputée pour ses souks, où s'est développé depuis longtemps le commerce des petits cailloux d'encens. Non loin de là, apparaît **Sumhuram**, où l'on rassemblait l'encens avant de l'expédier et qui garde les ruines d'une forteresse.

LES CONSEILS GEO

▶ Les plus

Un tourisme quasiment neuf et en très nette expansion grâce à des sites insolites et divers.

▶ Les moins

Une destination qui se veut haut de gamme et reste donc onéreuse. Une très forte chaleur de mai à septembre dans la plupart des régions.

▶ Les précautions

Les Omanais, sagement regroupés sous la bannière de leur sultan Qabous, sont des gens paisibles dans un pays qui l'est tout autant.

▶ Les tendances

La mode Oman s'étend désormais jusqu'à la presqu'île de Moussandam : randonnée, kayak de mer, snorkeling et approche des dauphins sont au goût du jour.

Quant à **Ubar**, il fut un centre important de la Route de l'encens.

L'architecture omanaise s'enorgueillit d'une centaine de ksour, que le gouvernement a choisi de restaurer.

Les forts sont aussi une particularité locale. La route des Citadelles, au pied du djebel Akhdar, passe par trois d'entre eux : Bahla (murailles et tours en brique), Birket el-Mouz et Nizwa. ■

QUAND PARTIR ?

	Climat	Photos des oasis du sud	Plongée
Janvier	☼		
Février	☼		
Mars	☼		⩤
Avril			⩤
Mai			⩤
Juin		⩤	
Juillet		⩤	
Août		⩤	
Septembre		⩤	⩤
Octobre			⩤
Novembre	☼		
Décembre	☼		

Les nombreuses medersas, comme ici Chor Minor à Boukhara, font partie du patrimoine de l'Ouzbékistan.

Ouzbékistan

Tamerlan et son empire ont offert à l'Ouzbékistan une place de choix dans le tourisme mondial grâce à l'architecture prestigieuse de Samarcande et de Boukhara. Complété par des paysages de montagne, le désert et des oasis, ce patrimoine fait du pays le deuxième grand rendez-vous d'Asie du Nord et du Centre après la Russie.

LE CARNET DE VOYAGE

Les premiers contacts
Ambassade, 22, rue d'Aguesseau, 75008 Paris, 01.53.30.03.53. Internet: www.uzbektourism.uz/en/

Les formalités
Passeport en cours de validité. Visa obligatoire, obtenu auprès de l'ambassade.

La santé
Aucune vaccination n'est requise.

Le voyage, le décalage
Durée moyenne du vol Paris-Tachkent: 6 h 30. Lorsqu'il est midi en France, en Ouzbékistan il est 15 heures en été et 16 heures en hiver.

Le coût moyen d'un séjour
1 400 € pour 8 jours en pension complète, 2 200 € pour 15 jours.

Les langues, la monnaie
Langue officielle: l'ouzbek, parlé par deux habitants sur trois; il est côtoyé par le persan et le russe. Les langues occidentales sont très peu connues.
Monnaie: le som. 1 000 soms = 0,78 US dollar; 1 000 soms = 0,52 euro. Changer de préférence des US dollars.

La population
Huit habitants sur dix appartiennent à la communauté ouzbèke. Minorités russe, tadjik, tatare et kazakhe.
27 780 000 habitants.
Capitale: Tachkent.

Les religions
L'islam, surtout sunnite et pratiqué par la communauté ouzbèke, est prédominant. Minorité d'orthodoxes.

Les fêtes
Février: «Navruz» (Nouvel An zoroastrien); **1er septembre:** fête de l'Indépendance; **Septembre:** «Automne d'or» à Tachkent; «Pakhta-Bairam» (fête des Moissons).

Les achats
Les tapis vendus sur les marchés de Boukhara... mais parfois fabriqués ailleurs dominent un artisanat où les tissus (coton, soie) ne sont pas en reste et côtoient céramiques, couteaux ciselés, sculptures sur bois.

QUE VOIR, QUE FAIRE EN OUZBEKISTAN ?

Les villes

- Samarcande, Boukhara, Khiva, Tachkent, Kokand, Richtan, Fergana

Les paysages et les randonnées

- Désert du Kyzylkoum, vallée de Fergana
- Steppes, montagnes

LES CONSEILS GEO

▶ Les plus

Les monuments les plus remarquables de l'Asie centrale, qui placent l'Ouzbékistan au deuxième rang des pays touristiques de l'ex-URSS après la Russie.
Un climat propice au bon moment pour le voyageur occidental.

▶ Les moins

Des structures touristiques chères ou balbutiantes par endroits, ce qui peut gêner les inconditionnels du confort.

▶ Les précautions

Les régions situées à la lisière du Kirghizstan et du Tadjikistan demeurent déconseillées au voyageur.

▶ Les tendances

Dormir sous la tente aux abords du désert du Kyzylkoum avant de visiter le trio magique Samarcande, Boukhara, Khiva - comme le proposent certains spécialistes - a quelque chose du voyage idéal, comme les randonnées au pied du Pamir.

Les villes

Quand l'émir Tamerlan a décidé de faire de **Samarcande** la capitale de son empire au XIVe siècle, il l'a magnifiée en la parant d'édifices prestigieux. La nécropole de Chah-e Zendeh (ensemble de mausolées et de mosquées ornés de céramique bleue), le Gur-e Mir (mausolée de Tamerlan où dominent les céramiques bleues et or), les medersas (écoles coraniques dont surtout Bibi Khanum et son dôme de céramique) sont aujourd'hui des rendez-vous touristiques de premier ordre, agrémentés de l'atmosphère du bazar. Sept siècles auparavant, Samarcande avait connu sa première heure de gloire sous les Sogdiens. Elle était alors le plus brillant carrefour de la Route de la soie entre la Chine et l'Inde.
Moins connue, **Boukhara** est un centre important de l'art islamique (citadelle d'Ark qui abritait les émirs, tombeau d'Isma'il le Samanide, minaret Kalan, mosquées, medersas).
Autre ville historique de renom, entourée de murailles et ancienne étape de la Route de la soie : **Khiva** (Grande Mosquée et son minaret isolé, mausolées de Seyid Alaouddine et de Pahlavan Mahmud, medersas).
Dans la vallée de Fergana, les cités de **Kokand**, **Richtan** et **Fergana** offrent au visiteur leurs palais (palais Khondoyar-Khan à Kokand), mausolées et mosquées.
Tachkent, un peu en retrait des sites précédents mais centre culturel notable, fait valoir son quartier oriental (medersas, musées, mausolée de Kaffal Chachi, palais Romanov), son musée des Arts appliqués et son «automne d'or» en septembre, une grande fête d'origine rurale.

Les paysages et les randonnées

Les plateaux rocheux et les dunes du **désert du Kyzylkoum** (qui signifie «sable rouge») font partie, comme la vallée de **Fergana**, des belles régions d'Asie centrale que le grand tourisme commence à peine à effleurer. Dans cette même vallée de Fergana, la soie venue de Chine était alors échangée contre les célèbres chevaux du cru.
Dans l'ouest, deux sites retiennent l'attention : le très allongé lac Aydarkul et les environs de Ayaktchi, dont les rivières et cascades annoncent le Pamir. Les spécialistes de la randonnée sont de plus en plus nombreux à faire alterner les visites culturelles par des marches dans ces paysages de steppes et le long des anciennes pistes des caravanes. De surcroît, ce style de voyage permet d'aller à la rencontre des habitants.
Ailleurs, le paysage est fait de grands champs de coton, ce dernier à la fois richesse et désastre du pays car il est la cause de la disparition de la mer d'Aral à la suite du détournement de deux fleuves. ■

QUAND PARTIR ?

	Climat	Randonnées
Janvier		
Février		
Mars		
Avril	☼	🚶
Mai	☼	🚶
Juin	☼	
Juillet		
Août		
Septembre	☼	🚶
Octobre	☼	🚶
Novembre		
Décembre		

Pays Baltes

Aucune des trois sœurs baltes n'est appelée à entrer dans le cercle des pays à fort tourisme, mais aucune ne doit en être totalement écartée. Pour l'instant, ce sont les capitales, surtout Riga et Tallinn, qui sont en figure de proue, en attendant la mise en valeur d'une nature bienveillante qui n'est pas avare en forêts et en lacs.

QUE VOIR, QUE FAIRE EN ESTONIE ?

Les villes
- Tallinn, Tartu, Narva, Kuressaare
- Pärnu, Haapsalu

Les paysages
- Forêts (parc national Lahemaa), lacs
- Ile de Saaremaa, Otepää, Võru (ski de fond)

Estonie

Les villes

Très contrastée, la capitale **Tallinn** ! Si on l'aborde par le sud en bus, par exemple, on traverse longtemps des quartiers ternes et sans intérêt, puis d'autres où les grandes tours modernes commencent à pousser, enfin la partie historique, citadelle aux tuiles rouges blottie au fond d'un golfe, protégée par des remparts et des tours, divisée en une ville basse et une ville haute, celle-ci dominée par la colline de Toompea.

Depuis la colline de Toompea qui la domine, Tallinn dévoile ses tuiles rouges et ses touches baroques.

Une balade sur Toompea est un vrai plaisir, tant architectural (cathédrale orthodoxe Alexander-Nevski, château et sa façade baroque rose, église luthérienne du Dôme, église Saint-Olaf) qu'esthétique grâce aux terrasses panoramiques qui dominent les toits de tuiles rouges.

Il est temps, alors, d'aborder la ville basse et sa place de l'Ancienne-Mairie, là où se traitait le commerce avec les villes hanséatiques de la Baltique. Les maisons médiévales des XIIIe et XIVe siècles se succèdent, particulièrement le long des rues Lai et Pikk.

Dans les environs de Tallinn, deux centres d'intérêt très divers : à 4 km à l'est, un palais consacré à la « Grande Catherine » – le palais Kadriorg, à l'architecture d'apparat – et qui se situe à peu de distance d'une maisonnette célèbre puisqu'elle a abrité Pierre le Grand ; à 7 km au nord-est, le site balnéaire de Pirita avec en point d'orgue l'amphithéâtre du chant estonien qui reçoit chaque année un prestigieux festival de la chanson.

L'autre ville importante, **Tartu**, également ancien comptoir de la Hanse, héberge le Musée national estonien et connaît tous les quatre ans un festival de la chanson, où sont arborés les costumes traditionnels de chaque village. Deux villes sont à visiter absolument pour leurs châteaux : **Narva** (Hermann Castle) et **Kuressaare** (château épiscopal).

Sur la côte, le site balnéaire de **Pärnu**, agrémenté de maisons de bois du début du siècle, et Haapsalu, la « Venise de la Baltique », valent le détour.

LE CARNET DE VOYAGE

Les premiers contacts
Ambassade, 46, rue Pierre-Charron, 75008 Paris, 01.56.62.22.00. www.visitestonia.com, www.tourism.tallinn.ee

Les formalités
Pour les autres ressortissants de l'UE, carte d'identité ou passeport.

La santé
Aucun problème.

Le voyage, le décalage
Durée moyenne du vol Paris-Helsinki ou Paris-Tallinn : 3 heures. Lorsqu'il est midi en France, en Estonie il est 13 heures.

Le coût moyen d'un séjour
Un week-end à Tallinn revient à environ 250-300 € pour 3 jours/2 nuits avec vol à bas coût (par exemple Francfort/ Hahn-Tallinn) et hôtel de gamme moyenne. Les voyages accompagnés, qui couvrent très souvent les trois pays baltes, durent généralement une semaine et reviennent aux alentours de 1 400 €, tout compris.

Les langues, la monnaie
L'estonien est une langue finno-ougrienne. Un tiers de la population parle le russe.
Monnaie : la couronne estonienne. 1 € = 15,70 couronnes estoniennes.

La population
Les Estoniens de souche représentent les deux tiers de la population, le troisième tiers étant composé de Russes. Le nombre total (1 316 000 habitants) est modeste.
Capitale : Tallinn.

Les religions
L'Eglise luthérienne est prédominante, mais minorités de catholiques et d'orthodoxes.

Les fêtes
23-24 juin : fête de la Saint-Jean ; **Juillet :** Festival de musique populaire à Pirita, près de Tallinn ; fête de la Bière à Tallinn ; **août :** Festival de la Dame blanche à Haapsalu.

Les achats
L'artisanat est varié : bijoux, colliers d'ambre, jouets et poupées en bois, objets en verre soufflé.

Les paysages

Les forêts et la faune (ours, élans, lynx, loups) donnent au parc national **Lahemaa**, à l'est de Tallinn et en bordure de la Baltique, la réputation de lieu naturel le plus attractif du pays, d'autant que l'on y découvre aussi des manoirs d'anciens barons (Kolga, Palmse, Sagadi).

Le pays compte plus d'un millier de lacs, surtout dans la partie sud, qui complètent l'attrait de la campagne estonienne, encore inconnue ou presque du touriste.

L'**île de Saaremaa**, qui bénéficie d'une flore abondante dans une nature préservée et renferme une particularité (le cratère d'une météorite à Kaali), est l'endroit le plus agréable du pays en été. Les régions du sud-est (**Otepää**, **Võru**) sont propices à la pratique du ski de fond.

La maison des « Têtes noires », à Riga, au cœur d'une ville à la riche architecture.

QUE VOIR EN LETTONIE ?

Les villes et les monuments
- Riga, Cesis
- Châteaux et manoirs

Les paysages
- Lacs, forêts, parc national de la Gauja
- Région de Daugavpils (« Petite Suisse lettonne »)

La côte
- Jurmala

Lettonie

Les villes et les monuments

Riga, ancienne ville de la Hanse bâtie sur la rivière Daugava, est en train de gagner ses galons de grande ville touristique d'Europe, d'autant que l'extension rapide des vols à prix réduit donne de nombreuses idées de séjours week-end.

Le baroque est présent dans les vieux quartiers de Riga mais aussi les façades de style historiciste auquel a succédé un Art nouveau vraiment letton (fleurs, plantes, écussons, masques), dont la rue Alberta réunit un échantillon impressionnant.

Bien d'autres atouts architecturaux ont contribué au classement du centre de la ville sur la liste du Patrimoine mondial de l'humanité. Si la Seconde Guerre mondiale et les bombes allemandes ont détruit l'hôtel de ville et la maison des « Têtes noires », leur reconstruction a suivi. Les maisons des Guildes, la maison du Chat, les églises (Sainte-Marie-Madeleine, Saint-Pierre) et surtout la cathédrale, la « Dom », du XIIIe siè-

En Lettonie, la rivière Gauja longe le parc national du même nom, parsemé de falaises, de grottes et de châteaux médiévaux.

LE CARNET DE VOYAGE

Les premiers contacts
Ambassade, 6, villa Saïd, 75116 Paris, 01.53.64.58.10. www.latviatourism.lv/

Les formalités
Pour les autres ressortissants de l'UE, les Canadiens et les Suisses, carte d'identité ou passeport.

La santé
Aucun problème.

Le voyage, le décalage
Durée moyenne du vol Paris-Riga (2200 km) : 3 heures. Lorsqu'il est midi en France, en Lettonie il est 13 heures.

Le coût moyen d'un séjour
L'arrivée des compagnies à bas prix (entre autres à partir de Bruxelles et de Francfort-Hahn) a changé la donne. Pour ce qui est des voyages à la carte ou accompagnés, les conditions sont peu ou prou les mêmes que pour Tallinn (voir plus haut).

Les langues, la monnaie
Langue officielle : le letton (ou lette), qui est d'origine balte. Langues étrangères : l'allemand et l'anglais. 40 % de la population pratique ou connaît le russe.
Monnaie : le lats. 1 € = 0,71 lats.

La population
Le pays compte 2260000 habitants, dont un tiers est d'origine russe.
Capitale : Riga.

Les religions
L'Eglise luthérienne est prédominante. Minorités de catholiques et d'orthodoxes.

Les fêtes
Avril : Festival du ballet balte de Riga ; **23-24 juin :** fête de la Saint-Jean ; juillet : Festival folklorique de Riga ; Festival de la bière de Cesis.

Les achats
On se procurera colliers et objets d'ambre de la Baltique, lainages, poterie, vannerie.

QUAND PARTIR ?

	Climat	Fêtes
Janvier		
Février		
Mars		
Avril		
Mai		
Juin	☼	Fêtes de la Saint-Jean
Juillet	☼	
Août	☼	
Septembre		
Octobre		
Novembre		
Décembre		

Qu'on ne s'y trompe pas: les plages et les dunes de la mer Baltique, autour de Jurmala, ne manquent pas de charme.

cle, ont eu plus de chance. Enfin, la ville est connue pour offrir une pléiade de musées (musée d'Art d'Etat, musée d'Histoire et de la Navigation, émouvant musée de l'Occupation) et pour perpétuer des traditions de chanson et de danse (festival en été).
Autres lieux d'intérêt architectural: près de Bauska, l'imposant **palais de Rundale**, planifié par Rastrelli, l'architecte du palais d'Hiver à Saint-Pétersbourg; **Cesis**, une ville du XIIIe siècle dont le château a été transformé en un musée qui raconte l'histoire de la Lettonie; et la région de **Jelgava**, où abondent les châteaux et les manoirs. Voir également les ruines des châteaux de Krimulda et Sigulda (XIIIe siècle).

Les paysages

Un certain agrément se dégage des trois mille lacs et des forêts, surtout des forêts de conifères qui recouvrent presque la moitié de la superficie du pays. De beaux sites se rencontrent dans le parc national de la **Gauja** (collines, grottes), mais aussi au sud-est, dans la région de **Daugavpils**, surnommée la «Petite Suisse lettonne».

La côte

Les alentours de la station balnéaire de **Jurmala**, à 15 km de Riga, font se succéder plages, dunes, isbas et forêts de pins sur près de 10 km. Les teintes changeantes et surprenantes de la mer Baltique et les nombreuses maisons de repos y sont des arguments bien plus persuasifs que la température qui peut toutefois atteindre les 20°C en été.

Lituanie

Les villes

Un château médiéval, des églises baroques (Saint-Pierre-et-Saint-Paul, Saint-Jean, église peinte en rose et rehaussée d'une couronne dorée), une cathédrale, un cloître (Saint-Basile), plusieurs musées (dont le musée des Arts traditionnels) et un habitat où s'entremêlent brique, stuc, façades imprégnées d'art baroque, maisons de bois traditionnelles dans la vieille ville valent à **Vilnius** une honnête réputation touristique. En outre, ses constructions les plus anciennes sont dans un bon état de conservation, et la vieille ville est inscrite au Patrimoine mondial de l'humanité.
Non loin de Vilnius, un «plus» touristique, contesté sinon contestable, a été apporté par l'ouverture du parc-musée de Grutas. Là ont été rassemblés les monuments dédiés aux héros de

QUE VOIR, QUE FAIRE EN LITUANIE ?

Les villes
- Vilnius, Kaunas, Trakai

La côte
- Paysages de dunes, Palanga, presqu'île de Neringa

Les paysages
- Lacs, forêts, bassin du Niémen

Jolie maison de pêcheur dans la presqu'île de Neringa, en Lituanie.

la révolution de 1917 ou les statues de Lénine déboulonnées : de quoi plaire à certains visiteurs mais en intriguer d'autres.
Par ailleurs, la ville attend que revive son quartier juif où le yiddish avait son importance avant que le site ne soit rasé en 1943.
Une vingtaine de kilomètres au nord de Vilnius a été créé un parc européen des sculptures (Europos Parkas) pour symboliser le centre géographique de l'Europe continentale.
La seconde ville du pays, **Kaunas**, vaut par sa tradition culturelle, l'ancienneté de ses monuments (XIIIe siècle) et ses musées.
La bourgade de **Trakai** possède un château du XIVe siècle et un musée, tous les deux témoins de son statut d'ancienne capitale des grands ducs de Lituanie.

La côte

En bordure de la Baltique, les dunes agrémentent le paysage et la petite ville côtière de **Palanga** mérite le titre de station balnéaire, plutôt insolite sous ces latitudes. Le mince filet de terre de la **presqu'île de Neringa** lui a valu le surnom singulier de « Sahara lituanien ». De nombreuses villes balnéaires (Druskininkai, Neringa, Palanga, Birstonas) mettent en avant leurs établissements de cure.

Les paysages

Disséminés dans cinq parcs nationaux, les paysages de Lituanie sont les plus divers des trois pays baltes grâce, entre autres, à leurs quatre mille lacs, leurs rivières, les forêts et le bassin du Niémen. ■

LE CARNET DE VOYAGE

Les premiers contacts
Office de tourisme, 72, rue Pierre-Demours, 75017 Paris, 08.79.36.47.01. Internet : www.infotourlituanie.fr
Les formalités
Pour les autres ressortissants de l'UE, les Canadiens et les Suisses, carte d'identité ou passeport.
La santé
Aucun problème.
Le voyage, le décalage
Vol Paris-Vilnius : environ 3 heures. Lorsqu'il est midi en France, en Lituanie il est 13 heures.
Le coût moyen d'un séjour
L'arrivée des compagnies à bas prix place un aller-retour Paris-Vilnius à moins de 200 euros. Concernant les voyages accompagnés, le niveau des prix est semblable à celui de Tallinn et Riga (voir plus haut).
Les langues, la monnaie
Langue officielle : le lituanien, langue très ancienne, voisine avec le polonais et le russe.
Langues étrangères : l'allemand, l'anglais.
Monnaie : le litas.
1 € = 3,45 litas.
La population
Quatre habitants sur cinq sont lituaniens. 3 575 000 habitants.
Capitale : Vilnius.
Les religions
Forte proportion de catholiques romains. Minorités d'orthodoxes et de luthériens.
Les fêtes
23-24 juin : fête de la Saint-Jean ; **juillet :** Festival de la mer à Klapeida ; **septembre :** Festival international (théâtre, musique, danse) à Vilnius.
Les achats
Colliers et objets d'ambre de la Baltique, icônes.

LES CONSEILS GEO

▶ Les plus
L'attrait de plus en plus fort de Riga et Tallinn, villes qui deviennent des destinations de week-end, d'autant que les compagnies à bas prix y sont très présentes.
Des propositions de voyage en augmentation, notamment depuis le coup de pouce donné au tourisme par l'entrée des trois pays dans l'Union européenne.

▶ Les moins
Une image touristique qui reste à peaufiner, les trois pays étant trop souvent confondus.
Un climat globalement guère favorable, y compris en été.

Pays-Bas

Des champs de tulipes à perte de vue au printemps, des musées de réputation mondiale, des moulins à vent, des canaux et des maisons à pignon, des villes à l'architecture douce et harmonieuse, dynamisées par la réputation d'Amsterdam : le tourisme des Pays-Bas se révèle d'une grande et exceptionnelle diversité, malgré un ciel plus souvent gris plombé que bleu azur.

QUE VOIR, QUE FAIRE AUX PAYS-BAS ?

Les villes et les musées

- Amsterdam, Delft, La Haye, Rotterdam, Haarlem, Leyde, Utrecht, Maastricht
- Rijksmuseum, musée Van-Gogh, Mauritshuis

Les paysages et les randonnées

- Champs de fleurs et parc floral du Keukenhof
- Etangs de Loosdrecht, îles des Wadden, parc national de la Haute Veluwe
- Moulins de Kinderdijk, polders du Flevoland, marais du Groote Peel
- Plages, randonnées à vélo

Les villes et les musées

Amsterdam, forte de sa réputation justifiée de ville jeune, branchée, cosmopolite et permissive, attire un grand nombre de visiteurs venus du monde entier apprécier, entre autres par des balades en bateau-mouche, le romantisme de ses cent soixante-cinq canaux (dont surtout Herengracht, Keizersgracht et Prinsengracht) qui forment une véritable ceinture, la succession de ses... mille deux cent quatre-vingt-neuf ponts et les pignons de ses façades.

Les musées sont de réputation mondiale : le **Rijksmuseum** (actuellement en rénovation jusqu'à fin 2009) dispose d'une grande collection de peintures

Amsterdam ou le romantisme d'une ville qui compte des centaines de ponts et qui se perd dans plus de cent cinquante canaux.

du XVe au XVIIe siècle et surtout celles de Rembrandt (dont *la Ronde de nuit*), Vermeer et Frans Hals.

Quant au musée Van-Gogh, il comprend deux cents peintures et cinq cents dessins du «peintre maudit». Ajoutons le Stedelijk Museum et une annexe du musée de l'Ermitage de Saint-Pétersbourg.

La visite des maisons de Rembrandt et d'Anne Frank ainsi que celle du Musée maritime (navires de la célèbre Compagnie des Indes orientales), les ruelles du quartier de Jordaan et ses béguinages ou hospices complètent la très riche palette touristique d'Amsterdam.

Delft avance le charme de ses canaux, de ses maisons, de son beffroi gothique, de ses églises et généralement de son site tant célébré par son «enfant», Vermeer.

La Haye a une réputation de ville un peu endormie entre ses institutions internationales, sa Cour et ses espaces verts. Pourtant, elle est très animée en son centre, autour de son ancien palais des comtes, le Binnenhof. Elle propose aussi et surtout deux genres d'attraction très différents : le Madurodam, qui rassemble en miniature les atouts touristiques du pays, ainsi que les musées de haut rang et prestigieux que sont le Mauritshuis (Rembrandt, Rubens, Vermeer) et le Musée municipal.

Rotterdam, en grande partie détruite pendant la Seconde Guerre mondiale, vaut aujourd'hui par l'animation de ses axes, Lijnbaan et Coolsingel (hôtel de ville et Bourse miraculeusement épargnés, statue d'Erasme et pont du même nom, futuriste) ; mais ce sont ses abords, Delfshaven – ancien port de Delft d'où sont partis les pères pèlerins pour l'Angleterre puis les Etats-Unis –, Schiedam (moulins)

Entre Haarlem et Leyde, un million de visiteurs, chaque printemps, pour une symphonie en jaune, rouge, violet...

LE CARNET DE VOYAGE

Les premiers contacts
Office néerlandais du tourisme (non accessible au public), 01.43.12.34.20.
Internet : www.holland.com, www.amsterdam.nl

Les formalités
Pour les ressortissants de l'Union européenne et suisses, carte d'identité ou passeport. Pour les ressortissants canadiens, passeport.

La santé
Aucun problème.

Le voyage, le décalage
Durée moyenne du vol Paris-Amsterdam : 1 heure.
Train : le Thalys relie Paris-Gare du Nord à Amsterdam Centraal en 4 h 11 via Bruxelles, Anvers, Rotterdam et La Haye.
Route : Paris-Amsterdam, environ 500 km, pas de décalage horaire.

Le coût moyen d'un séjour
Un week-end à Amsterdam via le train ou l'avion débute aux alentours de 200 € (A/R + 2 nuits) en haute saison.

Les langues, la monnaie
Langue officielle : le néerlandais.
La minorité frisonne du nord du pays s'exprime dans son dialecte.
Langues étrangères : les Néerlandais manient aisément l'anglais et l'allemand, voire le français.
Monnaie : l'euro.

La population
Plus de quinze millions d'habitants (16 571 000) sur une superficie aussi modeste valent aux Pays-Bas une très forte densité de population.
Amsterdam est la capitale depuis 1815, mais la Cour et les pouvoirs publics sont à La Haye.
Le pays est subdivisé en 12 provinces.

Les religions
Les catholiques (36 %) sont plus nombreux que les protestants (32 %, dont la majorité appartient à l'Eglise néerlandaise réformée). Un Néerlandais sur trois ne se réclame d'aucune religion.

Les fêtes
30 avril : Jour de la reine ; **juin :** Festival de Hollande à Amsterdam et La Haye ; **août :** Gay Pride à Amsterdam ; **septembre :** Bloemen Corso à Amsterdam.

Les achats
En choisissant un plant de tulipes, une paire de sabots, une faïence de Delft... et un gouda bien rond, on rassemble la parfaite panoplie du touriste aux Pays-Bas.

et le port, le plus important du monde (balades possibles en bateau), qui donnent son prix à la visite de Rotterdam ; sans oublier le musée Boymans-Van-Beuningen et ses tableaux de Jérôme Bosch, Van Eyck, Frans Hals, Rembrandt, Rubens.

Haarlem doit être vue pour sa Grand-Place bordée de jolis édifices (église Saint-Bavon, hôtel de ville, halle aux viandes), mais surtout pour son musée Frans-Hals.

Leyde est une des villes les plus charmantes des Pays-Bas grâce à son moulin (De Valk) mais plus encore par son université prestigieuse et ses maisons à pignon qui longent le canal Rapenburg ; il faut aussi y visiter le musée national d'Ethnologie, le Musée municipal (arts décoratifs et œuvres de Lucas de Leyde) et le musée national des Antiquités.

Kinderdijk et sa vingtaine de spécimens font rêver aux moulins d'antan.

Utrecht est attachante pour les canaux de sa vieille ville, son campanile (Domtoren), l'architecture audacieuse de la maison Rietveld-Schröder et sa place Vredenburg.
Maastricht doit certes à l'Europe d'être sortie de l'anonymat mais sa vieille ville, autour de la basilique Saint-Servais, mérite le détour.
La plupart des villes citées renferment des musées qui vaudraient le déplacement à eux seuls. Il faut leur adjoindre le musée national Kröner-Müller, dans le parc national de la Haute Veluwe (Mondrian, Van Gogh, cubistes, impressionnistes français).

Les paysages et les randonnées

Aux Pays-Bas, la culture des fleurs à bulbes est une institution vieille de plus de quatre cents ans.
De fin mars à fin mai, il est impératif de suivre la route buissonnière qui, de Haarlem à Leyde, déploie l'impeccable géométrie pourpre, jaune, blanche des champs de fleurs, qui font se succéder les tulipes mais aussi les hyacinthes et les narcisses.
Près de Lisse, le **Keukenhof**, parc à l'anglaise parsemé de massifs de fleurs et doté de magnifiques serres, constitue l'épicentre touristique d'une région qui attire un million de visiteurs chaque année. Le tout est complété tous les dix ans par la Floriade, une imposante exposition universelle d'horticulture qui dure d'avril à octobre et dont le prochain épisode aura lieu en 2012.
Une fausse idée laisse croire que la platitude du sol enlève tout charme à la nature. Plusieurs éléments prouvent le contraire : non loin d'Utrecht, les **étangs de Loosdrecht**, agrémentés de ponts, de ports de plaisance et de châteaux ; les **îles des Wadden**, avec leurs longues plages et leurs réserves ornithologiques ; le parc national de la **Haute Veluwe** (cerfs, chevreuils, oiseaux) ; la plaine marécageuse des alentours de Kinderdijk qui conserve un ensemble exceptionnel de dix-neuf moulins ; les dunes de la Flandre de Zélande ; la baie de l'IJsselmeer, ex-«mer sauvage» du Zuiderzee ponctuée de villages côtiers tels que Volendam ; la récente mise en valeur du Flevoland, territoire de polders entièrement gagné sur la mer ; le **marais du Groote Peel** (oiseaux, papillons).
Si les plages aménagées ne sont pas rares (Noordwijk, Scheveningen, Zandvoort, Katwijk), il faut attendre de ces sites plus de chaleur dans leurs casinos que sur leur sable.
Une véritable industrie du loisir vélocipédique a saisi le pays depuis un certain temps : dix mille kilomètres de pistes, à la ville comme à la campagne, et des itinéraires savamment construits invitent à laisser la voiture et à l'utiliser au minimum. ■

QUAND PARTIR ?

	Climat	Tulipes et plantes à bulbes
Janvier		
Février		
Mars		
Avril		⚘
Mai		⚘
Juin	☼	
Juillet	☼	
Août	☼	
Septembre	☼	
Octobre		
Novembre		
Décembre		

LES CONSEILS GEO

▶ Les plus
Une diversité de centres d'intérêt insoupçonnée en dehors de l'incontournable Amsterdam.
La «religion» du vélo, fait pour joindre l'utile à l'agréable, à un point rarement atteint ailleurs en Europe.

▶ Les moins
Un climat un peu trop pluvieux, qui peut mettre un frein à des projets de randonnées à vélo et à des envies de longs séjours.

▶ Les précautions
Rappelons que les Pays-Bas conservent un des taux de délinquance les plus bas d'Europe.

▶ Les tendances
Louer un vélo ou une voiture et longer les horizons jaunes, grenat, bleu, mauves des champs de tulipes entre la mi-avril et la mi-mai est un feuilleton printanier certes sage et bien classique, mais très prisé.

Pérou

Le Wayna Picchu, pain de sucre qui plante le décor du Machu Picchu, ressemble à celui de la baie de Rio. Comme pour accréditer l'idée qu'en Amérique du Sud seul le Brésil peut se prévaloir d'autant d'arguments que le Pérou et ses civilisations. De plus, les reliefs andins du pays des Incas attirent les randonneurs dans des paysages grandioses.

Les vestiges

Les Incas et leur empire étaient présents il y a un demi-millénaire avant d'être vaincus par le conquistador espagnol Pizarro. Mais leur souvenir demeure à travers des ruines majestueuses, au premier rang desquelles le **Machu Picchu**, classique mondial du tourisme perché à 2430 m.
Pour aborder au mieux le Machu Picchu, il convient de choisir la randonnée du «chemin de l'Inca» ou de prendre le train des Andes à Cuzco jusqu'au terminus de Machu Picchu Pueblo (Aguas Calientes). On peut alors s'attarder dans la haute vallée de l'Urubamba, la «Vallée sacrée», et sur ses imposants vestiges tels que Pisac et Ollantaytambo.
Les Incas ont été précédés par des civilisations qui ont laissé d'importantes traces:
– le site archéologique de Túcume et celui de Sipán (pyramides), dans la région de **Lambayeque**, petite ville qui renferme un Musée archéologique abritant une tombe royale unique en son genre;
– au sud de Lima, il existe un centre cérémoniel, **Pachacámac**;
– sur la côte nord, non loin de Trujillo, se dressent les neuf enceintes du site de **Chanchán**, ancienne capitale du royaume chimu (1200-1400);
– toujours au nord, dans la cordillère Blanche, se dresse le centre cérémoniel de **Chavin**, fait de sculptures monumentales en pierre avec le félin comme emblème;
– entre 200 av. J.-C. et 600 apr. J.-C., les habitants de la vallée de Nazca avaient développé une riche culture artisanale et tracé sur le sol d'étranges lignes représentant des animaux et des végétaux. Aujourd'hui, de nombreux spécialistes et touristes

QUE VOIR, QUE FAIRE AU PEROU?

Les vestiges
- Vestiges incas (Machu Picchu, Cuzco)
- Vestiges d'autres civilisations : Lambayeque, Pachacámac, Chanchán, Chavin
- Lignes de Nazca

Les paysages et les randonnées
- Altiplano, lac Titicaca, Huarón, cordillère de Vilcanota, volcan Misti, salines de Maras
- Iles Ballestas, randonnées sur le chemin de l'Inca et dans la forêt amazonienne, rafting

Les fêtes et les marchés
- Fêtes religieuses, feria (Lima), marchés

Les villes
- Cuzco, Lima, Arequipa, Iquitos

Le Machu Picchu dans toute sa splendeur, mais ce site incontournable du tourisme international n'a pas encore livré tous ses secrets.

survolent ces lignes (géoglyphes), parfois longues de plusieurs kilomètres, mais le mystère demeure.

Les paysages et les randonnées

La plupart des randonnées sont liées à la traversée des sites archéologiques. La plus recherchée est celle qui suit le **chemin de l'Inca**. Parti des environs de Cuzco, le randonneur, qui ne doit surtout pas s'attendre à être seul au monde, gravit ou descend des escaliers de pierre, passe par des sites tels que Ollantaytambo et termine en apothéose par le Machu Picchu.

L' **Altiplano** offre le spectacle de vallées et de sommets enneigés, ponctués par le **lac Titicaca**. Ce dernier, lac navigable le plus haut du monde (3812 m) et berceau des fils du Soleil, fait l'objet de balades en bateau qui passent principalement par les îles «flottantes» des descendants des Indiens Uros et par l'île de Taquile.

Au nord-est de Lima, la **cordillère Blanche** est recouverte par 200 km de glaciers. Trente sommets dépassent 6000 m. Plus bas et plus au sud, un autre spectacletout aussi beau : forêt de pierres de **Huarón**, figées par le gel après avoir dégringolé les pentes brûlantes des volcans.

A l'est de Cuzco, les randonneurs trouvent encore leur bonheur en longeant les sommets de près de 5000 m de la **cordillère de Vilcanota**. Au sud, dans la région d'Arequipa, des volcans tels que le **Misti** et des canyons comme celui de la **Colca** et ses rares condors sont une aubaine pour le marcheur. Comme le sont les images blanches des **salines de Maras**, non loin de la Vallée sacrée.

La côte péruvienne, gênée par des courants froids, possède toutefois

LE CARNET DE VOYAGE

Les premiers contacts
Services culturels de l'ambassade, 50, avenue Kléber, 75016 Paris, 01.53.70.42.00. Internet: www.perou.org

Les formalités
Pour les ressortissants UE, canadiens, suisses : passeport suffisant, valable six mois après le retour, billet de continuation exigible.

La santé
Aucune vaccination n'est obligatoire. Vaccination recommandée contre la fièvre jaune pour les voyageurs qui se rendent dans les zones de jungle inférieures à 2300 m d'altitude. Prévention recommandée contre le paludisme au-dessous de 1500 m, surtout dans les vallées andines, les vallées côtières, le bassin amazonien. Altiplano : le gagner progressivement pour éviter le mal de l'altitude (soroche).

Le voyage, le décalage
Durée moyenne du vol Paris-Lima (10373 km, souvent escale à Madrid) : 16 heures. Lorsqu'il est midi en France, au Pérou il est 6 heures en été et 7 heures en hiver.

Le coût moyen d'un séjour
L'itinéraire le plus couru, d'une quinzaine de jours, débute à Lima, se poursuit par Arequipa, Cuzco, Sacsahuamán, le train des Andes, le Machu Picchu, et se termine aux abords du lac Titicaca. S'attendre à 2500 à 3000 € tout compris pour un tel voyage. Penser aussi à la randonnée sur le chemin de l'Inca, tarifs à peu près identiques.

Les langues, la monnaie
Langues officielles : l'aymara, l'espagnol et le quechua ; ce dernier, qui fut la langue des Incas, est parlé par 40 % de la population. Langues étrangères : l'anglais est pratiqué mais peu considéré, le français n'est pas mal considéré mais peu pratiqué. **Monnaie :** le nuevo sol. De préférence US dollars en petites coupures et/ou chèques de voyage dans cette même monnaie. 1 € = 4,35 nuevos soles, 1 USD = 2,98 nuevos soles.

La population
28675000 habitants, dont pratiquement la moitié sont des Indiens et dont un sur cinq vit avec moins de un US $ par jour. La seconde moitié est composée de Blancs, d'Asiatiques, de Noirs et de Chinois. **Capitale :** Lima, qui englobe le quart de la population du pays.

Les religions
92 % des Péruviens sont catholiques.

Les fêtes
Février : à Puno, Virgen de la Candelaria ; **mai :** pèlerinage du Qoyllur Rit'i à Quispicanchis (région de Cuzco) ; **juin :** Inti Raymi à Sacsahuamán (près de Cuzco) ; **28-29 juillet :** fête de l'Indépendance ; **octobre ou novembre :** feria de Lima.

Les achats
Pulls en alpaga, bonnets andins, ponchos, flûtes de Pan, statuettes, mobiles (artistiques) des artisans indiens.

En naviguant vers les îles Ballestas, le voyageur longe cet imposant et énigmatique candélabre.

quelques sites balnéaires intéressants et des villages de pêcheurs autour de Chiclay. De nombreuses espèces (baleines, lions de mer, raies mantas, phoques, oiseaux) sont regroupées sur les **îles Ballestas**. Ces îles sont noires de guano, précieux engrais.
Les voyageurs les plus téméraires s'essaient au bateau pneumatique (rafting) sur le fleuve sacré **Urubamba**. Très différentes sont les escapades dans la forêt amazonienne. Des noms comme celui de la ville de Puerto Maldonado, de la rivière Madre de Dios ou de la ville d'Iquitos évoquent l'«enfer vert» et sont aujourd'hui des passages obligés pour le touriste, qui embarque sur de longues pirogues, les peque-peque.

Les fêtes et les marchés

Les marchés indiens sont devenus des classiques du tourisme sud-américain. Ils sont complétés par des fêtes : l'Inti Raymi à Sacsahuamán, au moment du solstice d'hiver (juin), cérémonie inca pour demander au soleil, avec force danses et sacrifices rituels, de revenir. A Quispicanchis, à sept heures de bus de Cuzco, a lieu le pèlerinage au sanctuaire de Qoyllur Rit'i, suivi par cinquante mille adeptes et dédié à la vénération d'une branche en forme de croix rappelant la légende de l'apparition, au XVIIIe siècle, de «Manuelito», assimilé dans les Andes à l'Enfant Jésus.
La feria de Lima, qui se déroule en octobre ou en novembre, et les danses en l'honneur de la patronne de la ville de Puno, la Virgen de la Candelaria, en février, méritent également d'être connues.

Les villes

Cuzco, qui fut la capitale de l'empire du Soleil, mêle, à 3400 m d'altitude, les vestiges incas et les constructions de l'ère coloniale, quand celles-ci n'ont pas recouvert ceux-là : ainsi le couvent de Santo Domingo a été élevé sur les restes du temple du Soleil. La pierre aux douze angles des vestiges du palais d'Inca Roca, la place d'Armes et le quartier populaire de San Blas sont le creuset de la plus jolie ville du Pérou. Au-dessus de Cuzco se profile Sacsahuamán, l'imposante forteresse qui était chargée de la protéger.
L'architecture coloniale (maisons aux balcons de bois), la cathédrale baroque, l'église San Francisco (azulejos et catacombes) dans le centre historique, le Musée archéologique, le musée de l'Or et le musée Lorca donnent sa valeur touristique à la capitale **Lima**.
Dominé par le cône élégant du volcan Misti, **Arequipa** vaut par ses églises, le couvent de Santa Catalina et le musée qui renferme le corps, découvert intact en 1975, de Juanita, la «princesse des glaces».
Enfin, à l'orée de la selva, **Iquitos**, longtemps enrichie par l'hévéa, est une ancienne bourgade d'Indiens devenue le point de départ du tourisme amazonien. ■

QUAND PARTIR ?

	Machu Picchu et l'Altiplano	Lima et la côte	Région amazonienne
Janvier		☼	
Février		☼	
Mars		☼	
Avril			
Mai	☼		
Juin	☼		
Juillet	☼		☼
Août	☼		☼
Septembre	☼		
Octobre			
Novembre			
Décembre			

LES CONSEILS GEO

▶ Les plus

Un des grands rendez-vous du tourisme mondial, diversifié à souhait : randonnées à travers les sites incas, forêt amazonienne. Les dates favorables (mai-septembre) pour le voyage sur l'Altiplano et les sites incas.

▶ Les moins

Le peu d'intérêt d'un séjour balnéaire : la côte péruvienne est souvent brumeuse et fraîche.

▶ Les précautions

Le Pérou est fréquemment classé pays à risques, généralité qu'il convient de nuancer. Toutefois, se garder si possible de partir isolément dans des régions peu fréquentées et dans celles où sévissaient des groupes issus de la mouvance du Sentier lumineux (vallées de l'Ene et de l'Apurimac, plateaux d'Ayacucho et de Junin).

Les rizières en terrasses de Banaue (Luçon) sont parmi les plus belles du monde.

Un archipel de plus de sept mille îles et bordé par dix-sept mille cinq cents kilomètres de côtes ne pouvait que conduire à une infinité de plages et de fonds coralliens. Mais cet aspect est contrebalancé par la qualité des paysages.

Philippines

Les paysages

Les rizières en terrasses de la région montagneuse de **Banaue** (Luçon), créées par les ancêtres de l'ethnie des Ifugaos, sont souvent citées parmi les plus belles du monde. Toujours à Luçon, la route qui relie Baguio à Bontoc, la Mountain Trail, est la plus haute du pays et offre des panoramas spectaculaires.

Les Philippines rassemblent une trentaine de volcans. A l'ouest de Manille, l'éruption gigantesque du **Pinatubo** en 1991 a laissé un désert de

LE CARNET DE VOYAGE

Les premiers contacts
Ambassade, 4, hameau de Boulainvilliers, 75116 Paris, 01.44.14.57.00. www.wowphilippines.com.ph/

Les formalités
Pour les ressortissants UE, Canada, Suisse : passeport, valable encore six mois après le retour, suffisant pour un séjour de moins de 21 jours.

La santé
Aucune vaccination n'est obligatoire. Prévention indispensable contre le paludisme au-dessous de 600 m.

Le voyage, le décalage
Durée moyenne du vol Paris-Manille (11 000 km, escales) : 17 heures. Lorsqu'il est midi en France, aux Philippines il est 18 heures en été et 19 heures en hiver.

Le coût moyen d'un séjour
Centré soit sur la plage et la plongée, soit sur la randonnée, le séjour aux Philippines revient à 2 000 € minimum pour 15 jours. Le voyage individuel est assez peu pratiqué, et il vaut mieux louer une voiture avec chauffeur.

Les langues, la monnaie
Langue officielle : le tagalog, également appelé pilipino, émerge de près de cent langues ou dialectes.
Langues étrangères : anglais, un peu d'espagnol.
Monnaie : le peso philippin. 1 USD = 41 pesos philippins, 1 € = 59 pesos philippins.

La population
Son chiffre est élevé : 91 077 000 habitants, en majorité d'origine malaise. On dénombre une vingtaine de minorités. **Capitale :** Manille.

Les religions
Importante proportion de catholiques (85 %), connus pour leur ferveur. Minorités d'aglipayans (adeptes issus de l'Eglise indépendante philippine), de musulmans (ils sont six millions à Mindanao) et de protestants.

Les fêtes
9 janvier : fête du «Nazaréen noir» à Manille ; **janvier :** «Ati-Atihan» ; **février :** Nouvel An chinois ; **12 juin :** fête de l'Indépendance ; **31 août :** fête des Héros nationaux ; **Aïd el-Fitr :** fin du ramadan.

Les achats
Porcelaine, textiles, ustensiles en bambou et en rotin, nacre sont les principaux atouts de l'artisanat local.

QUE VOIR, QUE FAIRE AUX PHILIPPINES ?

Les paysages

- Rizières en terrasses de Banaue, volcans Pinatubo, Taal, Mayon
- Chocolate Hills, chutes de Pagsanjan, Mindanao (grottes, rizières, mont Apo)

Les côtes

- Côtes des Visayas (Cebu, Bohol, Panay, Borocay) et de Palawan
- Plongée à Mindoro (Puerto Galera) et à Palawan

Les villes et les monuments

- Manille, Zamboanga, Cebu (églises, forts)

cendres sans cesse redessiné par les pluies ou typhons, et arpenté aujourd'hui par les randonneurs. Au sud-ouest de la capitale, le **volcan Taal** forme, au milieu du lac du même nom, un cône dont la pureté des lignes n'est contestée que par celle du **mont Mayon**, parfois nerveux.

Dans l'île de Bohol, les **Chocolate Hills** sont de surprenantes collines rondes qui brunissent en saison des pluies, d'où leur nom.

A 100 km au sud-est de Manille se trouvent les chutes de **Pagsanjan** dont les paysages ont servi de décor au film *Apocalypse Now*.

A Mindanao, les grottes de **Davao**, le **mont Apo**, les alentours du **lac Sebu** et les rizières en terrasses (Bangaan) sont les sites clés.

Quant à **Palawan**, l'intérieur des terres mérite autant la visite que les rivages. Au nord de Palawan, les **îles Calamians** font valoir leurs forêts, leurs sources chaudes, la mangrove et les coraux dans les îles de Busuanga et Coron.

Les côtes

Les côtes bordées de plages de sable fin et leurs fonds coralliens (nombreux poissons tropicaux) sont légion. C'est dans le centre de l'archipel, parmi les **îles des Visayas**, que le tourisme balnéaire s'est le plus développé : Cebu, Bohol, Panay, Borocay.

Sous la même latitude, les plages et le lagon lumineux de l'**île de Palawan** comptent parmi les plus beaux d'Extrême-Orient, avec des particularités comme des falaises noires truffées de nids d'hirondelles autour d'El Nido. Autre rendez-vous balnéaire : les plages de sable blanc et les récifs de **Zamboanga**.

Encore bien discrets, les voyageurs occidentaux choisissent les eaux philippines surtout pour la plongée (entre autres aux Visayas) et les sports nautiques. Les sites de **Mindoro** (Puerto Galera), de Palawan, ceux situés autour de Batangas (Luçon) ainsi que ceux des détroits de Mindoro et de Bohol sont parmi les plus recherchés.

Les villes et les monuments

Manille doit vivre avec une réputation de ville surpeuplée et hypertrophiée. Cependant, sa double culture (espagnole d'abord, américaine ensuite), sa cathédrale (Manila), sa partie fortifiée, ses églises, son palais, son marché (Quinto) et son quartier chinois s'attachent à lui valoir une autre image. La longue présence de l'Espagne a laissé de solides traces sous la forme d'églises mais aussi de forts. **Zamboanga**, qui mêle les architectures espagnole et musulmane, et surtout Cebu attestent de ce passé. ■

QUAND PARTIR ?

	Climat	Rizières de Luçon
Janvier	☼	
Février	☼	
Mars	☼	⋞
Avril	☼	⋞
Mai	☼	
Juin		
Juillet		
Août		
Septembre		
Octobre		
Novembre	☼	⋞
Décembre	☼	⋞

LES CONSEILS GEO

▶ Les plus

Une grande diversité pour les adeptes du tourisme balnéaire et de la plongée, dans des sites et sur des plages de qualité.

Les mêmes avantages climatiques et esthétiques que ceux des archipels océaniens, avec les témoignages culturels en sus.

Des tarifs à la baisse.

▶ Les moins

Un coût du voyage qui demeure malgré tout élevé.

Une saison climatique favorable qui tombe mal pour un Occidental.

▶ Les précautions

Il importe de bien se renseigner avant tout projet de voyage dans l'archipel de Sulu, la péninsule de Zamboanga et les régions situées à l'ouest de Mindanao.

QUE VOIR EN POLOGNE ?

Les villes et les monuments

- Cracovie, Gdansk, Varsovie, Malbork, Sandomierz
- Szczecin, Torun, Wroclaw, Poznan, Zakopane

Les paysages

- Lacs de Mazurie, Warmie, lacs et cours d'eau de Poméranie
- Sudètes, Hautes Tatras (traditions du bois), forêt de Bialowezia, Beskides (parc national)

Les côtes

- Plages du Nord-Ouest

Belle, intellectuelle, raffinée, Cracovie est comme un trait d'union idéal avec l'Europe d'hier.

La Pologne grimpe lentement mais sûrement au hit-parade du tourisme européen. Elle le doit beaucoup à l'attrait de Cracovie mais aussi aux lacs et forêts de Mazurie, alors que les Hautes Tatras invitent à la balade en été et au ski en hiver.

Pologne

Les villes et les monuments

Cracovie (Krakow), avec sa Grand-Place (Rynek Glówny), sa halle aux draps, ses palais baroques, gothiques et Renaissance, ses quatre-vingts églises, son quartier juif (Kazimierz) et le château de Wawel, est considérée comme la plus jolie ville du pays, doublée d'une métropole culturelle (tradition des cafés littéraires, très ancienne université).

Trois lieux de visites très particuliers non loin de là : le bourg de Wadowice, d'où est originaire Jean-Paul II ; l'énorme mine de sel de Wieliczka ;

LE CARNET DE VOYAGE

Les premiers contacts
Office de tourisme, 9, rue de la Paix, 75002 Paris, 01.42.44.19.00. Internet : www. tourisme.pologne.net

Les formalités
Pour les autres ressortissants UE, canadiens, suisses : passeport ou carte d'identité suffisants.

La santé
Aucun problème.

Le voyage, le décalage
Durée moyenne du vol Paris-Varsovie (1360 km) : 2 heures. Plusieurs compagnies à bas coût de Bruxelles et Paris pour Cracovie et Varsovie.
Route Paris-Varsovie : 1600 km.
Train quotidien Paris-Varsovie via Francfort ou Cologne (24 heures de voyage). Pas de décalage horaire avec l'Europe de l'Ouest.

Le coût moyen d'un séjour
Les formules week-end avion + hôtel pour Cracovie ou Varsovie reviennent à environ 450 €. Dix jours à base de randonnées dans les Hautes Tatras se trouvent aux alentours de 1200 €, tout compris.

Les langues, la monnaie
Langue officielle : le polonais, qui fait partie des langues slaves. Langues étrangères : l'allemand est plus répandu que l'anglais.
Monnaie : le zloty.
1 € = 3,60 zlotys. Distributeurs dans les villes, cartes bancaires acceptées.

La population
Les Polonais sont 38518000, chiffre élevé si l'on considère que quinze autres millions ont émigré dans le courant du XXe siècle, dont les deux tiers aux Etats-Unis.
Capitale : Varsovie.

Les religions
95 % des Polonais sont catholiques.

Les fêtes
3 mai : fête de la Constitution ; **juillet** : Festival Chopin à Varsovie ; **août** : Festival musical dans le vieux Cracovie ; **11 novembre** : Jour de l'indépendance.

Les achats
L'éventail des achats est plutôt bien fourni : on pourra se procurer bijoux (ambre de la Baltique), faïences peintes à la main, nappes et tissus brodés.

l'innommable camp d'Auschwitz.

Gdansk, ex-Dantzig, ville qui appartint à la Hanse, a subi de graves dommages lors de la Seconde Guerre mondiale. L'hôtel de ville, la basilique Notre-Dame, les maisons à colombages, les demeures bourgeoises (dont la Maison dorée) la font redécouvrir aujourd'hui.

Varsovie fait oublier les grands boulevards ternes de son passé soviétique en devenant branchée : bars, restaurants, boutiques. Le centre historique et médiéval a été reconstruit et le patrimoine est dense, entre autres le monument des Héros, le Château royal et ses œuvres d'art, la cathédrale Saint-Jean, des palais baroques (Lazienki et son parc) et quarante musées.

Du ghetto il ne reste presque rien sauf un itinéraire symbolique du souvenir. A une soixantaine de kilomètres, à Zelazowa Wola, on peut visiter la maison qui a vu naître Chopin.

Méritent également la visite : **Malbork** et son château fort (XIIIe et XIVe siècles) ; **Sandomierz** (cathédrale, hôtel de ville, musées) ; **Szczecin** (château des ducs de Poméranie) ; **Torun**, ville natale de Copernic ; **Wroclaw** et sa place du Marché ; **Poznan** (notamment la vieille ville).

Au sud, **Zakopane**, embellie par ses maisons de bois (mélèzes), est la plus importante station de sports d'hiver. Le bois est le maître mot pour des dizaines d'églises du sud du pays ainsi que pour la plupart des villages.

Les paysages

Le chapelet de la «région des mille lacs», les **lacs de Mazurie**, reliés entre eux par des rivières et des canaux, offre des possibilités de croisière, de kayak, de pêche et d'observation de la faune avicole (aigles pomarins, cigognes noires, pygargues). Cette région est flanquée d'une voisine, la **Warmie**, riche de lacs et de forêts autour de Olsztyn.

En arrière du littoral s'étend la **Poméranie**, région de lacs et des cours d'eau favorables à la descente en canoë et à la pêche à la truite.

Au sud-ouest se dressent le massif des **Sudètes** et une petite partie des **Hautes Tatras**, leurs crêtes rocheuses et leurs vallées encaissées qui les rendent propices au ski (Zakopane), à la balade et au thermalisme.

Plus à l'est, la **forêt de Bialowezia**, plus vieille forêt naturelle d'Europe (cinq mille espèces de plantes, douze mille espèces avicoles, des loups et les derniers bisons d'Europe) tente de résister à un abattage sans discernement.

Les **Beskides** plaisent aux randonneurs grâce à leur moyenne montagne et à leurs forêts : la faune y est intéressante (aigles, bisons, ours).

QUAND PARTIR ?

	Climat	Couleurs de la nature et rives de la Baltique
Janvier		
Février		
Mars		
Avril		
Mai	☼	<
Juin	☼	<
Juillet	☼	
Août		
Septembre	☼	<
Octobre		<
Novembre		
Décembre		

Les côtes

La mer Baltique est fraîche, néanmoins les stations balnéaires se succèdent, telles que Swinoujscie, Miedzyzdroje (sur l'île de Wolin, où se trouve un parc national), Kolobrzeg et surtout **Sopot**, populaire grâce à ses plages de sable blanc, sa longue jetée et son arrière-plan de forêts.

Les rivages sont parsemés de réserves naturelles, où abondent les oiseaux et une flore parfois peu commune. Une curiosité à Leba : les dunes, dont certaines se déplacent d'une dizaine de mètres chaque année. ■

LES CONSEILS GEO

▶ Les plus

Des motifs de visite intéressants sur les plans architectural et culturel mais aussi les vertus de la nature (lacs, montagnes).

Une image touristique qui s'affine au fil des années.

▶ Les moins

Une mise en valeur mal perçue des atouts touristiques autres que les villes.

Une mauvaise réputation tenace à propos des risques de vols de voiture encourus par les automobilistes étrangers.

▶ Les tendances

Cracovie la belle intellectuelle emporte les suffrages des voyageurs de l'Europe de l'Ouest, qui y découvrent la jeunesse et le dynamisme de la nouvelle Pologne.

Le voyage en duo avec Varsovie est adopté par beaucoup de visiteurs.

Qu'il s'agisse des Marquises ou des autres îles, la Polynésie reste une destination paradisiaque.

QUE VOIR, QUE FAIRE EN POLYNESIE ?

Les côtes

- Lagon des îles de la Société
- Bora Bora : séjour haut de gamme et observation des poissons
- Moorea : farniente et randonnée
- Huahine, Marquises
- Rangiroa (Tuamotu) : plongée

Le patrimoine culturel

- Tikis aux Marquises
- Musées Gauguin et de la Perle à Tahiti

Polynésie

Si l'image de la vahiné sur fond d'océan bleu-vert et le parfum des fleurs de tiaré subsistent, l'imaginaire renforcé par le passage de Gauguin, de Loti et de Brel n'a plus cours depuis que l'aventure a cédé le pas à un tourisme conventionnel. Il ne faut pas renoncer au périple pour autant : la beauté du «paradis terrestre» demeure, avec ses cent dix-huit îles...

LE CARNET DE VOYAGE

Les premiers contacts
Maison de Tahiti et de ses îles, 28, bd Saint-Germain, 75005 Paris, 01.55.42.64.34. Internet: www.tahiti-tourisme.fr

Les formalités
Passeport, valable encore six mois après le retour. La carte d'identité ne suffit pas, y compris pour les Français métropolitains. Passeport électronique ou à lecture optique en cas de transit par les Etats-Unis.

La santé
Aucune problème.

Le voyage, le décalage
Durée moyenne du vol Paris-Papeete (17 100 km) : 22 heures. Le plus souvent, escales à Los Angeles ou à New York. Lorsqu'il est midi en France, en Polynésie il est minuit (jour précédent) en été et 1 heure en hiver.

Le coût moyen d'un séjour
Compter au moins 2 000 € pour le vol A/R et l'hébergement pendant une semaine. Environ 2 500 € pour une croisière de 10 jours en pension complète ou une semaine de plongée.

Les langues, la monnaie
Le tahitien voisine avec le français. **Monnaie :** le franc Pacifique (CFP) : 1 € = 119 francs Pacifique.

La population
Sur les 279 000 habitants, huit sur dix sont des Maoris, le neuvième est un Asiatique et le dixième un Européen. **Chef-lieu :** Papeete.

Les religions
Les protestants sont légèrement majoritaires, devant les catholiques. Minorité de mormons.

Les fêtes
5 mars : célébration de l'arrivée des premiers missionnaires ; **29 juin :** «Heiva» (fête de l'Autonomie) ; **octobre :** carnaval de Tahiti ; Hawaiki Nui Va'a, course de pirogues à Tahiti ; **décembre :** fête du Tiaré à Tahiti.

Les achats
Une dose de monoï, une perle noire et un paréo constituent l'attirail local de base qu'on peut compléter par les nombreux articles de vannerie.

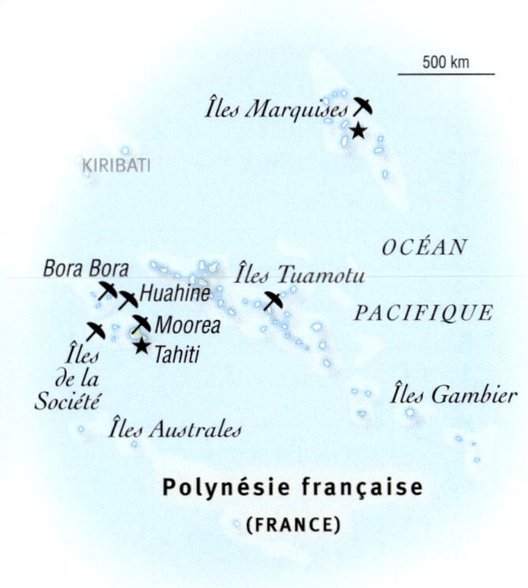

Les côtes

Iles de la Société

Contrairement à des clichés tenaces, Tahiti n'est pas la plus belle des îles de la Société et de la Polynésie en général. Beaucoup d'observateurs lui préfèrent **Bora Bora**, baptisée «perle du Pacifique» grâce à son lagon turquoise entouré de récifs coralliens et qui permet l'observation des poissons avec masque et tuba. C'est aussi l'endroit de la Polynésie recherché par ceux qui souhaitent séjourner dans un haut de gamme... très haut.

D'autres élisent **Moorea** pour le farniente mais aussi la randonnée, et plus encore **Huahine** pour ses plages cachées et ses traditions d'une Polynésie moins tendance.

Iles Marquises

A la différence des autres archipels, la vingtaine d'îlots des Marquises, dont six sont habités, n'ont ni récifs coralliens, ni lagons mais plutôt de hautes falaises et des plages de galets. Ce relief qui n'appartient qu'aux Marquises en fait sans doute la destination la plus en marge et la plus personnalisée.

Ua Huka, Fatu Hiva et Nuku Hiva sont souvent cités parmi les plus jolis sites, mais c'est le nom de Hiva Oa que l'on retient, et plus précisément **Atuona**, le village dans lequel reposent Gauguin et Brel.

Iles Tuamotu

L'atoll de **Rangiroa**, au nord, remporte la palme pour la plongée et, autour des soixante-dix-huit îlots coralliens (motu), pour la possibilité d'observer des raies mantas et des requins-marteaux.

Tout au sud de la Polynésie française, les **îles Australes** et les **îles Gambier** sont en retrait concernant la fréquentation touristique. Belle occasion de sortir des clichés !

Enfin, quiconque voudra embrasser tous les sites trouvera toujours un programme de croisières sur les navires de l'endroit que sont l'*Aranui III* ou le *Paul-Gauguin*, très souvent à destination des Marquises.

Le patrimoine culturel

Outre la musique et la danse, l'argument culturel est donné par les Marquises : elles abritent des tikis. Il s'agit de statues de pierre parfois hautes de plus de 2 mètres et représentant la déesse polynésienne du même nom, symbole de la fécondité.

A Tahiti, il faut absolument visiter le musée Gauguin, qui présente vingt-cinq œuvres originales de l'artiste, et le musée de la Perle. Les fermes traitant la perle noire sont en effet très nombreuses dans cette île. ■

LES CONSEILS GEO

▶ Les plus

Le mythe durable de l'horizon lointain qui atteint la perfection, avec sites et images de rêve.

Pour ceux qui peuvent ne pas regarder à la dépense, des hôtels de luxe et des spa qui se multiplient en tirant profit à la fois de la culture et des décors locaux.

Une saison favorable bien placée au calendrier.

▶ Les moins

Une destination et un coût de la vie touristique sur place qui restent, malheureusement, à un niveau élevé dans un souci de préserver un tourisme haut de gamme.

▶ Les tendances

Les listes de mariage grand style amènent aujourd'hui un essor du voyage de noces en Polynésie, entre autres en croisière. Les anniversaires de mariage suivent. A chacun son idée du paradis terrestre...

QUAND PARTIR ?

	Climat	Plongée
Janvier		
Février		
Mars		
Avril		⋖
Mai	☼	⋖
Juin	☼	⋖
Juillet	☼	
Août	☼	
Septembre	☼	
Octobre	☼	
Novembre		
Décembre		

Portugal

Le Portugal est l'un des pays européens où les attraits touristiques sont le plus harmonieusement répartis. On peut le visiter aussi bien pour l'originalité de son architecture manuéline que pour le charme de ses villes ou de ses rivages, à moins que l'on ne soit tenté par l'isolement atlantique de Madère ou des Açores. Le Portugal sait protéger ses symboles, la mise en valeur des azulejos ou la perpétuation du fado dans l'Alfama à Lisbonne, l'une des villes les plus attachantes d'Europe.

Le Portugal continental

Les monuments

A la fin du XVe et au début du XVIe siècle, le roi Manuel Ier, stimulé par les succès coloniaux des conquistadores portugais, a permis l'éclosion d'un style gothique particulier au pays, l'art manuélin. On en trouve les traces les plus brillantes à **Lisbonne** (**tour de Belém**, monastère des **Hiéronymites**), à **Tomar** (lieu d'élection de l'ordre des Templiers, avec la fenêtre ouvragée de la chapelle du Christ), à **Coimbra** (portail de la chapelle de l'université) et à **Batalha** (statuaire du monastère Santa Maria da Vitoria). Autres grands rendez-vous architecturaux : **Alcobaça** (monastère de l'ordre de Cîteaux et tombeaux de Pedro et d'Inès, la «Reine morte» célébrée par Montherlant), **Fatima** (lieu de pèlerinage, sanctuaire). A travers tout le pays, l'art baroque apparaît sous la forme de bois sculpté doré à l'or fin et surtout d'azulejos, carreaux de faïence polychromes mondialement réputés, dont on peut voir un bel échantillon au **château de Sintra**, ancienne résidence d'été du roi Ferdinand II qui a mêlé les genres (gothique, égyptien, maure, Renaissance). Aux alentours, un joli cocktail de somptueux palais, d'églises et de jardins rend incontournable la visite de Sintra et de sa région.

QUE VOIR AU PORTUGAL CONTINENTAL ?

Les monuments
- Lisbonne, Tomar, Coimbra, Batalha : art manuélin
- Alcobaça, Fatima
- Château de Sintra : art baroque (azulejos)

Les villes
- Lisbonne, Porto, Evora, Coimbra, Braga, Guimarães, Obidos, Viana do Castelo

Les côtes
- Algarve, Nazaré, Peniche
- Ile Berlenga
- Serra da Arrábida

Les paysages et la flore
- Algarve

C'est à Manuel Ier que l'on doit la tour de Belém, construite à Lisbonne il y a près d'un demi-millénaire...

L'ancienne résidence de Ferdinand II, le château de Sintra, mêle les genres.

Les villes

Bâtie sur sept collines dont chacune englobe un quartier, **Lisbonne** occupe l'un des plus jolis sites urbains d'Europe, ce que l'on peut aisément vérifier en prenant l'un de ses funiculaires ou en gagnant l'un des nombreux belvédères.

La ville a beaucoup changé au cours des dix dernières années, transformant ses docks («docas») en bars et lieux branchés.

Outre les monuments de style manuélin, il faut voir les places du Rossio et du Commerce, le château Saint-Georges, les églises (dont l'église baroque Madre de Deus et la surprenante église du Carmo, qui a perdu sa nef), les musées (musée d'Art contemporain du Chiado, musée national de l'Azulejo, musée des Beaux-Arts), les palais (palais national de Queluz, palais des Marquis de Fronteira), le jardin botanique de l'Ecole polytechnique, le monument aux Découvertes, avec Henri le Navigateur en figure de proue, le parc de Monsanto et son château, le marché aux puces du campo de Santa Clara et les vieilles rues typiques du Bairro Alto et surtout de l'Alfama

LE CARNET DE VOYAGE

Les premiers contacts
Office du tourisme (ICEP), 135, bd Haussmann, 75008 Paris, 0811.653.838. Internet: www.visitportugal.com, www.portugalinsite.com, www.visitlisboa.com, www.madeiratourism.com

Les formalités
Carte d'identité ou passeport (périmé depuis moins de cinq ans) suffisant pour les ressortissants de l'Union européenne. Pour les ressortissants canadiens, passeport suffisant.

La santé
Aucun problème.

Le voyage, le décalage
Durée moyenne du vol Paris-Lisbonne (1438 km): 2h15; Paris-Madère: 3h30. Plusieurs compagnies aériennes à bas prix pour Lisbonne, Faro, Funchal (Madère), Porto. Route Paris-Lisbonne: 2000 km. Train: de Paris pour Lisbonne, le TGV Atlantique jusqu'à Irun, puis le Sud Express. Décalage : lorsqu'il est midi en France, il est 10 heures aux Açores, 11 heures dans le Portugal continental et à Madère.

Le coût moyen d'un séjour
Un week-end à Lisbonne peut se trouver à partir de 300 € en basse saison sur la base du vol A/R et de la demi-pension. Sur la même base, les prix pour un séjour balnéaire varient de 600 € la semaine en basse saison à 900 € en haute saison. Aux Açores, prix moyen pour le vol et la pension complète: 1200 € pour 8 jours.

Les langues, la monnaie
Langue officielle: le portugais. Langues de communication: l'anglais et le français. **Monnaie:** l'euro.

La population
Habité par une population homogène de 10643000 habitants, le Portugal a vu partir beaucoup des siens au fil de l'histoire (trois millions, dont près d'un million en France). **Capitale:** Lisbonne. L'archipel des Açores compte 252000 habitants, Madère 267400, dont environ un tiers dans la capitale Funchal.

Les religions
Neuf Portugais sur dix sont catholiques. Minorités de juifs et de musulmans.

Les fêtes
Février: Festival de fado à Lisbonne; **mai:** fête des Roses dans le Minho; **10 juin:** fête nationale; **15 août:** cavalcade et procession de Viana do Castelo.

Les achats
Achat le plus original: un coq en plâtre de toutes les couleurs dans la petite ville de Barcelos. Achat le plus recherché à Lisbonne: un azulejo sur les marchés de l'Alfama. Achat le plus classique: un porto à Porto, après une visite généreuse des caves. Autres emplettes possibles: bijoux (or), cuir, faïences, dentelles, poteries (Algarve).

où, en étant bien conseillé, on peut entendre encore le vrai fado dans les casas de fado.
Il faut voir aussi la Lisbonne d'aujourd'hui et son parc des Nations, qui héberge l'«Océanorium», la plus vaste réalisation de ce genre au monde, sur le site de l'exposition universelle de 1998.
Moins réputé que Lisbonne mais peut-être plus typé, **Porto** vaut par l'étagement des maisons de sa vieille ville sur les rives du Douro (Ribeira), sa cathédrale (la Sé, cousue de l'or des navigateurs) et son cloître (azulejos), ses églises baroques (São Francisco), ses monuments (palacio da Bolsa et son salon arabe), son monastère da Serra do Pilar, sa Torre dos Clerigos avec vue sur la ville et, bien sûr, de l'autre côté du pont Pia (œuvre d'Eiffel), les caves de Nova de Gaia, dont la course à la dégustation du porto a tôt fait de rendre plus que jovial l'amateur insouciant.
Forte de son architecture mauresque, **Evora** s'ouvre sur l'Alentejo. Plus au nord apparaissent **Coimbra** et ses trois motifs de fierté : sa cathédrale romane (XIIe siècle), son université du XIe siècle (chapelle manuéline à azulejos, bibliothèque baroque) et sa très particulière fête des étudiants (Queima das Fitas) au mois de mai.
Autres villes intéressantes : **Braga** (aux environs de laquelle se trouvent la basilique de Bom Jesus do Monte et son escalier baroque que les pèlerins gravissent à genoux), **Guimarães** (château fort des ducs de Bragance, remarquables façades et leurs zelliges), **Lamego** (pour son site à l'entrée de la vallée du Douro et son sanctuaire dos Remédios), **Obidos** (ville médiévale entourée de remparts crénelés) et **Viana do Castelo** (grand défilé de chars fleuris qui a lieu lors des fêtes du 15 août).

L'eau et les bateaux, prélude à l'étagement des maisons de Porto et au charme profond d'une ville méconnue, populaire et typée.

QUAND PARTIR ?

	Portugal continental	Madère	Açores (observation des baleines)
Janvier			
Février			
Mars			
Avril	☼	Floraison ≺	≺
Mai	☼	Floraison ≺	≺
Juin	☼	☼	≺
Juillet	☼	☼	≺
Août	☼	☼	≺
Septembre	☼	☼	≺
Octobre	☼		
Novembre			
Décembre			

Les côtes

L'**Algarve**, à l'extrême sud, multiplie les sites côtiers (Portimão, Albufeira, Faro et surtout Praia da Rocha) le long de 150 km de criques et de plages aux eaux calmes, doublées de parcours de golf parmi les plus renommés d'Europe. A l'ouest, on sera saisi par les deux promontoires de Sagrès et du cap Saint-Vincent, qui constituent la pointe la plus occidentale de l'Europe et laissent admirer le spectacle de vagues furieuses.

La façade atlantique ne bénéficie pas de températures très élevées en été (cinq degrés de moins qu'en Méditerranée à la même époque). Le change est donné par le raffinement des stations: Cascais, où le surf est possible, et Estoril, jalonnée de parcours de golf. Il faut aussi retenir l'originalité de sites tels que Nazaré, longtemps connu pour ses attelages de bœufs chargés de tirer le produit de la pêche de la plage vers le village et devenus aujourd'hui une attraction touristique.

Autres sites côtiers intéressants: la lagune d'Aveiro; Peniche et sa citadelle; l'**île Berlenga**, aux tunnels marins ou grottes offrant aux amateurs de pêche sous-marine un cadre idéal; la **serra da Arrábida**, non loin de Setúbal, parée de blanches falaises au bas desquelles se découpent des grottes marines ou des criques.

Image tranquille du district d'Aveiro et de Beira Alta, région discrète au sud de Porto.

Les paysages et la flore

Les paysages portugais ne sont jamais aussi séduisants qu'au printemps, lorsqu'ils sont gagnés par une importante floraison. L'**Algarve**, aux églises décorées d'azulejos, offre alors ses plus belles couleurs, couleurs déjà sublimes deux mois plus tôt grâce aux amandiers et aux mimosas. L'Algarve mérite mieux que sa réputation balnéaire. En effet, les particularités de sa lumière et de sa végétation, ses villages blancs aux églises baroques et riches d'azulejos et de mosaïques (Tavira), ou ceux qui gardent l'empreinte de la présence maure, comme Silvès, en font une agréable destination toute l'année.

En remontant vers le nord, on peut se perdre dans la grande plaine agricole de l'**Alentejo** et ses champs de blé, d'où émergent les chênes-lièges et les oliviers.

A l'opposé, tout au nord, la **vallée du Douro** étale ses vignobles en terrasses et ses quintas (propriétés), revigorées depuis peu par la médiatisation autour des croisières fluviales proposées aujourd'hui.

Le Portugal des îles

Les Açores

Les paysages et les randonnées

A 1 200 km de Lisbonne et à 2 000 km des Etats-Unis, les Açores, partagées en neuf îles, ont plus que leur célèbre anticyclone à proposer, mais moins que la plupart des archipels de l'Atlantique sur le plan balnéaire à cause d'une température modérée et de plages dépourvues de sable. En revanche, le randonneur trouve son bonheur dans l'origine volcanique du lieu, source de jolis reliefs et d'une flore spécifique, dont les hortensias qui inondent les îles de leurs couleurs vers la fin du mois de juin.

Dans un ensemble de paysages très verts, la nature des Açores offre au randonneur une multiplication de montées et descentes qui varient à souhait les chemins et les sentiers, comme sur les **îles de Faial** (pointe dos Capelhinos, Caldeira) et **São Jorge** (crêtes centrales, réserve de la forêt du Pico da Esperança). En allant vers l'océan, on rencontre sur ces deux îles les romantiques fajas,

L'Algarve est connue pour ses plages, comme ici à Lagos, mais on trouvera aussi beaucoup de charme aux murs blancs et aux volets bleus de ses villages.

Les hortensias fleurissent en juin et juillet et sont emblématiques des Açores.

bandes de terre planes accolées à l'océan, parsemées de petites maisons blanches et de prés.

C'est sur l'**île de Pico** que les mollets trouvent le plus matière à s'employer avec l'ascension du fier et légendaire Pico (2 351 m), point culminant du Portugal qui offre de son sommet une vue splendide et inoubliable sur les îles du «Groupo Central».

Autant les oiseaux (goélands, pinsons) sont discrets, autant la flore est variée: si les hortensias sont emblématiques de l'archipel (floraison fin juin et juillet), on trouve également des variétés spécifiques comme la bruyère et le polygonum.

Anecdotique: l'**île de Florès**, la plus à l'ouest, fleurie mais pluvieuse, est le siège précis de l'anticyclone.

Les côtes

Les plages ne présentent pas un grand intérêt: le sable y est inexistant et le beau temps n'est jamais vraiment garanti. Voile et plongée, en revanche, sont recommandées, par exemple autour de **Horta**, chef-lieu de Faial et rendez-vous mythique des plaisanciers en route pour les Antilles, qui y laissent la trace picturale de leur passage ou se donnent rendez-vous au Peter's Café. L'Atlantique a ici un autre atout... de poids à proposer, l'observation des cétacés: baleines bleues ou à bosse, rorquals, dauphins et surtout cachalots, sauvés d'une vieille tradition de chasse par une loi de 1987 et dont les dents ont longtemps permis aux artisans locaux d'élaborer des gravures figurant des bateaux. Des sorties sur des Zodiacs sont proposées, entre autres, à partir de l'île de Pico et de sa petite ville côtière, Lajes do Pico, où l'on trouve un instructif musée des Baleiniers.

Madère

Au large du Maroc et à 1 000 km environ au sud-ouest de Lisbonne, l'archipel de Madère, né d'une poussée volcanique, convient avant tout aux amateurs de randonnées (faciles) et de botanique. Il bénéficie d'un climat équilibré, les températures ne variant que de 18 à 25° C, et constitue le berceau végétal des îles atlantiques. L'«île de l'éternel printemps» – grâce au Gulf Stream – est devenue une alternative aux Canaries et aux Baléares, dont elle évite de surcroît la surcharge estivale.

Eternel cliché de l'éternel printemps de Funchal et de Madère.

QUE VOIR, QUE FAIRE DANS LES ILES?

■ LES AÇORES

Les paysages et les randonnées
Champs de lave, volcans

Les côtes
Voile, plongée, observation des cétacés

■ MADERE

Les paysages et les randonnées
Paysages volcaniques, levadas (canaux), sentiers

Les côtes
Pêche

Les paysages et les randonnées

Certains ont baptisé Madère le «jardin de l'Atlantique»: le printemps y voit éclore une flore riche (amaryllis, azalées, bougainvillées, camélias) dans des jardins en terrasse dont on a un superbe panorama en arpentant le grand jardin tropical (Monte Palace) récemment dessiné au-dessus de Funchal.

Les paysages volcaniques offrent des itinéraires routiers joliment tracés, qui jalonnent souvent des falaises. Près de 2000 km de sentiers suivent les levadas (canaux d'irrigation) et deviennent autant d'idées de randonnées, par exemple celle qui mène de Santana au sommet du pico Ruivo (1861 m), au prix d'une marche difficile, certes, mais amplement récompensée par le meilleur point de vue de l'île. Le vélo tout-terrain et le canyoning sont également des activités en vogue.

Les côtes

L'île de Madère elle-même ne possède pas de plages de sable, en revanche, le découpage des rivages les rend pittoresques et n'interdit pas les activités nautiques ni la baignade, possible toute l'année sur la côte sud. A l'inverse, la petite **île de Porto Santo**, à 40 km de là (où Christophe Colomb a fait étape), arbore 9 km de sable fin.

La pêche au gros apparaît aussi comme un attrait touristique confirmé. Enfin, les golfeurs trouveront leur bonheur sur des greens en pente, non loin de Funchal. ■

LES CONSEILS GEO

▶ Les plus

Un pays qui réunit un bel ensemble d'éléments favorables : jolis paysages, villes typées, monuments importants, plages raisonnablement chargées, relative proximité.
L'attrait de Madère toute l'année.
La spécificité des Açores.

▶ Les moins

Des eaux atlantiques un peu fraîches, y compris en été.

▶ Les précautions

Ni plus ni moins de risques que dans les pays avoisinants.

▶ Les tendances

Les croisières d'une semaine sur le Douro qui permettent d'admirer les vignobles de porto sur des collines abruptes et de visiter les propriétés font de plus en plus d'adeptes de la dive bouteille du cru.

Plongée et farniente constituent la pierre angulaire de l'île Saona et de la côte sud du pays.

QUE VOIR, QUE FAIRE EN REPUBLIQUE DOMINICAINE ?

Les côtes

- Sites balnéaires de l'est (Punta Cana, Bayahibe, Boca Chica, La Romana, Isla Saona, baie de Samaná), du nord (Puerto Plata) et du sud-est
- Sports nautiques, plongée

Les paysages et les randonnées

- Cordillère centrale (ascension du pico Duarte)
- Lac Enriquillo, laguna de Oviedo, parc de Los Haitises

Les villes

- Saint-Domingue, Puerto Plata, Santiago

République dominicaine

C'est «la» destination clé aux Antilles pour les plaisirs balnéaires. Mais il y a deux République dominicaine : la partie est, celle de la semaine farniente qui ne permet pas de connaître la réalité du pays ; et l'intérieur des terres, où l'on se sent vite seul au monde, parmi lacs salés, airs mélos de bachata et pentes verdoyantes du pico Duarte.

LE CARNET DE VOYAGE

Les premiers contacts
Office du tourisme, 11, rue Boudreau, 75009 Paris, 01.43.12.91.91. www.godominican-republic.com/
Pour les ressortissants de l'Union européenne, passeport suffisant, encore valable trois mois après le retour.

La santé
Aucune vaccination n'est exigée. Risque faible de paludisme dans l'ouest.

Le voyage, le décalage
Durée moyenne du vol Paris/Saint-Domingue (7 179 km) : 8 h 30.
Lorsqu'il est midi en France, il est 6 heures en été et 7 heures en hiver.

Le coût moyen d'un séjour
Hors saison, séjours «all inclusive» à moins de 1 000 € la semaine sur la côte est. Pour l'intérieur du pays, 1 300 € la semaine comprenant le vol A/R, l'hébergement et la location de voiture.

Les langues, la monnaie
Langue officielle : l'espagnol. Anglais répandu sur les lieux touristiques, français çà et là. **Monnaie :** le peso dominicain. L'US dollar est recommandé. 1 USD = 35 pesos dominicains, 1 € = 50 pesos dominicains.

La population
9 366 000 habitants, dont les mulâtres représentent les trois quarts. **Capitale :** Saint-Domingue.

Les religions
92 % des Dominicains sont catholiques.

Les fêtes
26 janvier : anniversaire de Duarte, «père de la nation» ; **février :** carnaval de Saint-Domingue ; **juin :** Festival de mérengué à Puerto Plata ; **juillet :** Festival de mérengué à Saint-Domingue ; **12 octobre :** fête de la Découverte de l'Amérique.

Les achats
Excellents cigares Davidoff. Rhum et café. Larimar (pierre turquoise semi-précieuse). Peintures naïves et petit artisanat venus du voisin haïtien.

Les côtes

Si l'on choisit les «resorts», on se retrouvera sur les 60 km de la côte sud-est, baptisée «côte des Cocotiers», avec ses grands classiques: **Boca Chica**, **Punta Cana**, **La Romana** ou encore **Bayahibe**, village de pêcheurs devenu lieu balnéaire et de plongée, flanqué de l'isla Saona.

Sur la côte nord-est, à mi-chemin entre le site balnéaire de masse et... une tendance baba cool, la presqu'île de Samaná est l'un des plus jolis endroits du pays. De surcroît, les baleines à bosse y séjournent entre janvier et mars inclus pour mettre bas. Sur la côte nord toujours, **Puerto Plata** a été l'un des premiers sites balnéaires du pays.

Une côte intéressante pour les non-conformistes du sable est située au sud-est, entre Barahona et Oviedo: en contrebas d'une route en corniche, on découvre le panorama saisissant de ces rivages encore presque vides de touristes et parsemés de villages de pêcheurs.

Les côtes offrent d'autres agréments que le farniente: sports nautiques, golf (Casa de Campo), spa (autour de Bayahibe et de Punta Cana).

La plongée permet la découverte de coraux et poissons multicolores depuis **Juan Dolio** ou **Cabarete**, ce dernier site également propice au surf et à la planche à voile. Quant à la petite ville de Boca Chica, elle est le point de départ d'excursions pour la pêche en haute mer.

Les paysages et les randonnées

La Cordillère centrale, qui dépasse par endroits 3000 m, invite à la randonnée, particulièrement le **pico Duarte**: son ascension débute dans le village de La Ciénaga et se poursuit sur 18 km pour un dénivelé d'environ 2000 m. Les mollets sont mis à rude épreuve, mais le balisage de la piste est particulièrement bien fait. Au sommet, que l'on aura intérêt à gagner tôt le matin pour profiter du lever de soleil, un grand spectacle d'horizons verdoyants est garanti.

Dans le Sud-Ouest, le **lac Enriquillo** renferme une faune intéressante (crocodiles, flamants roses, iguanes), comme la **laguna de Oviedo**, grâce à ses eaux moutarde, ses flamants roses et ses iguanes. Dans les deux cas, la balade en bateau est un vrai plaisir.

Au nord de la **baie de Samaná**, la presqu'île du même nom se prête, elle aussi, à la randonnée à travers ses collines. A une demi-heure de là, au sud de la baie et accessible uniquement en bateau, le parc de **Los Haitises** fait valoir sa mangrove, sa faune spécifique (pélicans, hérons) et ses peintures rupestres d'animaux. Celles-ci ont été laissées dans des grottes (cuevas) par les Taïnos, des Indiens Arawaks qui furent les premiers habitants de l'île.

Les villes

Saint-Domingue (Santo Domingo), la capitale, est le fief de la famille de Christophe Colomb, qui a droit à un imposant musée, le Faro. La ville, agréable à vivre, est souvent citée comme l'une des plus belles des Antilles grâce à ses traces coloniales, visibles à travers l'habitat et les édifices religieux de son vieux quartier qui renferme la cathédrale la plus ancienne du genre sur le continent américain.

Puerto Plata, dominé par le mont Isabel de Torres et son Christ Rédempteur, est remarquable pour ses maisons en bois du XIXe siècle ou de style victorien. **Santiago**, situé dans une vallée au pied de la Cordillère septentrionale, vaut aussi le déplacement.

Dans les villes et les villages comme dans toute l'île d'Hispaniola, la vie est rythmée par le mérengué, une danse comparable à la samba, mais aussi par la bachata, aux airs populaires et romantiques. ■

LES CONSEILS GEO

▶ Les plus

L'agrément et la variété des rivages, sources d'un tourisme qui a réussi sa percée auprès des Occidentaux. Des prix de séjours très concurrentiels. La variété des tourismes possibles: histoire coloniale dans les villes, randonnées, observation de la faune.

▶ Les moins

Le peu d'envie des voyagistes et des visiteurs de choisir une alternative – pourtant de qualité – aux séjours balnéaires.

La poussée continue du tourisme balnéaire de masse, même si l'île cherche désormais à quitter cette image pour en acquérir une autre, plus haut de gamme.

▶ Les précautions

Si une progression de la délinquance est actuellement constatée, une vigilance de bon aloi suffit à passer un séjour sans encombre, y compris au volant d'une voiture de location.

▶ Les tendances

Les Français se sont donné le mot: Samaná ! Avançons cependant une contre-tendance: la côte sud-ouest, entre Barahona et Oviedo. Il n'y a personne, ou presque, sur les plages. Elles sont pourtant aussi belles et agréables qu'à l'est, si ce n'est plus.

QUAND PARTIR ?

	Toute l'île	Séjour balnéaire	Observation des baleines
Janvier	☼		🐋
Février	☼		🐋
Mars	☼		🐋
Avril	☼		
Mai		☼	
Juin		☼	
Juillet		☼	
Août			
Septembre			
Octobre			
Novembre			
Décembre	☼		

Après la «Révolution de velours», l'ex-Tchécoslovaquie avait vu les touristes fondre sur Prague et saturer la capacité d'accueil d'une ville dont beaucoup ont découvert qu'elle est l'une des plus belles d'Europe. Mais Prague n'est pas seule à rayonner : l'art baroque, comme atout culturel, et les paysages de moyenne montagne constituent de solides compléments.

Les tours et les statues du pont Charles font de Prague un lieu unique en Europe.

République tchèque

Les villes

Sur les deux rives de la Vltava, **Prague**, la «ville aux cent mille toits», où vécurent Kafka et Mozart, est l'un des tout premiers sites touristiques urbains d'Europe. Le foisonnement du baroque et la chance d'avoir traversé les siècles sans être victime de destructions dues aux guerres justifient cette réputation. Grâce à ses deux tours et ses statues gothiques, malheureusement attaquées par la pollution, le pont Charles est l'un des plus originaux d'Europe. Dans le quartier du «Petit Côté» (Mala Strana), la place Malostranské, entourée de façades baroques ou Renaissance, précède le quartier Hradčany : palais, château royal (avec des œuvres de Rubens et de Titien) et cathédrale Saint-Gui. En repassant le pont Charles, on se retrouve place de la Vieille-Ville puis place Venceslas, méconnaissable par rapport à la Révolution de velours de 1989 dont elle a été le théâtre.

Josefov, le quartier juif, déjà victime d'une situation de ghetto bien avant la Seconde Guerre mondiale, comprend six synagogues (la synagogue

LE CARNET DE VOYAGE

Les premiers contacts
Office du tourisme, 18, rue Bonaparte, 75006 Paris, 01.53.73.00.32. Internet : www.czechtourism.com, www.prague-info.cz

Les formalités
Pour les ressortissants de l'Union européenne, carte d'identité ou passeport en cours de validité.

La santé
Aucun problème.

Le voyage, le décalage
Durée moyenne du vol Paris-Prague (870 km) : 1 h 40. Route : Paris-Prague via Nuremberg : 1 100 km. Pas de décalage horaire.

Le coût moyen d'un séjour
Pour Prague, la formule vol A/R + 3 jours/2 nuits revient entre 400 et 600 € selon les prestataires. Aux alentours de 1 000 € pour un voyage d'une semaine à travers le pays (vol A/R et demi-pension).

Les langues, la monnaie
Langue officielle : le tchèque. Langues étrangères : l'allemand est courant ; l'anglais et le français sont peu connus.
Monnaie : la couronne tchèque, ou koruna. 1 € = 26 couronnes tchèques.

La population
Allemands, Polonais et Russes forment trois minorités aux côtés des Tchèques. 10 229 000 habitants. **Capitale :** Prague.

Les religions
Deux habitants sur trois sont catholiques, 4 % obéissent à l'Eglise nationale tchèque.

Les fêtes
30 avril : fête préchrétienne Paleni Carodejnic (bûcher des sorcières) à Prague ; **septembre :** Festival Mozart ; **17 novembre :** commémoration de la Révolution de velours.

Les achats
Difficile d'échapper à la tentation d'un objet en cristal de Bohême. Une originalité : les jouets (en bois). On se procurera également marionnettes, poteries et l'une des bières les plus célèbres du genre à Plzen.

QUE VOIR, QUE FAIRE EN REPUBLIQUE TCHEQUE ?

Les villes

- Prague, Brno, Plzen
- Karlovy Vary, Mariánské Lazně (villes d'eaux)

Les monuments

- Ceský Krumlov, Karlstejn (châteaux)
- Cheb, Kutna Hora, Olomouc, Trebic, Austerlitz

Les paysages et les randonnées

- Monts des Géants, falaises de Prachov, Soos
- Ski de fond, ski alpin

Vieille-Nouvelle, la plus ancienne d'Europe, date de 1270) et un vieux cimetière contenant douze mille stèles placées pêle-mêle.

Ancien centre culturel du Saint Empire romain germanique, Prague a conservé de cette époque un patrimoine regroupé dans des musées, dont la Galerie nationale regroupe le plus grand nombre d'œuvres.

Brno n'a pas le rayonnement de Prague mais mérite également la visite. Elle est dominée par la forteresse du Spilberk et par sa vieille cathédrale Saint-Pierre.

L'église Saint-Barthélemy, l'hôtel de ville Renaissance et les demeures à pignon auraient pu faire connaître **Plzen**. Mais c'est la bière, préparée selon une technique du XIe siècle présentée au musée de la Brasserie, qui a lui donné sa réputation.

Deux villes d'eaux sont prestigieuses : **Karlovy Vary** (Karlsbad), connue pour son château et qui a vu séjourner Goethe, Marx, Beethoven et Pouchkine ; **Marienbad** (Mariánské Lazně), où plane le souvenir de Goethe, Gorki, Mark Twain et Wagner parmi les étonnants palais de style rococo, les multiples parcs et les rafraîchissantes fontaines.

Les monuments

A **Ceský Krumlov**, la Renaissance italienne a imposé sa griffe au château du XIIIe siècle tout en se mariant au style local et à celui des dizaines de maisons médiévales pour faire de la ville un passage obligé.

A **Karlstejn**, la grande tour du château du XIVe siècle renferme une décoration de cent vingt-huit portraits de saints. Autres lieux importants : les maisons gothiques et baroques de **Cheb**, la voûte du chœur de la cathédrale Sainte-Barbe et le palais royal de **Kutna Hora**, le quartier juif et la basilique Saint-Procope à **Trebic**, l'église Saint-Jean-Népomucène de Zelená Hora (pèlerinage), la colonne de la Sainte-Trinité à **Olomouc**.

Un monument plus discret mais à la forte résonance : le monument de la Paix, sur le site d'**Austerlitz**, en Moravie, là où eut lieu, aux dépens des Austro-Russes, l'une des grandes batailles de Napoléon.

Les paysages et les randonnées

Aux confins de la Pologne, les **monts des Géants** sont propices aux balades d'été (sentiers balisés) et au ski alpin. Au nord-ouest de la petite ville de Jicin, les **falaises de Prachov** (Prachovské Skaly) révèlent des formes confinant au fantastique et dotées de noms pittoresques (tels que la Tour penchée, la Cuisine du diable, le Moine). Autre curiosité : le sol de la **réserve de Soos**, duquel s'échappent des émanations de gaz carbonique (mofettes) dues à une ancienne activité volcanique. ■

QUAND PARTIR ?

	Climat	Prague
Janvier		
Février		
Mars		
Avril		
Mai	☼	◉
Juin	☼	◉
Juillet	☼	
Août	☼	
Septembre	☼	◉
Octobre		
Novembre		
Décembre		

LES CONSEILS GEO

▶ Les plus

L'attrait de Prague, l'une des plus belles villes d'Europe.

Un pays au tourisme bien plus varié qu'on ne l'imagine.

▶ Les moins

Le coût de la vie touristique – pas seulement à Prague – et les difficultés d'hébergement dans la capitale en haute saison.

▶ Les précautions

Vigilance habituelle sur les lieux touristiques. Pour le reste, la République tchèque connaît un taux de criminalité plutôt bas.

▶ Les tendances

Revenir de République tchèque en annonçant aux amis que l'on vient de passer une semaine d'hydrothérapie à Marienbad fleure bon le romantisme. Une semaine passée à arpenter le trio Budapest, Prague et Vienne n'est pas mal non plus comme effet d'annonce...

Au fond du cirque de Salazie, Hell-Bourg est un bel exemple de la Réunion de l'intérieur, idéale pour un tourisme actif.

L'«île intense» est née d'une généreuse poussée volcanique qui lui a offert une géographie insolite, où se mêlent gorges, cascades, cirques et reliefs lunaires. Une végétation très verte est venue tapisser l'endroit et engendre des formes de tourisme actif, grâce, entre autres, à un important réseau de sentiers de grande randonnée. Largement de quoi faire oublier le petit nombre des plages de sable.

Réunion

LE CARNET DE VOYAGE

Les premiers contacts
Office du tourisme de la Réunion, 90, rue La Boétie, 75008 Paris, 01.40.75.02.79. www.la-reunion-tourisme.com

Les formalités
Pour les ressortissants de l'Union européenne, la carte d'identité suffit (mais le passeport est nécessaire pour l'île Maurice en cas de combiné). Un passeport est nécessaire et suffisant pour les ressortissants canadiens et suisses.

La santé
Aucune vaccination n'est exigée.

Le voyage, le décalage
Durée moyenne du vol Paris-Saint-Denis (9 440 km) : 11 heures. Lorsqu'il est midi à Paris, à la Réunion il est 14 heures en été et 15 heures en hiver.

Le coût moyen d'un séjour
Le choix courant d'un séjour mer/excursions d'une dizaine de jours, vol et demi-pension compris, tourne autour de 1 500 € en haute saison. Compter 1 600 à 2 300 € pour un voyage de quinze jours combinant Réunion et Maurice.

Les langues, la monnaie
Langues : le créole réunionnais et le français.
Monnaie : l'euro. Les principales banques sont représentées et la plupart des commerces acceptent les cartes de crédit.

La population
784 000 habitants. La population, jeune, est un mélange de Cafres, de Malgaches, d'Indiens (Malabars) et d'Arabes. Les «Z'oreilles» (Français métropolitains ainsi appelés parce qu'ils font souvent répéter ce qu'on leur dit en créole) sont environ 20 000.
Chef-lieu : Saint-Denis.

Les religions
Les catholiques sont largement majoritaires (90 %). Minorités de musulmans, d'hindous et de bouddhistes.

Les fêtes
Janvier : «Cavadee» (fête tamoule), fête du Miel vert au Tampon ; **octobre :** «Dipavali» (fête de la Lumière) ; **décembre :** marche sur le feu à Saint-Paul ; **20 décembre :** fête de l'Abolition de l'esclavage.

Les achats
Rhum et vanille côté goût, dentelles (de Cilao) côté textile.

QUE VOIR, QUE FAIRE A LA REUNION ?

Les paysages et les randonnées

- Cirques (Mafate, Salazie, Cilaos), piton des Neiges, piton de la Fournaise
- Sentiers de grande randonnée
- Cheval, moto, 4 x 4, golf

Les côtes

- Saint-Leu (plongée), Saint-Gilles, Boucan-Canot
- Pêche au gros, surf

La flore

- Nombreuses espèces d'arbres et de fleurs

LES CONSEILS GEO

▶ Les plus

Un tourisme «actif» (randonnée, sports) et un tourisme «passif» (farniente) qui se conjuguent très bien.
Un climat favorable au bon moment.
La fin du cauchemar engendré par l'épidémie de chikungunya.

▶ Les moins

La rareté des témoignages architecturaux et la relative faiblesse de l'argument balnéaire.
La forte poussée des tarifs aériens en haute saison.

▶ Les précautions

Aucun problème majeur de sécurité à signaler : la Réunion n'a pas la réputation d'être très différente des autres départements français sur ce plan.

▶ Les tendances

Acheter dans un même élan le billet d'avion aller-retour et louer une voiture pour une semaine avec réservation en hôtellerie de charme ou en chambres d'hôtes : rien de plus adéquat pour la découverte de l'île. Par ailleurs, le combiné Réunion-Maurice reste prisé.

Les paysages et les randonnées

Les sites les plus insolites, qui gagnent à être survolés en hélicoptère, sont les trois cirques de **Mafate** (le plus isolé), **Salazie** et **Cilaos**, très impressionnant avec sa «Roche merveilleuse» en point d'orgue. Les randonnées dans cet ensemble de chutes, de forêts et de paysages lunaires, où les habitants vivent dans des îlets (hameaux) difficiles d'accès, laissent un souvenir marquant.

Les cirques sont dominés par le **piton des Neiges**, lui-même contrebalancé par le **piton de la Fournaise**, d'accès relativement facile pour un marcheur moyen et qui multiplie les panoramas. Le volcan s'est réveillé après un long silence, et les coulées de lave qui, parfois, rejoignent la mer sont devenues un spectacle très attendu et inoubliable.

Truffée de torrents, de gorges et de cascades, la nature est balisée par 800 km de voies de grandes randonnées, qui peuvent être empruntées sous des formes diverses (cheval, moto, 4 x 4). Profitant des accidents du relief, les responsables du tourisme réunionnais mettent en avant des activités sportives telles que le parapente, l'escalade, le VTT (pistes balisées) ou le rafting. Le golf est également possible.

Les côtes

Les plages ne doivent pas constituer le but principal d'un voyage à la Réunion. La poussée volcanique n'a laissé qu'une trentaine de kilomètres de rivages de sable sur les côtes ouest et sud, où le lagon permet d'éviter les dangers de la haute mer. Les plages autour de **Saint-Gilles** sont les plus connues, avec les sites de la **baie de Boucan-Canot**.

Plongée, surf (les deux par exemple à Saint-Leu), planche à voile, constituent les principales activités nautiques, alors que la pêche au gros se développe à partir des ports de Saint-Gilles et de Saint-Pierre, surtout entre octobre et mai.

QUAND PARTIR ?

	Climat	Floraison et végétation
Janvier		✿
Février		✿
Mars		
Avril		
Mai	☼	
Juin	☼	
Juillet	☼	
Août	☼	
Septembre	☼	✿
Octobre	☼	✿
Novembre	☼	✿
Décembre		✿

La flore

Riche de six cents espèces d'arbres et de huit cents espèces de fleurs, dont bon nombre d'orchidées, la nature réunionnaise, surtout dans les «Hauts», aligne les grands noms de la flore tropicale : vétiver, ylang-ylang, cardamome, flamboyant, bougainvillée, azalée. Toutes ces variétés se rencontrent sur le parcours de la «route des Epices». En outre, plusieurs jardins et musées raviront le passionné de botanique : le jardin d'Eden à L'Hermitage-les-Bains, la Maison de la vanille à Saint-André, le muséum Stella-Matutina, vers Saint-Leu, qui raconte l'histoire botanique de l'île. ■

Les monastères de la région de la Bucovine et leurs fresques dominent le patrimoine architectural du pays.

QUE VOIR, QUE FAIRE EN ROUMANIE ?

Les villes et les monuments
- Monastères de la Bucovine, Bucarest, Iasi
- Transylvanie (légende de Dracula)

Les côtes
- Mer Noire (Neptun, Olimp)

Les paysages et les randonnées
- Carpates, Maramures, monts Apuseni, monts Bucegi (randonnées, ski)

La faune et la flore
- Réserve naturelle du delta du Danube (oiseaux, poissons, plantes)

Roumanie

Si la côte de la mer Noire demeure l'attrait principal d'un voyage en Roumanie, les monastères de la Bucovine, le delta du Danube et les atouts trop méconnus de Bucarest et Sibiu constituent d'importants compléments.

Les villes et les monuments

Les cinq monastères du XVIe siècle dispersés dans la **Bucovine**, au nord (Voronet, Moldovita, Humor, Sucevita, Arbore), dominent le patrimoine architectural du pays.

Trop souvent l'image de **Bucarest** se résume à l'énorme palais du Parlement, ex-maison du peuple voulue par la mégalomanie de Ceausescu, qui en a profité, malheureusement, pour enlever à la ville ses plus beaux quartiers et églises.

LE CARNET DE VOYAGE

Les premiers contacts
Office de tourisme, 7, rue Gaillon, 75002 Paris, 01.40.20.99.33. Internet: www.turism.ro/francais

Les formalités
Pour les ressortissants UE, carte d'identité ou passeport suffisants, pour les Canadiens, passeport.

La santé
Aucun problème.

Le voyage, le décalage
Durée moyenne du vol Paris-Bucarest (1862 km): 2h30. Vols à bas prix de Charleroi et Paris pour Bucarest, vols charters pour Constantza (mer Noire) en été. Lorsqu'il est midi en France, il est 13 heures en Roumanie.

Le coût moyen d'un séjour
Une semaine dans une station balnéaire proche de Constantza peut coûter moins de 700 € (vol A/R et demi-pension). Bucarest commence à faire l'objet de séjours week-end, aux alentours de 450 €.

Les langues, la monnaie
Langue officielle: le roumain, qui est issu du latin. Langues étrangères: l'allemand surtout, mais aussi le français, souvent étudié. **Monnaie**: le leu ou lev (pluriel: lei), 1 € = 3,65 lei. Les grandes cartes de crédit sont utilisables dans la plupart des hôtels et commerces.

La population
22 276 000 habitants, parmi lesquels des minorités hongroise, allemande et serbe. **Capitale**: Bucarest.

Les religions
Sept habitants sur dix suivent le rite orthodoxe roumain. Minorités d'orthodoxes grecs et de musulmans.

Les fêtes
Août: Journées médiévales de Sighisoara, Festival de danse «Hora de la Prislop» sur le col de Prislop; **septembre**: «Sambra Oilor» (retour des troupeaux) à Bran et dans sa région.

Les achats
Nappes brodées, œufs peints, icônes, poteries, objets en bois sculpté.

Il faut vite quitter par le nord-est cette bâtisse pour découvrir le quartier ancien des négociants autour de la rue Lipscani, la rue Stavropoleos avec la petite église du même nom (arcades, balustrades de style brancovan, du nom du gouverneur de Valachie), la piata Universitatii, où eurent lieu les événements de 1989, et la salle de concert de l'Athénée roumain, aux délicats escaliers en marbre de Carrare. En outre, Bucarest possède des parcs vastes et populaires, tels le parc Cismigiu ou le parc Herastrau, qui renferme le «musée du Village».

Non loin de la capitale, le palais de Mogosaia est l'exemple type du style brancovan (avec ses arcades, ses loggias, ses balustrades).

Les monuments de **Iasi** méritent le détour, principalement pour les églises des Trois-Hiérarques et Golia ainsi que, dans les environs, pour le monastère de Cetatuia.

Créé par l'écrivain anglais Bram Stoker à la faveur de l'histoire vraie de Vlad l'Empaleur, prince de Valachie et héros national cruel mais respecté, le comte Dracula fait aujourd'hui l'objet d'un circuit touristique en **Transylvanie**, où Stoker a situé l'action: ledit circuit passe par Sighisoara, lieu de naissance de Vlad l'Empaleur; Sibiu, ville historique des Saxes, où le héros est censé avoir passé un an; enfin le château de Bran, réputé lui avoir servi de repaire. Cette version de l'histoire est très contestée dans le pays...

Les côtes

Les stations balnéaires les plus fréquentées de la **mer Noire** sont concentrées sur une cinquantaine de kilomètres de sable fin entre Constantza et la frontière bulgare. Les noms parfois futuristes de cette Riviera roumaine, tels Neptun, Olimp ou Saturn, contrastent avec l'architecture lourde de l'époque communiste.

La mer, les aérosols du type sodium ou chlore, le sel et la boue se conjuguent pour donner à certaines stations (Eforie, Neptun, Mangalia) une réputation internationale en matière de cures. En outre, les prix sont très avantageux.

Les paysages et les randonnées

Les randonnées d'été et le ski bénéficient de structures d'accueil correctes dans les **Carpates**. Le **massif de Maramures**, couvert d'épaisses forêts, est l'un des plus intéressants, alors que les **monts Apuseni** offrent de nombreux atouts naturels (grottes, chutes, avens, dolines). La région des **monts Bucegi** vaut par ses murailles de grès, la richesse de la faune et de la flore, les possibilités de ski.

Les cent soixante-huit stations de cures constituent un argument touristique réel pour le pays. Si la côte regroupe la plupart d'entre elles, les Carpates en possèdent aussi.

QUAND PARTIR ?

	Mer Noire	Intérieur et delta du Danube
Janvier		
Février		
Mars		
Avril		☼
Mai		☼
Juin	☼	☼
Juillet	☼	
Août	☼	☼
Septembre	☼	☼
Octobre		☼
Novembre		
Décembre		

La faune et la flore

Le **Danube** termine sa longue course par un généreux delta qui a le privilège d'être épargné pour l'instant par le grand tourisme. Il est à l'origine de la plus grande réserve naturelle d'Europe, déclarée «Réserve de la biosphère» par l'Unesco: trois cents espèces d'oiseaux (dont des pélicans, spatules, ibis, tadornes), soixante espèces de poissons, mille cent variétés de plantes. Dans les montagnes de l'intérieur, on compte soixante-dix réserves naturelles. ■

LES CONSEILS GEO

▶ Les plus

Une bonne complémentarité entre tourisme culturel et tourisme balnéaire.

Des rivages de la mer Noire meilleur marché que ceux de la Méditerranée et de larges possibilités de cures.

La popularité de la langue française.

▶ Les moins

Les (petits) excès de l'exploitation touristique du mythe de Dracula.

▶ Les précautions

Même si l'on doit être vigilant sur certains lieux touristiques ou dans les grandes villes, le pays est globalement sûr.

▶ Les tendances

La mer Noire et ses côtes plutôt bon marché continuent d'attirer les estivants d'Europe de l'Ouest.

Un zeste d'insolite est offert aux amateurs de faune et flore par le delta du Danube.

Un frisson d'intérêt est né pour l'historique Sibiu depuis qu'elle a gagné ses galons de ville européenne de la culture 2007.

Royaume-Uni

Si l'on sait dépasser les faubourgs de Londres, on s'apercevra combien le cœur du Royaume-Uni mérite d'être mieux exploré. L'Ecosse, ses lacs, ses châteaux et ses îles, le charme de la campagne anglaise, les chemins légendaires du roi Arthur et le raffinement des jardins, le pays de Galles et l'Irlande du Nord : autant de lieux, proches et faciles d'accès, à découvrir…

Angleterre

Les villes et les monuments

A **Londres**, la relève de la garde à **Buckingham Palace** (tous les jours d'avril à fin juillet, tous les deux jours le reste de l'année) est aussi banalement touristique que la visite de la tour Eiffel à Paris. On peut découvrir des salles du palais en août et septembre, ainsi qu'une galerie de peinture (Rembrandt, Rubens) et la Queen's Gallery.

La ville, l'une des plus étendues du monde, a largement de quoi occuper le regard une fois quittées les grilles du palais:

– l'**abbaye de Westminster**, l'édifice auquel les Anglais sont le plus attachés car tous leurs souverains y ont été couronnés;

– le **palais de Westminster**, siège du Parlement, surmonté de l'emblématique horloge Big Ben;

– la **cathédrale Saint-Paul**, célèbre pour son dôme et son architecture baroque, qui domine les bureaux de la City;

– la **Tour de Londres**, forteresse aussi connue pour son rôle passé de prison que pour celui de gardienne des Joyaux de la Couronne;

– le **Tower Bridge**, avec ses tours gothiques et son système à bascule, opérationnel jusqu'en 1976;

QUE VOIR EN ANGLETERRE ?

Les villes et les monuments

- Londres, York, Bath, Bristol, Derby, Liverpool, Oxford, Cambridge, Nottingham
- Cathédrale de Canterbury, château de Windsor, Stonehenge
- Tintagel, Gladstonbury (légende du roi Arthur)

Les paysages

- Cotswolds, vallée de la Tamise, Cornouailles, Lake District, Peak District

Les côtes

- Brighton, plages du Kent et de Cornouailles

Juste de l'autre côté de la Manche, la douceur de la campagne et des jardins du Sussex, ici hérissé du château d'Arundel.

Le British Museum, l'un des plus grands et des plus riches musées du monde.

– le **British Museum**, l'un des grands musées mondiaux, gratuit par tradition, où l'on trouve de riches collections d'antiquités égyptiennes, grecques, romaines et de l'Extrême-Orient;
– la **British Library**, avec ses livres, manuscrits et partitions célèbres;
– la **National Gallery**, qui renferme de célèbres chefs-d'œuvre des écoles de peinture italienne, flamande et hollandaise;
– la **Tate Britain** (ex-Tate Gallery), avec Turner et des œuvres des préraphaélites;
– la **Tate Modern**, qui donne à Londres le grand musée d'art moderne qu'il lui manquait;
– le **Victoria and Albert Museum**, musée des arts décoratifs (célèbres coffres, lits, vaisselle);
– le musée de cire **Madame Tussaud's**, aussi populaire que le musée Grévin à Paris mais à peine plus que le musée Sherlock-Holmes, le musée Charles-Dickens ou encore le Geffrye Museum;
– les pubs, les quartiers et places célèbres (Soho, Trafalgar Square, Piccadilly Circus);
– les **parcs** (Hyde Park, Kensington) et jardins (jardins botaniques royaux de Kew Gardens).

Ce chapelet de lieux réputés, l'ambiance nocturne, quelques traditions (le shopping dans Oxford Street et Regent Street, les vénérables magasins tels Harrods ou Selfridges), les marchés de **Covent Garden** et **Camden Town**, le carnaval de **Notting Hill** (à forte consonance jamaïcaine), le marché aux puces de **Portobello**, les soldes de fin d'année (Post-Christmas Sales) et un site privilégié sur la Tamise font de Londres une grande des-

LE CARNET DE VOYAGE

Les premiers contacts
Visit Britain, Paris, 0825.83. 82.81.
www.visitbritain.com, www.visitlondon.com www.visitscotland.com, www.visitwales.com, www.discoverireland.com (pour l'Irlande du Nord)

Les formalités
Pour les autres ressortissants UE, carte nationale d'identité ou passeport.

La santé
Aucun problème.

Le voyage, le décalage
Durée moyenne du vol Paris-Londres/Heathrow (346 km): 45 minutes; Paris-Glasgow (896 km): 1h45; Paris-Cardiff (457 km): 1h50.
Bateau: de France, très nombreux départs quotidiens avec embarquement de la voiture possible pour Douvres, Newhaven, Poole, Portsmouth, Plymouth, Jersey; de Belgique, pour Hull ou Rosyth (Ecosse).
Train: Eurostar, de Paris-Gare du Nord à Londres-Saint Pancras (2h15) via Eurotunnel; le Shuttle fait traverser les passagers et leur voiture en 35 minutes entre Calais/Coquelles et Folkestone.
Lorsqu'il est midi en France, au Royaume-Uni il est 11 heures.

Le coût moyen d'un séjour
Formule agréable et indépendante pour voyager au Royaume-Uni: le bateau + le passage de la voiture personnelle + le logement.
Londres: pléiade de formules «week-end» en train (Eurostar) ou avion (aux alentours de 250 € pour le vol A/R et 2 nuits d'hôtel). Randonnée accompagnée en Ecosse: environ 1 400 € pour 15 jours.

Les langues, la monnaie
Langues: si l'anglais est langue officielle depuis environ six cents ans, il voisine, au gré des régions, avec le gaélique (ouest de l'Ecosse, îles Hébrides, en partie Irlande du Nord), le gallois (un cinquième de la population galloise), le manx dans l'île de Man et un français discret dans les îles Anglo-Normandes.
Monnaie: la livre sterling (pound) est subdivisée en 100 pence. 1 € = 0,74 livre sterling.
Les îles Anglo-Normandes, l'île de Man et l'Ecosse frappent leur propre monnaie, de valeur équivalente à la livre sterling mais non acceptée dans les autres parties du Royaume-Uni.

La population
Les Anglais représentent la grande majorité des 60 776 000 habitants du Royaume-Uni. Suivent l'Écosse (5 200 000 habitants), le pays de Galles (2 800 000 habitants), l'Irlande du Nord (1 600 000 habitants).
Londres, capitale: environ sept millions d'habitants, douze millions pour le Grand Londres.

Les religions
Le protestantisme dominant se reconnaît dans l'Eglise anglicane (57 %), église officielle, et l'Eglise d'Ecosse (presbytérienne). L'Eglise catholique romaine réunit 13 % de la population.
En Irlande du Nord, on compte 54 % de protestants et 42 % de catholiques.

Les fêtes
Mai: Festival (musique et art) de Glastonbury; **juin:** «Tourist Trophy» sur l'île de Man; **en été:** «Fringe Festival», festival artistique, et «Military Tattoo», célèbre parade militaire, à Edimbourg; **dernier week-end d'août:** carnaval de Notting Hill (banlieue de Londres).

Les achats
Londres: grand classique chez Harrods, esprit baba cool à Carnaby Street, tous styles à Oxford Street, puces du week-end à Camden Town, Portobello et Covent Garden, soldes d'après Noël (Post-Christmas Sales).
Ecosse: vêtements en shetland ou tweed, whisky et bière (ale).

A Londres, la célèbre horloge Big Ben et la Grande Roue du dôme du Millénaire.

tination urbaine européenne.

En outre, la ville est de toutes les mutations, les précède, ou se plaît à bousculer les tendances : ainsi ne jure-t-on plus aujourd'hui que par la naissance touristique de lieux oubliés ou modestes, témoin le populaire East End, Canary Wharf et les Docklands. Le Design Museum, le musée du Vin, le musée du Football sont également tendance. Moins réussie a été l'ouverture en 2000, à proximité de Greenwich et de son méridien, du «Dôme du Millénaire».

Les autres villes anglaises souffrent de la comparaison :

– **York** est celle qui a le mieux conservé son patrimoine médiéval (sa cathédrale, Minster, est une réussite du style gothique, comme ses rues étroites, les snickelways, et ses maisons à colombages) ;

– **Bath**, ancienne station thermale romaine, fut recherchée par l'aristocratie au XVIIIe siècle et en récolta une architecture néoclassique hors pair (Royal Crescent) ;

– **Bristol** est dynamisée par son université, son port aux deux navires de légende (le *SS Great Britain* et le *Mathew*), ses bateaux-taxis mais aussi par la délicatesse du style gothique perpendiculaire de l'église Saint Mary Redcliffe et le Clifton Bridge, étonnant pont suspendu sur la vallée de l'Avon ;

– **Derby**, qui renferme une très vieille cathédrale (943), est la capitale de l'ale, la plus symbolique des bières ; elle renferme aussi la manufacture qui a fabriqué le service de table en porcelaine du tristement célèbre *Titanic*, sur le site du Royal Crown Derby Visitor Centre ;

– **Liverpool**, malgré la réputation de son architecture, de sa cathédrale en

QUAND PARTIR ?

	Climat	Beauté des jardins et des couleurs
Janvier		
Février		
Mars		
Avril		
Mai	☼	✿
Juin	☼	✿
Juillet	☼	
Août	☼	
Septembre	☼	✿
Octobre		✿
Novembre		
Décembre		

grès rouge, de son musée (Walker Art Gallery, riche de collections de peinture britanniques et de plusieurs préraphaélites) est trop identifiée aux Beatles pour ne pas promouvoir le musée qui retrace leur histoire (Britannia Pavilion);

– **Manchester** a quitté son habit de ville ouvrière pour faire triompher celui de son club de foot, l'«United», devenu objet de pèlerinage au sein d'une ville en pleine mutation;

– **Oxford** et **Cambridge** valent par l'architecture et l'atmosphère de leurs collèges, ainsi que par la qualité de leurs musées (Ashmolean Museum à Oxford, Fitzwilliam Museum à Cambridge);

– **Stratford-on-Avon** perpétue le souvenir de Shakespeare (maison natale, tombeau dans Holy Trinity Church, Shakespeare Memorial).

Si les plus célèbres monuments se trouvent à Londres, d'autres ne leur cèdent en rien:

– le tout proche **château de Windsor**, résidence royale et plus grand château du pays, dominé par la beauté de la chapelle Saint-Georges;

– la délicate **cathédrale de Canterbury**, son dessin gothique du XIIe siècle et ses vitraux;

– la cathédrale romane de **Durham** et la cathédrale, en gothique primitif, de **Wells**;

– les châteaux ponctuant la région d'**Harrogate** (Castle Howard, Harewood House), au nord de Leeds;

– dans le Weltshire, non loin de Southampton, les mégalithes de **Stonehenge**, dont les premières étapes de la construction datent de la fin du néolithique; ils gardent le secret de leur origine, malgré la ferveur des «néodruides».

La légende qui gravite autour du roi Arthur offre un itinéraire insolite: il mène du **château de Tintagel**, en Cornouailles, bâti sur le site qui aurait vu naître le célèbre roi, à Gladstonbury, où seraient le tombeau du roi Arthur et le Graal «quêté» par les chevaliers de la Table ronde. Autre site de renom: la lande du parc national des Yorkshire Dales, qui ont vu vivre et écrire les sœurs Brontë, à Haworth.

Les paysages

La modestie de l'altitude est compensée par le charme de la campagne et le soin qu'apportent les Anglais aux jardins, principalement dans le Kent, le Surrey et le Sussex. Autres centres d'intérêt: les douces vallées de la région des **Cotswolds** et, dans leur prolongement, la **vallée de la Tamise**, de Windsor à Oxford, avec un arrêt obligé à **Eton College**; la **Cornouailles**, au climat doux et aux grandes légendes (Lancelot, Merlin, la dame du Lac, Excalibur); les parcs nationaux du **Yorkshire** (North York Moors, Yorkshire Dales).

Au centre, dans le parc national de **Peak District**, les landes, le grès et les gorges de la Dovedale valent le déplacement.

Tout au nord, à la lisière de l'Ecosse, le **Lake District** est parsemé de dix-sept lacs au pied d'une jolie région

L'Ecosse offre la découverte de ses nombreux châteaux, souvent au bord d'un lac. Parmi eux, Eilean Donan Castle.

Au bout de la Cornouailles, le petit port de Mousehole, tout en rues étroites.

de moyenne montagne, avec, notamment, le Cartmel Priory (la «cathédrale des lacs») et Kirkstone Pass.

Les côtes

La longue plage de **Brighton** et les autres rivages du **Kent** sont très appréciés, entre autres pour leur raffinement. Les côtes du Yorkshire (Filey, Bridlington, Whitby), les stations balnéaires de l'**île de Wight**, les rivages de la **Cornouailles**, qui permettent parfois la pratique du surf (Torquay), connaissent également une activité touristique soutenue, jusqu'aux îles Scilly, où macareux et phoques gris ne sont pas rares. Si le non-habitué trouve la Manche trop fraîche, il peut enrichir son voyage par la visite des villages de pêcheurs et de leurs pubs, par exemple à Old Leigh, ou par celle des imposantes falaises blanches qui dominent la Manche autour de **Beachy Head**.

Ecosse

Les paysages

L'Ecosse varie à souhait les paysages, surtout dans le nord grâce aux reliefs des Highlands. La lande écossaise n'est jamais aussi belle que lorsque la bruyère l'envahit en automne et répond au vert des collines ou au jaune vif des genêts.

En venant d'Angleterre, le visiteur découvre les **Borders** et se laisse séduire par les châteaux, les manoirs et les panoramas (rivière Tweed) évoqués par Walter Scott.

Le voyage vers le nord conduit aux fameux lacs écossais (lochs) : ils se comptent par centaines, mais si l'on doit n'en approcher qu'un, ce sera le **loch Ness**, où le présupposé et toujours invisible monstre continue d'engendrer un fort tourisme. Aussi spectaculaires sont le **loch Morar** et les hautes buttes dénudées de la région du **loch Assynt**.

QUE VOIR EN ECOSSE ?

Les paysages
- Borders, lacs (loch Ness)
- Archipels (Hébrides, Orcades, Shetland)

Les monuments
- Châteaux et manoirs

Les villes
- Edimbourg, Glasgow

La faune
- Macareux, cormorans, chouettes des neiges, aigles pêcheurs

La plupart des lochs sont visibles par beau temps à partir du Ben Nevis, point culminant du royaume et objet de (faciles) ascensions en été, comme son «rival», le Ben Macdui, dans le parc des Cairngorms.

Aussi couru que l'itinéraire des lochs est celui du whisky, le long de la **vallée du Spey**: une manière de conjuguer l'attrait des paysages et les traditions consiste à suivre la «route du whisky» qui permet de découvrir les plus vieilles distilleries du Royaume-Uni (fin du XVIIIe siècle), au rythme de noms aussi fameux que Chivas ou Glenfiddich.

Des côtes hérissées de falaises des Highlands ressortent parfois les ruines d'un château, à moins que le Gulf Stream n'ait permis, comme dans Gruinard Bay, la pousse de myosotis, d'eucalyptus ou de palmiers... La plus belle grotte du Royaume-Uni, la grotte marine de Fingal, se trouve ici : ses parois s'ornent de murailles de basalte qui s'apparentent parfois à des orgues.

En Ecosse, le château d'Edimbourg, forteresse bâtie sur un rocher volcanique.

Les chapelets de trois archipels, les **Hébrides**, les **Orcades** (avec le site du cercle de pierres de Brodgar) et les **Shetland**, rivalisent de landes, de lochs et de côtes profondément découpées, au large desquelles évoluent dauphins et baleines. L'**île de Skye** impressionne par ses falaises terminées par l'«Old Man of Hoy», une aiguille de pierre de 137 m de haut, véritable phare naturel.

Les monuments

Il y a pléiade de châteaux et de manoirs. Les plus réputés: Tantallon Castle, Hopeton House (région du Lothian); Floors Castle, Mellerstain House, Traquair House, Abbotsford House (Borders); Castle Campbell, Doune Castle (région du Centre); Glamis, où Shakespeare a situé *Macbeth*, Dunnottar Castle (côte est, perché sur un promontoire en bord de mer) et enfin les châteaux de la vallée de la Dee.

La plus romantique des îles Hébrides, Iona, qu'ont évoquée Jules Verne, Stevenson et Walter Scott, reçoit trois cent trente jours de pluie par an mais abrite des églises et surtout la nécropole où sont enterrés quarante rois d'Ecosse, dont Macbeth.

Quant aux Orcades, elles abritent des sites néolithiques celtes et vikings que l'on peut découvrir à l'occasion de randonnées faciles.

Les villes

Glasgow garde l'empreinte du décorateur Charles Mackintosh qui, au début du XXe siècle, a achevé sa remarquable école d'art située au 167, Renfrew Street. Cette école ainsi que les musées (Burrell Collection, Gallery of Modern Art, Kelvingrove, Hunterian) constituent de véritables passages obligés dans la ville.

Edimbourg se partage en une ville moderne (façades géorgiennes, hôtels particuliers) et Old Town, la ville ancienne (citadelle, trésors royaux, palais de Holyrood), qui offre des points de vue sur l'estuaire du Forth. La zone portuaire de Leith, au nord, tend à devenir peu à peu un quartier branché. La ville, qui se visite en suivant le Royal Mile, renferme un musée du Whisky.

La faune

Les archipels et les îles du nord sont autant de terrains de découvertes pour l'ornithologue, qui y trouve des cormorans, des macareux, des chouettes des neiges, des aigles pêcheurs.

Pays de Galles

Les paysages

Le pays de Galles recèle de nombreux et jolis coins de nature :

– le parc national de **Snowdonia** autorise randonnées et escalades, par

QUE VOIR AU PAYS DE GALLES ?

Les paysages

- Parcs nationaux (Snowdonia, Brecon Beacons)
- Côte sud, lac Vyrnwy

Les villes et les monuments

- Cardiff
- Châteaux (Caernarfon), Porthmadog

South Stack, sur l'île galloise d'Anglesey en face de Dublin, et ses abruptes falaises battues par les flots.

En Irlande du Nord, la chaussée des Géants dans le comté d'Antrim fait défiler ses prismes de basalte.

exemple jusqu'au sommet du Snowdon (1085 m seulement mais plutôt difficile), après être parvenu dans les environs grâce à un train à vapeur vieux de près d'un siècle, d'où l'on a pu découvrir une infinité de moutons, de bruyères et de fougères; le village de Portmeirion (à l'architecture surprenante), les sites d'Anglesey et de Llyn sont les autres atouts de la région;

– la côte sud, entre Cardiff et Swansea, est très prisée des Anglais, qui établissent leurs quartiers d'été dans des stations balnéaires tranquilles, aux longues plages et aux idées de balades multiples comme The Mumbles, dans la péninsule de Gower; en continuant vers l'ouest, jusqu'à la côte du **Pembrokeshire**, les sites et les criques sont plaisants (**Saint David's** mais surtout **Tenby**). Non loin de Tenby, les îles du Pembrokeshire, entre autres Skomer, abritent de nombreux oiseaux de mer mais aussi des phoques;

– le parc national de **Brecon Beacons** ou les abords du **lac Vyrnwy** constituent d'autres motifs pour s'échapper au cœur de la nature.

Les villes et les monuments

Cardiff a pris un coup de jeune avec la rénovation des docks de Cardiff Bay, devenu le dernier quartier branché (un peu trop). Le Millenium Stadium, qui a envoyé le légendaire Arm's Park au rayon nostalgie, est dans la même veine. Le château donne le change à cette volonté futuriste, comme le National Museum and Gallery, dont la collection d'impressionnistes vaut le détour.

A la fin du XIIIe siècle, le roi Edouard Ier a fait ériger une vingtaine de châteaux pour préserver le pouvoir des Anglais. Les châteaux de Beaumaris, Conwy, Harlech et surtout **Caernarfon** sont les mieux préservés.

Une curiosité dans le Gwynedd: **Porthmadog**, site de la plus ancienne compagnie ferroviaire du monde, la Rheilffordd Ffestiniog Railway.

Irlande du Nord

Les paysages

L'Irlande du Nord a peu à offrir mais sa grande attraction, la **chaussée des Géants**, sur la côte nord dans le comté d'Antrim, rattrape largement cette discrétion: des milliers de prismes de basalte se succèdent, entre lesquels le vent joue à émettre les sons les plus divers les soirs de houle. L'endroit est bordé de falaises et de baies qui contribuent à accentuer cette atmosphère insolite.

QUE VOIR DANS LES ILES ?

■ IRLANDE DU NORD

Les paysages

Chaussée des Géants

Les villes

Belfast, Armagh, Derry

■ ILES ANGLO-NORMANDES

Les paysages

Jersey, Guernesey, Sark

Au sud de Belfast, dans le comté de Down, le parc national des monts Mourne se prête à la randonnée et à la pêche.

Les villes

Belfast a peu de grands atouts, mais son port a vu la construction du *Titanic*, honoré aujourd'hui par un musée et un festival au printemps.

Deux autres villes méritent largement un détour : **Armagh** (église édifiée par saint Patrick) et **Derry** (vieille ville fortifiée du XVIIe siècle).

■ Iles Anglo-Normandes

Les paysages

Les îles Anglo-Normandes sont imprégnées du souvenir de la présence de Victor Hugo (Hauteville House, à **Guernesey**, peut être visitée d'avril à septembre inclus). Guernesey, Jersey et Sark sont certes un lieu de shopping intéressant, mais valent avant tout par l'harmonie des paysages fleuris, les falaises riches de la présence d'oiseaux marins, les plages, les criques, les petits ports, un habitat coquet, des vestiges mégalithiques, des manoirs, des musées et des châteaux. Les assoiffés de romantisme et de solitude seront comblés par la visite hors saison de l'îlot de Herm, à l'est de Guernesey.

Jersey, souvent considérée comme l'un des endroits du Royaume-Uni les plus propices à la randonnée, bénéficie également d'une bonne réputation gastronomique.

Sark est avant tout une île sans voitures : elle tire de ce bienfait écologique et de ses jolies baies un juste succès touristique. ■

LES CONSEILS GEO

▶ Les plus

Une proximité qui favorise les formules «week-end» et le grand intérêt soulevé par Londres.

La diversité géographique et culturelle (jardins, châteaux, lochs), soutenue du nord de l'Ecosse jusqu'au Kent.

L'amélioration de la situation politico-religieuse en Irlande du Nord.

▶ Les moins

Un coût de la vie touristique très élevé à Londres.

▶ Les précautions

La menace d'attentats est latente, plus préoccupante que l'aptitude à conduire à gauche, qui s'acquiert assez rapidement.

▶ Les tendances

Londres, ville jeune et dépaysante, n'arrête pas d'attirer. Elle fait l'objet d'un flot de propositions, les soldes de fin d'année et le carnaval de Notting Hill étant des exemples de «tendances dures». Néanmoins, il faut suivre l'évolution des quartiers et celle des formules de voyages, ces deux aspects étant liés car variant sans cesse au gré des modes.

La seigneurie Mansion à Sark, île Anglo-Normande qui connaît de belles floraisons.

Russie

Le «pays où il ne fait jamais nuit» possède en Moscou et en Saint-Pétersbourg deux joyaux de renommée mondiale, agrémentés des villes à l'architecture médiévale de l'«Anneau d'or». Mais le potentiel touristique du pays s'élargit sans cesse : croisières sur la Volga, balades autour du lac Baïkal et, dernière tendance en date, dans la presqu'île du Kamtchatka, en attendant une mise en valeur plus importante de la Sibérie.

Les villes

Ville de culture (cent cinquante musées dont le musée Pouchkine avec des œuvres de Rubens, de Rembrandt, des grands impressionnistes) et d'art (quarante théâtres ou salles de concert, dont le Bolchoï), **Moscou** renferme le Kremlin et ses presque trente hectares parsemés de palais, de cathédrales et d'églises, dont certains sont presque millénaires. Sur l'un de ses côtés, le Kremlin laisse apparaître la célèbre place Rouge et ses fleurons (mausolée Lénine, cathédrale Basile-le-Bienheureux aux bulbes splendides). Les palais (Ostankino, Kouskovo), les églises baroques (Kadachi et ses coupoles vertes) et le monastère Novodievitchi, au pied duquel reposent, entre autres, Gogol, Tchekhov et Khrouchtchev, sont les autres grands rendez-vous de la ville qui efface à grands traits son passé communiste, autant dans son architecture (réhabilitation ou rénovation des édifices religieux) que dans son économie (néocapitalisme générateur de nouvelles inégalités). **Saint-Pétersbourg**, ex-Leningrad et «Venise du Nord», est bâtie sur la Neva et sur des dizaines d'îlots ou de canaux propices à une découverte en bateau des façades baroques des palais, qui font la particularité et la célébrité de la ville. Elle est la plus belle cité du pays parce que, au début du XVIIIe siècle, Pierre le Grand a choisi d'en faire la vitrine de la puissante Russie tsariste. Il est un moment de l'année, en juin, où elle devient encore plus belle, quand les jours s'allongent à un point tel que le crépuscule ressemble à l'aube ; les nuits sont alors dites «blanches» et font l'objet d'un festival enchanteur avec force ballets et concerts.

QUE VOIR, QUE FAIRE EN RUSSIE ?

Les villes
- Moscou, Saint-Pétersbourg

Les monuments
- «Anneau d'or» de la Grande Russie

Les paysages
- L'ouest
Volga (croisières Moscou-Saint-Pétersbourg)
Lacs (Ladoga et Onega), Carélie
- Le sud
Le Grand Caucase
- La Sibérie
Lac Baïkal, fleuves (Léna, Ob), Kamtchatka, îles Kouriles

Les côtes
- Plages de la mer Noire (Sotchi), croisières

A Moscou, la délicatesse de la cathédrale Basile-le-Bienheureux et de ses bulbes saute aux yeux du visiteur en arrivant sur la place Rouge.

A Moscou, la cathédrale de la Dormition, où les tsars étaient couronnés.

La perspective Nevski, bordée de palais et de théâtres, est à Saint-Pétersbourg ce que les Champs-Elysées sont à Paris. La cathédrale Saint-Pierre-et-Paul (où reposent les Romanov et désormais Nicolas II), la cathédrale Saint-Isaac, l'église de la Résurrection, l'institut Smolnyi, le palais-musée de Saint-Nicolas-des-Marins, l'Amirauté et sa girouette d'or, la maison de Pouchkine, les icônes de la cathédrale Sainte-Sophie et le cimetière Piskarevo sont les autres attraits de la ville, qui s'enorgueillit d'une grande réputation culturelle. Avec quatre millions et demi d'entrées par an, situé sur l'emplacement du palais d'Hiver, le musée de l'Ermitage, où se côtoient les grandes époques de l'art mondial, des Renoir, des Van Gogh, des Rembrandt, des Raphaël, des Pissaro, des Matisse, des Léonard de Vinci et surtout le trésor des Scythes, est la plus grande institution du genre après le Metropolitan Museum of Art de New York.

Autres marques culturelles : le théâtre Pouchkine, le Mariinsky, nouveau nom du théâtre Kirov qui vit débuter Noureïev, le Musée russe et sa statue de Pouchkine.

LE CARNET DE VOYAGE

Les premiers contacts
Service consulaire de l'ambassade, 40-50, bd Lannes, 75016 Paris, 01.45.04.05.50. www.russia.travel.com

Les formalités
Passeport nécessaire, valable encore six mois après le retour, visa obligatoire, obtenu auprès du consulat. Théoriquement, l'obtention du visa à titre individuel est liée à un «répondant» local (agence, hôtel, personne).

La santé
Aucun problème.

Le voyage, le décalage
Durée moyenne du vol direct Paris-Moscou (2478 km) : 2 h 40 ; Paris-Saint-Pétersbourg direct (2143 km) : 2 h 45. Lorsqu'il est midi en France, en hiver il est 14 heures à Moscou et à Saint-Pétersbourg, 17 heures à Irkoutsk et 21 heures à Vladivostok.

Le coût moyen d'un séjour
Un week-end 3 jours/2 nuits à Moscou ou à Saint-Pétersbourg revient environ à 500 € (avion + hôtel). Compter 1250 euros pour une dizaine de jours de croisière sur la Volga et environ 2500 € pour 15 jours d'escapade avec le Transsibérien.

Les langues, la monnaie
Le russe, qui est parlé par les quatre cinquièmes de la population, cohabite avec une centaine d'autres langues ou dialectes. Langue étrangère : l'anglais, surtout dans les villes. **Monnaie :** le rouble. Les US dollars sont bien acceptés, de préférence en petites coupures. 1 USD = 25 roubles, 1 € = 36 roubles. Importation et exportation de roubles interdites. Cartes de crédit dans les hôtels et les restaurants. Peu de distributeurs de billets et difficultés pour changer les chèques de voyage.

La population
Sur les 141378000 habitants, les quatre cinquièmes sont des Russes. Ainsi que le démontre le drame tchétchène, le désir d'autonomie des peuples qui composent le cinquième restant est patent depuis la chute de l'URSS.
Capitale : Moscou.

Les religions
Les chrétiens orthodoxes sont les plus nombreux. Importantes minorités juive, protestante et musulmane.

Les fêtes
7 janvier : Noël orthodoxe ; **7 février :** fête des «morses» ; **12 avril :** Journée des cosmonautes ; **solstice d'été :** «Nuits blanches» de Saint-Pétersbourg ; **décembre :** Festival de l'hiver russe à Moscou et Saint-Pétersbourg.

Les achats
Quatuor de circonstance : caviar, chapka (bonnet de fourrure), matriochkas (les fameuses poupées gigognes) et vodka. Sans oublier la balalaïka, guitare à trois cordes.

Fantaisie de la tsarine Elisabeth à Saint-Pétersbourg, le palais Catherine est d'inspiration à la fois baroque et néo-classique.

La visite de maisons ou musées consacrés à des personnalités telles que Dostoïevski, Gorki, Pouchkine ou Tolstoï est possible.

Les monuments

Si Saint-Pétersbourg et Moscou possèdent les monuments les plus connus, ceux des villes de l'«**Anneau d'or**», construits le plus souvent au XIIe siècle, ne leur cèdent en rien : **Souzdal** (kremlin, cathédrale de la Nativité, monastères, églises en bois), **Yaroslavl**, **Kostroma**, **Rostov, Vladimir** et sa Porte d'or, **Sergueiv Possad** (ex **Zagorsk**) et son monastère de la Trinité-Saint-Serge.

C'est dans cette partie du pays, creuset de la Sainte Russie, que les tsars ont commencé d'établir leur puissance qui s'est également manifestée à **Petrodvorets**, près de Saint-Pétersbourg, où Pierre le Grand a fait édifier l'équivalent du château de Versailles.

Autres monuments d'importance : le kremlin de **Kazan**, la capitale des Tatars ; les icônes de la cathédrale Sainte-Sophie, la citadelle et les églises du Moyen Age de **Novgorod** ; la citadelle, les églises et les couvents de **Pskov** ; l'opéra de **Novossibirsk**, ville qui est aussi une étape importante du Transsibérien, le vieux kremlin d'**Astrakhan**, ville qui fut une étape de la Route de la soie, aux abords du delta de la Volga ; les deux églises de l'ermitage de l'**île de Kiji**, sur le lac Onega.

Les paysages

L'ouest

Un moyen idéal d'englober les deux stars urbaines que sont Moscou et Saint-Pétersbourg est de les relier par une croisière sur la **Volga**, partie de l'une ou l'autre ville pour 2000 km

QUAND PARTIR ?

	Ouest (Moscou)	Est (Sibérie)
Janvier		
Février		
Mars		
Avril		☼
Mai	☼	☼
Juin	☼	☼
Juillet	☼	☼
Août	☼	☼
Septembre		☼
Octobre		
Novembre		
Décembre		

Les maisons flottantes donnent à la Volga, le plus long fleuve d'Europe, un charme tout particulier.

avec passage du canal Volga-Baltique et de ses écluses. La Volga connaît aussi désormais des croisières de Kazan à Astrakhan, en souvenir du périple entrepris par Alexandre Dumas. Le delta du grand fleuve, qui se jette dans la mer Caspienne, est un paradis pour les castors, les loutres, les otaries et... les pêcheurs à la ligne.

Au nord de Saint-Pétersbourg apparaissent les lacs Ladoga et Onega, aux abords desquels les maisons de bois constituent une originalité. Non loin de là s'étend une belle région de forêts bien peu courues, sauf par les cerfs et parfois les loups: la **Carélie**. Ces paysages viennent rappeler que la Russie connaît également un été indien (bablietta) très populaire, notamment grâce aux pins, bouleaux, ormes et peupliers.

Le sud

Le **Grand Caucase** est un véritable mur de montagnes, comparable aux Pyrénées en bien des points sauf celui de l'altitude, plus importante. Le mont Elbrouz et ses 5 633 m sont agrémentés de glaciers, alors que les stations de sports d'hiver disséminées sur ses pentes sont propices à l'alpinisme et au ski. Sur le versant nord, les alentours de la ville d'Ordjonikidzé et de celle de Naltchik laissent apparaître nombre de forêts, de glaciers et de chutes.

La Sibérie

Les horizons éblouissants que beaucoup pensaient découvrir à travers les vitres du Transsibérien sont simplement intéressants et peuvent même parfois lasser, les 7 800 km n'échappant pas toujours à l'uniformité et à la monotonie et demandant six jours de voyage de Moscou à Pékin, via la Mongolie.

Heureusement, au bout de plus de quatre-vingts heures de voyage, survient le **lac Baïkal,** au milieu de la toundra. Riche d'une flore et d'une faune spécifiques (dauphins et phoques d'eau douce sur les îles Ouchkany), et plus grand réservoir d'eau douce du monde, long de 600 km et large de 50 km en moyenne, il est toujours attrayant, y compris au cœur de l'hiver, quand il permet de marcher sur une couche de glace épaisse d'un mètre ou d'entreprendre des randonnées de ski de fond dans ses alentours.

Quand la Sibérie aura augmenté son audience touristique, elle permettra au visiteur de rejouer l'épopée de

Le monastère de la Trinité-Saint-Serge à Sergueiv Possad, sur l'Anneau d'or.

LES CONSEILS GEO

▶ Les plus

Une des grandes destinations touristiques mondiales, d'une très grande diversité culturelle et naturelle.
L'ouverture de plus en plus nette du pays au voyageur individuel.
La découverte possible de régions sibériennes longtemps ignorées.

▶ Les moins

Des infrastructures touristiques encore inégales ou insuffisantes, d'où, par exemple, le coût élevé de l'hébergement touristique à Moscou.
L'ombre du drame oublié de la Tchétchénie et l'absence du sud-ouest du pays dans tout projet.

▶ Les précautions

Les républiques autonomes qui bordent le Grand Caucase (Tchétchénie, Ingouchie, Daghestan, Ossétie du Nord) sont formellement déconseillées au voyageur.

▶ Les tendances

Malgré un paysage assez souvent monotone, le Transsibérien fait toujours autant rêver le voyageur occidental. Les plaisirs en sont, par ailleurs, variés avec un Moscou-Pékin, certes, mais aussi un Moscou-Oulan-Bator-Pékin.
Les extrêmes reculent puisque les dernières destinations insolites, en ce qui concerne la Russie, sont le Kamtchatka et îles Kouriles.

Dersou Ouzala filmée par Kurosawa. En attendant, il peut s'essayer à une croisière sur l'**Amour** ou la **Léna**, où le regard s'arrête autant sur les monuments que sur le paysage. Autre grand fleuve sibérien, peu côtoyé : l'Ob, ses eaux claires et ses berges bordées de saules.

Les frontières touristiques sibériennes reculent sans cesse : ainsi peut-on aller aujourd'hui jusqu'à Krasnoïarsk et Norilsk, à l'embouchure de l'Ienisseï, fleuve qu'il est possible de descendre en bateau l'été.

Une extrémité de la Sibérie s'ouvre aux passionnés du volcanisme : la **presqu'île du Kamtchatka**, où plus de deux cents cratères entre la mer de Bering et la mer d'Okhotsk font de l'endroit l'un des hauts lieux du volcanisme actif mondial, avec, entre autres, les fontaines naturelles et brûlantes de la «vallée des geysers». Autres menus prometteurs : l'archipel François-Joseph, au nord de la Nouvelle-Zemble, où quelques privilégiés ont déjà foulé le sol arctique. A l'opposé, on découvrira, au nord-est du détroit de Bering, l'île de Wrangel et l'habitat des Tchoutchkes.

La plus grande aventure du futur touristique de la Russie pourrait toutefois se dérouler dans les **îles Kouriles**, entre la presqu'île du Kamtchatka et le Japon : paysages de volcans, déserts de lave, chutes, sources d'eau chaude, fjords, lacs de cratère, faune (colonies de phoques, deux cents espèces d'oiseaux).

■ Les côtes

La **mer Noire** est le seul endroit du pays vraiment propice à la baignade. La station balnéaire la plus connue, **Sotchi**, est le rendez-vous des célébrités et des élites, mais elle est aussi le lieu de départ de croisières sur la mer Noire. ■

Sénégal

Le «pays de la Teranga» présente le double avantage d'une côte baptisée par certains la «Californie africaine» et de régions qui, comme la Casamance ou le delta du Saloum, conjuguent très bien l'habitat, la végétation et la faune aquatique. Sans oublier l'argument historique de Saint-Louis et de Gorée.

Les côtes

Les plages de sable fin sont étendues, bien aménagées, souvent bordées de cocotiers et de filaos, ensoleillées quasiment toute l'année et rafraîchies par les alizés.

Les stations de la **Petite Côte**, au sud de Dakar, sont les plus connues : outre ses plages, **Saly** met à son crédit la pêche sportive, le golf et une ambiance nocturne. **Nianing** et **La Somone** sont plus réservées. Chaque station s'efforce cependant de donner une alternative «écotouristique» à l'aspect balnéaire.

Cap Skirring, sur la côte de la basse Casamance, est l'autre grand rendez-vous de la côte.

Les eaux poissonneuses de l'Atlantique se prêtent à la pêche sportive. Les carpes rouges, les barracudas, les marlins et les carangues attendent les amateurs de pêche au gros dans le **delta du Saloum**, joli fleuve que l'on découvre en pirogue à travers ses multiples bras (bolongs) et sa mangrove.

Les paysages et la faune

La **Casamance** et le parc national de Basse-Casamance comptent parmi les plus beaux paysages du Sénégal : on y découvre mangrove, filaos, marigots, forêts, arbres des régions tropicales (baobabs, palétuviers, flamboyants, fromagers).

L'estuaire et le cours du fleuve Casamance, le long duquel l'habitat et les traditions sont bien préservés, ajoutent à l'intérêt de l'endroit.

Près de Dakar, le **lac Rose** doit son

LE CARNET DE VOYAGE

Les premiers contacts
Bureau d'information touristique, 32, rue Le Peltier, 75009 Paris, 01.47.05.30.73. www.tourisme-senegal.com, www.au-senegal.com

Les formalités
Pour les ressortissants de l'Union européenne, du Canada, de Suisse, pas seport encore valable six mois après le retour suffisant. Ne pas oublier qu'en cas de passage en Gambie, un visa pour ce pays est nécessaire.

La santé
Vaccination vivement recommandée contre la fièvre jaune. Prévention indispensable contre le paludisme.

Le voyage, le décalage
Durée moyenne du vol Paris-Dakar (4206 km) : 5 heures ; Paris-Cap Skirring : 5 h 30. Lorsqu'il est midi en France, au Sénégal il est 10 heures en été et 11 heures en hiver.

Le coût moyen d'un séjour
Les premiers tarifs pour une semaine balnéaire comprenant le vol A/R et la demi-pension se situent aux alentours de 900 € en haute saison.

Les langues, la monnaie
Langue officielle : le français. Il est côtoyé par près de vingt langues, dont le wolof, prédominant. **Monnaie :** le franc CFA. 1 € = 655,957 francs CFA.

La population
Les Wolofs (40 %), les Pulaars, les Sérères et les Diolas composent l'essentiel des 12 522 000 habitants. **Capitale :** Dakar.

Les religions
Les musulmans sunnites sont très largement majoritaires (91 %). Minorités de catholiques et d'animistes.

Les fêtes
Janvier : «Tabaski» (fête du Mouton) ; **4 avril :** fête de l'Indépendance ; **mai :** Festival de jazz de Saint-Louis ; **octobre :** régates de Saint-Louis ; **Aïd el-Fitr :** fin du ramadan.

Les achats
Les statuettes en bois, les objets en cuir, les colliers de coquillages, les bijoux en argent, les instruments de musique.

Le delta du Saloum vient rappeler qu'au Sénégal l'attrait des fleuves vaut bien celui de l'océan.

QUE VOIR, QUE FAIRE AU SENEGAL ?

Les côtes

- Plages de la Petite Côte (Saly, Nianing, La Somone) et de la Casamance (Cap Skirring)
- Pêche au gros, pêche sportive, plongée
- Ecotourisme

Les paysages et la faune

- Casamance, lac Rose
- Parc national du Djoudj (oiseaux), delta du Saloum (oiseaux, faune aquatique) parc de Niokolo-Koba

Les villes et les lieux de mémoire

- Ile de Gorée
- Saint-Louis, Dakar, Ziguinchor

nom et sa couleur aux minéraux qu'il renferme. Non loin de La Somone s'étend la réserve de Bandia.
Les oiseaux sont rois : flamants, cormorans et sternes du parc national du **Djoudj** ; pélicans, flamants roses, sternes, spatules, hérons cendrés, ibis, guibs du parc du delta du Saloum. La présence de la faune animalière (parc de **Niokolo-Koba**) ou aquatique (delta du Saloum) prouve que le Sénégal n'est pas en reste dans ce domaine.

Les villes et les lieux de mémoire

Au large de Dakar, **Gorée** a été un centre important du commerce des esclaves vers l'Amérique avant 1848. Aujourd'hui classée, l'île, qui arbore de vieilles maisons coloniales, renferme une Maison des esclaves et un musée historique.
Trois villes méritent la visite:
– **Saint-Louis**, première implantation européenne en Afrique de l'Ouest, bâtie sur une île, vaut pour son pont Faidherbe, son quartier des pêcheurs, son architecture coloniale et son musée de l'Aéropostale.
– **Dakar** tire son intérêt de son site sur la presqu'île du Cap-Vert, de ses nombreux marchés et de son musée ethnographique ;
– **Ziguinchor**, agréable port de pêche, constitue aussi la porte d'entrée de la Casamance. ■

LES CONSEILS GEO

▶ Les plus

Un pays au tourisme varié, des plages agréables pendant une bonne partie de l'année et des tarifs balnéaires très abordables.
Le français comme langue de communication.
La nette amélioration de la situation en Casamance et le retour des touristes, qui permet la réouverture progressive des campements.

▶ Les moins

Quelques inconvénients climatiques entre avril et octobre dans le sud.

▶ Les précautions

Les régions proches de la frontière sud de la Gambie et de la Guinée-Bissau restent déconseillées. Les consulats sont à même de donner les précisions nécessaires au candidat au voyage dans ces contrées.

▶ Les tendances

Saint-Louis, comptoir français qui renaît de ses cendres trois siècles et demi après la construction du premier fort, et le *Bou-el-Mogdad*, un ancien navire des Messageries du Sénégal qui revient sur le fleuve du même nom pour des croisières : le nord du Sénégal prend un double coup de jeune et le voyageur adhère. Enfin, le touriste reprend goût aux chemins de la verte Casamance.

QUAND PARTIR ?

	Climat	Photos
Janvier	☼	
Février	☼	
Mars	☼	
Avril	☼	
Mai	☼	⋞
Juin		⋞
Juillet		⋞
Août		⋞
Septembre		⋞
Octobre	☼	⋞
Novembre	☼	
Décembre	☼	

QUE VOIR, QUE FAIRE AUX SEYCHELLES ?

Les côtes
- Mahé, Praslin, La Digue, Silhouette
- Plages, plongée, ski nautique, croisières, planche à voile, pêche au gros

Les paysages
- Parc national de la vallée de Mai à Praslin (palmiers et cocos de mer)
- Parc national du Morne seychellois à Mahé (randonnées)

La faune et la flore
- Tortues terrestres géantes, oiseaux, poissons tropicaux, flamboyants
- Lataniers, takamakas, vanilliers

Couleur turquoise de l'eau, sable très blanc, ciel très bleu : difficile de faire mieux ! L'argument balnéaire reste le plus fort dans cet archipel de cent quinze îles étalées sur mille deux cents kilomètres, mais l'intérieur des terres n'est pas en reste. Seul écueil : un coût du séjour élevé.

Seychelles

Les côtes

Les plages, disséminées sur cent quinze îles dont trente seulement sont habitées, méritent le qualificatif de «paradisiaques» : eau turquoise, sable blanc très fin, rangées de filaos en arrière-plan, caractérisent les rivages des îles granitiques telles que **Mahé** (la plus grande, riche de soixante-cinq plages), **Praslin** (et ses anses, les favorites de beaucoup) ou **La Digue** (qui arbore les fameux blocs de granit roses). Partout, le tourisme est soumis à des exigences écologiques qui tentent de demeurer strictes : pas plus d'un hôtel par île en dehors des plus

LE CARNET DE VOYAGE

Les premiers contacts
Office de tourisme, 18, rue Mogador, 75009 Paris, 01.44.53.93.20. Internet : www.seychelles.travel/fr

Les formalités
Pour les ressortissants de l'Union européenne, du Canada, de Suisse, passeport suffisant, valable encore six mois après le retour. Billet de retour ou de continuation et preuve de fonds suffisants exigibles.

La santé
Aucune vaccination.

Le voyage, le décalage
Durée moyenne du vol Paris-Mahé (7842 km) : 9 h 30.
Lorsqu'il est midi en France, aux Seychelles il est 14 heures en été et 15 heures en hiver.

Le coût moyen d'un séjour
Les tarifs du voyage aux Seychelles sont élevés : difficile d'imaginer un séjour d'une semaine en demi-pension avec des prestations annexes (liaisons inter îles, plongée) à moins de 2000 €.

Les langues, la monnaie
Langue officielle : le créole; le français et l'anglais ne sont pas rares.
Monnaie : la roupie seychelloise est subdivisée en 100 cents. Mais la monnaie locale sert peu car le touriste règle la quasi-totalité de ses achats en devises étrangères. L'euro est bien accepté. 1 € = 11,80 roupies seychelloises, 1 USD = 8,10 roupies seychelloises.
Les grandes cartes de crédit sont acceptées.

La population
La quasi-totalité des 81900 habitants, en majorité des Noirs ou des métis, vit dans l'île de Mahé qui comprend la capitale, Victoria.

Les religions
Neuf Seychellois sur dix sont catholiques, les autres étant surtout anglicans.

Les fêtes
Janvier : procession Kavardi; **29 mai :** fête de l'Indépendance; **octobre :** Festival créole (musique, poésie, théâtre).

Les achats
Parmi les produits locaux : des objets en bois exotique, des bijoux d'écaille, des batiks, des paréos, des cocos de mer.

Quiconque inventera un jour le Patrimoine mondial exotico-balnéaire devra y inclure les blocs de granit rose de La Digue.

importantes et aucun bâtiment plus haut que les cocotiers.
L'**île Silhouette** et sa forêt vierge favorisent un reposant isolement, et plus encore les atolls ou les récifs coralliens de l'ouest (îles Amarante, atoll d'Aladabra) et du sud de l'archipel (îles Farquhar), quasi inhabités et pour certains, comme Frégate, versés dans le grand luxe.
Avantagées par autant d'escales possibles, les croisières locales en voilier ou en catamaran se développent, principalement à partir de Mahé ou encore de Praslin.
Les visiteurs actifs pratiquent la plongée, facile (tuba) ou avec bouteilles. Les sites de plongée sont nombreux et les fonds sous-marins rivalisent d'intérêt et de beauté. Le ski nautique, la planche à voile, la croisière en catamaran ou la pêche au gros (marlin, thon, barracuda, poisson-épée) sont aussi de rigueur.

Les paysages

Les côtes constituent le point d'orgue des Seychelles, mais elles ne sont pas seules à justifier un séjour qui s'étend de plus en plus vers les îles du sud de l'archipel.
L'intérieur des terres, à la végétation luxuriante, est parfois comparable à celui de la Polynésie française. Les randonnées sont très agréables sur l'**île Praslin**, fière de son symbole national, la graine du coco de mer, qui s'apparente aux formes les plus suggestives du corps féminin au point d'avoir reçu le doux surnom de «coco-fesse». Les cocos de mer poussent seulement à Praslin, dans le parc national de la vallée de Mai et ses sept mille palmiers.
A Mahé, le parc national du Morne seychellois, à près de 1 000 m d'altitude, autorise de vraies balades de montagne, qui débouchent sur la découverte et la contemplation de panoramas côtiers saisissants.
L'architecture des maisons créoles, visible dès la petite capitale de Victoria, vaut qu'on s'y attarde, particulièrement les varangues (vérandas). De même, le Festival créole, fin octobre, mérite d'être connu.

QUAND PARTIR ?

	Climat	Mer calme et moins fréquentée
Janvier		
Février		
Mars		
Avril	☼	☼
Mai	☼	☼
Juin	☼	
Juillet		
Août		
Septembre	☼	☼
Octobre	☼	
Novembre	☼	
Décembre		

LES CONSEILS GEO

▶ Les plus

L'un des «paradis» insulaires des tropiques, qui bénéficie, de surcroît, d'une politique efficace de préservation des sites.
Une tentative louable de limiter la taille et la contenance des hôtels (interdiction de dépasser la cime des cocotiers).
L'avantage de pouvoir être compris en français çà et là.

▶ Les moins

La forte empreinte du tourisme haut de gamme et donc le maintien de prix élevés malgré quelques efforts récents pour les atténuer.
Un océan relativement agité par les alizés et une baignade parfois dangereuse entre juin et septembre.

▶ Les tendances

Les Seychelles comptent parmi les destinations favorites des organisateurs de voyages de noces. Tendance qui rejoint le raffinement des structures hôtelières et de remise en forme.

La faune et la flore

La tortue terrestre géante, qui vit à l'état sauvage dans l'atoll d'Aladabra (celui-ci grand réservoir de faune et appartenant au Patrimoine mondial de l'humanité) ou dans l'île de Cousin, cohabite avec les oiseaux, qui sont partout en nombre (perroquets noirs, sternes, frégates, pailles-en-queue) mais surtout dans les **îles Bird**, **Cousin** et **Denis**, où ils viennent nicher entre mai et novembre.
Quant aux poissons tropicaux, ils se laissent voir en deçà des nombreuses barrières de corail, que l'on soit adepte de la plongée ou qu'on les observe à partir d'un bateau à fond de verre.
La flore est riche (plus de quatre-vingts espèces) et ses noms sont évocateurs : flamboyants, lataniers, takamakas, vanilliers. Pour la découvrir, des circuits de randonnées sont prévus par les voyagistes, entre autres sur l'île Cousin. ■

Singapour, la «cité du Lion» créée au XIXe siècle par sir Raffles, balance entre une atmosphère lisse et sérieuse et la frénésie de ses commerces et de son business. Le mini-Etat, à l'architecture et aux communautés contrastées, est un bon point de départ pour des visites de la Malaisie ou de l'Indonésie.

Singapour

La ville et les monuments

Le « Manhattan de l'Asie » s'identifie au commerce. Forte de son statut de port franc, la ville écoule les produits les plus divers de la technologie moderne. Ce style de shopping – auquel il faut ajouter le textile – se pratique beaucoup sur **Orchard Road**, mais il est possible de faire d'excellentes affaires aux alentours de Chinatown.

Quels que soient le quartier et la nature de l'achat, on doit faire preuve de discernement car les économies réalisées ne sont plus aussi nettes qu'il y a vingt ans.

En dehors du commerce, ce mini-Etat riche et prospère vaut par une am-

LE CARNET DE VOYAGE

Les premiers contacts
Singapore Tourist Office, 2, place du Palais-Royal, 75001 Paris, 01.42.97.16.16. www.visitsingapore.com/fr

Les formalités
Passeport suffisant, valable encore six mois après le retour. Billet de retour ou de continuation exigible.

La santé
Aucune vaccination n'est requise.

Le voyage, le décalage
Durée moyenne du vol Paris-Singapour direct (11140 km) : 12 h 40. Lorsqu'il est midi en France, à Singapour il est 18 heures en été et 19 heures en hiver.

Le coût moyen d'un séjour
La visite de Singapour est presque toujours proposée en complément du voyage dans un pays voisin. Quelques voyagistes organisent des escapades éclair (3 nuits) à des tarifs raisonnables hors saison (environ 750 € vol A/R et hébergement).

Les langues, la monnaie
Langues officielles : l'anglais, le malais, le mandarin et le tamoul. **Monnaie :** le dollar de Singapour, subdivisé en 100 cents. 1 USD = 1,41 dollar de Singapour, 1 € = 2,08 dollars de Singapour. Les grandes cartes de crédit sont facilement acceptées.

La population
Son chiffre est très élevé (4553000 habitants) par rapport à la superficie et trois habitants sur quatre sont des Chinois. Les minorités sont composées de Malais, d'Indiens et de Tamouls. La ville de Singapour proprement dite comprend environ un million d'habitants.

Les religions
Les religions sont diverses : bouddhistes (28 %), chrétiens (19 %), musulmans (16 %), taoïstes (13 %), hindouistes (5 %), sikhs.

Les fêtes
Février : Nouvel An chinois ; **juin :** Festival des bateaux-dragons ; **9 août :** fête de l'Indépendance ; **octobre :** «Thimiti» (marche sur la braise) ; **novembre :** «Deepavali».

Les achats
L'artisanat et les textiles ont bien du mal à se frayer une place parmi l'électronique, la photo-vidéo, la hi-fi, l'informatique, la bureautique.

Au cœur de Singapour, les contrastes sont partout : quartiers, cuisines, communautés...

biance où classicisme et extravagance font bon ménage, et où les différentes communautés ont créé des quartiers typés, entre autres **Chinatown** (et son Chinatown Heritage Center) et **Little India**. Des habitudes typées également, entre autres culinaires, avec les quatre grandes cuisines : chinoise, indienne, malaise et peranakan, un mélange sino-malais.
Pour qui souhaite échapper un temps au tourbillon : les musées (Musée national, musée d'Histoire, musée des Civilisations asiatiques) ou, à quelques encablures, l'atmosphère relativement paisible des plages des îles de Sentosa et de Bintan («resort» en vogue qui appartient à l'Indonésie). La présence de quatre cultures nationales multiplie la richesse architecturale de l'endroit. Le **temple de Sri Mariammam** (hindou) côtoie celui des Mille-Lumières (bouddhiste) et la mosquée du Sultan. Quant à l'architecture occidentale, l'**hôtel Raffles**, monument national restauré en 1991, est l'un des édifices les plus prestigieux de l'époque coloniale.

QUE VOIR A SINGAPOUR ?

La ville et les monuments

- Orchard Road, Chinatown : commerce et détaxes (bureautique, photo-vidéo, hi-fi, informatique)
- Chinatown, Little India
- Musées, temples, mosquées, hôtel Raffles, jardins du Baume du tigre

La faune et la flore

- Parcs animaliers (Bukit Timah)
- Jardins japonais, botanique, zoologique

Un sujet de curiosité : les **jardins du Baume du tigre**, où des personnages gravés dans le roc racontent les légendes chinoises. Le baume en question est un onguent célèbre, inventé à Singapour.
Difficile d'échapper aux spectaculaires opéras de rue (wayangs), aux lieux de karaoké et aux parcs d'attraction, dont le Tang Dynasty City qui, entre autres, reconstitue les guerriers de Xian.

La faune et la flore

Plusieurs centres d'intérêt dans ce domaine : le **Jurong Bird Park**, le **Van Kleef Aquarium**, le jardin japonais, le jardin botanique et le jardin zoologique, visible de jour comme de nuit. Autre motif de balade : la très tropicale **Bukit Timah Nature Reserve**. ■

QUAND PARTIR ?

	Climat	Shopping
Janvier	☼	
Février	☼	
Mars		
Avril		
Mai		
Juin		
Juillet	☼	Grande braderie ⊙
Août	Averses ☼	
Septembre	☼	
Octobre		
Novembre	☼	
Décembre	☼	

LES CONSEILS GEO

▶ Les plus
Un microcosme porteur des contrastes de l'Asie.
Des achats de certaines catégories de produits assez nettement avantageux par rapport à l'Europe.

▶ Les moins
Un coût de la vie touristique relativement plus élevé que dans les pays voisins d'Asie du Sud-Est.

▶ Les précautions
Singapour a toujours été un endroit sûr pour le touriste, qui risque toutefois d'être surpris voire déçu par son aspect «politiquement correct». Une telle ambiance explique sans doute cette réputation de sécurité.

Les Hautes Tatras ont été baptisées «plus petites hautes montagnes du monde»: dix sommets s'y côtoient à plus de 2 500 m sur 26 km à peine...

Slovaquie

Avant la séparation d'avec les Tchèques, les Slovaques fondaient déjà l'essentiel de leur tourisme sur la moyenne montagne qui attire les randonneurs dans les Hautes Tatras mais également dans le Malá Fatra et les Beskides orientaux. La visite de Bratislava et de villes flanquées de châteaux constitue un bon complément.

LE CARNET DE VOYAGE

Les premiers contacts
Ambassade, 125, rue du Ranelagh, 75016 Paris, 01.44.14.56.00. Internet: www.slovakiatourism.sk/

Les formalités
Pour les autres ressortissants UE, passeport ou carte d'identité suffisant. Pour les Canadiens, passeport.

La santé
Aucun problème.

Le voyage, le décalage
Durée moyenne du vol Paris-Bratislava (1500 km, via Prague): 3 heures. Pas de décalage horaire.

Le coût moyen d'un séjour
Bratislava commence à se faire une place dans les villes européennes que l'on visite sur un week-end. Compter environ 500 € (3 jours/2 nuits, vol et chambre double). Le voyage d'une semaine basé sur la randonnée coûte autour de 1000 €.

Les langues, la monnaie
Langue officielle: le slovaque. Langues étrangères: l'allemand; peu d'échanges en anglais. **Monnaie:** la Slovaquie a transformé la couronne en couronne slovaque, qui n'est pas convertible en dehors du pays. 1 € = 33 couronnes slovaques.

La population
5448000 habitants. Importantes minorités hongroise (11%) et rom (9%). **Capitale:** Bratislava.

Les religions
Deux Slovaques sur trois sont des catholiques. Minorité de protestants.

Les fêtes
Mai: Festival musical, «la Lyre de Bratislava»; **juin:** Festival pop-rock à Bratislava; **juillet-août:** été culturel à Bratislava; **1er septembre:** Jour de la constitution de la République slovaque.

Les achats
Objets en céramique, mais aussi broderies, vanneries.

QUE VOIR, QUE FAIRE EN SLOVAQUIE ?

Les paysages et les randonnées

- Hautes Tatras, Basses Tatras, Malá Fatra
- Beskides orientaux, Karst

Les villes

- Bratislava, Trnava, Levoca, Trencín, Spis, Bardejov, Banska Stiavnica

Les paysages et les randonnées

Les **Hautes Tatras**, qui délimitent la frontière avec la Pologne, sont l'endroit le plus élevé et le plus intéressant du pays. Vallées, lacs glaciaires, crêtes rocheuses, faune (aigles royaux, loups, ours, chamois, marmottes) et flore peuvent être découverts par le randonneur sur les sentiers proches des crêtes ou, plus bas, sur le Magistrala, sentier de grande randonnée d'environ 50 km.

Autres sites des Hautes Tatras : la vallée de Roháce, avec ses quatre lacs, Zverovka et la vallée de Ziar. En hiver, les skieurs se retrouvent dans des stations particulièrement bien aménagées, comme Stary Smokovec, Strbské Pleso ou dans les environs de Tatranska Lomnica.

Les **Basses Tatras** (Donovaly, Certovica, Tále) rejoignent peu à peu leurs aînées sur le plan touristique grâce aux paysages du parc national Slovensky Raj, le «Paradis slovaque» : entre les rivières Hornad et Hnilec se déploie un paysage de forêts, cascades, falaises, marmites de géant et grottes aux formations de glace permanentes (Dobsinska).

Deux autres massifs, le **Malá Fatra**, dans l'ouest du pays, et les **Beskides orientaux**, aux confins de la Pologne et de l'Ukraine, font l'objet, avec le **Karst** slovaque (forêts et dolines), de randonnées. Ils confirment la vocation du pays pour un tourisme de moyenne montagne et comptent parmi les plus intéressants sites d'Europe centrale.

Les villes

Baignée par le Danube, **Bratislava** rayonne moins que Prague, mais la vieille ville vaut la visite. Le château, ancienne résidence royale qui abrite aujourd'hui le Musée national, surplombe le Danube.

La cathédrale Saint-Martin, le palais Mirbach (de style rococo), le palais du Primat et l'opéra sont les autres principaux attraits d'une capitale discrète mais intellectuelle, dynamique et dont on a une très belle vue depuis la «colline de Napoléon». Elle est, en outre, proche de Vienne (60 km).

A très peu de distance, les ruines du château de Devin et le confluent entre le Danube et la Moravie complètent un tableau encore trop peu connu des visiteurs.

Les églises gothiques (Saint-Nicolas) ou baroques (Saint-Jean-Baptiste), les maisons anciennes aux façades baroques et les restes de fortifications de **Trnava** méritent le détour, comme les maisons de style gothique et l'église Saint-Jacob (dotée d'un retable majeur) de **Levoca**, ainsi que le château royal (XIIIe siècle) de **Trencín** et surtout celui de **Spis (Spissky hrad)**, le plus imposant d'Europe centrale. Dans l'est, de nombreux villages sont dominés par des églises en bois.

Dans un pays où les châteaux et forteresses ne manquent pas, d'autres villes sont riches en monuments gothiques et Renaissance, telles **Bardejov** (cathédrale Saint-Egide et ses retables) et **Banska Stiavnica**. La Slovaquie possède aussi des stations thermales, telles que Piest'any. ■

LES CONSEILS GEO

▶ Les plus

Un pays agréable et assez bien diversifié sur le plan touristique.
Une destination capable de convenir à ceux qui ressentent parfois une certaine lassitude sous leurs chaussures alpestres ou pyrénéennes.
Un tourisme mal connu, qui doit encore gagner sa place sur l'agenda du voyageur.

▶ Les précautions

La Slovaquie est un pays plutôt sûr, toutefois une certaine vigilance s'impose dans la vieille ville de Bratislava et dans les trains.

▶ Les tendances

Le beau Danube, pas toujours bleu, sinue ici entre des capitales rapprochées. Aussi les croisières qui ajoutent Bratislava à Vienne et Budapest ont-elles le vent en poupe.

QUAND PARTIR ?

	Climat	Sports d'hiver dans les Tatras
Janvier		❄
Février		❄
Mars		❄
Avril		
Mai	☼	
Juin	☼	
Juillet	☼	
Août	☼	
Septembre	☼	
Octobre		
Novembre		❄
Décembre		❄

Slovénie

QUE VOIR, QUE FAIRE EN SLOVENIE ?

Les paysages et les randonnées
- Stations des Alpes juliennes (randonnées et ski), chevaux lipizzans, ours bruns
- Bled, Postojna (grottes)
- Stations thermales

Les villes
- Ljubljana, Maribor

La côte
- Koper, Portoroz, Piran

Agréable à voir et à vivre comme peut l'être un pays situé sur les contreforts des Alpes, la Slovénie a retrouvé le tourisme qu'elle connaissait avant le conflit de l'ex-Yougoslavie. Outre une frange côtière courte mais recherchée, elle propose au visiteur ses forêts et ses alpages, le site enchanteur de Bled, les grandes grottes de Postojna et les monuments de Ljubljana.

Les paysages et les randonnées

Les **Alpes juliennes**, couvertes de forêts, offrent en été la possibilité de gravir des sommets aux alentours de 2000 m. Elles ne sont jamais mieux résumées que par le parc national du Triglav et les stations qui l'entourent, propices à la randonnée ou au ski : Bohinj et son lac, Kranjskagora, Bovec et surtout **Bled**, blottie au bord d'un lac paisible et dans un site harmonieux qui vit défiler en son temps les membres de l'aristocratie autrichienne et hongroise.
Hormis les sites alpestres, la Slovénie fait valoir plusieurs atouts : la présence de karst a favorisé le creusement des **grottes de Postojna**, les plus grandes d'Europe (20 km de long), et de celles de Skocjan, liées au cours du fleuve

LE CARNET DE VOYAGE

Les premiers contacts
Office du tourisme, 38, av. de l'Opéra, 75002 Paris, 01.47.42.85.55. Internet : www. slovenia-info/fr/

Les formalités
Carte nationale d'identité ou passeport suffisant.

La santé
Aucun problème.

Le voyage, le décalage
Durée moyenne du vol Paris-Ljubljana (1200 km) : 1 h 30. Pas de décalage horaire.

Le coût moyen d'un séjour
Un week-end à Ljubljana revient à 400 € environ, une semaine sur la côte (vol et hébergement) à 700 €, une semaine en randonnée dans le Triglav et vers les lacs alpins à 1100 €, tout compris.

Les langues, la monnaie
Langue officielle : le slovène, qui voisine avec le serbo-croate. Langue étrangère : l'allemand.
Monnaie : l'euro.

La population
Le pays compte 2009000 habitants.
Capitale : Ljubljana.

Les religions
La religion catholique est, certes, prédominante, mais depuis la Réforme le protestantisme a conservé une certaine importance.

Les fêtes
8 février : fête de la Culture slovène ; **février** : carnaval ; **juin-juillet** : Festival de Maribor ; Festival de musique à Ljubljana.

Les achats
Productions locales : dentelles d'Idrija, objets en bois, poteries noires, œufs de Pâques décorés.

Le port de pêche de Piran reflète bien l'idée d'un pays tranquille, aux atouts très divers et de plus en plus apprécié du touriste.

Rak ; le Rakov Skocjan, petit canyon fermé à ses deux extrémités, est aujourd'hui un parc national.

Autres atouts : la vingtaine de stations thermales qui suivent les tendances dans le domaine du bien-être (spa, wellness) ; la découverte des chevaux lipizzans et, dans le sud-est, celle des ours bruns.

Les villes

Outre son architecture, d'inspiration baroque et Art nouveau depuis sa rénovation au XVIIe siècle, la capitale **Ljubljana** présente deux grands centres d'intérêt : sa grand-place et son marché central. La plus belle vue en est offerte du haut des murs de son château (XIIe siècle). Sa cathédrale, ses églises (de l'Annonciation, de Saint-Nicolas, des Chevaliers, des Franciscains) et de riches musées rendent la visite d'autant plus évidente et aisée que la ville est située au centre du pays.

Sa cathédrale de style roman puis baroque, son château du XVe siècle et les restes de ses fortifications font de **Maribor** la deuxième ville touristique de la Slovénie.

La côte

Sur la mince frange slovène de la côte adriatique (40 km) se trouve **Koper**, à 30 km à peine de Trieste et qu'on connaît pour ses liens historiques avec Venise. En effet, la ville a été embellie par ses palais de style gothique vénitien et par le musée du palais Tacco, qui renferme de nombreuses peintures italiennes.

La station à la fois balnéaire et thermale de **Portoroz** est la plus importante et la plus fréquentée. Casinos, restaurants et grandes plages assoient sa réputation.

Très différent est le port de pêche aux allures médiévales de **Piran**, auquel ses salines ont apporté une réelle prospérité. ■

LES CONSEILS GEO

▶ Les plus
Un pays agréable et divers, riche en atouts naturels (paysages alpestres, plages) et en valeur architecturale.

▶ Les moins
Une image touristique qui tarde à se dessiner par rapport au potentiel du pays.

▶ Les précautions
La Slovénie est un pays très avenant, sans violence. En outre, pour le voyageur individuel en voiture, les infrastructures sont excellentes.

▶ Les tendances
Bled emporte les suffrages des amateurs de nature qui s'installent dans un camping près de son lac et partent en randonnée dans les bois tout proches. Villégiature et voyage idéals dans la nouvelle Europe !

QUAND PARTIR ?

	Climat	Sports d'hiver
Janvier		❄
Février		❄
Mars		
Avril		
Mai		
Juin	☼	
Juillet	☼	
Août	☼	
Septembre	☼	
Octobre		
Novembre		
Décembre		❄

Le fameux bouddha couché de Polonnaruwa offre au visiteur son énigmatique sourire.

QUE VOIR, QUE FAIRE AU SRI LANKA ?

Les monuments
- Anuradhapura, Polonnaruwa, Kandy, Madirigiriya, Aukana, Sigiriya

Les côtes
- Côte sud-ouest et côte nord-est (plages, surf, plongée)

Les fêtes
- Fête du Perahera à Kandy
- Pèlerinage au pic d'Adam

La faune et la flore
- Parcs nationaux (éléphants)
- Jardins botaniques (Peradeniya), plantations de thé (Nuwara Eliya), jardins d'épices

Sri Lanka

Les effets du tsunami de décembre 2004 s'effacent, mais la tension entre les séparatistes tamouls et le pouvoir revient sans cesse. Toutefois, le touriste reste fidèle à l'île, dont les atouts sont légion et permettent d'alterner aisément la visite d'importants vestiges bouddhiques et le repos ou la pratique de sports nautiques sur des plages de sable blanc.

LE CARNET DE VOYAGE

Les premiers contacts
Office du tourisme, 8, rue de Choiseul, 75002 Paris, 01.42.60.49.99. www.srilanka.fr

Les formalités
Ressortissants UE, Canadiens, Suisses: passeport suffisant, valable encore trois mois après le retour.

La santé
Prévention recommandée contre le paludisme, excepté pour les districts de Colombo, Kalutara et Nuwara Eliya.

Le voyage, le décalage
Durée moyenne du vol Paris-Colombo (8477 km): 11 heures. Lorsqu'il est midi en France, au Sri Lanka il est 15h30 en été et 16h30 en hiver.

Le coût moyen d'un séjour
Compter environ 1300 € pour une dizaine de jours incluant le vol A/R, la voiture de location avec chauffeur et la demi-pension. Pour une semaine balnéaire, en basse saison, environ 1000 € la semaine (vol A/R et demi-pension).

Les langues, la monnaie
Langue officielle: le cinghalais, connu par trois habitants sur quatre, s'est vu adjoindre le tamoul comme langue officielle. Langue étrangère: l'anglais.
Monnaie: la roupie du Sri Lanka. US dollars bienvenus.
1 USD = 108 roupies du Sri Lanka.
1 € = 159 roupies du Sri Lanka.

La population
20926000 habitants, dont 70% de Cinghalais. Les Tamouls sont minoritaires (20%) et vivent dans le nord de l'île.
Capitale: Colombo (Kolamba).

Les religions
Les Cinghalais sont surtout bouddhistes et les Tamouls hindouistes. On dénombre 7,5% de musulmans et autant de chrétiens.

Les fêtes
Pleine lune de **juin**: «Poson Poya» (pèlerinage bouddhiste) à Anuradhapura; pleine lune d'**août**: procession du «Perahera» à Kandy; pleines lunes de **décembre à avril**: pèlerinage au pic d'Adam.

Les achats
Du thé, des pierres précieuses, des textiles (saris), du batik, des objets en bois sculpté.

Les monuments

Le Sri Lanka offre des sites architecturaux de grand renom. La plupart sont consacrés au culte de Bouddha et font l'objet de pèlerinages annuels.
Outre l'arbre sacré Sri Maha Bodhi, né d'un rejeton du *Ficus religiosa* sous lequel Bouddha connut l'Illumination à Bodh-Gaya (Inde), **Anuradhapura**, l'ancienne capitale, renferme des monastères, des stoupas (Jetavanarama, Thuparama, Ruvanvaliseya), des vestiges de palais et de bassins. Ancienne capitale également, **Polonnaruwa** offre ses stoupas et ses temples, mais aussi son reliquaire bouddhiste et ses imposants bouddhas comme le Gal Vihara, un bouddha couché. **Dambulla** et ses temples rupestres, forts de quarante-huit statues de Bouddha, complètent ce «triangle culturel». Autres lieux importants: **Madirigiriya** et ses soixante-huit colonnes disposées en trois cercles concentriques; **Aukana** et son bouddha géant.
D'une facture différente est **Sigiriya**, la forteresse du roi Kassapa Ier, ornée de peintures représentant vingt et un bustes de jeunes femmes, baptisées les «demoiselles» de Sigiriya.
Au centre de l'île, **Kandy** vaut par ses temples, dont le Dalada Maligawa et ses murs roses, qui renfermeraient une dent de Siddharta Gautama, le bouddha illuminé.

Les côtes

Plus de mille cinq cents kilomètres de côtes parsemées de plages font du Sri Lanka une destination tropicale. Les sites balnéaires les plus fréquentés sont sur la côte sud-ouest (**Negombo, Kalutera, Bentota, Mount Lavinia**), où se succèdent villages de pêcheurs et grandes plages. Le sud, quant à lui, fait tout pour retrouver son tourisme après le tsunami (**Galle, Hikkaduwa, Weligama**). Sur la côte nord-est, réputée pour l'observation des poissons tropicaux (snorkeling), **Batticaloa** et **Trincomalee** sont le plus souvent cités. Partout, la qualité des vagues et des fonds marins autorise respectivement le surf et la plongée.

Les fêtes

Lors de la pleine lune d'août, la procession du **Perahera**, à Kandy, est la fête la plus spectaculaire de l'île (les pèlerins rendent hommage à la dent du Bouddha en transportant son reliquaire sur un éléphant sacré); le pèlerinage au **pic d'Adam**, lors des pleines lunes de décembre à avril, intéresse les chrétiens, les musulmans, les hindous et les bouddhistes.

QUAND PARTIR ?

	Colombo et côte ouest	Côte est	Intérieur
Janvier	☼		
Février	☼		☼
Mars	☼	☼	☼
Avril		☼	☼
Mai		☼	
Juin		☼	
Juillet		☼	
Août		☼	
Septembre		☼	
Octobre			
Novembre			
Décembre			

LES CONSEILS GEO

▶ Les plus

Un complément réussi entre l'intérêt balnéaire et l'intérêt culturel.
Un climat contrasté entre l'est et l'ouest, qui augmente d'autant le calendrier favorable.
Des conséquences du tsunami qui s'éloignent peu à peu.

▶ Les moins

Des espoirs d'une paix durable sans cesse contrariés.

▶ Les précautions

Le voyage dans les parties nord et nord-est (provinces de Jaffna, Trincomalee, Batticaloa et Ampara) reste formellement déconseillé.

▶ Les tendances

Les adeptes de l'ayurvéda, le «veda de la vie», une science hindoue de la médecine, viennent de plus en plus nombreux au Sri Lanka vivre cette expérience en vogue.

La faune et la flore

Les éléphants sont nombreux dans les parcs nationaux, dont les plus connus sont ceux de **Gal Oya**, **Wilpattu** et **Yala**. A Pinnawela, à une centaine de kilomètres de Colombo, les éléphanteaux qui n'ont pas résisté à la loi de la jungle sont regroupés dans un «orphelinat» prisé des touristes.
Des trois jardins botaniques, **Peradeniya**, autour de Kandy, est le plus célèbre et le plus riche (milliers d'arbres, forêts de bambous et cent cinquante espèces d'orchidées). Dans le sud, la réserve forestière de **Sinharaja** mérite également d'être vue.
Aux alentours de la station climatique de **Nuwara Eliya** s'étendent des plantations de thé, dont la réputation et le savoir-faire des cueilleuses datent de la présence anglaise, comme les grands noms (Lipton, Dilmah) dont on visite aujourd'hui les usines.
L'île est aussi généreuse en parfums (cannelle, gingembre, vanille). S'ouvrent peu à peu des itinéraires de «jardins d'épices», surtout entre Dambulla et Kandy. ■

QUE VOIR, QUE FAIRE EN SUEDE ?

La nature et les loisirs

- Parcs nationaux (randonnées), parc national de Tyvesta, parc national de Gotska Sandön, île de Gotland
- Laponie (randonnées, soleil de minuit, aurores boréales, faune)
- Lacs (pêche), Göta Canal (croisière)

Les sports d'hiver

- Traîneau à chiens, motoneige, ski de fond

Les villes et les monuments

- Stockholm, Malmö, Uppsala, Göteborg, Sigtuna
- Scanie (manoirs, châteaux, églises médiévales), Kalmar

Suède

Le tourisme suédois s'appuie sur de larges horizons de forêts, de lacs et de neige ainsi que sur les vertus d'un climat vivifiant. Idéal pour les randonnées en tout genre, les séjours multiactivés en Laponie, le spectacle du soleil de minuit et des aurores boréales.

La nature et les loisirs

Lacs, rivières, forêts, sont à l'origine de randonnées, dans les parcs nationaux d'Abisko, Muddus, Padjalenta, Peljekaise, Sarek, Stora Sjöfallet.
Les randonnées les plus physiques, mais aussi les plus intéressantes, se déroulent en **Laponie**. Outre l'attrait unique du soleil de minuit et des aurores boréales, elles permettent de découvrir les traditions du peuple lapon et de croiser rennes, castors, lynx... et moustiques en été.
Aux alentours du lac Vänern, le plateau de laves de Kinnekulle est, sans conteste, le plus joli coin de la Suède méridionale.
La croisière sur le **Göta Canal**, qui relie Stockholm à Göteborg, est une expérience passionnante. Le bateau longe les îles et les lacs, et le passage des écluses est un vrai spectacle. Non

LE CARNET DE VOYAGE

Les premiers contacts
Office du tourisme, 01.70.70.84.58. www.visit-sweden.com, www.scandi-voyage.com, www.stockholmtown.com

Les formalités
Autres ressortissants UE : carte nationale d'identité ou passeport en cours de validité. Canadiens : passeport.

La santé
Aucun problème.

Le voyage, le décalage
Durée moyenne du vol Paris-Stockholm (1549 km) : 1h30. Bateau : possibilité d'embarquer la voiture à Amsterdam (Pays-Bas) ou à Frederikshavn (Danemark) pour Göteborg ; à Rostock (Allemagne) pour Stockholm. Pas de décalage horaire.

Le coût moyen d'un séjour
Les voyages à connotation sportive en Laponie sont de l'ordre de 1400 € pour 10 jours. Un week-end à Stockholm, souvent combiné avec Helsinki, revient à environ 400 €.

Les langues, la monnaie
Langue officielle : le suédois. Langue étrangère : l'anglais. **Monnaie :** la couronne suédoise. 1 € = 9,30 couronnes suédoises.

La population
9031000 habitants concentrés dans le sud. On dénombre 10000 Lapons (« Sames ») et des immigrés des pays méditerranéens. **Capitale :** Stockholm.

Les religions
Les protestants (luthériens) regroupent une large majorité de la population. L'Eglise n'est séparée de l'Etat que depuis 1983. Minorités de catholiques, de pentecôtistes, d'orthodoxes grecs, de musulmans et de juifs.

Les fêtes
Mars : Vasaloppet ; **24-26 juin :** « Midsommar » (fête de la Saint-Jean) ; **13 décembre :** intronisation de sainte Lucie.

Les achats
Les objets en verre, les sabots en bois... et les petits chevaux en pin sculpté du centre du pays.

Les séjours dits «multiactivités» transfigurent aujourd'hui le tourisme lapon.

LES CONSEILS GEO

▶ Les plus

Une vocation pour le tourisme de nature et des structures appropriées. Un voyage de toutes les saisons. La progression des vols à bas coût.

▶ Les moins

Un coût de la vie touristique qui demeure assez élevé.

▶ Les précautions

Comme les autres pays nordiques, la Suède est, pour le touriste, un pays très tranquille. Donc aucun problème majeur à signaler.

▶ Les tendances

Les activités «modernes», du type expéditions en traîneau à chiens ou en scooter des neiges, par exemple à Jukkasjärvi, sont résolument dans l'air du temps.

loin de Stockholm, le parc national de **Tyvesta** renferme une véritable forêt primitive où des pins imposants abritent cerfs, élans, oiseaux.
Sur la côte sud-ouest, la plus ensoleillée et la plus douce, on se baigne entre Halmstad et Strömstad.
Entre Suède et Russie, l'**île de Gotland** se distingue par ses vestiges préhistoriques et d'insolites aiguilles de calcaire aux alentours de Faro. L'îlot voisin de **Gotska Sandön** est, quant à lui, un parc national riche en forêts de pins, dunes et variétés de fleurs d'où ressortent les orchidées.

Les sports d'hiver

On skie beaucoup en Suède, ski de fond comme ski alpin. Certains ne manqueraient pour rien au monde la Vasaloppet, course populaire de ski de fond, baptisée ainsi et rendue célèbre parce que le futur roi de Suède, Gustave Ier Vasa, en effectua le parcours en 1521.

Les villes et les monuments

Malmö (église Saint-Pierre, hôtel de ville, forteresse), **Uppsala** (université ancienne, cathédrale gothique, château, tumulus funéraires des rois païens) et **Göteborg** ne manquent pas d'attraits.
Stockholm, surnommée la «Venise de la Scandinavie», est bâtie sur quatorze îles, des canaux et des ponts. Elle est bordée à l'est par les îles et les presqu'îles dessinées par le «jardin d'écueils» de Skärgard.
En figure de proue de la capitale suédoise: les vieux quartiers (Gamla Stan avec ses rues pavées, ses façades de style flamand et le château royal, de style baroque), les musées (musée d'Art moderne, musée Vasa renfermant l'épave du bateau du même nom, et surtout musée Skansen, en plein air et qui présente cent quarante constructions anciennes de tout le pays), les châteaux royaux de Drottningholm et de Gripsholm. Son marché de Noël dans le parc Skansen et à Stortorget, les trois premiers dimanches de décembre, est réputé, de même que, le 13 décembre, l'intronisation de sainte Lucie.

Les monuments suédois sont modestes. Pourtant, il ne faut pas négliger les pierres runiques retrouvées sur plusieurs sites entre Stockholm et Malmö, les vestiges d'églises du XIIe siècle et les très vieilles rues de **Sigtuna**, les manoirs, châteaux et églises médiévales du sud (province de **Scanie**, château de **Kalmar**).
De petites villes, telles Arvidsjaur, Jokkmokk et Östersund, et certains villages valent par leurs maisons de bois, typiques de l'habitat lapon. ■

QUAND PARTIR ?

	Climat	Loisirs d'hiver	Soleil de minuit et aurores boréales
Janvier		❄	Aurores boréales
Février		❄	Aurores boréales
Mars		❄	
Avril		❄	
Mai			Soleil de minuit
Juin	Floraison en Laponie		Soleil de minuit
Juillet	☼		
Août	☼		
Septembre			
Octobre			
Novembre			Aurores boréales
Décembre		❄	Aurores boréales

Traversée en voiture de Bâle à Lugano, la Suisse est le décor idéal d'un exceptionnel film documentaire qui fait défiler des sommets de plus en plus majestueux, des lacs de plus en plus étendus... et des tunnels de plus en plus longs. Si on s'est laissé conquérir, on reviendra en été pour des randonnées et en hiver sur les pistes de ski alpin ou de ski de fond.

Suisse

Les paysages, les randonnées et les sports d'hiver

Les randonnées sont le fondement du tourisme suisse, particulièrement dans l'**Engadine** (Grisons), le **Valais**, avec des sommets au-dessus de 4000 m, et le **Tessin**.

Toutefois, c'est l'**Oberland bernois** qui offre la plus grande diversité. Les falaises qui bordent l'Aar, parfois hautes de 50 m, ne laissent que peu de place au lit du fleuve. Dans la région d'Interlaken, les chutes sont nombreuses : Giessbach, Reichenbach, Staubbach, Trummelbach. Sur le versant sud, le Grand Glacier d'Aletsch et ses 24 km de long satisfont aussi bien les varappeurs que les skieurs et les promeneurs.

Le nombre des stations des Alpes permet tous les sports d'hiver. **Zermatt**, entre le mont Rose, le Cervin et le Weisshorn, **Davos** et **Saint-Moritz** dans les Grisons, **Gstaad** et **Crans-Montana** sont les plus fréquentées.

Le Parc national suisse dans les **Grisons** accueille une faune et une flore variées.

Les rives des lacs constituent également des rendez-vous du tourisme

LE CARNET DE VOYAGE

Les premiers contacts
Suisse Tourisme, Paris, 00800.100.200.30. www.myswitzerland.com

Les formalités
Ressortissants UE : carte nationale d'identité ou passeport périmé depuis moins de cinq ans suffisant. Canadiens : passeport.

La santé
Aucun problème.

Le voyage, le décalage
Durée moyenne du vol Paris-Genève (402 km) : 1 heure ; Paris-Zurich (481 km) : 1 h 15. Route : Paris-Genève (540 km) par l'autoroute via Lyon et Chambéry ; (508 km) par la route via le col de la Faucille. Pas de décalage horaire.

Le coût moyen d'un séjour
Une semaine de randonnée en été revient à 600-700 € ; pour Genève, formules avion + 2 nuits pour environ 300 € ; côté ski, la Suisse est plutôt chère.

Les langues, la monnaie
La Suisse est riche de quatre langues officielles : l'allemand, qui est la langue de deux habitants sur trois, le français, l'italien et le romanche.
Monnaie : le franc suisse est subdivisé en 100 centimes. 1 € = 1,61 franc suisse.

La population
Sur une population de 7 555 000 habitants, répartie en 23 cantons, près d'un million sont étrangers.
Capitale : Berne.

Les religions
Les catholiques (47 %) sont légèrement plus nombreux que les protestants (44 %).

Les fêtes
Février : carnaval de Bâle ; **juillet :** Festival de jazz de Montreux ; **début octobre :** fête des Vendanges à Lugano ; **6 décembre :** «Course de l'escalade» à Genève.

Les achats
Tiercé gagnant : les couteaux, les montres et les chocolats.

Le château de Chillon, sur le lac Léman, est plutôt méconnu. La Suisse ne serait-elle décidément qu'alpestre ?

QUE VOIR, QUE FAIRE EN SUISSE ?

Les paysages, les randonnées et les sports d'hiver

- Engadine, Valais, Tessin, Oberland bernois (randonnées)
- Zermatt, Davos, Saint-Moritz, Gstaad, Crans-Montana (sports d'hiver)
- Parc national suisse, lacs

Les villes et les monuments

- Genève, Lausanne, Montreux, Lugano, Bâle, Zurich
- Cités médiévales

suisse : lac Léman, lac de Neuchâtel, lac de Constance, lac de Lugano, lac Majeur, lac des Quatre-Cantons.

Les villes et les monuments

Genève mérite le détour pour son site et son jet d'eau mais aussi pour sa vieille ville (ancienne cathédrale, maisons médiévales, palais, hôtel de ville, église de la Madeleine), ses quartiers branchés (Carouge, Pâquis), son jardin botanique et plusieurs musées : le musée Ariana (faïences, porcelaines), le musée de l'Horlogerie et le musée Rousseau. Le 6 décembre, lors de la « course de l'escalade », la ville fête la victoire des Genevois sur les Savoyards il y a plus de quatre siècles. **Lausanne** vaut par sa cathédrale du XIIIe siècle et ses musées. Outre son festival musical, **Montreux** tire sa réputation de la douceur de son climat, qui a engendré la « Riviera vaudoise ». **Sion** fait valoir le site de son église fortifiée, Notre-Dame-de-Valère. Le carnaval de **Bâle** fait partie des meilleurs du genre en Europe, mais la ville possède également de riches musées (Schaulager, Tinguely, Vitra Design Museum, fondation Beyeler). **Lugano** offre, aux abords de son lac, la beauté de ses jardins et de la collection privée de la villa Favorita. En Suisse orientale, trois cités médiévales s'imposent : **Schaffhouse**, qui a conservé les maisons de douze corporations de métiers ; **Stein am Rhein**, dont certaines façades sont décorées de fresques ; **Saint-Gall**, connue pour les deux mille manuscrits de sa bibliothèque abbatiale. **Zurich** bénéficie du site créé par le fleuve Limmat : outre sa cathédrale romane (Grossmünster) et sa Fraumünster, ancien couvent qui laisse apparaître des vitraux de Giacometti et de Chagall, la ville renferme de nombreux et importants musées. ■

QUAND PARTIR ?

	Climat	Sports d'hiver
Janvier		❄
Février		❄
Mars		❄
Avril		❄
Mai	☼	
Juin	☼	
Juillet	☼	
Août	☼	
Septembre	☼	
Octobre		
Novembre		❄
Décembre		❄

LES CONSEILS GEO

▶ Les plus

Un terrain idéal pour l'amateur de sports d'hiver et le randonneur, dans des cadres montagneux parmi les plus beaux d'Europe. D'excellents réseaux routier et ferroviaire et l'originalité des trains d'altitude.

▶ Les moins

Le coût élevé de la vie touristique.

▶ Les tendances

Neige tous azimuts. Mais les petits trains panoramiques, tels le Bernina, le Guillaume Tell et surtout le chemin de fer de la Jungfrau ne lui cèdent en rien.

Les ruines de Palmyre, surplombées par un château arabe, ont bien mérité d'être classées au Patrimoine mondial de l'humanité.

Berceau de l'humanité, la Syrie a toujours été chérie par l'histoire, qui lui doit des civilisations prestigieuses et, outre Damas et Alep, lui a laissé des sites tels que Palmyre, Apamée-sur-l'Oronte, le krak des Chevaliers, Ougarit. Lattaquié apporte l'atout balnéaire.

Syrie

LE CARNET DE VOYAGE

Les premiers contacts
Services consulaires de l'ambassade, 20, rue Vaneau, 75007 Paris, 01.40.62.61.00. Internet: www.syriatourism.org

Les formalités
Passeport valable encore six mois après le retour et sans tampon israélien, visa obligatoire. Permis nécessaire pour le plateau du Golan.

La santé
Prévention recommandée contre le paludisme (risque toutefois limité) entre mai et octobre inclus pour le nord-est du pays et quelques régions le long de la frontière nord.

Le voyage, le décalage
Durée moyenne du vol Paris-Damas (3 292 km): 5 heures. Lorsqu'il est midi en France, en Syrie il est 13 heures en été et 14 heures en hiver.

Le coût moyen d'un séjour
Un autotour d'une semaine (vol A/R + voiture avec chauffeur + hôtel à l'étape) se situe aux alentours de 1 100 €. Un voyage accompagné Syrie-Jordanie de 15 jours revient à 1 500 € tout compris.

Les langues, la monnaie
Langue officielle: arabe. L'araméen est encore parlé dans de très rares endroits. Langues étrangères: le français et l'anglais. **Monnaie:** la livre syrienne. 1 USD = 52 livres syriennes, 1 € = 77 livres syriennes. Distributeurs de billets dans les grandes villes, usage des cartes de crédit en hausse.

La population
Si les Arabes représentent 90 % des 19 315 000 habitants, les minorités sont nombreuses (Kurdes, Arméniens, Tcherkesses, juifs). **Capitale:** Damas.

Les religions
Les musulmans, surtout sunnites, sont les plus nombreux. Le pays compte 9 % de chrétiens.

Les fêtes
17 avril: fête nationale; **septembre:** fête du Coton à Alep; **Aïd el-Fitr:** fin du ramadan.

Les achats
Brocarts, broderies, narguilés, verre soufflé, cuivre, argent, savon d'Alep: l'éventail des achats est large et il est agrémenté par l'ambiance des souks.

QUE VOIR EN SYRIE ?

Les vestiges

- Palmyre, Hama, Apamée-sur-l'Oronte, Doura-Europos
- Tell Ras Shamra (royaume d'Ougarit, site du plus vieil alphabet du monde)
- Bosra, Mari, Ebla, krak des Chevaliers, tell Mozon

Les villes

- Damas, Alep

Les côtes

- Plages des environs de Lattaquié

Les vestiges

L'une des plus vieilles contrées du Moyen-Orient ne pouvait qu'engendrer une grande richesse archéologique. De fait, les civilisations successives ont légué à la Syrie actuelle de nombreux et précieux témoignages historiques.

Palmyre (IIe et IIIe apr. J.-C.), cité de la reine Zénobie, propose un vaste ensemble de ruines (grand temple de Bêl), une agora, un théâtre romain et surtout une imposante architecture funéraire (tours à étages, caveaux, bustes, chambres).

Hama conserve des sculptures du temps d'un royaume néohittite établi au IXe siècle av. J.-C., alors que l'oasis qui l'entoure est alimentée par des norias, grandes roues en bois destinées à irriguer les canaux.

Apamée-sur-l'Oronte garde des ruines de part et d'autre de l'une des plus belles rues à portiques de l'Empire romain. Sur le site archéologique de Doura-Europos ont été retrouvés des éléments d'un sanctuaire, d'une synagogue du IIIe siècle ainsi que d'une maison chrétienne avec baptistère.

Au nord de Lattaquié, le **tell Ras Shamra** est le creuset du **royaume d'Ougarit** (IIe millénaire av. J.-C.). A cet endroit ont été découvertes en 1929 des tablettes d'argile en cunéiforme alphabétique, traces du plus vieil alphabet du monde (remontant à trois mille six cents ans).

Bosra est riche de monuments de plusieurs époques (théâtre romain, cathédrale, mosquée omeyyade, fortifications, medersas). Les restes des palais royaux de **Mari** et d'**Ebla** sont d'autres sites qui méritent la visite.

Bien plus tard, les croisés ont édifié les kraks. A Qala'at al-Husn, entre Tartous et Homs, le **krak des Chevaliers** est l'un des plus beaux du Moyen-Orient.

Le site de **tell Mozon**, à 650 km au nord-ouest de Damas, deviendra peut-être un centre touristique. En effet, des fouilles ont permis d'y mettre au jour, à la fin de 1995, les restes de l'ancienne capitale Urkesh, entre autres un temple érigé aux alentours du XXe siècle av. J.-C. par le peuple hourrite dont on n'avait pu jusque-là retrouver aucun vestige.

Les villes

Sur le plan architectural, **Damas** s'enorgueillit du prestige de sa Grande Mosquée des Omeyyades, la première construction et l'une des pièces maîtresses de l'Islam. La citadelle, les remparts, le tombeau de Saladin, le vieux quartier chrétien, le couvent de Soliman, constituent les autres centres d'intérêt de la ville. Le musée archéologique résume bien les diverses époques.

Damas connaît depuis quelque temps des transformations spectaculaires, les vieilles maisons de bois ou de pisé faisant l'objet de restaurations qui débouchent parfois sur l'ouverture d'hôtels qui préservent le style architectural d'origine.

Alep a également fière allure, grâce à sa Grande Mosquée ommeyyade (715) et surtout sa citadelle, commencée au XIIe siècle. Ces deux points sont reliés par une infinité de ruelles et des souks parmi les plus réputés d'Orient. Les Ottomans ont laissé à la ville, également connue pour son savon au laurier, nombre de mosquées et caravansérails.

LES CONSEILS GEO

▶ Les plus

Un pays d'une très grande importance archéologique, un des lieux les plus anciens du Moyen-Orient.
La langue française, appréciée et relativement pratiquée, conséquence du temps du protectorat.

▶ Les moins

Un voyage dont le coût en circuit organisé demeure relativement élevé.
Une dynamique touristique régulièrement freinée par la récurrence du conflit du Moyen-Orient.

▶ Les tendances

Palmyre n'est pas Petra, mais n'en est loin ni sur le plan de la valeur archéologique ni géographiquement. D'où le succès des séjours Syrie-Jordanie.

Les côtes

La Syrie possède près de 200 km de côtes méditerranéennes. Le tourisme balnéaire, quelque peu en retrait de l'important attrait culturel du pays, connaît sa plus forte fréquentation dans les environs de **Lattaquié**. ■

QUAND PARTIR ?

	Intérieur	Côtes
Janvier		
Février		
Mars		
Avril	☼	
Mai	☼	
Juin	☼	☼
Juillet		☼
Août		
Septembre	☼	☼
Octobre	☼	☼
Novembre		
Décembre		

Tanzanie

La Tanzanie est le digne pendant du Kenya pour la découverte des animaux sauvages et possède même les neiges du Kilimandjaro. En outre, la proximité des parcs nationaux de chacun des deux pays entraîne souvent leur visite dans un même voyage. Aussi, préparons l'appareil pour les safaris-photos et, comme alternative, choisissons le sable chaud d'une plage de l'océan Indien, par exemple à Zanzibar, où abondent également les vestiges et les senteurs.

La faune

Tant qu'il y aura des animaux sauvages en Afrique de l'Est – mais leur nombre et leur sécurité diminuent, entre autres à cause du braconnage –, il y aura foule de visiteurs et d'appareils photo.

Le plus grand zoo naturel du monde, le **Serengeti**, est ici : 14763 km² d'une plate savane coupée d'îlots de granit, sur laquelle paissent, dorment ou gambadent trente-cinq espèces de grands mammifères, entre autres des lions, girafes, impalas, éléphants et gnous, ces derniers connaissant une spectaculaire et énorme migration (un million, parfois) du Serengeti vers le Masai-Mara au Kenya, migration coupée par la rivière Grumeti et ses pièges (crocodiles, chacals).

Le Serengeti se prolonge, au sud-est, par le site de l'ancien volcan **Ngorongoro**. Dans cette caldeira sont rassemblés une vingtaine de milliers d'animaux (lions, zèbres, antilopes, guépards) et ceux qui ont longtemps été chassés : les éléphants (environ cinq cents seulement, contre deux mille cinq cents il y a vingt ans) et les rhinocéros, qui ne sont plus qu'un demi-millier – le rhinocéros noir étant, lui, rarissime. Sur les lacs en lisière du volcan, on trouve une infinité de flamants roses et des hippopotames.

A proximité, le parc national du **lac Manyara** est approprié pour l'observation des lions, éléphants et quatre cents espèces d'oiseaux. De l'autre côté du lac se trouve un autre parc de renom, celui de **Tarangire**.

A l'est et au sud-est de Dar es-Salaam, deux parcs gagnent peu à peu leurs galons : le parc national du **Ruaha** (et ses dix mille éléphants) et la réserve du **Selous**, qui englobe les parcs de **Mikumi** (éléphants, girafes, gnous, lions) et d'**Udzungwa** et ses forêts primitives riches d'oiseaux ainsi que de colobes (singes).

A Zanzibar, la vieille forêt de Jodzani abrite des colobes rouges. Au

QUE VOIR, QUE FAIRE EN TANZANIE ?

La faune

- Eléphants, flamants roses, girafes, gnous, hippopotames, lions, rhinocéros, zèbres
- Parc national du Serengeti, cratère du Ngorongoro, parcs nationaux du lac Manyara, du Tarangire, du Ruaha, de Mikumi, d'Udzungwa

Les paysages et les trekkings

- Ascension du Kilimandjaro
- Rift Valley, Ol Doinyo Lengai
- Lac Tanganyika, lac Malawi
- Route des épices à Zanzibar

Les vestiges

- Olduvai, Zanzibar

Les côtes

- Plages des îles de Mafia et de Zanzibar

Les passionnés de la faune africaine seront immanquablement conquis par les parcs nationaux de Tanzanie où les éléphants, longtemps chassés, sont rois.

Le Kilimandjaro et ses célèbres neiges éternelles, hélas! menacées de fonte à moyen terme.

large, les dauphins ne sont pas rares et se montrent parfois.

Les paysages et les trekkings

A tout seigneur, tout honneur: le **Kilimandjaro**, grand classique de l'Afrique et son plus haut sommet mais qui, hélas!, pourrait avoir perdu ses célèbres neiges à l'horizon 2020. Il fait l'objet d'un trekking de cinq à dix jours selon la difficulté de l'ascension, plutôt aisée par sa voie la plus courante (Marangu) mais plus fatigante par les chemins détournés (voie Machame). Les paysages sont majestueux, à défaut d'être silencieux: en effet, sur le plan de la fréquentation, il y a des jours où le Kilimandjaro rendrait le mont Blanc presque jaloux.

La réputation du «Kili» a toutefois tendance à masquer les trois autres grands attraits du pays:

– la **Rift Valley** et les 2878 m de l'Ol Doinyo Lengai, volcan sacré des Masais qui offre une vue incomparable sur le lac Natron;

– le **lac Tanganyika**, dont la Tanzanie possède deux tiers environ des rivages; ceux-ci se révèlent spectaculaires à partir des hautes terres de l'ouest, qui retombent parfois de façon si abrupte qu'elles ont donné naissance à de hautes et minces chutes (chutes Kalambo);

– le **lac Malawi**, ex-Nyassa, qui offre ses plus beaux panoramas du côté tanzanien grâce à l'escarpement des monts Livingstone.

Depuis que le sultan d'Oman a eu l'idée de planter des girofliers à **Zanzibar** il y a quelques siècles, l'île est devenue célèbre pour ses senteurs: la **Route des épices** ajoute au clou de girofle l'anis, la bergamote, la cannelle, la vanille et une véritable pléiade de fruits tropicaux.

Les vestiges

Les restes d'un australopithèque vieux de près de deux millions d'années, d'autres restes plus «récents» d'Homo habilis et d'Homo erectus font de **Olduvai**, dans les gorges du même nom, un passage obligé pour les passionnés d'anthropologie.

L'archéologie est un argument inattendu pour une région et un conti-

LE CARNET DE VOYAGE

Les premiers contacts
Ambassade, 13, av. Raymond-Poincaré, 75116 Paris, 01.53.70. 63.66. www. tanzaniatouristboard. com/

Les formalités
Passeport valide encore six mois après le retour. Visa obligatoire, obtenu auprès du consulat. Possibilité d'obtenir le visa à certains postes frontières à l'arrivée. Se renseigner avant le départ. Billet de retour ou de continuation exigible.

La santé
Vaccination vivement recommandée contre la fièvre jaune en dehors des zones urbaines. Prévention indispensable contre le paludisme au-dessous de 1800 m. Une visite médicale préventive est conseillée à ceux qui ont l'intention de gravir le Kilimandjaro.

Le voyage, le décalage
Durée moyenne du vol Paris-Arusha (escale): 11 h 30; Paris-Dar es-Salaam (7187 km): 10 heures. Lorsqu'il est midi en France, en Tanzanie il est 13 heures en été et 14 heures en hiver.

Le coût moyen d'un séjour
Compter entre 1500 et 2500 € pour une dizaine de jours d'un safari-photo dans le Ngorongoro et le Serengeti (vol A/R, pension complète, déplacements).

Les langues, la monnaie
Langues officielles: l'anglais et le swahili, dont le dialecte principal est né à Zanzibar et sur la côte continentale. Nombreux autres dialectes. Langue étrangère: anglais.
Monnaie: le shilling tanzanien. L'US dollar est vivement conseillé. 1 USD = 1175 shillings tanzaniens, 1 € = 1727 shillings tanzaniens.

La population
Une majorité d'agriculteurs composent les 39384000 habitants, dont 95 % sont des Bantous. Principales minorités: Masais, Sukumas, Chaggas.
Capitale: Dodoma.

Les religions
Les chrétiens (catholiques, protestants) et les musulmans sont majoritaires (respectivement 34 % et 33 %). Forte minorité d'animistes.

Les fêtes
12 janvier: anniversaire de la révolution; **juillet:** Festival de Mwakakongwa et Tamasha à Zanzibar; **9 décembre:** fête de l'Indépendance.

Les achats
L'artisanat masai domine, aux côtés du batik, des tapis, du café et des épices (de Zanzibar).

Les rivages de Zanzibar offrent un repos compensateur haut de gamme aux amateurs de safari.

QUAND PARTIR ?			
	Climat	Observation de la faune	Ascension du Kilimandjaro
Janvier			🚶
Février			🚶
Mars			🚶
Avril			
Mai		🐾 Migration des gnous	
Juin	☼	🐾	
Juillet	☼	🐾	🚶
Août	☼	🐾	🚶
Septembre	☼	🐾	
Octobre	☼	🐾	🚶
Novembre			
Décembre			

nent peu connus pour cela. C'est à la ville de **Zanzibar** qu'on le doit, avec plusieurs centres d'intérêt suscitant une visite : Stone Town, construite en pierre de corail noir, mais malheureusement certains quartiers anciens de la «ville de pierre» souffrent d'un début de décrépitude ; les hautes maisons aux portes sculptées ; le vieux fort arabe ; Beit el-Ajaib, la «maison des merveilles».

Les côtes

Zanzibar possède des plages de sable blanc désormais très courues, surtout au nord et de plus en plus à l'est. Celles de l'**île de Mafia**, au sud de **Zanzibar**, sont plus confidentielles, mais les récifs de corail et les décors de cocotiers de l'endroit ne cessent de voir grandir leur réputation internationale. ■

LES CONSEILS GEO

▶ Les plus

Le dernier paradis de la faune sauvage : nulle part ailleurs qu'en Tanzanie et au Kenya, elle n'est aussi nombreuse et aussi variée. La bonne période entre juillet et octobre, non seulement dans le calendrier mais aussi parce que la saison sèche est la meilleure pour observer les animaux, qui recherchent alors les points d'eau.

▶ Les moins

La nécessité de devoir décider de son voyage longtemps à l'avance en raison de la forte fréquentation. Un voyage au coût le plus souvent très élevé.

▶ Les précautions

Le voyage est fortement déconseillé dans les zones frontalières du Rwanda et du Burundi, ainsi qu'aux abords de la partie septentrionale du lac Tanganyika.

Thaïlande

Le drame du raz de marée de décembre 2004 s'est estompé et le pays a retrouvé sa vocation de destination touristique la plus recherchée et la moins chère d'Asie du Sud-Est. Hormis les rivages de l'océan Indien et de la mer de Chine, l'ancien Siam ne manque pas d'atouts : forte empreinte du bouddhisme, architecture khmère, nature douce et rizières, rencontre des minorités du nord.

Les villes et les monuments

Sillonnée par ses typiques et bruyants tuk-tuk, **Bangkok** vit dans une ambiance nerveuse, mais ses trois cent cinquante temples (dont le Vat Phra Keo ou temple du Bouddha d'émeraude, le Vat Arun et sa porcelaine, le Vat Putthaisawan, le Vat Benchamabopit) sont si emblématiques, l'atmosphère du fleuve Chao Phraya si particulière, les marchés flottants et les canaux d'un autre temps (khlongs) si traditionnels, la nourriture sur les étals et sur les marchés si fameuse, son atmosphère orientale si forte, son dernier métro aérien (Skytrain) si futuriste que l'on a envie de beaucoup lui pardonner.

QUE VOIR, QUE FAIRE EN THAILANDE ?

Les villes et les monuments

- Bangkok, Nakhon Pathom
- Ayutthaya, Lopburi, Sukhothai (anciennes capitales du Siam)
- Pimai, Muang Tam, Surin (architecture khmère), Chiang Mai, Lampang
- Pont de la rivière Kwai

Les côtes

- Phuket, Krabi (côte ouest), Songkhla, Pattaya, Rayong (côte est)
- Croisières, plongée (îles Similan)

Les paysages et les randonnées

- Triangle d'or
- Montagnes du nord (femmes-girafes), Triangle d'or (minorités)

Thonburi, la partie ouest de Bangkok, renferme de nombreux temples bouddhiques, dont le Vat Arun (XVIIIe siècle). Le marché flottant le plus réputé du pays, celui de **Damnoen Saduak**, complète la visite de cette régt **Ayutthaya**,ion.

Les vats de Bangkok ne doivent pas cacher les richesses architecturales de sites à proximité de la capitale. Ainsi, la découverte du stoupa de **Nakhon Pathom** permet de comprendre pourquoi il est l'un des plus sacrés du pays pour un bouddhiste.

L'architecture est également riche dans l'ancienne capitale du Siam qu'est **Ayutthaya**: on peut la rejoindre à partir

de Bangkok via une minicroisière d'une centaine de kilomètres sur le fleuve Chao Phraya. Ayuttaya vaut par ses nombreux temples, ses stoupas en partie restaurés et ses collections rassemblées au musée Chao Sam Phraya.
Anciennes cités également : à **Lopburi**, le palais du roi Naraï démontre ce qu'a été le raffinement du royaume du Siam ; à **Sukhothai**, de nombreuses barques se chargent de fleurs et d'encens lors de la pleine lune de novembre, et le parc historique renferme un grand bouddha assis, fleuron de l'endroit, avec les ruines du temple Vat Mahathat (XIVe siècle) et ses stoupas.
A la lisière du Cambodge, l'architecture khmère et un zeste de celle d'Angkor se retrouvent dans des temples bien restaurés à **Pimai** (VIIIe siècle), à **Muang Tam** et surtout à **Surin** (Vat Prasat Phanom Rung).
Malgré une importante fréquentation touristique, l'ambiance est paisible à **Chiang Mai**, la «rose du Nord», dont les marchés, les fêtes, l'artisanat (laque, soie, coton) et le temple sacré du Doï Sutep sont les points d'orgue. Non loin de là, à **Lampang**, le monastère Lampang Luang est considéré comme l'un des plus intéressants et des plus beaux du pays.
Une visite particulière conduit sur le site du pont de la **rivière Kwai,** que les prisonniers alliés avaient dû construire durant la Seconde Guerre mondiale sous la menace des Japonais et au prix de milliers de vies humaines.

Un des mariages réussis de Bangkok est celui qui unit les toits rouges des vats et les eaux du fleuve Chao Phraya.

Les côtes

Si 120 km de la côte ouest ont été frappés par le raz de marée de décembre 2004, surtout Khao Lak et

Koh Phi Phi, sur la côte ouest, reste avec Phuket un des grands sites du tourisme balnéaire international.

LE CARNET DE VOYAGE

Les premiers contacts
Office national du tourisme, 90, av. des Champs-Elysées, 75008 Paris, 01.53.53.47.00. www.tourismthailand.org

Les formalités
Passeport suffisant, valable encore six mois après le retour.

La santé
Prévention recommandée contre le paludisme dans les zones rurales et dans les régions proches du Cambodge et du Myanmar. En revanche, aucun risque de ce genre à Bangkok et dans les principales stations touristiques.

Le voyage, le décalage
Durée moyenne du vol direct Paris-Bangkok (9435 km) : 11 heures 30. Il existe des vols Paris-Phuket via Singapour. Lorsqu'il est midi en France, en Thaïlande il est 17 heures en été et 18 heures en hiver.

Le coût moyen d'un séjour
Un séjour d'une dizaine de jours, comprenant Bangkok et une extension balnéaire à Phuket, peut se trouver à 1 100 € pour le vol A/R et l'hébergement. Une randonnée parmi les ethnies du Triangle d'or coûte aux alentours de 1 600 € pour 15 jours.

Les langues, la monnaie
Langue officielle : le thaï ; le chinois et le malais sont minoritaires. Langue étrangère : l'anglais dans les villes et sur les lieux touristiques. **Monnaie :** le baht. 1 USD = 32 bahts, 1 € = 47 bahts.

La population
65 068 000 habitants, répartis en de nombreuses ethnies. **Capitale :** Bangkok.

Les religions
Le bouddhisme imprègne tant la vie du pays que chaque Thaïlandais passe, dit-on, au moins trois mois de sa vie dans l'habit monacal. Les 6% de la population non bouddhiste sont composés de musulmans ainsi que de chrétiens.

Les fêtes
Février : Nouvel An chinois ; **février-mars :** fête des Fleurs de Chiang Mai ; **novembre :** Ronde des éléphants à Surin ; pleine lune de **novembre :** fête des Lumières à Bangkok, fleurs et encens dans les barques à Sukhothai ; **5 décembre :** fête nationale.

Les achats
Bois sculptés, soie, bijoux, sacs, sculptures, tissages, vêtements en soie.

Koh Phi Phi, tous les sites de la région ont retrouvé leur activité, rendant son lustre au tourisme balnéaire qui connaît, sur ces rivages de la mer d'Andaman, un fort succès depuis deux décennies, entre autres grâce à l'attrait des tarifs. A Phuket, il faut savoir choisir entre ambiance branchée (Patong) et rivages calmes.
Certains sites connaissent depuis longtemps une forte fréquentation, d'autres sont plus récents, tels **Krabi**, **Koh Samui**, bordé, à l'est, par de nombreux îlots encore à l'abri du grand tourisme et les plages, dernières-nées, de la région de Trang. D'autres, enfin, comme **Koh Lanta** et ses deux îlots dans la mer d'Andaman, vivent sur leur lancée «télévisuelle».
La bruyante **Pattaya**, la plage des habitants de Bangkok, et **Songkhla**, sur la mer de Chine méridionale, sont des chevronnées du tourisme bal-

A Ayutthaya, un bouddha assis veille sur les temples de l'ancienne capitale du Siam.

LES CONSEILS GEO

▶ Les plus

Des structures côtières qui ont retrouvé toute leur image après le raz de marée de décembre 2004.
Un pays capable d'offrir, sur un large registre, un tourisme aussi bien culturel que balnéaire.
Un coût de séjour de plus en plus attractif.

▶ Les moins

Un climat peu favorable en juillet et août, moment de la mousson, même si un ciel serein revient assez rapidement après les averses.
Une situation politique tendue dans le sud musulman.

▶ Les précautions

Dans le sud du pays, le voyage dans les provinces de Narathiwat, Yala, Pattani et Songkhla est déconseillé.

▶ Les tendances

Bangkok multiplie les hôtels avec les spa les plus raffinés qui soient, tradition du genre oblige. Massages, cours de cuisine, méditation en présence d'un bonze, yoga, tai-chi, sont au goût du jour, très à la mode, et font craquer les Occidentaux en mal de libération d'énergie.

QUAND PARTIR ?

	Climat	Plages du sud	Plongée
Janvier	☼	☼	
Février	☼	☼	
Mars		☼	
Avril			
Mai			⋖
Juin			⋖
Juillet			⋖
Août			⋖
Septembre			
Octobre			
Novembre	☼		
Décembre	☼	☼	

néaire thaïlandais. **Rayong**, à l'est de Pattaya, est née plus récemment au tourisme international.

Près des **îles Similan** et de Koh Surin, non loin de la côte du Myanmar, les amateurs de plongée rencontrent, le long de coraux de toutes sortes et de grottes sous-marines, des requins-baleines, des requins-léopards, des barracudas, des mérous.

Les paysages et les randonnées

Les minorités montagnardes et leurs villages sont situés dans des régions suffisamment isolées, forestières et verdoyantes pour susciter des propositions de randonnées de la part des voyagistes. Ceux-ci utilisent la réputation équivoque du **Triangle d'or**, grand producteur d'opium aux confins du Laos et du Myanmar, pour inviter le touriste à découvrir l'ambiance authentique et un rien mystérieuse de l'endroit.

Dans les montagnes du nord-ouest, près de Mae Hong Son, vivent les «femmes-girafes», d'origine birmane et ainsi appelées en raison des traditionnels anneaux de cuivre qui allongent démesurément leur cou.

Au cours des dernières années, la diversification du tourisme en Thaïlande a conduit à la découverte de parcs nationaux longtemps méconnus, tel celui de Khao Yai, au sud-ouest de Bangkok. A voir également les grottes de Thamlay Khao Kob, situées non loin de Krabi. ■

Tunisie

La Tunisie est avant tout l'une des grandes destinations balnéaires du Bassin méditerranéen grâce à sa relative proximité et des prix très raisonnables. Mais elle accueille aussi de plus en plus les amateurs de méharée qui se déploient dans le Grand Erg oriental. Une population réputée hospitalière, des régions nord aussi méconnues que verdoyantes et un patrimoine architectural non négligeable perpétuent la bonne image du pays.

Les côtes

Multiples, bien équipées, capables d'offrir la plupart des sports nautiques, réparties sur 1 300 km de côtes, les plages volent la vedette aux autres attraits parce que c'est sur elles que la Tunisie a fondé sa réputation touristique et près d'elles qu'elle installe le visiteur. Plus on va vers le sud, plus elles sont nombreuses et fréquentées.

L'axe «soleil/repos/bronzage/spa/thalassothérapie» commence sur la «côte du Jasmin», avec **Nabeul** et surtout **Hammamet**, qui n'a pas craint la démesure en ouvrant l'imposant complexe balnéaire de Yasmine Hammamet, sa quarantaine d'hôtels, sa médina nouveau style avec parc d'attractions (Carthageland) et sa marina, dévoués au culte à la fois du farniente, de la thalassothérapie et des sports nautiques.

L'argument balnéaire pose ensuite ses jalons à **Port El-Kantaoui**, **Sousse**, **Monastir**, **Zarzis** et se termine dans l'**île de Djerba**, où, selon Homère, séjourna Ulysse, le plus légendaire des voyageurs, aujourd'hui très concurrencé sur les rivages de l'île.

Pour les plongeurs, les fonds marins de la **presqu'île de Tabarka**, au large de la côte de Corail, constituent le meilleur endroit car ledit corail, rouge de surcroît, n'y est pas rare. Les golfeurs sont également présents et comblés à Tabarka.

Les paysages et l'habitat

Si la variété des paysages rend la Tunisie de l'intérieur accueillante un peu partout, le sud est le plus captivant. Le voyageur se voit d'abord proposer **Tozeur** et son oasis, l'une des plus belles d'Afrique avec ses mille hectares et quatre cent mille palmiers, mais dont l'équilibre écologique et humain est malheureusement à l'heure actuelle mis en danger par le choix d'un tourisme à large échelle, avec terrains de golf.

Quelques kilomètres au nord, le voyageur découvre les oasis de montagne de Chebika, Midès et Tamerza. En se dirigeant vers le sud, il

QUE VOIR, QUE FAIRE EN TUNISIE ?

Les côtes

- Nabeul, Hammamet, Port El-Kantaoui, Sousse, Monastir, Zarzis, île de Djerba (plages)
- Tabarka (plongée)

Les paysages et l'habitat

- Oasis de Tozeur, oasis de montagne, Nefta, chott El-Djerid
- Route des ksour, villages berbères (Matmata, Chenini), massif de Kroumirie

Le désert

- Grand Erg oriental (méharées)

Les villes et les monuments

- Tunis, Kairouan, Sousse, Mahdia, Monastir
- Ruines de Carthage, vestiges romains (Bulla Regia, Dougga, El-Djem, Sbeïtla), mosquées, synagogues

Jusqu'à la mosquée Al-Zaytuna, le visiteur monte sans cesse le long des échoppes et des petits restaurants de la médina de Tunis.

L'image balnéaire classique de la Tunisie trouve son reflet le plus fort à Hammamet, qui vaut aussi par son port et sa médina en bord de mer.

emprunte l'une des routes les plus insolites qui soient, celle qui traverse la vaste étendue de sel du **chott El-Djerid** : les mirages y sont garantis selon l'imagination de chacun !
Vers l'ouest, il rencontre une autre oasis de renom à **Nefta**. Vers l'est, il découvre les habitations troglodytiques de **Matmata** et la route des ksour, anciennes forteresses berbères aux sites pittoresques grâce, entre autres, à leurs ghorfas (greniers à blé) : Ksar Ouled Soltane, Ksar Ouled Jebbab, Ksar Haddada, Ksar Ghilane et surtout Chenini, véritable nid d'aigle, le plus typique des villages berbères.

LE CARNET DE VOYAGE

Les premiers contacts
Office national du tourisme tunisien, 32, av. de l'Opéra, 75002 Paris, 01.47.42.72.67. Internet : www.tunisietourisme.com.tn

Les formalités
Passeport en cours de validité. La carte d'identité peut parfois suffire dans le cas d'un voyage en groupe.

La santé
Aucune vaccination n'est requise.

Le voyage, le décalage
Durée moyenne du vol Paris-Djerba (1802 km) : 2 h 40 ; Paris-Tozeur : 3 h 05 ; Paris-Tunis (1 477 km) : 2 h 25. Nombreux départs possibles, en vols charters ou réguliers, à partir des aéroports de province pour Tunis mais aussi pour Monastir, Sousse, Tozeur. Bateau : liaisons entre La Goulette (port de Tunis) et Marseille, Gênes, Naples ou la Sicile (Trapani). Lorsqu'il est midi en France, en Tunisie il est la même heure en hiver et 11 heures en été.

Le coût moyen d'un séjour
Pour un séjour balnéaire, compter de 600 € la semaine en basse saison à 750 € en haute saison, hors excursions. Une méharée dans le Grand Erg oriental se trouve parfois à moins de 1000 €.

Les langues, la monnaie
Langue officielle : l'arabe. Langue étrangère : le français est connu pratiquement partout.
Monnaie :
le dinar tunisien est subdivisé en millimes. 1 € = 1,80 dinar tunisien. Les grandes cartes de crédit sont acceptées.

La population
Les Tunisiens sont relativement peu nombreux (10 276 000 habitants) mais la population jeune est très importante. Un cinquième des habitants vit dans la capitale Tunis et dans sa banlieue.

Les religions
L'islam sunnite est prédominant. Présence de catholiques et de juifs.

Les fêtes
Mars : Festival de Carthage ; **juillet :** Festival de jazz de Tabarka, Festival de musique symphonique d'El-Djem ; **décembre :** Festival de Douz.

Les achats
Poteries, tapis berbères, tapis de Kairouan, cuir et vannerie constituent le quatuor de base. Nabeul est connue pour ses poteries et céramiques.

Dougga et le temple de la Triade capitoline : l'Antiquité a laissé de nombreux vestiges.

Les atouts du sud masquent ceux du nord, dont quatre au moins doivent attirer l'attention : la table de Jugurtha, curieuse butte isolée ; les escarpements du djebel Zaghouan ; les falaises du cap Blanc, accessibles à partir de Bizerte via une route en corniche et qui dominent la Méditerranée par un à-pic d'une centaine de mètres ; le **massif de Kroumirie**, non loin de Tabarka, propice à de belles randonnées.

Le désert

Le Sahara s'annonce par le biais du **Grand Erg oriental**. La petite ville de Douz, qui connaît à la fin du mois de décembre un festival mettant en valeur les traditions des populations sahariennes, est le point de départ des méharées : entre novembre et avril, une semaine où l'on alterne la marche et la balade à dos de dromadaire tout en sympathisant avec les chameliers peut rapidement se révéler un grand moment, d'autant que cette randonnée-là n'est guère éprouvante. L'itinéraire traditionnel qui va de Douz à Ksar Ghilane connaît de plus en plus de variantes, entre autres une étape à la source chaude d'Haouïdet.

Les villes et les monuments

Tunis, comme les villages alentour (Sidi Bou Saïd, La Marsa), est une capitale plaisante. Européenne sur l'avenue Bourguiba, la ville retrouve ses traditions dans sa grande et belle médina, surtout lorsqu'on atteint les alentours de la mosquée Al-Zaytuna, la plus réputée de l'endroit. On prendra garde de ne pas oublier la visite du musée du Bardo, où se rencontrent, de l'avis de beaucoup, les plus belles mosaïques du monde.

QUAND PARTIR ?

	Climat	Côtes	Désert
Janvier			Nuits froides ☼
Février			☼
Mars	☼		☼
Avril	☼		☼
Mai	☼	☼	
Juin		☼	
Juillet		☼	
Août		☼	
Septembre	☼	☼	
Octobre	☼	☼	
Novembre			
Décembre			

LES CONSEILS GEO

▶ Les plus

La compétitivité du tourisme balnéaire, le plus avantageux du Bassin méditerranéen.
Un pays qui donne aisément le change au farniente grâce à la densité de son patrimoine architectural et au Grand Erg oriental.
Le français comme langue de communication.

▶ Les moins

Le risque de dénaturation de certains sites, tels Hammamet et Tozeur, sous l'effet du tourisme à outrance.

▶ Les précautions

Hospitalité garantie, pays tranquille : la sécurité n'est pas un problème pour le touriste en Tunisie.

▶ Les tendances

La popularité montante du désert fait son effet : aujourd'hui il est de bon ton de compléter un séjour balnéaire à Hammamet ou à Djerba par une escapade à la lisière du désert, vers Ksar Ghilane ou Tozeur.

Sousse possède une très intéressante médina, une Grande Mosquée et un important ribat (couvent fortifié). Les remparts et le ribat de **Monastir**, ancienne ville punique chère à Bourguiba et qui a droit à une mosquée aux colonnes en marbre rose, valent aussi le détour, comme **Mahdia** (Grande Mosquée, cimetière marin).
Kairouan, quatrième ville sainte du monde musulman (Grande Mosquée de Sidi Uqba, mosquée du Barbier, mosquée des Trois-Portes), est également réputé pour la qualité de son artisanat (tapis) et son musée d'Art islamique.
Si, de **Carthage**, il reste plus l'évocation historique à travers plusieurs musées que les murs, en revanche l'amphithéâtre d'**El-Djem**, les vestiges de **Bulla Regia** (thermes, amphithéâtre, mosaïques), les temples de **Sbeïtla** et les imposantes ruines de **Dougga** rappellent l'époque romaine, alors que la synagogue de la **Ghriba**, à Djerba, est d'une architecture très ancienne. ■

Turquie

Elle est loin, la Turquie des adeptes de la «route des Indes» des années 1970, qui souvent ne faisaient que la traverser ! Elle a définitivement cédé la place à une autre, qui s'appuie sur l'atout balnéaire des côtes ouest et sud mais aussi sur des sites d'exception comme Pamukkale et la Cappadoce. En outre, les prix des séjours sont très attractifs...

QUE VOIR, QUE FAIRE EN TURQUIE ?

Les côtes

- Côte turquoise, mer Egée, mer Noire

Les paysages et les randonnées

- Paysages de Cappadoce, Pamukkale
- Mont Nemrut Dagi, mont Ararat, monts Bolkars, Taurus, Kaçkar (randonnées)

Les villes, les vestiges et les monuments

- Istanbul, Ankara
- Troie, Pergame, Bursa, Ephèse, Aphrodisias, Aspendos, Side (vestiges grecs et romains)
- Vallée de Göreme (églises troglodytiques)
- Antalya, Konya, Nemrut Dagi, Trabzon
- Monastère de Sumela, palais d'Isak Pasa

Les côtes

Le développement des infrastructures balnéaires au cours des trente dernières années fait désormais des rivages turcs – quatre mers et plus de 8 000 km de côtes – une destination comparable aux autres pays méditerranéens. Les prix et les modes de séjour sont similaires (hôtels, hôtels-clubs), alors que la saison favorable se prolonge jusqu'en novembre.

Si la côte de la **mer Egée** est la plus fréquentée (Kusadasi, Bodrum), la côte sud («**côte Turquoise**» ou «Riviera turque» autour d'Antalya) est souvent jugée comme la plus attirante grâce à ses criques d'un bleu profond et aux crêtes des monts Bolkars et Taurus en arrière-plan.

Les organisateurs de croisières aiment beaucoup ces côtes, qui le leur rendent bien en accueillant toutes sortes de bateaux, des caïques traditionnels aux grands paquebots. La palme revient actuellement au cabotage en goélette, très à la mode sur la côte de la mer Egée (Bodrum, golfe de Gökova, Dalyan) et la côte sud. Le golf prend également son essor

Sur la mer Egée, la forteresse de Bodrum est en premier plan d'une des stations balnéaires les plus fréquentées.

dans la région de Beke-Antalya.
La côte de la **mer Noire** comporte des plages, mais son climat s'avère un peu moins favorable.

Les paysages et les randonnées

La Turquie revendique deux véritables merveilles naturelles : la Cappadoce et Pamukkale.
En **Cappadoce**, au fil des siècles, les coulées de laves de deux anciens volcans ont laissé une roche tendre, le tuf, qui a engendré dans les vallées, particulièrement celle de Göreme, une succession de reliefs étranges (grottes, cheminées des fées) et la construction d'habitations à même le rocher. De vrais sites souterrains (Derinkuyu, Kaymakli, Ozkonak) en sont çà et là les témoignages.
Le site de **Pamukkale** (le «château de coton») doit sa réputation à ses vasques blanches nées de l'écoulement d'une eau chaude fortement calcaire qui s'est répandue ensuite le long des parois et s'est figée sous la forme de stalactites.
Au centre, le massif de Munzur inclut le **mont Nemrut Dagi**, riche des saisissants vestiges (statues colossales de visages, bas-reliefs) du sanctuaire d'Antiochos Ier de Commagène (Ier siècle av. J.-C.).
A l'est, le **mont Ararat**, sommet sacré et longtemps inaccessible, porte, selon la tradition biblique, sa légende : l'arche de Noé s'y serait échouée à la fin du Déluge. Le mont Ararat reçoit désormais des randonneurs avides de l'escalader, mais en trois jours

Sans le tuf, roche tendre, la Cappadoce n'aurait pas connu l'engouement que lui procurent ses cheminées des fées et ses habitations troglodytiques.

au moins et sans garantie de panoramas car les nuages y sont très souvent tenaces.

Au sud, la chaîne des **monts Bolkars** et, dans son prolongement, celle des **chaînes du Taurus** offrent des possibilités de trekkings en été jusqu'à plus de 3700 m (mont Embler), avec la rencontre des semi-nomades venus faire paître leurs troupeaux de moutons. A l'opposé, le long de la bordure est de la mer Noire, les **montagnes du Kaçkar** sont peu connues mais tout aussi intéressantes pour ce même genre de randonnées.

Les villes, les vestiges et les monuments

Byzance d'abord, Constantinople ensuite sous l'Empire romain, **Istanbul** enfin sous les Ottomans : la réputation de la ville, où resplendit l'art islamique, ne s'est jamais démentie. Elle la doit à son légendaire pont de Galata au-dessus de la Corne d'or, aux contrastes entre les deux rives du Bosphore, au fourmillement de son Grand Bazar, au prestige de la mosquée Süleymaniye, à la rare élégance et aux vingt mille carreaux de faïence bleue de la mosquée Sultan-Ahmet («la Mosquée bleue», XVIIe siècle), à l'église Sainte-Sophie (VIe siècle), transformée en mosquée (XVe siècle) puis en musée (1935), au palais de Topkapi, résidence des sultans devenue un grand musée d'art

LE CARNET DE VOYAGE

Les premiers contacts
Bureau de la culture et de l'information, 102, av. des Champs-Elysées, 75008 Paris, 01.45.62.78.68. Internet: www.infoturquie.com, www.istanbulguide.net

Les formalités
Pour les ressortissants de l'UE, carte nationale d'identité ou (mieux) passeport; pour les Canadiens, passeport et visa.

La santé
Aucun vaccin obligatoire. Prévention recommandée contre le paludisme de mai à octobre inclus dans les régions de Çukurova et Amikova (au sud-est).

Le voyage, le décalage
Durée moyenne du vol Paris-Ankara (2584 km) : 5 heures ; Paris-Istanbul (2243 km) : 3 h 30 ; Paris-Antalya : 4 heures. Nombreux vols à bas prix pour Istanbul, vols charters en été pour Izmir, Antalya et Bodrum. Lorsqu'il est midi en France, en Turquie il est 13 heures.

Le coût moyen d'un séjour
Environ 300 € pour un week-end un peu hors saison à Istanbul (vol et hébergement). De 500 à 650 € en haute saison (vol A/R, chambre double et demi-pension) pour un séjour balnéaire sur la mer Egée, un peu plus pour la Riviera turque. Aux alentours de 700 € pour une semaine en Cappadoce.

Les langues, la monnaie
Langue officielle : le turc, qui appartient au groupe ouralo-altaïque et pour lequel les caractères arabes ont été utilisés jusqu'en 1928 ; la langue kurde, parlée par un habitant sur cinq et longtemps mise sous le boisseau, est désormais enseignée. Langue étrangère : l'anglais. **Monnaie :** la nouvelle lire turque (YTL). 1 € = 1,8 nouvelle lire turque. Cartes de crédit utilisables et distributeurs de billets dans les villes.

La population
71159000 habitants. Les descendants des tribus nomades turques du début du millénaire forment l'essentiel de la population. La proportion des Arméniens et des Grecs est modeste, mais une importante minorité kurde (17 %) vit dans le sud-est.
Capitale : Ankara; Istanbul est la ville la plus peuplée (7500000 habitants).

Les religions
98 % de la population est musulmane. Principales minorités : catholiques, juifs, orthodoxes. La Turquie est un Etat laïque.

Les fêtes
Janvier : Festival de lutte de dromadaires à Selçuk, région de Kusadasi ; **juin-juillet :** Festival d'Izmir, Festival de Bursa ; **septembre :** Festival des vendanges à Urgüp ; **décembre :** Konya rend hommage à Mevlana.

Les achats
Tapis, bijoux d'or et d'argent et, dans le registre culinaire, thé et loukoums sont des achats typiques, leur creuset étant le Grand Bazar d'Istanbul, où le marchandage est une institution.

Toute la finesse de l'art ottoman est dans la Mosquée bleue, construite sous Ahmet Ier.

islamique, à ses autres grands musées (consacrés à la céramique, aux antiquités, aux mosaïques) et aux palais, villas et yalis (maisons de bois) le long du Bosphore. Istanbul offre aussi un visage trop peu évoqué, celui des belles façades Art déco de la colline rénovée et occidentalisée de Beyoglu.

Pour se reposer des fatigues urbaines, l'archipel voisin d'Adalar, ou îles aux Princes, est tout trouvé, avec ses plages et ses senteurs.

La capitale **Ankara** souffre de la comparaison, malgré sa citadelle, ses vieux quartiers (Ulus, Samanpazan), son musée des Civilisations anatoliennes et son mausolée d'Atatürk.

En quittant Istanbul et en allant vers l'est, l'intérêt archéologique va croissant.

Les ruines retrouvées sur le site de **Troie** n'ont qu'un lointain rapport avec les récits légendaires d'Homère. **Pergame** pour ses restes de culture grecque, Bursa pour son empreinte ottomane, **Ephèse** pour ses vestiges de la ville hellénistique et romaine, à défaut de traces suffisantes de l'une des Sept Merveilles du monde que fut le temple d'Artémis, et **Aphrodisias** (gréco-romaine) pour son théâtre et son stade sont les autres rendez-vous de cette façade ouest du pays.

Le long de la côte sud, plusieurs sites méritent la visite : **Antalya**, pour son mélange de monuments romains et islamiques ; **Aspendos**, pour son théâtre jugé le plus beau théâtre romain de style oriental ; **Side**, pour la diversité de ses ruines romaines ; **Myra**, pour son théâtre, les vestiges de sa nécropole lycienne et le souvenir de saint Nicolas.

En remontant vers le centre, on découvre **Konya**, célèbre pour ses derviches tourneurs, des moines pratiquant en commun des règles mystiques. L'ordre des derviches tourneurs a été fondé au XIIIe siècle par Mevlana, dont l'anniversaire est célébré chaque année en décembre, particulièrement à Konya. Apparaissent aussi et surtout les églises troglodytiques de la **vallée de Göreme**, ornées de riches peintures murales (Carikli, Elmati, Karanlik).

Sur la côte de la mer Noire, **Trabzon** (Trébizonde) conserve plusieurs églises byzantines ou d'inspiration byzantine (Sainte-Sophie) et est entouré d'un rempart datant de l'Empire grec de Trébizonde (XIIe au XIVe siècle), dont reste en partie une citadelle.

A quelques encablures au sud de la ville, le monastère de **Sumela**, fondé au IVe siècle, détruit puis reconstruit, ne peut être ignoré, pas plus que le palais d'Isak Pasa, ancien caravansérail sur la Route de la soie non loin du mont Ararat, ou l'église arménienne de la Sainte-Croix, sur une île du lac de Van. ■

QUAND PARTIR ?

	Côtes	Istanbul et visites culturelles de l'intérieur
Janvier		
Février		
Mars		
Avril		⊙
Mai	☼	⊙
Juin	☼	⊙
Juillet	☼	
Août	☼	
Septembre	☼	⊙
Octobre	☼	⊙
Novembre		
Décembre		

LES CONSEILS GEO

▶ Les plus

L'équivalent des autres grandes destinations méditerranéennes et la qualité des sites de l'intérieur.
Le rayonnement d'Istanbul.
Le coût très raisonnable des séjours.

▶ Les moins

Une certaine tension depuis quelques années en raison d'attentats ou de menaces d'attentats, y compris dans des villes ou sur des sites touristiques.

▶ Les précautions

Les trois départements de Siirt, Sirnak et Hakkari, le long de la frontière irakienne, et plus généralement le sud-est du pays sont à éviter.

▶ Les tendances

Elles sont deux, au moins : l'une, esthétique et romantique, à bord d'un caïque ou d'une goélette le long de la côte Turquoise, l'autre, mythique, en chaussures de marche sur les pentes du mont Ararat.

Venezuela

Le Venezuela, la «petite Venise», en souvenir des impressions qu'avaient laissées les cases sur pilotis aux premiers Européens, est désormais bien en place dans l'agenda du voyageur, et ce n'est que justice.
En effet, le pays peut aussi bien proposer le farniente sur la côte ou dans les îles Caraïbes que l'exploration du Massif guyanais et de ses montagnes tabulaires. Il n'aura manqué au Venezuela que d'importants vestiges précolombiens pour devenir un pays de fort tourisme.

QUE VOIR, QUE FAIRE AU VENEZUELA?

Les côtes
- Ile Margarita, archipels de Las Aves et de Los Roques, péninsule de Paria

Les paysages et les randonnées
- Massif guyanais (tepuyes, cataractes), pirogue sur l'Orénoque
- Los Llanos (faune), cordillère de Mérida

Les monuments
- Traces de la colonisation espagnole à Caracas, Barcelona, Ciudad Bolívar, Coro
- Art rupestre précolombien

Les côtes

Les généreux rivages caraïbes et la qualité des fonds coralliens sont les vecteurs qui font de plus en plus entrer le Venezuela dans le concert du grand tourisme balnéaire mondial. Les îles sont désormais mises en avant, et plus particulièrement l'**île Margarita**, dont le cocktail mer (soixante-quinze plages), montagne et coût de séjour plutôt raisonnable se révèle déterminant.
L'**archipel de Los Roques**, tropical à souhait (coraux, poissons multicolores), situé en face de la côte caraïbe, est l'autre symbole d'un tourisme côtier en expansion. Il est recommandé de le découvrir grâce à des croisières en voilier. Il offre, en outre, bon nombre de plages encore peu fréquen-

L'île Margarita et ses soixante-quinze plages rattrapent peu à peu les grandes destinations balnéaires des Caraïbes.

tées et des possibilités de pêche au gros (marlin bleu, espadon).
Autre rendez-vous balnéaire insulaire : l'**archipel de Las Aves**, peuplé de colonies de flamants roses.
Sur la côte continentale, la péninsule de Paraguana et la région de Chichiriviche alternent plages de sable fin et villages de pêcheurs. La plage et la forêt se complètent harmonieusement dans la **péninsule de Paria**, trouée de rivières, dans lesquelles il est possible de se baigner, et de marais, où un caïman honore parfois le touriste d'une visite.

Les paysages et les randonnées

Le **Massif guyanais,** ou Guyane vénézuélienne, parsemé de villages indiens et coupé de nombreuses rivières, est devenu une destination très prisée en quelques années. C'est là, en effet, plus précisément dans la région de la Gran Sabana, que se trouvent les tepuyes, étranges plateaux de grès encerclés par la forêt tropicale, à la fois craints et vénérés par les Indiens Pémons. Les tepuyes font aujourd'hui l'objet de balades, dont le clou est l'ascension du mont Roraima, le tepui le plus haut de tous (près de 3 000 m).
C'est également dans ces contrées que les conquistadores ont situé et recherché l'Eldorado, où ils étaient censés trouver de fabuleuses quantités d'or à rapporter. La région permet la remontée des rivières en pirogue et la découverte des cataractes du río Carrao, appelées saltos. Le plus connu est le **Salto del Angel** («saut de l'Ange»), considéré comme la plus haute chute d'eau du monde (970 m) mais très difficile d'accès.
D'autres chutes et d'autres panoramas hissent le Massif guyanais et la région du mont Roraima au rang des plus beaux reliefs de la façade atlantique de l'Amérique du Sud.
En se dirigeant vers l'ouest se profile l'**Orénoque**, qui accueille la navi-

L'Orénoque, sur lequel se déplacent les indiens Waraos, fait partie des grandes légendes fluviales de l'Amérique du Sud.

gation sur les curiaras, des pirogues menées à travers troncs d'arbre et palétuviers par les Indiens Waraos. Il est possible d'observer le spectacle des rapides et parfois d'une faune aquatique (crocodiles, dauphins d'eau douce). La région du haut Orénoque est la terre d'élection des Indiens Yanomanis.

Non loin de là, la nature a forgé deux gouffres imposants, le gouffre Humboldt (314 m de profondeur) et le gouffre Martel. Leur visite n'est pas programmée, à cause non seulement de la difficulté d'accès mais aussi du mystère géologique qui continue de les entourer.

Si l'on se dirige vers la frontière colombienne, apparaît, autour de Puerto Ayacucho, l'Etat d'Amazonas, un sanctuaire écologique pour

LE CARNET DE VOYAGE

Les premiers contacts
Ambassade, 11, rue Copernic, 75116 Paris, 01.45.53.29.98.
www.venezuelatuya.com/fra.htm

Les formalités
Passeport suffisant, encore valable six mois après le retour.
Billet de retour ou de continuation exigible.

La santé
Vaccination vivement recommandée contre la fièvre jaune en dehors des zones urbaines. Prévention recommandée contre le paludisme dans certaines zones rurales ou de la jungle amazonienne.

Le voyage, le décalage
Durée moyenne du vol Paris-Caracas (7617 km): 9 heures.
Lorsqu'il est midi en France, au Venezuela il est 6 heures en été et 7 heures en hiver.

Le coût moyen d'un séjour
Une semaine «all inclusive» sur l'île Margarita peut se trouver à partir de 1100 €. Compter au moins 2000 € pour un séjour accompagné de 15 jours incluant le Massif guyanais, le delta de l'Orénoque et l'archipel de Los Roques.

Les langues, la monnaie
Langue officielle: l'espagnol. Langue étrangère: l'anglais.
Monnaie: le bolívar fuerte.
1 USD = 2,14 bolívares fuertes, 1 € = 3,16 bolívares fuertes. Change dans les banques mais aussi dans les casas de cambio. Cartes de crédit parfois utilisables mais déconseillées.

La population
Concentrée dans les cordillères et sur la côte caraïbe, elle connaît une forte progression malgré un chiffre actuellement moyen (26024000 habitants).
Un habitant sur six vit dans l'agglomération de la capitale Caracas. Sept Vénézuéliens sur dix sont des métis, deux sur dix sont des Blancs. Les Noirs et les Indiens composent le reste de la population.
Capitale: Caracas

Les religions
Forte proportion de catholiques (92%).

Les fêtes
Février: Fiesta del Sol à Mérida; **5 juillet:** fête de l'Indépendance; **24 juillet:** Anniversaire de Simón Bolívar.

Les achats
Deux spécialités qui peuvent se compléter sont à souligner: le hamac et le rhum. On pourra également se procurer des objets en bois et en cuir, des poteries et des couvertures très colorées.

Le «saut de l'Ange» mérite bien son nom dans le décor étrange du Massif guyanais, devenu un paysage incontournable.

LES CONSEILS GEO

▶ Les plus

Le triple atout constitué par la côte caraïbe, le Massif guyanais et la forêt amazonienne.

▶ Les moins

La relative brièveté de la saison favorable pour le voyageur européen. L'absence de traces importantes des civilisations précolombiennes.

▶ Les précautions

Une récente progression de la délinquance à Caracas et sur les côtes réclame de la vigilance. De même les régions frontalières avec la Colombie doivent être évitées.

▶ Les tendances

Le Venezuela «aquatique» surfe sur une vague haute : non seulement l'île Margarita s'impose peu à peu comme une destination balnéaire de grand tourisme, mais encore l'archipel de Los Roques attire les plongeurs.

QUAND PARTIR ?

	Climat	Végétation des tepuyes et du Massif guyanais
Janvier	☼	
Février	☼	
Mars	☼	
Avril	☼	
Mai		
Juin		
Juillet		
Août		⋞
Septembre		⋞
Octobre		Fin de la saison des pluies ⋞
Novembre		
Décembre	☼	

des espèces animales et végétales encore préservées. Plus au nord s'étendent **Los Llanos**, grandes plaines couvertes de savanes... et de zébus, gérés par les gauchos de l'endroit, les llaneros. Dans ces contrées se rassemblent une faune aux noms mythiques (anaconda, iguane) et plus de trois cents espèces d'oiseaux qu'il est possible de tenter d'apercevoir au cours de passionnants safaris.

La **cordillère de Mérida**, qui s'élève jusqu'à 5007 m au pic Bolívar, renferme le «Páramo andin», mélange de lacs, de nature fleurie et de villages coloniaux bien préservés. Une solution idéale pour avoir une idée de la beauté de cette cordillère : le téléphérique de Mérida, à la fois le plus haut et le plus long du monde.

Les monuments

Le passage des Espagnols a laissé des traces, sous la forme d'églises, de cathédrales et de vieux quartiers centraux, à **Caracas** (Capitolio), à **Barcelona** (musée de la Tradition), à **Ciudad Bolívar** et à **Coro**, qui fut la première capitale des temps de la colonisation et qui en conserve les meilleurs exemples du pays.

Aux environs de Valencia, à l'ouest de Caracas, on découvre des gravures et des dessins rupestres précolombiens dans les parcs Piedras Pintadas et Cerro Pintado. ■

Viêt Nam

QUE VOIR AU VIET NAM ?

Les paysages
- Montagnes du Tonkin
- Fleuve Rouge, rivière Noire, col des Nuages, environs de Dalat, delta du Mékong
- Route mandarine

Les villes et les monuments
- Du nord au sud : Hanoi, Huê, Da Nang
- Hoi An, Hô Chi Minh-Ville

Les côtes
- Baie d'Along
- Vung Tau, Phan Tiet, Nha Trang, île de Phu Quoc (plages)
- Marchés flottants du sud

Depuis que le Viêt Nam a décidé de joindre le mot tourisme à la définition de sa nouvelle image, sa carte de visite s'orne des références qui comptent parmi les plus probantes de l'Asie du Sud-Est : reliefs insolites de la baie d'Along, cité impériale de Huê, pagodes, paysages de forêts et de rizières, rencontre des populations montagnardes du Tonkin.

Les paysages

Les paysages séduisent grâce aux rizières vert tendre des plaines auxquelles répond, dans le nord, la « Haute Région » des **montagnes du Tonkin**, où vivent des minorités (Mongs, Nungs, Daos) et où la randonnée connaît une popularité de plus en plus forte. En quittant les hauteurs, l'aspect culturel de la région est maintenu par la présence d'autres peuples (Yaos, Tàys) de plus en plus, et peut-être trop, courtisés par les voyagistes à la recherche d'inédit.

Du nord au sud, les sites qui méritent la visite se succèdent à intervalles rapprochés : les vallées du **fleuve Rouge** et de la **rivière Noire**, celle-ci agrémentée de gorges (canyon de Laï-Chau) ; la route n° 1 entre Da Nang et Huê (**col des Nuages**), les environs de **Dalat**.

Le **delta du Mékong** est riche de rizières et de jardins qui sont à l'origine de balades en sampan. Des croisières relient même désormais Hô Chi Minh-Ville à Phnom Penh, la capitale du Cambodge.

La route côtière (« **Route mandarine** ») est l'un des itinéraires le plus souvent proposés par les responsables du tourisme vietnamien.

La baie d'Along, constituée de près de trois mille îlots aux formes étonnantes, vaut le voyage à elle seule.

Les villes et les monuments

Hô Chi Minh-Ville, l'ex-Saigon, capitale de l'ex-Cochinchine, «perle de l'Extrême-Orient» voulue par le colonisateur français avec larges avenues et villas en bordure, est la ville la plus jeune et la plus dynamique du pays. Elle connaît une forte animation le long de ses quais, dans son bazar (Bên Thanh) et surtout dans le quartier chinois de Cholon, où commerces et bicyclettes contribuent à entretenir un capharnaüm urbain réputé. Mutation politique et économique aidant, l'atmosphère se rapproche de plus en plus du temps où Saigon était la ville la plus convoitée de l'Indochine. Passage culturel obligé à Hô Chi Minh-Ville: le musée d'Histoire (statues cham et de l'époque qui a précédé l'édification d'Angkor) et le temple Thien Hau.

Le site de **Hanoi**, qui s'étend autour d'un lac (Petit Lac) et à proximité du delta du fleuve Rouge, est aussi réputé que ses pagodes (pagode au Pilier unique), son habitat (maisons anciennes tout en longueur du Vieux Quartier) et ses monuments: temple de la Littérature du XIe siècle, dédié à Confucius et riche de parcs, de lacs et des stèles de quatre-vingt-deux savants entourant la statue du philosophe; mausolée de Hô Chi Minh; ancien palais du gouverneur Doumer; Musée ethnographique.

Huê, partagée en une vieille ville et une ville coloniale, est agréable à découvrir en bateau sur la «rivière des

Un vieux quartier de Hanoi, la grande ville du nord où Confucius (temple de la Littérature) et Hô Chi Minh (mausolée) ont une place à part.

LE CARNET DE VOYAGE

Les premiers contacts
Bureau d'information, 69, rue de la Glacière, 75013 Paris, 0826.000.726, www.vietnamtourism.com, www.cap-vietnam.com

Les formalités
Passeport en cours de validité, valable encore six mois après la date du retour. Visa obligatoire et payant, à demander à l'ambassade. Billet d'avion ou attestation de voyage exigible.

La santé
Aucun vaccin n'est obligatoire. Prévention recommandée contre le paludisme, excepté dans les villes, le delta du fleuve Rouge et la plaine côtière située au nord de Nha Trang. Les risques les plus importants sont dans le sud (provinces de Ca Mau et Bac Lieu) et les hauts plateaux au-dessous de 1500 m.

Le voyage, le décalage
Durée moyenne du vol Paris-Hanoi : 11 h 30 ; Paris-Hô Chi Minh-Ville (10177 km) : 16 heures. Possibilité de combiner un aller pour Hanoi et un retour de Hô Chi Minh-Ville, et vice versa. Possibilité, également, d'arriver à Hô Chi Minh-Ville et de repartir de Siem Reap ou Phnom Penh (Cambodge). Lorsqu'il est midi en France, au Viêt Nam il est 17 heures en été et 18 heures en hiver.

Le coût moyen d'un séjour
Un voyage accompagné d'une douzaine de jours revient à environ 1400 €. Un voyage-randonnée de deux semaines frôle les 2000 €, comme un combiné Angkor-Viêt Nam de même durée avec chauffeur-guide.

Les langues, la monnaie
Langue officielle : le vietnamien. Langues étrangères : anglais, français, russe, toutes trois peu répandues. **Monnaie :** le dông. La possession d'US dollars est conseillée. 1 USD = 16000 dôngs, 1€ = 23500 dôngs. Carte Visa utilisable dans certains hôtels et restaurants

La population
Le pays est très peuplé (85262000 habitants). L'ethnie vietnamienne, très largement majoritaire, en côtoie néanmoins cinquante-trois autres. **Capitale :** Hanoi.

Les religions
Le bouddhisme est majoritaire (55 %). On compte 7 % de catholiques et 1 % de musulmans.

Les fêtes
Fin janvier-début février : fête du Têt, Nouvel An lunaire ; **30 avril :** anniversaire de la libération du Sud ; **2 septembre :** fête de l'Indépendance.

Les achats
Produits locaux : des laques, des objets en nacre et en bois précieux, des peintures sur soie, des chapeaux vietnamiens.

Parfums». Elle se distingue par des monuments de premier ordre : la cité impériale et d'importants témoignages du patrimoine architectural ; la pagode de la «Dame céleste» ; les tombeaux royaux des Nguyen ; le parc de l'empereur Tu Duc.

Da Nang a deux grands atouts : la fameuse collection de son musée de sculptures cham et les grottes-pagodes des «montagnes de marbre», creusées dans du marbre blanc.

Au sud de Danang, le vieux port de Hoi An, autrefois lieu de départ des épices et de la soie, fait valoir ses temples et pagodes, et surtout un vieux pont couvert.

La pagode des Parfums, non loin de Hanoi, est un lieu de pèlerinage réputé.

LES CONSEILS GEO

▶ Les plus

Un pays d'une grande beauté, dont la fréquentation touristique reste l'une des plus fortes de l'Asie du Sud-Est.
Un voyage encore authentique auprès des minorités ethniques.
Quelques traces de langue française pour une meilleure communication.

▶ Les moins

Un climat défavorable entre juin et septembre.
Des rivages de plus en plus soumis aux exigences du grand tourisme.

▶ Les précautions

Ne pas arborer des signes extérieurs de richesse sur les lieux touristiques et dans les grandes villes.

▶ Les tendances

Pour le meilleur ou pour le pire, le Viêt Nam a décidé de s'engager délibérément dans une mise en valeur de ses milliers de kilomètres de côtes avec des projets de complexes hôteliers d'envergure.

QUAND PARTIR ?

	Nord	Centre	Sud
Janvier			☼
Février		☼	☼
Mars		☼	☼
Avril	☼	☼	☼
Mai	☼	☼	
Juin		☼	
Juillet			
Août			
Septembre			
Octobre			
Novembre	☼		
Décembre	☼		☼

Dans la région de Qui Nhon, les tours cham, fruits d'une civilisation malayo-polynésienne, laissent apparaître leurs contours délicats.

■ Les côtes

La **baie d'Along**, un labyrinthe de deux mille six cents îlots rocheux aux formes insolites, souvent percés de grottes et disséminés sur 1550 km², est l'un des attraits majeurs du voyage, agrémenté par la possibilité de mini-croisières à bord d'une jonque, l'embarcation traditionnelle.
En partant vers le sud, on découvre 3000 km de côtes, dont la plupart n'ont jamais connu un grand tourisme et qui autorisent bien des perspectives balnéaires à l'image de «China Beach» en leur milieu. Non loin de Hô Chi Minh-Ville, la station de **Vung Tau** (ex-cap Saint-Jacques), plus au nord celles de **Phan Tiet** et de **Nha Trang** (bancs de coraux) sont les endroits le plus souvent cités. Dernière-née du tourisme balnéaire : tout au sud, l'île montagneuse de **Phu Quoc** et ses plages de sable blanc promises à des investissements plutôt haut de gamme.
Au sud, dans les alentours de Hô Chi Minh-Ville, les canaux et le port de Cantho débordent d'activité, alors que les marchés flottants sont particulièrement nombreux (Cai Rang, Phong Fien, Phung Hiep).
Les croisières le long des côtes de la mer de Chine méridionale connaissent un boom touristique depuis quelques années : les villes les plus intéressantes étant des villes côtières, elles sont à l'origine de plusieurs escales culturelles. ■

Le gouvernorat de la capitale Sana'a donne à qui arrive au Yémen une première idée des merveilles de façades ouvragées.

Les hauts plateaux autour de la capitale Sana'a, là où se marient les paysages et surtout le raffinement des constructions en pierre, en brique ou en pisé de la plupart des villages, ont fait la réputation du Yémen qui offre un nouveau joyau, l'île de Socotra. Malheureusement, le pays, qui apparaît comme l'un des grands rendez-vous du Moyen-Orient, est en proie à de graves remous de tous ordres depuis quelque temps.

Yémen

LE CARNET DE VOYAGE

Les premiers contacts
Ambassade, 25, rue Georges-Bizet, 75116 Paris, 01.53.23.87.87.
Internet: www. yementourism.com

Les formalités
Passeport (sans aucune mention israélienne) valable encore six mois après le retour, visa obligatoire et payant.
Le visa peut être obtenu à l'aéroport d'arrivée, mais cette option est à éviter car considérée à titre exceptionnel.

La santé
Prévention recommandée contre le paludisme sur les côtes ouest et sud, et dans tous les cas au-dessous de 2000 m.

Le voyage, le décalage
Durée moyenne du vol Paris-Sana'a (5295 km): 7h30; Paris-Aden (5585 km): 9 heures. Lorsqu'il est midi en France, au Yémen il est 13 heures en été et 14 heures en hiver.

Le coût moyen d'un séjour
1500 € pour un voyage accompagné de 12 jours sur les hauts plateaux, 1700 € tout compris pour un voyage-randonnée de 15 jours.

Les langues, la monnaie
Langue officielle: arabe.
Langue étrangère: anglais.
Monnaie: le rial yéménite. Se munir d'US dollars ou de chèques de voyage. 1 USD = 199 rials yéménites, 1 € = 293 rials yéménites. Cartes bancaires non utilisables.

La population
22231000 Yéménites. **Capitale:** Sana'a.

Les religions
L'islam sunnite est légèrement majoritaire et prédominant dans l'ex-Yémen du Sud. A l'ouest, la tendance est inversée: les fidèles chiites, majoritaires, se répartissent entre zaydites et chaféites.

Les fêtes
Mai: fête de l'Unification; **Aïd el-Fitr:** fin du ramadan).

Les achats
Bijoux d'argent et de corail, poignards traditionnels, vannerie, tapis, lampes à huile, encens.

QUE VOIR AU YEMEN ?

Les paysages et l'habitat
- Hauts plateaux, villages fortifiés
- Désert du Ramlat al-Sab'atayn
- Vallée de l'Hadramaout
- Ile de Socotra

Les villes
- Sana'a, Aden

Les côtes
- Al-Mukallah (océan Indien), Hodeida, Mokha (mer Rouge)

Les paysages et l'habitat

Rarement les deux notions de paysage et d'habitat se seront conjuguées aussi harmonieusement et aussi durablement. C'est au milieu du triangle formé par Hodeida, Baraqich et Ta'izz que s'élèvent, à plus de 3000 m, des hauts plateaux dont les routes pittoresques, par exemple celle qui relie Sana'a à Ta'izz, sont bordées de villages fortifiés.

Ces villages de montagne, au cœur d'une région qui fut aussi un lieu important du commerce des plantes aromatiques, tirent leur beauté et leur réputation de l'architecture de leurs maisons en pierre, en brique ou en pisé, dont les méthodes de construction sont millénaires.

Dans le Yémen du Nord, les principaux spécimens du genre, souvent haut perchés, accessibles après le passage de gorges ou de cols et ouverts sur des paysages grandioses, sont Zabid (premier centre intellectuel du monde arabe), Manakha, Djibla, Amran, Sirwah, Kawkaban, Mahweet, Baraqich (ancienne capitale du royaume de Mai'n, dont les murailles s'élèvent à près de 15 m au-dessus du sol désertique), Ma'rib (ancienne capitale du royaume de Saba agrémentée d'un temple du IVe siècle av. J.-C. et d'un barrage en terre de 600 m de long) et Chabwa.

En partant vers l'est, les randonneurs sont comblés, entre Ma'rib et Chabwa, par le **Ramlat al-Sab'atayn**, qui constitue la pointe sud de l'immense désert saoudien, le Rub al-Khali.

Dans l'ex-Yémen du Sud, la **vallée de l'Hadramaout** et ses wadis (oueds souvent asséchés) surprennent par leurs paysages riants et verdoyants, flanqués de villages accrochés aux versants. Chibam (et ses maisons-tours de six étages, vieilles de cinq siècles, qui dominent la vallée et lui ont valu le nom de «Manhattan du désert»), Say'un (maisons en pisé et à balustrades) et Tarim, fort de ses vingt-trois palais et de ses mosquées, sont les villages les plus typiques.

L'ancien itinéraire caravanier de l'encens suit le tracé de la vallée du wadi Hadramaout, la plus belle des vallées avec celle du Wadi Do'an.

L'île montagneuse de **Socotra**, au large de la corne de l'Afrique, devient un paradis pour les randonneurs.

Les villes

Le bazar et la vieille ville arabe sont les deux attraits de **Sana'a**, capitale fortifiée, perchée à 2350 m. Sa grande mosquée du XIIe siècle complète le plus vieil ensemble architectural du Moyen-Orient.

La qualité du site d'**Aden** est la principale raison de visite de cette ville cosmopolite, point de passage de l'ancienne route des Indes.

Les côtes

Les rivages de l'océan Indien et le port de pêche d'**Al-Mukallah** bénéficient d'un arrière-plan de paysages volcaniques.

Sur la mer Rouge, le port d'**Hodeida** connaît les allées et venues des boutres, comme **Mokha**, port d'où partaient les cargaisons de café. ■

LES CONSEILS GEO

▶ Les plus

Un habitat hors normes, d'une rare valeur architecturale.

Un voyage riche en diversité : intérêt culturel, désert, océan.

▶ Les moins

Une situation difficile: entre des enlèvements contre rançon toujours possibles et les récents et dramatiques attentats contre des touristes, l'heure est à l'incertitude.

Une période juin-septembre relativement gênée par les pluies sur les hauts plateaux du Nord-Ouest.

▶ Les précautions

Tout voyage à titre individuel ou sans garantie est à éviter absolument. De même, il est formellement déconseillé de se rendre dans la région frontalière de Saada, au nord-ouest.

QUAND PARTIR ?

	Sana'a et hauts plateaux	Hadramout et partie est	Côtes
Janvier			☼
Février			☼
Mars	☼		
Avril	☼		
Mai		☼	
Juin		☼	
Juillet		☼	
Août		☼	
Septembre		☼	
Octobre	☼		
Novembre	☼		
Décembre			

QUE VOIR AU ZIMBABWE ?

Les paysages

- Chutes Victoria, lac Kariba (canoë, pêche)
- Rhodes Matopos National Park
- Balancing Rocks, grottes de Sinoia

La faune

- Matusadona National Park, Hwange National Park
- Elephants, crocodiles, oiseaux

Les monuments

- Vestiges du Grand Zimbabwe et de Khami

Pour avoir été le premier Blanc à découvrir les chutes du Zambèze, Livingstone a eu droit à une statue. Aujourd'hui, l'explorateur est relayé par des voyageurs venus contempler ce panorama exceptionnel mais aussi une faune nombreuse et des sites archéologiques insolites.

Zimbabwe

LE CARNET DE VOYAGE

Les premiers contacts
Services culturels de l'ambassade, 12, rue Lord-Byron, 75008 Paris, 01.56.88.16.00.www.zimbabwetourism.co.zw

Les formalités
Pour les ressortissants de l'Union européenne, canadiens, suisses : passeport valable encore six mois après le retour. Visa obligatoire, qui peut être obtenu à l'arrivée. Se faire toujours confirmer cette possibilité par l'ambassade.

La santé
Prévention recommandée contre le paludisme toute l'année dans la vallée du Zambèze et de novembre à fin juillet au-dessous de 1 200 m. Risque faible à Bulawayo et à Harare.

Le voyage, le décalage
Durée moyenne du vol Paris-Harare (7 934 km, escale) : 13 heures. Lorsqu'il est midi en France, au Zimbabwe il est la même heure en été et 13 h en hiver.

Le coût moyen d'un séjour
Les chutes Victoria et les parcs nationaux constituent les points d'orgue d'un voyage accompagné souvent complété par le Botswana et la Namibie. Compter au moins 2 500 € pour 18 jours en dehors des fêtes et congés scolaires.

Les langues, la monnaie
Langue officielle : l'anglais. Le shona est la langue locale la plus pratiquée. **Monnaie :** le dollar du Zimbabwe. 1 US Dollar = 30 700 dollars du Zimbabwe, 1 € = 45 200 dollars du Zimbabwe. Les touristes sont souvent soumis au paiement en US dollars, les cartes de crédit sont de peu d'utilité.

La population
12 311 000 habitants, en majorité des Shonas. Minorités de Blancs, d'Indiens et de métis. **Capitale :** Harare (anciennement Salisbury).

Les religions
Protestants, sectes chrétiennes africaines, catholiques. On compte 40 % d'animistes.

Les fêtes
18 avril : Independence Day ; **fin mai :** Africa Days ; important festival à Harare, le House of Stone Music Festival (dates variables).

Les achats
Parmi les productions artisanales, les textiles, les objets en bois sculpté et surtout les masques.

Le Zimbabwe partage avec la Zambie le privilège du bouillonnement intense des chutes Victoria, telles que les découvrit Livingstone en son temps.

Les paysages

Le Zambèze plonge soudainement dans un abîme de 108 m pour la plus importante de ses cinq chutes.

Bruit et fureur de l'eau qui dégage une brume intense, celle-ci se parant des couleurs de l'arc-en-ciel et faisant de «Mosi-oa-Tunya», la «fumée qui tonne, qui gronde», l'équivalent des chutes du Niagara et d'Iguaçu en réputation et en qualité du spectacle.

Inscrites au Patrimoine mondial de l'humanité, les **chutes Victoria**, rebaptisées ainsi par Livingstone en hommage à sa reine, sont visibles de mille façons.

Le Zimbabwe possède le tiers de leurs 1 700 m de large, les deux autres tiers appartiennent, quant à eux, à la Zambie.

A proximité, le **lac Kariba**, né d'un barrage sur le Zambèze, est situé dans un joli site. Baignade, mini croisières en canoë et pêche y sont possibles.

Autres grandes curiosités :

– les blocs de pierre géants du **Rhodes Matopos National Park**, où est inhumé Cecil Rhodes et qui renferment de nombreuses peintures rupestres bochimans ;

– près de Harare, les **Balancing Rocks** d'Epworth, imposants rochers qui semblent en continuelle recherche d'équilibre ;

– les **grottes de Sinoia**, dont le fond est occupé par les couleurs changeantes du lac Dormant.

La faune

Aux alentours du lac Kariba, où la faune vient se rafraîchir, les éléphants côtoient les hérons et les crocodiles du **Matusadona National Park**.

Quant au plus grand des parcs du Zimbabwe, le **Hwange National Park**, il renferme nombre d'éléphants, les troupeaux pouvant compter jusqu'à cent unités. On y rencontre aussi plus de cent espèces d'animaux et environ quatre cents espèces d'oiseaux.

Dans ces deux parcs comme ailleurs dans les parcs animaliers d'Afrique, c'est à la fin de la saison sèche que les animaux sont le plus visibles, lorsqu'ils se rassemblent autour des points d'eau.

Les monuments

Près du lac Kyle, les vestiges du vaste ensemble de monuments en pierre du **Grand Zimbabwe**, l'une des capitales de l'ancien royaume bantou du Monomotapa (palais, remparts de 10 m de haut et tour de granit), méritent d'autant plus la visite que l'Afrique noire possède peu de témoignages architecturaux de ce genre.

En outre, cette acropole du Grand Zimbabwe, qui n'a été découverte que dans les années 1870, est connue pour offrir des statues de pierre bien particulières telles que des oiseaux figurant des personnages et taillés à même la roche.

Près de Bulawayo, les ruines de **Khami** sont de moindre importance mais constituent le témoignage (peu évident) de l'époque où la ville fut capitale de la dynastie Torwa, entre le XVe et le XVIIe siècle. ■

LES CONSEILS GEO

▶ Les plus

La diversité des pôles touristiques : chutes et paysages mais aussi faune nombreuse et vestiges archéologiques.

Un climat favorable au moment adéquat pour le voyageur.

▶ Les moins

Un pays où les pénuries et les tensions sociales sont récurrentes, ce qui exige du voyageur une certaine vigilance.

▶ Les tendances

Les chutes Victoria comptent parmi les plus spectaculaires du monde, aussi est-il de bon ton de les voir du dessus (en hélicoptère) comme du dessous, dût-on supporter le coût élevé de ce genre de prestations.

QUAND PARTIR ?

	Climat	Chutes Victoria et couleurs de la nature
Janvier		Saison des pluies ⩤
Février		⩤
Mars		⩤
Avril	☼	
Mai	☼	
Juin	☼	
Juillet	☼	
Août	☼	
Septembre	☼	
Octobre	☼	
Novembre		⩤
Décembre		⩤

CRÉDITS PHOTOGRAPHIQUES

AGE 398

ASK IMAGES
Frédéric Mouchet : 215 ; Stanislas Fautre : 270

CORBIS
José Fuste Raga/Zefa : couv. bas milieu ; Daniel Boschung/Zefa : 28 ; Kazuyoshi Nomachi : 58 ; Martin Harvey : 72 ; Theo Allofs : 73, 86 ; José Fuste Raga : 75, 76, 90, 129,156 329, 368 ; Staffan Widstrand : 87 ; Bob Krist : 92, 165 ; First Light : 95 ; Geray Sweeney : 98 ; Mike McQueen : 117 ; Danny Lehman : 126 ; Robert Harding World Imagery : 130 ; Ric Ergenbright : 148 ; Rudy Sulgan : 153 ; David Muench : 158 ; Philip Gould : 162 ; Jean-Pierre Lescourret : 168 ; William Maning : 170 ; David C. Poole : 172 ; Jorma Jaemsen/Zefa : 174 ; Tibor Bognar : 177 ; Sergio Pitamitz : 181, 246 ; Wolfgang Kaehler :190, 213 ; Christophe Boisvieux : 202 ; Free Agents Limited : 209 ; Charles & Josette Lenars : 214 ; Richard Cummins : 217 ; Bruno Barbier/Robert Harding World Imagery : 218 ; Brigitte Bott/Robert Harding World Imagery : 219 ; Christian Kober/Robert Harding World Imagery : 234 ; Peter Adams : 240 ; DLILLC : 241 ; Hugh Sitton/Zefa : 250 ; Dallas and John Heaton/Free Agents Limited : 254 ; Keren Su : 284 ; Gavin Hellier/Robert Harding World Imagery : 292 ; Michele Falzone/JAI : 300, 316 ; J Darell Gulin : 313 ; Richard Bickel : 330 ; John Hicks : 358, 362, 364 ; Guenter Rossenbach/Zefa : 381 ; Gideon Mendel : 375 ; Viviane Moos : 396

GETTY IMAGES
Jean-Pierre Pieuchot : couv. ht (île) ; Ian McKinnell : couv. bas d. ; Johner : 4e de couv. ht g., 182, 366 ; Renee Lynn : 4e de couv. ht. d., 239 ; Photolibrarycom : 4e de couv. m., 225 ; Hugh Sitton : 4e de couv. bas g., 288 ; Frans Lemmens : 4e de couv. bas d., 186, 290, 309, 310 ; Bruno Morandi : 24, 68, 212, 280, 370, 386, 387 ; Stephen Frink : 20 ; Ian Cumming : 56 ; Siegfried Layda : 61, 62 ; Stewart Cohen : 64 ; James P. Blair : 66 ; Howie Garber : 71 ; Martin Barraud : 74 ; Hideo Kurihara : 78 ; Keren Su : 80, 110, 118 ; Gerald Hinde : 82 ; Ary Diesendruck : 88 ; Will & Deni McIntyre : 89 ; Daryl Benson : 97 ; Doug Hamilton : 99 ; Yves Marcoux : 100 ; Steve Bly : 102 ; Darwin Wiggett : 103 ; Aaron McCoy : 106 ; James Strachan : 109 ; Luciano Lepre : 112 ; Paul Chesley : 113, 163 ; Nigel Hicks : 114 ; Yann Layma : 116 ; John Miller : 120 ; Jerry Driendl : 124 ; Angelo Cavalli : 131 ; Upperhall Ltd : 135 ; Michael McQueen : 136 ; Stephen Studd : 137 ; Sylvain Grandadam : 139, 211, 258, 323 ; Amanda Hall : 140 ; Shaun Egan : 145, 146, 155 ; Robert Everts : 147 ; Vega : 150 ; Walter Bibikow : 154 ; Andy Caulfield : 159 ; Cosmo Condina : 160 ; Mitchell Funk : 164 ; Christopher Veer : 166 ; Glen Allison : 167 ; James Randklev : 169 ; Guy Thouvenin : 178 ; John Elk III : 179, 262 ; Ellen Rooney : 183 ; Wayne Walton : 188 ; Hiroshi Higuchi : 192 ; Martin Gray : 197 ; Grant Faint : 201, 341 ; Anthony Cassidy : 205, 318 ; Mark Lewis :210 ; Oliver Benn : 226 ; Gary Yeowell : 227 ; Gavin Hellier : 228, 261 ; Joe Cornish : 229 ; Chad Ehlers : 235 ; John William Banagan : 242 ; Jane Sweeney : 244 ; Tim Davis : 252 ; Raphael Van Butsele : 263, 334 ; Karan Kapoor, 264 ; Nicholas DeVore : 265 ; Bill Hatcher : 275 ; Carolyn Brown : 279 ; Chad Henning : 286 ; Peter Adams : 303 ; Thierry Dosogne : 311 ; Alejandro Balaguer : 314 ; Ron Whitby : 320 ; Joao Paulo : 324 ; Simeone Huber : 325, 378 ; Neil Emmerson : 332 ; Glenn Beanland : 342 ; Ben Hall : 345 ; David Sutherland : 349 ; Benelux Press : 351 ; Chris John : 373 ; Daryl Balfour : 374 ; Chris Cheadle : 379 ; Travel Ink : 383 ; Kevin Schafer : 391 ; Margaret Gowan : 394 ; Martin Puddy : 395

HACHETTE PHOTOS
Jacques Brun/explorer/Hoa-Qui/Hachette Ethnie : 23 ; Emmanuel Valentin/Hoa Qui : 55 ; Emile Luider/Rapho : 63, 294 ; Sylvain Grandadam/Hoa Qui : 101 ; Mattes R./Explorer/Hoa-Qui : 161 ; Jean-Pierre Lescourret/Hoa Qui : 230, 231 ; Ariel Fuchs/Hoa-Qui : 266 ; Christian Vaisse/Hoa Qui : 272 ; Miguel Angel Munoz/Hoa Qui : 340 ; P. Narayan/Hoa Qui : 350 ; Wojtek Buss/Hoa Qui : 353

HEMIS.FR
Gil Giuglio : 18 ; Stéphane Frances : 27, 354 ; Christian Heeb : 29, 296, 298 ; Jean-Baptiste Rabouan : 111, 388 ; Pawel Wysocki : 132 , 390 ; Luis Orteo : 138 ; Bertrand Gardel : 142, 248, 277, 282, 352 ; José Nicolas : 149 ; John Frumm : 157, 236 ; Emilio Suetone : 171 ; Michel Gotin : 195 ; Stefano Torrion : 196 ; Paule Seux :198,199, 206, 382 ; Franck Guiziou : 203, 204, 377, 384 ; Bertrand Rieger : 256, 306 ; Hervé Hugues : 268 ; Patrick Frilet : 278 ; Christian Guy : 336 ; Romain Cintract : 392

PHOTONONSTOP
Günter Gräfenhain/Sime : 85 ; Simeone :104, 326, 327 ; Bruce Coleman Inc : 115 ; Sime : 151, 222, 276, 328, 347, 360 ; Giovanni Simeone/Sime : 16, 184, 305, 339, 343 ; David Ball : couv. bas g., 200 ; Jacques Kerebel : 220 ; Sato Hitoschi / Sime : 233 ; Valdin : 251 ; Anne Montfort : 253 ; Reinhard Schmid / Sime : 304, 307 ; Riccardo Spila : 344 ; Massimo Ripani : 346 ; Johanna Huber / Sime : 356

REA
Martin Sasse/Laif : 132

STUDIO X
Steinhilber Berthold /Bilderberg /Studio X : 22

Direction éditoriale GEO : Jean-Luc Marty

Editions Prisma Presse
Direction : Dominique Fleurmont
Direction éditoriale : Françoise Kerlo
assistée de Marilyn Chauvel
Chef de fabrication : Alexandre Zimmowitch

Maquette : Cathy Collet et Hélène Verger
Cartographie : Aurélie Boissière
Recherche iconographique : Fabrice Lucas et Anne Mensior
Correction : Emeline Seignobos
Photogravure : A'graph (Joinville le Pont) - Impression : Cayfosa-Quebecor (Barcelone, Espagne)

ISBN : 978-2-8104-0040-9
Dépôt légal : avril 2009